Christian Horn

AF288634

Remythisierung und Entmythisierung

Deutschsprachige Antikendramen der klassischen Moderne

Remythisierung und Entmythisierung

Deutschsprachige Antikendramen
der klassischen Moderne

von
Christian Horn

universitätsverlag karlsruhe

Dissertation, Universität Karlsruhe (TH)
Fakultät für Geistes- und Sozialwissenschaften, 2007

Titelbild: Pirlouiiiit (www.liveinmarseille.com)

Impressum

Universitätsverlag Karlsruhe
c/o Universitätsbibliothek
Straße am Forum 2
D-76131 Karlsruhe
www.uvka.de

Universitätsverlag Karlsruhe 2008
Print on Demand

ISBN: 978-3-86644-237-5

Remythisierung und Entmythisierung

Deutschsprachige Antikendramen
der klassischen Moderne

Zur Erlangung des akademischen Grades eines

DOKTORS DER PHILOSOPHIE
(Dr. phil.)

von der Fakultät für Geistes- und Sozialwissenschaften
der
Universität Karlsruhe
angenommene

DISSERTATION

von
Christian Horn

aus
Stuttgart

Dekan: Prof. Dr. Uwe Japp

1. Gutachter: Prof. Dr. Uwe Japp
2. Gutachter: Prof. Dr. Jan Knopf

Tag der mündlichen Prüfung: 13. Juni 2007

für
Helmut Horn
23.11.1934 - 01.02.2005

Inhalt

„... daß die harte Mythologie der Griechen aus den ältesten Zeiten von uns nicht anders als milde und menschlich angewandt werden dürfe ..."

Johann Gottfried Herder, *Der entfesselte Prometheus*

„Tantalos zeugte den Pelops. Pelops zeugte den Atreus und den Thyestes. Atreus zeugte den Agamemnon, Agamemnon den Orest. In den unmittelbaren Begebenheiten dieser fünf Herren ereigneten sich die Schlachtung und Verspeisung von 6 Knaben, der Diebstahl 1 goldenen Hundes und 1 goldenen Lammes, 2 der klassischen und beispielgebenden Fälle von Homosexualität, 2 Schändungen von Töchtern durch ihre Väter, 1 Vatermord, 1 Muttermord, 1 Gattenmord, 1 Tochtermord, nicht zu rechnen Selbstmorde, Ehebrüche und minder intime Bluttaten unter Verwandten zweiten oder noch entfernteren Grades. Solche Vorfälle heimeln auch den modernen Leser an und gewähren ihm Befriedigung."

Peter Hacks, *Iphigenie, oder: Über die Wiederverwendung von Mythen*

I. Einleitung

1. Einführung in die Thematik

Das Antikendrama gehört als neuzeitliche Gattung in den Komplex der antikisierenden Dichtungen und hat seit dem 17. Jahrhundert eine wirkungsmächtige Tradition der Anverwandlung von antiken Stoffen begründet. Als anthropologisches Erklärungsmuster für die nicht abreißende Rezeption von antiken Mythen bietet sich das von Hans Blumenberg beschriebene polare Verhältnis von *Terror* und *Spiel*, von dämonischer Gebanntheit und imaginativer Ausschweifung an.[1] Dieser Dichotomie liegt die Vorstellung zugrunde, daß der Mythos selbst schon eine spielerische Form der Distanzierung vom Unverstandenen und Schreckenerregenden darstellt. Gegen die Tendenz zur Depotenzierung des Schrecklichen macht sich regelmäßig ein widerständiges Moment bemerkbar, das die ästhetische ‚Beruhigung' und damit das Abbrechen mythischer Rezeption verhindert. Überträgt man dieses Modell auf die neuere Dramengeschichte, so kommt es nach der empfindsamen bzw. klassizistischen Idealisierung der Antike in Wielands *Alceste* und Goethes *Iphigenie auf Tauris* zu ‚Rückfällen' in die Imitation archaischer Opferrituale in Kleists *Penthesilea* und Grillparzers *Medea*, die ihre blutigen Höhepunkte schließlich in Hofmannsthals *Elektra*, Jahnns *Medea* und Hauptmanns *Atriden-Tetralogie* erreichen.

Die Dramen, die im folgenden untersucht werden, fallen in den Zeitraum, den Peter Szondi mit seiner *Theorie des modernen Dramas* abgesteckt hat[2] und der als *klassische Moderne* bezeichnet wird. Nach 1880 entsteht nach einer langen Phase epigonaler Dramenproduktion eine Vielfalt von neuen Dramenformen; außerdem setzt zu diesem Zeitpunkt jener Stilpluralismus ein, der für die literarische Moderne im deutschsprachigen Raum kennzeichnend sein wird.[3] Als Endpunkt des Unter-

---

[1] Hans Blumenberg, „Wirklichkeitsbegriff und Wirkungspotential des Mythos", in: Manfred Fuhrmann (Hg.), *Terror und Spiel. Probleme der Mythenrezeption*, München 1971 (Poetik und Hermeneutik IV), S. 11-66.

[2] Peter Szondi, *Theorie des modernen Dramas (1880-1950)*, in: ders., *Schriften I*, hg. von Jean Bollack u. a, Frankfurt a. M. 1978, S. 9-148.

[3] Unter *Moderne* wird in historischer Perspektive jene *Makroperiode* verstanden, die seit dem 18. Jahrhundert durch sozial-, kultur- und mentalitätsgeschichtliche Veränderungen gekennzeichnet ist und für die sich die Schlagworte Individualisierung, Differenzierung, Spezialisierung, Technologisierung, Säkularisierung, Rationalisierung und Verwissenschaftlichung eingebürgert haben.
Nach zahlreichen ‚Querelles des Anciens et des Modernes' setzt in der Literatur ab 1880 erneut eine Debatte um die Moderne ein, die einhergeht mit einer innovativen Vervielfältigung der literarischen Schreibweisen und die idealtypisch an der Konkurrenzsituation von Naturalismus und Ästhetizismus ablesbar ist. Exemplarisch für die Forschungsliteratur zur literarischen Moderne als *Mikroperiode* sei hier auf die folgenden Arbeiten verwiesen: Gotthart Wunberg/Stephan Dietrich (Hg.), *Die literarische Moderne. Dokumente zum Selbstverständnis der Literatur um die Jahrhun-*

suchungszeitraums bietet sich die Zeit um 1950 an: In den 1940er Jahren schreibt Gerhart Hauptmann mit der *Atriden-Tetralogie* sein letztes dramatisches Werk, und Bertolt Brecht verfaßt 1947/48 – auch als Reaktion auf den Zusammenbruch des Nationalsozialismus – sein einziges, auf einer griechischen Tragödie basierendes Antikendrama, die *Antigone des Sophokles*.[4] Die 1950er Jahre bilden auch insofern eine Zäsur in der Geschichte des Antikendramas, als die bis dahin vorherrschende, dionysisch-chthonische Sichtweise durch ein Antikenbild abgelöst wird, in dessen Zentrum die geschichtsphilosophisch vermittelte Einsicht in die Dialektik von Barbarei und Humanität steht. Wobei sich dieser Paradigmenwechsel in der DDR in einer genuinen Antikendramatik niederschlägt (Heiner Müller, Peter Hacks, Stefan Schütz),

---

dertwende, Freiburg i. Br. [2]1998 (Rombach Wissenschaften, Reihe Litterae 60); Uwe Japp, *Literatur und Modernität*, Frankfurt a. M. 1987 (Das Abendland, Neue Folge 17), hier S. 26-44 und 294-349; Hans Joachim Piechotta/Ralph-Rainer Wuthenow/Sabine Rothemann (Hg.), *Die literarische Moderne in Europa*, 3 Bde., Opladen 1994.

[4] Während sich die Forschung über den Beginn der literarischen Moderne weitgehend einig ist, bereitet die abschließende Epochenabgrenzung größere Schwierigkeiten. Denn der Zeitabschnitt von 1880/90 bis 1950 suggeriert eine Kontinuität, die in politik-, sozial- und kulturgeschichtlicher Perspektive keinesfalls besteht; zudem zwingen die von der Literaturgeschichte traditionellerweise gesetzten Zäsuren (1918, 1933, 1945) die Vielfalt ästhetischer Verfahren unter historischen Epochenbegriffen zusammen. Damit gerät aus dem Blick, daß die literarische Entwicklung keineswegs mit dem Wechsel der politischen Systeme übereinstimmt, sondern Kontinuitäten über diese Zäsuren hinweg bestehen, so beispielsweise von 1930 bis zum Ende der fünfziger Jahre. Siehe hierzu Hans Dieter Schäfer, „Zur Periodisierung der deutschen Literatur seit 1930", in: ders., *Das gespaltene Bewußtsein. Über deutsche Kultur und Lebenswirklichkeit 1933-1945*, München-Wien 1981, S. 55-71; Jörg Schönert, „Gesellschaftliche Modernisierung und Literatur der Moderne", in: Christian Wagenknecht (Hg.), *Zur Terminologie der Literaturwissenschaft. Akten des IX. Germanistischen Symposiums der Deutschen Forschungsgemeinschaft Würzburg 1986*, Stuttgart 1989 (Germanistische Symposien, Berichtsbände IX), S. 393-413. Wenn trotz dieser Einwände an dem Terminus *klassische Moderne* festgehalten wird, dann deshalb, weil um 1950 jene Generation von Autoren stirbt, die mit ihren Werken die deutschsprachige Literatur in der ersten Hälfte des 20. Jahrhunderts entscheidend geprägt hat (im Fall der hier behandelten Antikendramen sind dies Hauptmann, Werfel, Jahnn und Brecht).
    In dem paradoxen Begriff der klassischen Moderne ist das ‚Klassischwerden' des Modernen eingeschlossen, sprich die ‚Entschleunigung' bzw. das Auf-Dauer-Stellen dessen, was im Zuge der gesellschaftlichen und kulturellen Modernisierung beschleunigt und in zahlreiche, nebeneinander bestehende Stilrichtungen zersplittert wurde. Im Gegensatz zum Begriff der Avantgarde, der Künstler und Gruppen zusammenfaßt, die auf eine radikale Kritik der bürgerlichen Institution Kunst zielen (siehe dazu: Peter Bürger, *Theorie der Avantgarde*, Frankfurt a. M. 1974), schließt der Begriff der klassischen Moderne auch jene Autoren ein, die – mitunter als ‚große Einzelgänger' bezeichnet – den vollständigen Bruch mit der traditionellen Formenwelt nicht vollzogen haben. Siehe dazu Wilfried Barner, „Über das Negieren von Tradition. Zur Typologie literaturprogrammatischer Epochenwenden in Deutschland", in: Reinhart Herzog/Reinhart Kosselleck (Hg.), *Epochenschwelle und Epochenbewußtsein*, München 1987 (Poetik und Hermeneutik XII), S. 3-51. Grundlegend zur Konstruktion von literaturgeschichtlichen Epochenbegriffen siehe Uwe Japp, *Beziehungssinn. Ein Konzept der Literaturgeschichte*, Frankfurt a. M. 1980, hier S. 219-239; Burkhart Steinwachs, „Was leisten (literarische) Epochenbegriffe?", in: Hans Ulrich Gumbrecht/Ursula Link-Heer (Hg.), *Epochenschwellen und Epochenstrukturen im Diskurs der Literatur- und Sprachhistorie*, Frankfurt a. M. 1985, S. 312-323.

während der Schwerpunkt in der BRD auf Inszenierungen von antiken Tragödien auf dem Theater liegt.[5]

Nachdem das Antikendrama im 19. Jahrhundert nur eine untergeordnete Bedeutung besaß, wurde nach 1890 – überwiegend unter dem Eindruck von Friedrich Nietzsches *Geburt der Tragödie* – das kanonisierte Bildungsgut in den fremdartigen Bereich einer neu entdeckten Archaik projiziert und gleichzeitig Archaik und Gegenwart im Zeichen eines wissenschaftlichen, durch Religionsgeschichte, Ethnologie, Evolutionstheorie und Psychologie geprägten Menschenbildes parallelisiert.[6] In dramentheoretischer Perspektive wird damit die Frage aufgeworfen, wie die mythischen Stoffe Griechenlands vor dem Hintergrund des modernen Wissens um Archaik und Antike dramatisch gestaltet werden können.

Die frühe, von der Romantik geprägte Religionsforschung (Georg Friedrich Creuzer, Johann Jakob Bachofen) hat eine wichtige Differenzierung vorgenommen, die bis in die theoretischen Schriften um 1900 nachwirkt: die Unterscheidung zwischen Kultus und Mythos bzw. Symbolik und Mythologie.[7] Für Creuzer ist die Teilhabe am Heiligen nur im Rahmen einer kultischen Handlung möglich, während der Mythos – aufgrund seines Distanz herstellenden Redens über die Götter – das Heilige ,nur' zu repräsentieren vermag. Creuzer schreibt in seiner Schrift über die *Symbolik und Mythologie der alten Völker*: „In einem Augenblicke und ganz gehet im Symbol eine Idee auf, und erfasst alle unsere Seelenkräfte. Es ist ein Strahl, der in gerader Richtung aus dem dunkelen Grunde des Seyns und Denkens in unser Auge fällt, und

---

5 Wolfgang Emmerich, „Antike Mythen auf dem Theater. Geschichte und Poesie, Vernunft und Terror", in: ders., *Die andere deutsche Literatur. Aufsätze zur Literatur aus der DDR*, Opladen 1994, S. 79-114, hier S. 87-100; Bernd Seidensticker, „Metamorphosen. Zur Antikerezeption in der deutschen Literatur nach 1945", in: Richard Faber/Bernhard Kytzler (Hg.), *Antike heute*, Würzburg 1992, S. 128-154. Zur Kontinuität der Antikerezeption in Erzähltexten zwischen 1930 und 1960 siehe Hans Dieter Schäfer, „Die nichtnationalsozialistische Literatur der jungen Generation im Dritten Reich", in: ders., *Das gespaltene Bewußtsein. Über deutsche Kultur und Lebenswirklichkeit 1933-1945*, München-Wien 1981, S. 7-54, hier S. 24f.

6 Gotthart Wunberg, „Chiffrierung und Selbstversicherung des Ich: Antikefiguration um 1900", in: Manfred Pfister (Hg.), *Die Modernisierung des Ich. Studien zur Subjektkonstitution in der Vor- und Frühmoderne*, Passau 1989, S. 190-201, hier S. 200f. Dabei muß hervorgehoben werden, daß die Fähigkeit des antiken Bildes, „aus sich selbst heraus zu wirken" (Wunberg, „Chiffrierung", S. 201), nicht etwa im 19. Jahrhundert verlorengegangen ist, sondern *niemals* bestanden hat. Antike bzw. mythische Figurationen sind zu allen Zeiten – wenn auch in unterschiedlicher Weise – religiös, politisch, ästhetisch oder ideologisch funktionalisiert worden.

7 Zu Creuzers Symbolverständnis siehe Fritz Kramer, *Verkehrte Welten. Zur imaginären Ethnographie des 19. Jahrhunderts*, Frankfurt a. M. 1977, S. 20-38 und 46-54; Manfred Frank, *Der kommende Gott. Vorlesungen über die Neue Mythologie. I. Teil*, Frankfurt a. M. 1982, S. 83-106; Manfred Frank, „Dionysos und die Renaissance des kultischen Dramas (Nietzsche, Wagner, Johst)", in: ders., *Gott im Exil. Vorlesungen über die Neue Mythologie. II. Teil*, Frankfurt a. M. 1988, S. 9-104, hier S. 33-38.

durch unser ganzes Wesen fährt."[8] Im blitzartigen Aufleuchten des Symbols wird eine „momentane Totalität"[9] erfahrbar: „Im Symbol fühlt sich unsere Seele ergriffen, und die Nothwendigkeit der Natur waltet über uns."[10] Weniger die auf Schopenhauer und Nietzsche vorausweisende Rede vom ‚dunkelen Grunde des Seyns' als vielmehr die kurzzeitige Verschmelzung von Symbolisiertem und Symbol, in die auch der Rezipient des Symbols (im Rahmen einer kultischen Handlung) einbezogen wird, ist in diesem Zusammenhang bemerkenswert. Unter den Bedingungen eines durch die historisch-philologischen Wissenschaften vermittelten Wissens über die Archaik wird das zeichenhafte Mythosverständnis des 18. Jahrhunderts (teilweise) durch ein ‚naturalistisches' Verständnis des Mythischen abgelöst. Gleichzeitig gerät das klassische Repräsentationsmodell von Bedeutung in eine Krise.[11] Die um die Begriffe *Opfer* und *Symbol* kreisenden Überlegungen Hofmannsthals (u. a. im *Gespräch über Gedichte*, 1904) zielen – diesen romantischen Traditionsstrang aufnehmend – darauf ab, an die Stelle der ästhetischen Distanzierung die symbolische Identifikation zu setzen. Hofmannsthal will dem Rezipienten zumindest vorübergehend die Verschmelzung mit einem archaisch-rituellen Geschehen ermöglichen, das nicht mehr als ästhetisches, sondern als reales wahrgenommen werden soll.[12]

---

8 Georg Friedrich Creuzer, *Symbolik und Mythologie der alten Völker, besonders der Griechen*, vierter Teil, Leipzig-Darmstadt ^{3}1843, ND Hildesheim-New York 1973, S. 541.

9 Creuzer, *Symbolik und Mythologie der alten Völker*, vierter Teil, S. 541.

10 Creuzer, *Symbolik und Mythologie der alten Völker*, vierter Teil, S. 541.

11 Siehe dazu Kramer, *Verkehrte Welten*, S. 46-51; Georg Braungart, „Die Fremdheit der Sprache am Beginn der Moderne: Lebenskult, Ritual, Remythisierung, Mystik", in: Eijiro Iwasaki (Hg.), *Begegnung mit dem ,Fremden'. Grenzen – Traditionen – Vergleiche. Akten des VIII. Internationalen Germanisten-Kongresses Tokyo 1990*, Bd. 6, München 1991, S. 117-127, hier S. 119; Erika Fischer-Lichte, „Einleitung", in: dies. (Hg.), *Theatralität und die Krisen der Repräsentation*, Stuttgart-Weimar 2001 (Germanistische Symposien, Berichtsbände XXII), S. 1-19, hier S. 12-14.

12 Ausdruck der Krise der Repräsentation ist auch, daß die seit dem 18. Jahrhundert kulturprägende Entgegensetzung von (positiv konnotierter) Authentizität und (negativ konnotierter) Scheinhaftigkeit, von (personalem) Wesenskern und (gesellschaftlich bedingtem) Rollenspiel zunehmend fragwürdig wird. Daraus ergeben sich (mindestens) zwei Konsequenzen: Durch den Rückgriff auf das Vor- und Frühzivilisatorische wird der Versuch unternommen, dem Zwang zur theatralischen ‚Verstellung' zu entgehen und zu einem Zustand der Gewißheit zu gelangen; ein Versuch, der um 1900 in verschiedenen Diskursen (Wissenschaft, Ästhetik, Politik) nachweisbar ist und der paradoxerweise in formaler Hinsicht auf jene Schein erzeugenden Mittel nicht verzichten kann, gegen die er sich in idealer Hinsicht wendet.
Die andere Konsequenz besteht darin, die Krise der Repräsentation als gegebenes Faktum zu akzeptieren und auf den Versuch, aus den „Irrgärten der Zeichen und der in ihnen lebenden Ausdrucks-, Bedeutungs- und Identitätschimären" auszubrechen, grundsätzlich zu verzichten (so Hans-Georg Soeffner, „Einführung [Inszenierung im 20. Jahrhundert]", in: Erika Fischer-Lichte (Hg.), *Theatralität und die Krisen der Repräsentation*, Stuttgart-Weimar 2001 (Germanistische Symposien, Berichtsbände XXII), S. 165-176, hier S. 171). Für die hier behandelten Antikendramen spielt dieser Aspekt jedoch keine Rolle.
Ob es noch eine dritte Möglichkeit gibt, nämlich die von Soeffner angedeutete Wiedergewinnung einer Aura durch die existentielle Postulierung des „Nicht-Fixierbare[n]" bzw. durch die

Der Rückgriff auf die Antike muß daher als *modernes Verfahren* angesehen werden, das – unter philosophischen oder wissenschaftlichen Vorzeichen – einerseits die Archaisierung der Antike, andererseits die Parallelisierung von Antike und Gegenwart zur Folge hat. Dabei kommt der Kategorie des *Dionysischen* eine herausragende Bedeutung zu. Unter dem Dionysischen soll jenes theatralische Moment verstanden werden, das – in Nietzsches Perspektive – den Betrachter der Szene durch die Entfesselung elementarer Lebenskräfte in einen lustvollen Zustand versetzt, der als metaphysischer Trost „das Zerbrechen des Individuums und sein Einswerden mit dem Ursein"[13] erahnen läßt. In einer solchen, auf die dionysische Entgrenzung reduzierten ‚Wirkungsästhetik' tritt an die Stelle der dramaturgischen Konfliktgestaltung die Kategorie der *Stimmung*, die hier – anders als im lyrischen Drama des Fin de siècle – expressiv aufgeladen wird und durch die Verschränkung von naturalistischen und symbolistischen Anteilen atmosphärisch zu wirken hat.[14] Formal bedeutet dies die (tendenzielle) Abwendung von einer dialogorientierten Dramaturgie zugunsten von nichtverbalen Darstellungsmitteln (Mimik, Gestik, ekstatische Zustände, Tanz, Massenchöre, Musik, Licht, Bühnenbild), die in ihrer Gesamtheit der Schaffung einer mythischen Stimmung dienen.[15] Dieser Sachverhalt betrifft nicht nur die ästhetizistisch-neuromantische Dramatik (Hofmannsthal, Pannwitz), sondern auch Vertreter des Naturalismus (Hauptmann), des Expressionismus (Werfel, Jahnn) und sogar Brecht, wobei aber im Einzelnen – je nach re- oder entmythisierender Textintention –

„Zerstörung jedweder überkommenen Bedeutung und Interpretierbarkeit" (S. 171), sei dahingestellt – es besteht zumindest der Verdacht, daß dieser (auf Benjamin und Derrida zurückgehende) Versuch nichts anderes ist als eine Neuformulierung des oben genannten Rückgriffs auf das Vor- und Frühzivilisatorische.

[13] Nietzsche, *Die Geburt der Tragödie*, KSA 1 62.

[14] Eine solche Raumkonzeption hat Hofmannsthal exemplarisch in den *Szenischen Vorschriften zu ‚Elektra'*, GW D II 240-242, dargelegt.

[15] Zu den (antinaturalistischen) Theaterreformbewegungen um 1900 und ihren Protagonisten Adolphe Appia, Émile Jaques-Dalcroze, Peter Behrens, Georg Fuchs und Edward Gordon Craig siehe Manfred Brauneck, *Theater im 20. Jahrhundert. Programmschriften, Stilperioden, Reformmodelle*, Reinbek [8]1998, S. 63-84. Analog zu der oben skizzierten Krise der Repräsentation geht es in den Schriften der genannten Theatertheoretiker – teilweise auch bei Max Reinhardt – mehrfach um die Frage, wie der Als-ob-Charakter des Theaterspiels aufgehoben und die traditionelle Grenze zwischen Darsteller und Publikum (zumindest temporär) aufgehoben werden kann. So soll im Vollzug des Spiels eine rituelle Dimension erreicht, die Grenzen des Ich überschritten und eine neue Gemeinschaft konstituiert werden. Siehe dazu Erika Fischer-Lichte, „Einleitung", in: dies., *Die Entdeckung des Zuschauers. Paradigmenwechsel auf dem Theater des 20. Jahrhunderts*, Tübingen-Basel 1997, S. 7-38. Solche Überlegungen wurden maßgeblich von der Ritualforschung des späten 19. Jahrhunderts (Jane Ellen Harrison, James G. Frazer, William Robertson Smith) beeinflußt – siehe dazu Erika Fischer-Lichte, „Ritualität und Grenze", in: dies./Christian Horn/Sandra Umathum/Matthias Warstat (Hg.), *Ritualität und Grenze*, Tübingen-Basel 2003 (Theatralität 5), S. 11-30, hier S. 18-22.

5

zwischen den verschiedenen Darbietungsformen des Dionysischen zu unterscheiden ist.

Dramengeschichtlich vollzieht sich die Remythisierung antiker Stoffe vor dem Hintergrund der Ablösung der aristotelischen Tragödientheorie durch eine Philosophie des Tragischen. Für die hier behandelten Antikendramen gilt (mit Ausnahme Brechts), daß deren Tragik nicht – wie bei Aristoteles, Schiller, Hegel und Schelling – als dramenimmanenter, dialektischer Modus gestaltet wird, sondern – unter dem Eindruck eines geschichtsphilosophischen Pessimismus – als über die Grenzen des Dramas hinausreichende, unaufhebbare Seinstragik.[16]

Beispielhaft läßt sich die Erneuerung des Antikendramas am Werk Hugo von Hofmannsthals ablesen, dessen Antikerezeption zunächst im Zeichen ästhetizistischer Kleinformen wie lyrische Szene und Einakter steht (Fragment *Die Bacchen des Euripides* 1892, *Idylle* 1893, *Alkestis* 1893). Nach 1900 tritt der am lyrischen Drama orientierte Formtypus zurück und Hofmannsthal wendet sich – künstlerisch angeregt durch die Bekanntschaft mit Max Reinhardt – der großen, expressiven Bühnendichtung zu (*Elektra* 1903, *Ödipus und die Sphinx* 1906, Übersetzung des *König Ödipus* 1910). In seinem Spätwerk gestaltet Hofmannsthal antike Stoffe gemeinsam mit Richard Strauss im Genre der mythologisierenden Oper (*Ariadne auf Naxos* 1912/16, Szenarium *Danae oder die Vernunftheirat* 1919, *Die ägyptische Helena* 1928).

Hofmannsthals Konzeption beruht einerseits auf einem reflektierten Umgang mit der Tradition, gut ablesbar am eklektizistischen Spiel mit traditionellen und modernen Formen (so verlangt das Szenario des *Bacchen*-Fragments Kostüme im Stil Aubrey Beardsleys und ein Bühnenbild in Böcklinscher ‚Manier'). Andererseits zielt die explizite Abwendung vom epigonalen Klassizismus des 19. Jahrhunderts und die Hinwendung zu einem archaisierenden Antikenbild auf Zustände dionysischer Entgrenzung, so daß in den jeweiligen Dramenfigurationen ein eigentümliches Spannungsverhältnis zwischen mythisierender Thematik und ästhetizistischem Formenspiel entsteht. Dramaturgische Schwierigkeiten bereitet dabei die Profilierung von Entgrenzungszuständen, da sich diese im Medium der Sprache nicht angemessen darstellen lassen und nach szenisch-theatralischen Ausdrucksformen verlangen.

---

16 Peter Szondi, *Versuch über das Tragische*, in: ders., *Schriften I*, hg. von Jean Bollack u. a., Frankfurt a. M. 1978, S. 149-260. Siehe dazu Bernd Seidensticker, „Peripetie und tragische Dialektik. Aristoteles, Szondi und die griechische Tragödie", in: Bernhard Zimmermann (Hg.), *Antike Dramentheorien und ihre Rezeption*, Stuttgart 1992 (Drama. Beiträge zum antiken Drama und seiner Rezeption 1), S. 240-263; Horst Turk, „Tragödienphilosophien der Neuzeit: Kant, Hegel, Nietzsche, Benjamin", in: Werner Frick (Hg.), *Die Tragödie. Eine Leitgattung der europäischen Literatur*, Göttingen 2003, S. 277-295; Fred Lönker, „Der Verfall des Tragischen", in: Frick, *Die Tragödie*, S. 316-334.

6

Wenn die ‚dionysische Tragödie' aber der allgemeinen Tendenz des Dramas zur Episierung bzw. Lyrisierung folgt, dann stellt sich die Frage, ob der Anspruch, die Urgewalt des Mythischen szenisch darzustellen, das Antikendrama nicht in einen Widerspruch zwischen naturhafter Unmittelbarkeit und ästhetischer Stilisierung hineintreibt. Der Versuch, auf der Theaterbühne einen Moment mythischer Zeitlosigkeit darzustellen, wirft damit grundsätzliche dramaturgische Probleme auf: „Was der philosophischen Kulturkritik erlaubt sein könnte, nämlich den Mythos als regulative Idee, als Bewertungsinstitution von Gegenwart zu benutzen, ist der ästhetischen Rede nicht erlaubt. Mythische Motive in der Kunst fungieren deshalb, wo sie gelungen verwendet sind, immer auch nur als ästhetisch transformierte Phantasmata, als Allegorien: nicht aber mehr als Repräsentanten des Ursprungsmythos! [...] Nur wo ‚Erhabenheit' als Differenz zur normalen egalitären Alltagssprache als ‚Phantasma' auftritt, ist es ästhetisch überzeugend. Wo es die ‚Ursprünge' tatsächlich rückgewinnen will, gerät es unweigerlich zum erhabenen Kitsch, d. h. zur Prätention von etwas, das es zu zeigen nicht in der Lage ist: zur mißratenen ‚Epiphanie'."[17]

Ziel der vorliegenden Arbeit ist es, die jeweiligen Annäherungs- und Distanzierungsschritte an die hier skizzierten Themen und Figurationen im deutschsprachigen Antikendrama zwischen 1890 und 1950 zu vermessen und die Verschiebungen des den Dramen zugrundeliegenden Mythosverständnisses im Kontext von Werk und Epoche zu spezifizieren. Hierfür werden zunächst verschiedene Aspekte der Mythenrezeption beleuchtet (Kapitel II.1 bis II.3) sowie methodische Fragen zur Formsemantik und zur Inter- bzw. Hypertextualität des Antikendramas erörtert (Kapitel II.4 bis II.6). Im III. Teil geht es um Kontinuität und Wandel des klassizistischen Antikenbildes im 19. Jahrhundert, wobei Goethes *Iphigenie auf Tauris* die Kontrastfolie für antiklassizistische Distanzierungsversuche von Hölderlin, Kleist und Grillparzer

---

[17] Karl Heinz Bohrer, „Das ‚Erhabene' als ungelöstes Problem der Moderne. Martin Heideggers und Theodor W. Adornos Ästhetik", in: ders., *Das absolute Präsens. Die Semantik ästhetischer Zeit*, Frankfurt a. M. 1994, S. 92-120, hier S. 119f. Zur Epiphanie in religionsgeschichtlicher Sicht siehe Hubert Cancik, „Epiphanie/Advent", in: ders. u. a. (Hg.), *Handbuch religionswissenschaftlicher Grundbegriffe*, Bd. II, Stuttgart-Berlin-Köln 1990, S. 290-296; zur Epiphanie in literaturgeschichtlicher Perspektive siehe Bruno Hillebrand, *Ästhetik des Augenblicks. Der Dichter als Überwinder der Zeit – von Goethe bis heute*, Göttingen 1999; Karl Heinz Bohrer, „Augenblicke mit abnehmender Repräsentanz. Das Problem der Epiphanie in der Dichtung der klassischen Moderne", in: ders., *Ekstasen der Zeit. Augenblick, Gegenwart, Erinnerung*, München-Wien 2003, S. 72-91.
Bohrer unterscheidet im Rahmen seiner Studien zum Begriff der *Plötzlichkeit* zwischen dem *Augenblick mit Ewigkeitsanspruch* (paradigmatisch hierfür Goethes *Faust I*: „Werd' ich zum Augenblicke sagen: / Verweile doch! du bist so schön!", HA 3 57, V. 1699f.) und dem *Augenblick als Moment ohne Dauer*, worunter die (literarisch gestaltete) „Immanenz des Augenblicks" unter Verzicht auf einen metaphysischen oder geschichtsphilosophischen Bezug zu verstehen ist (Bohrer, „Augenblicke mit abnehmender Repräsentanz", S. 76), also die Fokussierung auf die ästhetische Wahrnehmung unter Vernachlässigung des ideellen Gehalts des Ästhetischen.

bildet (Kapitel III.1). Kulturgeschichtlich bedeutsam für die Verdüsterung des Antikenbildes war die ,Entdeckung' des Archaischen durch die historischen Wissenschaften (Kapitel III.2); zentral für diesen Kontext ist Nietzsches *Geburt der Tragödie*, die allerdings weniger in der Wissenschaft als in der Literatur rezipiert wurde. Abschließend sollen Elemente des dionysischen Antikendramas vorgestellt werden, wobei der Chor (Kapitel III.3.1) und das Opfer (Kapitel III.3.2) eine bedeutsame Rolle spielen. In Teil IV werden Antikendramen der klassischen Moderne einer struktur- und gattungsbezogenen Analyse unterzogen, die die Grundlage für die Bestimmung der jeweiligen hypertextuellen Anverwandlung bildet. Auf dieser Basis lassen sich Übereinstimmungen und Differenzen zwischen antikem Hypotext und modernem Hypertext erkennen, die wiederum auf ihre autor-, gattungs- und epochenspezifische Bedeutung befragt werden. Hierbei stehen die Verfahren von *Remythisierung* und *Entmythisierung* im Vordergrund. In diesem Teil wird auch auf die Rezeption der Antikendramen in der zeitgenössischen Literaturkritik eingegangen, um den werkimmanenten dichtungstheoretischen Horizont der jeweiligen Dramen und deren – das zeitgenössische Theaterpublikum mitunter verstörende – Wirkung angemessen darstellen zu können. Mit einer vergleichenden Betrachtung der behandelten Antikendramen schließt diese Arbeit (Teil V).

2. Forschungsüberblick

Da die Thematik dieser Arbeit über Stoff-, Dramen- und Theatergeschichte hinaus auch Bereiche in Philosophie, Ästhetik, Kunst-, Musik-, Religionsgeschichte, Anthropologie, Ethnologie und Psychologie berührt, wird im folgenden nur auf jene Literatur eingegangen, die sich explizit mit dem Antikendrama befaßt. Hinweise zu weiterer Forschungsliteratur sind in den Anmerkungen der jeweiligen Kapitel zu finden.

Exemplarisch für die umfangreiche Literatur zur griechischen Tragödie seien an dieser Stelle die Beiträge von Walter Jens,[18] Albin Lesky,[19] Hans-Thies Lehmann,[20]

---

18 Walter Jens, „Strukturgesetze der frühen griechischen Tragödie", in: Hildebrecht Hommel (Hg.), *Wege zu Aischylos*, Bd. 1: *Zugang – Aspekte der Forschung – Nachleben*, Darmstadt 1974 (Wege der Forschung LXXXVII), S. 86-103.

19 Albin Lesky, *Die tragische Dichtung der Hellenen*, Göttingen ³1972 (Studienhefte zur Altertumswissenschaft 2); Albin Lesky, *Die griechische Tragödie*, Stuttgart ⁵1984.

20 Hans-Thies Lehmann, *Theater und Mythos. Die Konstitution des Subjekts im Diskurs der antiken Tragödie*, Stuttgart 1991.

Arbogast Schmitt,[21] Hellmut Flashar[22] und Theo Girshausen[23] genannt. Lehmann bietet insofern einen interessanten Ansatz, als er nicht nach der Bedeutung der überlieferten Tragödien fragt, sondern dem Spannungsverhältnis zwischen episch tradiertem Mythos und neuer dramatischer Darstellungsweise (bei Aischylos, Sophokles und Euripides) nachgeht und damit neue Zugänge zu alten Texten eröffnet: „Es ist die suspensive Antwortlosigkeit der Tragödie, die anstelle poetischer, dialektischer oder religiöser Auslegung am Anfang ihrer Analyse zu stehen hat. Läßt diese Auffassung sich bestätigen, so wäre damit ein Ansatz gewonnen, gegen eine mächtige Deutungstradition die attische Tragödie als eine Kunst zu erfassen, die immer wieder die Sinnstiftungen von Recht, Politik und Philosophie, kurz: die Sinnstiftung der im weiteren Sinn prädikativen Diskurse implizit bestritten, abgebogen, verschoben hat.“[24] Dazu gehört auch, daß ,handlungshemmende' Formen (wie Berichte, Gebete, rhetorische Anrufungen, lyrische Szenen und Chorgesänge) sowie schockartige Momente (mittels Teichoskopie, Botenbericht, Chorlied, Ekkyklema, Deus ex machina) nicht als dramaturgische Notlösungen, sondern in ihrem szenischen und poetischen Eigenwert verstanden werden, nämlich als theatralische, häufig verstörende Zurschaustellung von Macht, Gewalt und Leid.

Die Erforschung des Antikendramas gehört einerseits in jenen Bereich, der sich dem Verhältnis von Mythos und Literatur widmet,[25] andererseits in den Gesamt-

21 Arbogast Schmitt, „Wesenszüge der griechischen Tragödie. Schicksal, Schuld, Tragik", in: Hellmut Flashar (Hg.), *Tragödie. Idee und Transformation*, Stuttgart-Leipzig 1997 (Colloquium Rauricum 5), S. 5-49.

22 Hellmut Flashar, „Die *Poetik* des Aristoteles und die griechische Tragödie", in: ders. (Hg.), *Tragödie. Idee und Transformation*, Stuttgart-Leipzig 1997 (Colloquium Rauricum 5), S. 50-64. Flashar weist auf die Notwendigkeit hin, bei der Diskussion über die griechische Tragödie deutlich zwischen den Werken der antiken Tragiker und der (idealtypischen) Dramenform, die Aristoteles in seiner *Poetik* beschreibt, zu unterscheiden. Methodisch ungenau in dieser Hinsicht: Kurt von Fritz, „Tragische Schuld und poetische Gerechtigkeit in der griechischen Tragödie", in: ders., *Antike und moderne Tragödie. Neun Abhandlungen*, Berlin 1962, S. 1-112. Einschlägig für die Rezeption des antiken Dramas auf der Theaterbühne der Neuzeit: Hellmut Flashar, *Inszenierung der Antike. Das griechische Drama auf der Bühne der Neuzeit 1585-1990*, München 1991.

23 Theo Girshausen, *Ursprungszeiten des Theaters. Das Theater der Antike*, Berlin 1999.

24 Lehmann, *Theater und Mythos*, S. 21f.

25 Exemplarisch hierzu: Gerhard Schmidt-Henkel, *Mythos und Dichtung. Zur Begriffs- und Stilgeschichte der deutschen Literatur im neunzehnten und zwanzigsten Jahrhundert*, Bad Homburg v. d. H.-Berlin-Zürich 1967; Karl S. Guthke, *Die Mythologie der entgötterten Welt. Ein literarisches Thema von der Aufklärung bis zur Gegenwart*, Göttingen 1971; Helmut Koopmann (Hg.), *Mythos und Mythologie in der Literatur des 19. Jahrhunderts*, Frankfurt a. M. 1979 (Studien zur Philosophie und Literatur des neunzehnten Jahrhunderts 36); Robert Weimann, „Literaturwissenschaft und Mythologie", in: ders., *Literaturgeschichte und Mythologie. Methodologische und historische Studien*, Berlin-Weimar 1971, S. 364-427; Birgit zur Nieden, *Mythos und Literaturkritik. Zur literaturwissenschaftlichen Mythendeutung der Moderne*, Diss. Düsseldorf 1992, Münster-New York 1993.

komplex der Antikerezeption, den Volker Riedel zuletzt ausführlich behandelt hat.[26] Zum Wandel des Antikenbildes im 19. und frühen 20. Jahrhundert liegen einige epochenbezogene Studien vor;[27] zur Antikerezeption von Hofmannsthal und Hauptmann haben Karl G. Esselborn,[28] Michael Worbs[29] und Peter Sprengel[30] Studien vorgelegt, auf die im folgenden mehrfach Bezug genommen wird.

Frühe Untersuchungen zum deutschsprachigen Antikendrama basieren entweder auf stoffgeschichtlichen oder archetypisch-existentialistischen Überlegungen; so stehen in Käte Hamburgers komparatistischer Studie von 1965 die Verfahren der Figurencharakterisierung im Mittelpunkt, wobei der Vergleich zwischen Antike und Moderne auf die Unveränderlichkeit menschlicher Grundsituationen hinausläuft.[31]

Zu einer wichtigen Diskussion über Formtypen und Formsemantik des Antikendramas kam es 1968 während der Terror-und-Spiel-Tagung der Forschungsgruppe *Poetik und Hermeneutik*; hierbei haben Manfred Fuhrmann[32] und Peter Szondi[33]

---

[26] Volker Riedel, *Antikerezeption in der deutschen Literatur vom Renaissance-Humanismus bis zur Gegenwart. Eine Einführung*, Stuttgart-Weimar 2000.

[27] Eliza Marian Butler, *The Tyranny of Greece over Germany. A Study of the Influence exercised by Greek Art and Poetry over the Great German Writers of the eighteenth, nineteenth and twentieth Centuries*, Cambridge 1935; Richard Benz, *Wandel des Bildes der Antike in Deutschland. Ein geistesgeschichtlicher Überblick*, München 1948; Wolfgang Schadewaldt, „Wandel des Griechenbildes", in: ders., *Hellas und Hesperien. Gesammelte Schriften zur Antike und zur neueren Literatur*, Bd. II., Zürich-Stuttgart ²1970, S. 448-460; Christoph Trilse, „Der Rückweg zum Mythos. Einige Betrachtungen zum spätbürgerlichen Antikebild", in: *Weimarer Beiträge* 19 (1973), 12, S. 129-155; Ekkehard Stärk, *Hermann Nitschs ‚Orgien Mysterien Theater' und die ‚Hysterie der Griechen'. Quellen und Traditionen im Wiener Antikebild seit 1900*, München 1987; Glenn W. Most, „Zur Archäologie der Archaik", in: *Antike und Abendland* XXXV (1989), S. 1-23; Wunberg, „Chiffrierung", S. 190-201; Girshausen, *Ursprungszeiten des Theaters*, S. 10-95; Glenn W. Most, „Die Entdeckung der Archaik. Von Ägina nach Naumburg", in: Bernd Seidensticker/Martin Vöhler (Hg.), *Urgeschichten der Moderne. Die Antike im 20. Jahrhundert*, Stuttgart-Weimar 2001, S. 20-39.

[28] Karl G. Esselborn, *Hofmannsthal und der antike Mythos*, Diss. Berlin 1968, München 1969.

[29] Michael Worbs, *Nervenkunst. Literatur und Psychoanalyse im Wien der Jahrhundertwende*, Frankfurt a. M. 1988.

[30] Peter Sprengel, *Die Wirklichkeit der Mythen. Untersuchungen zum Werk Gerhart Hauptmanns aufgrund des handschriftlichen Nachlasses*, Berlin 1982 (Veröffentlichungen der Gerhart-Hauptmann-Gesellschaft e. V. 2).

[31] Käte Hamburger, *Von Sophokles zu Sartre. Griechische Dramenfiguren antik und modern*, Stuttgart-Berlin-Köln-Mainz 1965 (Sprache und Literatur 1). In ähnlicher Weise auch Lieselotte Blumenthal, „Iphigenie von der Antike bis zur Moderne", in: Helmut Holtzhauer (Hg.), *Natur und Idee. Andreas Bruno Wachsmuth zugeeignet*, Weimar 1966, S. 9-40. Einen Überblick über antike Stoffe und Figuren im modernen Drama bietet Margret Dietrich, *Das moderne Drama. Strömungen. Gestalten. Motive*, Stuttgart ³1974, S. 558-599.

[32] Manfred Fuhrmann, „Mythos als Wiederholung in der griechischen Tragödie und im Drama des 20. Jahrhunderts", in: ders. (Hg.), *Terror und Spiel. Probleme der Mythenrezeption*, München 1971 (Poetik und Hermeneutik IV), S. 121-143.

[33] Peter Szondi, „Der Mythos im modernen Drama und das Epische Theater. Ein Nachtrag zur *Theorie des modernen Dramas*", in: ders., *Schriften II*, hg. von Jean Bollack u. a., Frankfurt a. M. 1978, S. 198-204.

zwei unterschiedliche Zugänge zur Adaption des Mythos im modernen Drama entwickelt (siehe dazu ausführlich Kapitel II.4).

Konrad Kenkel bezieht sich in seiner Monographie über die *Medea*-Dramen von Euripides, Klinger, Grillparzer, Jahnn und Anouilh zwar auf die Dialektik von Entmythisierung und Remythisierung; seine Studie beschränkt sich jedoch auf die „*thematische* Interpretation" dieser Dramen und geht „konsequent [...] vielen sich aufdrängenden Fragen, z. B. dramaturgischen oder stilistischen, aus dem Wege".[34] Dementsprechend lautet seine Schlußfolgerung, „daß der Mythos die Dichter geradezu herausforderte, ihm Gewalt anzutun; und [...] daß er [der Mythos] unter aller Vergewaltigung doch derselbe blieb, mit sich identisch, unzerstörbar."[35] In ähnlich pauschaler Weise behandelt auch Walter Jens die Gemeinsamkeiten und Differenzen zwischen antikem und modernem Drama; so ist sein Hinweis, daß es in der antiken Tragödie um Weltverwirklichung, im modernen Schauspiel jedoch um Selbstverwirklichung geht, zu allgemein für einen erhellenden formsemantischen oder gattungstypologischen Vergleich.[36]

Ob die Neudeutung antiker Mythen „Konsequenzen für die dramatische Form selbst hat",[37] muß vor dem Hintergrund von Szondis *Theorie des modernen Dramas* bezweifelt werden. Karl Jürgen Skrodzki will auf das moderne Mythendrama nicht den neu zu prägenden Begriff der *Mythisierung* anwenden, der analog zu den Tendenzen der *Lyrisierung* und der *Episierung* im modernen Drama nachzuweisen wäre. Seine These geht jedoch dahin, daß die „antiidealistische Deutung" der Antike „eine eigene Form des Mythendramas konstituiert, die als ein originärer Beitrag zur Geschichte der Poetik betrachtet werden kann".[38] Den Nachweis für diese Behauptung erbringt der Autor jedoch nicht, seine Ausführungen beschränken sich auf die (unbestreitbare) Bedeutung der religionsgeschichtlichen Quellen für die dramatische Gestaltung von Opfer- und Totenkult, von chthonischer und olympischer Götterwelt. Inwiefern mythisierende Figurationen einen spezifischen Dramentypus begründen, der sich von anderen Dramenformen der Moderne abhebt, bleibt unbeantwortet. Der allgemeine Hinweis auf den Mythos, mittels dessen „Grundstrukturen des Welt- und Wirklichkeitsbewußtseins"[39] aufgedeckt werden können, bietet keine Distinktions-

---

34 Konrad Kenkel, ‚*Medea'-Dramen. Entmythisierung und Remythisierung. Euripides, Klinger, Grillparzer, Jahnn, Anouilh*, Bonn 1979 (Studien zur Germanistik, Anglistik und Komparatistik 63), S. 3.

35 Kenkel, ‚*Medea'-Dramen*, S. 135.

36 Walter Jens, „Verkleidete Götter. Antikes und modernes Drama", in: ders., *Zur Antike*, München 1978, S. 78-99.

37 Karl Jürgen Skrodzki, *Mythopoetik. Das Weltbild des antiken Mythos und die Struktur des nachnaturalistischen Dramas*, Bonn 1986 (Bonner Arbeiten zur deutschen Literatur 44), S. 11.

38 Skrodzki, *Mythopoetik*, S. 11.

39 Skrodzki, *Mythopoetik*, S. 206.

möglichkeit und gilt in gleicher Weise für Antiken- und Mythendramen, die *vor* der literarischen Moderne entstanden sind (siehe dazu Kapitel II.4). Da Skrodzki von der thematischen Seite ausgeht, kann er keine Kriterien entwickeln, die (neben lyrischem und epischem Drama) die Einführung der Gattung *mythisches Drama* rechtfertigen würden.

Ausgehend von Nietzsches Gegensatzpaaren Apollinisch/Dionysisch und Sokratisch/Dionysisch hat Reinhold Grimm eine Typologie des modernen Dramas entwickelt, die das Spannungsfeld zwischen irrational-lyrisierenden und rational-episierenden Tendenzen vermißt und fünf verschiedene Formtypen identifiziert. Die meisten der hier untersuchten Dramen entsprechen dem Typus des dionysischen Dramas; Brechts *Antigone* wäre dem sokratisch-dionysischen Drama oder dem sokratischen Drama zuzuordnen.[40]

Auf den Zusammenhang zwischen *Erscheinungsschrecken* und *Erwartungsangst* im antiken und modernen Drama macht Karl Heinz Bohrer im Rahmen seiner Untersuchungen, die der *Ästhetik des Schreckens* gewidmet sind, aufmerksam (siehe dazu auch Kapitel III.1.4).[41] Diese Überlegung ist insofern erhellend, als sie – auf den Spuren Nietzsches – im Schrecken das „Urmotiv literarischer Phantasie"[42] erkennt; ein Motiv, das schon in den Tragödien des Aischylos auftaucht, in seiner ästhetischen Eigenständigkeit aber weder von der Tragödientheorie von Aristoteles bis Hegel noch von der modernen Altphilologie hinreichend gewürdigt wurde: „Es wurde schon immer auf der faktischen Plotebene übersehen, daß die tragischen Helden

---

40 Reinhold Grimm, „The Hidden Heritage: Repercussions of Nietzsche in Modern Theater and Its Theory", in: ders., *Echo and Disguise. Studies in German and Comparative Literature*, Frankfurt a. M. u. a. 1989 (Forschungen zur Literatur- und Kulturgeschichte 22), S. 61-78; Reinhold Grimm, „Zwischen Raserei und Ratio. Deutsche Dramatik seit 1870 in weltliterarischem Zusammenhang", in: *Zeitschrift für Literaturwissenschaft und Linguistik* 94 (1994), S. 127-134. Auf das Ganze betrachtet bietet Grimms Typologie wenig Differenzierungsmöglichkeiten, da so unterschiedliche Stücke wie Hofmannsthals *Elektra*, Kokoschkas *Mörder Hoffnung der Frauen* und Benns *Ithaka* dem dionysischen Dramentypus zuzuordnen wären.
   Der Vollständigkeit halber sei auf eine weitere Studie von Reinhold Grimm hingewiesen: „Pyramide und Karussell. Zum Strukturwandel im Drama", in: ders., *Nach dem Naturalismus. Essays zur modernen Dramatik*, Kronberg/Ts. 1978, S. 3-27. Grimm geht dabei aber – wie Volker Klotz in seiner Studie *Geschlossene und offene Form im Drama* (München [10]1980) – rein idealtypisch vor und berücksichtigt formgeschichtliche Zusammenhänge nicht. Ebenfalls unergiebig: Maria Deppermann, „Semiotik der ‚großen Loslösung'. Nietzsches ‚ästhetische Revolution' als hermeneutischer Schlüssel zum Strukturwandel im modernen Drama", in: *Jahrbuch der Bayrischen Akademie der Schönen Künste* 6 (1992), S. 221-242.
41 Karl Heinz Bohrer, „Erscheinungsschrecken und Erwartungsangst. Die griechische Tragödie als moderne Epiphanie", in: ders., *Das absolute Präsens. Die Semantik ästhetischer Zeit*, Frankfurt a. M. 1994, S. 32-62; Karl Heinz Bohrer, „Die Wiederholung des Mythos als Ästhetik des Schreckens. Hugo von Hofmannsthals Nachdichtung von Sophokles' *Elektra*", in: ders., *Das absolute Präsens*, S. 63-91.
42 Bohrer, „Erscheinungsschrecken und Erwartungsangst", S. 34.

12

keineswegs vornehmlich ihre Situation intellektuell reflektierten, sondern eine solche leidend erfahren und diesem Leid Ausdruck geben."[43] Dementsprechend wurde das ästhetische Potential des plötzlich einbrechenden Schreckens mit Hilfe von ethischen Kategorien wie Verantwortung und Entscheidung, Schuld und Versöhnung neutralisiert und damit einer moralisierenden Deutungstendenz untergeordnet.

Nicht frei von moralischen, an der traditionellen Tragödientheorie orientierten Urteilen sind auch Werner Fricks *Komparatistische Studien zur Transformation der griechischen Tragödie im Drama der klassischen Moderne*, die unter dem Titel *Die mythische Methode* die dramatische Antikerezeption in der ersten Hälfte des 20. Jahrhunderts behandeln. Hinsichtlich Thematik und Werkkorpus gibt es einige Überschneidungen mit der vorliegenden Arbeit. Da sich Frick jedoch auf „semantische[] Überformung", „‚ideologische' Ingebrauchnahme", „zeitgeschichtliche[] Applikation" sowie auf die „‚Logiken' der kulturellen Aneignung und Instrumentalisierung" von antiken Prätexten konzentriert,[44] werden in seiner Studie strukturelle, dramaturgische und gattungsgeschichtliche Fragestellungen nur am Rand berührt.

Die Arbeiten von Christoph Trilse,[45] Wolfgang Emmerich,[46] Volker Riedel,[47] Bernd Seidensticker,[48] Christoph Siegrist[49] und Günther Erken[50] behandeln die Tradierung antiker Mythen im deutschsprachigen Drama und Theater nach 1945, wobei die Antikendramatik der DDR besonders gewürdigt wird.

Zu dem Themenkomplex *Remythisierung/Retheatralisierung/Ritualisierung* haben u. a. die Theaterwissenschaftler Hans-Thies Lehmann und Erika Fischer-Lichte mehrere Beiträge vorgelegt, die für diese Arbeit bedeutsam sind. So unterscheidet Lehmann zwischen *prädramatischem*, *dramatischem* und *postdramatischem* Theater,[51] wobei das antike Drama aufgrund seiner Aufführungspraxis und seines diskursiven Kontextes dem ersten Typus zuzurechnen ist. Der zweite Typus repräsentiert jenes Paradigma des europäischen Theaters, das – von einigen Ausnahmen einmal abgese-

---

43 Bohrer, „Erscheinungsschrecken und Erwartungsangst", S. 46.
44 Werner Frick, *Die mythische Methode'. Komparatistische Studien zur Transformation der griechischen Tragödie im Drama der klassischen Moderne*, Tübingen 1998 (Hermaea Neue Folge 86), S. 35.
45 Christoph Trilse, *Antike und Theater heute. Betrachtungen über Mythologie und Realismus, Tradition und Gegenwart, Funktion und Methode, Stücke und Inszenierungen*, Berlin ²1979.
46 Emmerich, „Antike Mythen", S. 79-114.
47 Volker Riedel, *Antikerezeption in der Literatur der DDR*, Berlin 1984.
48 Seidensticker, „Metamorphosen", S. 128-154.
49 Christoph Siegrist, „Mythologie und antike Tragödie in der DDR", in: Hellmut Flashar (Hg.), *Tragödie. Idee und Transformation*, Stuttgart-Leipzig 1997 (Colloquium Rauricum 5), S. 348-367.
50 Günther Erken, „Regietheater und griechische Tragödie", in: Hellmut Flashar (Hg.), *Tragödie. Idee und Transformation*, Stuttgart-Leipzig 1997 (Colloquium Rauricum 5), S. 368-386.
51 Lehmann, *Theater und Mythos*, S. 1-5; Hans-Thies Lehmann, *Postdramatisches Theater*, Frankfurt a. M. 1999, S. 11-39 und 82f.

hen – von Shakespeare bis zum Naturalismus ganz im Zeichen der dramatischen Narration steht und sich überwiegend auf die Parameter Kausalität, Zeitlogik und Handlungssinn stützt. Der dritte Typus schließlich ist durch die Aufhebung dieser wirkungsmächtigen dramatischen Formen gekennzeichnet, von den Avantgarde-Bewegungen ab 1910 bis zur Gegenwart. Am Antikendrama der klassischen Moderne ist der Paradigmenwechsel bzw. Übergang vom dramatischen zum postdramatischen Theater insofern ablesbar, als hier – u. a. abgestützt durch archaisierende Dramenkonzeptionen von Nietzsche, Hofmannsthal und Hauptmann – der Primat der Handlung tendenziell außer Kraft gesetzt wird und zunehmend lyrische oder chorische Sprachformen die Normen des dramatischen Theaters überlagern – mitunter mit dem Ziel, an ritualartige, kollektive Praktiken der Frühgeschichte zu erinnern und rauschähnliche Zustände zu entfesseln. Lehmann spricht daher von einer ‚unterirdischen Kommunikation' zwischen prä- und postdramatischem Theater, die sich – neben der Wiederentdeckung von archaischen und antiken Darstellungsformen – insbesondere am erneuten Rückgriff auf antike Mythen erweist.[52] Seit Hofmannsthals *Alkestis* ist die Beschäftigung mit antiken Mythen im modernen Drama (und Musiktheater) nicht mehr abgerissen, wie ein flüchtiger Blick auf die Werke von George Tabori (*M*, 1985), Wolfgang Rihm (*Oedipus*, 1986/87), Botho Strauß (*Ithaka*, 1996), Luciano Berio (*Outis*, 1996), Dea Loher (*Manhattan Medea*, 1999) sowie das (nicht mehr realisierte) *Orestie*-Projekt von Heiner Müller und Pierre Boulez zeigt.

Fischer-Lichte untersucht die auffällige Häufung von Opferszenen im Theater der Jahrhundertwende vor dem Hintergrund der damals mehrfach beschworenen *Krise der Kultur*.[53] Analog zu den Krisen in frühgeschichtlichen Clans, die durch die Stigmatisierung eines Außenseiters und dessen Opferung befriedet wurden, kann man die Darstellung von Ritualen bzw. Opferungen auf der Theaterbühne (berühmtestes Beispiel ist die skandalumwitterte Uraufführung von Strawinskys Ballett *Le Sacre du printemps* am 29.05.1913 in Paris) als Modell der Krisenbewältigung verstehen, dem jenseits des Ästhetischen auch eine aggressionskanalisierende und sinnstiftende Funktion für das gesellschaftliche Leben zukommt. Gegen diese anthropologische Sicht auf Drama und Theater spricht zwar, daß – trotz der Fin-de-siècle-typischen Faszination für Opferdarstellungen – das gesellschaftliche Gewaltpotential nach 1900 nicht ab-, sondern zunimmt. Gleichwohl kommt in der Retheatralisierung des

---

52 Lehmann, *Theater und Mythos*, S. 3.
53 Erika Fischer-Lichte, „Das theatralische Opfer. Zum Funktionswandel von Theater im 20. Jahrhundert", in: dies., *Theater im Prozeß der Zivilisation*, Tübingen-Basel 2000, S. 137-153; siehe auch das Kapitel „Praktiken eines rituellen Theaters" in: Erika Fischer-Lichte, *Das eigene und das fremde Theater*, Tübingen-Basel 1999, S. 189-220 sowie Fischer-Lichte, „Ritualität und Grenze", S. 11-30.

Opfers (u. a. bei Hofmannsthal, Hauptmann, Kokoschka, Strawinsky, Artaud, Nitsch und Schechner) ein Aspekt zur Anschauung, der im öffentlichen Diskurs kaum thematisiert wird, nämlich die Tatsache, daß „Kultur ihre Entstehung einem Gewaltakt, einem Mord [verdankt], der als ein Akt ultimativer Verwandlung vollzogen wird"[54]: „Die Gewalt, die dem Körper des Opfers von den Opfernden angetan wird, die Tötung des Opfers, verwandelt seinen Körper in ein Symbol. Dies Symbol vermag der Gewalt eine Grenze zu setzen; es ermöglicht den Opfernden, innerhalb der Grenzen der neu entstandenen symbolischen Ordnung gewaltfrei zu agieren."[55] Fischer-Lichtes kulturwissenschaftlichem Ansatz liegt die Überlegung zugrunde, daß die traditionelle Unterscheidung zwischen europäisch-westlicher und nichteuropäischer Kultur aufzugeben und zu einer grundsätzlichen Untersuchung von *Theatralität* in verschiedenen kulturellen Kontexten vorzudringen sei – von Ritualen und Zeremonien über Feste bis zu Spielen und Wettkämpfen, von den verschiedenen Formen des Dramatischen bis zu theatralischen Prozessen in Religion, Politik, Rechtssystem und Medien.[56] Für das Theater um 1900 bedeutet dies: Aufgrund der Krise der Repräsentation, die sich im Lauf des 19. Jahrhunderts abzeichnet und die sich im einzelnen als Krise der Wahrnehmung, der Erkenntnis und der Subjektivität äußert, wird das dramatische Spiel neu definiert, nämlich „als eine performative Kunst, in der die referentiellen Funktionen den performativen untergeordnet sind."[57]

Diese Deutung von Ritual und Drama läuft jedoch Gefahr, die ästhetische Besonderheit eines literarischen Textes und seine theatralische Eigenart unter generalisierenden, anthropologischen Gesichtspunkten zu subsumieren. Denn wenn es zutrifft, daß „das Ritual generell eine basale Kategorie zur Beschreibung menschlichen Verhaltens ist" und daher „Rituale keinesfalls nur die religiöse und soziale

---

54 Fischer-Lichte, „Das theatralische Opfer", S. 153.

55 Fischer-Lichte, „Das theatralische Opfer", S. 152f.

56 Fischer-Lichte, „Einleitung" [zu *Theatralität und die Krisen der Repräsentation*], S. 2-4. Wie jeder Paradigmenwechsel bietet die kulturwissenschaftliche Erweiterung des Untersuchungsgegenstands *Theatralität* eine neue Sichtweise auf bekannte Phänomene. So läßt sich beispielsweise das körperbetonte, tendenziell selbstzerstörerische Spiel von Gertrud Eysoldt während der Uraufführung von Hofmannsthals *Elektra* als „Selbstopfer" deuten (Fischer-Lichte, „Ritualität und Grenze", S. 17), da die Schauspielerin hier die Grenzen der klassischen Schauspielkunst überschritt und ihr Spiel eine rituelle Dimension erhielt. Aus der Ethnologie sind ähnliche *Schwellen- und Transformationsphasen* bekannt, in denen der Akteur eines Rituals in einen ekstatischen, auf Zuschauer befremdlich wirkenden Zustand gerät; in einen Zustand, in dem Akteur und Publikum neue, verstörende Erfahrungen machen. In vergleichbarer Weise kann man die Reaktionen des Publikums bei der Uraufführung von Strawinskys *Le Sacre du printemps* verstehen – hier wurde die kulturell festgelegten Konventionen einer Theateraufführung (Illusionscharakter des Spiels, Grenze zwischen Bühne und Zuschauerraum) außer Kraft gesetzt und die Inszenierung des archaischen Opferrituals von den Zuschauern als reales Geschehen wahrgenommen.

57 Fischer-Lichte, „Einleitung [zu *Theatralität und die Krisen der Repräsentation*]", S. 13.

15

Praxis *archaischer* Gesellschaften regulieren"[58], dann stellt sich die Frage, ob noch trennscharf zwischen verschiedenen historischen Formen des Rituals differenziert werden kann (zum Beispiel hinsichtlich der Gegensätze archaisch/modern, sakral/profan, institutionalisiert/nichtinstitutionalisiert, öffentlich/privat, kontrolliert/ekstatisch, funktional/ästhetisch).[59] Zudem müßte geklärt werden, welchen Status die literarische Verarbeitung von religiösen oder sozialen Ritualen hat – besteht ein Hierarchieverhältnis (im Sinne der aristotelischen Mimesis) oder befinden sich das Ritual und seine literarische Verarbeitung auf ein und derselben Ebene soziokultureller Praxis?

Um diese Fragen zu beantworten, ist es sinnvoll, zunächst die Gemeinsamkeiten von Ritual und Drama hervorzuheben – beide zeichnen sich durch die Differenz zwischen Darstellern und Zuschauern (bei beständiger Überlagerung von innerem und äußerem Kommunikationssystem), durch Plurimedialität, durch die Kollektivität von Produktion und Rezeption, durch einen indirekten Realitätsbezug sowie den ,spielerischen' Charakter der Darstellung (verstanden als Gegensatz zu unmittelbar ökonomisch-produktiver Tätigkeit) aus.[60] Als Differenzkriterium bietet sich letztendlich die Poetizität eines dramatischen Textes (im Sinne Roman Jakobsons) an. Damit ist nicht gesagt, daß Rituale keine poetische bzw. ästhetische Dimension aufweisen.[61] Im Gegensatz zum Drama dominiert im Ritual jedoch nicht die poetische Funktion über die referentielle, expressive oder appellative Funktion (von phatischer und metasprachlicher Funktion kann in diesem Zusammenhang abgesehen werden).[62] Wenn man dieser Annahme zustimmt, dann macht es einen Unterschied, ob es um das Primärphänomen *Ritual* oder um das Sekundärphänomen *Verarbeitung von Ritualen im Drama* geht. Diese Unterscheidung ist aus kulturwissenschaftlicher Perspektive irrelevant – hier werden Ritual und Drama als ,nebeneinander' stehende Formen von Theatralität verstanden, wobei Theatralität „in den verschiedenen Kulturen, Epochen,

---

58 Wolfgang Braungart, *Ritual und Literatur*, Tübingen 1996 (Konzepte der Sprach- und Literaturwissenschaft 53), S. 47.

59 Dazu auch Michael Ott, „Ritualität und Theatralität", in: Gerhard Neumann u. a. (Hg.), *Szenographien. Theatralität als Kategorie der Literaturwissenschaft*, Freiburg i. Br. 2000 (Rombach Wissenschaften, Reihe Litterae 78), S. 309-342, hier S. 319-321.

60 Manfred Pfister, *Das Drama. Theorie und Analyse*, München [7]1988 (Information und Synthese 3), S. 30.

61 Siehe dazu Braungart, *Ritual und Literatur*, S. 108-118.

62 In diesem Sinn auch Ott, der ebenfalls auf der Differenz zwischen Ritual und Drama, zwischen sozialer Praxis und ästhetischer Verarbeitung beharrt: „Denn wenn Rituale die symbolische Ordnung instituieren – beziehungsweise ,inszenieren' –, ist die literarische ,Re-Inszenierung' von Ritualen doch immerhin denkbar als eine Art Verdoppelung von Performativität, als ,Ausstellung' dessen, was in der rituellen Inszenierung des Symbolischen nicht mehr als symbolisch erkennbar ist, weil es zu einer zweiten, kulturellen ,Natur' der Körper wird." (Ott, „Ritualität und Theatralität", S. 341f.).

Künsten, Institutionen, *cultural performances* und vor allem im jeweiligen Theaterbegriff je anders ausdifferenziert [wird]."[63]

Gegen die Vertreter einer ritualorientierten Dramentheorie (Victor W. Turner, Richard Schechner)[64] ist zudem einzuwenden, daß der Handlungsbegriff der antiken Tragödie ein anderer ist als der des archaischen Rituals. Während im Ritual das Jagen, Kämpfen, Töten, Opfern, Zerstückeln oder Wiedererwecken eines Gottes als heilige Handlung (*dromenon*) szenisch präsentiert wird, werden in der griechischen Tragödie vergleichbare Ereignisse von der Szene verbannt bzw. tauchen nur im Diskurs des Dramas auf. Es mag zwar zutreffen, daß auch die Tragödie einen rituellen Kern aufweist, daß sie der prozessualen Verlaufsform eines Rituals folgt und daß sie ritualartige Funktionen innerhalb des jeweiligen gesellschaftlichen Systems übernimmt.[65] Trotz dieser Übereinstimmungen ist es jedoch nicht einleuchtend, Drama und Theater lediglich als Sonderformen des sich täglichen abspielenden *social drama* (im Sinne Victor W. Turners) zu definieren, nämlich als rituell-theatralische Darstellung von sozialen Statusänderungen (Taufe, Pubertät, Initiation, Hochzeit) oder von regelmäßig wiederkehrenden Konflikten um Machtverteilung und Herrschaftsnachfolge. Denn das Drama – ganz gleich, ob es sich um eine antike Tragödie, eine Peking-Oper oder eine Komödie von Shakespeare handelt – erschöpft sich aufgrund seiner Poetizität nicht in der Gestaltung (oder Aufhebung) von Trennungs-, Schwellen- oder Wiederherstellungsriten.[66]

3. Zur Zitierweise

Alle verwendeten Texte werden in den Fußnoten bei der ersten Erwähnung vollständig angegeben, bei jeder weiteren lediglich in Kurzform (Nachname des Verfassers, Kurztitel, Seitenzahl). Bei Texten bzw. Ausgaben, die durch das Siglenverzeichnis

---

[63] Fischer-Lichte, „Einleitung [zu *Theatralität und die Krisen der Repräsentation*]", S. 4.

[64] Victor W. Turner, *Vom Ritual zum Theater. Der Ernst des menschlichen Spiels*, Frankfurt a. M. 1989; Richard Schechner, *Theater-Anthropologie. Spiel und Ritual im Kulturvergleich*, Reinbek 1990; Victor W. Turner, *Das Ritual. Struktur und Antistruktur*, Frankfurt a. M.-New York 2000.

[65] Doris Bachmann-Medick, „Kulturelle Spielräume: Drama und Theater im Licht ethnologischer Ritualforschung", in: Erika Fischer-Lichte/Fritz Paul/Brigitte Schultze/Horst Turk (Hg.), *Soziale und theatralische Konventionen als Problem der Dramenübersetzung*, Tübingen 1988 (Forum Modernes Theater 1), S. 153-177.

[66] Dies gegen Bachmann-Medick, „Kulturelle Spielräume", S. 159-165.

(im Kapitel VI.1) erschlossen werden können, steht schon bei der ersten Nennung die entsprechende Kurzform mit Sigle und Seitenzahl.

In den Kapiteln III.1 und IV werden insgesamt 20 Antikendramen vorgestellt. Die Ausgabe, aus der dabei jeweils zitiert wird, wird zu Beginn jedes Kapitels genannt. Zitate aus dieser Ausgabe werden im weiteren Verlauf des Kapitels sowohl im Haupttext wie in den Fußnoten lediglich unter Angabe des Verses bzw. der Seitenzahl in Klammern nachgewiesen.

Wenn aus Dramentexten zitiert wird, erfolgt – soweit dies erforderlich ist – die Markierung der jeweiligen Dramenfigur in Versalien. Versschlüsse werden durch einen Schrägstrich gekennzeichnet. Wird Nebentext aus Dramen zitiert, erfolgt die Wiedergabe immer in kursiver Schrift.

Hervorhebungen in Zitaten stammen – wenn nicht anders vermerkt – aus dem Original. Kursivierungen, Unterstreichungen, Sperrungen etc. werden einheitlich durch kursive Schreibweise wiedergegeben. Hinzufügungen oder Weglassungen in zitierten Texten werden in eckige Klammern gesetzt und stammen – wenn nicht anders vermerkt – vom Verfasser.

Die Schreibweise von mythologischen Figuren folgt dem Dramentext, auf den sich der entsprechende Textabschnitt bezieht. Ist keine Dramenfigur, sondern eine Figur der antiken Mythologie gemeint, so folgt die Schreibweise Herbert Hungers *Lexikon der griechischen und römischen Mythologie* (Wien ^{8}1988).

Die Werke der griechischen Tragiker werden – wenn nicht anders vermerkt – unter Angabe des Verses nach folgenden Ausgaben zitiert:

Aischylos, *Tragödien*, übersetzt von Oskar Werner, mit einer Einführung und Erläuterungen von Bernhard Zimmermann, München 1990

Euripides, *Tragödien*, übersetzt von Hans von Arnim, mit einer Einführung und Erläuterungen von Bernhard Zimmermann, München 1990

Sophokles, *Tragödien*, übersetzt von Wilhelm Willige, überarbeitet von Karl Bayer, mit einer Einführung und Erläuterungen von Bernhard Zimmermann, München 1990

II. Mythos und Drama

1. Mythenrezeption

Mit dem Prozeß der Naturbeherrschung geht von Anfang an die symbolische Darstellung von Individuellem und Gemeinschaftlichem einher. In diesem Kontext spielt der Mythos eine maßgebliche Rolle. Als ursprünglich mündlich tradierte Erzählung hat der Mythos die Beschreibung und Erklärung von Naturphänomenen und frühgeschichtlichen Gesellschaften zum Inhalt und zieht hierzu einen kosmischen oder übernatürlichen Bezugsrahmen heran.[67] Mythen deuten als Schöpfungserzählungen anthropologische Grundfragen (zum Beispiel als kosmogonische Mythen, Natur-, Kultur- und Existentialmythen) oder legitimieren alltägliches Verhalten, Riten, Machtansprüche und Besitzverhältnisse (zum Beispiel als Genealogien). Neben dem sozialpsychologisch erklärbaren Bedürfnis nach Selbstvergewisserung und Werterhöhung einer Gruppe oder Gesellschaft kommt dem Mythos mit der Auratisierung von Herrscherfiguren schon frühzeitig eine politische Bedeutung zu. Als „erinnerte[] Geschichte"[68] fundieren Mythen mit ihrem unerschöpflichen Reservoir an exemplarischen Erzählungen, Bildern und Symbolen das kollektive Gedächtnis von Gruppen oder Gesellschaften und prägen bzw. strukturieren die politischen Diskurse bis in die Gegenwart.

In struktureller Perspektive sind vor allem die folgenden Ausdrucksformen hervorzuheben: Mythen liegt ein narratives Schema zugrunde, sie weisen eine starke bildliche Dimension auf (so trägt die „ikonische Konstanz"[69] des Mythos zu dessen starker Ausdrucksqualität bei) und sie zeichnen sich durch ein historisch oder regional ausdifferenziertes Variationsspektrum aus. Der Mythos ist als mündlich, schriftlich oder bildlich überliefertes ‚Textphänomen' Teil komplexer Mentalitätsstrukturen (mythisches Denken). Hierzu gehören: magisches Weltverständnis (Animismus, Beseelung des Naturgeschehens), Äquivalenzdenken (Bildung von symbolischen Ordnungen auf der Basis von Ähnlichkeiten oder Kontiguitäten), konstante Grundmuster des Sinnhaften (Strukturierung der Erfahrungswelt durch Wiederholungen), nichtlineare Temporalisierung (als Genealogie oder antithetische Gegenüberstellung von

---

[67] Die Ausführungen zum Begriff des Mythos basieren auf: Aleida Assmann/Jan Assmann, „Mythos", in: Hubert Cancik/Burkhard Gladigow/Karl-Heinz Kohl (Hg.), *Handbuch religionswissenschaftlicher Grundbegriffe*, Bd. IV, Stuttgart-Berlin-Köln 1998, S. 179-200; Walter Burkert, „Antiker Mythos – Begriff und Funktion", in: Heinz Hofmann (Hg.), *Antike Mythen in der europäischen Tradition*, Tübingen 1999, S. 11-26; Christoph Jamme, ‚*Gott an hat ein Gewand'. Grenzen und Perspektiven philosophischer Mythos-Theorien der Gegenwart*, Frankfurt a. M. 1991.

[68] Assmann/Assmann, „Mythos", S. 197.

[69] Hans Blumenberg, *Arbeit am Mythos*, Frankfurt a. M. ^{5}1990, S. 165.

Weltentstehung und Gegenwart), Ambivalenz (Weltwahrnehmung oszilliert zwischen gegensätzlichen Polen) und Totalisierung (die Welt wird als geschlossenes System betrachtet, das gegenüber historischen Veränderungen „verriegelt"[70] bleibt). In dem historischen Verflochtensein mit Kultus und Ritual zeigt sich aber auch ein sentimentalischer Aspekt des Mythos: Indem der Mythos an alte Bräuche erinnert, distanziert er sich auch davon: „Schon im Mythos also ist eine Abwesenheit des Heiligen eingearbeitet, die im Extrem auch als sein Verlust erscheinen kann, wie etwa im Mythos von der Götterdämmerung der *Edda* oder der griechischen Mythologie."[71]

Blumenberg hat die These vertreten, daß das mythische Sprechen dazu beigetragen hat, den „Absolutismus der Wirklichkeit"[72] zu bewältigen, der das Bewußtsein vor- und urgeschichtlicher Sozialverbände anfänglich prägte. Mit dem Verlassen des schützenden Regenwalds und der Erschließung neuer Lebensräume in der Savanne wuchs auch die Angst vor unbekannten Gefahren. Der Mythos half, die Schrecknisse einer übermächtigen Natur zu bannen, da schon die erzählerische ‚Bearbeitung' einer als übermächtig wahrgenommenen Natur im mythischen Wort eine Form der rationalen Distanzierung darstellt. Indem das unverstandene Schreckliche in das Medium mythischen Sprechens transformiert wird, wird sein Bedrohungscharakter herabgestuft und der Affekthaushalt entlastet. „Mythen sind geglückte Versuche, [...] aus dem Schrecken in Geschichten über den Schrecken auszuweichen, der dabei seinen Schrecken langsam – aber nie völlig – verliert."[73] Damit setzt das Wechselverhältnis von *Terror* und *Poesie*, von dämonischer Gebanntheit und imaginativer Ausschweifung ein, das die Produktion und Rezeption von Mythen von nun an steuern wird.[74]

Mit dem Übergang von der Mündlichkeit zur Schriftlichkeit hat sich der Status des Mythos (insbesondere im orientalisch-mediterranen Raum) verändert. Schon die mesopotamische Epik kennt ein distanziert-ironisches Verhältnis zur Götterwelt, in

---

70 Claude Lévi-Strauss, *Mythos und Bedeutung. Fünf Radiovorträge*, Frankfurt a. M. 1980, S. 84.
71 Frank, „Dionysos und die Renaissance des kultischen Dramas", S. 18. Zum Verhältnis von Mythos, Ritual und Kultus siehe Jamme, ‚*Gott an hat ein Gewand'*, S. 146-166.
72 Blumenberg, *Arbeit am Mythos*, S. 9.
73 So Odo Marquard in einem Diskussionsbeitrag der Forschungsgruppe *Poetik und Hermeneutik*, in: Manfred Fuhrmann (Hg.), *Terror und Spiel. Probleme der Mythenrezeption*, München 1971 (Poetik und Hermeneutik IV), S. 528.
74 Blumenberg, „Wirklichkeitsbegriff und Wirkungspotential des Mythos", S. 13-26; Blumenberg, *Arbeit am Mythos*, S. 9-14. Das Motiv der rationalen Angstbewältigung durch Arbeit am Mythos erinnert an die *Dialektik der Aufklärung*, in der die Beseitigung des Fremden und Unheimlichen auf instrumentelle Naturbeherrschung zurückgeführt wird. Im Gegensatz zu Blumenberg geht es Horkheimer/Adorno jedoch um eine Reflexion über das Destruktive des Fortschritts; sie wollen im Rahmen ihrer subjekt- und herrschaftskritischen Analysen von historischen und zeitgenössischen Bewußtseinsformen den Zusammenhang zwischen emanzipativer Befreiung der Gattung vom Naturzwang und gleichzeitig erfolgender Beherrschung von innerer und äußerer Natur herausarbeiten. Zur Kritik an Blumenberg siehe auch Jamme, ‚*Gott an hat ein Gewand'*, S. 95-105.

Griechenland kommt es zu frühen Formen einer rationalen Mythenkritik,[75] und die biblische Überlieferung tendiert zur Kanonisierung und Dogmatisierung von mythischen Erzählungen. Als weitere Variante tritt die Ästhetisierung bzw. Literarisierung des Mythos hinzu, die maßgeblich dazu beigetragen hat, daß die Rezeptionsgeschichte des Mythos – auch über Epochenschwellen wie Christianisierung und Aufklärung hinweg – als unabschließbar zu gelten hat. So wie das Ende einer Literarisierung des Mythos nicht absehbar ist, so liegen auch dessen Anfänge im Dunkeln und lassen sich – trotz zahlloser Anstrengungen der älteren Philologie – nicht auf einen 'Urmythos' zurückführen. Der Mythos muß daher „als immer schon in Rezeption übergegangen verstanden" werden.[76] Das Weiterwandern des Mythos wird garantiert durch die Reduktion der erzählerischen Umständlichkeit auf eine als beispielhaft angesehene Konstellation, deren „semantische[r] Überschuß [...] in immer neue Formulierungen drängt".[77] Begünstigt wird dieses Verfahren durch die Darstellung existentieller Situationen, durch exemplarische Figurenkonstellationen, Variantenreichtum, prägnante Bildlichkeit, die 'Durchlässigkeit' für eine Welt jenseits des empirisch Faßbaren, die Modellierbarkeit und die Offenheit des Mythos für unterschiedliche Bedeutungszuweisungen. Damit birgt der Mythos ein künstlerisch unausschöpfliches Potential, das die mythopoetische Fortschreibung tradierter Mythen begünstigt, zur Erfindung neuer Mythen herausfordert oder sich in eine autorspezifische Privatmythologie transformieren läßt.

2. Entmythisierung und Remythisierung

Seit der Aufklärung wird das Phänomen Mythenrezeption in geschichtsphilosophisch-teleologischer Perspektive diskutiert. Wilhelm Nestle hat hierfür die griffige Formel *Vom Mythos zum Logos* geprägt.[78] Demzufolge vollzieht sich der unterstellte

75 Zum Mythosverständnis im antiken Griechenland siehe den Überblick bei Christiane Zimmermann, *Der Antigone-Mythos in der antiken Literatur und Kunst*, Tübingen 1993 (Classica Monacensia 5), S. 15-22.
76 Blumenberg, „Wirklichkeitsbegriff und Wirkungspotential des Mythos", S. 28. Dementsprechend sind Mythen nicht als naturwüchsige oder authentische Gebilde zu betrachten, sondern als sekundäre Artefakte, die auf historische Umbrüche und gesellschaftliche Defiziterfahrungen antworten. Siehe dazu Jamme, *'Gott an hat ein Gewand'*, S. 167f. und 198f.
77 Assmann/Assmann, „Mythos", S. 190.
78 Wilhelm Nestle, *Vom Mythos zum Logos. Die Selbstentfaltung des griechischen Denkens von Homer bis auf die Sophistik und Sokrates*, Stuttgart 1940. Siehe dazu Kurt Rudolph, „Mythos –

Übergang vom archaisch-mythischen zum modern-aufgeklärten Weltbild als fort-schreitende Depotenzierung des Mythischen. Diese Betrachtungsweise verkennt je-doch, daß der Gebrauch des Mythos in archaischen Gesellschaften ebenso wie bei den heute noch existierenden ‚Naturvölkern' rationalen Mustern folgt und insofern die traditionelle Differenzierung zwischen mythischem und wissenschaftlichem Denken fragwürdig ist.[79] Gegen die Rede von der vermeintlichen Uranfänglichkeit des Mythos schlägt Jamme unter Berücksichtigung der neueren frühgeschichtlichen und ethnologischen Forschung vor, den Mythos als „hochkomplexes Symbolisie-rungssystem"[80] zu verstehen, das „zu den Objektivationen des zivilisatorischen Pro-zesses" gehört wie der Staat und das Rechtssystem.[81] Auch die Tatsache, daß Mythen trotz der Aufklärung ein virulentes Eigenleben führen und keineswegs abgestorben sind (wie dies beispielsweise Karl Marx erwartet hatte[82]), spricht gegen die These von einer generellen Entmythisierung.

Mit diesem Befund soll keineswegs die Bedeutung jener Säkularisierungs- und Ausdifferenzierungsprozesse negiert werden, die nach 1800 tiefgreifende gesell-schaftliche Wirkungen entfaltet haben. Die neuzeitliche Mythenadaption folgt zwei-fellos anderen Regeln und dient anderen Zwecken als im Neolithikum oder während der griechischen Antike. Christentum und Aufklärung haben den Mythos auf das Feld der Kunst verwiesen, in dem ihm u. a. die Aufgabe zufiel, nach den Defiziten von Rationalität und Naturbeherrschung zu fragen. Vor diesem Hintergrund erscheint es sinnvoll, die Geschichte der Mythenrezeption nicht als fortschreitende Rationa-lisierung zu beschreiben, sondern – analog zu den sich abwechselnden Säkularisie-rungs- und Resakralisierungstendenzen der Neuzeit – von einem beständigen Wech-sel zwischen Entmythisierung und Remythisierung zu sprechen.[83] Eine solche Posi-

Mythologie – Entmythologisierung", in: Hans Heinrich Schmid (Hg.), *Mythos und Rationalität*, Gütersloh 1988, S. 368-381, hier S. 376f.

[79] Siehe dazu Claude Lévi-Strauss, „Die Struktur der Mythen", in: ders., *Strukturale Anthropologie I*, Frankfurt a. M. 1967, S. 226-254; Kurt Hübner, „Aufstieg vom Mythos zum Logos? Eine wissen-schaftstheoretische Frage", in: Peter Kemper (Hg.), *Macht des Mythos – Ohnmacht der Vernunft?*, Frankfurt a. M. 1989, S. 33-52.

[80] Jamme, *‚Gott an hat ein Gewand'*, S. 224.

[81] Jamme, *‚Gott an hat ein Gewand'*, S. 207. Mit dieser Feststellung ist auch gesagt, daß schon die frühesten schriftlichen Zeugnisse des antiken Mythos (zum Beispiel bei Homer) nicht Ausdruck eines archaisches Zeitalters sind, sondern als spätzeitliche Dokumente einen langwährenden Pro-zeß der Mythentradierung zusammenfassen und bündeln. Siehe dazu Blumenberg, *Arbeit am My-thos*, S. 168f.: „Ich stelle ihn [Homer] mir vor als einen, der voller Ängste war um den Bestand der Welt, in der er lebte, und sich als Bewahrer ihres Besten vor dem Untergang empfand. Wenn das eine Übertreibung sein sollte, so veranschaulicht sie jedenfalls die Korrektur der Zeitperspektive, nach der unser Frühestes etwas seiner immanenten Geschichte nach schon Spätes war."

[82] Karl Marx, *Einleitung [zur Kritik der Politischen Ökonomie]*, in: ders./Friedrich Engels, *Werke*, Bd. 13, Berlin [10]1985, S. 615-642, hier S. 641f.

[83] Jamme, *‚Gott an hat ein Gewand'*, S. 259-274 und 278-281.

tion weiß um die Unmöglichkeit, zu den Ursprüngen des Mythos zurückzukehren, beharrt aber auch darauf, daß die Lebenswelt symbolisch strukturiert ist und deshalb die mythische Symbolisierung zu den anthropologischen Konstanten zählt. Was Jamme mit Blick auf die Philosophie formuliert, läßt sich auch auf die literaturwissenschaftliche Deutung von mythischen Figurationen übertragen: „Nur in dieser doppelten Frontstellung – gegen die Aufklärung und gegen die Romantik – findet die heutige philosophische Mythentheorie ihren Ort. Es gilt, die Komplizenschaft mit dem Mythos (d. h. Restitutionsversuche à la Schelling) ebenso zu verweigern wie seine Verdammung im Dienst rationaler Kontrolle (Voltaire, Diderot)."[84]

Die Beispiele für die Pendelbewegung zwischen Entmythisierung und Remythisierung sind zahlreich. So läßt sich schon die Epik Homers mit ihrer anthropomorphischen Götterwelt und ihren parodistischen bzw. ironischen Elementen als Humanisierung einer frühzeitlichen Mythenwelt verstehen. In vergleichbarer Weise unternimmt die *Orestie* des Aischylos einige Jahrhunderte später den Versuch, den alten Mythos mit dem neuen Polis-Denken zu vermitteln: Im dritten Teil der Trilogie wird der alte Schicksalszwang, die Pflicht zur Blutrache, vor dem Rechtsinstitut des Areopags (mit Unterstützung der Göttin Athena) aufgehoben, worauf sich die zürnenden Erinnyen in friedvolle Eumeniden verwandeln. Auch Sophokles setzt eine Entmythisierungstendenz fort, indem er den Mensch in den Mittelpunkt seiner Tragödien stellt und die Götter von der Szene verbannt. Bei Euripides, dem jüngsten der drei Tragiker, sind dagegen die Anzeichen einer Remythisierung feststellbar, am deutlichsten in der Tragödie *Die Bakchen*, in der der dunkle Gott Dionysos, aus dessen Kult das Drama einst entstanden sein soll, auf die Bühne zurückkehrt. Auch die Gewaltexzesse in den Euripideischen Tragödien sind Zeichen einer latenten Bedrohung, die der Mythos – auch in mythenkritischen Zeiten – nach wie vor birgt.

Eine über die Jahrhunderte reichende Entmythisierung ließe sich auch anhand der Transformation des taurischen Iphigenie-Stoffes von Euripides über Racine bis zu Goethe rekonstruieren. Aber schon im Umfeld des apollinischen Antikenbildes der Weimarer Klassik, in Maler Müllers *Iphigenie* (entstanden zwischen 1780 und 1805), in Klingers erster Medea-Tragödie (*Medea in Korinth*, 1787), in den Sophokles-Übertragungen von Hölderlin und in Kleists *Penthesilea*, wird die Beruhigung des

---

[84] Jamme, *,Gott an hat ein Gewand'*, S. 17. Exemplarisch lassen sich die Gegensätze der neueren Mythosdiskussion an zwei Stellungnahmen festmachen: Während Jürgen Habermas zeitgenössische Remythisierungsversuche als „neuheidnische Regression" kritisiert („Die neue Intimität zwischen Politik und Kultur. Thesen zur Aufklärung in Deutschland", in: *Merkur* 42 (1988), S. 150-155, hier S. 154) und darauf besteht, daß eine (mythenorientierte) Vernunftkritik die Erkenntnisse und Differenzierungen der Moderne nicht unterlaufen dürfe, beharrt Blumenberg darauf, daß „die Welt den Menschen nicht durchsichtig ist und nicht einmal sie selbst sich dies sind" (*Arbeit am Mythos*, S. 303). Der Mensch müsse deshalb mit einer „bedenkliche[n] Lücke im Schirm der Rationalität" leben (*Arbeit am Mythos*, S. 181).

Mythos in Frage gestellt, kommen mythischer Zwang, Gewalt und Raserei als ‚Rückseite' eines rationalen Diskurses wieder zum Vorschein. Schließlich steigert sich das deutschsprachige Antikendrama bei Grillparzer, Hofmannsthal, Jahnn und Hauptmann – meist als Verzeichnung von Goethes *Iphigenie* – zu einer weiteren Verdüsterung, ja blutrünstigen Archaisierung des Mythos: „In ihrem Schlachthaus herrscht sie unbeschränkt, / blutgieriger, gnadenloser als die Göttin", so lautet die Charakterisierung der Iphigenie in Hauptmanns *Atriden-Tetralogie*.[85]

3. Mythos und Moderne

Der Begriff ‚mythisierend' wird in ideologiekritischer Perspektive häufig mit den Adjektiven antiaufklärerisch, konservativ, irrational, rückwärtsgewandt assoziiert. Die literarische Adaption von antiken, nordischen oder anderen Mythen muß aber nicht zwangsläufig eine rückwärtsgewandte Tendenz aufweisen; umgekehrt müssen rückwärtsgewandte Figurationen nicht zwangsläufig auf antike, nordische oder andere Mythen zurückgreifen. Da der Mythos spätestens seit der Renaissance als ‚Leerformel' fungiert,[86] die sich zwanglos den Intentionen seines Bearbeiters fügt, ist eine interesselose Inanspruchnahme nicht denkbar. Die Geschichte der neueren Mythenrezeption kennt verschiedene Formen der mythischen Funktionalisierung, wobei idealtypisch zwischen ästhetisch-individualistischen und politisch-sozialen (mit jeweils progressiven wie restaurativen Tendenzen) unterschieden werden kann.[87]

Die Verbindlichkeit des Mythos ging spätestens mit dem Beginn der Neuzeit unwiederbringlich verloren: „Mit dem Gedanken, daß Götter erscheinen könnten, ist im Horizont des neuzeitlichen Wirklichkeitsbegriffs nicht einmal mehr zu spielen. Wer davon spricht, Hölderlin etwa oder ihn auslegend Heidegger, muß konsequent nicht mehr nur auf ein einschlägiges Ereignis im Kontext unserer Wirklichkeit, sondern auf einen radikalen Wandel dieser Wirklichkeitsstruktur selbst hoffen dürfen."[88] Und

---

85 Hauptmann, *Iphigenie in Delphi*, CA III 1049.
86 Ernst Topitsch, „Über Leerformeln. Zur Pragmatik des Sprachgebrauches in Philosophie und politischer Theorie", in: ders. (Hg.), *Probleme der Wissenschaftstheorie. Festschrift für Victor Kraft*, Wien 1960, S. 233-264.
87 Hans Schumacher, „Mythisierende Tendenzen in der Literatur 1918-1933", in: Wolfgang Rothe (Hg.), *Die deutsche Literatur in der Weimarer Republik*, Stuttgart 1974, S. 281-303, hier S. 282. Weitere Vorschläge zur Klassifizierung der Mythosverwendung bei Peter Kobbe, *Mythos und Modernität. Eine poetologische und methodenkritische Studie zum Werk Hans Henny Jahnns*, Stuttgart-Berlin-Köln-Mainz 1973 (Studien zur Poetik und Geschichte der Literatur 32), S. 30-40.
88 Blumenberg, „Wirklichkeitsbegriff und Wirkungspotential des Mythos", S. 41.

wer nicht auf diesen radikalen Wandel hofft, so könnte man ergänzen, der ist um so mehr auf das Spiel, auf ästhetische Anordnung und künstlerische Kombinatorik verwiesen. Spätestens seit Hederichs *Gründlichem mythologischen Lexicon* von 1724 steht der Mythos den Künsten als lexikalisch aufbereitetes Wissen zur freien Verfügung. Damit ist dem Synkretismus, der Kombination von antiken, orientalischen, nordischen und modernen Elementen, Tür und Tor geöffnet, und konsequenterweise spricht Friedrich Schlegel von der Mythologie als einem „Gemisch von Geschichte, mündlich fortgepflanzten Sagen, Sinnbildlichkeit und willkürlich hinzugefügter Dichtung".[89] Insofern tendieren mythische Figurationen nicht erst seit den Zeiten der Postmoderne zur spielerisch-ästhetischen Unverbindlichkeit, ganz gleich, ob der wiederbelebte Mythos humanisiert (wie in Goethes *Iphigenie auf Tauris*), geschichtsphilosophisch gedeutet (wie in Brechts *Antigone des Sophokles*), metatheatralisch gebrochen (wie in Giraudoux' *Électre*) oder als archaisches Gegenbild zur Moderne gestaltet wird (wie in Hofmannsthals *Elektra*). Gerade die remythisierende Variante der modernen Antikerezeption, für die Hofmannsthals *Elektra* paradigmatisch steht, zeichnet sich durch Verfahren aus, die die Unbezweifelbarkeit der mythischen Rede immer wieder unterlaufen.

Die frühromantische Poetik der Mythenneuschöpfung mutet auf den ersten Blick willkürlich an und läßt eine antiaufklärerische Stoßrichtung vermuten; sie ist jedoch in einen geschichtsphilosophischen Rahmen eingebettet. Die Notwendigkeit einer *Neuen Mythologie* erwächst aus dem Verlust einer substantiellen gesellschaftlichen Ganzheit, den die Säkularisierungsprozesse der Neuzeit hervorgerufen haben. Mit deutlicher Bezugnahme auf die Programmatik der Französischen Revolution zielt die Einführung einer Neuen Mythologie auf eine egalitäre, demokratische Gesellschaft: „Ehe wir die Ideen ästhetisch, d. h. mythologisch machen, haben sie für das *Volk* kein Interesse; und umgekehrt, ehe die Mythologie vernünftig ist, muß sich der Philosoph ihrer schämen. So müssen endlich Aufgeklärte und Unaufgeklärte sich die Hand reichen, die Mythologie muß philosophisch werden und das Volk vernünftig, und die Philosophie muß mythologisch werden, um die Philosophen sinnlich zu machen. Dann herrscht ewige Einheit unter uns. Nimmer der verachtende Blick, nimmer das blinde Zittern des Volks vor seinen Weisen und Priestern."[90] Dabei erfordert die

---

[89] Friedrich Schlegel, *Geschichte der europäischen Literatur (1803/04)*, Kritische Friedrich-Schlegel-Ausgabe, Bd. 11: *Wissenschaft der europäischen Literatur. Vorlesungen, Aufsätze und Fragmente aus der Zeit von 1795-1804*, hg. von Ernst Behler, München u. a. 1958, S. 1-185, hier S. 23.

[90] Georg Wilhelm Friedrich Hegel, [*Das älteste Systemprogramm des deutschen Idealismus*], Werke *in zwanzig Bänden*, Bd. 1: *Frühe Schriften*, Frankfurt a. M. 1971, S. 234-236, hier S. 236. Zur mythopoetischen Kritik der Aufklärung siehe Manfred Frank, „Die Dichtung als ,Neue Mythologie'",

Neubildung mythischer Figurationen äußerste reflexive Anstrengungen, handelt es sich doch um den Versuch, Gegensätze wie Mythos und Vernunft, Intellekt und Anschauung, Poesie und Philosophie miteinander zu versöhnen. Utopisch wie dieses ästhetische Programm ist auch die Vorstellung, daß die Ausdifferenzierung der Lebenssphären im Medium der Kunst rückgängig gemacht werden könnte. Trotzdem bildet die frühromantische Diskussion um die Neue Mythologie einen Bezugspunkt, an dem sich das Reflexionsniveau mythischer bzw. mythisierender Diskurse messen läßt. Denn angesichts der fortschreitenden Modernisierung gesellschaftlicher und kultureller Systeme wirft die Verwendung mythischer Figurationen zwangsläufig zahlreiche Fragen auf; so beispielsweise nach dem Wirklichkeitsbezug des literarisierten Mythos, nach seiner ästhetischen Qualität, nach seiner Verbindlichkeit, nach seinen Immunisierungsstrategien gegen rationale Welterklärungsmodelle sowie nach seinem Ort innerhalb zeitgenössischer Diskurse.

Die deutschsprachige Literatur des 19. und 20. Jahrhunderts hat sich in besonderer Weise dem Mythos verschrieben und *mythisch* ist für viele Autoren vor und nach der Jahrhundertwende ein durchweg positiv besetzter Begriff, der auf die Epiphanie des Göttlichen, auf das Aufgehen des Individuums in einer größeren, übermächtigen Ganzheit oder die bedingungslose Teilhabe an einem Kollektiv verweist.[91] Angesichts der sich verändernden Produktions- und Rezeptionsbedingungen von Kunst im späten 19. und frühen 20. Jahrhundert erscheint der Rückgriff auf mythische oder archaische Figurationen als möglicher Ausweg, um die sich abzeichnende Entauratisierung des Kunstwerks aufzuhalten.[92] Damit entsteht jener ‚Hunger nach dem Mythos',[93] der in der deutschsprachigen Literatur zahlreiche Spuren hinterlassen hat und ein breites Spektrum von irrationalen bis zu mythenkritischen Positionen umfaßt.

in: Karl Heinz Bohrer (Hg.), *Mythos und Moderne. Begriff und Bild einer Rekonstruktion*, Frankfurt a. M. 1983, S. 15-40.

[91] Siehe dazu: Walter Burkert, „Griechische Mythologie und die Geistesgeschichte der Moderne", in: *Les études classiques aux XIXe et XXe siècles: leur place dans l'histoire des idées*, Vandeeuvres-Genf 1980 (Entreiens sur l'antiquité classique 26), S. 159-199; Schumacher, „Mythisierende Tendenzen", S. 281f. Wenn es zutrifft, daß Mythenbildung ein Zeichen für historische Umbrüche und gesellschaftliche Defiziterfahrungen ist, dann gibt es von der Neolithischen Revolution bis zur Gegenwart immer wieder Konjunkturen des Mythischen. Auffällig ist dabei, daß Dramatiker des englischen und französischen Sprachraums ein wesentlich distanzierteres Verhältnis zum Mythos entwickelt haben – hierzu grundlegend die Kapitel II und III bei Frick, *„Die mythische Methode'*. Insofern ist die Mythophilie der deutschsprachigen Literatur auch Ausdruck eines krisenhaften Modernisierungsprozesses.

[92] Zum Verlust der *Aura* bzw. dem Schwinden des *Kultwertes* von Kunst in der Moderne siehe Walter Benjamin, *Das Kunstwerk im Zeitalter seiner technischen Reproduzierbarkeit. Drei Studien zur Kunstsoziologie*, Frankfurt a. M. 1977, S. 7-44, hier S. 13-20.

[93] Theodore Ziolkowski, „Der Hunger nach dem Mythos. Zur seelischen Gastronomie der Deutschen in den Zwanziger Jahren", in: Reinhold Grimm/Jost Hermand (Hg.), *Die sogenannten Zwanziger Jahre*, Bad Homburg v. d. H.-Berlin-Zürich 1970 (Schriften zur Literatur 13), S. 169-201.

Die Stilisierung zum Seher, Propheten oder einsamen Rufer, der einer mythen-fernen Gegenwart die ‚Wahrheit' des Mythos verkündet und damit beansprucht, die Zersplitterung der menschlichen Lebensbereiche (zumindest partiell) zurückzu-nehmen, ist symptomatisch für das dichterische Selbstverständnis und den Habitus zahlreicher Autoren um 1900. Dabei geht die Verabsolutierung des Mythos, die my-thische Figurationen der Zeit häufig auszeichnet, einher mit einer Abwertung des Historischen zugunsten überzeitlicher Kategorien. Roland Barthes hat diesen Prozeß als Transformation von Geschichte in Natur beschrieben und darauf hingewiesen, daß der Diskurs bürgerlicher Gesellschaften dazu tendiert, angesichts von Krisen-erfahrungen ins Unpolitische, sprich in mythisch-restaurative Figurationen, auszu-weichen.[94] Trotzdem gilt es festzuhalten: „Dieser Zirkel aus krisenhafter Entwick-lung und mythischer Verdeckung ist durch eine Kritik des mythischen Denkens nicht aufzubrechen, da die Suggestion weniger von den Mythen als von den Bedingungen ihrer Rezeption erzeugt wird."[95] Und nebenbei bemerkt: Wer um 1900 eine mythisie-rende Figuration der literarischen Öffentlichkeit präsentiert, kann keineswegs sicher sein, einen Nerv der Zeit getroffen zu haben. „Kämmerchen zu vermythen", spottet Alfred Kerr anläßlich der Uraufführung von Hauptmanns *Bogen des Odysseus*.[96]

---

[94] Roland Barthes, *Mythen des Alltags*, Frankfurt a. M. 1964, S. 130-133 und 138-141. Zur Entste-hung und Tradierung von politischen Mythen im späten 19. und im 20. Jahrhundert siehe Guy P. Marchal, „Mythos im 20. Jahrhundert. Der Wille zum Mythos oder die Versuchung des ‚neuen Mythos' in einer säkularisierten Welt", in: Fritz Graf (Hg.), *Mythos in mythenloser Gesellschaft. Das Paradigma Roms*, Stuttgart-Leipzig 1993 (Colloquium Rauricum 3), S. 204-229. Siehe dazu auch Frank, „Die Dichtung als ‚Neue Mythologie'", S. 35: „Das Aufblühen mythischer Weltsich-ten in aufgeklärten Zeiten ist [...] nie einfacher Rückschritt oder Reaktion: es deutet auf ein Un-vermögen der Staaten, den Begründungsansprüchen ihrer Bürger zu genügen."

[95] Bernd Hüppauf, „Mythisches Denken und Krisen der deutschen Literatur und Gesellschaft", in: Karl Heinz Bohrer (Hg.), *Mythos und Moderne. Begriff und Bild einer Rekonstruktion*, Frankfurt a. M. 1983, S. 508-527, hier S. 522. Zur ideologiekritischen Deutung von Nietzsches *Geburt der Tragödie* und dem Verhältnis von Mythos und Literatur liegen zahlreiche Forschungsarbeiten vor, exemplarisch seien hier zwei ältere genannt: Gert Sautermeister, „Zur Grundlegung des Ästheti-zismus bei Nietzsche. Dialektik, Metaphysik und Politik in der *Geburt der Tragödie*", in: Christa Bürger/Peter Bürger/Jochen Schulte-Sasse (Hg.), *Naturalismus/Ästhetizismus*, Frankfurt a. M. 1979, S. 224-243; Jost Hermand, „Der Aufbruch in die falsche Moderne. Theorien zur deutschen Literatur um die Jahrhundertwende", in: ders., *Der Schein des schönen Lebens. Studien zur Jahr-hundertwende*, Frankfurt a. M. 1972, S. 13-25.

[96] Alfred Kerr, „*Der Bogen des Odysseus* (Bearbeitungen!)", in: *Gesammelte Schriften*, Bd. 2: *Die Welt im Drama*, Berlin 1917, S. 261-268, hier S. 264.

4. Die Formsemantik des modernen Dramas

Peter Szondis *Theorie des modernen Dramas* von 1956 gehört zu den Klassikern der Dramenanalyse, hat aber trotz hoher Auflagen in der Literaturwissenschaft nur eine begrenzte Wirkung entfalten können.[97] Dies mag damit zusammenhängen, daß der von Szondi verfolgte komparatistisch-formsemantische Ansatz quer steht zu den Theorien und Methoden, die die Germanistik seit den fünfziger Jahren geprägt haben. Szondis Schrift hat zu heftigem Widerspruch herausgefordert. So ist vor allem die Verabsolutierung der tragédie classique bzw. des klassischen Dramas zur idealtypischen Dramenform kritisiert worden. Nur mit diesem Kunstgriff habe Szondi seine Theorie des Stilwandels entfalten können.[98]

Szondi hat in der Tat alle nichtklassischen Dramenformen (u. a. antike Tragödie, mittelalterliches Mysterienspiel, barockes Trauerspiel, romantisches Drama) explizit aus seiner Definition des Dramas ausgeschlossen. Auch die Gattungsvielfalt, die das Drama in der Zeit der Klassik charakterisiert und die jener um 1900 in keiner Weise nachsteht, findet bei Szondi keine Berücksichtigung. Richtig ist allerdings, daß die Gattung Drama nach einer Zeit äußerster Produktivität ab der Mitte des 19. Jahrhunderts in eine Phase der Stagnation gerät. Gustav Freytags *Technik des Dramas* und die Vielzahl von heute vergessenen epigonalen Dramatikern, die vor allem mythische und historische Stoffe behandelten, orientieren sich fast ausschließlich am Modell des absoluten Dramas. Dieses dominierte Dramenpoetik, Dramenproduktion und (in Form von Klassikeraufführungen) auch die Theaterspielpläne der Zeit. Gegen den Vorwurf, er gehe systematisch-normativ vor und falle hinter sein Konzept einer historischen Gattungsästhetik zurück, hat Szondi schon in seiner *Theorie* festgestellt: „Aber die historische Methode, die dieses zur Norm Gewordene seiner Geschichtlichkeit zurückzugeben trachtet und seine Form so wieder sprechen läßt, wird nicht Lügen gestraft und in eine normative verkehrt, wenn das historische Bild des Dramas nun trotzdem an die Dramatik der Jahrhundertwende herangetragen wird. Denn diese Form des Dramas war um 1860 nicht nur die subjektive Norm der Theoretiker, son-

---

97 Zu Szondis *Theorie des modernen Dramas* siehe: Gert Mattenklott, „Peter Szondi als Komparatist", in: Jürgen Sieß (Hg.), *Vermittler. H. Mann/Benjamin/Groethuysen/Kojève/Szondi/ Heidegger in Frankreich/Goldmann/Sieburg. Deutsch-französisches Jahrbuch 1*, Frankfurt a. M. 1981, S. 127-141, hier S. 135-138; Patrice Pavis, „Szondis Erbe für die Semiologie des Theaters", in: Sieß, *Vermittler*, S. 143-160; Thomas Sparr, „Peter Szondi", in: *Bulletin des Leo Baeck Instituts* 78 (1987), S. 59-69, hier S. 60-62; Gerhard Scheit, *Am Beispiel von Brecht und Bronnen: Krise und Kritik des modernen Dramas*, Wien-Köln-Graz 1988, S. 21-50.

98 So Thomas Metscher, „Dialektik und Formalismus. Kritik des literaturwissenschaftlichen Idealismus am Beispiel Peter Szondis", in: ders., *Kunst und sozialer Prozeß. Studien zu einer Theorie der ästhetischen Erkenntnis*, Köln 1977, S. 15-48.

dern stellte zugleich den objektiven Stand der Dramatik dar."[99] Insofern läßt sich Szondis Fokussierung auf das klassische Drama zwar nicht poetologisch, aber dramenhistorisch durchaus rechtfertigen, da sie jene Zeitstelle zutreffend beschreibt, die der modernen Dramatik vorausgeht.

Hierzu ein kurzer Abriß der *Theorie des modernen Dramas*. Im Laufe des 19. Jahrhunderts gerät das Drama in eine widersprüchliche Situation, da Form und Inhalt auseinander treten. Indem der moderne Dramatiker (nach dem Vorbild des Erzählers im Roman) zeitgenössische Themen aufgreift (zum Beispiel: soziale Mißstände, Auflösung traditioneller Bindungen, Dezentrierung des Subjekts, Kontingenzerfahrungen), gleichzeitig aber an der traditionellen Formensprache des Dramas (genauer: an der dialogischen Aussprache zwischen Protagonist und Antagonist, von Szondi „zwischenmenschliche Aktualität"[100] genannt) festhält, verändert sich die Gattung. Anhand von Werken von Ibsen, Strindberg, Maeterlinck, Tschechow und Hauptmann zeigt Szondi, wie im modernen Drama epische Grundsituationen (die ausgedehnte Darstellung der Vergangenheit, die Fokussierung auf die Innerlichkeit der Figuren, die Einführung einer allwissenden Gestalt) etabliert werden, die „thematisch verbrämt als dramatische Szenen erscheinen".[101] Mit diesem Schritt werden klassische Kategorien des Dramatischen wie Gegenwärtigkeit, dialogische Konfliktgestaltung und vorwärtsdrängende Handlung relativiert bzw. aufgehoben. In der Folge entwickeln sich zahlreiche alternative Dramaturgien, die alle auf die Formprobleme des absoluten Dramas in der Moderne antworten.

Parallel hierzu wächst auch die Bedeutung von Regisseur und Inszenierung: Wenn das dramatische Spiel seine Immanenz verliert und zu nichtdialogischen Darstellungsweisen tendiert (zum Beispiel: fortschreitende Psychologisierung der Figuren; Introversion; Abbildung eines sozialen Milieus; Einführung eines Kollektivs als zusätzliche dramatische Figur; ausführliche Bühnenanweisungen; verstärkter Einsatz von Maske, Kostüm, Lichttechnik, Requisite, Bühnenarchitektur, Musik), wandelt sich die Rolle des Spielleiters, da ihm jetzt die Aufgabe zufällt, den immer größer werdenden Theaterapparat zu organisieren und die einzelnen Künste im Sinne eines theatralischen Gesamtkunstwerks zusammenzuführen.

Die *Theorie des modernen Dramas* bietet sich auch deshalb für eine Strukturanalyse dramatischer Formen um 1900 an, weil sich Szondi – trotz der Berufung auf Hegel, Lukács, Benjamin und Adorno – nur sehr vage zum Stellenwert des Kunstwerks als „fait social"[102] und zu der Spannung zwischen innerem Formprinzip und

---

99 Szondi, *Theorie des modernen Dramas*, S. 21.
100 Szondi, *Theorie des modernen Dramas*, S. 70.
101 Szondi, *Theorie des modernen Dramas*, S. 71.
102 Adorno, *Ästhetische Theorie*, GS 7 16.

gesellschaftlichem Erfahrungsgehalt äußert. Die Hinweise auf den gesellschaftlichen Kontext, in dem die Episierung des Dramatischen erfolgt, bleiben bei Szondi konturenlos. Nur beiläufig werden geschichtsphilosophische Kategorien wie ‚Entfremdung‘ und ‚Verdinglichung‘ als Chiffren einer in die Krise geratenen bürgerlichen Gesellschaft erwähnt.[103] Denn Szondi will mit seiner form- und gattungsorientierten Studie „innerhalb der Ästhetik" verbleiben und versagt sich daher deren „Ausweitung zu einer Diagnose der Zeit".[104] Daß Szondis Analyse nicht darüber Auskunft gibt, inwiefern die Form Trägerin sozialhistorischen Sinns sein kann, muß aus heutiger Sicht zu den Vorzügen seiner Arbeit gerechnet werden – blickt man auf die sozialgeschichtlichen und systemtheoretischen Studien, die diese Frage auch nicht beantworten konnten und die sich dabei immer mehr vom Text des literarischen Kunstwerk entfernt haben.[105]

Ansatzpunkt für eine Dramenanalyse nach Szondi ist die Frage nach der ‚Logik des Produziertseins‘ eines Kunstwerks, die Adorno aufgeworfen hat.[106] Mit den Worten Szondis: „Die Widersprüche zwischen der dramatischen Form und den Problemen der Gegenwart sollen nicht in abstracto aufgestellt, sondern im Innern des konkreten Werks als technische, d. h. als ‚Schwierigkeiten‘ erfaßt werden."[107] Dieses Verfahren beruht auf der Idee, daß im Kunstwerk bzw. Drama ein dialektisches Verhältnis besteht zwischen überlieferter Form und aktuellem Stoff, zwischen Vorgefundenem und Intendiertem, zwischen Produktionsästhetik und Werkstruktur, zwi-

---

103 Siehe dazu Mattenklott, „Peter Szondi als Komparatist", S. 138, dem zufolge Szondi die Geschichtsphilosophie für seine *Theorie des modernen Dramas* instrumentalisiert habe, um die Rede von der Krise des Dramas – mehr geistesgeschichtlich als kunstsoziologisch – zu begründen.

104 Szondi, *Theorie des modernen Dramas*, S. 13.

105 Siehe dazu Peter Szondi, „Hölderlin-Studien. Mit einem Traktat über philologische Erkenntnis", in: ders., *Schriften I*, hg. von Jean Bollack u. a., Frankfurt a. M. 1978, S. 263-286; Peter Szondi, *Einführung in die literarische Hermeneutik*, hg. von Jean Bollack und Helen Stierlin, Frankfurt a. M. 1975 (Studienausgabe der Vorlesungen 5). Zur Kritik an einer Sozialgeschichte der Literatur siehe Hans Peter Herrmann, „Sozialgeschichte oder Kunstautonomie? Zur Problematik neuerer Geschichten der Literatur", in: Rüdiger Scholz (Hg.), *Kritik der Sozialgeschichtsschreibung. Zur Diskussion gegenwärtiger Konzepte*, Hamburg 1990 (Argument Sonderband AS 166), S. 173-214; Peter Uwe Hohendahl, „Nach der Ideologiekritik: Überlegungen zu geschichtlicher Darstellung", in: Hartmut Eggert/Ulrich Profitlich/Klaus R. Scherpe (Hg.), *Geschichte als Literatur. Formen und Grenzen der Repräsentation von Vergangenheit*, Stuttgart 1990, S. 77-90. Zur systemtheoretischen Literaturgeschichtsschreibung siehe Klaus Briegleb, „‚1933‘. Die Ergreifung der Monade. Oder: Auf welche Sozialgeschichte beruft sich ‚die‘ Systemtheorie?", in: ders., *Unmittelbar zur Epoche des NS-Faschismus. Arbeiten zur politischen Philologie*, Frankfurt a. M. 1989, S. 160-179.

106 Adorno, *Valérys Abweichungen*, GS 11 159.

107 Szondi, *Theorie des modernen Dramas*, S. 13. Siehe dazu auch das Einleitungskapitel „Gattungsgeschichte, Sozialgeschichte und Interpretation" in: Peter Szondi, *Das lyrische Drama des Fin de siècle*, hg. von Henriette Beese, Frankfurt a. M. ²1991 (Studienausgabe der Vorlesungen 4), insbesondere S. 16-18 und 25.

30

schen Absicht und Verwirklichung. Da die Vermittlung dieser Gegensätze nie vollständig glückt, entsteht eine innere Spannung, die einerseits Auskunft gibt über die Geschichtlichkeit eines Kunstwerks und seinen utopischen Charakter, andererseits über jene Widersprüche, die sich bei der künstlerischen Realisierung einer Intention nicht vollständig haben tilgen lassen. Der imperfektible Charakter des Kunstwerks zwingt die literaturwissenschaftliche Analyse zu einer Untersuchung der dialektischen Form-Inhalt-Relationen und eröffnet auf diesem Weg einen Einblick in die Probleme seiner Komposition.[108]

Auch wenn das Postulat von der Krise des Dramas und die Differenzierung zwischen dramatischen Rettungs- und Lösungsversuchen letztendlich auf einem geschichtsphilosophischen Begründungszusammenhang beruht, über den nicht innerhalb der Literaturwissenschaft entschieden werden kann, haben Szondis Analysen den Blick geschärft für die Formenvielfalt moderner Dramen. Wobei die historisch-gesellschaftlichen Rahmenbedingungen der literarischen Moderne keineswegs aus dem Blick geraten, wenn anstelle von Krise von der *Ausdifferenzierung* von Dramenformen oder sogar von einem *Innovationsschub* die Rede ist.[109]

Die Antikendramen der klassischen Moderne partizipieren zwar an den Veränderungen und Neuerungen des modernen Dramas, wie sie Szondi beschrieben hat. Sie

---

[108] Für die Dramenanalyse wurde neben Szondis *Theorie* die Studie *Das Drama. Theorie und Analyse* (München [7]1988) von Manfred Pfister hinzugezogen.

[109] Zur Ausdifferenzierung als literaturgeschichtlicher Kategorie siehe Gerhard Plumpe, „Systemtheorie und Literaturgeschichte. Mit Anmerkungen zum deutschen Realismus im 19. Jahrhundert", in: Hans Ulrich Gumbrecht/Ursula Link-Heer (Hg.), *Epochenschwellen und Epochenstrukturen im Diskurs der Literatur- und Sprachhistorie*, Frankfurt a. M. 1985, S. 251-264.
    In systemtheoretischer Perspektive bildet die Literatur eines von mehreren Subsystemen innerhalb des gesellschaftlichen Gesamtsystems. Subsystem wie Gesamtsystem tendieren dazu, anwachsende Instabilität oder Umweltkomplexität durch Veränderung der Selektionsmechanismen und Erhöhung der internen Verarbeitungskapazität auszugleichen. Änderungen der Umweltkomplexität führen daher zwangsläufig zu einem Komplexitätsgefälle zwischen gesellschaftlichem System und literarischem Subsystem, wobei das literarische Subsystem reduziert, „indem es seine Selektionsmechanismen variiert und so höhere Eigenkomplexität erzeugen kann." (Plumpe, „Systemtheorie und Literaturgeschichte", S. 256). Auf diese Weise entsteht das, was systemtheoretisch als Ausdifferenzierung bezeichnet wird und klassischerweise als Prozeß, Entwicklung oder Fortschritt (der Literatur bzw. Geschichte) verstanden wurde. Die Ausdifferenzierung des literarischen Systems in der Moderne, die parallel zur gesellschaftlichen Umstellung von der stratifikatorischen zur funktionalen Systemdifferenzierung erfolgt, kennt im wesentlichen zwei Typen. Wenn die *Umweltreferenz* vorherrscht, dann liegen Texte des Typus Realismus bzw. Naturalismus vor, dominiert die *Systemreferenz*, dann handelt es sich um Texte des Typus Ästhetizismus bzw. Historische Avantgarde. Der Vorteil einer solchen literaturgeschichtlichen Konzeption besteht darin, die Vielfalt von Stilen und Schreibweisen in der literarischen Moderne als gleichwertige Phänomene eines subsystemischen Ausdifferenzierungsprozesses mit unterschiedlichen Referenzierungsschwerpunkten zu erfassen. Damit lassen sich die historischen Modernisierungsprozesse im Laufe des 19. Jahrhunderts und deren generelle Auswirkungen auf die moderne Literatur beschreiben, ohne daß teleologische Schemata wie ,Fortschritt der Kunst' oder ,Krise des Dramas' bemüht werden müssen.

31

gehören aber aus verschiedenen Gründen – sei es, weil jeder Bezugnahme auf die Antike ein Moment der Traditionsbindung zugrunde liegt, sei es, weil der Autor einer antimodernen Ästhetik folgt –, nicht zu jenen Werken, die an erster Stelle genannt werden, wenn es um die Modernisierung der Gattung geht. Das gilt letztendlich auch für Hofmannsthals *Elektra*, Jahnns *Medea* und Brechts *Antigone*, denen trotz einiger Kühnheiten hinsichtlich Sprache, Thematik und Formgestaltung nur eine Randnotiz in der Geschichte des modernen Dramas zugestanden wird. Blickt man von Szondis Theorie (und der ihr zugrundeliegenden geschichtsphilosophischen Ästhetik) auf die moderne Antikendramatik, dann muß man notwendigerweise zu dem Schluß kommen, daß diese Werke überwiegend einer restaurativen Tendenz folgen und – von wenigen innovativen Merkmalen einmal abgesehen – nicht über das hinausgehen, was Szondi mit den Stichworten *Krise* und *Rettungsversuche* beschrieben hat. Inwiefern ein Kunstwerk sich auf der Höhe dessen befindet, was Adorno den „fortgeschrittensten Stand der technischen Verfahrungsweise" genannt hat[110] und was bei Szondi als gelingender Lösungsversuch im Sinne des historischen Prozesses skizziert wird, ist jedoch eine Frage, die innerhalb der Literaturwissenschaft ohne den Rückgriff auf eine philosophische Ästhetik kaum zu leisten ist.

Ein weiterer Einwand gegen die geschichtsphilosophische Betrachtungsweise läßt sich mit Blick auf die *Dionysischen Tragoedien* von Pannwitz und die *Troerinnen* von Werfel formulieren. Es spricht nichts dagegen, auch diese Antikendramen, in denen der Chor ins Zentrum der Dramaturgie rückt und die sich durch produktive Anleihen bei lyrischen bzw. oratorischen Formen auszeichnen, als innovativ zu werten, auch wenn ihnen weder auf der Theaterbühne noch in Kritik oder Forschung eine nennenswerte Rezeption zuteil wurde. Der sich in einigen Antikendramen ausdrückende Wille, zu klassischen, ja archaischen Formen des Dramas zurückzukehren, soll daher nicht per se als restaurativ oder konservativ gedeutet werden, auch wenn er der gängigen Wahrnehmung moderner Dramatik nicht entspricht. Nur auf diesem Wege ist es möglich, der Vielfalt von Dramenformen zwischen 1890 und 1950 gerecht zu werden, ohne sie in ein gattungsästhetisches oder geschichtsphilosophisches Korsett zu zwängen. Denn bei aller Sympathie für den Fortschritt in der Kunst gibt es in jeder Epoche auch Prozesse der Verbreiterung, Ausgestaltung, Homogenisierung und Mischung von tradierten und innovativen Modellen, die in ihrer Gesamtheit dazu beitragen, daß die Literatur einer Zeit eben nicht nur aus solchen Werken besteht, denen die Signatur des Fortschrittlichen anhaftet.[111] Auf Basis die-

---

110 Adorno, *Philosophie der neuen Musik*, GS 12 40.
111 Diese Überlegung führt zu der Konsequenz, daß die Beurteilungskriterien, auf denen die literaturwissenschaftliche Beschreibung von Texten beruht, nicht in der Sache selbst liegen, sondern

ser Überlegungen ist es möglich, verschiedene dramatische Antikenfigurationen zwischen 1890 und 1950 zu analysieren und zu einer vergleichenden Untersuchung von Strukturelementen überzugehen, die sich – wie oben beschrieben – an Szondis formsemantischer Dramentheorie orientiert. Daß damit auch Fragen der literarischen Wertung berührt werden, ist offensichtlich, wenn es um das Verhältnis von geglückter oder mißlingender Vermittlung von Produktionsästhetik und Werkstruktur, von Absicht und Verwirklichung geht.

Als Nachtrag zu seiner *Theorie* hat sich Szondi auch zur Mythenrezeption im modernen Drama geäußert. Der Beitrag bezieht sich auf eine Typologie moderner Antikendramen von Manfred Fuhrmann.[112] In der antiken Tragödie wie im modernen Antikendrama sieht Fuhrmann das ‚Prinzip der variierenden Wiederholung' am Werk, das dafür sorgt, daß jedes dieser Dramen als affirmative oder kritische Replik auf die literarische Vorlage und das jeweilige Mythosverständnis der Zeit zielt. Fuhrmann unterscheidet zunächst zwischen Antikendramen, die sich ganz konkret auf ein bestimmtes antikes Drama beziehen (Anouilh, *Antigone*; Giraudoux, *Électre*; O'Neill, *Mourning becomes Electra*) und solchen, bei denen ganz allgemein die antike Überlieferung Pate gestanden hat (Hauptmann, *Iphigenie in Delphi*; Cocteau, *Orphée*; Giraudoux, *La guerre de Troie n'aura pas lieu*). Im ersten Fall kommt es zu einer direkten, d. h. kritischen oder polemischen Auseinandersetzung mit der antiken Vorlage und ihren klassizistischen Rezeptionsstufen. Im zweiten Fall sind die intertextuellen Relationen schwächer ausgeprägt und der Dramatiker kann einen wesentlich größeren Gestaltungsfreiraum für seine Figuration nutzen. In einem weiteren Schritt wird der erste Typus nochmals differenziert, nämlich in die antikisierende und die modernisierende Dramenadaption (antikisierend: Hauptmann, *Iphigenie in Aulis*; modernisierend: O'Neill, *Mourning becomes Electra*). Das Prinzip der wiederholenden Replik besitzt insbesondere für den antikisierenden Typus eine zentrale Bedeutung, da hier der Mythos in einem Spannungsfeld von dogmatischer Rezeption und kritischer Überprüfung dramatisch entfaltet wird. Wie schon in der antiken Tragödie gelten auch hier die Regeln der aristotelischen Poetik: Das Handlungsgerüst bleibt bestehen, Motivationen und Charaktere dürfen verändert werden.

Gegen eine rein formale Bestimmung der Dramenstruktur wendet Szondi ein: „Die Struktur des klassizistischen Dramas hängt ebenso wenig wie die des modernen davon ab, ob sein Stoff der Mythologie entstammt oder nicht."[113] Nicht die stoffliche

---

Effekte von Bedeutungszuweisungen sind, die selbstreferentiell organisiert sind und nach den Prinzipen von *Einschluß* und *Ausschluß* verfahren. Siehe dazu Jürgen Fohrmann, „Der Kommentar als diskursive Einheit der Wissenschaft", in: ders./Harro Müller (Hg.), *Diskurstheorien und Literaturwissenschaft*, Frankfurt a. M. 1988, S. 244-257, hier S. 247-252.

112 Fuhrmann, „Mythos als Wiederholung", S. 128-130.

113 Szondi, „Der Mythos im modernen Drama", S. 198.

Seite, die Bezugnahme auf den antiken Mythos, ist daher entscheidend, sondern die Art und Weise, wie sich diese Bezugnahme *in* der Struktur des Antikendramas niederschlägt. Was Szondi über die Deutung von Giraudoux' *Électre* sagt, gilt generell für jede Interpretation von Antikendramen: „Solange die Regeln des Epischen Theaters nicht normativ sind wie einst die der *tragédie classique* (und es scheint, daß sie es nicht mehr werden), muß die Interpretation bei jedem einzelnen Drama auch die Gründe namhaft machen, die zur epischen Struktur geführt haben."[114] Erst der Blick auf das Verhältnis von Form und Inhalt erlaubt es, Auskunft zu geben über den Stellenwert des Mythos bzw. des Mythischen im Antikendrama, wobei diese Vorgehensweise das historisch immer wieder neu bestimmte Verhältnis von altem Mythos und modernem Drama zu berücksichtigen hat.[115]

5. Intertextualität und Hypertextualität

Auch wenn Fuhrmann von historischen Gattungsmerkmalen absieht und die Struktur des modernen Antikendramas rein formal analysiert, lenkt sein Beitrag den Blick auf das Phänomen der *Intertexualität*, das antike Tragödie und modernes Antikendrama gleichermaßen auszeichnet. Literaturgeschichtlich betrachtet sind die Anfänge des Dichtens schon immer intertextueller Natur, da die zunächst mündliche, dann schriftliche Tradierung von mythischen Erzählungen die Bezugnahme auf einen *Prätext* bzw. auf mehrere *Prätexte* voraussetzt. So bildet das Repertoire von mythischen Erzählungen, die u. a. in den homerischen Epen verschriftlicht wurden, die Grundlage der antiken Tragödienproduktion. Poetologisch dargelegt hat Aristoteles den intertextuellen Status der Tragödie im 14. Kapitel seiner *Poetik*, wo er ausführt, daß die äußeren Fakten des Mythos den tradierten Mustern folgen müssen: „Es ist nun nicht gestattet, die überlieferten Geschichten zu verändern; ich meine z. B., daß Klytaime-

---

114 Szondi, „Der Mythos im modernen Drama", S. 201.

115 Gegen die von Fuhrmann eingeführte Analogie zwischen der *Mythenvariation im Drama* und der musikalischen Form *Tema con variationi* hat Szondi argumentiert, daß Mythendramen „Variationen ohne Thema" seien, da der Rückgriff auf das mündlich tradierte Original nicht mehr möglich sei (Szondi, „Der Mythos im modernen Drama", S. 203). Fuhrmann weist darauf hin, daß Szondi hier nicht zwischen Religions- und Literaturwissenschaft unterscheide: Im Gegensatz zum Mythenforscher, der den ‚Urmythos' nicht mehr rekonstruieren kann und daher darauf verwiesen ist, die zahllosen Variationen mythischer Erzählungen nachzuzeichnen, kann der Literaturwissenschaftler durchaus das Werk benennen, das als ‚Thema' am Anfang einer Kette von Wiederaufnahmen steht. Siehe dazu den Diskussionsbeitrag von Manfred Fuhrmann, in: ders., *Terror und Spiel*, S. 572f.

34

stra von Orestes getötet werden muß."[116] Die Darbietung von Handlungsepisoden (zum Beispiel als Intrige oder Anagnorisis), die Figurencharakterisierung, die Motivation und der Bedeutungszusammenhang können dagegen variiert werden. Aufgrund dieser Eingrenzung des Themenspektrums besteht vor allem auf makrostruktureller Ebene eine ausgeprägte Beziehung zwischen Text und Prätext. Hinter dieser Norm verbarg sich weder eine tragische Lebensanschauung noch eine kultische oder politische Konvention. Die Verknüpfung von archaischen Mythen und zeitgenössischen Denkweisen im Medium des Dramatischen eröffnete vielmehr ein produktives Spannungsverhältnis, das zu immer neuen Aktualisierungen drängt.[117] Der Vergleich der *Elektra*-Dramen von Aischylos, Sophokles und Euripides zeigt, daß gerade die Einhaltung dieser poetologischen Norm einen signifikanten Variationsspielraum eröffnet. So führen bei Aischylos Gatten- und Muttermord zu einem Ausgleich von religiösen und rechtlichen Ansprüchen, bei Sophokles wird das Leid der verlassenen Königstochter thematisiert und Euripides fragt mit deutlich polemischer Absicht nach der moralischen Berechtigung der Gewalttat.[118] Die Mythenrezeption im antiken Drama stellt somit eine intertextuelle ‚Standardsituation' dar, da die Markierungen auf mikro- und makrostruktureller Ebene konstitutives Merkmal der Textproduktion sind: „Der Mythos brachte keine ‚absoluten' Dramen hervor; die Stücke, die demselben Thema galten, waren mehr oder minder deutlich aufeinander bezogen."[119]

In der Diskussion um die Intertextualität haben sich zwei Richtungen herauskristallisiert. Die Vertreter eines ontologischen Intertextualitätsbegriffs (Barthes, Kristeva, Derrida) sehen jeden Text aufgrund seiner Überformung durch Grammatik, Gattungsnormen und diskursive Regularitäten in einer intertextuellen Beziehung zu anderen Texten.[120] Die Gleichsetzung von Textualität und Intertextualität hat jedoch einen Erkenntnisverlust zur Folge: Wenn jeder Text – ob vom Autor intendiert oder nicht – auf jeden anderen Text verweist, dann bezeichnet Intertextualität letztendlich den ungesteuerten, subjektlosen Austausch von Zeichen. Gegen die Vorstellung vom *universalen Intertext* haben Vertreter der deskriptiven Intertextualitätsforschung (Bloom, Genette, Pfister) den Einwand erhoben, daß nur eine werkästhetische Textanalyse den intertextuellen Status von literarischen Werken bestimmen kann. Unter

---

116 Aristoteles, *Poetik*, griechisch/deutsch, übersetzt und hg. von Manfred Fuhrmann, Stuttgart 1982, S. 43; siehe dazu Fuhrmann, „Mythos als Wiederholung", S. 126-128.

117 Lehmann, *Theater und Mythos*, S. 16-18.

118 Fuhrmann, „Mythos als Wiederholung", S. 124-128; siehe dazu Kurt von Fritz, „Die Orestessage bei den drei großen griechischen Tragikern", in: ders., *Antike und moderne Tragödie. Neun Abhandlungen*, Berlin 1962, S. 113-159.

119 Fuhrmann, „Mythos als Wiederholung", S. 126.

120 Manfred Pfister, „Konzepte der Intertextualität", in: Ulrich Broich u. a. (Hg.), *Intertextualität. Formen, Funktionen, anglistische Fallstudien*, Tübingen 1985 (Konzepte der Sprach- und Literaturwissenschaft 35), S. 1-30, hier S. 6-13.

Intertextualität wird in diesem Fall die intendierte, bewußt eingesetzte und durch Markierungen hervorgehobene Bezugnahme eines Textes auf einen oder mehrere Prätexte (*Einzeltextreferenz*) verstanden; eine *Systemreferenz* liegt vor, wenn in einem Text Anspielungen auf eine Gattung, also ein System von Texten, erkennbar sind.

Gérard Genettes Studie *Palimpseste* stellt einen differenzierten Versuch dar, Kriterien zur Klassifikation von intertextuellen Verfahren zu benennen und anhand von Fallbeispielen die intertextuelle Typenbildung zu diskutieren. Genette stimmt zwar grundsätzlich der Ansicht zu, daß Intertextualität ein Aspekt der Literarizität ist. Seine weiteren Ausführungen belegen jedoch, daß er sich von nichtoperationalisierbaren Intertextmodellen ebenso abgrenzt wie von rezeptionsorientierten Intertextualitätskonzepten, die Intertextualität als eine von den literarischen Kenntnissen des Lesers abhängige Größe definieren. Bei Genette spielt die Markierung von Intertextualität die entscheidende Rolle. Nur wenn sich eine Bezugnahme auf einen vorausgegangenen Text in der Mikro- bzw. Makrostruktur eines literarischen Werks niederschlägt und solchermaßen markiert ist, liegt für Genette Intertextualität vor.[121] Auch für Genette ist der Gegensatz von punktuellen und komplexen Bezugnahmen auf vorausgegangene Texte ein entscheidendes Kriterium. Im ersten Fall versteht er darunter die „effektive Präsenz eines Textes in einem anderen Text",[122] die sich – von ihm *Intertextualität* genannt – als Zitat oder Allusion lediglich in der Mikrostruktur eines literarischen Werks niederschlägt. Der eigentliche Untersuchungsgegenstand seiner Schrift ist die *Hypertextualität*, die sowohl die Mikro- als auch die Makrostruktur betrifft und die das Ergebnis einer strukturellen Überlagerung eines Hypotextes durch einen Hypertext ist.[123]

Das komplexeste hypertextuelle Verfahren ist die *Transposition*, die in allen literarischen Gattungen und Epochen nachgewiesen und als das ‚Grundprinzip' der abendländischen Literaturproduktion gelten kann. Genette unterscheidet zwischen formalen, diegetischen, pragmatischen und semantischen Transpositionen. Neben der Kürzung oder Ergänzung in stilistischer Hinsicht versteht Genette unter der *formalen Transposition* die Veränderung der Figurenkonstellation und des Darbietungsmodus (z. B. die Ersetzung von Chorpartien durch Figurenrede).[124] Die *diegetische*

---

[121] Gérard Genette, *Palimpseste. Die Literatur auf zweiter Stufe*, Frankfurt a. M. 1993, S. 19f.

[122] Genette, *Palimpseste*, S. 10.

[123] Genette, *Palimpseste*, S. 9-18. Neben der *Intertextualität* und der *Hypertextualität* erscheinen in Genettes Klassifikationssystem noch die *Paratextualität* (die Bezugnahme auf Nebentexte wie Titel, Motti, Kapitelüberschriften, Anmerkungen sowie Vor- und Nachworte), die *Metatextualität* (die kritische Kommentierung eines literarischen Textes) und die *Architextualität* (die Bezugnahme auf Gattungen und Textklassen).

[124] Genette, *Palimpseste*, S. 353-360, 382f. und 391f.

36

Transposition betrifft Veränderungen des Raumzeitkontinuums, innerhalb dessen sich eine Handlung ereignet. Genette differenziert hier zwischen der *homodiegetischen Transformation*, der Beibehaltung des raumzeitlichen Handlungsrahmens (z. B. in Goethes *Iphigenie auf Tauris*), und der *heterodiegetischen Transformation*, der Veränderung dieses Rahmens (z. B. in O'Neills *Mourning becomes Elektra*).[125] Als *pragmatische Transposition* werden alle Operationen bezeichnet, die zu einer Veränderung der Handlung führen (z. B. durch die Hinzufügung, Umstellung und Kürzung von Handlungsepisoden).[126] Eine *semantische Transposition* liegt vor, wenn die Motivationsstruktur der Figuren so variiert wird, daß sich die Sinnstruktur eines Textes grundlegend ändert.[127] Das strukturalistische Fazit Genettes lautet: Der stoffgeschichtlichen Vielfalt der Literatur liegt ein überschaubares Repertoire von hypertextuellen Operationen zugrunde.[128]

6. Das Antikendrama

Das Antikendrama ist eine genuin intertextuelle Gattung, da seine Stoffe zumeist auf Werken der antiken Tragiker beruhen, die im Zuge der sich in der Renaissance herausbildenden Antikenverehrung in den Kanon der europäischen Literaturen eingegangen sind.[129] Literaturgeschichtlich vorherrschend ist die Transposition dramatischer Hypotexte (paradigmatisch für die deutschsprachige Literatur: Goethe, *Iphigenie auf Tauris*); es sind aber auch epische Hypotexte nachweisbar (Hauptmann, *Der Bogen des Odysseus*). Neben der Adaption tradierter (dramatischer oder epischer) Werke, zu der die meisten neuzeitlichen Antikendramen zu rechnen sind, findet sich auch die Wiederbelebung von Stoffen, die nur fragmentarisch oder durch die Kompendien spätantiker Mythographen überliefert wurden (beispielsweise Hauptmanns *Iphigenie in Delphi*). Einen Sonderfall stellt schließlich das Antikendrama

---

[125] Genette, *Palimpseste*, S. 403-408.

[126] Genette, *Palimpseste*, S. 425-431.

[127] Genette, *Palimpseste*, S. 439-447 und 464-477.

[128] Genette, *Palimpseste*, S. 528.

[129] Grundsätzlich könnte man alle Dramen, die sich auf einen antiken Stoff beziehen, dem Antikendrama zurechnen; also auch Werke, die historische Figuren und Ereignisse der Antike zum Gegenstand haben (zum Beispiel: Gottsched, *Sterbender Cato*; Grillparzer, *Sappho*; Brecht, *Die Horatier und die Kuratier*). Da sich hier Überschneidungen mit dem (zumeist in der römischen Antike angesiedelten) historischen Drama ergeben und sich (die für diesen Zusammenhang relevanten) Fragen nach Antikenbild, Mythenbezug und transpositioneller Verarbeitung in dieser Form nicht stellen, werden diese Texte im folgenden nicht berücksichtigt.

dar, das Episoden des Mythos zum Gegenstand hat, die in der Antike nicht literarisiert wurden (Kleist, *Penthesilea*; Grillparzer, *Der Gastfreund* und *Die Argonauten*; Hofmannsthal, *Ödipus und die Sphinx*).

Unter Berücksichtigung dieser Einschränkungen läßt sich also sagen, daß jedem in der Neuzeit entstandenen Antikendrama *mindestens* ein Hypotext, der sich auf einen antiken Mythos bezieht, vorausgeht; mit diesem stimmt es hinsichtlich Handlung und Figurenkonstellation weitgehend überein. Die Art der hypertextuellen Verarbeitung kann unterschiedliche Formen annehmen, wobei der vorherrschende Typus zweifellos der Rückgriff auf *eine* antike Tragödie ist (Goethe, *Iphigenie auf Tauris*; Hofmannsthal, *Elektra*). Es besteht aber auch die Möglichkeit, daß die neuzeitliche Adaption eines antiken Dramas im Zentrum der Weiterverarbeitung steht (so im Fall von Brechts *Antigone*, die überwiegend auf Hölderlins Sophokles-Übertragung beruht). Von diesem Typus können jene Fälle nicht trennscharf abgegrenzt werden, in denen *mehrere* Rezeptionsstufen eines mythischen Stoffes Berücksichtigung finden. Hier ist Hauptmanns *Iphigenie in Delphi* zu nennen, in der die *Orestie* des Aischylos, die taurischen *Iphigenie*-Tragödien von Euripides und Goethe sowie das *Iphigenie-in-Delphi*-Szenario von Goethe verarbeitet werden.

Hinsichtlich des Antikenbezuges kann man zwischen Dramen differenzieren, die in einer antikisierenden Szenerie, in einem Raum ohne erkennbaren Zeitbezug oder in modernen Kulissen spielen. Eine vierte Möglichkeit ergibt sich, wenn – wie im epischen Theater – verschiedene zeitliche Darstellungsebenen nebeneinander gerückt werden. Die zeitliche Konkretisierung des Lokals kann ein Hinweis sein, ob ein Werk eine entmythisierende oder eine remythisierende Intention verfolgt.

Der letztgenannte Punkt gibt zudem Auskunft über das Antikenbild, das einem Antikendrama zugrunde liegt, wobei das traditionsmächtige klassizistische Antikenverständnis als Maßstab heranzuziehen ist. Die Frage nach dem Mythenbezug wird gerade für das Antikendrama der Moderne bedeutsam, da – neben der generellen Tendenz zur Mythisierung um 1900 – die religions- und kulturgeschichtliche Forschung nicht nur ein neues Licht auf bekannte mythische Figuren und Stoffe geworfen, sondern auch das Wissen über archaische Mythen, Kulte und Lebensformen deutlich erweitert hat.

Einen Sonderfall bildet neben Ent- und Remythisierung die christliche Überformung des antiken Mythos – hier tritt der tragische Held im Gewand des christlichen Märtyrers auf. Diese Form der Antikerezeption lebt im Expressionismus wieder auf: Wie schon Martin Opitz in seiner Adaption des Euripideischen *Troades*, so entfesselt auch Franz Werfel in seinen *Troerinnen* eine pathetisch gesteigerte Klage um das Leid der besiegten Trojaner.

Das Antikendrama der Neuzeit hat seinen historischen Ursprung in der klassizistischen Tragödientheorie des 17. Jahrhunderts. Der transpositionelle Rückgriff auf antike Texte erfolgt seit Corneille und Racine unter weitgehender Berücksichtigung der klassizistischen Regelpoetik. Deren Bedeutung nimmt im Laufe der Zeit zwar ab; sie bleibt jedoch – von Gottscheds Poetik über das klassische Drama Goethes und Schillers bis zu den epigonalen Dramatikern des 19. Jahrhunderts – ein wichtiger Bezugspunkt; gerade auch für Dramatiker, die mit antiklassizistischen Figurationen hervorgetreten sind. Die im 19. Jahrhundert entstandenen Werke sagen sich entweder von der idealistischen Überhöhung des Mythos los (Hölderlin, Kleist, Grillparzer) oder beruhen auf einem epigonalen Kunstverständnis (paradigmatisch hierfür: Friedrich Halm). Dem Verlust an nachahmenswürdiger Vorbildlichkeit, den die Antike in diesem Zeitraum in poetologischer Hinsicht erleidet, steht die Erweiterung des Wissens über das Altertum gegenüber. Dementsprechend müssen die Verfasser moderner Antikendramen damit rechnen, daß ihre Werke auch als kulturhistorisch motivierte Wiederbelebungsversuche der literarischen Tradition verstanden und kritisiert werden.

III. Der Wandel des Antikenbildes im 19. Jahrhundert

1. Antikes Drama und Antikendrama: von Tauris nach Delphi

1.1 Das klassizistische Antikenbild

Das neuzeitliche Antikenbild stand, vermittelt durch den französischen Klassizismus, ganz im Zeichen Roms. Im Drama galten die Werke von Seneca, Terenz und Plautus als Vorbilder; griechische Tragödien wurden – wenn überhaupt – in lateinischen Übersetzungen gelesen oder in Form von Prosafassungen zur Kenntnis genommen. Um 1750 vollzog sich eine Umorientierung des Antikenbildes: Zu diesem Zeitpunkt führten Architekten, Maler, Gelehrte, Kunsthändler und reisende Kunstliebhaber eine lebhafte Debatte über die Frage, ob der römischen oder der griechischen Kunst der Vorzug zu geben sei.[130] Vorbereitet wurde dieser Paradigmenwechsel von der monumentalen Prachtentfaltung Roms hin zur anmutigen Schönheit Athens durch die *Querelle des Anciens et des Modernes*. Indem Vertreter einer modernen Kunstauffassung wie Perrault die Vorbildlichkeit der Antike bestritten und die kulturelle Überlegenheit der Gegenwart gegenüber früheren Epochen betonten, haben sie den Blick für die Prozeßhaftigkeit der Geschichte geschärft. Die Aufmerksamkeit des Kunstbetrachters richtete sich in der Folge auf die Besonderheiten der kunstgeschichtlichen Epochen; im Fall der kunsttheoretischen Antikerezeption auf die Beziehungen und Abhängigkeiten zwischen römischer und griechischer Kunst. Die Griechenlandreisen von Revett, Stuart (beide 1751) und Le Roy (1754) und die Veröffentlichungen über die dort erforschten Altertümer lösten eine erste ‚Gräkomanie' aus, der bis zu den griechischen Freiheitskriegen (1821-1829) weitere folgen sollten.

Für die deutschsprachige Antikerezeption in der zweiten Hälfte des 18. Jahrhunderts hat Winckelmann entscheidende Impulse gegeben.[131] Während die *Gedanken über die Nachahmung der griechischen Werke in der Malerei und Bildhauer-*

---

[130] Norbert Miller, „Europäischer Philhellenismus zwischen Winckelmann und Byron", in: *Propyläen Geschichte der Literatur*, Bd. 4: *Aufklärung und Romantik 1700-1830*, Berlin 1988, S. 315-366, hier S. 315-334.

[131] Zu Winckelmanns Ästhetik siehe Peter Szondi, *Poetik und Geschichtsphilosophie I. Antike und Moderne in der Ästhetik der Goethezeit. Hegels Lehre von der Dichtung*, hg. von Senta Metz und Hans-Hagen Hildebrandt, Frankfurt a. M. ^{5}1991 (Studienausgabe der Vorlesungen 2), S. 21-46; Max L. Baeumer, „Winckelmanns Formulierung der klassischen Schönheit", in: *Monatshefte für deutschen Unterricht, deutsche Sprache und Literatur* 65 (1973), S. 61-75, hier S. 67 und 72; Helmut Pfotenhauer, „Vorbilder. Antike Kunst, klassizistische Kunstliteratur und ‚Weimarer Klassik'", in: Wilhelm Voßkamp (Hg.), *Klassik im Vergleich. Normativität und Historizität europäischer Klassiken. DFG-Symposion 1990*, Stuttgart-Weimar 1993 (Germanistische Symposien, Berichtsbände XIII), S. 42-61, hier S. 48-50.

kunst (1755) noch unter dem Eindruck des frühklassizistischen Nachahmungspostulats stehen, entwickelt er in der *Geschichte der Kunst des Altertums* (1764) ein historisches Verständnis von der griechischen Kunst. Die Spannung zwischen normativer und historischer Perspektive wird die ästhetischen Diskurse von Aufklärung und Klassik maßgeblich bestimmen und sich im weiteren Verlauf als unauflösbarer Widerspruch herausstellen. Denn wenn sich die antike Kunst nur „unter dem griechischen Himmel"[132] entfalten konnte, dann impliziert diese Blickrichtung auf die klimatisch-geographischen Bedingungen auch die Einmaligkeit und Unwiederholbarkeit der dort entstandenen Kunstwerke. Einer normativ verfahrenden Kunstlehre wird damit die Berechtigung entzogen – was sich als unwiederholbar herausgestellt hat, kann kein Vorbild mehr sein.

Als epochale Formel der Antikerezeption im deutschsprachigen Raum hat sich der Doppelbegriff „edle Einfalt"/„stille Größe" etabliert,[133] den Winckelmann am Beispiel der rhodischen Laokoon-Gruppe erläutert. Indem er die beherrschten Gesichtszüge des schmerzerfüllten Laokoon mit der Meerestiefe vergleicht, die trotz wütender Stürme immer ruhig bleibt, legt er der antiken Bildhauerkunst einen kontrastreichen Gegensatz zugrunde. Denn die „große und gesetzte Seele",[134] die Winckelmann an den Skulpturen des Altertums wahrgenommen hat, zeigt sich insbesondere dann, wenn die Leidenschaften hervorbrechen: Erst durch die spannungsreiche Verschränkung von innerem Aufruhr und stilisierender Besänftigung haben die griechischen Bildhauer ihren vorbildlichen künstlerischen Rang erreicht. Die Empfehlung Winckelmanns, sich die edle Einfalt und stille Größe der Griechen zum Vorbild zu nehmen, zielt daher nicht auf die Dämpfung bzw. Negation von Gewalt, Schmerz und Leidenschaft, sondern auf eine Ästhetik der Affektbeherrschung, die „die Ambivalenz von Desintegration und erhabener Integrität"[135] sichtbar macht. Auch wenn Winckelmanns Vorliebe für die „spätantiken Glättungen der Belvedere-Statuen"[136] einem apollinischen Bild der griechischen Antike Vorschub leistete, so ist das dialektische Verhältnis von Maßvollem und Ungebärdetem doch konstitutives Element seiner Kunstanschauung.

---

132 Johann Joachim Winckelmann, *Gedanken über die Nachahmung der griechischen Werke in der Malerei und Bildhauerkunst. Sendschreiben. Erläuterung*, hg. von Ludwig Uhlig, Stuttgart 1990, S. 3.
133 Winckelmann, *Gedanken über die Nachahmung*, S. 20.
134 Winckelmann, *Gedanken über die Nachahmung*, S. 20.
135 Pfotenhauer, „Vorbilder", S. 50.
136 Helmut Pfotenhauer, „Dionysos. Heinse – Hölderlin – Nietzsche", in: ders., *Um 1800. Konfigurationen der Literatur, Kunstliteratur und Ästhetik*, Tübingen 1991 (Untersuchungen zur deutschen Literaturgeschichte 59), S. 57-78, hier S. 57.

42

Die spannungsvolle Komplexität dieser Ästhetik hat sich im deutschen Klassizismus nicht erhalten. Die Skulpturen von Thorwaldsen, Dannecker, Schadow und Rauch zeichnen sich durchweg durch Schlichtheit, Anmut, Statuarik und eine introvertierte Haltung aus. Diese am preußischen Königshof um 1800 maßgebliche Ästhetik wird die Bildhauerkunst bis weit in das 19. Jahrhundert prägen und eine künstlerische Praxis hervorbringen, die schließlich in Akademismus und Epigonalität endet.

Die Synthese von politischem Freiheitsbegriff und ästhetischem Schönheitsideal, die Winckelmann in seinen kunstgeschichtlichen Studien *auch* thematisierte, bot angesichts der im deutschsprachigen Raum herrschenden spätabsolutistischen Kleinstaaterei eine Vielzahl von produktiven Anschlußmöglichkeiten. Seine Schriften evozierten nicht nur die Vision einer republikanischen Gesellschaft nach griechischem Vorbild, sondern eröffneten auch den Blick auf eine (noch zu konstituierende) Kunsttradition, die Deutschland – im Gegensatz zu Frankreich und England – nicht besaß.[137] Berücksichtigt man in diesem Zusammenhang auch die Leitbildfunktion, die der Kunst im 18. Jahrhundert aufgrund der Erschütterung gesellschaftlicher und religiöser Weltbilder zukam, dann wird verständlich, warum die Winckelmann-Rezeption in Deutschland von einem auffälligen „Idealisierungsernst"[138] geprägt war, der durchaus dogmatische Züge annehmen konnte. Unter dem Eindruck von Winckelmanns Schriften haben zahlreiche Italienreisende gezielt geschmacksbildende Beispiele antiker Kunst wie den Apoll von Belvedere und die Laokoon-Gruppe aufgesucht, was zu einer „interpretativen Überfrachtung" der Plastiken mit „moralisch-ethischen Werten" führen mußte.[139]

Im 19. Jahrhundert greift die klassizistische Antikerezeption über bildende Kunst und Literatur hinaus und wird – vermittelt durch die historischen Wissenschaften und die neuhumanistische Gymnasialbildung – zu einem dominanten gesellschaftlichen Identifikationsmuster.[140] Hier ist vor allem die Indienstnahme antiker Figurationen

---

137 Miller, „Europäischer Philhellenismus", S. 333 und 339.
138 Pfotenhauer, „Vorbilder", S. 52.
139 Adelheid Müller, „‚Der Marmor ist vom feinsten Korn ...'. Ästhetische Erfahrung am Ende des 18. Jahrhunderts", in: Manuel Baumbach (Hg.), *Tradita et inventa. Beiträge zur Rezeption der Antike*, Heidelberg 2000 (Bibliothek der klassischen Altertumswissenschaften, Reihe 2, N.F. 106), S. 297-319, hier S. 298.
140 Manfred Landfester, *Humanismus und Gesellschaft im 19. Jahrhundert. Untersuchungen zur politischen und gesellschaftlichen Bedeutung der humanistischen Bildung in Deutschland*, Darmstadt 1988; Manfred Fuhrmann, „Übersetzungen antiker Autoren", in: Walther Ludwig (Hg.), *Die Antike in der europäischen Gegenwart*, Göttingen 1993 (Veröffentlichung der Joachim Jungius-Gesellschaft der Wissenschaften 72), S. 19-30; Anke Bohne, „Überlegungen zu zwei Einzelbeispielen der Rezeption des Pergamonaltares im deutschen Bürgertum am Ende des 19. Jahrhunderts", in: Manuel Baumbach (Hg.), *Tradita et inventa. Beiträge zur Rezeption der Antike*, Heidelberg 2000 (Bibliothek der klassischen Altertumswissenschaften, Reihe 2, N.F. 106), S. 441-458. Zum Weiterwirken des klassizistischen Antikenbildes um 1900 siehe auch:

zur Inszenierung und Legitimierung von Machtansprüchen zu erwähnen (öffentliche Zeremonien, Festspielaufführungen, Denkmäler, öffentliche Gebäude). Selbst Natur- und Technikwissenschaften, die sich in Opposition zum humanistischen Bildungs- ideal formieren, bedienen sich eines antiken Bildprogramms: Dampfkraft, Elektrizi- tät und Stahlverarbeitung werden durch antikisierende Allegorien dargestellt. Trotz gegenläufiger Modernisierungstendenzen in Gesellschaft, Wissenschaft und Kunst verfügt das Bild der klassischen Antike über eine ungebrochene Traditionsmächtig- keit und bleibt in wesentlichen gesellschaftlichen Bereichen eine einheitsstiftende Kategorie: „Der Umschlag aus geistesgeschichtlicher Tradition und historischer Re- trospektivik in naturwissenschaftlich und technologisch bestimmte Prospektive wird – wenn überhaupt – mit den Mitteln antiker Figurationen und Bilder formuliert und damit verdeckt."[141]

1.2 Die Humanisierung des antiken Mythos: Goethe, *Iphigenie auf Tauris*

Während der Arbeit an *Elektra* notiert Hofmannsthal 1903: „Wir müssen uns den Schauer des Mythos *neu* erschaffen. Aus dem Blut wieder Schatten aufsteigen lassen. Gestalten der Goetheschen Iphigenie nur leicht getaucht in ihr Geschick. Erleben es nur gleichnishaft. Wie Goethe überhaupt das Tragische fernlag."[142] Noch ablehnen- der äußert sich Hauptmann 1938 über Goethes *Iphigenie*: „Dies Kunstwerk ist nicht elementar. [...] Es zeigt nicht, läßt nicht einmal ahnen die Furchtbarkeit der Tantal- iden. Es zeigt nicht den mutterblutbefleckten, erinnyengehetzten Orest. Es zeigt nicht die einst als Opfer geführte Iphigenie. Das Grausen ist nirgend wahrhaft da. Hier sprechen allzu wohlerzogene, allzu gebildete Leute."[143] Die Urteile von Hofmanns- thal und Hauptmann sind exemplarisch für eine remythisierende Antikenauffassung, die in Goethes *Iphigenie* all jene Aspekte verdichtet sieht, die ihrer Anschauung des Mythos widersprechen.

Dorothea Ipsen, „Der verstellte Blick: Man sieht nur, was man weiß. Antikewahrnehmung in Reiseberichten über Griechenland um 1900", in: Baumbach, *Tradita et inventa*, S. 459-471.

[141] Wunberg, „Chiffrierung", S. 192.
[142] Hofmannsthal, *Aufzeichnungen aus dem Nachlaß (1889-1929)*, GW RA III 443.
[143] Notiz Hauptmanns, Gerhart-Hauptmann-Archiv, Ronco, A 103, Bl. 27f., August/September 1938, zitiert nach Martin Machatzke, *Gerhart Hauptmanns nachgelassenes Erzählfragment ,Winckelmann'. Beiträge zum Verständnis seines dichterischen Schaffens*, Diss. Berlin 1968, S. 174.

44

Dazu gehört zunächst, daß Goethe den tragischen Gegensatz von göttlichem Gebot und menschlichem Handeln in die Vorgeschichte des Schauspiels verlagert.[144] Tantalos, der Stammvater des Atriden-Geschlechts, ist bei Goethe nicht ein Sohn des Zeus, sondern ein Titan, der wie Prometheus gegen die Willkür des olympischen Göttergeschlechts aufbegehrt. Mit dem Verzicht auf die Ermordung des eigenen Sohns entfällt bei Goethe auch der mythische Fluch, der im antiken Mythos die Tantaliden bzw. Atriden zu immer neuen Greueltaten treibt. An dessen Stelle setzt Goethe den maßlosen Haß der Götter auf die Menschen. Bezeichnend auch die Zurücknahme des kultischen Charakters der Tragödie: Während Iphigenie bei Euripides Menschenopferungen vollziehen muß, kann sie sich bei Goethe diesem Ansinnen des Thoas bis zum Schluß widersetzen. Zur Humanisierung des Mythos haben auch der Verzicht auf Schicksalsgläubigkeit, die Neudeutung des Orakels (nicht das Standbild der Göttin Artemis, sondern seine Schwester soll Orest heimholen) und vor allem die psychologische Behandlung von Schuld und Wahnsinn beigetragen. Die Furien werden hierbei zu Gewissensqualen umgedeutet, vorbereitet in Orests Bericht über den Muttermord, in dem Goethe Mythologie und Psychologie verschränkt: „Sie [die Erinnyen] rühren sich in ihren schwarzen Höhlen / Und aus den Winkeln schleichen ihre Gefährten, / Der Zweifel und die Reue leis herbei." (V. 1059-1061). Die Heilung und Entsühnung des Orest ist ein rein ‚menschlicher' Vorgang, der des Eingriffs einer Dea ex machina wie bei Euripides nicht mehr bedarf: „von Dir berührt / War ich geheilt" (V. 2119f.) sagt Orest in der Schlußszene zu Iphigenie und nennt seine Schwester eine „Heilige" (V. 2119). ‚Ungriechisch' ist bei Goethe auch die Behandlung des Atriden-Fluchs, der im Kontext aufklärerischer Religionskritik als Chiffre für Erbsünde und Prädestinationslehre gelesen werden muß: „IPHIGENIE Der mißversteht die Himmlischen, der sie / Blutgierig wähnt, er dichtet ihnen nur / Die eignen grausamen Begierden an." (V. 523-525).[145] Iphigenies empfindsame Vernunfthaltung, ihr Sinn für das besänftigende Wort und ihr Festhalten an der Wahrhaftigkeit sind maßgeblich dafür, daß der Gegensatz zwischen menschlicher und göttlicher Welt, der bei Euripides auch über das Ende der Tragödie hinaus noch besteht, als scheinhaft aufgelöst wird, und daß das Geschehen einen glücklichen Ausgang findet. Schließlich hat Goethe mit dem Eingangsmonolog auch eine sentimentalische Situation par excellence gestaltet – Iphigenie, „Das Land der Griechen mit der Seele suchend" (V. 12), ist nicht nur eine Heimatlose, sondern auch eine Figur, die um die Vergeblichkeit weiß, in das goldene Zeitalter der Antike zurückzukehren.

---

144 Goethes *Iphigenie* wird zitiert nach: Johann Wolfgang von Goethe, *Werke, Hamburger Ausgabe in 14 Bänden*, Bd. 5: *Dramatische Dichtungen III*, München 1988, S. 7-67.
145 Zum Zusammenhang zwischen mythischem Fluch und Prädestinationslehre siehe Wolfdietrich Rasch, *Goethes ‚Iphigenie auf Tauris' als Drama der Autonomie*, München 1979.

Bedeutsam für die Rezeption des Schauspiels im 19. und 20. Jahrhundert ist auch, daß sich Goethe an den Formen der tragédie classique orientiert und mit der Versfassung der *Iphigenie* einen Dramentypus entwickelt, der sich durch die Wahrung der drei Einheiten, klaren Aufbau des Geschehens, hohe Stillage, Übernahme antikisierender Stilmittel (Partizipialkonstruktionen, Parataxe, Gebrauch typisierender Adjektive, Gebete, Stichomythien, symmetrischer Aufbau von Figurenkonstellation und Szenen) sowie eine sentenzenreiche Rede auszeichnet. Als besonderer Kunstgriff hat dabei zu gelten, daß Goethe nicht an den spannungsarmen Spätklassizismus der deutschen Hoftheater anknüpft, sondern für die mythische Seite seines Dramas die leidenschaftlich-wilde Sprache des Sturm-und-Drang vorsieht: „OREST Ja schwinge deinen Stahl, verschone nicht, / Zerreiße diesen Busen und eröffne / Den Strömen die hier sieden einen Weg." (V. 1252-1254). Diese vorwärtsdrängenden, pathetischen Wendungen werden in dem Maße, wie Orests Heilung voranschreitet, in ruhigere Bahnen gelenkt und damit klassizistisch gebändigt.[146]

All dies sind Elemente eines harmonischen, an Winckelmanns Studien angelehnten Antikenbildes, das auf eine Beruhigung, wenn nicht gar Läuterung der mythischen Gewalt zielt und das die antike Tragödie in das Drama einer ‚schönen Seele' transformiert. Nur von Ferne, im Modus der zitierenden Bezugnahme auf die alten Göttergeschichten („das alte Lied", V. 1718), klingt im düsteren ‚Gesang der Parzen' der tragische Gehalt des Stoffes noch an: „Erhebet ein Zwist sich: / So stürzen die Gäste / Geschmäht und geschändet / In nächtliche Tiefen, / Und harren vergebens / Im Finstern gebunden / Gerechten Gerichtes." (V. 1737-1743). Und Tantalos, der glücklose Rebell gegen göttliche Willkür, wird auch in der elysischen Vision des Orest nicht erlöst: „Weh mir! es haben die Übermächtgen / Der Heldenbrust grausame Qualen / Mit ehrnen Ketten fest aufgeschmiedet." (V. 1307-1309).

Daß die am Ende des Dramas erreichte Harmonie auf unsicherem Grund steht,[147] blieb im Verlauf seiner Rezeptionsgeschichte zunächst unberücksichtigt. Unter den Vorzeichen eines bildungsbürgerlichen Neuhumanismus wurde Iphigenie zu einem (häufig christlich verstandenen) Idol der Menschlichkeit stilisiert. An die Stelle der Überzeugungskraft der humanen Rede trat die erlösende Kraft des Weiblichen und die mythenkritischen Aspekte wurden durch eine Überhöhung Iphigenies zu einer

---

[146] Günter Niggl, „Die Geburt der deutschen Klassik. Zu den Entstehungsbedingungen von Goethes *Iphigenie*", in: Roger Bauer (Hg.), *Der theatralische Neoklassizismus um 1800. Ein europäisches Phänomen?*, Bern u. a. 1986 (Jahrbuch für Internationale Germanistik, Reihe A Kongreßberichte 18), S. 11-25, hier S. 19-21.
[147] Theodor W. Adorno, „Zum Klassizismus von Goethes *Iphigenie*", GS 11 495-514.

46

‚Heiligen' der Humanität überdeckt.[148] Vor diesem Hintergrund ist es nachvollziehbar, daß das Schauspiel bis in die Mitte des 20. Jahrhunderts als „Weihespiel der Menschlichkeit"[149] (miß)verstanden wurde.

1.3 Das verleugnete Orientalische: Hölderlin, *Antigonae*

Auch Hölderlins Auseinandersetzung mit dem griechischen Drama und dem Problem des Tragischen gehört in diesen Zusammenhang.[150] Seine Überlegungen zur antiken und modernen Tragödie orientieren sich nicht an Goethes *Iphigenie*, sondern an der klassizistischen Kunsttheorie: „Ich hoffe, die griechische Kunst, die uns fremd ist, [...] dadurch lebendiger, als gewöhnlich dem Publikum darzustellen, daß ich das Orientalische, das sie verleugnet hat, mehr heraushebe, und ihren Kunstfehler, wo er vorkommt, verbessere."[151] Die griechische Kunst ist für Hölderlin keineswegs naheliegendes Vorbild, sondern besitzt einen fremdartigen, ja befremdlichen Charakter. Damit wird der Tatsache Rechnung getragen, daß der zeitliche und kulturelle Abstand zur Antike ein unreflektiertes, also von der eigenen geschichtlichen Situation absehendes Anknüpfen an die Tradition nicht mehr zuläßt. Des weiteren will Hölderlin die historischen Bindungen Griechenlands an den Osten deutlicher herausarbeiten, um das, was die antike Kunst selbst ‚verleugnet' hat, mit einem geschichtsphilosophischen Index bzw. Korrektiv zu versehen. Wobei sich die Tendenz zum ‚Orientalischen' einerseits an der Fokussierung auf den Dionysos-Mythos festmachen läßt, andererseits an Hölderlins Vorliebe für das ‚Exzentrische', die sich in Begriffen der Erregung wie ‚Wahnsinn', ‚Zorn' und ‚wüten' niederschlägt. Schließlich geht es Hölderlin auch um eine Verlebendigung der Antike mit dem Ziel, die antike Dichtung aus jenem Korsett zu befreien, in das sie ein normativer Klassizismus eingeschnürt hat.[152]

---

[148] Hans Robert Jauß, „Racines und Goethes Iphigenie – Mit einem Nachwort über die Partialität der rezeptionsästhetischen Methode", in: Rainer Warning (Hg.), *Rezeptionsästhetik. Theorie und Praxis*, München 1975, S. 353-400, hier S. 355-360.

[149] Rasch, *Goethes ‚Iphigenie auf Tauris'*, S. 7.

[150] Hölderlins *Antigonae* wird zitiert nach: Friedrich Hölderlin, *Sämtliche Werke und Briefe*, Bd. 2: *Hyperion. Empedokles. Aufsätze. Übersetzungen*, hg. von Jochen Schmidt, Frankfurt a. M. 1994, S. 859-912.

[151] Brief an Friedrich Wilmans vom 28.09.1803, SWB 3 468.

[152] Zu Hölderlins *Antigonae* und seiner Tragödientheorie siehe Wolfgang Schadewaldt, „Hölderlins Übersetzung des Sophokles", in: ders., *Hellas und Hesperien. Gesammelte Schriften zur Antike und zur neueren Literatur*, Bd. II., Zürich-Stuttgart ^{2}1970, S. 275-332; Wolfgang Binder, „Höl-

Wie Kleist gehört Hölderlin zu den Vertretern einer Tragödienästhetik, die den Blick wenden von den moralisch-erzieherischen Zwecken der Tragödie hin zum ideellen Gehalt des Tragischen. Das ‚Philosophischwerden' der Tragödie führt bei Hölderlin in stärkerem Maße als bei Kleist zu der Konsequenz, daß seine Dramenproduktion (das unvollendete Projekt *Der Tod des Empedokles* und die Sophokles-Übertragungen *Oedipus der Tyrann* und *Antigonae*) ohne die Kenntnis seiner tragödientheoretischen Schriften nicht angemessen rezipiert werden kann. Daraus ergibt sich die Schwierigkeit, das nur indirekt erschließbare Tragikverständnis Hölderlins in einem Text wiederzufinden, der keine Adaption oder Transposition (wie Goethes *Iphigenie*) sein will, sondern eine (wenn auch sehr freie) Übersetzung des griechischen Originals. Im Fall der Sophokles-Übertragungen ist der Interpret deshalb darauf verwiesen, insbesondere jene Textstellen zu beachten, die nicht auf Übersetzungsfehlern beruhen,[153] sondern dezidiert vom Sinn der Sophokleischen *Antigone* abweichen.

Die vorherrschende Reflexionsfigur von Hölderlins Tragödientheorie ist die Antithese: Zahlreiche begriffliche Entgegensetzungen wie inneres Leben und exzentrische Sphäre, organisierte und reißende Zeit, organisch und aorgisch, griechisch und hesperisch, allzuförmlich und unförmlich, Gott und Gegengott dominieren seine Überlegungen zu Drama, Tragik und Geschichte. Das tragische Geschehen der *Antigonae* vermittelt sich nach Hölderlins Ansicht vor allem dadurch, daß auf allen Ebenen (Vers, Dialog, Figurenkonstellation, übergeordnete Sinnperspektive) Gegensätze hergestellt werden, ja daß der Gegensatz zum grundlegenden Strukturprinzip der Tragödie erklärt wird: „Der kühnste Moment eines Taglaufs oder Kunstwerks ist, wo der Geist der Zeit und Natur, das Himmlische, was den Menschen ergreift, und der

---

derlin und Sophokles", in: *Hölderlin-Jahrbuch* 16 (1969/70), S. 19-37; Bernhard Böschenstein, „Antike und moderne Tragödie um 1800 in dreifacher Kontroverse: Goethes *Natürliche Tochter* – Kleists *Penthesilea* – Hölderlins *Antigone*", in: Walter Haug/Wilfried Barner (Hg.), *Ethische contra ästhetische Legitimation von Literatur. Traditionalismus und Modernismus: Kontroversen um das Avantgardismus*, Akten des VII. Internationalen Germanisten-Kongresses Göttingen 1985, Bd. 8, Tübingen 1986, S. 204-215; Klaus Düsing, „Die Theorie der Tragödie bei Hölderlin und Hegel", in: Christoph Jamme/Otto Pöggeler (Hg.), *Jenseits des Idealismus. Hölderlins letzte Homburger Jahre (1804-1806)*, Bonn 1988 (Neuzeit und Gegenwart 5), S. 55-82; Bernhard Böschenstein, „Gott und Mensch in den Chorliedern der Hölderlinschen *Antigone*. Eine Skizze", in: Jamme/Pöggeler, *Jenseits des Idealismus*, S. 123-136; Bernhard Böschenstein, „Zu Hölderlins Dionysos-Bild", in: ders., *Frucht des Gewitters. Hölderlins Dionysos als Gott der Revolution*, Frankfurt a. M. 1989, S. 12-29; Jochen Schmidt, „Tragödie und Tragödientheorie. Hölderlins Sophokles-Deutung", in: *Hölderlin-Jahrbuch* 29 (1994/95), S. 64-82; Bernhard Böschenstein, „Hölderlins *Oedipus* – Hölderlins *Antigonä*", in: Gerhard Kurz u. a. (Hg.), *Hölderlin und die Moderne. Eine Bestandsaufnahme*, Tübingen 1995, S. 224-239.
153 Zu Hölderlins Übersetzungen siehe Schmidt, „Tragödie und Tragödientheorie", S. 66-71.

Gegenstand, für welchen er sich interessiert, am wildesten gegeneinander stehen".[154] Auch die Überwältigung des tragischen Helden durch eine göttliche Macht bzw. eine Naturmacht ist nur darstellbar durch die extreme, geradezu exzentrische Herausstellung von Gegensätzen.

Aus Hölderlins Sicht hat die *Antigone* des Sophokles nicht nur den Widerstand gegen ein Begräbnisverbot, das die religiösen Gebote der Antike verletzt, zum Thema, sondern auch ein tragisches Entgrenzungsgeschehen, das die Protagonistin in den tödlichen Zustand des *Einsseins* mit Gott hineinreißt[155] und das in einer historischen Umbruchssituation begründet ist. Wobei die „vaterländische[] Umkehr",[156] die sich wortgeschichtlich von der Verdeutschung des (aus der Astronomie stammenden) Terminus *Revolution* ableitet, eine vollständige, Politik, Kultur, Religion und Ethik einbeziehende Um- und Neugestaltung der Gesellschaft meint.[157] Vor diesem Hintergrund ist auch das mythopoetische Koordinatensystem Zeus-Eros-Dionysos zu verstehen, das Hölderlin seiner Übertragung der *Antigonae* zugrunde gelegt hat und das in einer Umkehr kulminiert, in jenem geschichtsträchtigen Augenblick, in dem die Tyrannis in die ‚republikanische Vernunftform' umschlägt.[158] Dieser Zusammenhang wird dramenintern weder sprachlich noch szenisch vermittelt, was auch damit zusammenhängt, daß im Moment der Entgrenzung nicht etwa Wahnsinn (wie bei Goethes Orest) oder Ekstase (wie bei Kleists Penthesilea) herrscht, sondern der gegenläufige Zustand höchster Bewußtheit: „Es ist ein großer Behelf der geheimarbeitenden Seele, daß sie auf dem höchsten Bewußtsein dem Bewußtsein ausweicht, und ehe sie wirklich der gegenwärtige Gott ergreift, mit kühnem oft sogar blasphemischem Worte diesem begegnet, und so die heilige lebende Möglichkeit des Geistes erhält."[159]

In formaler Hinsicht gelingt es Hölderlin, antike Tragödie und klassisches Drama so miteinander zu verschränken, daß die spezifische Struktur der antiken Tragödie in der Form des klassischen Dramas präsent gehalten wird. Diese Struktur schließt einerseits die epischen Anteile der antiken Tragödie (beispielsweise Chorlieder, Wechselgesang zwischen Protagonist und Chor, Kommentare des Chors) nicht aus (wie dies bei Goethes *Iphigenie* der Fall ist), und folgt andererseits dem Regelwerk der klassizistischen Poetik. Letzteres ist insbesondere an der Einteilung der Handlung in

---

154 Hölderlin, *Anmerkungen zur Antigonä*, SWB 2 914. Siehe dazu auch die *Anmerkungen zum Oedipus*, insbesondere die Ausführungen über den „widerstreitende[n] Dialog": „Alles ist Rede gegen Rede, die sich gegenseitig aufhebt." (SWB 2 856).

155 SWB 2 917. Siehe auch Hölderlin, *Anmerkungen zum Oedipus*, SWB 2 856: „wie der Gott und Mensch sich paart, und grenzenlos die Naturmacht und des Menschen Innerstes im Zorn Eins wird".

156 Hölderlin, *Anmerkungen zur Antigonä*, SWB 2 919.

157 Düsing, „Die Theorie der Tragödie bei Hölderlin und Hegel", S. 68.

158 Hölderlin, *Anmerkungen zur Antigonä*, SWB 2 920.

159 Hölderlin, *Anmerkungen zur Antigonä*, SWB 2 915f.

fünf Akte sowie an der symmetrischen Verteilung der Szenen auf die einzelnen Akte nach dem Schema 3-2-4-2-3 ablesbar.[160] Die gleichmäßige Gliederung der Handlung mit ihren Schwerpunkten in den Akten I, III und V tritt deutlich hervor, wenn man die Dramaturgie der Chorlieder und hierbei die Anrufung der Gottheiten Zeus (Stasimon 1, Akt I), Eros (Stasimon 3, Akt III) und Dionysos (Stasimon 5, Akt V) nachzeichnet. Dabei zeigt sich auch, wie Hölderlins eigenwillige Übersetzung sowohl über den Text des Sophokles als auch über die Gattungskonventionen des klassischen Dramas hinausgeht.

Zeus gilt Hölderlin als Gott des Tages und des Sonnenlichts, der in das kriegerische Geschehen vor Theben eingreift und die Belagerer vernichtend schlägt („Sieben Fürsten [...] ließen / Dem Zevs, dem triumphierenden, die ehernen Waffen", V. 146-148). Mit diesem Sieg im Zeichen des Zeus beginnt auch Kreons Herrschaft. Anspielungen auf Eros und Dionysos (‚Liebestrunken, der mit rasender Schar / Hinschnob, bacchantisch", V. 139f.; „und, Thebe / Erschütternd, herrsche der Bacchusreigen!", V. 159f.) verweisen auf ein übergreifendes mythologisches Geschehen, das die *Antigone* des Sophokles in dieser Form nicht kennt. Das dritte Chorlied ist Eros gewidmet, der bei Hölderlin nicht nur „Geist der Liebe" (V. 811), sondern auch „Friedensgeist" (V. 812) heißt. Der „Taglauf[]"[161], den die Tragödie beschreibt, hat damit die Mitte zwischen dem Tag von Kreons Herrschaft und der Nacht von Antigones Tod erreicht. Wichtig sind hier die Zeichen des Außer-sich-Seins („und es ist, / Wer's an sich hat, nicht bei sich.", V. 818f.), die andeuten, daß derjenige, der wie Antigone von Eros und dem „Werden großer / Verständigungen" (V. 827f.) begeistert ist, auf eine exzentrische, letztendlich tödliche Bahn gerät, die den oben beschriebenen Wandel von der tyrannischen zur republikanischen Herrschaft einleitet. Dieses Chorlied, in der Mitte des Dramas zwischen dem Zerwürfnis Kreon/Haimon und Antigones Klagegesang auf dem Weg zum Grab positioniert, geht dem Moment voraus, in dem Antigone vom „reißenden Zeitgeist"[162] vollständig ergriffen wird („ehe sie wirklich der gegenwärtige Gott ergreift"[163]) und sich das tragische Entgrenzungsgeschehen gerade in kühnen, gegen den Gott gerichteten Worten vollzieht. Im fünften Chorlied schließlich wird der „Freudengott" Dionysos (V. 1169) mit der Formel „Werd' offenbar!" (V. 1199) angerufen; eine Wendung, die den *Anmerkungen zur Antigonä* zufolge nicht nur die tödliche Vereinigung mit dem Gott meint,

---

160 Die Tragödie weist folgende Struktur auf: Akt I (Prolog, Parodos, Epeisodion 1), Akt II (Stasimon 1, Epeisodion 2), Akt III (Stasimon 2, Epeisodion 3, Stasimon 3, Epeisodion 4), Akt IV (Stasimon 4, Epeisodion 5), Akt V (Stasimon 5, Exodus, Schlußchor).

161 Hölderlin, *Anmerkungen zur Antigonä*, SWB 2 914.

162 Hölderlin, *Anmerkungen zur Antigonä*, SWB 2 914.

163 Hölderlin, *Anmerkungen zur Antigonä*, SWB 2 916.

sondern auch für die „Umkehr aller Vorstellungsarten und Formen"[164], also für eine tiefgreifende, Gesellschaft wie Kultur erfassende Revolution steht.

Indem Hölderlin seiner *Antigonae* den Gang von der Begrenzung (Zeus) zur Entgrenzung (Dionysos) zugrunde legt, kommt es zu einer ideellen Überformung der antiken Handlung durch eine mythologisch aufgeladene, geschichtsphilosophische Konstruktion. Dionysos ist bei Hölderlin nicht die rasende, zerstörerische Gottheit wie bei Euripides, sondern ein Gott, der gleichermaßen Verlebendigung, Wandel (Revolution) und Frieden bewirkt, ja der als epochaler Kulturstifter auf seinem Weg von Indien über das antike Griechenland bis in die moderne Welt Hesperiens einen neuen Geschichtszustand unter der Losung des ‚Gemeingeistes' herbeiführt: „die unter dem Zeichen des Dionysos gestaltete Orientalisierung der *Antigone* [befreit] diese aus der Gefangenschaft in der Zeus-Welt der ‚Kunst-Sphäre', in die die Zeitgenossen Hölderlins sie gesperrt hatten."[165]

Hölderlins Antiklassizismus läßt sich darüber hinaus an seiner Dramensprache mit ihren Intensivierungen, Aufrauhungen, Härten, Dunkelheiten, Archaismen und ihren paradoxen Formulierungen („Allbewandert, / Unbewandert. Zu nichts kommt er", V. 375f.) zeigen. Das Nebeneinander von Distanz und Anteilnahme, von pathetischen und lakonischen Wendungen wird besonders deutlich bei der Beschreibung des toten Polyneikes. Die Bestialität des Bestattungsverbots wird von Sophokles motivisch vorbereitet durch den Hinweis auf Hunde und Vögel, die den Leichnam zu zerreißen drohen.[166] Hölderlin hält die Erinnerung an den verwesenden Körper präsent, indem er die Rede über den unbegrabenen Leichnam zwischen distanzierter Beiläufigkeit (angesichts des unvermeidlichen Gangs der Natur) und unterschwelligem Grauen (angesichts der Entwürdigung des Toten) oszillieren läßt: „Man soll ihn lassen unbeweint und grablos, / Süß Mahl den Vögeln, die auf Fraßes Lust sehn." (V. 31f.). In dieser knappen Fügung kommt es zu zwei signifikanten Katachresen: Die ‚süße Mahlzeit' wird aus der Sphäre der Kultur in die der Natur verlagert (nicht Menschen, sondern Tiere erfreuen sich an der Mahlzeit); zudem handelt es sich bei der Speise nicht um ein (von Menschen) erbeutetes Tier, sondern um den Leichnam eines Kriegers, der sich in verwesendes, von Tieren zerrissenes Aas zu verwandeln droht.[167] Mit dieser Bildlichkeit sowie zahlreichen anderen, unkonventionellen Wort-

---

[164] Hölderlin, *Anmerkungen zur Antigonä*, SWB 2 919.
[165] Böschenstein, „Gott und Mensch", S. 136.
[166] Sophokles, *Antigone*, V. 205f. und 1196-1198.
[167] Weitere Beispiele: „Daß unbegraben er gelassen sei, zu schaun / Ein Mahl, zerfleischt von Vögeln und von Hunden.", V. 213f.; „Denn die Altäre sind und Feuerstellen / Voll von dem Fraß der Vögel und des Hunds, / Vom unschicklich gefallnen Sohn des Oedipus.", V. 1054-1056; „Noch rauscht der Vögel wohlbedeutendes / Geschrei her, denn es hat von totem Menschenblut / Das Fett gegessen.", V. 1059-1061.

schöpfungen hat Hölderlin die Ausdruckswerte des Griechischen intensiviert und in einer Weise expressiv aufgeladen, die weit über das Vorstellungsniveau des griechischen Textes hinausgeht. Bei Vertretern einer klassischen Poetik wie Heinrich Voss, Goethe und Schiller konnte Hölderlins ungewöhnliche Übertragung nur Verständnislosigkeit hervorrufen.

1.4 Schrecken und Erschrecken: Kleist, *Penthesilea*

Die erste ‚Gegen-Iphigenie' von Format tritt mit Heinrich von Kleists *Penthesilea* auf.[168] Schon die Ausgangskonstellation steht in einem deutlichen Gegensatz zu dem Frauenbild, das Goethe in seinem Schauspiel entfaltet hat: In die kriegerischen Auseinandersetzungen zwischen Griechen und Trojanern fallen immer wieder Scharen von wilden Amazonen ein, die, einem alten Brauch folgend, einmal im Jahr eine Schar von Männern ‚erobern' und mit diesen in ihrem Frauenstaat ein großes Liebesfest feiern. Die antithetische, gegen Goethe gerichtete Konzeption des Trauerspiels wird auch daraus ersichtlich, daß Penthesilea – anders als im Mythos – Priesterin des Artemis-Kultes ist, jener Göttin also, in deren Diensten schon Goethes Iphigenie stand.[169] Wenn Penthesilea schließlich einem schrecklichen Irrtum zum Opfer fällt und den Scheinkampf, mit dem sich Achilles ihr unterwerfen will, für einen realen Zweikampf hält, ist jener Punkt erreicht, der für das Antikenverständnis um 1800 ein unerträgliches Skandalon darstellen mußte: Die Königin fällt, von kriegerischer Raserei und Liebesekstase gleichermaßen getrieben, mit ihren Hunden über den griechischen Helden her und reißt ihn in Stücke. An dieser Szene läßt sich der tragödientheoretische Paradigmenwechsel von der aristotelischen Wirkungsdramaturgie zu einer Theorie des Tragischen exemplarisch ablesen: Was im 23. Auftritt als Boten-

---

[168] Kleists *Penthesilea* wird zitiert nach: Heinrich von Kleist, *Sämtliche Werke und Briefe*, Bd. 1, hg. von Helmut Sembdner, München [7]1987, S. 321-428.

[169] Die Verdüsterung des zeitgenössischen Antikenbildes läßt sich zudem an den zahlreichen Bezugnahmen auf die dunkle, gewalttätige Seite des antiken Mythos, auf Titanen, Giganten, Kentauren, Mänaden, Sphinx, Erinnyen, Furien, Gorgonen und Orkus ablesen. Und wenn Penthesilea in rasendem Lauf den Achilles verfolgt („Hilf! Zeus! / An seiner Seite fliegt sie schon! Ihr Schatten, / Groß, wie ein Riese, in der Morgensonne, / Erschlägt ihn schon!", V. 418-421), kann der Hell-Dunkel-Kontrast in dieser Szene auch als Bedrohung der apollinischen Antikenauffassung verstanden werden.

52

bericht geschildert wird, kann nur noch „Entsetzen, Abscheu und Ekel"[170] auslösen; an Furcht und Mitleid, kathartische Reinigung der Leidenschaften oder sittliche Besserung des Zuschauers ist unter diesen Umständen nicht mehr zu denken. Insofern kann man bei Kleist von einer Remythisierung der Antike bzw. genauer von einer „Rekonkretisierung tradierter Mythen" sprechen[171] – der Mythos, der im 18. Jahrhundert nur noch als ästhetisches Gebilde behandelt wurde, gewinnt in *Penthesilea* seine tödliche Gewalt zurück.

Mit dem schrecklichen Bild der blutverschmierten Penthesilea, das die Umstehenden erstarren läßt, knüpft Kleist an das antike Motiv des ‚Erscheinungsschreckens' an, das die aristotelische Tragödientheorie zugunsten moralischer Sinnstiftung ausgeblendet hatte.[172] Ausgehend von der Überlegung, daß der Schrecken in der Kunst nicht ausschließlich psychischer, sondern immer auch ästhetisch-reflexiver Natur ist, läßt sich zeigen, daß die Intensität des ästhetischen Schreckens am größten ist, wenn *schreckliches Ereignis* und *Erschrecken über dieses Ereignis* zusammenfallen. Hierfür steht idealtypisch die Medusa, die nicht nur Schrecken verbreitet, sondern selbst vom Schrecken gebannt ist. An dieser mythischen Figuration, exemplarisch versinnbildlicht in Caravaggios Gemälde *Haupt der Medusa*, wird deutlich, daß der ästhetische Schrecken das Produkt mehrfach gebrochener Stilisierungen der vorgegebenen mythischen Realität ist. So kommt es in Aischylos' Tragödie *Agamemnon* zu einer Epiphanie des Schreckens, als Kassandra an die vergangenen Greuel der Atriden erinnert und die (gleich darauf erfolgende) Ermordung des Agamemnon vorwegnimmt. Die Verkettung von mythischen und zukünftigen Schlachtszenen zu *einem* präsentischen Ereignis ruft ein Grauen hervor, das dem beschriebenen Medusa-Modell folgt: Kassandra verbreitet Schrecken[173] und ist selbst starr vor Schrecken.[174] Entscheidend ist hierbei, daß sich die ästhetisch gestalteten Visionen des Mordes aufgrund ihres epiphanischen Charakters vom moralischen Diskurs der Tragödie ablösen und eine poetische Eigenständigkeit gewinnen, die die Verfasser von wirkungs-

---

170 So ein Rezensent am 04.12.1808 in den *Nordischen Miszellen*, abgedruckt in: Helmut Sembdner (Hg.), *Heinrich von Kleists Lebensspuren. Dokumente und Berichte der Zeitgenossen*, Bd. 1, Frankfurt a. M. 1984, S. 233-235, hier S. 234.

171 Böschenstein, „Antike und moderne Tragödie", S. 211.

172 Siehe hierzu Bohrer, „Erscheinungsschrecken und Erwartungsangst", S. 38-42 und 55-58.

173 Aischylos, *Agamemnon*: „CHOR Mein Herz traf's, ein Todesbiß voll blutger Wut, / Als dein qualvoll Los wimmernden Rufs du beklagt, / Grausam zu hören mir!", V. 1164-1166; „CHORFÜHRER Zwar des Thyestes Mahl aus seiner Kinder Fleisch / Verstand ich und erschauderte und bin in Furcht, / Hör ich in Wahrheit nicht ein ausgeklügelt Wort; / Was sonst ich hörte, warf mich gänzlich aus der Bahn.", V. 1242-1245.

174 Aischylos, *Agamemnon*: „KASSANDRA Weh, Vater, über dein, der edlen Kinder Los! / *Sie geht vor, fährt plötzlich zurück.* / CHORFÜHRER Was hast du denn? Was schreckt für Schauder dich zurück? / KASSANDRA Oh, oh! / CHORFÜHRER Was rufst du oh! Kommt deine Seele Ekel an? / KASSANDRA Mord – diese Räume atmen blutbetrieften Mord!", V. 1305-1309.

ästhetischen und geschichtsphilosophischen Tragödientheorien allerdings zu nachträglichen Sinnstiftungen herausgefordert hat.

Mit der *Penthesilea* kehrt der Schrecken der Medusa auf die Bühne zurück, eingebunden in ein dichtes Netz von mythologischen Verweisen und ästhetischen Stilisierungen. Bei Kleist wird die Tötung des Achilles, die auf weitere mythische Zerreißungsszenen verweist (u. a. auf Aktaion, Pentheus, Lykurgos, Orpheus und Dionysos Zagreus), theatralisch vorbereitet durch die Verwandlung Penthesileas in eine tanzende Mänade (V. 2567-2573), die ihr Gefolge, die Hundemeute, zur Jagd nach dem „schönste[n] Wild" (V. 2572) reizt. Das Bild der tanzenden Mänade schließt an die Form des Schwerttanzes an, der dem Prinzip von wechselseitiger Annäherung und Entfernung folgt, und der die Struktur des gesamten Dramas bestimmt (ablesbar an der fortwährenden Spannung zwischen sichtbarer Bühnenhandlung und unsichtbarem Hintergrundgeschehen). Auch die wilde Jagd, die dem schrecklichen Ereignis vorausgeht, ist bei Kleist kein konventionelles literarisches Bild, sondern komplex gestaltet, da der Vorgang des Jagens beständig zwischen metaphorischer und wortwörtlicher Bedeutung changiert und damit auf die Zerfleischung hindeutet: „Mit jedem Hufschlag, / Schlingt sie, wie hungerheiß, ein Stück des Weges, / Der sie von dem Peliden trennt, hinunter!" (V. 405-407).[175]

Den Bericht von der Zerreißung des Achilles durchzieht ebenfalls das Medusa-Motiv: Die Amazone, die von einem Hügel aus die bestialische Tat „*mit Entsetzen*" (nach V. 2590) beobachtet, wirkt wie von Medusas Blick getroffen („als ob sie die Medus' erblickte!", V. 2593); Meroe, die die Einzelheiten der Tötung des Achilles berichtet, sieht sich selbst in eine Meduse verwandelt („Die afrikanische Gorgone bin ich, / Und wie ihr steht, zu Steinen starr ich euch.", V. 2603f.). Schließlich bezeichnet die Oberpriesterin Penthesilea als ‚Tochter der Gorgo' (V. 2681f.) und bedeckt deren Gesicht mit einem Schleier, um die Unerträglichkeit ihres Blickes zu mildern (nach V. 2716). Wie die Medusa ist auch die Amazonenkönigin vor Schrecken unbeweglich („Jetzt steht sie lautlos da, die Grauenvolle, / [...] Und blicket starr", V. 2695, 2697) *und* verbreitet Schrecken („MEROE als ich erschien, / troff Blut von Mund und Händen ihr herab.", V. 2673f.).

Die Überwindung des Stupors gestaltet Kleist als äußerst gedehnte Szene, wodurch paradoxerweise der plötzliche Einbruch des Schreckens verlängert, ja auf Dauer gestellt wird. Denn in ihrem Bemühen um die schweigende Königin stellen die Amazonen immer neue Vergleiche zwischen ihrer früheren anmutigen Erscheinung und dem jetzigen grauenerregenden Zustand an. Diese Kontrastwirkung wird noch-

---

[175] Auch die mehrfache Anrufung der Jagdgöttin Artemis bzw. Diana sowie die Gleichsetzung von Achilles mit einem Hirsch (V. 2645, eine weitere Anspielung auf den Aktaion-Mythos) überhöhen das reale Geschehen mythologisch.

mals verstärkt durch einzelne Gesten und Verrichtungen Penthesileas, die mit rührender Sorge ihre Waffen reinigt. Indem Kleist hier dem Geschehen das Gepräge einer zarten, pantomimischen Szene verleiht, ergibt sich eine zweite, ebenfalls paradox anmutende Konstellation, die gleichfalls das Modell des medusenartigen Erscheinungsschreckens erweitert: Der Gegensatz von Bestialität und Grazie wird, je länger das anrührende Spiel dauert, verwischt; die ungeheuerliche Tat bleibt präsent, und trotzdem verwandelt sich Penthesilea vor den Augen der Amazonen (und der Zuschauer) wieder in jene Figur, die – ungeachtet ihres kriegerischen, wilden Auftretens – ihre Begleiterinnen wie Achilles durch Anmut und Grazie bezaubert hat.

Entscheidend für den Erscheinungsschrecken ist das Moment der sprachlichen Vermittlung: Obwohl im Drama die szenische Darstellung des Schreckens (als Ermordung von Agamemnon bzw. Achilles) denkbar wäre, hat Kleist (wie schon Aischylos) wohlweislich darauf verzichtet. Dies ist nicht nur auf die Einhaltung poetologischer Konventionen oder auf Rücksichtnahme gegenüber dem Publikum zurückzuführen, sondern auch auf die Tatsache, daß das poetische Wort den Schrecken (im Medium der Vision, der Teichoskopie oder des Botenberichts) eindrücklicher zur Darstellung bringen kann als durch den nonverbalen, szenischen Vollzug einer grausamen Tat.

Im Gegensatz zu den Konventionen des klassischen Dramas hat Kleist auf eine Einteilung in Akte verzichtet und die Handlung in 24 Szenen präsentiert. Die Einheiten von Zeit und Ort werden zwar gewahrt, allerdings machen die Verfolgungs und Kampfszenen, die sich jenseits des trojanischen Schlachtfeldes und damit hinter der Bühne abspielen, zahlreiche Teichoskopien und Botenberichte notwendig. Auf diese Weise verlagert sich der ‚Schwerpunkt' des Geschehens in einen Raum jenseits der Bühne, ja es entstehen verschiedene Gravitationszentren, auf die die handelnden Personen (teilweise sogar simultan) Bezug nehmen müssen und die – je nach Stand der kriegerischen Auseinandersetzungen – in das sichtbare Geschehen hineinwirken. Weitere formale Besonderheiten von Kleists Drama (immer im Vergleich mit Goethes *Iphigenie*) sind die Absenkung der hohen Stillage, die expressive, spannungsgeladene Sprache, der Wechsel zwischen gestauter und entfesselter Rede, die Auflösung syntaktischer Einheiten und das schon erwähnte Spiel mit eigentlicher und uneigentlicher Bedeutung („Daß sie vor Liebe gleich ihn essen könnte", V. 2993).

Obwohl Kleist seine *Penthesilea* dezidiert gegen Goethes *Iphigenie* konzipiert hat, spielt das Werk für die remythisierende Dramatik der klassischen Moderne erstaunlicherweise nur eine geringe bzw. keine Rolle. Die Beschäftigung mit dem Drama findet fast ausschließlich in Literaturkritik und Literaturgeschichtsschreibung statt.[176] Daß auf *Penthesilea* in theoretischer Hinsicht kaum Bezug genommen wird, mag auch damit zusammenhängen, daß Kleist – wie schon Euripides in den *Bakchen* – *auch* den Umschlag von der Raserei zur Vernunft, das nachträgliche Erschrecken über das Schreckliche, gestaltet hat. Da Penthesilea erkennt, daß sie nach ihrer bestialischen Tat nicht weiterleben kann, und da ihre Raserei ein isoliertes Geschehen darstellt, das zwar das antike Menschenopfer nachahmt, aber ohne jeden Bezug zu gemeinschaftlichen Opferriten vollzogen wurde, ist das Drama wenig geeignet, als Modell für eine archaisierende Mythenrezeption zu dienen. Penthesileas Raserei ist der extreme Versuch, die Selbstentzweiung bzw. Zerrissenheit, unter der das moderne Bewußtsein leidet, in einem wahnhaften Akt rückgängig zu machen. Die Zerreißung des Geliebten ist aber auch für Kleist kein Weg, um die Desintegrationserfahrungen des modernen Individuums aufzuheben; erst Jahnn wird in seiner *Medea* an dieses Motiv anknüpfen und es weiterentwickeln. Bei Kleist bleibt der Mensch „gebrechlich" (V. 3037), seine ‚Zerrissenheit' ist unaufhebbar, und wenn es Götter gibt, dann sehen sie dem Treiben der Menschen nur noch von ferne zu. Insofern gehört Kleists *Penthesilea* in den Kontext jener aufklärungskritischen Werke, die die Maximen und Idealisierungen der Aufklärung einer kritischen Begutachtung unterziehen, *ohne* zu mythischen Welten Zuflucht zu nehmen.

1.5 „Blutgedanken bäumen sich empor": Grillparzer, *Das goldene Vließ*

„Das Opfer blutet!" (V. 14) – mit diesem Ruf beginnt das einaktige Trauerspiel *Der Gastfreund*, erster Teil der Dramentrilogie *Das goldene Vließ* von Franz Grillparzer.[177] Die Szene spielt in einer unwirtlichen Gegend: ein Altar, ein Haus und die monumentale Bildsäule eines Gottes sind zu sehen, alles aus unbehauenen Steinen

---

[176] Siehe dazu die Zeugnisse in: Helmut Sembdner (Hg.), *Heinrich von Kleists Nachruhm. Eine Wirkungsgeschichte in Dokumenten*, München [4]1996, S. 543-563; außerdem: Peter Goldammer, „Heinrich von Kleists *Penthesilea*. Kritik der Rezeptionsgeschichte als Beitrag zur Interpretation", in: *Impulse* 1 (1978), S. 200-231.
    Neben den wenigen, aber weithin beachteten Aufführungen der *Penthesilea* in den Jahren 1876 (als bearbeitete Fassung), 1892, 1895, 1911 und 1923 ist in diesem Zusammenhang auch die musikalische Rezeption des Dramas hervorzuheben: Hugo Wolf schreibt 1883-85 die dreiteilige symphonische Dichtung für großes Orchester *Penthesilea*; am 08.01.1927 findet die Uraufführung von Othmar Schoecks einaktiger Oper *Penthesilea* in Dresden statt.
[177] Grillparzers *Goldenes Vließ* wird zitiert nach: Franz Grillparzer, *Werke*, Bd. 2: *Dramen. 1817-1828*, hg. von Helmut Bachmaier, Frankfurt a. M. 1986, S. 205-390.

grob zusammengefügt. Das Land Kolchis liegt wie die Halbinsel Tauris an der Küste des Schwarzen Meeres; im Vergleich zu den Skythen in Goethes *Iphigenie* sind Grillparzers Kolcher tatsächlich ein barbarischer Volksstamm, der (nicht nur räumlich) weit entfernt von den Errungenschaften der griechischen Kultur lebt. Mit der Anrufung der Göttin Darimba (deren Name entfernt an Diana erinnert – nach Ovid hatte die Göttin in Kolchis ein Heiligtum), dem Einsatz von primitiven Musikinstrumenten (wie Zimbeln und Handpauken) sowie fremdartigen Rufen („Eriho! Jehu!", V. 22) deutet Grillparzer die Umrisse eines archaischen Rituals an, das die Herkunft Medeas auch kulturgeschichtlich verortet. Damit zählt Grillparzer zu den ersten Dramatikern, die den kulturellen Abstand zwischen griechischer Zivilisation und ‚naturnahen' Völkern nicht nur thematisieren (wie dies schon in Goethes *Iphigenie* geschehen ist), sondern auch szenisch präsentieren. Grillparzer hat großen Wert darauf gelegt, die ‚barbarische' Vorgeschichte der Euripideischen *Medea*-Tragödie dramatisch zu entfalten. Diese historistische Konzeption verstößt zwar gegen die Gesetze des klassischen Dramas, wie Grillparzer selbstkritisch anmerkt,[178] vertieft aber das Verständnis für die kulturgeschichtlichen Rahmenbedingungen seiner Tragödie und für Medeas scheiternden Bildungsgang vom wilden Naturkind über die Halbgriechin bis zur Muttermörderin.[179]

Die Differenz zwischen Griechen und Barbaren hat sich auch in der Versgestaltung der Trilogie niedergeschlagen – während den kulturell ‚höher' stehenden Griechen der gleichmäßige Blankvers vorbehalten ist, sprechen Medea und die Kolcher in freien Versen mit wechselnden Rhythmen. Auch Medeas Unfähigkeit, zwischen authentischer und rhetorischer Rede zu unterscheiden, vertieft den Abstand zur Welt der Griechen. Diese Kontrastwirkung ist das Ergebnis einer „gewollten Vermengung

---

[178] Grillparzers Reflexionen über das *Goldene Vlieβ* thematisieren mehrfach die (klassische) Vorstellung, daß die Handlung des Dramas aus sich selbst heraus zur Entwicklung kommen müsse. Die Bezugnahme auf eine Vor- bzw. Nachgeschichte, die einer dramatischen Trilogie immanent ist, „gibt dem Ganzen etwas Episches, wodurch es vielleicht an Großartigkeit gewinnt aber an Wirklichkeit und Prägnanz verliert." (Franz Grillparzer, *Selbstbiographie*, *Werke*, Bd. III: *Gedichte. Epigramme. Satiren. Autobiographische Schriften*, hg. von August Sauer und Reinhold Backmann, München 1971, S. 487-661, hier S. 562). Erhellend ist in diesem Zusammenhang auch der Vergleich von Aischylos' *Orestie* mit Schillers *Wallenstein*: Während der antike Dramatiker in jedem Teil seiner Trilogie eine selbständige, in sich abgeschlossene Handlung entfaltet habe – „der durchgehende Faden verknüpft ohne zu bedingen" (Grillparzer, *Selbstbiographie*, S. 562) –, sei Schillers dramatisches Gedicht nur im Gesamtzusammenhang versteh- und aufführbar: „Das ‚Lager' ist völlig überflüssig und die ‚Piccolomini' sind nur etwas weil ‚Wallensteins Tod' darauf folgt." (Grillparzer, *Selbstbiographie*, S. 562).

[179] Zu Grillparzers kultur- und religionsgeschichtlichem Interesse am Medea-Mythos siehe Gerhard Neumann, „*Das goldene Vlieβ*. Die Erneuerung der Tragödie durch Grillparzer", in: Hellmut Flashar (Hg.), *Tragödie. Idee und Transformation*, Stuttgart-Leipzig 1997 (Colloquium Rauricum 5), S. 258-286, hier S. 262-269.

des sog. Romantischen mit dem Klassischen":[180] In den ersten beiden Dramen der Trilogie, *Der Gastfreund* und *Die Argonauten*, dominiert nach Grillparzer das Abenteuerliche, Ritterliche, Barbarische; die (in Korinth spielende) Medea-Tragödie steht dagegen ganz im Zeichen einer geordneten, hellenischen Welt.[181] Was bei Goethe noch als Vorurteil entlarvt bzw. als scheinhafter Konflikt gelöst werden konnte, hat sich bei Grillparzer zu unüberwindbaren Gegensätzen verfestigt: Die Berufung auf das Nationale (sowohl auf griechischer wie auf kolchischer Seite) verhindert, daß das aufklärerische Humanitätsideal Wirklichkeit wird.[182] An Medea wird exemplarisch vorgeführt, in welche Katastrophe die Erniedrigung und Ausgrenzung einer Fremden (die hier auch stellvertretend für *das Fremde* steht) führen kann.

Unter den Vorzeichen eines in die Antike projizierten nationalen Kulturverständnisses werden die Gegensätze zwischen kolchischem Barbarentum und griechischer Zivilisation für Medea unüberbrückbar. Als chthonische Zauberin mißtrauisch beäugt und vom gemeinschaftlichen Leben in Korinth ausgeschlossen, ist Medea jene Selbstbewahrung nicht mehr möglich, die sich Iphigenie als taurische Priesterin noch erhalten konnte. Zudem sind Medeas Bemühungen um Assimilation angesichts subtiler Erniedrigungen und offener Ablehnung zum Scheitern verurteilt. Wie Euripides läßt Grillparzer keinen Zweifel daran, daß die äußeren Umstände Medea in jene „Verzweiflungswut" (*Medea*, V. 2247) treiben, die schließlich in der Katastrophe endet: „Man hat mich bös genannt, ich war es nicht: / Allein ich fühle, daß man's werden kann." (*Medea*, V. 1849f.). Damit ist auch der Kern von Grillparzers tragischem Verständnis beschrieben: Im Konflikt zwischen Freiheit und Notwendigkeit kommt es zu keiner Vermittlung der Gegensätze (wie bei Schelling oder Hegel); das *Goldene Vließ* endet abrupt mit einer an das spanische Barocktheater erinnernden, christlichen Demutsformel („Trage! Dulde! Büße!", V. 2374f.). Weder hat sich die menschliche Freiheit bewähren können noch hat das entzweite Subjekt seine Einheit wiedergefunden; weder wurde eine höhere Stufe der Sittlichkeit erreicht noch die kulturelle Entwicklung vorangetrieben.

Wie in der *Orestie* wird die Handlung durch einen Fluch motiviert; im Gegensatz zum antiken Schicksalsglauben (und zur Schicksalsdramatik seiner Zeit) betont Grillparzer aber, daß der Fluch nicht göttlichen oder überirdischen Ursprungs ist, sondern eine von Menschen in die Welt gesetzte Drohung, die deshalb so gefährlich ist, weil

---

[180] Grillparzer, *Selbstbiographie*, S. 587.
[181] Notiz Grillparzers vom Mai 1820, zitiert nach Karl Pörnbacher (Hg.), *Franz Grillparzer*, München 1970, S. 127. Siehe auch Grillparzer, *Selbstbiographie*, S. 563.
[182] Hans-Georg Werner, „Verteufelt human. Über den Zusammenhang zwischen Goethes *Iphigenie* und Grillparzers *Goldenem Vließ*", in: ders., *Literarische Strategien. Studien zur deutschen Literatur 1760 bis 1840*, Stuttgart-Weimar 1993, S. 229-242.

die Menschen an deren Wirksamkeit *glauben*. Die Verwünschungen des sterbenden Griechen Phryxus wären jedoch nicht ausreichend, um die Handlung des Dramenzyklus zu motivieren; ihnen geht der Raub eines kultischen Gegenstands (erst durch Phryxus, dann durch Aietes) sowie der tödliche Anschlag auf Phryxus voraus. Deshalb spricht Grillparzer (mit Schiller) vom „Fluch der bösen That", die „fortzeugend, böses muß gebähren"[183], und dementsprechend ist das titelgebende Vlies kein magischer Gegenstand, sondern ein „sinnliches Zeichen"[184], das durch eine Welt wandert, in der der Glaube an Mythos, Magie und Verfluchungen noch lebendig ist. In dieser Hinsicht folgt Grillparzer Goethes Humanisierung bzw. Psychologisierung des Mythos – nicht überirdische Mächte, sondern menschliche, mythisch überformte Konflikte sind die Triebkräfte seines Dramas.[185]

Gleichwohl legt Grillparzer seiner Trilogie eine mythische, nämlich zyklische Struktur zugrunde. Dazu gehört der Weg des goldenen Vlieses von Delphi über Kolchis, Jolkos und Korinth zurück nach Delphi. Der Gegenstand, der durch zahlreiche Hände gegangen ist und Anlaß für Neid, Haß und Gewalt war, wird am Ende wieder an seinen Ursprungsort zurückkehren. Auch die räumlichen Entsprechungen zwischen der ersten Szene des *Gastfreunds* und der Schlußszene der *Medea* fügen sich dieser zyklischen Struktur: Beide spielen in einer wilden Gegend, in einem naturnahen Raum abseits der mythenfernen Kultur der Griechen. Die Verknüpfung von Anfang und Ende unterstreicht schließlich auch das Motiv des Opfers: Im *Gastfreund* wird zu Beginn ein Reh erbeutet, in *Medea* ist es die Titelfigur selbst, die den Kindsmord in Delphi sühnen will („Dort stell' ich mich den Priestern dar, sie fragend, / Ob sie mein Haupt zum Opfer nehmen an", *Medea*, V. 2360f.). Zwischen diesen rahmenden Szenen spielt sich die Medea-Tragödie ab, die mit der Kolonisierung der Kolcher beginnt, mit dem Eintritt eines Naturvolks in die Geschichte der abendländischen Zivilisation. Wenn Medea am Schluß nach Delphi eilt, um sich dem Urteil des Heiligtums zu unterziehen und sich als Opfer anzubieten, tritt sie aus dem Raum der Geschichte wieder heraus. Diese Raumstruktur kann als Hinweis Grillparzers gelesen werden, daß eine Versöhnung nur partiell jenseits der Geschichte möglich ist; die Gegensätze zwischen den Kulturen bzw. den Geschlechtern werden

---

[183] Vorarbeiten Grillparzers zum *Goldenen Vließ*, zitiert nach Grillparzer, *Werke*, Bd. 2, S. 782.

[184] Grillparzer, *Selbstbiographie*, S. 562.

[185] Dieser Aspekt ist deshalb wichtig, weil trotz der zahlreichen Hinweise auf Medeas Zauberkünste und ihre archaischen Untergangsvisionen immer auch die Möglichkeit einer gelingenden Assimilation im Raum steht. Medeas ‚Rückfall' ins Barbarische („So zieht der Grimm mir schneidend durch das Innre, / Und Blutgedanken bäumen sich empor. – ", *Medea*, V. 2038f.) ist zwar Ausdruck ihrer Leidenschaftlichkeit, wird aber psychologisch als nachvollziehbare Verzweiflungstat plausibilisiert. Siehe dazu Jean-Louis Bandet, „Corneille – Grillparzer – Anouilh. Zur Behandlung des Medea-Stoffes in Österreich und Frankreich", in: Robert Pichl u. a. (Hg.), *Grillparzer und die europäische Tradition. Londoner Symposium 1986*, Wien 1987, S. 31-43, hier S. 37.

von dieser Tat nicht berührt und bestehen demnach weiter. Anders als bei Goethe oder Hölderlin gibt es bei Grillparzer keine Hoffnung auf einen friedlichen Ausgleich der im Stück vorgeführten Interessensgegensätze.

Während der Fluch bzw. die ‚böse Tat' auf der Ebene der Handlung wirksam wird, verweist das goldene Vlies metatheatralisch auf die übergeordnete Ebene der Sinnstiftung, die sich mit dem Raub und der Heimholung des mythischen Gegenstands verbindet. Stellt man – wie schon im Falle des Opfers – Grillparzers kulturhistorisches Interesse in Rechnung, dann ist es folgerichtig, das Weiterwandern des Vlieses als Exempel für die Entstehung und Tradierung des Mythos und seiner Varianten zu begreifen. Die Dramentrilogie zeigt damit beispielhaft die Metamorphosen eines kulturstiftenden Zeichens: Das Vlies soll Phryxus den Weg zu „Sieg und Rache" weisen (Der Gastfreund, V. 333); Jason sieht darin ein „teures Pfand für Hellas' Heil und Glück" (Die Argonauten, V. 839), das an die Gründung der griechischen Kultur erinnert; für die Kolcher ist es sakrales Attribut ihres Gottes Peronto. Weil die Vereinnahmung des Vlieses durch Griechen bzw. Kolcher immer auch den Anderen bzw. Fremden ausschließt und damit zwangsläufig zu Konflikten führt, ist das goldene Widderfell von Anfang an ein „gespaltenes Zeichen", das die „Kluft zwischen den Kulturen, zwischen den Geschlechtern, und im menschlichen Selbst" immer wieder aufbrechen läßt.[186] Was hier im Rahmen einer Antikenfiguration dramatisch entfaltet wird, hat für Grillparzer auch einen kulturgeschichtlichen Sinn: Aus der Differenz zwischen Barbaren und Zivilisierten, aus der „Spaltung von Selbsterfahrung und Fremdabgrenzung",[187] erwächst eine verhängnisvolle, aber notwendige Entfremdung, die die kulturelle Entwicklung, das Verhältnis der Geschlechter und die Herausbildung von Subjektivität bis in die Neuzeit hinein erst ermöglicht hat. Verhängnisvoll ist dieser Prozeß, weil für Grillparzer Geschichte als tragisches, immer leidvolles Geschehen verstanden werden muß.

Bemerkenswert sind in diesem Zusammenhang die Anspielungen auf Goethes Iphigenie. Man kann Grillparzers Trilogie durchaus als Drama lesen, das zunächst an den Schluß von Goethes Schauspiel anknüpft, im weiteren Verlauf aber zu gegensätzlichen Ergebnissen kommt. Zahlreiche Textstellen erinnern an Goethes Antikendrama und lassen eine gewaltfreie Lösung der Konflikte möglich erscheinen. So beruft sich beispielsweise Phryxus bei seiner ersten Begegnung mit den Kolchern auf die naturrechtliche Gleichheit aller Menschen: „Verehrst du jenen dort, als deinen Schützer / So liegt ein Bruder jetzt in deinem Arm, / Denn Brüder sind ja Eines Vaters Söhne." (Der Gastfreund, V. 232-234). Aber nicht nur in thematischer Hinsicht,

---

186 Naumann, „Das goldene Vließ", S. 282.
187 Naumann, „Das goldene Vließ", S. 268.

60

auch im Hinblick auf den spezifischen Tonfall Goethes gibt es Anklänge, so wenn Medea ihren Vater bittet, den Griechen das Vlies zurückzuerstatten: „Gib heraus was du nahmst, Versöhnung bietend!" (*Die Argonauten*, V. 190). In diesen Momenten scheint ein Ausgleich, wie er exemplarisch in *Iphigenie* realisiert wurde, zumindest denkbar.[188]

Daß dies scheitert, ist auch darauf zurückzuführen, daß Sprechen und Handeln (insbesondere bei Phryxus und Jason) nicht identisch sind und jede Handlung zu neuen Machtansprüchen und Egoismen führt. So flicht Phryxus in seine Bitte um Gastfreundschaft eine unmißverständliche Drohung ein – für den Fall, daß Aietes seinen Wunsch ablehnen sollte: „Nimm auf mich und die Meinen in dein Land, / Wo nicht so fass' ich selber Sitz und Stätte" (*Der Gastfreund*, V. 330f.). Wie ein Kolonisator verhält sich der Grieche auch, als er Medea erblickt: Die Lobrede auf die Königstochter endet mit einem Motiv, das noch jeden Eroberungszug begleitet hat – die sexueller Ausbeutung der Frau, hier euphemistisch kaschiert als Frauenlob: „Die roten Lippen und der Wange Licht / Sie scheinen Huld und Liebe zu verheißen" (*Der Gastfreund*, V. 244f.); „Vielleicht, wer weiß, ob nicht dein Vater, / Von dem ich Zuflucht nur und Schutz verlangt, / Mir einst noch mehr gibt, mehr noch, o Medea!" (*Der Gastfreund*, V. 257-259).[189]

Mit dem Entdecker und Eroberer Jason hat Grillparzer schließlich eine Figur entworfen, die sich schnell neuen Zielen zuwendet, sobald sich die Rahmenbedingungen ändern. Bei allen Vorbehalten, die im *Goldenen Vließ* gegen Jasons Verhalten vorgebracht werden (aus den großen Streitgesprächen der Eheleute tritt Medea jedes Mal

---

[188] Weitere Beispiele für die Anlehnung an die *Iphigenie*-Thematik: Medea versucht, ihre rachedurstige Amme zu besänftigen („Laß uns die Götter bitten um ein einfach Herz, / Gar leicht erträgt sich dann ein einfach Los!", *Medea*, V. 86f.); Medea fleht Kreusa um Unterstützung an („Senk' einen Strahl von deiner Himmelsklarheit / In diese wunde, schmerzzerrißne Brust", *Medea*, V. 680f.; „O lehre mich, was stark die Schwäche macht.", *Medea*, V. 687); Kreusa ermahnt Jason, sein früheres Leben nicht zu verleugnen („Ich weiß ein andres Mittel: / Ein einfach Herz und einen stillen Sinn.", *Medea*, V. 828f.); Kreusa meldet Zweifel an der Ausweisung Medeas an („Ich sinne nur, ob recht ist, was wir tun; / Denn tun wir recht, wer könnte dann uns schaden?", *Medea*, V. 1152f.).

[189] Erinnert Grillparzers Medea zunächst an die ambivalente Charakterisierung der Penthesilea bei Kleist („Halb Charis steht sie da und halb Mänade", *Der Gastfreund*, V. 249), so nimmt eine spätere Figurenzeichnung den erotisch-dämonischen Typus der *Femme fatale* vorweg: „Du auch hier Schlange? / Warst du so schön und locktest du so lieblich / Mich zu verderben hier im Todesnetz? / Mein Herz schlug dir vertrauensvoll entgegen, / [...] Und du verrätst mich?" (*Der Gastfreund*, V. 431-436). Im weiteren Verlauf der Trilogie wird der Aspekt der erotischen Faszination immer stärker betont, wobei zu beachten ist, daß Medeas dämonisches Wesen mythologisch schon in ihren Zauberkünsten begründet ist. Die sexuelle Attraktion, die das Verhältnis von Jason und Medea in den *Argonauten* bestimmt hat, schlägt im dritten Teil in eine bürgerliche Ehetragödie um, die aufgrund der mythischen Überhöhung schon auf jenen Kampf der Geschlechter vorausweist, der in der Literatur um 1900 zu einem dominanten Wahrnehmungsmuster von Geschlechterverhältnissen stilisiert werden wird.

als moralische Siegerin hervor), schwingt doch so etwas wie Verständnis für die Haltung des Argonauten mit. Tritt man einen Schritt zurück und wendet den Blick vom Verhältnis Medea-Jason hin zum kulturgeschichtlichen Entwicklungsgang, den Grillparzers Trilogie *auch* thematisiert, dann wird deutlich, daß die abendländische Kultur des Typus' Jason bedurfte, um zu dem zu werden, was sie ist – in positiver wie negativer Hinsicht. Dieses dialektische Motiv wird Heiner Müller in seiner Antikenfiguration *Verkommenes Ufer Medeamaterial Landschaft mit Argonauten* aufgreifen und weiter zuspitzen; bei Müller wird dann vorgeführt, wie ungehemmter Expansionsdrang und Instrumentalisierung der Natur in einem selbstzerstörerischen Prozeß enden.

Erkennbar ist die Differenz zwischen Sprechen und Handeln auch an dem Stellenwert, den das Rhetorische in der Trilogie einnimmt. Konnten sich bei Goethe die Verstellungskünste des Pylades noch nicht gegen Iphigenies Anspruch auf Wahrhaftigkeit durchsetzen, so dringt die ihre Absichten verschleiernde Rede bei Grillparzer immer weiter in die sozialen Beziehungen ein und zerstört diese schließlich. Dieses Motiv taucht schon frühzeitig auf, wenn Medea sich über Phyrxus äußert („Er spricht und spricht; / Mir widert's!", *Der Gastfreund*, V. 366f.), und wird dann in den großen Auseinandersetzungen zwischen Jason und Medea (im zweiten und dritten Akt der *Medea*) mehrfach entfaltet. Der Gipfel der Schönrednerei ist erreicht, wenn Jason der verbannten, von ihren Kindern getrennten Medea erklärt, daß er, der bald der Gatte Kreusas und König von Korinth sein wird, ein schwereres Los zu tragen habe als seine verstoßene Ehefrau („So wär' es leicht, zu leben als ein Fremdling / In fremden Haus, von fremden Mitleids Gaben?", *Medea*, V. 1517f.). Auch wenn die Kritik an Opportunismus und sophistischer Rhetorik schon Bestandteil der Euripideischen Tragödie war, wird dieser Aspekt bei Grillparzer durch die Bezugnahmen auf Goethes *Iphigenie* nochmals intensiviert und das Scheitern einer gewaltfreien Aussöhnung um so nachdrücklicher vorgeführt. Im Gegensatz zu Goethes aufgeklärter Utopie und Hölderlins revolutionärer Perspektive vermag Grillparzer die geschichtliche Entwicklung nur noch unter den Vorzeichen des Tragischen wahrzunehmen. In dieser Hinsicht ist das *Goldene Vließ* auch das Dokument einer Epoche, die mit restaurativen Anstrengungen die langsam voranschreitende Auflösung einer alten Ordnung aufzuhalten versucht.

62

1.6 Epigonaler Nachklang: Die *Iphigenie*-Dramen von Halm und Kannegießer

Grillparzers *Goldenes Vließ* stellt ein wichtiges Bindeglied zwischen dem Klassizismus des späten 18. Jahrhunderts und dem Antikendrama der Moderne dar. Mit der Bezugnahme auf Goethe und dessen Humanitätsideal weist die Trilogie in die Vergangenheit zurück; mit der Archaisierung der Szene, der Thematisierung des Kultischen und der Dämonisierung der Medea als *Femme fatale* nimmt Grillparzer Motive vorweg, die erst wieder nach 1890 im deutschsprachigen Antikendrama erscheinen werden. Nach Grillparzer gerät das Antikendrama in jene Krise, die die Gattung Drama insgesamt kennzeichnet: Das starre Festhalten an einer klassisch-idealistischen Ästhetik führt zu einer merklichen Einbuße an literarischer Qualität.[190]

Anders als für Grillparzer erscheint den Autoren der zwischen 1820 und 1890 entstandenen Antikendramen (z. B. von Karl Ludwig Kannegießer, Friedrich Halm oder Adolf Wilbrandt) das Formproblem, das die angestrebte Synthese von antikem Mythos, klassischer Dramaturgie und historistischem Antikenverständnis aufgab, als lösbar. In den Werken dieser vergessenen Dramatiker werden unter den Vorzeichen eines bildungsbürgerlichen Idealismus allgemeine Lebensfragen abgehandelt oder – bei deutlicher Präferenz für Stoffe der römischen Spätzeit (Heyse, *Hadrian*, 1864; Wilbrandt, *Nero*, 1876) – dramatische Tableaus entworfen, die in effektvoller Manier den Zeitgeschmack bedienen.[191] In dem Maße, wie sich das Bürgertum ökonomisch konsolidiert, entsteht auch das Bedürfnis nach institutioneller Selbstvergewisserung, wofür sich ein nach wirtschaftlichen Gesichtspunkten arbeitendes Theaterwesen anbot. Trotz des Ausbleibens von innovativen Stücken ist das Interesse am Drama ungebrochen, ablesbar an den Werken des ‚Nationaldichters‘ Schiller, die ganz oben in den Aufführungsstatistiken der Zeit stehen, und an zeitgenössischen Theaterstücken, deren Spektrum vom klassizistischen Epigonendrama über die Neuauflage des bürgerlichen Rührstücks bis zum Boulevard- und Unterhaltungstheater reicht.

Als Beispiel für den schematischen Nachvollzug überkommener Gattungsmuster sei hier auf Friedrich Halms Schauspiel *Iphigenie in Delphi* (1856) hingewiesen.

---

190 Siehe dazu Klaus Ziegler, „Stiltypen des deutschen Dramas im 19. Jahrhundert", in: Hans Steffen (Hg.), *Formkräfte der deutschen Dichtung vom Barock bis zur Gegenwart*, Göttingen ²1967, S. 141-164, hier S. 156f.

191 Zu den epigonalen Dramatikern des 19. Jahrhunderts siehe Roy C. Cowen, *Das deutsche Drama im 19. Jahrhundert*, Stuttgart 1988, S. 35-52 und 138-156; Dieter Kafitz, *Grundzüge einer Geschichte des deutschen Dramas von Lessing bis zum Naturalismus*, Frankfurt a. M. ²1989, S. 235-287, insbesondere S. 237-255. Zur Geschichte des Antikendramas zwischen Grillparzer und Hofmannsthal siehe auch Thomas Epple, *Der Aufstieg der Untergangsseherin Kassandra. Zum Wandel ihrer Interpretation vom 18. Jahrhundert bis zur Gegenwart*, Würzburg 1993 (Würzburger Beiträge zur deutschen Philologie 9).

Halm, Kustos an der Wiener Hofbibliothek und ab 1868 Direktor des Burgtheaters, unternimmt mit diesem Drama den Versuch, die von Goethe in der *Italienischen Reise* skizzierte Fortsetzung des *Iphigenie*-Schauspiels auszuführen. Zum Höhepunkt des Dramas gerät der fünfte Akt, in dem die Töchter des Agamemnon – ohne einander zu erkennen – aufeinandertreffen und Elektra die vermeintliche Mörderin ihres Bruders mit dem fluchbeladenen Beil niederstrecken will. Um diese tödliche Bedrohung, die durch das beherzte Eingreifen des Orest abgewendet wird, zu motivieren, muß Halm die Titelfigur erneut in eine von Pylades ersonnene List verstricken und sie zur Verstellung zwingen. Als epigonal erweist sich dabei nicht nur der Rückgriff auf eine bekannte Konstellation, sondern auch die Depotenzierung Iphigenies zu einer Figur, die die Konsequenzen der Intrige passiv zu erdulden hat. Dementsprechend muß das Schauspiel mit dem dea-ex-machina-artigen Auftritt der Priesterin Pythia schließen, die *„mit dem Ausdrucke gottestrunkner Begeisterung"*[192] *alle* Atriden (also auch Iphigenie!) zur Wahrhaftigkeit ermahnt. Auch die formale Gestaltung des Dramas ist epigonal: Die schematische Einhaltung des fünfaktigen Dramentypus, der Verzicht auf psychologische Differenzierung, die Dominanz der pathetischen Rede sowie die szenische Gestaltung mit schattigem Hain, Felsenquelle und Tempelkulisse rufen in ihrer Gesamtheit jenen „gipsernen Charakter"[193] hervor, der Max Reinhardt und Hugo von Hofmannsthal 1903 zu einer Erneuerung des Antikendramas bewog.

Den gleichen Stoff hatte vor Halm schon Karl Ludwig Kannegießer, Privatdozent für Literaturgeschichte, im Jahr 1843 dramatisiert. Bei Kannegießer wird die Entsühnung in Delphi von dem Vorspiel *Iphigenia's Heimfahrt* und dem Nachspiel *Iphigenia's Tod* eingerahmt. Auf diese Weise läßt sich die Handlung nochmals mit dem taurischen Stoff verknüpfen. Nach Wiedererkennungsszene und feierlicher Entsühnung wird die Ausgangssituation von Goethes Schauspiel nochmals beschworen: Vor dem Tempel der Diana erinnert sich Iphigenia wehmütig ihrer „zweiten Heimat"[194] in Tauris sowie des Skythenkönigs Thoas, der allein auf der Halbinsel zurückbleiben mußte. Diesen ‚Makel' beseitigt Kannegießer, indem er Arkas auftreten und vom Ende des Thoas berichten läßt: Der König sei nach Iphigenias Weggang immer melancholischer geworden, bis er, immerfort der Priesterin gedenkend, ein sanftes Ende gefunden habe. Mit dieser Nachricht wird die letzte ‚tragische' Verstrickung gelöst: „IPHIGENIA Wohl ihm, und wohl auch mir! Mich dünkt, es sinkt / Ein lastendes Gewicht mir von der Brust. / Denn ich, ich hatte seinen Gram verschuldet, / Kein

---

192 Friedrich Halm, *Iphigenie in Delphi*, *Werke*, Bd. 8, Wien 1864, S. 1-110, hier S. 110.
193 B II 384.
194 Karl Ludwig Kannegießer, *Iphigenia in Delphi. Schauspiel in drei Akten, mit einem Vorspiele: Iphigenia's Heimfahrt, und einem Nachspiele: Iphigenia's Tod*, Leipzig 1843, S. 65.

Mittel doch besitzend, ihn zu trösten. / Ja, ihr seid gnädig, hocherhabne Götter!"[195] Mit einer Serie von Versöhnungsakten schließt das Schauspiel: Iphigenia ernennt Arkas zum Nachfolger des Thoas und bestimmt Griechen und Skythen zu Bundesgenossen; die Göttin Diana stiftet die Hochzeit von Pylades und Elektra; der „selige[] Tod"[196] Iphigenias wird schließlich als Gottwerdung der Atriden-Tochter verklärt.

1.7 Die Dämpfung des Tragischen: antike Tragödie und bürgerliches Theater

Die wenigen Aufführungen von antiken Dramen im 19. Jahrhundert waren vor allem durch ein historistisch-bildungsbürgerliches Antikenverständnis gekennzeichnet; ein Verständnis, das ausgehend vom Klassizismus Winckelmannscher Prägung den Versuch unternahm, zu einer historisch korrekten Rekonstruktion der Antike und ihrer Theaterpraxis zu gelangen.[197] Dementsprechend wurden große Anstrengungen unternommen, um ein möglichst realistisches Bild der Antike zu zeichnen. Aufführungen antiker Dramen wurden zunächst von kunstsinnigen Monarchen wie dem preußischen König Friedrich Wilhelm IV., dem bayrischen König Maximilian II. oder Herzog Georg II. von Sachsen-Meiningen angeregt; sie waren damit aus dem täglichen Theaterbetrieb herausgehoben und hatten den Charakter von Festspielen. Dabei wurden häufig künstlerische und wissenschaftliche Berater hinzugezogen: An der Potsdamer *Antigone*-Aufführung von 1841 wirkten Boeckh, Tieck und Mendelsohn-Bartholdy mit; bei der Münchner *Antigone* von 1851 waren Thiersch, Klenze und Kaulbach beteiligt. Zwar gelang es, sich von klassizistischen Anschauungen zu lösen und das illusionistische Guckkastentheater (mit Vorhang, Kulissen- und Bühnenmalerei) durch eine reine Architekturbühne zu ersetzen. Auf der anderen Seite setzte sich jedoch ein Inszenierungsstil durch, der auf Dämpfung der antiken Tragik, Betonung des Gefühlhaften, Vermeidung starker Affekte und eine idealistische bzw. christliche Überhöhung des Leids abzielte. Bezeichnend ist für diese Zeit, daß die Tragödien des Aischylos kaum gespielt wurden,[198] während sich die *Antigone* des Sophokles – mit einer zur christlichen Märtyrerin umgedeuteten Titelfigur – im Theaterrepertoire etablierte. Dieser Prozeß der ‚Verbürgerlichung' der antiken Tra-

---

195 Kannegießer, *Iphigenia in Delphi*, S. 75.
196 Kannegießer, *Iphigenia in Delphi*, S. 77.
197 Flashar, *Inszenierung der Antike*, S. 82-84 und 90-105.
198 Nach Flashar (*Inszenierung der Antike*, S. 395-397) gab es im deutschsprachigen Raum im 19. Jahrhundert nur zwei Inszenierungen des Aischylos: Eine Bearbeitung der *Choephoren* von Wilhelm Rossmann 1868 in Meiningen und eine Aufführung des *Prometheus* 1890 in Berlin.

gödie findet seine Fortsetzung in den Sophokles-Übersetzungen von Adolf Wilbrandt (1866), die bis zum Ersten Weltkrieg häufig nachgespielt wurden. Wilbrandt eliminiert alle Anspielungen auf antike Mythen, glättet das Versmaß und verwandelt den Chor in Einzelpersonen, in einen „genrehaften Dialog von Bürgern".[199] Damit büßen die Tragödien ihre religiöse und politische Dimension ein; was dem bildungsbürgerlichen Horizont fremdartig erschien, wurde gekürzt bzw. an das vorherrschende realistische Dramenverständnis angepaßt. Bezeichnend für diese Ästhetik sind auch die aus heutiger Sicht bizarr anmutenden Stückzusammenstellungen: So wurde 1886 am Wiener Burgtheater an einem Abend *König Ödipus* und Wilbrandts Lustspiel *Jugendliebe* gegeben.

---

[199] Flashar, *Inszenierung der Antike*, S. 96.

66

2. Die Entdeckung des Archaischen

2.1 Archaik, Chthonik, Dionysik, Mysterienkulte

1872 verdichten sich die kunst- und kulturgeschichtlichen Bemühungen um die Frühgeschichte Griechenlands, so daß dieses Datum geradezu als ‚Entdeckungszeitpunkt'
der griechischen Archaik gelten kann.[200] In diesem Jahr schreibt der Münchner
Kunsthistoriker Heinrich Brunn eine Studie über die griechische Skulptur der Archaik, die deren stilistische Besonderheiten unvoreingenommen würdigt.[201] Jacob
Burckhardt liest in Basel über griechische Kulturgeschichte unter Berücksichtigung
der vorklassischen Periode. Und Nietzsche publiziert seine Schrift über *Die Geburt
der Tragödie aus dem Geiste der Musik*, die zunächst den erbitterten Widerspruch
von altphilologischen Fachkollegen herausfordert,[202] dann aber über die Fachkreise
hinaus zu einem viel gelesenen Dokument des Fin de siècle werden wird. Auch die
Ausgrabungstätigkeiten in der zweiten Hälfte des 19. Jahrhunderts tragen dazu bei,
daß das Archaische als kultureller Topos über die akademischen Fachgrenzen hinaus
eine bemerkenswerte Konjunktur erfährt. Insbesondere die Grabungserfolge von
Heinrich Schliemann haben ein nachhaltiges Interesse an der antiken Frühgeschichte
hervorgerufen. Schließlich lassen sich die Veränderungen des traditionellen Antikenbildes an der Rezeption von Dionysos-Mythos und chthonischen Figurationen in
Literatur, romantischer Mythenforschung und neuerer Religionswissenschaft ablesen.[203] Im folgenden werden zunächst Themen und Figurationen vorgestellt, die für

---

[200] Most, „Zur Archäologie der Archaik", S. 1f.

[201] Brunns Darstellung archaischer Kunst erscheint allerdings erst nach seinem Tod als Band 2 seiner *Griechischen Kunstgeschichte* (München 1897).

[202] Zur Rezeption der *Geburt der Tragödie* in der Altphilologie: Karlfried Gründer (Hg.), *Der Streit
um Nietzsches ‚Geburt der Tragödie'. Die Schriften von E. Rohde, R. Wagner, U. v. Wilamowitz-
Moellendorff*, Hildesheim 1969; Joachim Latacz, *Fruchtbares Ärgernis: Nietzsches ‚Geburt der
Tragödie' und die gräzistische Tragödienforschung*, Basel 1998 (Basler Universitätsreden 94);
Hubert Cancik/Hildegard Cancik-Lindemaier, „Der Einfluß Friedrich Nietzsches auf klassische
Philologen in Deutschland bis 1945", in: Hubert Cancik/Hildegard Cancik-Lindemaier, *Philolog
und Kultfigur. Friedrich Nietzsche und seine Antike in Deutschland*, Stuttgart-Weimar 1999,
S. 231-249.

[203] Zu den antiklassizistischen Tendenzen des 18. Jahrhunderts siehe Sven-Aage Jørgensen, „Zum
Bild der unklassischen Antike", in: Karl Otto Conrady (Hg.), *Deutsche Literatur zur Zeit der
Klassik*, Stuttgart 1977, S. 65-75. Zum Dionysos-Bild vor Nietzsche siehe Max L. Baeumer, *Das
Dionysische in den Werken Wilhelm Heinses. Studie zum dionysischen Phänomen in der deut-
schen Literatur*, Bonn 1964 (Abhandlungen zur Kunst-, Musik- und Literaturwissenschaft 19);
Max L. Baeumer, „Das moderne Phänomen des Dionysischen und seine ‚Entdeckung' durch
Nietzsche", in: *Nietzsche-Studien* 6 (1977), S. 123-153; Frank, *Der kommende Gott*, S. 9-44, 88-
96 und 245-360; Barbara von Reibnitz, *Ein Kommentar zu Friedrich Nietzsche, ‚Die Geburt der
Tragödie aus dem Geiste der Musik' (Kap. 1-12)*, Stuttgart-Weimar 1992, S. 61-63; Burghard

Archaik (1), Chthonik (2), Dionysik (3) und Mysterienkulte (4) charakteristisch sind. Anschließend soll stichpunktartig gezeigt werden, daß die Archaisierung der Antike eine längere Vorgeschichte hat und sich in verschiedenen Diskursen und Wissensgebieten vollzieht.

1. Als ‚archaisch' haben antike Philosophen und Historiographen frühe Zeugnisse ihrer Kultur bezeichnet, wobei dem Begriff seit dem Hellenismus eine abwertende Bedeutung im Sinn von ‚unvollkommen' oder ‚altmodisch' beigegeben wird.[204] Neben der zeitlichen Dimension erhält der Terminus aber auch eine religiöse, wenn beispielsweise Plotin unter dem Archaischen die ursprüngliche Lebensform der Seele versteht. Schon die Kunst der griechischen Antike kennt das Verfahren der Archaisierung, worunter die bewußte Rückwendung zu Merkmalen früherer Kunstepochen, meistens verquickt mit zeitgenössischen Gestaltungsmitteln, verstanden wird. Seit dem Beginn des 19. Jahrhunderts wird in Kunstgeschichte und Archäologie die vorklassische griechische Kunst als archaisch bezeichnet, wobei der Begriff häufig in einem abwertenden Sinn als Gegensatz zu ‚klassisch' oder ‚barock' gebraucht wird.

Im Vergleich zu späteren Kunststilen und -epochen zeichnet sich archaische Kunst, so die heutige Forschungsmeinung, durch betonte Strenge, starke Geschlossenheit und ein begrenztes Formenarsenal aus. Insbesondere die Darstellung des Menschen ist durch eine monumentale Formsprache gekennzeichnet: Die Weih- und Grabstatuen dieser Zeit (Kuros) zeigen hochaufgerichtete Figuren in Schrittstellung, deren Arme dicht am Körper entlang geführt werden. Anatomische Details werden nur angedeutet, die vorherrschende Typisierung läßt individuelle Gesichtszüge und emotionale Ausdrucksqualitäten – mit Ausnahme des stereotypen, ‚archaischen Lächelns' – nicht zu.

2. Beruhend auf wenigen Dokumenten (u. a. einzelne Passagen in den Epen Homers sowie Porphyrios' Werk über die *Nymphengrotte*) hat sich im 19. Jahrhundert die (bis heute kontrovers diskutierte) Unterscheidung zwischen olympischen und chthonischen Gottheiten herauskristallisiert.[205] Für die Archaisierung des Antiken-

Dedner, „Die Ankunft des Dionysos", in: Thomas Koebner/Gerhart Pickerodt (Hg.), *Die andere Welt. Studien zum Exotismus*, Frankfurt a. M. 1987, S. 200-239; Pfotenhauer, „Dionysos", S. 57-78.

204 Zur Begriffsgeschichte des Archaischen siehe H. R. Schweizer, „Archaisch", in: Joachim Ritter u. a. (Hg.), *Historisches Wörterbuch der Philosophie*, Bd. 1, Darmstadt 1971, Sp. 495-497; Most, „Zur Archäologie der Archaik", S. 22f.

205 Siehe hierzu Renate Schlesier, „Olympische Religion und chthonische Religion: Creuzer, K. O. Müller und die Folgen", in: dies., *Kulte, Mythen und Gelehrte. Anthropologie der Antike seit 1800*, Frankfurt a. M. 1994, S. 21-32. Der Religionshistoriker Jan N. Bremmer unterscheidet nicht zwischen olympischen und chthonischen Göttern, sondern untersucht die Funktion, die die Gottheiten im Mythos oder auf bildlichen Darstellungen ausüben. Dabei spielt auch die Frage nach dem Ort ihrer Verehrung (innerhalb oder außerhalb der Polis) eine wichtige Rolle. Bremmer ist der Ansicht, daß es in jeder Kultur zu einer zeitweiligen Lockerung der gesellschaftlichen oder religiösen Ordnung kommen muß; insofern kommt Gottheiten wie Dionysos eine ‚karneva-

bildes war diese Dichotomie entscheidend, da sie eine Typologie anbot, um der hellen, homerischen Götterwelt die düstere Sphäre der erdnahen Gottheiten entgegenzusetzen.

Die Erde als Ursprungsort von Pflanzen und Quellwasser stellte schon in den Sammlerkulturen der Vorzeit einen zentralen Bereich des religiösen Symbolsystems dar. Mit dem Übergang zur Ackerbaukultur wurde dieses anthropomorphe System weiter ausdifferenziert und die kulturellen Techniken des Pflügens und des Säens mit der menschlichen Sexualität in Beziehung gebracht. Damit setzte sich die Interpretation der Erde als Frau bzw. Mutter fort, die sich schon in frühen Kosmogonien zeigte.[206] In Jägerkulturen gab es ebenfalls weibliche Wesen, die als ‚Mutter der Tiere' zwischen Jägern und Jagdbeute vermittelten; eine solche Gottheit konnte aber auch (wie Artemis) durch Asexualität (Jungfräulichkeit) charakterisiert sein. Neben Muttergottheiten wie Gaia oder Demeter (die als Korngöttin die Vegetationskraft der Erde vertritt) kannte die griechische Mythologie weitere Gottheiten und Heroen, die die Religionsgeschichte des 19. Jahrhunderts ebenfalls dem chthonischen Bereich zurechnete: Zeus chthonios (als Repräsentant der lebenspendenden Macht des Chthonischen), weibliche Naturwesen (Quell-, Fluß-, Berg- und Baumnymphen), Heroen (die im Rahmen eines Kultes verehrt werden), Hades (als Herrscher der Totenwelt), Persephone (die als Tochter der Demeter und Gattin des Hades gleichermaßen Leben und Tod verkörpert), die Titanen (als Vertreter eines überwundenen Göttergeschlechts), die Erinnyen (als Verkörperung der Blutrache), Hekate (als Göttin des nächtlichen Unwesens und der Zauberei) sowie Selene (als Göttin des Mondes).

3. Dionysos, der Gott des Weines, der Baumzucht und des Rausches, wird ebenfalls zu den chthonischen bzw. Vegetationsgottheiten gezählt.[207] Die antike Mythologie sieht in Dionysos einen Sohn des Zeus, der aus der Fremde (wahrscheinlich aus dem Osten) über das Meer nach Griechenland gekommen ist und als Gott des Wei-

---

listische' Aufgabe innerhalb des geordneten religiösen Systems zu. Siehe hierzu Jan N. Bremmer, *Götter, Mythen und Heiligtümer im antiken Griechenland*, Darmstadt 1996, S. 12-30. Im Gegensatz dazu hält Walter Burkert den Gegensatz olympisch/chthonisch für plausibel: *Griechische Religion der archaischen und klassischen Epoche*, Stuttgart-Berlin-Köln-Mainz 1977 (Die Religionen der Menschheit 15), S. 306-312.

206 Siehe dazu Fritz Stolz, „Erdgottheiten", in: *Handbuch religionswissenschaftlicher Grundbegriffe*, hg. von Hubert Cancik u. a., Bd. II, Stuttgart-Berlin-Köln 1990, S. 297-299; Fritz Stolz, „Muttergottheiten", in: *Handbuch religionswissenschaftlicher Grundbegriffe*, hg. von Hubert Cancik u. a., Bd. IV, Stuttgart-Berlin-Köln 1998, S. 166-168.

207 Zum Dionysos-Mythos siehe Karl Kerényi, *Die Mythologie der Griechen. Die Götter- und Menschheitsgeschichten*, Zürich 1951, S. 243-266; Burkert, *Griechische Religion*, S. 251-260; Frank, *Der kommende Gott*, S. 95f.; Robert von Ranke-Graves, *Griechische Mythologie. Quellen und Deutung*, Reinbek 1984, S. 91-98; Marcel Detienne, „Apollon und Dionysos in der griechischen Religion", in: Richard Faber/Renate Schlesier (Hg.), *Die Restauration der Götter. Antike Religion und Neo-Paganismus*, Würzburg 1986, S. 124-132; Marcel Detienne, *Dionysos. Göttliche Wildheit*, Frankfurt a. M.-New York-Paris 1992 (Edition Pandora 5).

nes, der Fruchtbarkeit und der Vegetation verehrt wird. In einer anderen Variante wird Dionysos von den Titanen zerrissen und sein Herz von Zeus bzw. Semele verschluckt, was seine Wiedergeburt ermöglicht. Aufgezogen wird der junge Dionysos von Silenos, deshalb gehören Natur- und Walddämonen wie Nymphen, Silene und Satyrn sowie der Weidegott Pan zu seinem Gefolge. Neben wilden Tieren (Tiger, Panther) folgen dem Zug (Thiasos) des Dionysos auch Frauen (Bakchai oder Mänaden), die sich in einen orgiastischen Taumel hineinsteigern, Ziegen oder Rehe zerreißen (*diasparagmos*) und das rohe Fleisch verschlingen (*omophagia*). Als Gott, der den Weinstock geschaffen hat, kann Dionysos Wein, aber auch Milch und Honig aus dem Boden sprudeln lassen. Die ekstatische Verehrung, die ihm zuteil wird, bringt ihn in Opposition zum gemäßigten Kultwesen der antiken Stadtstaaten; deshalb thematisiert die mythologische Überlieferung mehrfach den (erfolglosen) Widerstand gegen die anarchisch-dionysische Schwärmerei. Der Widerstand endet mehrfach mit der Zerreißung der Gegner (Pentheus, Lykurgos). Mit dem Dionysoskult verbindet sich schließlich die Entstehung des Theaters, das laut antiker Überlieferung aus den Chören und Tänzen der Satyrn hervorgegangen sein soll. In seiner Tragödie *Die Bakchen* hat Euripides gezeigt, wie die Maßlosigkeit der Dionysos-Anhänger ein geordnetes Staatswesen erschüttern kann. Das Bild der tanzenden Agaue, die triumphierend den Kopf ihres Sohnes Pentheus schwenkt, zeigt gleichermaßen göttliche Verzückung und tierische Raserei und ist zudem ein frühes Dokument der Erkenntnis, daß das zivilisierte Leben der Polis Zwänge hervorbringen kann, die sich in irrationalen Gewaltausbrüchen entladen.

4. Unter dem Begriff Mysterienkulte werden verschiedene Formen religiöser Praxis zusammengefaßt.[208] Diese zeichnen sich durch soziale Abgrenzung, Arkandisziplin, eine Stufenfolge von Einweihungshandlungen (Initiation, Reinigung, Belehrung, Weihe, Schau), Erzeugung rauschhafter Zustände sowie die Vorstellung von der (zeitweiligen) Vereinigung mit einer Gottheit aus. Die eleusinischen Mysterien sind seit dem späten 8. Jahrhundert v. Chr. bezeugt, der Komplex der orphischen Mysterien, der in engem Zusammenhang mit dionysischen Kulten steht (bakchische Mysterien), ist seit dem 6. vorchristlichen Jahrhundert nachgewiesen. Generell läßt sich die Herausbildung von Mysterienkulten auf einen religiösen Wandel zurückführen: Wie auch an den Tragödien des Euripides ablesbar, verblaßte das traditionelle, u. a. von Homer geprägte Bild der Götter im 5. Jahrhundert v. Chr., und es entstan-

---

[208] Siehe dazu die Artikel „Mysterien/Mysterienreligion" von Ulrich Berner und „Mysterien/Mystik" von Hubert Cancik, in: *Handbuch religionswissenschaftlicher Grundbegriffe*, hg. von Hubert Cancik u. a., Bd. IV, Stuttgart-Berlin-Köln 1998, S. 169-173 und 174-178; Jean-Pierre Vernant, *Mythos und Religion im alten Griechenland*, Frankfurt a. M.-New York-Paris 1995 (Edition Pandora 26), S. 79-98.

70

den neue Kulte, in deren Zentrum nichtöffentliche, ekstatische Praktiken standen. Die Verlagerung des Kultes aus dem öffentlichen in den privaten Raum verläuft zeitgleich mit einem wachsenden Interesse an Magie und Zauberei.

2.2 Kunstgeschichte und Archäologie (von Winckelmann zu Schliemann)

Mit der (in Kapitel III.1.1 skizzierten) Hinwendung zum historischen Kontext einer Kunstepoche thematisiert Winckelmann auch deren Entwicklungsgang. Dies bedeutet, daß die griechische Kunst trotz ihrer Einzigartigkeit auf verschiedene, nichtgriechische Einflüsse zurückzuführen ist.[209] Damit sind die historischen Bindungen Griechenlands an die Frühkulturen des östlichen Mittelmeerraums und des Orients angesprochen; eine Sichtweise, die romantische Mythenforschung und Religionswissenschaft aufgreifen und vertiefen werden. Darüber hinaus unterscheidet Winckelmann (unter Rückgriff auf antike, humanistische und barocke Geschichtsmodelle) verschiedene Stadien der antiken Kunstgeschichte, wobei ihm die Idee eines organischen Reifungsprozesses als strukturierendes Schema dient. In der Vorrede zur *Geschichte der Kunst des Altertums* erklärt Winckelmann, daß er „den Ursprung, das Wachsthum, die Veränderung und den Fall derselben"[210] darlegen wolle. Damit ergibt sich ein vierteiliges Entwicklungsschema, beginnend mit einer älteren Periode, die um 500 v. Chr. endet und sich durch kraftvolle, aber konventionelle und naturferne Formen sowie einen Mangel an Schönheit und Grazie auszeichnet. Die Vorstellung von der auf- und absteigenden Entwicklung der griechischen Kunst hat die kunstgeschichtliche Forschung bis weit ins 19. Jahrhundert geprägt; in dieser Sicht gelangten die vor dem 5. Jahrhundert entstandenen Werke nicht über das Stadium des Vorbereitenden und des Unvollkommenen hinaus.

Da zu Winckelmanns Zeit archaische Plastiken weder in Italien noch in Nordeuropa bekannt waren, mußte seine Darstellung der vorklassischen Zeit ohne empirische Untersuchungen auskommen. Diese Situation änderte sich grundlegend, als mit der Ausstellung der äginetischen Giebelskulpturen 1828 in der Münchner Glyptothek Beispiele archaischer Kunst der kunstwissenschaftlichen Begutachtung zur Verfügung standen. Trotzdem blieb die Winckelmannsche Sicht auf die Archaik maßgeblich: Zeitgenössische Berichte (u. a. von Goethe und Schelling) kritisieren

---

209 Winckelmann, *Gedanken über die Nachahmung*, S. 3.
210 Johann Joachim Winckelmann, *Geschichte der Kunst des Alterthums*, *Schriften und Nachlaß*, Bd. 4.1, hg. von Adolf H. Borbein u. a., Mainz 2002, S. XVII.

immer wieder die Steifheit und Unbeholfenheit der Figuren, die unrealistische Gestaltung der Gesichter (insbesondere die asiatisch anmutende Augenstellung und die stereotype Darstellung der Haare) sowie das starre, archaische Lächeln der Figuren.[211] Erst Heinrich Brunn würdigt in seinen nach 1867 entstandenen Schriften die stilistische Eigenständigkeit der altgriechischen Epoche und regt eine Untersuchung dieser Zeit an, die sich vom Klassizismus löst. Nicht Steifheit, Unbeholfenheit oder mangelnde Reife konstatiert Brunn in seiner *Griechischen Kunstgeschichte*, sondern „Harmonie zwischen Wollen und Können in der Auffassung und in Ausführung".[212] Und in der Studie über einen archaischen Bronzekopf heißt es: „Nirgends begegnen wir daher einer Unbeholfenheit der ausführenden Hand, sondern was der Künstler gewollt, das steht sauber, präzis, in knapper Ausführung da".[213] In der zweiten Hälfte des 19. Jahrhunderts wird zunehmend die Frage diskutiert, inwiefern die Kultur Ägyptens und des vorderen Orients auf das frühe Griechenland eingewirkt hat. Dabei spielt die Vermittlungsrolle der auf Kreta und Rhodos beheimateten Frühkulturen eine besondere Rolle. Um 1900 hat sich der Begriff des Archaischen als Bezeichnung für einen frühantiken, von strengen Formen geprägten Stil in den einschlägigen kunstgeschichtlichen Darstellungen und Fachlexika eingebürgert.

Jacob Burckhardt ist der erste, der die Zeit zwischen Homer und den Perserkriegen auch in kulturgeschichtlicher Perspektive würdigt.[214] In dem Kapitel ‚Der koloniale und der agonale Mensch', das Burckhardt im Sommersemester 1872 erstmals in Basel vorgetragen hat (posthum 1902 veröffentlicht in der *Griechischen Kulturgeschichte*), entfaltet er ein umfassendes Portrait der archaischen Zeit. Burckhardts Leistung besteht darin, die kulturelle Eigenständigkeit jener Epochen dargelegt zu haben, die zeitlich *vor* und *nach* der sog. Blütezeit der griechischen Kultur liegen. Wie Herder, die romantische Mythenforschung und die Religionsgeschichte des 19. Jahrhunderts sieht Burckhardt im Mythos *den* entscheidenden Faktor, der die Kultur der Antike hervorbrachte: „der Mythus als eine gewaltige Macht beherrschte das griechische Leben und schwebte über demselben wie eine nahe, herrliche Erscheinung [...] Er leuchtete in die ganze griechische Gegenwart hinein, überall und

---

211 Most, „Zur Archäologie der Archaik", S. 3-6.
212 Heinrich Brunn, *Griechische Kunstgeschichte*, Nachgelassene Theile, hg. von A. Flasch, zweites Buch, München 1897, S. 263, zitiert nach Most, „Zur Archäologie der Archaik", S. 8.
213 Heinrich Brunn, „Archaischer Bronzekopf im Berliner Museum", in: ders., *Kleine Schriften*, Bd. 2, Leipzig-Berlin 1905, S. 149f., zitiert nach Most, „Zur Archäologie der Archaik", S. 8.
214 Siehe dazu Most, „Zur Archäologie der Archaik", S. 11-13; Stephanie-Gerrit Bruer, „Jacob Burckhardt. Systematische Kunstbetrachtung ein Jahrhundert nach Winckelmann", in: Peter Betthausen/Max Kunze (Hg.), *Jacob Burckhardt und die Antike*, Mainz 1988 (Kulturgeschichte der antiken Welt 85), S. 103-116, hier S. 112-116.; Max Kunze, „Jacob Burckhardt, die Archäologen und die hellenistische Kunst", in: Betthausen/Kunze, *Jacob Burckhardt und die Antike*, S. 77-88.

bis in späte Zeiten, als wäre er eine noch gar nicht ferne Vergangenheit, während er im Grunde das Schauen und Tun der Nation selbst in höherm Abbilde darstellte."[215] Weil die antike Mythologie weder von einem altorientalischen Priesterwesen geformt wurde noch die monotheistischen Systematisierungszwänge von Judentum oder Christentum kannte, blieb der Glaube an die Götter Homers für lange Zeit in allen Volksschichten erhalten.[216] Wie Nietzsche sieht Burckhardt in der Entfaltung von Polis-Demokratie, Philosophie und Rhetorik eine Schwächung jenes heroischen Menschentyps, der von Mythos, Kultwesen und Agon geprägt war. Während sich die antike Kunst von diesen aufklärerischen Tendenzen frei halten konnte und nach Burckhardts Ansicht erst im 4. vorchristlichen Jahrhundert ihre höchsten Leistungen hervorbrachte, gerät das griechische Drama unter den Einfluß ,zersetzender' Einflüsse (wie beispielsweise die Sophistik), was letztendlich sein Ende bedeutete.[217]

Wichtige Impulse für die Entdeckung des Archaischen sind auch von den intensiven Grabungstätigkeiten in der Zeit nach 1850 ausgegangen, als sich das häufig dilettantisch betriebene Ausgrabungswesen zu einer systematisch vorgehenden Grabungswissenschaft weiterentwickelte.[218] Wie die Kunstgeschichte konnte sich auch die Archäologie erst allmählich von den ästhetischen Normen Winckelmanns lösen. In dem Maße, wie die Vertreter der Disziplin mit immer neuen Funden aus dem östlichen Mittelmeerraum konfrontiert wurden, hat sich jedoch die vergleichende Analyse unter form- und stilgeschichtlichen Gesichtspunkten herausgebildet, die zu einem neuen Verständnis archaischer Kunst führte.

Großes öffentliches Aufsehen erregten die spektakulären Grabungserfolge von Heinrich Schliemann, der 1871 in Troja und 1876 in Mykene zu graben begann. Schliemanns Popularität beruhte nicht nur auf seinen Entdeckungen, zu denen ihn – der Legende nach – die Lektüre Homers führte, sondern auch auf zahlreichen Publikationen und Vortragsreisen, mit denen er in die Öffentlichkeit trat. Die Fotographie seiner Frau Sophia im Schmuck einer trojanischen Königin wurde zur Ikone seiner Grabungserfolge. Schliemann ist mit seinen Grabungen „in das tiefste Dunkel der

---

215 Jacob Burckhardt, *Griechische Kulturgeschichte*, erster Band, *Gesammelte Werke*, Bd. 5, Basel-Stuttgart 1978, S. 27f.
216 Burckhardt, *Griechische Kulturgeschichte*, zweiter Band, S. 20.
217 Burckhardt, *Griechische Kulturgeschichte*, vierter Band, S. 245-268. Auch wenn das traditionelle Schema von Wachstum, Blüte und Zerfall das kulturgeschichtliche Gesamtbild Burckhardts strukturiert, so wird doch deutlich, daß erstmals archaische (und hellenistische) Zeit in ihrer Eigenständigkeit untersucht werden.
218 Zur Geschichte der Archäologie siehe Franz Georg Maier, „Von Winckelmann bis Schliemann. Archäologie als Eroberungswissenschaft des 19. Jahrhunderts", in: *Antike Welt* 25 (1994), S. 35-59. Zur Entwicklung der Archäologie als Lehrfach an deutschen Universitäten siehe Hans Georg Niemeyer, *Einführung in die Archäologie*, Darmstadt ²1978, S. 19-30.

vorhistorischen Zeit"[219] vorgedrungen und hat dazu beigetragen, die Umrisse der Bronzezeit zu rekonstruieren; einer Epoche, die erst langsam in das Bewußtsein von Fachwelt und interessierter Öffentlichkeit gelangte.[220]

Entscheidend für die Archaisierung des Antikenbildes waren vor allem die Funde, die Schliemann in Mykene machte. Die monumentale Burganlage mit dem Löwentor war zwar nie verschüttet gewesen und wurde seit dem Ende des 18. Jahrhunderts als Überrest einer frühgriechischen Epoche betrachtet. Nach Schliemanns Entdeckung des ‚Schatz des Atreus' wurde die Anlage jedoch häufig in Zeitungsberichten abgebildet und formte auf diese Weise die Vorstellung von einer frühzeitlichen Kultur, die lange vor der griechischen Polis-Demokratie entstanden sein mußte und sich durch eine kriegerische Herrschaftsschicht sowie eine barbarisch anmutende Kunst auszeichnete. Besondere Aufmerksamkeit erregte dabei die goldene Grabmaske eines frühgriechischen Königs, die Schliemann dem Agamemnon zuschrieb und die eine scharfwinklige Linienführung, stilisierte Gesichtszüge und eine gebieterische Strenge aufweist. Aufgrund dieser Merkmale haben zeitgenössische Beobachter das Fundstück mit der Kunst anderer Frühkulturen bzw. nichteuropäischer, sog. primitiver Völker in Verbindung gebracht.[221]

2.3 Die Faszination des Anfangs

Das archaisierende Bild der Antike ist (ebenso wie das klassizistische) eine an bestimmte Diskurse und Zeitumstände gebundene Projektion, die mitunter wenig über die geschichtliche Wirklichkeit Griechenlands, aber sehr viel über den historischen Blick des späten 19. Jahrhunderts aussagt. So erklärt der Kunsthistoriker Reinhard Kekulé von Stradonitz 1901: „In der Wissenschaft ist die schlichte und einfache historische Auffassung an Stelle der halb historischen, halb ästhetischen getreten, die seit Winckelmann die Kunstgeschichte so lange beherrscht hat. ... In welcher Epoche

---

219 Heinrich Schliemann, *Trojanische Alterthümer. Bericht über die Ausgrabungen in Troja*, Leipzig 1874, S. 26f.

220 In diesem Zusammenhang sei daran erinnert, daß erst mit Schriften wie *Principles of Geology* (1830-1833) von Charles Lyell und den prähistorischen Funden von J. Boucher de Perthes im Kiesbett der Somme (veröffentlicht in: *Antiquités Celtiques et antédiluviennes*, 1846) belegt werden konnte, daß Erde wie Menschheit wesentlich älter waren als bis dahin angenommen. Zu der Vertiefung der zeitlichen Dimension der menschlichen Vorgeschichte hat auch Darwins *Origins of Species* (1859) beigetragen. Siehe dazu Jamme, ‚*Gott an hat ein Gewand'*, S. 146-151.

221 Ipsen, „Der verstellte Blick", S. 462f.

sollen wir das echte und wahre antike Ideal suchen? Die Wahl würde frei stehen, und die Schätzung auch der berühmtesten Antiken ist wandelbar; sie ändert sich jeden Tag und wird sich in aller Zukunft weiter ändern."[222]

Auch Hofmannsthal hebt im Rückblick das Moment der Selbstvergewisserung hervor: „Betrachtet man die Wielandsche Auffassung der Antike und die Nietzsche-sche nebeneinander, ebenso die von Winckelmann und von Jacob Burckhardt, so erkennt man, daß wir etwa noch mehr als die andern Nationen die Antike als einen magischen Spiegel behandeln, aus dem wir unsere eigene Gestalt in fremder, gerei-nigter Erscheinung zu empfangen hoffen."[223] Ein magischer Spiegel bildet nicht ein-fach Realität ab, sondern ist in der Lage, den Wesenskern einer Sache darzustellen, zeigt gewissermaßen die Wahrheit, die hinter den Dingen liegt. Dem Wunsch nach Verwandlung des Bestehenden, der in Hofmannsthals Spiegelmetapher zum Aus-druck kommt, liegt ein kulturkritischer Impulse zugrunde: Was die Gegenwart be-stimmt, ist ‚unrein' und soll durch die retrospektive Bezugnahme auf eine frühere Epoche verwandelt und geläutert werden.

Voraussetzung für die Konstruktion einer archaischen Gegenwelt ist die Abwer-tung der Gegenwart. Ähnlich wie im Fall des Orientalismus, des Exotismus und des

---

[222] Reinhard Kekulé von Stradonitz, „Die Vorstellungen von griechischer Kunst und ihre Wandlung im neunzehnten Jahrhundert", Berlin 1901, S. 21-22, zitiert nach Most, „Zur Archäologie der Archaik", S. 9

[223] Hugo von Hofmannsthal, *Buch der Freunde*, GW RA III 265. Zur Antikerezeption der Wiener Moderne siehe Worbs, *Nervenkunst*, S. 259-342; Jacques Le Rider, *Das Ende der Illusion. Die Wiener Moderne und die Krisen der Identität*, Wien 1990, S. 206-213; Stärk, *Hermann Nitschs ‚Orgien Mysterien Theater'*; Wendelin Schmidt-Dengler, „Das Fin de siècle – Ende eines Bil-dungsideals? Zur Antiken-Rezeption im Kreis des ‚Jung Wien'", in: *Neohelicon* IX (1982), S. 61-85; Wendelin Schmidt-Dengler, „Dionysos in Wien", in: *Études Germaniques* 53 (1988), S. 313-325; Gabriele Brandstetter, *Tanz-Lektüren. Körperbilder und Raumfiguren der Avantgar-de*, Frankfurt a. M. 1995, S. 58-117, 148-206 und 279-282; Peter Sprengel, „Wiener Moderne und Wiener Antike: von Hofmannsthal bis Ehrenstein", in: Bernd Seidensticker/Martin Vöhler (Hg.), *Urgeschichten der Moderne. Die Antike im 20. Jahrhundert*, Stuttgart-Weimar 2001, S. 217-233.
In diesem Kontext gehört auch Hermann Bahrs *Dialog vom Tragischen* (1904), da das Ge-spräch zwei gegensätzliche Positionen vorstellt: Die des Schülers, der die Katharsis-Vorstellungen von Bernays, Wartenburg und Nietzsche mit den Hysterie-Studien von Breuer und Freud vermittelt in antiker wie moderner Kultur ein kollektives Bedürfnis nach kontrollier-tem Ausagieren überschüssiger Affekte sieht, wozu sich antike und moderne Tragödie gleicher-maßen eignen. Im Gegensatz zu dieser anthropologischen Sichtweise beharrt der Meister auf der Geschichtlichkeit der Epochen und betont (unter Bezugnahme auf Goethes ‚untragische' Welt-sicht), daß der moderne Mensch die kontrollierte Regression in ein archaisches Entwicklungssta-dium nicht mehr nötig habe: „Was soll uns also das Tragische noch? In uns ist nichts mehr zum ‚Abreagieren' da, es kann uns mit seinem Tumult erloschener Begierden, die wir nur noch vom Hörensagen kennen, bloß langweilig oder lächerlich sein, wir brauchen es nicht mehr – wir ha-ben jetzt ein ganz anderes Bedürfnis." (Hermann Bahr, *Dialog vom Tragischen*, Berlin 1904, S. 30f.). Welches der beiden ‚Kulturmodelle' der Text favorisiert, bleibt offen. Da der Meister gegen die archaisierenden Tendenzen seiner Zeit argumentiert, ist die Vermutung angebracht, daß diese Position der Textintention am nächsten steht.

Primitivismus geht die Entdeckung des Archaischen mit einer kritischen Zeitdiagnose einher: Angesichts sozialer und politischer Spannungen erscheint die bürgerliche Welt als spätzeitliche, dekadente Epoche, in der kapitalistische Wirtschaftsordnung, Fortschrittsoptimismus und Historismus zu einer Relativierung von traditionellen Wertvorstellungen und Lebensentwürfen geführt haben. Zu diesen sozialgeschichtlichen Verwerfungen kommen diskurs- und mentalitätsgeschichtliche hinzu, nämlich die Krise der Wahrnehmung, der Erkenntnis und der Subjektivität. In diesem Zusammenhang wird die Rolle der Kunst als prekär empfunden, da sich ihre Funktion allein auf die Repräsentation von Macht und Wohlstand zu beschränken scheint. Zeitgleich zu dieser (hier sehr vereinfacht dargestellten) Kritik der Moderne rückt die Beschäftigung mit der Frühgeschichte der Menschheit in das Blickfeld von Geistes- und Sozialwissenschaften, insbesondere in Kulturphilosophie, Psychologie, Volkskunde, Ethnologie, Anthropologie und Religionswissenschaft.[224] Dabei werden die frühen bzw. ‚wilden' Formen des Denkens als ursprüngliche Manifestationen des menschlichen Geistes verstanden, als naturhafte Ausdrucksweise, die von den geschichtlichen Prozessen noch nicht erfaßt wurden. Nach dieser Auffassung gestaltet sich die Wahrnehmung von Welt in der Frühzeit als „differenzlose Kontinuität".[225] Eine solche Sichtweise kennt weder die Unterscheidung zwischen Einzelnem und Allgemeinem noch zwischen der Repräsentation einer Sache und der Sache selbst. So wird ein Kultgegenstand nicht als Zeichen eines göttlichen Wesens, sondern als dieses höhere Wesen selbst wahrgenommen; in vergleichbarer Weise kennt das wilde Denken auch keine Differenzierung zwischen Subjekt und Objekt, Individuum und Kollektiv, Exemplar und Gattung.

Ein weiteres Faszinosum für das Fin de siècle war der Zusammenhang von prälogischer Denkweise und Traum: Im Traum kehrt der Schlafende zu den frühen Phasen der zivilisatorischen Entwicklung zurück, da – so Freuds Ausführungen über die Traumdeutung – an die Stelle von zeichenhaften Vertretungsrelationen (wie im Wachsein) Identitätsbeziehungen treten: Der (im Traum erscheinende) Bleistift ver-

---

224 Fritz W. Kramer, „Die Aktualität des Exotischen. Der Fall der ‚Kulturmorphologie' von Frobenius und Jensen", in: Richard Faber/Renate Schlesier (Hg.), *Die Restauration der Götter. Antike Religion und Neo-Paganismus*, Würzburg 1986, S. 258-270; Braungart, „Die Fremdheit der Sprache", S. 117-127; Mariusz Kieruj, *Zeitbewußtsein, Erinnern und die Wiederkehr des Kultischen. Kontinuität und Bruch in der deutschen Avantgarde 1910-1930*, Frankfurt a. M. u. a. 1995 (Bochumer Schriften zur deutschen Literatur 39), S. 217-266; Gabriele Brandstetter, „Ritual als Szene und Diskurs. Kunst und Wissenschaft um 1900 – am Beispiel von *Le Sacre du printemps*", in: Gerhart von Graevenitz (Hg.), *Konzepte der Moderne. DFG-Symposion 1997*, Stuttgart-Weimar 1999 (Germanistische Symposien, Berichtsbände XX), S. 367-388, hier S. 371-375; Wolfgang Riedel, „Archäologie des Geistes. Theorien des wilden Denkens um 1900", in: Jürgen Barkhoff/Gilbert Carr/Roger Paulin (Hg.), *Das schwierige neunzehnte Jahrhundert*, Tübingen 2000 (Studien und Texte zur Sozialgeschichte der Literatur 77), S. 467-485.
225 Riedel, „Archäologie des Geistes", S. 468.

tritt nicht den Phallus, sondern er ist selbst ein Phallus.[226] Im Traum herrscht das Prinzip der Indifferenz: Die vom modernen Bewußtsein gezogenen Grenzen verschwimmen, Ursache und Folge werden miteinander verwechselt, Teil und Ganzes miteinander identifiziert und Gegensätze aufgehoben. Entscheidend für die archaisierenden Diskurse um 1900 ist nun, daß „das ursprüngliche Denken sowohl ontogenetisch (psychoanalytische Traumtheorie) wie phylogenetisch (Volkskunde/Völkerkunde) als ein um die Physis, näherhin um die Sexualität kreisendes, auf sie fixiertes und durch sie inspiriertes Denken gefaßt wurde."[227] Für die Wertschätzung des Primitiven, die sowohl in wissenschaftlichen wie in literarischen Texten um 1900 zum Ausdruck kommt, ist daher die Entstehung eines neuen Naturbegriffs und die aufkommende ‚Faszination für das Organische' bedeutsam.[228] Ausgehend von Schopenhauers Philosophie des Willens, Darwins Evolutionstheorie, Nietzsches Verherrlichung des vitalen Menschen, Haeckels psychophysischem Monismus sowie neoplatonischem Ideengut entwickelt sich in Naturphilosophie, Biologie und Anthropologie im Laufe des 19. Jahrhunderts ein neues Verständnis von Natur.[229] Dabei

---

226 Riedel, „Archäologie des Geistes", S. 473-477.
227 Riedel, „Archäologie des Geistes", S. 482.
228 Harmut Eggert u. a. (Hg.), *Faszination des Organischen. Konjunkturen einer Kategorie der Moderne*, München 1995.
229 Zu den monistischen bzw. naturphilosophischen Diskursen der Jahrhundertwende siehe: Wolfdietrich Rasch, „Aspekte der deutschen Literatur um 1900", in: ders., *Zur deutschen Literatur seit der Jahrhundertwende. Gesammelte Aufsätze*, Stuttgart 1967, S. 1-48; Walter Gebhard, *‚Der Zusammenhang der Dinge'. Weltgleichnis und Naturverklärung im Totalitätsbewußtsein des 19. Jahrhunderts*, Tübingen 1984 (Hermaea N. F. 47); Gotthart Wunberg, „Österreichische Literatur und allgemeiner zeitgenössischer Monismus um die Jahrhundertwende", in: Peter Berner/Emil Brix/Wolfgang Mantl (Hg.), *Wien um 1900. Aufbruch in die Moderne*, München 1986, S. 104-111; Monika Fick, *Sinnenwelt und Weltseele. Der psychophysische Monismus in der Literatur der Jahrhundertwende*, Tübingen 1993 (Studien zur deutschen Literatur 125); Wolfgang Riedel, *‚Homo Natura'. Literarische Anthropologie um 1900*, Berlin-New York 1996 (Quellen und Forschungen zur Literatur- und Kulturgeschichte 7); Ingo Starz, „Heiliger Frühling' als Kulturformel der Moderne. Erinnerung und kultureller Raum in der Kunst der Jahrhundertwende", in: Manuel Baumbach (Hg.), *Tradita et inventa. Beiträge zur Rezeption der Antike*, Heidelberg 2000 (Bibliothek der klassischen Altertumswissenschaften, Reihe 2, N. F. 106), S. 473-486.
    Die Arbeiten von Gebhard, Fick und Riedel überschneiden sich zwar thematisch, setzen aber unterschiedliche Akzente: Während Gebhard die Berufung auf die Natur in ideologiekritischer Sicht als Abkehr von der Welt des Sozialen, als Enthistorisierung und als Bekenntnis zum Irrationalismus wertet, sieht Fick in der monistischen Gleichsetzung von Leiblichkeit und Seele ein innovatives Potential, da – insbesondere bei Rilke, Musil und Hofmannsthal – „in der Reduktion allen Sinns auf die Zelle der leib-seelischen Identität die Leere und der Umbruch mitgedacht bleiben, denen gegenüber die Einheit als ‚Sinn' sich bewähren muß" (Fick, *Sinnenwelt und Weltseele*, S. 363). Die letztendliche ‚Unverstehbarkeit des Physischen' begründet in Ficks Sicht Hofmannsthals Hinwendung zur Ethik. Riedel betont mit seinem konzeptgeschichtlichen Ansatz das Fortwirken neuplatonischen Einheitsdenkens, wobei sich unter dem Eindruck von Schopenhauers (an den neuen Erkenntnissen der Biologie partizipierender) Philosophie eine paradigma-

kommt es zu einer Wiederkehr einheitsmetaphysischer Vorstellungen, in deren Zentrum aber nicht der Geist, sondern Leben, Trieb, Körperlichkeit und Sexualität stehen. Das Primitive bzw. Archaische verkörpert in dieser Sichtweise einen Zustand unmittelbarer Naturnähe. Nicht übersehen werden darf dabei jedoch, daß das Bemühen, die historistischen Relativierungen zu überwinden und einen Zustand der ‚lebensnahen Ursprünglichkeit' als Gegenbegriff zum modernen Weltbild zu entwerfen, auf genau *jenen* Forschungen und Erkenntnissen der historischen Wissenschaften beruht, gegen die sich das archaische Antikenbild richtet.

2.4 Mutterrecht und Totenkult (Bachofen, Rohde)

In Johann Jakob Bachofens Studie *Das Mutterrecht* (1861) werden, anknüpfend an Motive der romantischen Mythenforschung, deskriptive und spekulative Momente zusammengeführt. Spekulativ ist der naturgeschichtlich-kosmologische Entwurf, der Bachofens Deutung der Menschheitsgeschichte zugrunde liegt: „Alle Stufen des geschlechtlichen Lebens von dem aphroditischen Hetärismus bis zu der apollinischen Reinheit der Paternität haben ihr entsprechendes Vorbild in den Stufen des Naturlebens von der wilden Sumpfvegetation, dem Prototyp des ehelosen Muttertums, bis zu dem harmonischen Gesetz der uranischen Welt und dem himmlischen Lichte, das als *flamma non urens* der Geistigkeit des sich ewig verjüngenden Vatertums entspricht."[230] Deskriptiv ist sein Interesse an symbolischen, sozialen und rechtlichen Strukturen, die sich sukzessive aus Geschlechter- und Familienbeziehungen entwickelt haben. Der Schweizer Altertumsforscher, der von zeitgenössischen Kritikern wegen seiner „Symbolwut" verspottet wurde,[231] geht dabei einen anderen Weg als die meisten Geschichtsdenker seiner Zeit: „Es gibt nur einen einzigen mächtigen Hebel aller Zivilisation, die Religion."[232] Für Bachofen ist der Mythos Ausdruck

---

tische Verschiebung hin zu einem transzendenzlosen Naturbegriff ergibt. Zu der Entstehung des biologischen Epistems siehe Riedel, *‚Homo Natura'*, S. 157-174.

[230] Johann Jakob Bachofen, *Das Mutterrecht*, erste Hälfte, GesW 2 58. Zu Bachofen siehe Alfred Baeumler, *Das mythische Weltalter. Bachofens romantische Deutung des Altertums. Mit einem Nachwort: Bachofen und die Religionsgeschichte*, München 1965; Kramer, *Verkehrte Welten*, S. 60-64; Frank, *Der kommende Gott*, S. 93-96; Gerhard Plumpe, „Das Interesse am Anfang. Zur Bachofendeutung", in: Hans-Jürgen Heinrichs (Hg.), *Das Mutterrecht von Johann Jakob Bachofen in der Diskussion*, Frankfurt a. M. 1987, S. 196-212.

[231] Karl Meuli, „Nachwort", in: Bachofen, *Das Mutterrecht*, zweite Hälfte, GesW 3 1048.

[232] Bachofen, *Das Mutterrecht*, erste Hälfte, GesW 2 26.

einer „unbewußte[n] Gesetzmäßigkeit",[233] die Natur- und Kulturgeschichte vereint und eine Abfolge von kosmischen Weltzeitaltern organisiert. Bachofen hat dieses Geschichtsmodell auf die Frühgeschichte Griechenlands appliziert und zwei kulturgeschichtliche Zäsuren beschrieben: die Überwindung des sog. Hetärismus durch die mutterrechtliche Gynaikokratie und die Ablösung des Mutterrechts durch eine patriarchalische Ordnung der Geschlechterverhältnisse. Mit der Etablierung des Vaterrechts verlagert sich die Religionspraxis, so Bachofen, von dem Prinzip der ‚weiblichen Stofflichkeit' zu dem der ‚männlichen Geistigkeit'.

Im Athen-Kapitel seiner Studie zeigt Bachofen anhand der *Orestie* von Aischylos, wie das Gesetz der patriarchalischen Einehe das der matriarchalischen Blutsverwandtschaft ablöst: Aus Sicht der Mutterreligion ist Klytaimestras Mord gerecht, da Agamemnon mit der Opferung Iphigenies gegen das weibliche Naturrecht verstoßen hat. Deutlich akzentuiert werden die verschiedenen rechtlichen Auffassungen in der Gerichtsszene der *Eumeniden*: Während Klytaimestras Verbrechen folgenlos blieb, sieht sich Orestes der Verfolgung durch die Furien ausgesetzt. Auf diesen offensichtlichen Widerspruch hinweisend, erhält Orestes von der Anführerin der Rachedämonen die Auskunft: „Nicht blutsverwandt war sie [Klytaimestra] dem Mann, den sie erschlug."[234] Dem biologischen Prinzip der Blutsverwandtschaft stellt Apollon im folgenden das gewichtigere Recht der sozialen bzw. ‚geistigen' Verwandtschaft entgegen, dem eine Neudefinition des Zeugungsaktes zugrunde liegt.[235] Signifikant ist die Entsühnung des Orestes vor dem Geschworenengericht: Athena, die Kopfgeburt des Zeus, entscheidet mit ihrer Parteinahme den Streit zwischen altem und neuem Recht. Nach Bachofens Auffassung ist damit auch in kulturgeschichtlicher Perspektive ein Zustand höherer Sittlichkeit erreicht: „So zeigt sich das Recht der Erde als ein blutiges, gräßliches Recht, das keine andere Sühne kennt als die durch den Tod, und wir gelangen an Aeschylus' Hand zu der Einsicht, daß die Zeit des Mutterrechts die Zeit des finstern, furchtbaren, hoffnungslosen Kultes unversöhnbarer chthonischer Macht ist."[236] Muttertum und Weiblichkeit stehen in dieser Perspektive unter dem Gesetz des stofflichen Lebens und der Zyklik von Gebären und Vertilgen; der Mutterkult archaischer Gesellschaften ist daher Lebens- und Totenkult in einem. Bachofen korreliert den historischen Durchgang durch die verschiedenen Rechtssysteme sowohl mit frühgeschichtlichen Kategorien (Hetärismus/wilde Sumpfvegetation, Gynaikokratie/Ackerbaukultur, Paternität/Überwindung des Naturzwangs) als auch

---

233 Bachofen, *Das Mutterrecht*, erste Hälfte, GesW 2 17.
234 Aischylos, *Die Eumeniden*, V. 605.
235 Aischylos, *Die Eumeniden*, V. 658-661: „Nicht ist die Mutter des Erzeugten, ‚Kind' genannt, / Erzeugrin – Pflegrin nur des neugesäten Keims. / Es zeugt der Gatte; sie, dem Gast Gastgeberin, / Hütet den Sproß, falls ihm nicht Schaden wirkt ein Gott."
236 Bachofen, *Das Mutterrecht*, erste Hälfte, GesW 2 204.

mit kosmischen Erscheinungen (Erde als Träger des weiblichen Prinzips, Sonne als Träger des männlichen Prinzips, Mond als Zwischenstellung zwischen diesen Polen).[237] Die Mythen der Antike offenbaren damit den inneren Zusammenhang von Natur, Kultur und Kosmos.

Erwin Rohde unternimmt in seiner Schrift *Psyche* (1894) den Versuch, antike Seelenvorstellungen anhand der in Mythos, Literatur und Philosophie tradierten Darstellungen zu rekonstruieren.[238] Grundlegend ist für Rohde die (schon bei Homer nachzulesende) Vorstellung, daß die leibliche Erscheinung des Menschen von einem Schattenbild, der Psyche, begleitet wird. Dieses überdauert dessen physischen Tod und ,erwacht' erst dann zu seinem Eigenleben. Im Traum wird dieser Zustand zeitweilig vorweggenommen: Wenn die Seele den Körper des Schlafenden verläßt, vermag der Träumende Verstorbene, Götter und Dämonen zu sehen. Diese werden nach antiker Auffassung nicht als Traumbilder, sondern als reale Gestalten wahrgenommen.[239] Während bei Homer die Seelen der Verstorbenen als kraftlose, im Dunkel des Hades verharrende Schemen beschrieben werden, kommt ihnen – wie dies an einem ausgedehnten Ahnen- und Seelenkult ablesbar ist – in späterer Zeit eine größere Bedeutung zu. So glaubten die Athener bis ins vierte vorchristliche Jahrhundert, daß die Seele eines Ermordeten als Rachegeist umherirre und unerbittlich die Bestrafung des Verbrechens fordere. Bei Morden im Familienkreis erscheint die Erinnys und übernimmt die Rolle des unerbittlichen, den Mörder heimsuchenden Verfolgers: „An seine Sohlen heftet sie sich, Tag und Nacht ihn ängstigend, vampyrgleich saugt sie ihm das Blut aus; er ist ihr verfallen als Opferthier."[240] Diese Vorstellungen bleiben nicht nur auf die kultische Praxis und die sie tragende Jenseitsmythologie beschränkt, sondern manifestieren sich auch in der Literatur. Rohdes Lesart der antiken Tragödie als „Kunstwerk psychologischen Gehaltes"[241] weist auf eine Anschauung hin, die u. a. für Gerhart Hauptmann bedeutsam sein wird. Demnach ist nicht die durch den Mythos vorgegebene Handlung das Entscheidende einer Tragödienaufführung, sondern das Leiden des Helden an den schicksalhaften Schuldverkettungen. In Aischylos' *Orestie* ist der Glaube an die Rachedämonen noch ungebrochen: „Das Recht der Seelen auf Cult und Verehrung, ihr Anspruch auf Rache, wenn sie gewaltsam aus dem Leben gedrängt sind, ihr geisterhaftes Herüberwirken aus dem Dunkel in das Leben und Schicksal ihrer Nächstverwandten, denen die Rache-

---

237 Bachofen, *Das Mutterrecht*, erste Hälfte, GesW 2 57-60.
238 Hans Eckstein, „Einleitung", in: Erwin Rohde, *Psyche. Seelencult und Unsterblichkeitsglaube der Griechen*, ausgewählt von Hans Eckstein, Leipzig 1929, S. VII-XXX, hier S. XIV-XVI.
239 Erwin Rohde, *Psyche. Seelencult und Unsterblichkeitsglaube der Griechen*, Freiburg i. Br.-Leipzig 1894, S. 1-14.
240 Rohde, *Psyche*, S. 246.
241 Rohde, *Psyche*, S. 516f.

pflicht aufliegt: – dies alles sind ihm [Aischylos] nicht überwundene Einbildungen der Vorzeit, sondern furchtbar reale Thatsachen."[242]

Bachofens und Rohdes Schriften haben in der Literatur um 1900 zahlreiche Spuren hinterlassen; so bei den Münchner ‚Kosmikern' Karl Wolfskehl, Ludwig Klages, Ludwig Derleth und Alfred Schuller, die in ihren dichterischen und theoretischen Schriften einen diffusen Irrationalismus pflegen. Insbesondere bei Schuler werden kosmologisches und biologistisches Gedankengut im Begriff der ‚Blutleuchte' miteinander verknüpft und auf ein lineares Geschichtsmodell appliziert, so daß – mit Ausnahme der von Schuler verehrten römischen Kaiserzeit – jede historische Entwicklung als Abkehr von der chthonisch-matriarchalischen Welt und damit als Preisgabe der ‚ursprünglichen Lebensessenz' Blut verstanden werden muß.[243] In diesen dekadenztypischen Motivkomplex gehören auch Hofmannsthal und Hauptmann, die um 1900 das blutige Opferritual mehrfach in ihren theoretischen Schriften thematisieren (siehe dazu Kapitel III.3.2).

2.5 Eine dionysische Welt (Nietzsche)

Die dionysische Welt, die Nietzsche in der *Geburt der Tragödie* entwirft, beruht auf einer anthropologischen Überlegung: Im Gegensatz zu Rousseau und den Vertretern einer fortschrittsorientierten Geschichtsphilosophie ist Nietzsche von der wilden, barbarischen Natur des Menschen überzeugt. Was sich in den dionysischen Kulten in Babylonien, Kleinasien und Griechenland erstmals gezeigt hat, findet im Mittelalter seine Fortsetzung in den Sankt-Johann- und Sankt-Veit-Tänzen; und in der jüngsten Geschichte macht sich das Phänomen wieder bemerkbar, als die Unterschichten mit wilden Aufständen gegen Adel, Klerus und Bürgertum aufbegehren.[244]

---

[242] Rohde, *Psyche*, S. 522.

[243] Zu den ideen- bzw. diskursgeschichtlichen Voraussetzungen des literarischen Blutkultes siehe Peter-Christian Wegner, *Gerhart Hauptmanns Griechendramen. Ein Beitrag zu dem Verhältnis von Psyche und Mythos*, Diss. [masch.] Kiel 1968, S. 2-121. Zu den Kosmikern siehe Michael Winkler, *George-Kreis*, Stuttgart 1972, S. 32-40; zu Schuler siehe Gerhard Plumpe, *Alfred Schuler. Chaos und Neubeginn. Zur Funktion des Mythos in der Moderne*, Berlin 1978 (Canon 2), S. 99-136; Gerhard Plumpe, „Alfred Schuler und die ‚Kosmische Runde'", in: Manfred Frank, *Gott im Exil. Vorlesungen über die Neue Mythologie. II. Teil*, Frankfurt a. M. 1988, S. 212-256.

[244] Nietzsche, *Die Geburt der Tragödie*, KSA 1 28f. Zur Applikation des Dionysos-Mythos auf Revolutionsbewegungen siehe Dedner, „Die Ankunft des Dionysos", S. 200-204 und 216-221.

Metaphysischer Fluchtpunkt von Nietzsches Schrift ist der Begriff des *Ur-Einen*. Das Ur-Eine ist als „innerste[r] Grund[]" der Welt"[245] bzw. als „innerste[r] Kern der Natur"[246] das bestimmende Prinzip des Seins. Dieses Zentrum wird – wie in Schopenhauers Konzeption von der Welt als *Wille* und *Vorstellung* – von den Erscheinungen verborgen, die das Alltagsbewußtsein wahrzunehmen vermag. Anders als Schopenhauer bestimmt Nietzsche den Urgrund des Lebens als „ewigen Urschmerz[]"[247] und als „Widerspruch"[248]. Aus dieser Bestimmung leitet sich die widersprüchliche, ja grausame Verfaßtheit des Daseins ab: Das Ur-Eine bildet eine Einheit von zwei sich unablässig bekämpfenden Grundtrieben, wobei dieser Antagonismus (wie in der romantischen Naturphilosophie) als Gegensatz der Geschlechter, als „Einheit der Entzweiung im Zeugungsakt"[249] verstanden wird. Dementsprechend ist das Leben für Nietzsche eine endlose, chaotische Abfolge von Kampf und Schmerz, Leid und Tod; und im Gegensatz zu den Vertretern einer fortschrittsoptimistischen Philosophie sieht er die Welt und ihre geschichtliche Entwicklung nicht von einem vernünftigen Prinzip bestimmt, sondern von blindem Drang, von tierhaften Instinkten und von dunklen Trieben. Um dem Anblick des Urschmerzes bzw. des Ur-Einen standzuhalten, haben sich im Laufe der Menschheitsgeschichte „Erkenntnissformen der Erscheinung"[250] herausgebildet, zu denen vor allem das *principium individuationis* zu rechnen ist.

Schopenhauers Differenzierung zwischen Wille und Vorstellung wirkt auch in Nietzsches dualistischer Konzeption von apollinischem und dionysischem Prinzip nach. Das Apollinische und das Dionysische sind nach Nietzsche „Kunstzustände[] der Natur"[251], also Naturkräfte, unter deren Eindruck die griechische Kultur seit ihren Anfängen steht. Apollo symbolisiert die Scheinwelt des Traumes, „maassvolle Begrenzung"[252] und die Herausbildung einer Individualität, die das menschliche Dasein angesichts einer chaotischen Welt erträglich macht. Dionysos vertritt als Gott des Weines den Rausch, der auf „Selbstvergessenheit"[253], Überschreitung, Entgrenzung, letztendlich auf die Auflösung des Individualitätsprinzips zielt.[254] Der Übergang von

---

245 Nietzsche, *Die Geburt der Tragödie*, KSA 1 31.
246 Nietzsche, *Die Geburt der Tragödie*, KSA 1 39.
247 Nietzsche, *Die Geburt der Tragödie*, KSA 1 39.
248 Nietzsche, *Die Geburt der Tragödie*, KSA 1 41.
249 Joseph Görres, *Aphorismen zur Kunst*, *Gesammelte Werke*, Bd. 2.1, hg. von R. Stein, o. O. 1932, S. 109, zitiert nach Reibnitz, *Kommentar*, S. 59.
250 Nietzsche, *Die Geburt der Tragödie*, KSA 1 28.
251 Nietzsche, *Die Geburt der Tragödie*, KSA 1 30.
252 Nietzsche, *Die Geburt der Tragödie*, KSA 1 28.
253 Nietzsche, *Die Geburt der Tragödie*, KSA 1 29.
254 Das Dionysische hat in Nietzsches *Geburt der Tragödie* mehrere Bedeutungen: In ontologisch-metaphysischer Perspektive ist damit zunächst das nicht begreifbare, umgreifende Sein (und da-

der apollinischen zur dionysischen Kunst ist durch einen bemerkenswerten Wechsel des Subjekt-Objekt-Verhältnisses gekennzeichnet: „Während der träumende Mensch noch künstlerisches Subjekt blieb, als Natur-Künstler, wird er im Rausch selbst zum Kunstwerk. Künstlerisches Subjekt ist jetzt die Natur, resp. das ‚Ur-Eine', das sich in der ‚Kunstgewalt der ganzen Natur' offenbart."[255]

Nietzsche betont, daß die sich in Griechenland herausbildende „Duplicität des *Apollinischen* und des *Dionysischen*"[256] als besondere kulturelle Leistung zu würdigen ist, die weit über den orgiastischen Kulten Babyloniens oder Kleinasiens steht: „Erst bei ihnen [den Griechen] erreicht die Natur ihren künstlerischen Jubel, erst bei ihnen wird die Zerreissung des principii individuationis ein künstlerisches Phänomen."[257] Denn apollinischer und dionysischer Kunsttrieb befinden sich – analog zu der Polarität der Geschlechter – in einem beständigen Gegensatz, „bis sie endlich, durch einen metaphysischen Wunderakt des hellenischen ‚Willens', mit einander gepaart erscheinen und in dieser Paarung zuletzt das ebenso dionysische als apollinische Kunstwerk der attischen Tragödie erzeugen."[258]

Obwohl Nietzsche mehrfach auf die Gleichrangigkeit dieser entgegengesetzten metaphysischen Prinzipien hinweist und am Beispiel von griechischer Tragödie und Wagnerschem Musikdrama die Grundlagen des apollinisch-dionysischen Kunstwerks darlegt, liest sich seine Schrift stellenweise wie eine Verherrlichung der dionysischen Lebensanschauung: „Unter dem Zauber des Dionysischen schließt sich nicht nur der Bund zwischen Mensch und Mensch wieder zusammen: auch die ent-

---

mit auch das Ur-Eine) gemeint, in kulturhistorischer Perspektive das Barbarische vorzivilisatorischer Gewalt- und Sexualexzesse, und in anthropologischer Hinsicht das Unterzivilisatorische der Triebhaftigkeit. Siehe dazu Rüdiger Safranski, *Nietzsche. Biographie seines Denkens*, Darmstadt 2000, S. 72f.

Bezeichnend ist in diesem Zusammenhang, daß Nietzsche für die Charakterisierung von Apollinischem und Dionysischem verschiedene Verfahren wählt: Während das Apollinische noch annähernd diskursiv erörtert und die Plausibilität dieses ‚Kunsttriebes' anhand von Analogien verdeutlicht wird (siehe dazu die Hinweise auf Traumerzählungen bei Lukrez, auf Wagners *Meistersinger* und auf Schopenhauer im ersten Kapitel der *Geburt der Tragödie*), wählt Nietzsche für das entgegengesetzte Prinzip eine suggestive, bildhafte Redeweise, die das Dionysische als Erfahrung zu beschreiben versucht. Siehe dazu Reibnitz, *Kommentar*, S. 56.

Zum Verhältnis von mythisch-bildhafter und modern-perspektivischer Argumentation bei Nietzsche siehe Peter Pütz, „Der Mythos bei Nietzsche", in: Helmut Koopmann (Hg.), *Mythos und Mythologie in der Literatur des 19. Jahrhunderts*, Frankfurt a. M. 1979 (Studien zur Philosophie und Literatur des neunzehnten Jahrhunderts 36), S. 251-262, hier S. 257-261; Karl Heinz Bohrer, „Ästhetik und Historismus: Nietzsches Begriff des ‚Scheins'", in: ders., *Plötzlichkeit. Zum Augenblick des ästhetischen Scheins*, Frankfurt a. M. 1981, S. 111-138, hier S. 126-138; Frank, „Dionysos und die Renaissance des kultischen Dramas", S. 49-54.

255 Reibnitz, *Kommentar*, S. 56.
256 Nietzsche, *Die Geburt der Tragödie*, KSA 1 25.
257 Nietzsche, *Die Geburt der Tragödie*, KSA 1 33.
258 Nietzsche, *Die Geburt der Tragödie*, KSA 1 25f.

fremdete, feindliche oder unterjochte Natur feiert wieder ihr Versöhnungsfest mit ihrem verlorenen Sohne, dem Menschen."[259] Denn durch das Erlebnis des Dionysischen (vermittelt durch Wein, Natureindrücke oder kultische Tänze) werden die Wahrnehmungsformen der empirisch faßbaren Welt zerbrochen, „als ob der Schleier der Maja zerrissen wäre und nur noch in Fetzen vor dem geheimnissvollen Ur-Einen herumflattere."[260] Was bei Schopenhauer als Durchbruch zu einer tieferen Erkenntnis gemeint war, wird bei Nietzsche zu einem affektpsychologischen bzw. ästhetischen Akt: Zum „Grausen" über das Irrewerden an den Erkenntnisformen der sichtbaren Realität kommt die „wonnevolle Verzückung" hinzu.[261] Schopenhauers Bild vom Schleier, der den Blick freigibt auf die tatsächliche Verfaßtheit des Seins, greift Nietzsche nochmals auf, um die affektive Wahrnehmung der aus der Natur hervorbrechenden Kräfte zu beschreiben: „Mit welchem Erstaunen musste der apollinische Grieche auf ihn [den Anhänger des Dionysos] blicken! Mit einem Erstaunen, das um so grösser war, als sich ihm das Grauen beimischte, dass ihm jenes Alles doch eigentlich so fremd nicht sei, ja dass sein apollinisches Bewusstsein nur wie ein Schleier diese dionysische Welt vor ihm verdecke."[262]

Daß Nietzsche dem Dionysischen eine solche Vorrangstellung innerhalb seiner Tragödienschrift einräumt, ist auch darauf zurückzuführen, daß seiner Ansicht nach das lebensfeindliche Prinzip der Abstraktion Philosophie, Wissenschaft, Bildungswesen und kulturelles Leben des 19. Jahrhunderts dominiert. Infolgedessen verschiebt sich der Akzent von der wechselseitigen Verflechtung zweier antagonistischer Kräfte im apollinisch-dionysischen Kunstwerk auf die Seite jener Gottheit, die Chaos, überschäumendes Lebensgefühl, Sinnlichkeit, Formlosigkeit und Kreativität symbolisiert: „Das Dionysische, so Nietzsches Vision, ist der ungeheure Lebensprozeß selbst, und Kulturen sind nichts anderes als die zerbrechlichen und stets gefährdeten Versuche, darin eine Zone der Lebbarkeit zu schaffen. Kulturen sublimieren die dionysischen Energien; die kulturellen Institutionen, Rituale, Sinngebungen sind Repräsentationen, Stellvertretungen, die von der eigentlichen Lebenssubstanz zehren und sie doch auf Distanz halten. Das Dionysische liegt vor der Zivilisation und unter ihr, es ist die zugleich bedrohliche und verlockende Dimension des Ungeheuren."[263] Diese Akzentverlagerung ist – neben Nietzsches spekulativer Argumentationsweise und seiner visionär-mysterienhaften Rhetorik – mit dafür verantwortlich, daß die *Geburt*

---

259 Nietzsche, *Die Geburt der Tragödie*, KSA 1 29; siehe auch KSA 1 139f.
260 Nietzsche, *Die Geburt der Tragödie*, KSA 1 29f.
261 Nietzsche, *Die Geburt der Tragödie*, KSA 1 28.
262 Nietzsche, *Die Geburt der Tragödie*, KSA 1 34. Siehe dazu Bohrer, „Ästhetik und Historismus", S. 116-118.
263 Safranski, *Nietzsche*, S. 59.

84

der Tragödie um 1900 eine große Verbreitung erfuhr. Unter den Vorzeichen des Lebenskults der Jahrhundertwende wurden die tragödientheoretischen Implikationen der Schrift jedoch kaum gewürdigt: „als wirksam erweist sich nicht Nietzsches These von der griechischen Sublimierung des Barbarischen im Dionysischen, sondern in erster Linie seine suggestiv vitalistische Beschreibung der Dionysosreligion als der Religion des Lebens, der Ekstase, des Rausches, der Selbstentlastung des Ich von kulturellen Reglementierungen."[264]

---

[264] Reibnitz, *Kommentar*, S. 148.

3. Elemente des dionysischen Antikendramas

3.1. Der Chor

3.1.1 Das Verschwinden des Chors (von Schiller zu Wagner)

Jeder Dramatiker, der den Versuch unternimmt, an die Bauformen der antiken Tragödie anzuknüpfen, steht vor der Frage, ob und wie der Chor im neuzeitlichen Drama zu behandeln sei.[265] Hegel hat in seiner *Ästhetik* dargelegt, daß gegen eine Aufführung der griechischen Tragödie in der Gegenwart sowohl theaterpraktische als auch historische Gründe sprechen. Denn weder die religiös-gesellschaftliche Dimension des Chorliedes noch die wechselseitige Durchdringung von kollektivem Sprechen, Gesang, Musik und Tanz seien dem zeitgenössischen Theaterpublikum zu vermitteln.[266] Darüber hinaus sei der Chor im modernen Drama auch deshalb unangebracht, da dieses nicht auf einem ‚substantiellem Grunde', also auf dem Walten eines objektiven Schicksals beruhe wie die antike Tragödie, sondern auf partikularen Konflikten, die mit dem ‚Makel' der privaten, gesellschaftlichen oder historischen Gebundenheit behaftet seien.[267] Die Erneuerung des Chors müsse daher zu einem strukturellen Mißverhältnis führen: Die auf Allgemeingültigkeit zielende Rede des Chors lasse sich nicht mit den individuellen Motiven der dramatis personae in Einklang bringen. Obwohl die neueren Dramentheorien den Chor überwiegend als unzeitgemäßes Stilmittel betrachten,[268] gab es verschiedene Versuche, diesen wieder auf der Theaterbühne zu etablieren.[269] Diese Schauspiele mit Chor sind jedoch – mit Aus-

---

[265] Zu diesem Themenkomplex siehe Egon Menz, „Der Chor im Theater des 20. Jahrhunderts", in: Wolfgang Paulsen (Hg.), *Der Dichter und seine Zeit – Politik im Spiegel der Literatur. Drittes Amherster Kolloquium zur modernen deutschen Literatur 1969*, Heidelberg 1970 (Literatur und Geschichte 1), S. 53-80; Martin Brunkhorst, „Das Experiment mit dem antiken Chor auf der modernen Bühne (1585-1803)", in: Peter Riemer/Bernhard Zimmermann (Hg.), *Der Chor im antiken und modernen Drama*, Stuttgart-Weimar 1998 (Drama. Beiträge zum antiken Drama und seiner Rezeption 7), S. 171-194; Hilda M. Brown, „Der Chor und chorverwandte Elemente im deutschen Drama des 19. Jahrhunderts und bei Heinrich von Kleist", in: *Kleist-Jahrbuch* (1981/82), S. 240-260; Michael Silk, „,Das Urproblem der Tragödie': notions of the chorus in the nineteenth century", in: Riemer/Zimmermann (Hg.), *Der Chor im antiken und modernen Drama*, S. 195-226; Detlev Baur, „Der Chor auf der Bühne des 20. Jahrhunderts. Ein typologischer Überblick", in: Riemer/Zimmermann (Hg.), *Der Chor im antiken und modernen Drama*, S. 227-246.

[266] Siehe dazu Flashar, *Inszenierung der Antike*, S. 61.

[267] Georg Wilhelm Friedrich Hegel, *Vorlesungen über die Ästhetik III*, Werke in zwanzig Bänden, Bd. 15, Frankfurt a. M. 1970, S. 538-552 und 555-559.

[268] Symptomatisch ist hierfür Gustav Freytag: „Nun ist die Einführung des alten Chors allerdings unmöglich" (*Die Technik des Dramas*, hg. von Klaus Jeziorkowski, Stuttgart 1983, S. 211).

[269] Siehe dazu Walther Lohmeyer, *Die Dramaturgie der Massen*, Berlin-Leipzig 1913, insbesondere die Kapitel 3 bis 6.

nahme von Schillers *Braut von Messina* – singuläre Daten der Dramengeschichte geblieben.[270]

Schiller war sich während der Arbeit an der *Braut von Messina* darüber im Klaren, daß der Gebrauch des Chors „in der Ökonomie des Trauerspiels als ein Außending, als ein fremdartiger Körper und als ein Aufenthalt erscheinen" mußte, der „nur den Gang der Handlung unterbricht, der die Täuschung stört, der den Zuschauer erkältet."[271] Trotz dieser Bedenken hat sich Schiller für die „strenge Form"[272] der griechischen Tragödie entschieden. Denn einerseits sollte das Geschehen in eine größtmögliche Distanz zur Alltagswelt des Zuschauers gerückt werden, andererseits boten die Kommentare des Chors die Möglichkeit, die Handlung moralisch zu überhöhen: „Der Chor leistet daher dem neuern Tragiker noch weit wesentlichere Dienste, als dem alten Dichter, eben deswegen, weil er die moderne gemeine Welt in die alte poetische verwandelt, weil er ihm alles das unbrauchbar macht, was der Poesie widerstrebt, und ihn auf die einfachsten, ursprünglichsten und naivsten Motive hinauftreibt."[273] Diese Konzeption hat Schiller bei der Uraufführung seines *Trauerspiels mit Chören* am 19.03.1803 in Weimar insofern modifiziert, als er den für das zeitgenössische Publikum ungewohnten Eindruck des chorischen Sprechens vermied. Aus den beiden Chören, den Anhängern der verfeindeten Brüder Don Manuel und Don Cesar, wurden einzelne Sprecher herausgehoben, die die Chorpassagen als Stellvertreter des Kollektivs vortrugen.[274] Vorbild für diese zeitgemäße Gestaltung war die Figur des Koryphaios (Chorführer), der in der antiken Tragödie als Einzelner für die Gruppe spricht und der im Wechselgesang (Amoibaia) oder Klagegesang (Kommos) in einen Dialog mit den handelnden Personen tritt. Die von Schiller nachträglich vorgenommene Individualisierung des Chors zeigt deutlich das dramaturgische und theaterpraktische Problem, das die Verwendung eines Kollektivs auf der Theaterbühne der Neuzeit aufwarf. Anders als in den musikalischen Gattungen Oper und Oratorium mußte der Gebrauch des Chors im Schauspiel Befremden erregen. Dem-

---

270 In diesem Kontext gehört auch der Auftritt der dramatischen Figur ‚Volk', die in der Neuzeit Elemente des antiken Chors (u. a. chorisches Sprechen, Kommentierung von Vorgängen, Hervortreten von Einzelfiguren aus dem Kollektiv) bewahrt. Ein wichtiges Beispiel für die Verwendung des antiken Chors in einem Geschichtsdrama ist Kleists fragmentgebliebenes Trauerspiel *Robert Guiskard*, in dem nach dem Vorbild des *König Ödipus* Volks- und Massenszenen gestaltet werden. Siehe dazu Brown, „Der Chor und chorverwandte Elemente", S. 250-255. Zur Entwicklung von Volks- und Massenszenen im neueren Drama siehe Hannelore Schlaffer, *Dramenform und Klassenstruktur. Eine Analyse der dramatis persona ‚Volk'*, Stuttgart 1972.

271 Friedrich Schiller, *Über den Gebrauch des Chors in der Tragödie*, Sämtliche Werke, Bd. 2: *Dramen II*, hg. von Gerhard Fricke und Herbert G. Göpfert, Darmstadt o. O., S. 815-823, hier S. 815.

272 Brief vom 17.02.1803 an Wilhelm von Humboldt, zitiert nach Schiller, *Sämtliche Werke*, Bd. 2, S. 1278.

273 Schiller, *Über den Gebrauch des Chors in der Tragödie*, S. 819f.

274 Siehe dazu Flashar, *Inszenierung der Antike*, S. 53.

88

entsprechend haben die verschiedenen Versuche, den Chor im Drama heimisch zu machen, nur eine geringe Aufmerksamkeit seitens des Theaterpublikums erzielt und wurden allenfalls als Lesedramen rezipiert.

In der Schrift *Über den Gebrauch des Chors in der Tragödie*, die Schiller der Erstausgabe der *Braut von Messina* von 1803 beifügt, meint man das Bedauern über das zeitgenössische Rezeptionsverhalten noch herauszuhören, das einer vollständigen Realisierung der ursprünglichen Intention entgegenstand. Denn der Chor wird hier nicht nur als Sprachrohr der „Lehren der Weisheit" charakterisiert, sondern auch als „sinnlich mächtige Masse, welche durch ihre ausfüllende Gegenwart den Sinnen imponiert."[275] Das Moment des sinnlichen Reizes, das Schiller mehrfach betont, steht jedoch in einem auffälligen Gegensatz zu der eigentlichen Aufgabe des Chors, nämlich die Affekte angesichts der aufwühlenden Handlung zu beruhigen und das urteilende Unterscheidungsvermögen des Zuschauers zu erhalten. Die Erinnerung an den kultischen Charakter der Tragödie, an die „sinnliche[] Macht des Rhythmus und der Musik"[276], an Tanz, Töne und Bewegungen, ist ein Aspekt, der sich nicht restlos Schillers Dramaturgie fügt, die ganz auf das Zusammenwirken von Sinnlichem und Idealem, von Handlung und Reflexion, von erregenden und läuternden Anteilen abgestellt ist. Auch wenn Schiller den Chor als ideale, die Handlung beruhigende Figur konzipiert hat, wird ein Kollektiv auf der Bühne immer auch gegenteilig wirken, insbesondere dann, wenn ihm die oben genannten lyrischen, musikalischen und tänzerischen Darbietungsformen zugestanden werden. Ob sich die Reinigung des tragischen Gedichts durch den Chor so vollzieht, wie Schiller dies in der Vorrede zur *Braut von Messina* idealtypisch dargelegt hat, erscheint aus diesem Grund fraglich. Die Entscheidung, den Chor in Einzelfiguren und Einzelstimmen aufzulösen, mag daher nicht nur dem Zeitgeschmack geschuldet sein, sondern auch der Einsicht, daß das chorische Sprechen auf der Bühne der Tendenz zur idealisierenden Abstraktion entgegenwirken und damit eine kultische Dimension in das Schauspiel einführen würde, die die ausbalancierte Dramaturgie der *Braut von Messina* gestört hätte.

Die Tendenz zur Individualisierung des Chors ist kennzeichnend für drei weitere Antikenprojekte dieser Zeit.[277] Auch der Schriftsteller und Musikkritiker Friedrich Rochlitz, der die *Antigone* des Sophokles im Auftrag Goethes für eine Weimarer Aufführung im Jahre 1809 bearbeitete, löst nach dem Vorbild Schillers den Chor in einzelne Sprecher auf. Noch einen Schritt weiter geht August Klingemann in seiner Tragödie *Oedipus und Iokaste*, die Goethe 1813 auf die Weimarer Bühne brachte – hier wurde der Chor auf eine einzige Person, einen thebanischen Alten, reduziert.

---

275 Schiller, *Über den Gebrauch des Chors in der Tragödie*, S. 821.
276 Schiller, *Über den Gebrauch des Chors in der Tragödie*, S. 821.
277 Flashar, *Inszenierung der Antike*, S. 51-58.

Und in August Wilhelm Schlegels Euripides-Bearbeitung *Ion*, die 1802 in Weimar gezeigt wurde, fehlte der Chor ganz. In dem Maße, wie sich die realistisch-psychologische Ästhetik des bürgerlichen Theaters durchsetzte, verschwand auch der Chor als künstlerisches Stilmittel; wo er in der ersten Hälfte des 19. Jahrhunderts nochmals zum Einsatz kommt, handelt es sich um Literatursatiren wie Platens *Romantischen Ödipus* (1829) oder um architextuell konzipierte Werke, die die Gattungsgrenzen bewußt in Richtung Oper (Goethe, *Des Epimenides Erwachen*, 1814) bzw. Welttheater (*Faust II*, 1832) überschreiten.

Parallel zu dieser Entwicklung ist ein zweiter Aspekt hervorzuheben: Wie Lessing in seiner *Hamburgischen Dramaturgie* unter Bezugnahme auf den Musiktheoretiker Johann Adolf Scheibe bemerkt, „[vertritt] das Orchester bei unsern Schauspielen gewissermaßen die Stelle der alten Chöre".[278] Mit dieser Konzeption, die die teils kommentierende, teils mithandelnde Funktion des antiken Chors auf die ‚Beredsamkeit' der Musik überträgt, verändert sich der Status der Bühnenmusik grundlegend: Was bei barocken Theateraufführungen als notwendige Ergänzung des Bühnenvorgangs üblich war (zum Beispiel Fanfaren, Märsche, Jagd-, Tafel- und Tanzstücke, Hirtenweisen, Lieder), wird ab der Mitte des 18. Jahrhunderts zu einem wichtigen Bestandteil der Dramaturgie des Schauspiels und dient der atmosphärischen oder psychologischen Vertiefung eines szenischen Vorgangs (meist als Ouvertüre, Melodram, Zwischenakts-, Verwandlungs- oder Schlußmusik gestaltet). Im 19. Jahrhundert nimmt die Bedeutung der Schauspielmusik weiter zu, da – nach dem Vorbild von Beethovens *Egmont*-Musik (1809/10) – auf die strukturelle Verflechtung von Text und Musik ein immer größeres Gewicht gelegt wurde. Durch die Interpolation von Zwischenaktmusiken, Gesangsnummern und (gesungenen) Chören erhält die Aufführung eines Schauspiels zudem ein opernartiges Gepräge. Damit erübrigt sich auch die Frage, wie antike Chorverse auf der Bühne dargeboten werden sollen: Mendelsohn-Bartholdy läßt die Chöre der Potsdamer *Antigone*-Aufführung teils a capella, teils mit Orchesterbegleitung singen.

Richard Wagner hat die Indienstnahme der Musik für das Schauspiel zwar kritisiert; seine Konzeption des Musikdramas gehört jedoch ebenfalls in diesen Kontext: „*Der Chor der griechischen Tragödie* hat seine gefühlsnotwendige Bedeutung für das Drama *im modernen Orchester* allein zurückgelassen, um in ihm, frei von aller Beengung, zu unermeßlich mannigfaltiger Kundgebung sich zu entwickeln".[279] Nach

---

278 Gotthold Ephraim Lessing, *Hamburgische Dramaturgie*, Werke und Briefe, Bd. 6: *Werke 1767-1769*, hg. von Klaus Bohnen, Frankfurt a. M. 1985, S. 181-694, hier S. 308.

279 Richard Wagner, *Oper und Drama*, hg. und kommentiert von Klaus Kropfinger, Stuttgart 1984, S. 349. Zum Mythosbegriff und zur Antikerezeption von Richard Wagner siehe Wolfgang Schadewaldt, „Richard Wagner und die Griechen", in: ders., *Hellas und Hesperien. Gesammelte Schriften zur Antike und zur neueren Literatur*, Bd. II., Zürich-Stuttgart ²1970, S. 343-364; Die-

90

Wagners Ansicht tritt der antike Chor seit Euripides nicht mehr als Ganzes in Erscheinung, sondern zerfällt in die Bestandteile *Kommentar*, *Aktion auf der Bühne* und *Repräsentation des Musikalisch-Lyrischen*.[280] Die verlorengegangene Einheit des Chors lasse sich zwar nicht mehr herstellen; in der Gegenwart biete jedoch das Orchester verschiedene Möglichkeiten, das lyrische Element zu vertreten und szenische Aktionen zu kommentieren. Für den letzten Punkt ist bei Wagner die Leitmotivtechnik zuständig, die – als vertikale Struktur – einen engen Zusammenhang zwischen szenischer Aktion, gesanglichem Vortrag und orchestraler Begleitung herstellt. Durch die regelmäßige Wiederkehr von Leitmotiven erhält der musikalische ‚Text' des Musikdramas zudem eine epische Dimension (horizontale Struktur), die das gegenwärtige Geschehen zu vergangenen und zukünftigen Episoden in Beziehung setzt. Die Ersetzung des Chors durch das Orchester wird besonders anschaulich in dem Orchesterzwischenspiel aus dem dritten Akt der *Götterdämmerung*, das von der Ermordung Siegfrieds zur Schlußszene überleitet. Die Trauermusik, die hier zu hören ist, hat den Status eines antiken Chorliedes, da verschiedene Motive aus der gesamten Tetralogie nochmals erklingen und zu einem komplexen Geflecht von dramaturgischen Bezügen zusammengefaßt werden.

3.1.2 Urdrama und Mysterienspiel (Nietzsche)

Nach einer längeren Phase chorloser Dramatik in der deutschsprachigen Literatur kommt es um 1900 erneut zu einer Auseinandersetzung mit dem antiken Stilmittel. Dies hat mehrere Ursachen: So hat die Altphilologie im Laufe des 19. Jahrhunderts

---

ter Bremer, „Vom Mythos zum Musikdrama. Wagner, Nietzsche und die griechische Tragödie", in: Dieter Borchmeyer (Hg.), *Wege des Mythos in der Moderne. Richard Wagner, ,Der Ring des Nibelungen'. Eine Münchner Ringvorlesung*, München 1987, S. 41-63; Dieter Borchmeyer, „Vom Anfang und Ende der Geschichte. Richard Wagners mythisches Drama. Idee und Inszenierung", in: Peter Kemper (Hg.), *Macht des Mythos – Ohnmacht der Vernunft?*, Frankfurt a. M. 1989, S. 176-200. Gegen Borchmeyer vertritt Helmut G. Walther („Richard Wagner und der (antike) Mythos", in: Heinz Hofmann (Hg.), *Antike Mythen in der europäischen Tradition*, Tübingen 1999, S. 261-280, hier S. 276) die These, daß Wagners Tetralogie keinesfalls ein mythischzyklisches Geschichtsverständnis zugrunde liege und es daher „kein Zurück hinter das Stadium der Umwandlung der Natur in Kultur" gebe.

[280] Siehe dazu Dieter Borchmeyer, *Das Theater Richard Wagners. Idee – Dichtung – Wirkung*, Stuttgart 1982, S. 151-175; Mischa Meier, „Chöre und Leitmotive in den Bühnenwerken Richard Wagners: Von der griechischen Tragödie zum Musikdrama", in: Manuel Baumbach (Hg.), *Tradita et inventa. Beiträge zur Rezeption der Antike*, Heidelberg 2000 (Bibliothek der klassischen Altertumswissenschaften, Reihe 2, N. F. 106), S. 389-406, hier S. 395-400.

verstärkt die Frage nach der Entstehung der griechischen Tragödie erörtert.[281] Ausgangspunkt waren dabei die spärlichen Hinweise des Aristoteles, denen zufolge die Tragödie aus dithyrambischer Chorlyrik bzw. aus satyrhaften Formen (von begrenztem Umfang und scherzhafter Tonlage) hervorgegangen sei. Nietzsches Deutung der Genese der Tragödie bewegt sich, trotz polemischer Seitenhiebe auf Fachkollegen und aristotelische Dramenpoetik, im Rahmen dessen, was um 1870 Stand der altphilologischen Forschung war. Neuartig war sein Ansatz insofern, als er den Chor als religions- und kulturgeschichtliches Phänomen deutet, das aus der Notwendigkeit geboren wurde, die von gesellschaftlichen Reglementierungen überformte menschliche Natur wiederzubeleben: „und dies ist die nächste Wirkung der dionysischen Tragödie, dass der Staat und die Gesellschaft, überhaupt die Klüfte zwischen Mensch und Mensch einem übermächtigen Einheitsgefühle weichen, welches an das Herz der Natur zurückführt."[282] Zudem bildet der Chor ein metaphysisches Bindeglied zwischen Individuum und übergeordnetem Prinzip des Lebens. Durch den Chorgesang eröffnet sich dem Zuschauer der Tragödie das Wissen einer die empirische Wirklichkeit übersteigenden Wahrheit und er sieht sich getröstet, daß „das Leben im Grunde der Dinge, trotz allem Wechsel der Erscheinungen unzerstörbar mächtig und lustvoll sei, dieser Trost erscheint in leibhafter Deutlichkeit als Satyrchor, als Chor von Naturwesen, die gleichsam hinter aller Civilisation unvertilgbar leben und trotz allem Wechsel der Generationen und der Völkergeschichte ewig dieselben bleiben."[283]

Wie Schopenhauer und Wagner räumt Nietzsche der Musik eine vorrangige Stellung innerhalb der Kunstgattungen ein: „Der Weltsymbolik der Musik ist eben deshalb mit der Sprache auf keine Weise erschöpfend beizukommen, weil sie sich auf den Urwiderspruch und Urschmerz im Herzen des Ur-Einen symbolisch bezieht, somit eine Sphäre symbolisirt, die über alle Erscheinung und vor aller Erscheinung ist."[284] Als (musikalische) Kunstform, in der das Einssein mit dem Ur-Einen in besonderer Weise symbolisch zum Ausdruck kommt, gilt Nietzsche der dionysische

---

281 Zur (bis heute ungeklärten) Frage nach dem Ursprung der griechischen Tragödie siehe Reibnitz, *Kommentar*, S. 182-186; Girshausen, *Ursprungszeiten des Theaters*, S. 166-251; Albert Henrichs, ‚*Warum soll ich denn tanzen?'. Dionysisches im Chor der griechischen Tragödie*, Stuttgart-Leipzig 1996 (Lectio Teubneriana IV).

282 Nietzsche, *Die Geburt der Tragödie*, KSA 1 56. Siehe auch Enrico Müller, „‚Aesthetische Lust' und ‚Dionysische Weisheit'. Nietzsches Deutung der griechischen Tragödie", in: *Nietzsche-Studien* 31 (2002), S. 134-153.

283 Nietzsche, *Die Geburt der Tragödie*, KSA 1 56.

284 Nietzsche, *Die Geburt der Tragödie*, KSA 1 51. Zu Gemeinsamkeiten und Differenzen zwischen Wagner und Nietzsche hinsichtlich griechischer Tragödie und modernem Musikdrama siehe Borchmeyer, *Das Theater Richard Wagners*, S. 159-175. Zum Gegensatz zwischen tragisch-symbolischer und theoretischer Kultur siehe Müller, „‚Aesthetische Lust' und ‚Dionysische Weisheit'", S. 141-144. In dieser Hinsicht knüpft Nietzsche an das romantische Symbolverständnis von Creuzer und Bachofen an. Siehe dazu auch die Kapitel I.1, III.2.4 und III.3.2.2.

Dithyrambus, womit aber nicht die seit dem 6. Jahrhundert v. Chr. überlieferte Gattung der griechischen Chorlyrik gemeint ist, sondern das historisch nicht mehr faßbare Kultlied des Gottes Dionysos.[285] Denn nur hier wirken die verschiedenen menschlichen Ausdrucksformen (Rede, Gesang, Mimik, Gestik, Tanz, Musik) in einer Weise zusammen, die zu einer „Gesammtentfesselung aller symbolischen Kräfte"[286] führt. In diesem ekstatisch-rauschhaften Zustand läßt der dionysisch erregte Mensch seine kulturell und gesellschaftlich geprägte Identität hinter sich und nimmt in einem Akt der „Selbstentäusserung"[287] bzw. der Depersonalisierung die präkulturelle, natürliche Rolle eines Satyrs an: „Dieser Prozess des Tragödienchors ist das *dramatische* Urphänomen: sich selbst vor sich verwandelt sehen und jetzt zu handeln, als ob man wirklich in einen andern Leib, in einen andern Charakter eingegangen wäre [...] der dithyrambische Chor ist ein Chor von Verwandelten, bei denen ihre bürgerliche Vergangenheit, ihre sociale Stellung völlig vergessen ist: sie sind die zeitlosen, ausserhalb aller Gesellschaftssphären lebenden Diener ihres Gottes geworden."[288]

Nietzsche entwirft nicht nur eine teils religionspsychologisch, teils metaphysisch argumentierende Theorie über die Entstehung der Tragödie, sondern versucht, das Wesen der Tragödie selbst zu bestimmen: „Diese Ueberlieferung sagt uns mit voller Entschiedenheit, *dass die Tragödie aus dem tragischen Chore entstanden ist* und ursprünglich nur Chor und nichts als Chor war"[289]. Da der tragische Chor aus der religiös-ekstatischen Praxis des Dionysos-Kults hervorgegangen sei, bezeichnet Nietzsche ihn als das „eigentliche[] Urdrama"[290], das bedeutsamer als die Bühnenhandlung der uns überlieferten Tragödien sei. Daraus folgt, daß für Nietzsche die Weiterentwicklung der archaischen Chorlyrik hin zu frühen Formen des Dramati-

---

285 Reibnitz, *Kommentar*, S. 120. Nach heutigem Forschungsstand handelt es sich bei dem archaischen Dithyrambus nicht um einen spontanen Ausdruck ekstatischer Religiosität, sondern um ein streng konventionalisiertes, einstudiertes Kultlied. Siehe dazu Reibnitz, *Kommentar*, S. 122.

286 Nietzsche, *Die Geburt der Tragödie*, KSA 1 34. Zum Tanz als die Sprache transzendierendes Ausdrucksmittel siehe Wolfdietrich Rasch, „Tanz als Lebenssymbol im Drama um 1900", in: ders., *Zur deutschen Literatur seit der Jahrhundertwende. Gesammelte Aufsätze*, Stuttgart 1967, S. 59-77; Brandstetter, *Tanz-Lektüren*, S. 198-202 und 279-282.

287 Nietzsche, *Die Geburt der Tragödie*, KSA 1 34

288 Nietzsche, *Die Geburt der Tragödie*, KSA 1 61. Zum Katharsis-Begriff bei Bernays, Wartenburg und Nietzsche siehe Reibnitz, *Kommentar*, S. 77 und 111-113; einen Überblick über die verschiedenen Deutungen des aristotelischen Katharsis-Begriffs bietet die Textsammlung von Matthias Luserke (Hg.), *Die Aristotelische Katharsis. Dokumente ihrer Deutung im 19. und 20. Jahrhundert*, Hildesheim-Zürich-New York 1991 (Olms Studien 30). Siehe dazu auch: Wolfgang Schadewaldt, „Furcht und Mitleid. Zur Deutung des Aristotelischen Tragödienansatzes", in: ders., *Hellas und Hesperien. Gesammelte Schriften zur Antike und zur neueren Literatur in zwei Bänden*, Bd. I, Zürich-Stuttgart ²1970, S. 194-236; Manfred Fuhrmann, *Die Dichtungstheorie der Antike. Aristoteles – Horaz – ,Longin'. Eine Einführung*, Darmstadt ²1992, S. 101-110; Flashar, „Die *Poetik* des Aristoteles", S. 50-64.

289 Nietzsche, *Die Geburt der Tragödie*, KSA 1 52.

290 Nietzsche, *Die Geburt der Tragödie*, KSA 1 52.

schen (Gegenüberstellung von erstem Schauspieler und Chor, vereinzelte Ansätze zur Dialoggestaltung und zur Ausprägung von Handlungsepisoden) schon den Keim des Verfalls in sich trug. Für Nietzsche sind selbst die Tragödien des Aischylos, die (damals wie heute) als Höhepunkt einer vom Chorgesang dominierten Dramengattung betrachtet werden, in einem Auflösungsprozeß begriffen: Schon hier müsse der Chor hinter den Hauptfiguren zurückstehen, und seine wesentliche Aufgabe erschöpfe sich darin, zum gesanglich-musikalischen Gesamteindruck der Aufführung beizutragen.[291] Damit beginne jene Verfallsgeschichte, die mit den Tragödien des Euripides ihren ersten Tiefpunkt erreicht habe: An die Stelle des mächtigen Chorgesangs sei das „klirrende[] Waffenspiel der Dialektik" getreten.[292] In der dramengeschichtlichen Emanzipation der Handlung vom Chor sieht Nietzsche einen Verstoß gegen die Gesetze der Gattung; einen Verstoß, den erst Richard Wagner korrigieren wird, indem er (insbesondere in *Tristan und Isolde*) dem Orchester eine (gegenüber dem Bühnengeschehen) dominierende Rolle einräumt. So wie der Chor einst in der antiken Tragödie den innersten Gehalt der Handlung ausgedrückt hat, so erschließt das Orchester Wagners jetzt die metaphysische Symbolik der Szene.

Im Zentrum von Nietzsches Tragödienverständnis steht eine Konstellation mehrfach gesteigerter Theatralität. Der Satyr, dessen Auftritt und Vortrag – wie jede kultisch-rituelle Handlung – Züge des Theatralischen aufweist, wird im Zustand der Ekstase ein Gefährte des Dionysos und erlebt dessen Leiden und Vergöttlichung als visionäres Ereignis. Der wirkungspsychologische Zusammenhang von Beobachten und Miterleben, der Übergang von der Schau zur Teilhabe wiederholt sich bei Aufführungen von antiken Tragödien in mehreren Verwandlungsstufen: Der Zuschauer muß im Bühnenchor den Chor der naturnahen Satyrn erblicken; er muß sich in einen Zustand ekstatischer Erregung versetzen lassen und Teil dieses Chors werden; und er muß schließlich das Bühnengeschehen symbolisch entschlüsseln und den dargestellten, tragischen Mythos als das göttliche Schicksal des Dionysos deuten. Die Aufgabe des Chors besteht also darin, die Zuschauer in einen Erregungszustand zu versetzen, damit sie „nicht etwa den unförmlich maskirten Menschen sehen, sondern eine gleichsam aus ihrer eignen Verzückung geborene Visionsgestalt."[293] Wie der Satyr-

291 Nietzsche, *Das griechische Musikdrama*, KSA 1 524f.
292 Nietzsche, *Socrates und die Tragoedie*, KSA 1 546.
293 Nietzsche, *Die Geburt der Tragödie*, KSA 1 63. Damit wird die thematische Komplexität der griechischen Mythologie, die in den Tragödien von Aischylos, Sophokles und Euripides fortlebt und zu immer neuen Konstellationen und Konflikten führt, auf einen einzigen Mythos reduziert, nämlich auf das Leid und die Erlösung des Gottes Dionysos. Jede antike Tragödie ist demnach nur eine Variation des Dionysos-Mythos und „alle die berühmten Figuren der griechischen Bühne Prometheus, Oedipus u.s.w. [sind] nur Masken jenes ursprünglichen Helden Dionysus" (Nietzsche, *Die Geburt der Tragödie*, KSA 1 71).

94

chor sieht der Zuschauer der antiken Tragödie also das Leiden und die Selbstverherrlichung des Dionysos. In einer frühen Textvariante spricht Nietzsche noch nicht von Dionysos, sondern von dem „Abbild des Urschmerzes und Urwiderspruchs".[294] Diese Vorstufe läßt den Zusammenhang zwischen Dionysos-Mythos und Nietzsches metaphysischer Konzeption des Ur-Einen deutlich erkennen, auf die in Kapitel III.2.5 schon hingewiesen wurde: Die Bestimmung des Ur-Einen „als ‚Urschmerz und Urwiderspruch' – so Nietzsches Setzung – ist ausgedrückt in den ‚Leiden' des Dionysos, während die ‚Selbstverherrlichung' des Gottes der Selbsterlösung des Ur-Einen im Schein [...] entspricht."[295]

Die Szene des antiken Amphitheaters ist demnach der Ort, auf den sich die von kultischen Gesängen angeregten psychischen Projektionen der Zuschauer richten. Termini wie ‚begeisterte Schwärmer', ‚Weisheitsverkünder', ‚Schau', ‚Vision', ‚Ekstase' und ‚Verwandlung' verweisen darauf, daß Nietzsche (in deutlicher Abgrenzung von der aristotelischen Wirkungsästhetik) die frühen Formen des Dramatischen ebenso wie die antike Tragödie als „kollektives Verwandlungserlebnis"[296] bzw. Mysterienspiel verstanden wissen will. Während im dithyrambischen Satyrchor und im Urdrama alle Beteiligten eine Einheit bildeten, besteht in der antiken Tragödie zunächst eine Differenz zwischen Darstellern und Zuschauern. Erst die mysterienhaften Wirkungen des Chors vermögen das (zur dionysischen Entfesselung neigende) Publikum so anzuregen, daß sich das archaische Verwandlungserlebnis einstellt. Die Tragödie ist demzufolge die künstlerische Wiederholung einer ursprünglichen, naiven Verwandlungserfahrung, die der Dionysos-Kult ausgeprägt hat. Daher blieb das Dionysische nur solange auf der tragischen Bühne der Griechen beheimatet, solange dem Chor diese Funktion belassen wurde. Aus Nietzsches Schrift ist mehrfach ein Bedauern über die Weiterentwicklung des dionysischen Urdramas hin zur antiken Tragödie herauszuhören, weil dieser Schritt – wie oben schon erwähnt – den Chor an die Peripherie des dramatischen Geschehens gerückt und die Aufmerksamkeit zunehmend auf Handlungsführung, Charakterzeichnung und Dialoggestaltung gerichtet hat.

In dramengeschichtlicher Perspektive hat Nietzsches Versuch, das Tragische im Zeichen einer dionysischen Einheitserfahrung zurückzugewinnen, dessen Auflösung geradezu befördert. Da die dionysische Tragödie weder Konflikte zwischen Mensch und Fatum noch zwischen Freiheit und Notwendigkeit kennt, strebt sie zu einem durch den Chor (frühe griechische Tragödie) bzw. durch das Orchester (Wagner)

---

294 Vorstufe zum achten Abschnitt der *Geburt der Tragödie*, zitiert nach Reibnitz, *Kommentar*, S. 216.
295 Reibnitz, *Kommentar*, S. 216.
296 Reibnitz, *Kommentar*, S. 218.

vermittelten, die Grenzen des Rationalen übersteigenden Einheitserlebnis. Aus Nietzsches Sicht ist es daher folgerichtig, daß sich die kausalitätsorientierte Struktur der Tragödie zugunsten eines „großangelegten Lyrismus"[297] auflöst, der ausschließlich der pathetischen Darstellung des tragischen Leidens dient. Nietzsche verwirft alles, was aus heutiger Sicht die epische Eigenart der antiken Tragödie ausmacht und nicht erst bei Euripides, sondern schon in den Dramen von Aischylos und Sophokles nachweisbar ist: „Die Wirkung der Tragödie beruhte niemals auf der epischen Spannung, auf der anreizenden Ungewissheit, was sich jetzt und nachher ereignen werde: vielmehr auf jenen grossen rhetorisch-lyrischen Scenen, in denen die Leidenschaft und die Dialektik des Hauptthelden zu einem breiten und mächtigen Strome anschwoll. Zum Pathos, nicht zur Handlung bereitete Alles vor: und was nicht zum Pathos vorbereitete, das galt als verwerflich."[298] Bezogen auf die Handlung hat dies zur Folge, daß von einer Aktivität des Protagonisten nicht die Rede sein kann. Nietzsche spricht daher nicht von einem ‚Handeln' oder ‚Tun', sondern von einem „Geschehen"[299], das den Figuren des Dramas widerfährt.

Indem der tragische Held untergeht, kommt es weder zu einem Sieg sittlicher Freiheit (wie bei Schiller) noch zu einem Ausgleich gegensätzlicher, aber gleichberechtigter Positionen (wie bei Hegel) noch zu einer Verneinung des Willens zum Leben (wie bei Schopenhauer). Bei Nietzsche ist der Untergang des Helden – ähnlich wie bei Hebbel – schon in der tragischen Verfaßtheit des Lebens selbst begründet, geht also jedem Konflikt bzw. jeder tragischen Handlung voraus: „Bei dem heroischen Drange des Einzelnen ins Allgemeine [...] erleidet er [der Held] an sich den in den Dingen verborgenen Urwiderspruch d. h. er frevelt und leidet."[300] Demzufolge muß das Leid und der Tod des Helden genauso bejaht werden wie die widersprüchliche und grausame Verfaßtheit des Daseins selbst, ohne Rücksicht auf eventuelle moralische oder ethische Bedenken, denn: „‚Alles Vorhandene ist gerecht und ungerecht und in beidem gleich berechtigt.'"[301] Dem Kunstwerk bzw. der Tragödie kommt in Nietzsches früher Ästhetik die Aufgabe zu, an den Schmerz und die Qual der menschlichen Existenz zu erinnern sowie die Hoffnung auf ein Ende der Individuation wachzuhalten: „In den angeführten Anschauungen haben wir bereits alle Bestandtheile einer tiefsinnigen und pessimistischen Weltbetrachtung und zugleich damit *die Mysterienlehre der Tragödie* zusammen: die Grunderkenntniss von der Einheit alles Vorhandenen, die Betrachtung der Individuation als des Urgrundes des

---

[297] Theo Meyer, *Nietzsche. Kunstauffassung und Lebensbegriff*, Tübingen 1991, S. 458.
[298] Nietzsche, *Die Geburt der Tragödie*, KSA 1 85f.
[299] Nietzsche, *Der Fall Wagner*, KSA 6 32.
[300] Nietzsche, *Die Geburt der Tragödie*, KSA 1 70.
[301] Nietzsche, *Die Geburt der Tragödie*, KSA 1 71.

Uebels, die Kunst als die freudige Hoffnung, dass der Bann der Individuation zu zerbrechen sei, als die Ahnung einer wiederhergestellten Einheit. – ".[302]

Abschließend soll der Versuch unternommen werden, basierend auf Nietzsches Ausführungen Elemente des dionysischen Dramas zu skizzieren. Da sich Nietzsche auf ein dramen- wie gattungsgeschichtlich breites Spektrum bezieht, das von den frühesten Formen des Dramatischen bis zur Tragödie des Euripides und weiter bis zum Musikdrama von Richard Wagner reicht, werden sich nicht alle Elemente dieser Aufzählung auf einen Nenner bringen lassen. Die folgende Liste will daher einige Punkte nennen, die für die dionysische Tragödie bzw. das dionysische Antikendrama relevant sind bzw. relevant sein könnten. Da Nietzsche auch auf Euripides eingeht, um den ,Niedergang' der Tragödie zu schildern, lassen sich ex negativo weitere Punkte nennen, die für die dionysische Tragödie maßgeblich sind. Dazu gehören:

- die zentrale Stellung des Chors innerhalb des szenischen Ganzen,
- die Vorrangstellung der Musik (als unmittelbares Abbild des Ur-Einen) vor der Sprache,
- die Bedeutung des Mythos als Sprache des ,Unaussprechlichen',
- ein erhabenes, den Erfahrungshorizont der Zuschauer übersteigendes Sujet (statt der realistischen Wiedergabe von bürgerlichen Alltagskonflikten wie bei Euripides),
- eine auf Überraschungs- und Schockeffekte angelegte Dramaturgie (statt einer episierenden Handlungsführung mit Prolog, Deus ex machina sowie ,gerechter' Verteilung von Glück und Unglück),
- ein mythisches bzw. heroisches Personal (statt bürgerlicher Alltagsfiguren),
- das Zusammenspiel von verschiedenen Ausdruckformen wie Sprache, Gesang, Mimik, Gestik, Tanz, Musik, wobei dem Tanz als Darstellungsmittel von ekstatischen Zuständen eine besondere Bedeutung zukommt,
- das dithyrambische Wechselspiel zwischen Vorsänger und Chor, wobei der Vorsänger Episoden des Dionysos-Mythos vortragen kann, die vom Chor singend oder tanzend begleitet werden,
- die Vorrangstellung von lyrisch-chorischen Abschnitten vor Handlung und Dialoggestaltung,
- eine kunstvolle, symbol- und metaphernreiche Sprache (statt sophistischer Beweisführung sowie Nachahmung von Alltagssprache),
- eine auf Einfühlung und Pathos zielende Darstellungskunst (statt der distanzierten Haltung des ,rhapsodischen' Schauspielers),

---

302 Nietzsche, *Die Geburt der Tragödie*, KSA 1 72f.

- eine religiös-kultische Dimension (statt Mythen- und Religionskritik),
- die Evokation von mythischen Zeitstrukturen (statt der reinen Gegenwärtigkeit der Szene),
- die dionysische ‚Affizierung', die vom Chor ausgeht und auf die Zuschauer übergreift; damit gehen (inner- wie außerszenisch) personale Entgrenzungsphänomene (Außer-sich-Sein, Ekstase, Rausch, Visionen, Verwandlungserlebnisse etc.) einher, was letztendlich die Aufhebung der Unterscheidung zwischen Chor und Publikum bedeutet,
- der Gebrauch von Dissonanz und Disharmonie (im Sinne einer ambivalenten, Lust und Ekel, Schrecken und Verzückung gleichermaßen umfassenden, affektpsychologischen Ästhetik),
- ein aristokratisch-elitärer Kunstanspruch (statt volkstümlicher Wirkungsabsichten),
- die Darstellung der Fülle des Lebens ohne Ausblendung von Schmerz und Qual (statt der bürgerlichen Simplifizierung von mythischen Zusammenhängen),
- eine pessimistisch-tragische Weltanschauung (statt einer optimistisch-rationalen Weltsicht),
- der metaphysische Trost, daß auf die Zerreißung des Dionysos dessen Wiedergeburt folgt und jedes Individuum erneut in der allumfassenden Einheit des Ur-Einen aufgehen wird.

1872 hofft Nietzsche noch auf die Wiederbelebung des Mythos, auf eine Reaktivierung der mythenbildenden Potenz des Bewußtseins und auf die bildintensive Sinngebung des Sinnlosen: „Ohne Mythus aber geht jede Cultur ihrer gesunden schöpferischen Naturkraft verlustig: erst ein mit Mythen umstellter Horizont schliesst eine ganze Culturbewegung zur Einheit ab."[303] Bei den ersten Bayreuther Festspielen von 1876 mußte Nietzsche erleben, daß der Versuch, Mythen in der Moderne zu stiften, in einen unauflösbaren Widerspruch hineinführt – die künstlerische Wiederbelebung des Mythos wird zu einem rein ästhetischen Ereignis, dem jede kultische oder metaphysische Dimension ermangelt. Dies hängt mit dem ‚Blendwerkcharakter' von Wagners Musikdramen zusammen:[304] Um das mythische Geschehen ‚authentisch' darzustellen, muß ein enormer Aufwand an Kunstmitteln und technischen Apparaturen zum Einsatz kommen, erstmals mustergültig realisiert in Bayreuth. Dieser Aufwand trägt dazu bei, eine größtmögliche Distanz zur prosaischen Lebenswelt herzustellen. Die Verbindung von Archaischem und Utopischem kann sich bei Wagner nur in ei-

---

[303] Nietzsche, *Die Geburt der Tragödie*, KSA 1 145.
[304] Adorno, *Versuch über Wagner*, GS 13 82.

nem deutlich abgegrenzten Innenraum vollziehen, zu dem der Zuschauer solange Zugang hat, solange er sich dem Klangrausch überläßt und die hierfür erforderliche Rezeptionshaltung, nämlich die Ausblendung der modernen Außenwelt, nachvollzieht. Entscheidend ist nun der Schritt zurück in die Welt des Alltags: „Anders als für den Teilnehmer am archaischen Mythos gibt es aus diesem Innenraum keinen Weg in die Wirklichkeit, es sei denn im Katzenjammer."[305] Nietzsche, der in der *Geburt der Tragödie* durchweg den Scheincharakter des Mythos und einer mythengesättigten Kunst betont, spricht deshalb von einem „Stück Unwissenheit mehr" und einem „Zuwachs unserer ‚Öde'",[306] die zurückbleiben, wenn die Wirkungen der Kunst nachlassen und der Rezipient wieder auf dem Boden der Tatsachen angelangt ist. Das mythisierende Kunstwerk muß, um wirksam zu werden, sich der neuesten Kunstmittel bedienen, was unter modernen Produktionsbedingungen zwangsläufig Originalitätssucht, Effekthascherei und zur Selbstmystifikation neigende Künstler hervorbringt. Der Rückgriff auf das Archaische erweist sich von Anfang an als problematische, künstlerisch kaum einlösbare Intention.

Nach dem Zerwürfnis mit Wagner wird der Philosoph die Idee einer Wiedergeburt der Tragödie als romantischen Irrglauben verwerfen und Wagners Musik „als berauschendes und zugleich *benebelndes* Narkotikum"[307] kritisieren. Die Frage, wie ein Musikstück (oder eine dramatische Szene) beschaffen sein muß, damit sie nicht romantischer, sondern dionysischer Natur ist, bleibt vorerst unbeantwortet. In dem *Versuch einer Selbstkritik*, den Nietzsche der zweiten Auflage der *Geburt der Tragödie* von 1886 voranstellt, spricht er – gegen Schopenhauer und Wagner – von einer „Kunst des *diesseitigen* Trostes"[308] sowie von „Lachende[n]", die „irgendwann einmal alle metaphysische Trösterei zum Teufel" schicken – „und die Metaphysik voran!"[309] Was hier für Wagner beschrieben wurde, gilt ansatzweise auch für jene Anti-

---

[305] Hüppauf, „Mythisches Denken", S. 514.

[306] Nietzsche, *Die Geburt der Tragödie*, Werke in drei Bänden, Bd. 1, hg. von Karl Schlechta, München 1958, S. 125, zitiert nach Hüppauf, „Mythisches Denken", S. 514.

[307] Nietzsche, *Die Geburt der Tragödie*, KSA 1 20.

[308] Nietzsche, *Die Geburt der Tragödie*, KSA 1 22.

[309] Nietzsche, *Die Geburt der Tragödie*, KSA 1 22. Einen interessanten Vorschlag macht Till Müller-Klug, (*Nietzsches Theaterprojektionen*, Diss. Gießen 1998, Berlin 2001, S. 58-64) mit dem Entwurf eines ‚Visionstheaters'. Ausgangspunkt ist hierbei die Annahme, daß Musik Bildvorstellungen evoziert und daß nur im Lied die gattungsimmanente Effekthascherei der Oper, der nach Nietzsches Ansicht auch Wagner erlegen sei, vermieden werden kann. Ziel des Visionstheaters ist es, „die szenische Darstellung zur Musik (Orchester plus Gesangsstimme als Instrument) in ein analoges Verhältnis zu bringen, wie dasjenige von Text und Musik im Lied." (S. 59). Musik und Mimus, ‚Tonspur' und szenische Darstellung führen Nietzsches Entwürfen zufolge ein „paralleles Eigenleben" (S. 59), wobei Sänger und Orchester den Ort des Chors in der Orchestra des antiken Amphitheaters einzunehmen hätten und von dort aus das pantomimische Spiel begleiten würden: „Die Darstellung wäre näher am Symbolischen als am Scheinhaften, sie wäre nicht naturalistisch und würde die musikalisch stimulierte Einbildungskraft des

kendramen, die den Versuch unternehmen, eine archaische Welt jenseits des modernen Erfahrungshorizonts zu entfalten.

3.1.3 Die Rückkehr des Chors (Swinburne, Reinhardt/Hofmannsthal, Pannwitz)

In der englischsprachigen Literatur hat sich der Chor in der Gattung des *poetic drama* erhalten. Hier gibt es eine von Shelleys *Prometheus Unbound* (1819/20) über Swinburnes *Atalanta in Calydon* (1865) bis zu Yeats *Deirdre* (1907) reichende Tradition des Chorischen im Drama.[310] Aufgrund ihres Lyrismus und ihrer Handlungsarmut haben sich diese Werke nicht auf der Bühne durchsetzen können und wurden vor allem als Lesedramen rezipiert, wenn sie nicht vorab als solche konzipiert waren. Symptomatisch ist dabei die Anonymisierung des Chors: Das Kollektiv wird nicht – wie in der antiken Tragödie – als Figur entworfen, die innerhalb des Dramas eine bestimmte Sichtweise zu artikulieren hat, sondern löst sich in einem Geflecht von Stimmen auf – bei Shelley als ,chorus of spirits', bei Swinburne als nicht näher spezifizierter ,chorus'.[311] Dieses Verfahren ist auch bedingt durch den Versuch, bei der Gestaltung der Chorpartien musikalische Formen heranzuziehen. So notiert Swinburne beispielsweise, daß er *Atalanta in Calydon* unter dem Eindruck von Händels Oratorien mit ihren kraftvollen, tumultartigen Chören geschrieben habe.[312]

Zuschauers mit einberechnen." (S. 61). Da in der Moderne weder eine dem antiken Mimus vergleichbare Darstellungskunst noch mythische oder symbolhaltige Stoffe zur Verfügung stehen, übernimmt die Musik die Funktion des Mythos oder es wird generell auf mythisches Material verzichtet: „Wie Nietzsche im Lied eine Dominanz der Gesangsstimme über die Textbedeutung feststellt, ist in seinem Visionstheater eine Dominanz des ,Bildgesanges' über den Bildtext und die Bildbedeutung vorstellbar. Bildgesang entsteht durch plastische Komposition, seine möglichen Stimmen wären der bewegte Körper, der tanzende Körper, deren rhythmische Kombinationen untereinander, sowie mit szenischer und realer Architektur." (S. 64). Überträgt man diese Konzeption auf moderne Medien, dann sind der Film und vor allem das Popmusikvideo strukturelle Äquivalente des Visionstheaters. Müller-Klug entwickelt noch weitere Theaterkonzepte, u. a. den ,transmedialen Performer', der die Arbeitsteilung des modernen Theaters überwindet und Schauspieler, Musiker und Dichter in einer Person ist (S. 65-68). Dabei kommt es zu einer Auflösung des traditionellen Werkbegriffs, denn der transmediale Performer kombiniert „Gebärde Sprache Sprachmelodie und dazu noch die *anerkannten Symbole* des Musikausdrucks" – so Nietzsche in einem Fragment vom Frühjahr 1874 (Nietzsche, *Nachgelassene Fragmente 1869-1874*, KSA 7 772).

310 Zum gattungsgeschichtlichen Kontext siehe Rolf Eichler, *Poetic Drama. Die Entdeckung des Dialogs bei Byron, Shelley, Swinburne und Tennyson*, Heidelberg 1977 (Reihe Siegen, Beiträge zur Literatur- und Sprachwissenschaft 6), S. 14-46.

311 Silk, „Das Urproblem der Tragödie", S. 205-207 sowie S. 221f.

312 Philip Henderson, *Swinburne. The Portrait of a Poet*, London 1974, S. 76f.

Swinburne hat mit seiner Bearbeitung des Meleager-Mythos den Versuch unternommen, an das Vorbild Aischylos anzuknüpfen. *Atalanta in Calydon* folgt größtenteils der Struktur der antiken Tragödie; unschwer lassen sich charakteristische Abschnitte und Formen wie Prolog, Parodos, Epeisodion, Stasimon, Amoibaia, Botenbericht, Teichoskopie, Stichomythie und Exodus erkennen. Das agonale Moment tritt bei Swinburne allerdings in den Hintergrund zugunsten einer lyrisch eingefärbten, bilderreichen Sprache, die zu monologischer Verselbständigung tendiert. Diese Tendenz ist auch an den Chören ablesbar, die kaum auf den Verlauf der Handlung Bezug nehmen und statt dessen poetische Stimmungsbilder entwerfen, in deren Zentrum häufig allegorische Figuren stehen. Neben der Dominanz einer lyrischen Sprache gibt es in Swinburnes Drama weitere Aspekte, die trotz des antikisierenden Zuschnitts als modern zu bewerten sind. Dazu zählen die Charakterisierung der Amazone Atalanta als *Femme fatale*, das pessimistische Gottesbild des Stücks („The supreme evil, God"[313]) sowie der Gegensatz von vitalistischem Aufbruch und dem Verharren in gesellschaftlichen Konventionen.

Wie im Mythos von der kalydonischen Jagd provoziert Meleager die Brüder seiner Mutter Althaea, als er diesen die Jagdbeute verweigert und sie statt dessen an Atalanta übergibt. Vor dem Hintergrund der eifersüchtigen Liebe, die Althaea für ihren Sohn hegt, muß diese Tat (und Meleagers Liebe zu Atalanta) als Verstoß gegen erstarrte Traditionen, als Ausbruch aus einem streng reglementierten System verwandtschaftlicher Beziehungen gewertet werden. Die damit einhergehende Verherrlichung des Lebens wird insbesondere im Eingangschor deutlich, der mehrfach in Anthologien abgedruckt wurde. Ausgehend vom Bild des aufblühenden Frühlings („When the hounds of spring are on winter's traces"[314]) entwirft Swinburne eine dionysische Szenerie, die von Pan, Bacchus, Mänaden, Bassariden und Faunen bevölkert wird. Das mythologische Personal dient dem Dichter jedoch nur als Staffage, um mit präraphaelitischer ‚Delikatesse' die Hingabe an ein naturhaft-sinnliches Lebensprinzip zu feiern. Swinburnes erotisch aufgeladene Bildlichkeit steht dabei in einem deutlichen Gegensatz zu den puritanischen Moralvorstellungen seiner Zeit: „The ivy falls with the Bacchanal's hair / Over her eyebrows hiding her eyes; / The wild vine slipping down leaves bare / Her bright breast shortening into sighs".[315] Das Drama hat u. a. auf Hofmannsthals frühe Antikerezeption gewirkt, vor allem in atmosphärischer Hinsicht. Der Dichter würdigt *Atalanta in Calydon* 1892 als „wunderbare[]

---

[313] Swinburne, *Atalanta in Calydon*, in: *The Poems of Algernon Charles Swinburne*, Vol. IV, London 1909, S 235-333, hier S. 287.
[314] Swinburne, *Atalanta in Calydon*, S. 249.
[315] Swinburne, *Atalanta in Calydon*, S. 250.

Verlebendigung des erstarrten Mythos" und hebt Swinburnes „bacchantische[s] Naturempfinden[]" hervor.[316]

Die Diskussion um die Genese der griechischen Tragödie hat auch das Theater beeinflußt. Um 1900 bemühen sich Theaterreformer wie Hans Oberländer und Max Reinhardt um neue Inszenierungskonzepte für antike Tragödien.[317] Anders als im 19. Jahrhundert geht es nicht mehr um eine historische Rekonstruktion, sondern vielmehr um eine Verlebendigung der Antike mit den Mitteln des modernen Theaters. Für Oberländers Berliner *Ödipus*-Aufführung vom 28.02.1900, wissenschaftlich beraten von Wilamowitz-Moellendorff, wird der Chor sehr umfangreich besetzt (60 bis 100 Personen). Innovativ war auch die Entscheidung, die Chorlieder unisono sprechen zu lassen – diese in der Antike übliche Praxis war, wie oben ausgeführt, auf der Bühne der Neuzeit so gut wie unbekannt. Um ein differenziertes Klangbild zu erzielen, hatte der Regisseur die Männerstimmen zudem in Tenor- und Baßstimmen aufgeteilt.

Auch die Debatten über die Wiedergewinnung der Tragödie unter neuklassischen Vorzeichen (Paul Ernst, Wilhelm von Scholz, Samuel Lublinski) und über die Retheatralisierung des Dramas (Adolphe Appia, Peter Behrens, Georg Fuchs, Edward Gordon Craig) wirkten auf die Bühne zurück. Vor diesem Hintergrund war es nur folgerichtig, daß sich das Interesse verstärkt auf Aischylos, den Begründer der abendländischen Tragödie richtete, der im 19. Jahrhundert kaum gespielt wurde. In seiner Inszenierung der *Orestie* (Berlin, 24.11.1900) unterschied Oberländer genau zwischen den verschiedenen dramatischen Funktionen des Chors: Die lyrischen Chorlieder wurden unisono gesprochen, die dramatischen Partien von den einzelnen Chorführern dargeboten. Auf die Verbindung von Wort, Gestik, Musik und Tanz hat Oberländer besonderen Wert gelegt, wobei die Aufmerksamkeit für das Zusammenspiel der Künste einerseits auf der altphilologischen Rekonstruktion antiker Theaterpraktiken beruhte (als wissenschaftlicher Berater fungierte wieder Wilamowitz-Moellendorff), andererseits auf der Idee des Gesamtkunstwerks, die für die Vertreter einer nichtnaturalistischen Theaterästhetik zentral war. In Oberländers *Orestie* wur-

---

316 Hofmannsthal, *Algernon Charles Swinburne*, GW RA I 146. An Swinburne (und Mallarmé) knüpft der symbolistische Dichter Francis Vielé-Griffin mit seinem Antikendrama *Ancaeus* (1888) an, in dem ebenfalls Personengruppen mit chorischer Funktion auftreten. Siehe dazu Gerhard Damblemont, „Symbolistisches Theater im Gefolge Mallarmés", in: Dieter Kafitz (Hg.), *Drama und Theater der Jahrhundertwende*, Tübingen 1991 (Mainzer Forschungen zu Drama und Theater 5), S. 101-119, hier S. 115f.

317 Heinz Kindermann, *Theatergeschichte Europas*, VIII. Band: *Naturalismus und Impressionismus. 1. Teil. Deutschland Österreich Schweiz*, Salzburg 1968, S. 452-462 und 574f.; Flashar, *Inszenierung der Antike*, S. 110-118 und 123-129; Manfred Brauneck, *Die Welt als Bühne. Geschichte des europäischen Theaters*, Bd. 4, Stuttgart-Weimar 2003, S. 273-275; Erika Fischer-Lichte, „Berliner Antikenprojekte", in: dies., *Theater im Prozeß der Zivilisation*, Tübingen-Basel 2000, S. 99-122, hier S. 104-110.

den die Chorlieder nicht nur rhythmisch notiert, sondern auch musikalisch untermalt: Teils durch das gesamte, wenn auch gedämpft spielende Orchester, teils durch einzelne Orchestergruppen (häufig Blasinstrumente) oder durch ungewöhnliche Kombinationen von Instrumenten wie Flöte/Streicher, Bläser/Pauken oder Harfe/Hörner. Auf diese Weise wird die traditionelle, monologische Gattung des Melodramas zum chorischen Melodrama erweitert und die alte Kunstform Chorlied durch ein modernes Analogon wiederbelebt.

Die Bemühungen um eine theatralische Wiedergewinnung des antiken Chors kulminieren in den Antikenprojekten von Hugo von Hofmannsthal und Max Reinhardt. Hofmannsthal plant 1904 eine *Ödipus*-Trilogie für Reinhardt, die auch die Vorgeschichte des berühmten Mythos behandelt (*Ödipus und die Sphinx*); an dieses neue Werk sollte sich eine Übersetzung des *König Ödipus* von Hofmannsthal anschließen; als dritter Teil war – analog zum *Ödipus auf Kolonos* – ein Drama über den alten Ödipus geplant (*Ödipus Greis*). Hofmannsthal verwirft diesen Plan im Herbst 1905, da sich zwischen seinem neuen Drama und der Übersetzung des *Ödipus* immer größere konzeptionelle Differenzen auftun. *Ödipus und die Sphinx* beansprucht schließlich eine Eigenständigkeit, die mit der ursprünglichen Idee eines Vorspiels zum *König Ödipus* nicht mehr vereinbar ist. In *Ödipus und die Sphinx* ist der Chor zwar nicht durchgehend präsent; dafür kommt es am Ende des zweiten Aktes zu einer Begegnung zwischen Ödipus und dem Volk von Theben, die Reinhardt mit einem großen Aufgebot an Statisten als Massenszene inszeniert (Uraufführung: Berlin 02.02.1906). Das Volk ist in vier Teilchöre mit unterschiedlichen Klangfarben (Sopran, Alt, Tenor, Baß) eingeteilt; zeitgenössische Berichte heben das klare Unisono-Sprechen der Menge und das breite, klangliche Spektrum zwischen „Differenzierung" und „straffer Einheit" hervor.[318] Ohne räumliche Begrenzung konnte Reinhardt seine Idee der künstlerischen Massenregie 1910 mit Hofmannsthals *König-Ödipus*-Übertragung realisieren, die zunächst in der Musikfesthalle in München vor 3.000 Menschen, und dann in Zirkusarenen in Berlin und Wien gezeigt wurde. Neben dem Chor der thebanischen Greise, mit 27 Schauspielern schon stark besetzt, trat wieder das Volk in Erscheinung, aufgeteilt in drei Gruppen mit insgesamt 500 Statisten. Das Ausdrucksspektrum dieses Kollektivs reichte vom Flüstern über Stöhnen und Jammern bis zum Rufen und Schreien; akustische Nah- und Fernwirkungen wurden durch gesprochene Crescendi bzw. Decrescendi sowie kanonartige Refrains erzeugt. Dazu kam eine Massenchoreographie mit präzise einstudierten Gesten, so in der Anfangsszene, wenn sich Ödi-

---

[318] Julius Bab, „Reinhardts Chorregie", in: *Die Schaubühne*, 5 (1909), Nr. 24/25, S. 668-671, hier S. 670.

pus Hunderte von Händen hilfesuchend entgegenstrecken. Mit diesem Massenchor greift Reinhardt weit über das traditionelle Illusionstheater hinaus und entfesselt, unterstützt durch die suggestiven Wirkungen von Musik (Gong, Pauken) und Beleuchtung, ein circensisches Ereignis, das die Grenze zwischen Spielfläche und Zuschauerraum tendenziell aufhebt: „Ein Kontakt zwischen Publikum und Darsteller ergibt sich, der ungeahnte, anonyme Wirkungen auslöst. Der Zuschauer wird in weit höherem Grade als sonst mit den Geschehnissen verbunden."[319] Reinhardts Ästhetik liegt die Vorstellung zugrunde, durch die Steigerung der theatralischen Mittel zu jener Ursprünglichkeit zu gelangen, die in der kultischen Praxis einer archaischen Zeit zum Ausdruck kam: „Das theatralische Großspektakel trieb die Theatersuggestion so weit, daß für den Zuschauer eine Situation entstand, in der er sich emotional restlos gefangen sah, wo sich für ihn die Grenze von Realität und Theater aufhob."[320] In Reinhardts monumentalen Antikeninszenierungen (auf *König Ödipus* folgten 1911/12 und 1919 Aufführungen der *Orestie*, diesmal mit 1.000 Statisten vor 3.500 Zuschauern) kehrt die dramatische Kollektivfigur Volk, die sukzessive aus dem antiken Chor entstanden ist, gewissermaßen an ihren kultisch-dionysischen Ursprung zurück.[321]

Die Antikendramen von Rudolf Pannwitz sind in literaturgeschichtlicher Perspektive kaum gewürdigt worden.[322] Für die Fragestellung dieser Arbeit sind sie insofern von Interesse, als der Autor fünf, meist nur wenige Szenen umfassenden Dramen unter dem Titel *Dionysische Tragoedien* veröffentlicht hat. Am deutlichsten wird der Bezug auf Nietzsche und dessen Idee des Urdramas in dem ,dionysischen Bild' *Die Befreiung des Oidipus* erkennbar, dem die Tragödie *Oidipus auf Kolonos* des

---

319 Max Reinhardt, [„*König Ödipus*"], in: *Das literarische Echo* 13 (1910/11), Sp. 1242, zitiert nach Lohmeyer, *Die Dramaturgie der Massen*, S. 286.

320 Brauneck, *Theater im 20. Jahrhundert*, S. 379.

321 Max Reinhardt sah in seinem *Theater der Fünftausend* eine Möglichkeit, um eine alle soziale Schichten übergreifende Gemeinschaft im Rahmen eines festlichen, theatralischen Ereignisses herzustellen – eine Konzeption, auf die sich die Nationalsozialisten in den 1930er Jahren mit der Thingstätten-Bewegung bezogen, um der Ideologie der Volksgemeinschaft theatralischen Ausdruck zu verleihen. Zur weiteren Entwicklung einer archaisierenden Dramentheorie unter völkisch-nationalen bzw. nationalsozialistischen Vorzeichen siehe Uwe-Karsten Ketelsen, *Heroisches Theater. Untersuchungen zur Dramentheorie des Dritten Reichs*, Bonn 1968 (Literatur und Wirklichkeit 2), S. 80-82, 130-133 und 151f.; Frank, „Dionysos und die Renaissance des kultischen Dramas", S. 80-104.

322 Zu Pannwitz siehe Erwin Jaeckle, *Rudolf Pannwitz. Eine Darstellung seines Weltbildes*, Tübingen 1937; Udo Rukser, *Über den Denker Rudolf Pannwitz. Mit einer Selbstbiographie von Pannwitz und einer Bibliographie*, Meisenheim am Glan 1970 (Monographien zur philosophischen Forschung 64); Hans Wolffheim, *Rudolf Pannwitz. Einleitung in sein dichterisches Werk*, Wiesbaden 1961 (Akademie der Wissenschaften und der Literatur, Abhandlungen der Klasse der Literatur, 1960, 2); Erwin Jaeckle: „Rudolf Pannwitz. Eine Einführung", in: BW Pannwitz, S. 647-699.

Sophokles als Hypotext zugrunde liegt. Die Auseinandersetzungen zwischen Theseus und Kreon um den vertriebenen Ödipus behält Pannwitz bei; allerdings ist hier der heilige Hain, den der gealterte König betritt, nicht den Unterweltsgottheiten geweiht, sondern untersteht der asiatischen Gottheit, die in Athen ein neues Weltzeitalter ausgerufen hat. „die musik wird mächtiger werden denn das wort . aus tänzen werden die erkenntnisse herrlicher neuerstehen" [323], erläutert Theseus den Wandel, den Kreon als Vertreter einer sokratischen Kultur nicht verstehen kann. Die Szene Oidipus-Polyneikes endet bei Pannwitz nicht mit der Verfluchung der sich bekriegenden thebanischen Parteien, sondern mit der von Vater und Sohn geteilten Gewißheit, daß das Individuum nicht aus der ihm vorbestimmten Bahn auszubrechen vermag, gerade deshalb aber auch „ungeheuerm glück"[324] entgegen geht.

Die gegenüber Sophokles deutlich gekürzte Handlung wird eingerahmt von zwei orgiastischen Chorszenen, in denen die Anhänger des Dionysos singend und in unterschiedlichen Formationen tanzend den Gott der Wildnis und des Rausches feiern.[325] Darüber hinaus hat Pannwitz zwei Wechselgesänge zwischen Dramenpersonal und Chor sowie drei reine Chorszenen geschrieben. Diese Szenen strukturieren das Geschehen aber nicht nach dem Vorbild der antiken Tragödie, sondern lassen im Sinne Nietzsches die argumentierend-dialogischen Bestandteile des Hypotextes hinter lyrisch-musikalischen Partien zurücktreten. Das Chordrama weist eine parabelförmige Spannungskurve auf: Von dem ausklingenden Dionysos-Fest (mit Anrufungen des Gottes wie „Oioie Iakche alai iu !"[326]) leitet das Stück über Gebete an Dionysos, Aphrodite und chthonische Gottheiten sowie die kollektive Verherrlichung der ‚Weisheit des Silen' („Nie geboren seien ! das wäre / Höchstes schönstes"[327]) in eine Schlußszene über, die erneut in einem dionysischen Taumel endet: „Die wilden weiber zerreissen den gott ! / Den mänaden nach ! / Den mänaden nach ! / Iu ! evoë ! Iakche ! ewig ewig Iakche !"[328]

In stilistischer Hinsicht knüpft Pannwitz an den weihevollen Sprachgestus Georges an und gliedert die Handlung als lockere Folge von Szenen, dabei zwischen der Nachahmung des antiken Chorgesangs und einem ins Oratorische gesteigerten Lyrismus wechselnd. Da die Beschwörung kosmischer Konstellationen weitgehend das dramatische Geschehen überlagert, erscheint der Zusammenhang zwischen antikem Mythos und weltanschaulich-religiöser Sinngebung willkürlich. Hofmannsthal,

---

323 Rudolf Pannwitz, *Die Befreiung des Oidipus*, *Werke*, Bd. 1: *Dionysische Tragoedien*, Nuernberg 1913, S. 199-249, hier S. 233.
324 Pannwitz, *Die Befreiung des Oidipus*, S. 239.
325 Zur *Befreiung des Oidipus* siehe Frick, ‚*Die mythische Methode'*, S. 87-98.
326 Pannwitz, *Die Befreiung des Oidipus*, S. 202.
327 Pannwitz, *Die Befreiung des Oidipus*, S. 240.
328 Pannwitz, *Die Befreiung des Oidipus*, S. 249.

der zwischen 1917 und 1920 regelmäßig mit Pannwitz korrespondiert, spricht aus diesem Grund von „ineinanderschlagende[n] Flammen" bzw. von „metaphysische[n] Functionen", die in den *Dionysischen Tragoedien* an die Stelle menschlicher Akteure getreten seien[329] – aus Hofmannsthals Brief meint man ein Bedauern darüber herauszuhören, daß Pannwitz die dramaturgische Seite zugunsten der weltanschaulichen vernachlässigt hat.

Das Chordrama von Pannwitz mit seinem hypertrophen Pathos ist insofern symptomatisch für das Antikenverständnis der Jahrhundertwende, als hier der Versuch unternommen wird, das dramatische Spiel in eine kultische Zeremonie zu überführen. Dabei bleibt Pannwitz, der sich nicht nur als Dichter, sondern auch als Philosoph und Kulturdenker versteht, auf halbem Wege stehen – konsequent wäre es gewesen, das Figurenpersonal aufzulösen und alle Dialogpartien auf den Chor zu übertragen, um auf diese Weise den *Oidipus auf Kolonos* zu einem Urdrama im Sinne Nietzsches umzugestalten (eine weitere Möglichkeit wäre der vollständige Verzicht auf einen bekannten Hypotext zugunsten der chorischen Beschwörung bzw. Verherrlichung dionysischer Zustände gewesen). Das Festhalten an einer bekannten Figurenkonstellation der Antike verrät eine bildungsbürgerliche ,Halbherzigkeit', die in einem merkwürdigen Kontrast zu dem emphatischen Überschwang der Kunst- und Weltanschauung von Pannwitz steht. Trotz der offenkundigen Begeisterung für Nietzsches Tragödientheorie vermag sich der Dichter nicht von den dramaturgischen Vorgaben der antiken Tragödie zu lösen. Verständlich wird diese Zurückhaltung, wenn man berücksichtigt, daß Pannwitz, der sich in der Nachfolge von antiken Naturphilosophen, Hölderlin, Nietzsche und George sieht, auch in seinen Dramen eine esoterische Schöpfungslehre zum Ausdruck bringen und dementsprechend die dramatis personae als „kosmische potenzen" verstanden wissen will, als Vorbilder, die den Weg zu einer geistig erneuerten Menschheit weisen.[330] An der Unvereinbarkeit von dramatisch-chorischer Wiederbelebung des Kultes und prophetisch-weltanschaulichem Verkündigungsgestus scheitert Pannwitz' dionysische Tragödie letztendlich.

Frick ist zuzustimmen, daß dem Dichter die literarischen Mittel fehlen, um den „postulierten Orgiasmus seiner dramatischen Handlungen sinnfällig" zu machen.[331] Der Vorwurf, daß es Pannwitz nicht gelungen sei, „den stehengebliebenen mythologischen Konfigurationen einen neuen semantischen Code einzusetzen, der es an motivischer Kohärenz und gedanklicher Komplexität mit den sophokleischen Vorgaben aufnehmen könnte",[332] läuft jedoch ins Leere, da ein auf den Vorgaben einer dionysi-

---

329 Brief von Hofmannsthal an Pannwitz vom 04.10.1917, BW Pannwitz, S. 129.
330 Brief von Pannwitz an Hofmannsthal vom 06.10.1917, BW Pannwitz, S. 131.
331 Frick, *,Die mythische Methode'*, S. 96.
332 Frick, *,Die mythische Methode'*, S. 95f.

106

schen Dramentheorie basierendes, chorisches Antikendrama per se eine geringere thematische und strukturelle Komplexität als die Werke der attischen Tragiker aufweisen würde.

3.2 Das Opfer

3.2.1 Opferritual und Tragödie

Das Opfer ist eine religiöse Handlung, die in der rituellen Entäußerung (mittels Freisetzung, Zerstörung, Tötung) eines materiellen Objekts (Pflanzen, Nahrungsmittel, Gebrauchsgegenstände, Tiere, Menschen) besteht mit dem Ziel, einen Gegenstand, ein Tier oder einen Menschen ‚heilig zu machen' bzw. ‚in den Bereich des Heiligen zu überführen' (so die Grundbedeutung des lateinischen Wortes *sacrificium*).[333] Wie das Ritual läßt sich das Opfer durch ein ganzes Bündel von Merkmalen charakterisieren: Es wiederholt explizit und im Rahmen einer öffentlichen Inszenierung eine vorgegebene feierliche Handlung; es ist selbstbezüglich (es gilt für die Teilnehmer, für die es inszeniert wird und die es vollziehen); es erfüllt eine soziale und eine kommunikative Funktion (Herstellung und Bestätigung einer gesellschaftlichen Ordnung); am Opfer nehmen Akteure und Zuschauer teil, die über ein (mehr oder weniger ausgeprägtes) Ritualbewußtsein verfügen; schließlich wird das Opfer als ästhetisch ausgestalteter, expressiver, symbolischer Akt vollzogen, in dem religiöse, natürliche oder soziale Beziehungen zum Ausdruck kommen.[334] Darüber hinaus ist das Opfer „die wichtigste Vermittlung in dem System von Beziehungen und Kommunikationen zwischen Göttern und Menschen. Ein Opfer bestätigt die Weltordnung, indem es das hierarchische Verhältnis von Gott, Mensch und Tier bekräftigt. [...] Die rituelle Stilisierung des Tötens im Opfer und das Braten des Fleisches, das nach dem Opfer von

---

[333] Hubert Seiwert, „Opfer", in: Hubert Cancik/Burkhard Gladigow/Karl-Heinz Kohl (Hg.), *Handbuch religionswissenschaftlicher Grundbegriffe*, Bd. IV, Stuttgart-Berlin-Köln 1998, S. 268-284. Siehe auch Christoph Wulf, „Religion und Gewalt", in: Dietmar Kamper/ders. (Hg.), *Das Heilige. Seine Spur in der Moderne*, Frankfurt a. M. 1987, S. 245-254; Bremmer, *Götter, Mythen und Heiligtümer*, S. 43-51; Vernant, *Mythos und Religion im alten Griechenland*, S. 61-77; Thomas Fontaine, „Grausame vorgeschichtliche Opferpraktiken in der Mythenwelt der Griechen und Etrusker", in: Hans-Peter Kuhnen (Hg.), *Morituri. Menschenopfer. Todgeweihte. Strafgerichte*, Trier 2000 (Schriftenreihe des Rheinischen Landesmuseums Trier 17), S. 49-70.

[334] Braungart, *Ritual und Literatur*, S. 74 und 225f.

den Teilnehmern gegessen wird, trennen die strukturierte Welt der ‚Kultur' vom Zustand natürlicher ‚Wildheit'."[335]

Über das Verhältnis von Mythos und Ritual und die Entstehung von Opferritualen gibt es verschiedene Theorien.[336] Karl Meuli leitet das griechische Opfer aus Praktiken der Jagd und einem animistischen Weltverständnis ab: Im Ritual konnten die Jäger die Verantwortung für die Tötung des Tieres abstreifen und ihre Angst vor dem Blutvergießen gemeinschaftlich besänftigen.[337] Walter Burkert führt diesen Ansatz weiter und interpretiert die gemeinsame Aggression gegen das Opfer als frühe Form des sozialen Lebens: Das unvermeidliche Töten von Tieren zur Nahrungsaufnahme und das damit einhergehende „Gefühl der Verschuldung dem getöteten Tier gegenüber"[338] wird durch die symbolische Rückgabe von Fleisch und Knochen an Tiergottheiten kompensiert. Im Opferritual finden die ersten menschlichen Gemeinschaften ihre Form, und zwar durch Solidarisierung: „Keine Abmachung, kein Vertrag, kein Bündnis kommt ohne Opfer zustande."[339]

Neben der Opferung von Tieren gibt es auch Hinweise auf Menschenopferungen. René Girard hat die These aufgestellt, daß die „einmütige Gewalt"[340] *aller* gegen *einen* Außenseiter der Gewalt *aller* gegen *alle* vorbeugte und daß die Opferung des *Sündenbocks* zur Beendigung von Krisen innerhalb der Clans beitrug. Durch diese Praxis wurde entweder die Urangst vor Naturgewalten und Dämonen besänftigt oder die Vorstellung von einer mörderischen Schuld aus vorgeschichtlicher Zeit, zum Beispiel die Tötung von Tieren oder Stammesmitgliedern, verarbeitet. Gesellschaftliche und kulturelle Entwicklung, so Girard, ist ohne *fundierendes Verbrechen* nicht denk-

---

335 Charles Segal, „Griechische Tragödie und Gesellschaft", in: *Propyläen Geschichte der Literatur*, Bd. 1: *Die Welt der Antike. 1200 v. Chr. – 600 n. Chr.*, Berlin 1988, S. 198-217, hier S. 202.

336 Jamme, *‚Gott an hat ein Gewand'*, S. 151-166. Zu den Anfängen einer ritualtheoretischen Ethnologie siehe Ulrike Brunotte, „Das Ritual als Medium ‚göttlicher Gemeinschaft'. Die Entdeckung des Sozialen bei Robertson Smith und Jane Ellen Harrison", in: Erika Fischer-Lichte/Christian Horn/Sandra Umathum/Matthias Warstat (Hg.), *Wahrnehmung und Medialität*, Tübingen-Basel 2001 (Theatralität 3), S. 85-102.

337 Karl Meuli, „Griechische Opferbräuche", in: ders., *Gesammelte Schriften*, Bd. II, Basel 1975, S. 907-1021. Siehe auch Walter Burkert, „Opfer als Tötungsritual: Eine Konstante der menschlichen Kulturgeschichte?", in: Fritz Graf (Hg.), *Klassische Antike und neue Wege der Kulturwissenschaften. Symposium Karl Meuli (Basel, 11.-13. September 1991)*, Basel 1992 (Beiträge zur Volkskunde 11), S. 169-189.

338 Walter Burkert, *Homo necans. Interpretation altgriechischer Opferriten und Mythen*, Berlin-New York 1972, S. 24, zitiert nach Jamme, *‚Gott an hat ein Gewand'*, S. 159.

339 Burkert, *Homo necans*, S. 46, zitiert nach Jamme, *‚Gott an hat ein Gewand'*, S. 160. Siehe auch Burkert, *Griechische Religion*, S. 99-190; Walter Burkert, *Anthropologie des religiösen Opfers. Die Sakralisierung der Gewalt*, München ²1987 (Carl Friedrich von Siemens Stiftung. Themen XL), S. 25-27. Burkerts Theorie des Opfers weist sowohl semiotisch-soziologische als auch anthropologisch-soziobiologische Anteile auf – siehe dazu Ott, „Ritualität und Theatralität", S. 332f.

340 René Girard, *Das Heilige und die Gewalt*, Zürich 1987, S. 127.

bar: Um das evolutionär bedingte Aggressionspotential des Menschen zu disziplinieren und zu kanalisieren, bedurfte es des Opferrituals, das eine kathartische, die Gruppe stabilisierende Aggressionsabfuhr ermöglichte. In welchem Zusammenhang Tier- und Menschenopfer zueinander stehen, ist in der Forschung umstritten; Beispiele für die Ersetzung eines Menschenopfers durch ein Tier sind durch die biblische Abraham-Isaak-Episode und im antiken Griechenland durch den Iphigenie-Mythos überliefert.

Horkheimer/Adorno sehen im Opfer eine frühe Form der Tauschrationalität am Werk: Indem den Dämonen oder Göttern ein Gegenstand, ein Tier oder ein Mensch zum Geschenk gemacht wird, leistet die Gruppe Verzicht, wodurch eine Beziehung wechselseitiger Verpflichtung zwischen Göttern und Menschen geschaffen wird. Wer Verzicht leistet, kann erwarten, dafür belohnt zu werden: „Es wird für Hekatomben bestimmter Größenordnung je mit dem Wohlwollen der Gottheiten gerechnet. Ist der Tausch die Säkularisierung des Opfers, so erscheint dieses selber schon wie das magische Schema rationalen Tausches, eine Veranstaltung der Menschen, die Götter zu beherrschen, die gestürzt werden gerade durch das System der ihnen widerfahrenden Ehrung."[341] Aus der Tauschrationalität erwächst im nächsten Schritt die List: Die Götter werden nicht nur durch Opfer gewonnen, sie werden sogar getäuscht. Dieses Motiv erscheint mehrfach in antiken Mythen und Epen: Prometheus teilt den Opferschmaus ungleich auf und bietet Zeus das wertlose Fett und die Knochen an; „Der Seefahrer Odysseus übervorteilt die Naturgottheiten wie einmal der zivilisierte Reisende die Wilden".[342] Daraus folgt: Das (vermeintlich) archaische Opfer steht am Anfang jenes Zivilisationsprozesses, der bis in die Gegenwart reicht: „Alle menschlichen Opferhandlungen, planmäßig betrieben, betrügen den Gott, dem sie gelten: sie unterstellen ihn dem Primat der menschlichen Zwecke, lösen seine Macht auf, und der Betrug an ihm geht bruchlos über in den, welchen die ungläubigen Priester an der gläubigen Gemeinde vollführen."[343]

Auf den Zusammenhang zwischen Opferritual und griechischer Tragödie haben neben Burkert und Girard auch Jean-Pierre Vernant und Pierre Vidal-Naquet aufmerksam gemacht.[344] In dieser Perspektive konnte die dunkle Seite der griechischen

---

[341] Horkheimer/Adorno, *Dialektik der Aufklärung*, GS 3 67.
[342] Horkheimer/Adorno, *Dialektik der Aufklärung*, GS 3 66.
[343] Horkheimer/Adorno, *Dialektik der Aufklärung*, GS 3 68. Exemplarisch für die Kritik an der Rolle des Opfers in der *Dialektik der Aufklärung*: Klaus Laermann, „Der Anteil der List an der Subjektwerdung des Opfers. Max Horkheimer und Theodor W. Adorno: *Dialektik der Aufklärung*", in: Bernd Seidensticker/Martin Vöhler (Hg.), *Urgeschichten der Moderne. Die Antike im 20. Jahrhundert*, Stuttgart-Weimar 2001, S. 98-113.
[344] Walter Burkert, „Greek Tragedy and Sacrificial Ritual", in: *Greek Roman and Byzantine Studies* 7 (1966), S. 87-121; Jean-Pierre Vernant/Pierre Vidal-Naquet, *Mythe et tragédie en Grèce ancienne*, Paris 1972; Girard, *Das Heilige und die Gewalt*, S. 104-133; Jean-Pierre Vernant/Pierre

Tragödie, also nicht nur die Opferungen von Iphigenie, Makaria und Polyxena in den Tragödien des Euripides, sondern insgesamt die auffällige Häufung von Gewalttaten und tabuisierter Sexualität (Mord, Zerstückelung, Vergewaltigung, Inzest, Kannibalismus) in den Werken der antiken Dramatiker auf ihren symbolischen Gehalt hin genauer untersucht werden, und zwar hinsichtlich der literarischen wie der gesellschaftlich-kulturellen Bedeutung. Girards Analyse des *König Ödipus* kommt zu dem Schluß: „Die ganze Stadt [Theben] soll von der auf ihr lastenden Verantwortung befreit werden. Aus der Krise des Opferkultes soll – indem sie ihrer Gewalt entleert wird – die Pest gemacht werden. Das kann nur dann gelingen, wenn diese Gewalt auf Ödipus oder, allgemeiner, auf ein einziges Individuum übertragen wird [...] Es geht stets nur darum, die Verantwortung für das Unheil einem einzigen Individuum zuzuschieben und auf die mythische Frage *par excellence* zu antworten: ,Wer hat angefangen?'"[345] In der Tragödie wird demnach die symbolische Handlung *Opfer* sozusagen auf ,zweiter Stufe' nachgeahmt, kommt es zu weiteren Symbolisierungen dieser symbolischen Handlung.[346] Auf diese Weise werden instabile familiäre oder soziale Verhältnisse mittels diskursiver bzw. kathartischer Bewältigung in eine neue stabile Ordnung überführt oder zumindest als gesellschaftliche Konflikte kenntlich gemacht.

In Zeiten, in denen religiöse, philosophische und politische Gewißheiten schwinden, entsteht ein Bedürfnis nach alternativen Sinnstiftungsmodellen, die metaphysischen Trost versprechen. Vor dem Hintergrund einer zunehmenden Faszination für Mythen, Rituale und sakrale Handlungen um 1900 kommt dem Opfer als archaischem Modell der Konfliktbewältigung eine besondere Rolle zu.[347] Als Ritual, das auf die Anfänge der Menschheit zurückweist und sich historisch nicht eindeutig verorten läßt, steht das Opfer gleichsam außerhalb der Geschichte und kann deshalb überzeitliche Geltung beanspruchen. Im Opfer werden, so erscheint es zumindest zahlreichen Autoren des Fin de siècle, die Desintegrationserfahrungen der Moderne rückgängig gemacht: „Rituelles und Soziales sind wieder ungeschieden eins, Gläubige und Ungläubige, Herrscher und Beherrschte, Opferer und Geopferte, Männer und Frauen besetzen keine austauschbaren, sondern vom Schicksal unverrückbar vorge-

Vidal-Naquet, *Mythe et tragédie en Grèce ancienne 2*, Paris 1986; Hugh Lloyd-Jones, „Ritual and Tragedy", in: Fritz Graf (Hg.), *Ansichten griechischer Rituale. Geburtstags-Symposium für Walter Burkert. Castelen bei Basel 15. bis 18. März 1996*, Stuttgart-Leipzig 1998, S. 271-295; Eveline Krummen, „Ritual und Katastrophe. Rituelle Handlung und Bildersprache bei Sophokles und Euripides", in: Graf, *Ansichten griechischer Rituale*, S. 296-325.

345 Girard, *Das Heilige und die Gewalt*, S. 118f.

346 Segal, „Griechische Tragödie und Gesellschaft", S. 209; Braungart, *Ritual und Literatur*, S. 237f.

347 Braungart, „Die Fremdheit der Sprache", S. 118; Hildegard Cancik-Lindemaier, „Opferphantasien. Zur imaginären Antike der Jahrhundertwende in Deutschland und Österreich", in: *Der altsprachliche Unterricht* 30 (1987), H 3, S. 90-104.

gebene Plätze."[348] In einer naturwüchsigen Sozialordnung, in deren Zentrum das Opfer steht, ist der Einzelne der Verantwortung für seine Handlungen enthoben: Wer sich auf den Vollzug mythischer Vorgaben berufen kann, lebt in einer Welt unbezweifelbarer Gewißheiten. Durch die Bejahung des eigenen Todes konnte der zum Opfertod Auserwählte zudem sicher sein, nicht nur die mythischen Mächte zu versöhnen, sondern auch im kollektiven Gedächtnis als Heiliger weiterzuleben. Für den Opferdiskurs um 1900 war das Moment der Hingabe von besonderer Bedeutung: „Dem derangierten Bewußtsein der Jahrhundertwende, dem sich die eigene Lebenswelt zum bodenlosen Abgrund verwandelt hatte, mußte gerade diese Leistung des Opfermodells bestechend erscheinen, verwandelte sie doch Passivität in bedeutsame Handlung, den nur unwillig erbrachten Leidensbeitrag jedes Einzelnen zur bedeutungsvollen Voraussetzung geschichtlicher Prosperität."[349]

Die archaisierende Sicht des Opfers übersieht allerdings, daß schon im frühgeschichtlichen Kultus jene Tauschrationalität wirksam war, gegen die sich die Kritiker der Moderne gerade wenden. Denn das Darbieten eines Opfers ist kein reiner Akt, der in seiner mythischen Vorbildlichkeit gleichsam für sich selbst steht, sondern schon Teil jenes Aufklärungsprozesses, der die fortschreitende instrumentelle Beherrschung der Natur durch den Menschen kennzeichnet. Zudem weist auch schon das Ritual Anzeichen des Ästhetischen auf, da jede sakrale Handlung (und sei sie noch so urzeitlich) eine theatralische Seite besitzt: Eine Opferhandlung folgt einem vorgegebenen Handlungsablauf und wird nur an ausgewählten Orten von einem bestimmten, für die Ausführung verantwortlichen Personal vollzogen. Damit liegt die (für das Drama konstitutive) Differenz von Handeln und Zusehen auch schon dem archaischen Ritual zugrunde, auch wenn die Zuschauer hier wechselseitig in den Vollzug der Zeremonie bzw. in die ‚Handlung' eingebunden sein können.[350]

---

[348] Hans Richard Brittnacher, *Erschöpfung und Gewalt. Opferphantasien in der Literatur des Fin de siècle*, Köln-Weimar-Wien 2001 (Literatur – Kultur – Geschlecht, Studien zur Literatur- und Kulturgeschichte, Große Reihe 18), S. 29. Zum Versuch der Wiedergewinnung einer kulturellen Fundierung mittels ‚sakrifizieller Poetologie' siehe David E. Wellbery, „Die Opfer-Vorstellung als Quelle der Faszination. Anmerkungen zum Chandos-Brief und zur frühen Poetik Hofmannsthals", in: *Hofmannsthal-Jahrbuch* 11 (2003), S. 281-310, hier S. 304-310.

[349] Brittnacher, *Erschöpfung und Gewalt*, S. 30f. Einschlägig ist in diesem Zusammenhang Rudolf Borchardts zwischen Altphilologie, Dichtung und (restaurativ-präfaschistischem) Politikentwurf changierender Aufsatz *Über Alkestis* von 1910 (*Gesammelte Werke in Einzelbänden, Prosa II*, hg. von Marie Luise Borchardt, Stuttgart ²1992, S. 235-294). Borchardt formuliert hier die These, daß nur durch die Wiederbelebung des archaischen Gemeinschafts- und Opferdenkens die Krise der Moderne überwunden werden könne. Siehe dazu Brittnacher, *Erschöpfung und Gewalt*, S. 106-130.

[350] Braungart, *Ritual und Literatur*, S. 74 und 106f. Zur ‚Paläotheatralität' siehe Hartmut Böhme, „Kulturgeschichtliche Grundlagen der Theatralität", in: Erika Fischer-Lichte/Christian Horn/Sandra Umathum/Matthias Warstat (Hg.), *Theatralität als Modell in den Kulturwissenschaften*, Tübingen-Basel 2004 (Theatralität 6), S.43-62, hier S. 44-49.

Im folgenden soll der Frage nachgegangen werden, welchen Stellenwert das archaische Ritual in theoretischen Texten von Hofmannsthal und Hauptmann einnimmt und welche Konsequenzen sich daraus für das Antikendrama ergeben.

3.2.2 „Die Wollust gesteigerten Daseins": Opfer und Symbol bei Hofmannsthal

Hofmannsthals *Gespräch über Gedichte* (1904) ist zunächst – wie der Titel schon sagt – ein Dialog über Lyrik und Dichtung. In seinem Verlauf werden darüber hinaus einige Schritte nachgezeichnet, die zur Entstehung des Opferrituals geführt haben.[351] Bemerkenswert ist dabei nicht, daß Hofmannsthal das Verhältnis von Opfer und Symbol als Analogie versteht, sondern daß der Dichter den Versuch unternimmt, an jenen Punkt zu gelangen, an dem das Opfer noch nicht zwischen Mensch und übermächtigen Göttern ‚vermittelte'. Anders formuliert: In der geschilderten Urszene des Opfers fallen kultisches Ereignis und dessen sprachliche Darstellung zusammen, soll ein Zustand unhinterfragbarer Authentizität erreicht werden.

Hofmannsthal greift dabei auf den Symbolbegriff von Creuzer und Bachofen zurück. Bei diesen steht das Symbol am Anfang der Geschichte, während der Mythos aufgrund seines sprachlich-erzählerischen Verweischarakters jüngeren Datums sein muß. Das Symbol ist *„momentane Anschaulichkeit"*[352] und erfaßt als Idee „alle unsere Seelenkräfte"[353]; im Mythos wird dagegen die momentane Totalität des Symbols in eine „Reihe von Momenten"[354] überführt, weshalb die ältesten Mythen „ursprünglich nichts als *ausgesprochene Symbole*"[355] waren. Der Hinweis auf die ‚Seelenkräfte' ist insofern bedeutsam, als damit ein rezeptionsästhetischer Aspekt – nämlich die Wahrnehmung und Erfahrung des Rezipienten – in die Struktur des Symbols hinein-

---

[351] Zu Hofmannsthals *Gespräch über Gedichte* siehe Braungart, *Ritual und Literatur*, S. 242-245; Bohrer, „Die Wiederholung des Mythos", S. 70-83; Lorna Martens, „Kunst und Gewalt: Bemerkungen zu Hofmannsthals Ästhetik", in: *Austriaca* 18 (1993), S. 155-165, hier S. 158-164; Brandstetter, „Ritual als Szene und Diskurs", S. 374f.; Wellbery, „Die Opfer-Vorstellung", S. 298-310.

[352] Creuzer, *Symbolik und Mythologie der alten Völker*, vierter Teil, S. 512. Siehe dazu Frank, *Der kommende Gott*, S. 83-96; Frank, „Dionysos und die Renaissance des kultischen Dramas", S. 33-38.

[353] Creuzer, *Symbolik und Mythologie der alten Völker*, vierter Teil, S. 541.

[354] Creuzer, *Symbolik und Mythologie der alten Völker*, vierter Teil, S. 541.

[355] Creuzer, *Symbolik und Mythologie der alten Völker*, vierter Teil, S. 559. Bei Bachofen lautet die entsprechende Textstelle: „Der Mythus ist die Exegese des Symbols." (Bachofen, *Versuch über die Gräbersymbolik der Alten*, GesW 4 61.)

genommen wird.[356] Bachofen entwickelt – mit Blick auf die antike Gräbersymbolik – den Gegensatz von Symbol und Mythos bzw. Symbol und Sprache weiter fort: „Das Symbol erweckt Ahnung, die Sprache kann nur erklären. Das Symbol schlägt alle Saiten des menschlichen Geistes zugleich an, die Sprache ist genötigt, sich immer nur einem einzigen Gedanken hinzugeben. Bis in die geheimsten Tiefen der Seele treibt das Symbol seine Wurzel, die Sprache berührt wie ein leiser Windhauch die Oberfläche des Verständnisses. Jenes ist nach innen gerichtet, diese nach außen gerichtet."[357]

Hofmannsthal will – mit Creuzer und Bachofen – in jenen Bereich des wilden Denkens vordringen, in dem die unmittelbare Teilhabe am Heiligen im Rahmen einer kultischen Handlung wieder möglich ist, um auf diese Weise den ‚Sekundärcharakter' des Opfers (bzw. der Sprache/Dichtung) zurückzunehmen. Clemens, dem in Hofmannsthals Dialog die Rolle des Schülers zukommt, versucht das Wesen der Poesie näher zu bestimmen: „Sie ist doch nicht ganz die Sprache, die Poesie. Sie ist vielleicht eine gesteigerte Sprache. Sie ist voll von Bildern und Symbolen. Sie setzt eine Sache für die andere."[358] Darauf sein Lehrer Gabriel: „Welch ein häßlicher Gedanke! Sagst du das im Ernst? Niemals setzt die Poesie eine Sache für eine andere, denn es ist gerade die Poesie, welche fieberhaft bestrebt ist, die Sache selbst zu setzen, mit einer ganz anderen Energie als die stumpfe Alltagssprache, mit einer ganz anderen Zauberkraft als die schwächliche Terminologie der Wissenschaft."[359] Die Faszination, die das Opfer ausübt, beruht bei Hofmannsthal gerade darauf, daß der reale Tod des Opfertieres den Tod des Opfernden vorwegnimmt: „einen Augenblick lang muß er [der Opfernde] geglaubt haben, es sei sein eigenes Blut; einen Augenblick lang, während ein Laut des wollüstigen Triumphes aus seiner Kehle sich mit dem ersterbenden Stöhnen des Tieres mischte, muß er die Wollust gesteigerten Daseins für die erste Zuckung des Todes genommen haben"[360]. Nur für diesen kurzen, dionysischen Moment kann die Urangst des Opfernden beruhigt und die Illusion einer (zeitweiligen) Auflösung in einem größeren Dasein erreicht werden. Die Opferung stellt nicht nur einen die Götter besänftigenden Tausch dar, sondern eine Grenz-

---

[356] Markus Schwering, „Symbol und Allegorie in der deutschen Romantik", in: Helmut Schanze (Hg.), *Romantik-Handbuch*, Stuttgart 1994, S. 366-379, hier S. 373f.

[357] Bachofen, *Versuch über die Gräbersymbolik der Alten*, GesW 4 62.

[358] Hofmannsthal, *Das Gespräch über Gedichte*, SW XXXI 77.

[359] Hofmannsthal, *Das Gespräch über Gedichte*, SW XXXI 77.

[360] Hofmannsthal, *Das Gespräch über Gedichte*, SW XXXI 80f. Zu den ideologischen Implikationen der identifikatorisch-blutrünstigen Darstellung des Schlachtvorgangs siehe Adorno, *George und Hofmannsthal*, GS 10.1 231-237; Bohrer, „Die Wiederholung des Mythos", S. 74f.; Braungart, „Die Fremdheit der Sprache", S. 127. Zu dieser Thematik siehe auch Adornos Ausführungen zu Strawinskys *Le Sacre du printemps* in der *Philosophie der neuen Musik*: GS 12 127-196.

erfahrung, die einer kurzzeitigen Verwandlung gleichkommt. Das Geschehen wird also nicht symbolisch (im Sinne einer Stellvertretung), sondern real in einem epiphanischen Moment erfahren. Der Blick ‚von außen' auf die symbolische Opferhandlung wird aufgegeben, das Subjekt des Diskurses wird selbst zum Akteur in einer Lebenswelt, in der ein magisch-substantialistisches Weltverständnis noch lebendig ist: „In diesem Sinne ist das wesentliche Strukturmerkmal des Opfervorgangs der Umschlag von sprachlos-verzweifelter Bedrängnis in ein metaphysisch getragenes Wohlsein."[361]

Hofmannsthals imaginierte Opferszene ist weder mit Goethes wirkungsmächtigem Symbolverständnis (als Repräsentation des Allgemeinen im Besonderen *und* als „lebendig-augenblickliche Offenbarung des Unerforschlichen"[362]) noch mit einem zeichenhaften, auf dem Stellvertretercharakter des Symbols beharrenden Begriff (als Synekdoche, Metonymie oder Metapher) vereinbar.[363] Obwohl in einem dichtungs-

---

361 Wellbery, „Die Opfer-Vorstellung", S. 299.

362 Goethe, *Maximen und Reflexionen*, HA 12 471.

363 Zur Klassifikation des Symbols siehe Gerhard Kurz, *Metapher, Allegorie, Symbol*, Göttingen ³1993, S. 80-84; zum gesamten Kontext: Michael Titzmann, „Allegorie und Symbol im Denksystem der Goethezeit", in: Walter Haug (Hg.), *Formen und Funktionen der Allegorie. Symposion Wolfenbüttel 1978*, Stuttgart 1979 (Germanistische Symposien, Berichtsbände III), S. 642-665.
   Jamme, ‚*Gott an hat ein Gewand*', S. 168 ist zuzustimmen, daß „unter ‚Symbol' [...] ein kulturgebundenes Wahrnehmungs- und Klassifikationssystem zu verstehen ist, das vorsprachlich ist und – anders als das Wort – an dem, was es bedeutet, partizipiert." Aber im Unterschied zu dem ‚symbolischen' Verschmelzungsmoment in Hofmannsthals Opferszene *verweisen* die frühgeschichtlichen mythischen Symbole (oder Figurationen), die Jamme nennt, *auf etwas*: die Birke auf den Weltenbaum, die Äste auf verschiedene Himmelsregionen, der Berg auf die Mitte der Welt. Bei Hofmannsthal gibt es kein symbolisches bzw. zeichenhaftes Verweisen: Der Tod des Opfertieres verweist nicht auf den eigenen Tod (und besänftigt dadurch die Todesangst), sondern wird als der eigene Tod erlebt – Symbol und Symbolisiertes fallen zusammen, sind identisch. Die imaginierte, gleichermaßen grausame wie lustvolle Auslöschung des Ich steht für sich selbst, weil das Subjekt des Textes sowohl die Rolle des Opfers wie die des Opfernden inne hat. Aus dieser Doppelbesetzung der Konstellation Priester/Opfer erwächst ein paradoxer Gefühlszustand, in dem Machtlosigkeit und Omnipotenz miteinander verschränkt werden.
   Es ist naheliegend, an diesem Punkt nach der „Wiedergewinnung einer kulturellen Fundierung" (Wellbery, „Die Opfer-Vorstellung", S. 306) zu fragen, die Hofmannsthal – über die dichtungstheoretische Reflexion hinaus – auch thematisiert. Vor diesem Hintergrund relativiert sich der (berechtigte) Einwand von Hans-Jürgen Schings gegen die mißbräuchliche ideologiekritische Indienstnahme von Hofmannsthals Text durch Adorno, Janz, Le Rider, Brittnacher und andere („Lyrik des Hauchs. Zu Hofmannsthals ‚Gespräch über Gedichte'", in: *Hofmannsthal-Jahrbuch* 11 (2003), S. 311-339, hier S. 311-316). Auch wenn Hofmannsthal zugegebenermaßen das Symbol nicht aus dem Opfer herleitet, sondern Opfer und Symbol in ein Analogieverhältnis setzt, so bleibt doch die Merkwürdigkeit bestehen, daß der Text äußerst sensitiv einen blutrünstigen Schlachtvorgang nachzeichnet und dabei zwischen der Perspektive des Opfers und der des Opfernden hin- und herwechselt – was Schings etwas vorschnell als „mytho-ästhetische Grausamkeiten" in der Nachfolge Nietzsches abtut (S. 314). Wenn es Hofmannsthal ausschließlich um *eine* Analogie (neben *anderen* Analogien) gegangen wäre, dann hätte die Opferszene einen anderen, nämlich geringeren Stellenwert im Kontext des *Gesprächs* erhalten.

114

theoretischen Kontext situiert, ist diese Figuration ihrer Natur nach nicht ästhetisch. Denn wenn das Symbol kein Zeichen (oder Objekt oder Klassifikationssystem) ist, das auf etwas Bedeutsames (das zu Symbolisierende) verweist, sondern mit der bedeutsamen Sache (einer religiösen Idee oder einer sakralen Handlung) identisch ist, dann eröffnet sich der Bereich eines frühgeschichtlichen differenzlosen Kontinuums. Damit entkoppelt Hofmannsthal den Verweisungszusammenhang zwischen Symbol und Symbolisiertem, zwischen Teil und Ganzem, und setzt an die Stelle der symbolischen Stellvertretung die archaische Identität von Symbol und Symbolisiertem. Der einmalige Verwandlungsakt bietet sich dann als Ritual zur Nachahmung an: „Das Tier starb hinfort den symbolischen Opfertod. Aber alles ruhte darauf, daß auch er [der Opfernde] in dem Tier gestorben war, einen Augenblick lang. Daß sich sein Dasein, für die Dauer eines Atemzugs, in dem fremden Dasein aufgelöst hatte."[364]

Symbole sind aber nur dann Symbole, wenn der Bezug auf Bedeutsames wahrgenommen, wenn der Schamane oder das Opfer im Rahmen einer szenischen Darbietung von *Zuschauern* beobachtet wird. Gerade dies trifft jedoch auf Hofmannsthals Opferszene nicht zu. Hofmannsthal hat das Moment der Theatralität, das dem Opferritual von Beginn an eigen ist und das ein Gegenüber von Handelnden und Zuschauern voraussetzt, vollständig ausgeblendet, da er aus dem archaischen Gemeinschaftserlebnis eine einsame Szene mit Opferndem und Opfertier macht.[365] Die Einheitserfahrung bleibt ein kurzzeitiges, isoliertes, auf ein Individuum bezogenes Geschehen, ohne Rückhalt in der Gemeinschaft.[366] Anders als bei Nietzsche, bei dem die dionysische Entgrenzung des Ich ein kollektives Verwandlungserlebnis sowie verschiedene, gemeinschaftlich erlebte Verwandlungsstufen voraussetzt,[367] erfolgt die Aufhebung des Gegensatzes zwischen Ich und Welt bei Hofmannsthal unvermittelt, reicht die Angst vor übermächtiger Natur und Göttern aus, um das Hinüberfließen des Ich in „dies fremde Dasein"[368] herbeizuführen. Gerade an der auf dem Opferbegriff beruhenden Parallelisierung von Archaik und Moderne erweist sich der mythisierende Zug dieser Antikenkonzeption: So wie sich der urzeitliche Mensch in einem dionysi-

---

364 Hofmannsthal, *Das Gespräch über Gedichte*, SW XXXI 81. Zu Hofmannsthals Versuch, hinter der (vermeintlichen) Authentizität des kultischen Ereignisses den Inszenierungs- und Zeichencharakter des Opfers verschwinden zu lassen, siehe Bernhard Neuhoff, „Ritual und Trauma. Eine Konstellation der Moderne bei Benjamin, Freud und Hofmannsthal", in: *Hofmannsthal-Jahrbuch* 10 (2002), S. 183-211, hier S. 209f.

365 Dagegen ist Braungart der Ansicht, daß der „,erste, der opferte', [...] bereit [war] zum Selbstopfer: Sündenbock zu sein für die Gemeinschaft" (*Ritual und Literatur*, S. 242). Einen Hinweis auf ein Kollektiv, das ein solches Opfer fordert, gibt es in Hofmannsthals *Gespräch über Gedichte* allerdings nicht.

366 Braungart, „Die Fremdheit der Sprache", S. 126f.

367 Siehe dazu Kapitel III.3.1.2.

368 Hofmannsthal, *Das Gespräch über Gedichte*, SW XXXI 81.

schen Akt den Mächten des Daseins überläßt, so erlebt auch der moderne Mensch die „furchtbare[] Wucht"[369] eines (auch körperlich erfahrbaren) Entgrenzungszustandes, den die (Symbol-)Sprache der Dichtung auszulösen vermag. In beiden Fällen, so lautet die für diesen Zusammenhang bedeutsame Schlußfolgerung, erfährt das Subjekt angesichts einer bedrohlich empfundenen Natur (Archaik) bzw. Dingwelt (Moderne), daß „wir und die Welt nichts Verschiedenes sind."[370]

Auch wenn Hofmannsthal mit dem *Gespräch über Gedichte* keine expliziten dramentheoretischen Intentionen verfolgt, kann man dieser Textpassage Hinweise auf die Darstellungsschwierigkeiten entnehmen, die die Restitution des archaischen Rituals im modernen Drama mit sich bringt. Denn aus gattungstypologischen Gründen gelingt es Hofmannsthal nur in narrativen Texten (und die imaginierte Urszene der Opferung ist ebenfalls epischer Natur, auch wenn sie in einen sokratischen Dialog eingebettet ist), „hinter den überlieferten kulturellen Werten eine Erfahrungsschicht von unhinterfragbarer Authentizität und selbstevidenter Erschließungskraft auf[zu]decken".[371] Die erzählerische Fokussierung auf eine Figur, die an einer Opferung teilnimmt, ist wesentlich besser geeignet, um die affektpsychologische Erschütterung des Ich (als Zucken, Schauer, Grausen, Entzücken oder Wollust) dem Rezipienten nahe zu bringen, als dies im Rahmen einer dramatischen Szene möglich wäre: „Das Opferszenario ist nicht so sehr Darstellung als ein Mechanismus zur Übertragung einer Affektskala, die somatisch durchgespielt wird."[372] Hofmannsthals Opferszene muß, um in dem geschilderten Sinne zu ‚wirken', in jenem geschlossenen ‚Binnenraum' der Narration situiert sein, den Text und (einsamer) Leser bilden.

Auch in Hofmannsthals Prosatext *Augenblicke in Griechenland* (1908) wird die Vision einer Opferung entfaltet; hier ausgelöst durch den Anblick einer archaischen Statuengruppe, die der Ich-Erzähler in einem unscheinbaren Museumsgebäude auf der Akropolis entdeckt. Ein „namenloses Erschrecken"[373], das den Museumsbesucher beim Betrachten der Standbilder befällt, leitet über zu einem existentiellen Déjà-vu-Erlebnis: „ich sehe dies nicht zum erstenmal, [...] in irgendwelcher Welt bin ich vor diesen gestanden, habe ich mit diesen irgendwelche Gemeinschaft gepflogen, und seitdem habe alles in mir auf einen solchen Schrecken gewartet, und so furchtbar mußte ich mich in mir berühren, um wieder zu werden, der ich war."[374] Anders als in der einsamen Opferszene des *Gesprächs* skizziert Hofmannsthal hier die Umrisse

---

369 Hofmannsthal, *Das Gespräch über Gedichte*, SW XXXI 82.
370 Hofmannsthal, *Das Gespräch über Gedichte*, SW XXXI 82.
371 Wellbery, „Die Opfer-Vorstellung", S. 307.
372 Wellbery, „Die Opfer-Vorstellung", S. 309.
373 Hofmannsthal, *Augenblicke in Griechenland*, GW E 624.
374 Hofmannsthal, *Augenblicke in Griechenland*, GW E 624.

eines kollektiven, ritualartigen Ereignisses („Irgendwo geschah eine Feierlichkeit, eine Schlacht, eine glorreiche Opferung"[375]); sein Erzählstil ist dabei jedoch nicht szenisch (wie beispielsweise in den dionysisch-orgiastischen Traumvisionen von Richard Beer-Hofmanns *Tod Georgs* oder Thomas Manns *Tod in Venedig*), sondern vielmehr ‚atmosphärisch'. Dem Erzähler geht es nicht um die detaillierte Beschreibung einer archaischen Szenerie, sondern um die suggestive Schilderung von kollektiv erlebten bzw. erlebbaren Erregungs- und Bewußtseinszuständen, die der Ich-Erzähler über Zeiten und Räume hinweg mit den (allenfalls schemenhaft wahrnehmbaren) Teilnehmern eines archaischen Rituals teilt – ablesbar auch an der Häufung von substantivierten Verben wie „Erschrecken", „Verwobensein", „Irgendwohinströmen", „Hingespanntsein", „Sich-in-Marsch-Setzen", „Weiter- und Engerwerden", „Verzagen", „Überschreiten", „Gelandetsein" und „Dastehen"[376]. Diese Textpassage kulminiert in der (schon oben erwähnten) Subjekt-Objekt-Fusion: „denn ich bin der Priester, der diese Zeremonie vollziehen wird – ich auch das Opfer, das dargebracht wird".[377] Trotz der unbestreitbaren Faszination, die im Text angesichts einer Opferung aufscheint, steht nicht die Darstellung eines Rituals, sondern die schrittweise Erschütterung des Ich an erster Stelle. Diese Erschütterung verläuft – auf den Spuren von Nietzsches dionysischem Mystagogen – vom Anblick des „ewige[n] Grausen des Chaos"[378] über das „grandiose[] Abwerfen"[379] aller kulturellen Begrenzungen bis zur Einsicht in eine metaphysische Gewißheit („unzerstörbar bin ich im Kern"[380]), die in der Aufhebung aller Gegensätze gipfelt: „Wenn das Unerreichliche sich speist aus meinem Innern und das Ewige aus mir seine Ewigkeit sich aufbaut, was ist dann noch zwischen der Gottheit und mir?"[381]

In dem Dialog *Furcht* (1907) wirkt der Bericht von einem archaischen Ritual ebenfalls als ‚Katalysator' für eine Epiphanie. Die Tänzerin Laidion ahmt hier eine zuvor geschilderte, orgiastische Zeremonie tänzerisch nach und erfährt dabei eine *„kaum mehr erträgliche[] Spannung inneren Glücks"*.[382] *Furcht* ist für diesen Zusammenhang – nämlich das Zusammenspiel von epischen und dramatischen Passagen – insofern aufschlußreich, als der Text (wie das *Gespräch über Gedichte*) an die Tradition des sokratischen Dialogs anknüpft (und daher *keinen* szenischen Charakter hat). Spätestens wenn Laidion zu tanzen anfängt, befinden wir uns jedoch in einer

---

375 Hofmannsthal, *Augenblicke in Griechenland*, GW E 625.
376 Hofmannsthal, *Augenblicke in Griechenland*, GW E 624f.
377 Hofmannsthal, *Augenblicke in Griechenland*, GW E 625.
378 Hofmannsthal, *Augenblicke in Griechenland*, GW E 625.
379 Hofmannsthal, *Augenblicke in Griechenland*, GW E 627.
380 Hofmannsthal, *Augenblicke in Griechenland*, GW E 627.
381 Hofmannsthal, *Augenblicke in Griechenland*, GW E 628.
382 Hofmannsthal, *Furcht*, GW E 579.

dramatischen Szene. Diesen Tanz, in dem die junge Frau erstmals ihre Furcht für einen kurzen Moment überwindet, muß Hofmannsthal allerdings als *epischen* Text gestalten, da er nicht nur das Geschehen in dem engen Gemach schildert („*Sie fängt an, sich in den Hüften zu bewegen.*"[383]), sondern auch die innere Vision Laidions, die sie während des Tanzes erlebt: „*Sie tanzen und kreisen, und es dämmert schon"*; „*die Insel schwankt unter ihnen allen wie ein Boot voll Trunkner. Und nichts auf der Insel entzieht sich der Gewalt der Tanzenden".*[384] Schließlich wird diesem, sich gleichzeitig in zwei Räumen abspielenden Geschehen – Laidion tanzt allein in ihrem Zimmer *und* gemeinsam mit Mädchen und Jünglingen auf der fremdartigen Insel – eine abschließende Deutung hinzufügt, die den furchtüberwindenden, verwandelnden Charakter des Tanzes unterstreicht: „*Laidion gleicht in diesem Augenblick kaum mehr sich selber. Unter ihren gespannten Zügen ist etwas Furchtbares, Drohendes, Ewiges: das Gesicht einer barbarischen Gottheit.*"[385] Auch hier wird der Verwandlungsakt nicht als szenisches Geschehen präsentiert, sondern mit erzählerischen Mitteln vorgeführt. Wäre Hofmannsthal der szenisch-epiphanischen ‚Logik' dieses Dialogs gefolgt, dann hätte er eine präzise Choreographie für die Darstellerin der Laidion entworfen und mit großem bühnentechnischen Aufwand den engen Raum hin zu einer von zahlreichen Darstellern bevölkerten, orgiastischen Szenerie öffnen müssen – aus dem kleinen, den *Hetärengesprächen* Lukians nachempfundenen Dialog wäre ein monumentales Tanzstück in der Art von Strawinskys *Frühlingsopfer* geworden.

Auch im *Vorspiel zur Antigone des Sophokles* (1901) werden epische, das Geschehen deutende Passagen in die dramatische Szene eingeflochten. Hofmannsthal führt zunächst die Scheinhaftigkeit der modernen Theaterwelt vor, um dann in deren Kulissen eine mythisch-überzeitliche Sphäre zu entfalten. Der Auftritt der Antigone, durch konventionellen ‚Theaterzauber' (anschwellende Orchestermusik, flatternder Mantel) hervorgerufen, gerät dem durch eine Genius-Gestalt eingestimmten Studenten zur Epiphanie: „ich bin der schwesterlichen Seele nah, / ganz nah, die Zeit versank, von den Abgründen / des Lebens sind die Schleier weggezogen".[386] Um die psychischen und physiologischen Erregungszustände zu schildern, in die sich der Student versetzt fühlt, muß Hofmannsthal stellenweise eine kathartisch-epiphanische ‚Rhetorik' bemühen,[387] wobei paradoxerweise der Moment der Entgrenzung und die

---

383 Hofmannsthal, *Furcht*, GW E 579
384 Hofmannsthal, *Furcht*, GW E 579.
385 Hofmannsthal, *Furcht*, GW E 579.
386 Hofmannsthal, *Vorspiel zur Antigone des Sophokles*, SW III 218f.
387 Hofmannsthal, *Vorspiel zur Antigone des Sophokles*: „laß dich erschüttern!" (SW III 216); „heiß die Zeit still stehn" (SW III 216); „Begriff ichs ganz, wie würd ich wesentlich!" (SW III 216);

118

Reflexion darüber zusammenfallen: „einwühlen muß ich mich in meinen Mantel, / eh mich die übermäßigen Gesichte / erdrücken! Denn dem Hauch des Göttlichen / hält unser Leib nicht Stand, und unser Denken / schmilzt hin und wird Musik!"[388] Auch hier muß der Nebentext beglaubigen, was der Haupttext zwar behauptet, aber szenisch nicht vorführen will bzw. kann: „Ihm [dem Studenten] *scheint die Erscheinung wirklich aus dem Dunkel des Palastes entgegenzukommen".*[389]

Wenn das Denken schmilzt und zu Musik wird, dann fällt die Sprache als Darstellungsmedium aus – zu dieser darstellungslogischen, von Nietzsche vorgezeichneten Konsequenz („Sie hätte *singen* sollen, diese ‚neue Seele' – und nicht reden!"[390]) mag sich Hofmannsthal, der sprachmächtigste aller dichtenden Sprachkritiker des Fin de siècle, nicht zu entscheiden. Hofmannsthals Überlegungen kreisen um das Opfer als einen Drama wie Kultur zentrierenden, archaischen Akt; in letzter Konsequenz vermeidet der Dichter jedoch – wie die genannten Textbeispiele gezeigt haben – die Retheatralisierung des Rituals.[391] Das Modell des Rituals ist nur begrenzt auf dramatische Figurationen anwendbar – die Gefahr, *mißratene Epiphanien* in Szene zu setzen, droht beständig. Hofmannsthal ist sich dieser Gefahr bewußt – im *Vorspiel zur Antigone* ist er ihr erlegen, in seinen Antikendramen hat er andere Lösungen gefunden, um dieses dramaturgische Problem zu lösen (siehe dazu die Kapitel IV.1, IV.2 und IV.5).

Trotz der genannten Einschränkungen tendiert Hofmannsthals Poetik ansatzweise zu dem, was die neuere Theaterwissenschaft *Selbsttransformation* nennt: „In der Performance Art dient die Handlung des Künstlers weniger dazu, eine außer ihm befindliche Wirklichkeit zu transformieren und aufgrund der ästhetischen Bearbeitung vermitteln zu können, sondern es wird vielmehr eine ‚*Selbsttransformation*' angestrebt. Der Künstler [...] organisiert, vollzieht, stellt aus Aktionen, die den eigenen Körper ergreifen. Wenn so der eigene Körper nicht als Subjekt der Handhabung, sondern zugleich als Objekt, als signifikantes Material benutzt wird, so kassiert ein solches Vorgehen für den Künstler selbst wie für das Publikum die ästhetische Di-

---

„Zuck nicht umher nach neuer Offenbarung!" (SW III 217); „Da ich sie sehe, kräuselt sich mein Fleisch / wie Zunder unter einem Feuerwind" (SW III 218).

[388] Hofmannsthal, *Vorspiel zur Antigone des Sophokles*, SW III 219.

[389] Hofmannsthal, *Vorspiel zur Antigone des Sophokles*, SW III 218. Siehe auch: „*Der Student neigt sich der Gestalt, die ihn anhaucht. Dann läuft ein starker Schauder durch seinen Leib.*" (SW III 217).

[390] Nietzsche, *Die Geburt der Tragödie*, KSA 1 15.

[391] Damit stellt sich aber auch die Frage, ob man tatsächlich von einer „sakrifizielle[n] Poetologie" bei Hofmannsthal sprechen kann (so Wellbery, „Die Opfer-Vorstellung", S. 298), oder ob die Anklänge an Opfer-Szenen vielmehr als poetisches Initiationsmoment wirken, die Hofmannsthal (bzw. der Erzähler) ‚benötigt', um zu seiner eigentlichen Darstellungsabsicht vorzudringen, nämlich zu der Beschreibung eines Zustandes, in dem die Grenzen zwischen Innen und Außen, Ich und Welt, Subjekt und Objekt zerfließen.

stanz."[392] Es ist daher nicht verwunderlich, daß sich der Performance-Künstler Hermann Nitsch bei dem Versuch, das archaische Ritual zu restituieren, explizit auf die Darstellung von kathartisch-affektpsychologischen Vorgängen und auf die Fusion von Subjekt und Objekt, von Priester und Opfer in Hofmannsthals *Gespräch über Gedichte* bezieht (siehe dazu Kapitel III.3.2.4).

3.2.3 „Blutdunst stieg von der Bühne": Chthonik und Totenkult bei Hauptmann

Auch wenn die Hinwendung zu mythischen und legendenhaften Stoffen schon vor Hauptmanns Griechenlandreise im Frühjahr 1908 nachweisbar ist, findet in jenen Monaten eine Neuorientierung statt, die bis in die Werke seiner letzten Lebensjahre ausstrahlt.[393] Für Hauptmann wird die Reise zu einer überwältigenden Begegnung mit der mythenbildenden Kraft Griechenlands. Unbeeindruckt vom humanistischen Antikenbild[394] vertraut der Dichter auf seine Fähigkeit, die hinter den Erscheinungen liegenden Spuren des Übernatürlichen wahrzunehmen.[395] Hauptmann betrachtet die

---

[392] Lehmann, *Postdramatisches Theater*, S. 246. Das dramaturgische Modell der Selbsttransformation, das Lehmann am Beispiel der Performance Art der 1960er Jahre erläutert, läßt sich problemlos auf Gertrud Eysoldts Darstellung von Hofmannsthals Elektra im Jahre 1903 übertragen. Wie zeitgenössische Kritiken zeigen, wurde das Spiel der Eysoldt als grenzüberschreitend wahrgenommen, da ihr maßloser Körpereinsatz, ihr heiseres Brüllen und ihr hysterisch-ekstatisches Gebaren den Eindruck des Pathologischen erweckte. Damit hatte sie ein Tabu der klassischen Schauspielkunst verletzt, nämlich bei aller spielerischen Intensität die Aufmerksamkeit *nicht* auf den eigenen Körper zu lenken. Die Schauspielerin überschritt die Grenze zwischen *semiotischem Körper* und *phänomenalem Leib*: Für die Zuschauer war (teilweise) nicht mehr erkennbar, ob sich die Eysoldt noch im Bereich der zeichenhaften Repräsentation bewegt oder ihre Ausbrüche als reales Geschehen verstanden werden mußten. Ähnlich wie bei der Uraufführung von Strawinskys *Le Sacre du printemps* reagierte das Publikum mit Bestürzung, weil die ästhetische Distanz zwischen Szene und Publikum durch das körperbetonte, tendenziell selbstzerstörerische Spiel der Eysoldt außer Kraft gesetzt wurde. Siehe dazu: Fischer-Lichte, „Ritualität und Grenze", S. 11-30. Zu Gertrud Eysoldt siehe Leonhard M. Fiedler (Hg.), *Der Sturm Elektra. Gertrud Eysoldt. Hugo von Hofmannsthal. Briefe*, Salzburg-Wien 1996.

[393] Eberhard Hilscher, *Gerhart Hauptmann. Leben und Werk. Mit bisher unpublizierten Materialien aus dem Manuskriptnachlaß des Dichters*, Frankfurt a. M. [4]1988, S. 261. Dazu auch Karl S. Guthke, *Gerhart Hauptmann. Weltbild im Werk*, München [2]1980, S. 121.

[394] Hauptmann, *Griechischer Frühling*, CA VII 49: „Ich habe das schwächliche Griechisieren, die blutlose Liebe zu einem blutlosen Griechentum niemals leiden mögen. Deshalb schreckt es mich auch nicht ab, mir die dorischen Tempel bunt und in einer für manche Begriffe barbarischen Weise bemalt zu denken." Hauptmann war im strengen Sinn nicht humanistisch gebildet, hat sich jedoch durch extensive Lektüre mit den Werken der Antike vertraut gemacht. Siehe dazu Felix A. Voigt, *Gerhart Hauptmann und die Antike*, hg. von Wilhelm Studt, Berlin [2]1965, S. 14f., 18f. und 55-58; Cowen, *Hauptmann-Kommentar zum dramatischen Werk*, S. 172-177.

[395] Hauptmann, *Griechischer Frühling*, CA VII 51.

120

Genese der Tragödie wie Nietzsche unter anthropologischen, religionsgeschichtlichen und psychologischen Gesichtspunkten, bestreitet aber vehement das ‚Ableben' mythischer Gestalten[396] und stimmt sich durch eine mehr oder weniger bewußte „Selbstinitiation" auf die mythische Realität Griechenlands ein.[397] Immer wieder sind es die Hirten inmitten ihrer Schaf- und Ziegenherden, die ihn an antike Gottheiten und Dämonen denken lassen, vor allem an erdeingeborene oder erdnahe Wesen wie Demeter und Persephone, Pan und Dionysos. Hauptmann sieht diese nicht nur in den Zyklus von Werden und Vergehen eingespannt, sondern spricht ihnen menschliche Leiderfahrungen zu, die sie in eine deutliche Distanz zu den olympischen Gottheiten Homers bringen.[398] Vor diesem Hintergrund erscheinen die chthonischen Mythen Griechenlands als Naturreligion, die in den Existenzbedingungen eines archaischen Hirtenvolkes verankert ist.

In der Delphi-Passage seines Reiseberichts *Griechischer Frühling* verbindet Gerhart Hauptmann das Bild der griechischen Frühzeit, in der die frühen Formen des Dramatischen (Maskentänze, Dionysosgesänge, Opferzeremonien, Aufzüge) noch Teil kultischer Praxis waren, mit dem späteren hellenischen Theaterwesen: „Blutdunst stieg von der Bühne, von der Orchestra in den brausenden Krater der schaudernden Menge und über sie in die olympischen Reihen blutlüsterner Götterschemen hinauf."[399] Ausgehend von archaischen Opferkulten erklärt Hauptmann Kampf, Brutalität und Leid zu den handlungsbestimmenden Momenten des Dramatischen: „Es kann nicht geleugnet werden, Tragödie heißt: Feindschaft, Verfolgung, Haß und Liebe als Lebenswut! Tragödie heißt: Angst, Not, Gefahr, Pein, Qual, Marter, heißt Tücke, Verbrechen, Niedertracht, heißt Mord, Blutgier, Blutschande, Schlächterei".[400] Die Einheit von religiöser Praxis und theatralischem Spiel, die schon in der Zeit des Aischylos nicht mehr bestand, besitzt für Hauptmann noch unbestreitbare

---

[396] Hauptmann, *Griechischer Frühling*, CA VII 77: „Und hier, zwischen diesen sonnebeschienenen Trümmern, ist mir das ganze totgeglaubte Mysterium, sind mir Dämonen und Götter samt dem totgesagten Pan gegenwärtig." Symptomatisch für Autoren der Jahrhundertwende ist in diesem Zusammenhang die Infragestellung bzw. Zurücknahme von Plutarchs Bericht über den ‚Tod' des Pan (*De Defectu Oraculorum*, 419a-d). In der Perspektive des frühen Christentums wurde diese Passage mit der Auferstehung Christi in Verbindung gebracht, die das Ende der heidnischen Götter herbeigeführt habe (Eusebios, *Praeparatio Evangelica*, 5,17). Für die Zurücknahme christlicher Mythenkritik unter den Vorzeichen des Gottes Pan im Fin de siècle (‚der große Pan lebt!') sind antichristliche Motive aber nur von untergeordneter Bedeutung; diese folgt vielmehr den Mythisierungstendenzen einer Gesellschaft, die von den Errungenschaften der technischwissenschaftlichen Moderne dominiert wird. Siehe dazu Reinhard Herbig, *Pan. Der griechische Bocksgott. Versuch einer Monographie*, Frankfurt a. M. 1949; Hans Walter, *Pans Wiederkehr. Der Gott der griechischen Wildnis*, München-Zürich 1980.

[397] Sprengel, *Die Wirklichkeit der Mythen*, S. 201.

[398] Hauptmann, *Griechischer Frühling*, CA VII 58f.

[399] Hauptmann, *Griechischer Frühling*, CA VII 79.

[400] Hauptmann, *Griechischer Frühling*, CA VII 80.

Gültigkeit. Das tragische Geschehen selbst wird als Aneinanderreihung von Mordtaten verstanden, die neue Grausamkeiten und Rachetaten hervorbringen. Hauptmann begreift den Übergang von der realen Tötung von Tieren (im Ritus) zur symbolischen Opferung von Menschen (im Drama) als *Steigerung* einer grausamen Handlung und sieht insofern von der religionsgeschichtlichen Depotenzierung des Mythischen durch dessen symbolhafte Verarbeitung ab. Auch in der Gleichsetzung von Menschenopfer und Mord und deren Aufwertung zu Handlungszentren der Tragödie erweist sich Hauptmanns forciertes Antikenverständnis.[401]

Diese Konzeption zielt auf eine Neubestimmung der Gattungen: Indem Hauptmann das homerische Epos als harmonischen „Lobgesang" und die Tragödie als qualvolle „Totenbeschwörung" deutet,[402] wird das Drama der Nachtseite der menschlichen Natur zugeschlagen. In seinen Figurationen wird dem zwanghaften Charakter des Totenkults und dem (fortbestehenden) Einfluß unterirdischer Mächte auf die Psyche des Menschen in exemplarischer Weise Ausdruck verliehen. Neben dem delphischen Priestertum mit seinem Wahnsinn verbreitenden Blutbrunnen verweist Hauptmann auf Aischylos und Sophokles, die dem Schattendasein der Ermordeten dramatisch Form gegeben haben.[403] Wie Rohde greift auch Hauptmann die antike Vorstellung von der Ununterscheidbarkeit von Traumbild und Wirklichkeit auf;[404] im Gegensatz zu diesem wird bei Hauptmann die archaische Vergangenheit jedoch zum schaurigen Urgrund der Gegenwart erklärt und damit eine Kunstauffassung entworfen, deren Kennzeichen „Blutgeruch und eine genußhafte Aura des tiefen Leidens" sind.[405]

---

[401] Hauptmann, *Griechischer Frühling*, CA VII 79: „das Menschenopfer, das die blutige Wurzel der Tragödie ist. [...] keine wahre Tragödie ohne den Mord, der zugleich wieder jene Schuld des Lebens ist, ohne die sich das Leben nicht fortsetzt, ja, der zugleich immer Schuld und Sühne ist."

[402] Hauptmann, *Griechischer Frühling*, CA VII 100.

[403] Hauptmann, *Griechischer Frühling*, CA VII 80 und 99f.

[404] Hauptmann, *Griechischer Frühling*, CA VII 52.

[405] Hans Mayer, „*Griechischer Frühling*", in: Hans Joachim Schrimpf (Hg.), *Gerhart Hauptmann*, Darmstadt 1976 (Wege der Forschung CCVII), S. 328-336, hier S. 333. Hauptmanns antagonistisches Bilddenken und seine an der bildenden Kunst orientierte Lichtmetaphorik treten auch im *Tintoretto*-Essay von 1938 deutlich hervor: „Dieser Tintoretto, ein menschliches Urweltwesen, ist ausgehöhlt. Er hat als Medium länger als ein halbes Jahrhundert im Dienste einer gnadenlosen Naturkraft gestanden." (CA VI 966). Hauptmann erklärt den Hell-Dunkel-Kontrast zum zentralen Kompositionsprinzip des italienischen Malers und fügt diesem Antagonismus weitere Gegensatzpaare hinzu, die sein eigenes dichtungstheoretisches Verständnis spiegeln. Licht und Schatten, Olymp und Hades, Archaik und Moderne, griechisches Heidentum und christliche Religion werden hier nicht nur als menschheitsgeschichtliche ‚Antriebskräfte', sondern auch als künstlerische Strukturprinzipien verstanden. In Tintorettos Behandlung der Farben Weiß und Schwarz findet Hauptmann den Gegensatz von oberem und unterem Zeus, von Olymp und Hades wieder, der im *Bogen des Odysseus*, vor allem aber in der *Atriden-Tetralogie* eine maßgebliche Rolle spielen wird. Und gerade die (Tintoretto unterstellte) Vertrautheit mit der nächtlichen, dunklen Seite dieses Gegensatzpaares führt Hauptmann zu einer Reflexion über den

Hauptmann betont nicht nur den kultischen Ursprung des Dramas, seine Überlegungen übersteigen den gattungsgeschichtlichen Rahmen, da er das literarische Drama als die ideale Darbietungsform des Dramas des ‚Lebens' ansieht. Wenn Hauptmann die Beschränkung der „große[n] Dynamik des Lebens"[406] durch eine normative Dramenpoetik zurückweist, die Bedeutung von Pathosszenen hervorhebt und die Bühne als einen Raum begreift, auf den sich die psychischen Projektionen des Dichters bzw. Zuschauers richten, dann sind die Anklänge an Nietzsches Tragödienschrift unüberhörbar.[407] Es bestehen jedoch auch Differenzen hinsichtlich des Dramenverständnisses: So spielt für Hauptmann der Chor (bzw. ein dem Chor vergleichbares Gestaltungsmittel) keine Rolle, da der Endzweck der Tragödie nach seiner Auffassung nicht in der (als metaphysischer Trost wirkenden) Vorwegnahme einer Totalitätserfahrung liegt, sondern in der totalen Bannung des Zuschauers durch das chthonische Grauen: „Eine wahre Tragödie sehen hieß, beinahe zu Stein erstarrt, das Angesicht der Medusa erblicken [...] Der Schrecken herrschte in diesem offenen Theaterraum".[408] Daher verweist der Untergang des tragischen Helden auch nicht auf die erwünschte Auflösung des Individualitätsprinzips, sondern stellt einen Wert an sich dar: Das durch Gewaltexzesse hervorgerufene Leid bestätigt die unabänderliche Schicksalsgebundenheit von Bühnen- und Weltgeschehen. Während Nietzsche die Frage nach dem Wirkungspotential der Tragödie noch in ästhetischer Perspektive diskutiert, reduziert Hauptmann diesen Aspekt auf ein anthropologisches Reiz-Reaktions-Schema.

Auf die dramaturgischen Konsequenzen von Hauptmanns archaisierender Dramenkonzeption hat Harry Graf Kessler, der Widmungsträger des *Griechischen Frühlings*, schon 1909 hingewiesen.[409] Wenn das menschliche Dasein zum Naturhaft-Dämonischen hin entgrenzt wird, kommt der Darstellung des Außer-sich-Seins (als Vision, göttlicher Wahnsinn oder Ohnmacht) eine große Bedeutung zu. Da das Bewußtsein der dramatis personae von einer mythischen „Massenseele" gespeist wird,[410] tritt an die Stelle einer stringenten Handlungsführung die Kategorie der Stimmung, müssen die Übergriffe schicksalhafter Mächte einen angemessenen szeni-

---

Charakter des Dramas: „Wer wüßte nicht, daß jede Tragödie wesentlich nachtgeboren ist" (CA VI 981f.).

[406] Hauptmann, [*Dramatische Darstellung*], CA XI 798.

[407] Zu Hauptmanns Nietzsche-Rezeption siehe Voigt, *Gerhart Hauptmann und die Antike*, S. 47-50; Sprengel, *Die Wirklichkeit der Mythen*, S. 172-174.

[408] Hauptmann, *Griechischer Frühling*, CA VII 80.

[409] Harry Graf Kessler, „*Griechischer Frühling*", in: *Die neue Rundschau* XX (1909), S. 719-743, hier S. 726-737.

[410] Kessler, „*Griechischer Frühling*", S. 737.

schen Ausdruck finden. Damit wird auch die Finalitätsbezogenheit des Spiels zugunsten einer stationären Abfolge von Szenen aufgegeben.

Vollständig entfaltet hat Hauptmann seine psychokultische Produktions- und Werkästhetik erst 33 Jahre nach der Niederschrift des *Griechischen Frühlings* in der *Atriden-Tetralogie*; in Ansätzen ist diese aber schon im *Bogen des Odysseus* nachweisbar. Hier sind vor allem die Handlungsführung nach dem Vorbild des antiken Opferkults, das Ineinandergreifen von Psyche und (mythisierter) Massenseele, der schockartige Einbruch der chthonischen Sphäre in ein realistisch gezeichnetes Geschehen, die Ohnmacht der Protagonisten, die Unterordnung der Figuren unter eine schicksalhafte Konstellation sowie eine stimmungshafte Raumgestaltung zu nennen.

3.2.4 „eine große rituelle feier des lebens": Orgiastik und Selbsttransformation bei Nitsch

Folgt man der poetologischen Logik, die Hofmannsthal und Hauptmann um 1900 entfalten, dann führt die Archaisierung des Mythos letztendlich zurück zu den kultischen Grundlagen des Dramatischen, zum Ritual und zum Opfer. Nietzsche hat diesen Weg zum Urdrama angedeutet, aber auch erkannt, daß eine solche Poetik zu einer paradoxen Verschränkung von mythischem Substrat und modernem Theaterapparat führen mußte.

Im Drama der Moderne kann ein ‚Traditionsstrang' nachgezeichnet werden, der ausgehend von Nietzsches *Geburt der Tragödie* über die opferzentrierten Schriften und Tragödien von Hofmannsthal und Hauptmann sowie die archaisierenden Figurationen von Kokoschka (*Mörder Hoffnung der Frauen*) und Jahnn (*Medea*) bis zum *Theater der Grausamkeit* von Antonin Artaud, zum *Theater der Erfahrung* (Jerzy Grotowski, Eugenio Barba, Richard Schechner) und weiter bis zur Performance Art führt.[411] Zum Theater der Erfahrung und der Performance Art werden jene Produktionen gerechnet, die seit den 1960er Jahren in bewußter Abgrenzung vom traditionellen Theaterbetrieb neue dramatische (in Lehmanns Terminologie: *postdramatische*) Formen erschließen wollen. Die verschiedenen, meist als freie Gruppen organisierten Theaterprojekte zeichnen sich durch eine Ästhetik aus, in deren Zentrum das Darstellen und Ausleben von Körperlichkeit und Emotionalität steht. Mit der Ab-

---

411 Siehe dazu Brauneck, *Theater im 20. Jahrhundert*, S. 458-463; Fischer-Lichte, *Das eigene und das fremde Theater*, S. 189-220; Fischer-Lichte, „Das theatralische Opfer", S. 145-149; Lehmann, *Postdramatisches Theater*, S. 241-260.

124

wendung vom Schauspieler- und Rollentheater und der Hinwendung zur szenischen Darstellung von spontanen psychischen und physischen Prozessen innerhalb einer Gruppe geht die Auflösung des traditionellen Werkbegriffs einher; an die Stelle des durch Dramentext und Aufführungsbedingungen vorgegebenen Theaterstücks tritt die multimediale Performance. Auch die Grenze zwischen Bühne und Zuschauerraum wird aufgehoben: In Schechners *Bakchen*-Projekt *Dionysius in '69* wurden die Zuschauer aufgefordert, sich an bacchanalischen Tänzen zu beteiligen.

Wie um 1900 kommt es im Theater der Erfahrung erneut zu einer (durch Ethnologie, Anthropologie und Religionswissenschaft vermittelten) Beschäftigung mit außereuropäischen Theatertraditionen und archaischen Formen des Dramatischen in Ritual und Kultwesen. Kennzeichnend für diese Projekte ist die ebenso „rührende[] wie reaktionäre[] Geste, gleichsam Kult und große Leidenschaft wiederbeleben zu wollen, auf daß genuine theatrale Erfahrung wieder möglich werde. Ideologische Polemik macht es sich hier, wie meistens, zu leicht. Ein großer Teil des Avantgardetheaters in der Nachfolge von Artaud [...] stand und steht in jenem produktiven Zwiespalt, daß es ästhetische, zumal theatrale Erfahrung in para-ritueller, para-mythischer, para-kultischer Gestalt zu erzwingen sucht vor einem gesellschaftlichen Hintergrund unkultischer Rationalisierung."[412] Als Extremform des archaisierenden Mythendramas können die Happenings und dramatischen Performances des österreichischen Aktionskünstlers Hermann Nitsch gelten, der mit seinem *Orgien Mysterien Theater* (erste Aufführung: 1962) in exzessiver Weise an frühe Formen der Religiosität anknüpft. Dabei werden, akustisch untermalt durch Musik-Geräusch-Collagen, Farben, Blut und organisches Material auf Leinwänden und nackten Körpern verschmiert. Es kommt – als Weiterentwicklung von Informel, Tachismus und Aktionsmalerei (Schüttbilder) – zur Ausweidung und Zerreißung von Tierkadavern (meistens Lämmern), mitunter auch zu Selbstverstümmelungen und spontanen ekstatischen Ausbrüchen.[413] „In meinem theater [...] ist alles real. Die objekte, die ich verwende, sind real, z. b. tiere, blut, zucker. Sie sind keine symbole für etwas anderes, wie es beim alten theater der fall war. Dort ‚spielt' der schauspieler, er sei ‚tot'. Bei mir ist das lamm wirklich tot, ich schütte blut darüber, und ich werfe es fort – all dies

---

412 Hans-Thies Lehmann, „Jahnns Texte – Welches Theater", in: Hartmut Böhme/Uwe Schweikert (Hg.), *Archaische Moderne. Der Dichter, Architekt und Orgelbauer Hans Henny Jahnn*, Stuttgart 1996, S. 127-143, hier S. 132f.

413 Stärk, *Hermann Nitschs ‚Orgien Mysterien Theater'*, S. 25-31, 36-41, 54-65, 137-139. Eine Aufführung des *Orgien Mysterien Theaters* vom August 1998 im niederösterreichischen Prinzendorf ist dokumentiert in: Hermann Nitsch, *Das Sechstagespiel des Orgien Mysterien Theaters 1998*, Ostfildern-Ruit 2003. Die 122. und bisher letzte Aktion des *Orgien Mysterien Theaters* fand am 21.11.2005 im Wiener Burgtheater statt.

ist wirklich."[414]; „mein eigentliches werk [...] würde sechs tage lang dauern, ein großes fest mit tod und auferstehung. [...] Es soll eine große rituelle feier des lebens werden."[415] Auch wenn die Drastik dieser Aufführungen permanent die Grenze des Erträglichen überschreitet (was zu Vorführungen im privaten Kreis unter Ausschluß der Öffentlichkeit führte), so muß man doch zugeben, daß sich Nitsch eng an die Ikonographie antiker Darstellungen von Orgiastik und Grausamkeit hält[416] bzw. mit seinen verstörenden Inszenierungen sowohl an die barbarische Seite von Antike (und Christentum) erinnert als auch die überlieferte symbolische Ordnung unserer Kultur und ihre Tabus sinnlich erfahrbar macht. Der Performance-Künstler will zwar in einer konkretisierenden Lesart von Hofmannsthals Theorie des Opfers über das traditionelle Theater hinaus zu einer distanzlosen, Darsteller wie Zuschauer einbeziehenden Feier der Gewalt vordringen;[417] aber auch er kann das inszenatorische Moment nicht vergessen machen, das – aufgrund der ‚intertextuellen' Anspielungen auf antike (und christliche) Rituale – seinen Performances innewohnt. Mit Nietzsches Bemühungen um die künstlerische Verschränkung von Apollinischem und Dionysischem haben Nitschs blutige Opferhandlungen allerdings nichts mehr zu tun – der Philosoph hätte darin eine unerwünschte Verabsolutierung des Dionysischen gesehen.

---

414 Hermann Nitsch, *Orgien Mysterien Theater*, Darmstadt 1969, S. 13-19, zitiert nach Brauneck, *Theater im 20. Jahrhundert*, S. 460.
415 Hermann Nitsch, *Orgien Mysterien Theater*, Darmstadt 1969, S. 13-19, zitiert nach Brauneck, *Theater im 20. Jahrhundert*, S. 462.
416 Siehe dazu die Aufzählung antiker Gewaltdarstellungen bei Stärk, *Hermann Nitschs ‚Orgien Mysterien Theater'*, S. 30-36.
417 Hermann Nitsch, *zur theorie des o. m. theaters, das orgien mysterien theater 2. theoretische schriften partiturentwurf des 6 tagespieles*, Neapel-Reggio i. E.-München 1976, S. 93-95.

IV. Deutschsprachige Antikendramen (1890-1950)

1. Eine Reise ins Herz der Dinge: Hofmannsthal, *Alkestis* (1893)

1.1 Ein märchenhafter Stoff

Die Rezeption der Euripideischen *Alkestis* ist seit Aristoteles von kritischen Einwürfen geprägt, die sich gegen die Figur des Admet richten. Aber auch wohlmeinende Kritiker stehen vor der Frage, wie Figurencharakterisierung und Handlungsführung zu deuten sind. Albin Lesky hat auf die stoffliche Kontamination der Märchenmotive ‚Opfertod für den Geliebten' und ‚Ringkampf mit dem Tod' hingewiesen, die die Tragödienhandlung maßgeblich bestimmt.[418] Anders als im Mythos gelangt der Admet des Euripides zu der tragischen Erkenntnis, daß das geschenkte Leben ohne Alkestis nicht lebenswert ist. Verschiedene Kraßheiten, die auf das Interesse des Euripides an charakteristischen Einzelszenen zurückzuführen sind, rechtfertigen es Lesky zufolge jedoch nicht, das Opfer der Alkestis und das Leid des Admet in Frage zu stellen.

Im Gegensatz dazu ist für Kurt von Fritz nicht die unkonventionelle Darstellungskunst des Euripides für das unheroische Erscheinungsbild des Admet verantwortlich. Er sieht in dessen Verhalten eine grundsätzliche Entfremdung der Ehegatten und damit ein von Euripides bewußt eingesetztes Charakterisierungsmerkmal.[419] In dieser Perspektive werden die untragischen Märchenmotive in desillusionierender Weise in eine tragische Handlung überführt; das (der Handlung widersprechende) glückliche Ende kann nicht anders als ironisch verstanden werden, da eine Versöhnung zwischen den Gatten unmöglich erscheint. Die Tragik des Dramas erweist sich nicht an der Figur des Admet, sondern ist indirekter Natur: Der Opfertod, der gemeinhin als Verherrlichung ehelicher Gemeinschaft verstanden wird, offenbart in der kritischen Sicht des Euripides die Entzweiung der Ehegatten.

Wolfgang Kullmann erweitert den Bezugsrahmen, innerhalb dessen sich die Tragödie abspielt: Nach seiner Ansicht verherrlicht Euripides weder das Liebesopfer der Alkestis noch hebt er die fragwürdige Moral des Admet hervor, sondern legt die (in krasser Realistik ausgemalten) Folgen des mythischen Lebenstausches dar, die nur durch das deus-ex-machina-artige Auftreten des Herakles rückgängig gemacht

---

[418] Albin Lesky, *Alkestis, der Mythus und das Drama*, Wien 1925 (Sitzungsberichte der Wiener Akademie, Phil.-hist. Klasse 203/2).

[419] Kurt von Fritz, „Euripides' *Alkestis* und ihre modernen Nachahmer und Kritiker", in: ders., *Antike und moderne Tragödie. Neun Abhandlungen*, Berlin 1962, S. 256-321.

werden können.[420] Da sich das Geschenk des Apollon als leidvoll herausstellt, richtet sich die Kritik des Euripides nicht gegen Admet, sondern gegen die Unheil hervorrufenden Götter. Auf den Mittelteil der Tragödie bezogen, folgt daraus, daß „die sterbliche Menschennatur ihre von einer wahrhaft göttlichen Macht festgelegte Begrenzung durch den Tod nicht sprengen kann und daß eine solche Sprengung dem Menschen [...] auch kein Glück brächte, wenn es sie wie im Mythos gäbe".[421]

Nach Euripides kommt es zu einer Aufwertung des Admet.[422] Die dramatischen Adaptionen von Sachs (*die getrewe fraw Alkestis mit ihrem getrewen mann Admeto*, 1555), Hardy (*Alceste ou La Fidélité*, 1602), Quinault (*Alceste ou le Triomphe d'Alcide*, 1674, als Libretto für Lully), Calzabigi (*Alceste*, 1767, als Libretto für Gluck), Wieland (*Alceste*, 1773) und Herder (*Admetus Haus. Der Tausch des Schicksals*, 1803) variieren alle den antiken Hypotext dahingehend, daß Alkestis *vor* Admet Kenntnis von der Möglichkeit des Lebenstauschs erhält und sofort einwilligt, für ihren Gatten in den Tod zu gehen. Durch diesen Eingriff erübrigt sich die peinliche, das unheroische Verhalten des Königs entlarvende Frage, wie dieser seiner Frau den Lebenstausch habe vorschlagen können, und Admet erscheint als das bedauernswerte Opfer göttlicher Mächte. Die antike Vorlage wird solchermaßen von ihren Widersprüchen ‚gereinigt' und die schwer zu deutende Tragödie des Euripides zum Hohelied der Gattenliebe stilisiert.[423]

---

[420] Wolfgang Kullmann, „Zum Sinngehalt der Euripideischen *Alkestis*", in: *Antike und Abendland* XIII (1967), S. 127-149.

[421] Kullmann, „*Alkestis*", S. 149. Eine weitere Deutungsmöglichkeit ergibt sich, wenn man die Aufführungsbedingungen des Dramas berücksichtigt (*Alkestis* wurde 438 v. Chr. als viertes Stück einer Tetralogie, also als Satyrspiel, aufgeführt) und in dem Nebeneinander von pathetisch-tragischen (das Opfer der Alkestis, das Leid des Admet) und burlesk-komischen (Apollon als Kuhhirt, der grölende Herakles, der verprügelte Totengott) Elementen den übergreifenden Sinnzusammenhang des Werks ausmacht.

Dem Kritiker Edgar Steiger („*Alkestis*", in: *Das literarische Echo*, 18 (1916), Sp. 998-1001) erscheint Hofmannsthals Drama im Vergleich mit der gattungssprengenden ‚Modernität' der Euripideischen Tragödie als ‚klassizistisch', da dieser die Anklänge an das Satyrspiel zugunsten eines „vielstimmigen Gebet[s] mit schließlicher Erhörung" (Sp. 1000) aufgegeben habe. Auch wenn dieses Urteil die innovativen Momente von Hofmannsthals ästhetizistischer Antikenadaption übersieht, ist es zutreffend, daß der moderne Dichter das Komödiantische des Stoffes lyrisch überformt hat.

[422] Über die Stoffgeschichte informiert neben Fritz („Euripides' *Alkestis*") das ausführliche Vorwort von Margret Dietrich in Joachim Schondorff (Hg.), ‚*Alkestis*'. *Euripides. Gluck. Wieland. Richter. Hofmannsthal. Lernet-Holenia. Wilder*, München-Wien 1969, S. 7-71.

[423] Am Rande sei vermerkt, daß im 18. und im frühen 19. Jahrhundert eine *Alkestis*-Rezeption unter komischen bzw. literatursatirischen Vorzeichen zu verzeichnen ist (Goethe, *Götter, Helden und Wieland*, Karl J. von Pauersbach, *Alceste*; Cornelius von Ayrenhoff, *Alceste*; Joseph Richter, *Die Travestirte Alceste*; Joachim Perinet, *Die neue Alzeste*; sowie *Alkestis*-Puppenspiele des 18. Jahrhunderts). Diese Werke knüpfen an das Prinzip der Gattungsmischung bei Euripides an oder parodieren jene aufklärerischen bzw. empfindsamen *Alkestis*-Dramen, die den Versuch unternehmen, das Doppelsinnige des Euripides zu korrigieren.

Auch Hugo von Hofmannsthal wertet den Admet auf, bleibt jedoch näher am Original.[424] Da Hofmannsthal nicht nur der Darstellung von seelischen Zuständen und inneren Reflexionen großes Gewicht beimißt, sondern auch das Motiv der Todesangst einführt, wird Admets Verhalten psychologisch begründet und in ethischer Hinsicht vertieft. Admet tritt nicht als durchschnittlicher Charakter auf, der die günstige Gelegenheit zum Weiterleben ergreift, sondern als Figur, die, zwischen „Scham und Todesangst" (10) stehend, die Frage nach dem Lebenstausch sogleich bereut, nachdem sie in einem Moment der Schwäche ausgesprochen worden ist. Auf diese Weise kann Hofmannsthal auf die oben beschriebene Konstruktion verzichten, die die *Alkestis*-Dramen bis ins frühe 19. Jahrhundert auszeichnet; statt dessen erhält Admets verhängnisvolle Frage den Charakter einer *Harmatia*, auf die Euripides – wie ein Teil seiner neueren Interpreten gezeigt hat – aus wohlerwogenen Gründen verzichtet hat.

Aufgrund dieser Modifikation ergeben sich weitere Differenzen gegenüber Euripides. Das Verhältnis Alkestis-Admet ist bei Hofmannsthal von inniger Zuneigung geprägt: Schon der Prolog berichtet von der verzweifelten Umklammerung, mit der Admet die Todgeweihte zu halten versucht; in der Szene Alkestis-Admet bemüht sich der König fürsorglich um seine Frau, deren Kräfte erkennbar nachlassen. Hofmannsthal hat nicht nur die Verse getilgt, die die Mittelmäßigkeit des Admet betonen,[425] sondern auch gezeigt, daß sich der König des Opfers als würdig erweist: Anders als in dem Hypotext begründet Admet die ‚königliche' Verpflichtung zu Gastfreundschaft und Mildtätigkeit mit dem Tod der Gattin. In der Szene Admet-Pheres hat Hofmannsthal das Ausmaß der Vorwürfe, die bei Euripides laut werden, gemildert; gleichwohl läßt Hofmannsthal den Vater als groteske Gestalt auftreten, der, an der Bahre der Alkestis stehend, in selbstgefälliger und unangemessener Weise die Vorzüge des Lebens preist und selbst vor frivolen Wortspielen nicht zurückschreckt. Schließlich kennt Hofmannsthals Admet auch nicht die Sorge um die Beschädigung seines öffentlichen Ansehens, die sich bei Euripides mit der Klage um Alkestis verbindet. Die Gesamtheit dieser Veränderungen beseitigt nicht nur die Zweifel an der moralischen Integrität des Admet, sondern eröffnet dem antiken Mythos durch die

---

[424] Hofmannsthals *Alkestis* wird zitiert nach: Hugo von Hofmannsthal, *Sämtliche Werke, Kritische Ausgabe*, Bd. VII: *Dramen 5*, hg. von Klaus E. Bohnenkamp und Mathias Mayer, Frankfurt a. M. 1997, S. 5-42. Zu den Differenzen zwischen Euripides und Hofmannsthal siehe Fritz („Euripides' Alkestis", S. 281-286), der Hofmannsthals Poetisierung des Stoffs allerdings kritisiert, da sie die „harte Tragik" der Antike vermissen lasse (S. 286), während Eva-Maria Nüchtern (*Hofmannsthals ‚Alkestis'*, Bad Homburg v. d. H.-Berlin-Zürich 1968 (Frankfurter Beiträge zur Germanistik 6), S. 11-46) das Drama als produktive Um- und Neugestaltung würdigt.

[425] Insbesondere jene, die das Ansinnen des Admet zum Inhalt haben, in seinem Schlafgemach eine Statue aufzustellen, die den Zügen der Verstorbenen nachgebildet wurde.

129

Verknüpfung von Opfertod und Königtum erneut einen Zugang zur märchenhafte Sphäre des Wunderbaren.

Die Forschung hat sich weitgehend darauf geeinigt, in der Märchenmotivik der *Alkestis* eine Vorwegnahme späterer Themen Hofmannsthals zu erblicken.[426] Interpretationssteuernd wirkten dabei die Selbstdeutungen Hofmannsthals, der in *Ad me ipsum* die mythischen Figurationen Alkestis und Ödipus als Beispiele für den „Weg zum Leben und zu den Menschen durchs Opfer" bezeichnet bzw. unter dem Rubrum „Verwandlung im Tun. Tun ist sich aufgeben" subsumiert.[427] In dieser Perspektive wird *Alkestis* als Dichtung verstanden, in der – wie auch in *Ariadne auf Naxos* – Hingabe und Verwandlung sich gegenseitig bedingen. Obwohl beide Werke vergleichbare Konstellationen aufweisen, lassen sich die spezifischen Textverhältnisse der *Alkestis* nicht im Lichte des Spätwerks erfassen. Denn weder besteht zwischen Herakles und Alkestis eine Beziehung, die der von Bacchus und Ariadne entspricht, noch lassen sich an Alkestis die Zeichen jener Verwandlung erkennen, die Ariadne in den Armen des vermeintlichen Todesgottes erfährt. Im Gegensatz zu der mythologisierenden Oper erleben die Protagonisten der *Alkestis* das unbestreitbare Mysterium isoliert voneinander, auf unterschiedliche Weise und in unterschiedlicher Intensität: Admet in einem Zustand „*wachsender Erregtheit*" (36), Alkestis unter dem Eindruck der Todeserfahrung sprachlos und Herakles mit der einer Deus-ex-machina-Figur zukommenden Nüchternheit. Trotz der musikalischen Untertöne zeigt das Schlußbild *nicht*, wie „das Geschehen der Fabel sich in die Stimmung eines Mysteriums verwandelt"[428], sondern wie die wiedervereinten Gatten der sentenzenreichen Belehrung des Herakles folgen. Die Schlußgebung läßt die szenische Entfaltung eines Mysteriums nicht zu.

---

426 Walter Jens, *Hofmannsthal und die Griechen*, Tübingen 1955, S. 30-44; William H. Rey, *Weltentzweiung und Weltversöhnung in Hofmannsthals Griechischen Dramen*, Philadelphia 1962, S. 39-57; Wolfgang Nehring, *Die Tat bei Hofmannsthal. Eine Untersuchung zu Hofmannsthals großen Dramen*, Stuttgart 1966 (Germanistische Abhandlungen 16), S. 8f., 30 und 82; Nüchtern, *Hofmannsthals ‚Alkestis'*; Esselborn, *Hofmannsthal und der antike Mythos*, S. 87-98; Walter Ritzer, „Hofmannsthal und Euripides", in: Alois Eder/Hellmuth Himmel/Alfred Kracher (Hg.), *Marginalien zur poetischen Welt. Festschrift für Robert Mühler zum 60. Geburtstag*, Berlin 1971, S. 325-340; Ortwin Kuhn, *Mythos – Neuplatonismus – Mystik. Studien zur Gestaltung des Alkestisstoffes bei Hugo von Hofmannsthal, T. S. Eliot und Thornton Wilder*, München 1972, S. 11-51; Mathias Mayer, *Hugo von Hofmannsthal*, Stuttgart-Weimar 1993, S. 49-51. Von diesem Deutungsmodell weicht Wendelin Schmidt-Dengler ab („Dichtung und Philologie. Zu Hugo von Hofmannsthals *Alkestis*", in: *Literaturwissenschaftliches Jahrbuch* N. F. 15 (1974), S. 157-177), der das Königtum des Admet als isoliertes Moment der Dramenhandlung betrachtet und die märchenhafte Entrücktheit des Stückes nicht mit ethischen Kategorien wie Opferbereitschaft oder Gastfreundschaft überfrachtet wissen will.

427 Hofmannsthal, *Aufzeichnungen*, GW RA III 602. In diesem Sinn vor allem Jens, *Hofmannsthal und die Griechen*, S. 43 und Nüchtern, *Hofmannsthals ‚Alkestis'*, S. 43f. und 55.

428 Jens, *Hofmannsthal und die Griechen*, S. 44.

1.2 Versuche mit der großen Form

Das dramatische Frühwerk Hofmannsthals steht im Zeichen kleiner bzw. lyrischer Formen wie dramatische Studie, Proverbe dramatique, Prolog, Fragment, antikisierende Pastorale, Einakter, Gelegenheitsgedicht und Zwischenspiel. Gleichwohl wird die dramatische Produktion dieser Zeit von vielfältigen Bemühungen um das mehraktige, bühnenwirksame Drama begleitet, wie die im Nachlaß überlieferten Skizzen und Fragmente (u. a. zu den Stoffen Alexander, Demetrius, Alkibiades und Maria Stuart) dokumentieren. „Für mich: Bedürfnis nach lebendiger Tatsächlichkeit drängt zum Volksliedton, zum Drama", notiert Hofmannsthal im Sommer 1893.[429] Zwei Fragmente können dabei den entstehungsgeschichtlichen Kontext der *Alkestis* erhellen: *Bacchos* und *Ascanio und Gioconda*.

Den Plan, die *Bakchen* des Euripides zu bearbeiten, hat Hofmannsthal bis ins Jahr 1918 verfolgt; die erste Beschäftigung mit dem Stoff datiert aus den Jahren 1892/93. Im Zentrum dieser Aufzeichnungen steht die Figur der Königin, die aufgrund ihres naturdämonischen Wesens den heraufziehenden Dionysos-Kult zu erahnen vermag und in rauschhafter Entgrenzung ihre Lebensangst überwinden will. Der Kult der asiatischen Gottheit wird durch ein in einer Truhe verwahrtes Herz symbolisiert, das der mythologischen Tradition zufolge als einziges Organ die Zerreißung des Zagreus überdauerte und, von Zeus verschlungen, die Wiedergeburt des jüngeren Dionysos ermöglichte. Das Herz, hier als Kultgegenstand verstanden, erscheint als zentrale Metapher wieder in *Alkestis*, in der der Tod als rauschhafte Reise in das „Herz[] aller Dinge" (41) von dem Dionysos-Jünger Herakles beschworen wird. In beiden Fällen handelt es sich dabei um „Dinge, die niemand ansehen darf, ohne wahnsinnig zu werden."[430] Eine weitere Aufzeichnung, wahrscheinlich 1893 niedergeschrieben, ist Nietzsches dionysischem Welt- und Tragikverständnis verpflichtet: „Der tragische Grundmythos: die in Individuen zerstückelte Welt sehnt sich nach Einheit, Dionysos Zagreus will wiedergeboren werden."[431]

Wie die Figurencharakterisierung der Königin im *Bacchos*-Fragment zeigt, betrachtet Hofmannsthal das Leiden am principium individuationis vor allem unter der Perspektive des Dilettantismus: „sie [die Königin] *will* leben und unter ihrer ängstli-

---

429 Hofmannsthal, *Aufzeichnungen*, GW RA III 365.
430 Hofmannsthal, *Die Bacchen nach Euripides*, SW XVIII 47.
431 Hofmannsthal, *Aufzeichnungen*, GW RA III 359. Siehe dazu Hans Steffen, „Schopenhauer, Nietzsche und die Dichtung Hofmannsthals", in: ders. (Hg.), *Nietzsche. Werk und Wirkungen*, Göttingen 1974, S. 65-90, hier S. 76-79. Den Einfluß von Nietzsches ‚Artisten-Metaphysik' auf Hofmannsthal zeigt H. Jürgen Meyer-Wendt (*Der frühe Hofmannsthal und die Gedankenwelt Nietzsches*, Heidelberg 1973, S. 124-127) am Beispiel des *Kleinen Welttheaters*.

chen Analyse zerbröckelt das Leben."[432] Der Typus des Dilettanten, den Hofmannsthal vor allem in seinen frühen literaturkritischen Schriften beleuchtet, nimmt das begrifflich-analytische Denken als zirkulär wahr und ist – bei gleichzeitiger Kultivierung der Sinneswahrnehmung – zu keiner Willensanstrengung mehr fähig, da ihm die „Unmittelbarkeit des Erlebens" versagt bleibt.[433] Seine ,Lebensuntüchtigkeit' sucht der Dilettant in einem Moment rauschhafter Entgrenzung zu überwinden – in Hofmannsthals dramatischem Frühwerk sind es die Königin (Bacchos), Gioconda, Admet und Claudio, die den Zustand elegischer Selbstbezüglichkeit überwinden wollen. Diese Figuration verbindet die Reflexion des Dilettantismus bei Paul Bourget und Henri-Frédéric Amiel mit Nietzsches ,Mysterienlehre der Tragödie'. Obwohl die Mythisierung des Lebens nicht notwendigerweise an antik-mythologische Stoffe gebunden ist, ist es plausibel, dem Stellenwert dionysischer Entgrenzungsphänomene in Hofmannsthals Antikendrama eine besondere Aufmerksamkeit zu widmen und der Frage nachzugehen, ob und inwiefern der Dichter Nietzsches programmatische Äußerungen ästhetisch umgesetzt hat. Dies um so mehr, als Alkestis das erste Drama der deutschsprachigen Literatur ist, das dem Begriff des Dionysischen im Sinne Nietzsches verpflichtet ist.

Eine Annäherung an die „wirkliche brutale Bühne"[434] stellt die auf fünf Akte geplante Renaissancetragödie Ascanio und Gioconda dar, die Hofmannsthal nach der Fertigstellung der ersten beiden Akte im Juli und August 1892 jedoch nicht weiter verfolgt. In einem Brief vom 26.06.1892 an Richard Beer-Hofmann richtet Hofmannsthal einen selbstkritischen Blick auf seinen dramatischen Erstling Gestern: Die Anwendung erzählerischer Gestaltungsmittel auf das Drama rufe eine letztendlich unerwünschte Gattungsmischung hervor, da die psychologische Vertiefung der Charaktere, die ausführliche Schilderung von Stimmungen und der Verzicht auf einen übergreifenden Handlungszusammenhang (nach dem Vorbild der psychologischen Novelle) den Grundsätzen des Dramatischen, das auf „Architectur, Gruppierung,

---

432 Hofmannsthal, Die Bacchen nach Euripides, SW XVIII 48.
433 Hofmannsthal, Die Menschen in Ibsens Dramen, GW RA I 154. Zum Dilettantismus bei Hofmannsthal siehe Ulrich Schulz-Buschhaus, „Der Tod des ,Dilettanten' – Über Hofmannsthal und Paul Bourget", in: Michael Rössner/Birgit Wagner (Hg.), Aufstieg und Krise der Vernunft. Komparatistische Studien zur Literatur der Aufklärung. Festschrift für Hans Hinterhäuser, Wien-Köln-Graz 1984, S. 181-195; Gisa Briese-Neumann, Ästhet – Dilettant – Narziss. Untersuchungen zur Reflexion der Fin de siècle-Phänomene im Frühwerk Hofmannsthals, Frankfurt a. M.-Bern-New York 1985 (Tübinger Studien zur deutschen Literatur 10), S. 318-348; Srdan Bogosavljevic, „Der Amiel-Aufsatz: Zum Dilettantismus- und Décadence-Begriff des jungen Hofmannsthal", in: Hofmannsthal-Forschungen 9 (1987), S. 207-235; Joëlle Stoupy, „Hofmannsthals Berührung mit dem Dilettantismusphänomen. Ergänzende Bemerkungen zur Begegnung mit Paul Bourget", in: Hofmannsthal-Forschungen 9 (1987), S. 237-264.
434 BW Schnitzler, S. 23.

132

Form" angelegt sei, zuwiderlaufe.[435] Folge dieser Einschätzung ist die Anlehnung an einen literarischen Stoff (in diesem Fall an eine Novelle Matteo Bandellos), wobei die Wahl eines Renaissancesujets sowohl durch Hofmannsthals antinaturalistische Haltung als auch durch das epochenspezifische Interesse für die Renaissance begründet ist. In Hofmannsthals Perspektive erscheinen Gegenwart und Renaissance als einander verwandte Epochen des Übergangs; die moderne Figur des an der Überreizung seines Empfindungsvermögens leidenden Dilettanten ist daher – wie Marie Herzfeld in ihrer Studie zu *Gestern* ausführt – auf die „Lebenskünstler" der Renaissance zu beziehen, „welche die konträrsten Ueberzeugungen dilettantisch begriffen und keine teilten, den Schauer jedes Glaubens, die Begeisterung jeder Idee empfanden, um dann in kühler Skepsis von allen Abstand zu nehmen".[436] Dieses Darstellungsinteresse – und nicht die ästhetisch-historisierende Vorliebe für die prachtvolle Entfaltung eines dekorativen Rahmens – war schon für *Gestern* ausschlaggebend und gilt in vergleichbarer Weise auch für die geplante Tragödie.[437]

In Fragen der Dramentechnik zieht Hofmannsthal Otto Ludwigs *Shakespeare-Studien* heran, um – wie in *Gestern* – die Konzentration auf die psychische Befindlichkeit einer Hauptfigur zu vermeiden und durch eine kontrastreiche Figurenkonstellation einen dramatischen Konflikt im Sinne Ludwigs (bzw. Shakespeares) zu entfalten.[438] Mit den Hauptfiguren Ascanio und Gioconda entwirft Hofmannsthal zwei literarische Typen der Jahrhundertwende, die – um die sentimentalische Verfaßtheit ihrer Existenz wissend – gegensätzliche Einstellungen ausprägen: Während Gioconda durch die Komplementarität von Daseinsekel und Sehnsucht nach dem unbewußten Leben charakterisiert wird, stellt Ascanio dem Lebenszweifel die Verklärung des Lebens durch die Kunst entgegen. Daß die mehraktige Anlage des Sujets zu unüberwindlichen Kompositionsproblemen führt, liegt einerseits an der nuancenreichen Figurencharakterisierung, die – trotz der stofflichen Vorgabe durch Bandellos Novelle – der Ausprägung einer dramatischen Handlung entgegensteht. Andererseits legt

---

435 BW Beer-Hofmann, S. 8.
436 Marie Herzfeld, *Ein junger Dichter und sein Erstlingsstück*, in: *Allgemeine Theater-Revue für Bühne und Welt*, 1. Jg., Nr. 3 (15.05.1892), S. 19-22, nachgedruckt in: BW Herzfeld, S. 59-64, hier S. 59.
437 Jens Rieckmann, *Aufbruch in die Moderne. Die Anfänge des Jungen Wien. Österreichische Literatur und Kritik im Fin de siècle*, Frankfurt a. M. ²1986, S. 160f.
438 Anzumerken ist jedoch, daß Hofmannsthal Otto Ludwigs psychologisierende Dramenästhetik im Sinne einer neueren, nichtrealistischen Dramaturgie interpretiert. Insbesondere Ludwigs Ausführungen über die Darstellung von abstrakten Denkinhalten durch phantasiegeleitete, sprachliche Bilder bei Shakespeare finden seine Zustimmung. Die Vorstellung, daß Shakespeares Sprache das produktive, mitunter auch ungesteuerte Wirken der Phantasie nachahme und durch die unverstellte Abfolge von Gedanken und Gefühlen höchst poetische Wirkungen erziele, versteht Hofmannsthal als „symbolist<ische> Technik" (Marginalie in Hofmannsthals Exemplar von *Otto Ludwigs gesammelten Schriften*, Bd. 5, Leipzig 1891, S. 138, zitiert nach SW XVIII 389).

Hofmannsthal wiederum, durch verschiedene Lektüren angeregt, den Schwerpunkt der Tragödie auf die Verdichtung von spezifischen Stimmungsmomenten. Beispielhaft ist hierfür eine Notiz zu Giocondas Todesszene im fünften Akt, in der sich verschiedene ‚dionysische Topoi' überlagern: „Ich danke dir für dieses letzte: dass ich dunkel / Glühende Musik zu hören meine und im Wein das leuchtende / Blut sehe und das Dionysische im Tode fühle / und das Wehen der Nacht wie einen tödlich königlichen Tanz."[439] Diese Verse sind auch deshalb hervorhebenswert, weil hier – wie später auch in *Alkestis* – nicht rauschhafte Ekstase *dargestellt*, sondern – gleichsam aus der Ferne – die suggestive Wirkung des Entgrenzungszustandes *beschworen* wird.

Von Hofmannsthal sind keine Äußerungen über den Abbruch der Tragödie überliefert.[440] Im Zusammenhang mit einer Vorlesung über Ästhetik und Poetik, die Hofmannsthal im Wintersemester 1893/94 bei Alfred von Berger hört, schreibt der Dichter am 19.01.1893 an Marie Herzfeld: „Der Mangel eines Centrums, einer Weltanschauung, die trägt und formt, [...] wird hier [bei Berger] speciell gefaßt als die Wurzel der Unfähigkeit, im Drama großen, tragischen Stil zu finden, eine Anschauung, die mich höchst lebendig und bedeutend ergreift."[441] Berger, der durchaus anerkennende Worte für die neuere Dramatik (insbesondere für Ibsen) gefunden hat, fordert, unter Berufung auf eine an Hebbels tragischem Idealismus orientierte Poetik, eine Rückkehr zu der „Menschheit großen Gegenständen".[442] Vor dem Hintergrund seiner unvollendeten Tragödie macht sich Hofmannsthal ein Argument der traditionellen Dramenpoetik zu eigen, dem zufolge die Gestaltung eines mehraktigen Bühnenwerks nicht nur handwerklich-technische Kenntnisse, sondern auch einen das Werk übergreifenden, ideellen Gehalt voraussetzt.[443] Eine solche, von Widersprüchen freie Sinnperspektive stellt sich jedoch als unvereinbar mit der facettenreichen Darstellung der Künstler- und Dilettantenproblematik heraus, die zu monologischer Introversion und damit zum lyrischen Einakter tendiert.

---

[439] Hofmannsthal, *Ascanio und Gioconda*, SW XVIII 66.

[440] Am 06.08.1892 schreibt Hofmannsthal an Gustav Schwarzkopf, daß er die Arbeit an *Ascanio und Gioconda* für zwei Monate unterbrechen werde, und äußert die Befürchtung: „Hoffentlich rostet indessen nichts ein." (B I 63).

[441] BW Herzfeld, S. 36.

[442] Alfred von Berger, *Ursachen und Ziele der modernsten Literaturentwicklung*, in: ders., *Über Drama und Theater. Fünf Vorträge*, Leipzig [2]1900, S. 3-49, hier S. 42.

[443] Rieckmann (*Aufbruch in die Moderne*, S. 167) verlagert diese Argumentation von der poetologischen auf die biographische Ebene, wenn er Hofmannsthals ‚Unvermögen' dahingehend interpretiert, daß dem achtzehnjährigen Dichter ein weltanschauliches Zentrum gefehlt habe.

Vor diesem Hintergrund überrascht es nicht, daß die erste Aufzeichnung zur *Alkestis* die Verlebendigung des Erstarrten in den Vordergrund rückt.[444] Hofmannsthal will, so kann man die überlieferten Notizen deuten, gerade *hinter* die schematische Wiederholung des Treuemotivs zurückgehen, das die *Alkestis*-Dramen des 17. und des 18. Jahrhunderts auszeichnet; ja er ist bemüht, die märchenhaften Elemente aus der widerspruchsvollen Tragödie des Euripides herauszuschälen und auf diese allein sein Antikendrama auszurichten. Insofern rückt die Handlung in eine ferne, dem philologischen Antikenverständnis des 19. Jahrhunderts entrückte Zeit, in der die „Verwunderung der Grundaccord erwachender Epochen" war und eine „mythische Naturbetrachtung" jene Lebenszweifel zu besänftigen vermochte, an denen das Personal von Hofmannsthals lyrischen Einaktern leidet.[445]

Ein Vergleich von Renaissancetragödie und Antikendrama zeigt aber auch, daß die märchenhafte Konzeption der *Alkestis* an jene Figurationen anschließt, die Hofmannsthal in den frühen neunziger Jahren beschäftigen. Die Wahl einer Euripideischen Tragödie als Stoffgrundlage läßt zunächst die ästhetizistische Affinität für ‚spätzeitliche' Epochen erkennen, da Euripides, der jüngste der drei Tragiker, im Hinblick auf Dramentechnik und Weltanschauung eine Gegenposition zu der ‚Klassizität' des (im 19. Jahrhundert häufig gespielten) Sophokles einnimmt. Da die Struktur von Hofmannsthals Drama durch die Handlung des Euripides vorgegeben ist, greift das Werk – trotz zahlreicher Monologe – über die Form des Einakters hinaus, ohne an die Tektonik der klassischen Tragödie oder mehraktiger Schauspiele heranzureichen. Insofern trifft hier Hofmannsthals Vorliebe für stimmungshaft-lyrische Szenen auf ein Handlungsgerüst, dessen Konflikt aufgrund der ausgedehnten Chor- und Klageszenen keine bewegt-kontrastreiche Szenengestaltung erfordert. Darüber hinaus verbinden Admet und Gioconda Züge des an seiner Existenz leidenden Dilettanten: Obwohl von unterschiedlichen Voraussetzungen ausgehend, markieren bei beiden die Signalworte Öde, Leere, Kälte, Häßlichkeit sowie die Mantelsymbolik einen Zustand des Lebenszweifels, der auf dem Gegensatz von überwacher Analysefähigkeit und Sehnsucht nach Lebensunmittelbarkeit beruht.[446] Indem dilettantische ‚Haltungen' wie die Übersteigerung der ästhetischen Wahrnehmung, die Unfähigkeit

---

[444] Hofmannsthal notiert nach einem Besuch „bei Berger", dessen Vorlesung über die Dramaturgie der antiken Tragiker er im Wintersemester 1893/94 hört: „Vorschlag, ‚Alkestis' des Euripides zu bearbeiten, aus maskenhafter Starrheit zu lösen." (*Aufzeichnungen*, GW RA III 377).

[445] Die Zitate stammen aus den Varianten N1 und N5 zur *Alkestis*, SW VII 232 und SW VII 233. Siehe dazu auch die Exzerpte Hofmannsthals zu dem Aufsatz *Ueber ästhetische Naturbetrachtung* von Robert Vischer, SW VII 301f.

[446] Vgl. *Ascanio und Gioconda*, SW XVIII 77, 78, 81, 82, 98f., 103, 105, 109, 400 und *Alkestis*, SW VII 12, 13, 16, 17, 39, 40, 42, 46. Bedeutsam ist auch die Tatsache, daß Hofmannsthal Teile des *Bacchos*-Fragments in *Ascanio und Gioconda* verarbeitet hat; insbesondere Eigenschaften der Königin wurden an Gioconda ‚weitergereicht'.

zur Willensanstrengung und die Selbstisolierung des Individuums auf die antike Figur des Admet übertragen werden, vollzieht sich die Adaption des Mythos unter modernen Vorzeichen. Durch die Verbindung von Treuemotiv, dionysischem Lebensbegriff und Herrschaftsethos wird zudem der Versuch unternommen, eine ideelle Perspektive – wenn auch nicht im Sinne Bergers – zu konturieren, die in ihrer Eindeutigkeit nicht nur über die Aussageintention der frühen Einakter hinausgeht, sondern auch das (in *Ascanio und Gioconda* noch fehlende) weltanschauliche Zentrum der Tragödie zu bilden beansprucht.

Hofmannsthal hat sein erstes Antikendrama mehrfach auf das Jahr 1893 datiert[447]; in einem Brief an den Verleger Anton Kippenberg vom 28.10.1908 betont er, daß „die Arbeit [...] aus meinem 19ten Lebensjahr [stammt] und [...] einige Monate vor dem ‚Thor und Tod' entstanden [ist].“[448] Die überlieferten Notizen und Handschriften lassen jedoch den Schluß zu, daß Hofmannsthal im Januar und Februar 1894 an dem Werk gearbeitet hat; nach einer Lesung vor Freunden am 25.02.1894 kündigt er mehrfach eine endgültige Überarbeitung des Ganzen, insbesondere der Schlußszene, an, führt diese aber nicht aus. Da Hofmannsthal weder im Sommer 1894 noch zu einem späteren Zeitpunkt auf das Drama zurückgekommen ist, liegt die Vermutung nahe, daß *Alkestis* in der vorliegenden Werkgestalt nicht jene abschließende Formung erfahren hat, von der der Dichter gegenüber Beer-Hofmann spricht.[449] Hofmannsthals Datierung auf das Jahr 1893 wäre demnach der Versuch, aus der Perspektive des Jahres 1908 das als unfertig angesehene Werk in die zeitliche Nähe von anderen, nicht abgeschlossenen Dramenvorhaben wie *Bacchos* und *Ascanio und Gioconda* zu rücken.

Es überrascht daher auch nicht, daß Hofmannsthal *Alkestis* zunächst wie ein Fragment behandelt: 1895 erscheint die Szene der klagenden Frauen in einer Gedenkschrift für die (von einem Erdbeben zerstörte) Stadt Laibach; 1898 werden der Prolog, der Tod der Königin und der Auftritt des Herakles unter dem Titel *Die Alkestis des Euripides. Frei übertragen von Hugo von Hofmannsthal* in der *Wiener Rund-*

---

[447] Der *Idylle* (1893), einer kleinen Szene *nach einem antiken Vasenbild*, liegt – abgesehen von der mythologischen Gestalt des Kentauren – weder eine ikonographische noch eine literarische Vorlage der Antike zugrunde. Hofmannsthal spricht daher auch von einem „antikisierenden Dialog“ (BW George, S. 61), dessen Bühnenraum ein spezifisches Antikenbild der Moderne, nämlich das Arnold Böcklins, zitiert (siehe dazu SW III 55). Wie das folgende Zitat aus einem Brief Hofmannsthals an Elsa Bruckmann-Cantacuzene vom 18.02.1894 zeigt, spielt das jugendstilartige Antikenbild auch noch in *Alkestis* hinein: „Euripides von mir bearbeitet, es sieht ungefähr aus wie griechische Mosaikarbeit von Stuck nachgemacht.“ (B I 96).

[448] BW Insel, Sp. 331.

[449] Siehe dazu den Brief Hofmannsthals vom 03.07.1894 an Beer-Hofmann: „vielleicht bring ich die *neue* Alkestis mit, neu und aus einem Guß von der ersten bis zur letzten Zeile, wie ich sie jetzt spüre. Wenn ich nur mehr Zeit hätte!“ (BW Beer-Hofmann, S. 33).

schau veröffentlicht; der *Inselalmanach auf das Jahr 1910* druckt zwei liedhafte Szenen (Prolog, Gesang der Frauen an der Bahre). Erst durch den Abdruck im Jahrbuch *Hesperus* von 1909 und durch die Buchausgabe von 1911 wird der gesamte Dramentext der Öffentlichkeit zugänglich gemacht; die Uraufführung erfolgt schließlich am 14.04.1916 in den Münchner Kammerspielen. Aber noch in den zwanziger Jahren spricht Hofmannsthal von einem „erste[n] Vorversuch Antik-Mythisches neu zu gestalten"[450], nennt den Stil des Stücks „nicht einheitlich"[451] und überlegt zeitweilig, das Drama nicht in die erste Ausgabe seiner Werke, die 1924 erscheint, aufzunehmen.[452]

Vor diesem Hintergrund ist der spezifische Stellenwert der *Alkestis* zu bewerten, eines Dramas, das nicht mit dem kompositorischen Gefüge eines fünfaktigen Dramas übereinstimmt, in stofflicher, struktureller und semantischer Perspektive aber auch nicht mit den frühen Einaktern Hofmannsthals gleichzustellen ist. In Fortführung der hier entfalteten Problematik wird sich zeigen, wie Hofmannsthal – anders als in *Gestern*, in *Der Tod des Tizian* und in *Der Tor und der Tod* – das Spektrum von nicht vermittelbaren Haltungen vereinheitlicht. *Alkestis* stellt einen weiteren Versuch dar, die Dramaturgie der lyrischen Kleinformen zu überwinden: „mir ist sie [*Alkestis*] recht," schreibt Hofmannsthal am 21.02.1894 an Leopold von Andrian, „weil ich dadurch dem dramatischen Drama, das ich will, ein Stückerl näher gekommen bin."[453] Die Entstehungs- und Publikationsgeschichte der *Alkestis* wirft jedoch die Frage auf, inwiefern Hofmannsthal diese Konzeption einlösen konnte.

---

[450] Hofmannsthal, *Brief an Max Pirker*, GW RA II 130.
[451] BW Insel, Sp. 917.
[452] Siehe dazu Hofmannsthals Brief vom 12.03.1922 an Samuel Fischer (BW Fischer, S. 553). Im Sommer 1921 wird der Dramentext durch umfangreiche Streichungen und geringfügige Erweiterungen zum Opernlibretto für Egon Wellesz umgearbeitet. Hofmannsthal unterbreitet Wellesz selbst eine gekürzte Fassung des ersten Teils seines Dramas (vom Prolog bis zum Tod der Alkestis); die Veränderungen der Schlußszene (der Anblick der Kinder löst die Totenstarre der Alkestis) stammen von Wellesz. Siehe dazu: Egon Wellesz, „Die Einrichtung für Musik von Hofmannsthals *Alkestis*", in: *Die neue Rundschau* 72 (1961), S. 28-35. Wellesz' Auffassung des Werks ist deutlich durch Borchardts *Alkestis*-Aufsatz geprägt: „Sie [Alkestis] kann aber statt des Königs, statt des Trägers der Krone sterben, für die Idee der Herrschaft, für das Allgemeine." (S. 30). Als *Drama in einem Aufzuge nach Euripides* wird die Oper 1924 in Mannheim uraufgeführt.
[453] BW Andrian, S. 23.

137

1.3 Antike Tragödie und lyrisches Drama

Hofmannsthal bezeichnet sein Antikendrama zunächst als *Freie Übertragung der Alkestis des Euripides*,[454] erst die Buchveröffentlichung von 1911 trägt den Titel *Alkestis. Ein Trauerspiel nach Euripides*. Das Werk weist jedoch – mit Ausnahme des Prologs – keine explizite Gliederung der Handlung in Szenen oder Akte auf. Dementsprechend herrscht in der Forschung eine gewisse Unsicherheit, wie das Werk gattungstypologisch zu klassifizieren ist, wobei entweder der Grad der transpositionellen Verarbeitung (Übersetzung vs. Neuschöpfung) oder die Nähe zu einer spezifischen Gattung (lyrisches Drama, Märchendrama) betont wird.[455] Fest steht, daß *Alkestis* weder an die Tradition des fünfaktigen klassizistischen Antikendramas noch an die lyrisierende Erneuerung des antiken Chordramas wie in Swinburnes Tragödie *Atalanta in Calydon* anknüpft. Berücksichtigt man, daß Hofmannsthal einen nicht unbeträchtlichen Teil seiner Dichtung aus der 1859 in zweiter Auflage erschienenen *Alkestis*-Übersetzung von Johann Jacob Christian Donner wortwörtlich übernimmt,[456] dann ergibt sich das bemerkenswerte Bild eines modernen Antikendramas, das – sieht man von der Auflösung der Chorpartien ab – mit der Struktur des antiken Hypotextes weitgehend übereinstimmt.[457] Im Gegensatz zu *Elektra*, in der in ähnlicher Weise die Szenenfolge der antiken Vorlage unter Weglassung der Chorpartien adaptiert wird, weist *Alkestis* jedoch noch nicht die dramaturgische Geschlossenheit des späteren Einakters auf.

Im folgenden soll gezeigt werden, daß Hofmannsthals *Alkestis* in einem Spannungsfeld zu positionieren ist, das durch die Parameter antike Tragödie (Handlung, Figurenkonstellation), modernisierende Übertragung (Transformation der Chorszenen, Eliminierung des religiösen Gehalts), lyrisches Drama (monologische Figurenrede, lyrische Versgestaltung, Stimmungshaftigkeit) und neuromantisches Märchen-

---

454 Sowohl der Teilabdruck in der *Wiener Rundschau* von 1898 als auch der erste Gesamtabdruck im Jahrbuch *Hesperus* von 1909 firmieren unter dieser Bezeichnung.

455 Siehe dazu die Charakterisierungen in der einschlägigen Literatur: „Neuschöpfung" (Jens, *Hofmannsthal und die Griechen*, S. 31), „traumhaftes Spiel" (Fritz, „Euripides' *Alkestis*", S. 285), „Bearbeitung" (Nehring, *Die Tat bei Hofmannsthal*, S. 9 Anm. 18), „opernnahes Stimmungsdrama" (Günther Erken, *Hofmannsthals dramatischer Stil. Untersuchungen zur Symbolik und Dramaturgie*, Tübingen 1967 (Hermaea N. F. 20), S. 49), „lyrisches Jugenddrama" (Nüchtern, *Hofmannsthals ,Alkestis'*, S. 41), „Neufassung" bzw. „Drama" (Esselborn, *Hofmannsthal und der antike Mythos*, S. 10 bzw. S. 95), „Erneuerung" (Ritzer, „Hofmannsthal und Euripides", S. 333); „Märchenspiel" (Mayer, *Hofmannsthal*, S. 50).

456 Siehe dazu Klaus E. Bohnenkamp, „Deutsche Antiken-Übertragungen als Grundlage der Griechendramen Hofmannsthals", in: *Euphorion* 70 (1976), S. 198-202, hier S. 199f.

457 Für Textvergleiche zwischen Euripides und Hofmannsthal wurde Donners Übersetzung (*Euripides*, deutsch, in den Versmaßen der Urschrift, von J. J. C. Donner, Bd. 2, Leipzig-Heidelberg ³1876, S. 1-55) herangezogen.

drama (irreale Handlungsebene, christliche Heilsperspektive) konstituiert wird. Damit soll nicht die Zugehörigkeit des Werks zu einer dieser Gattungen behauptet, sondern vor dem Hintergrund des sich ausdifferenzierenden Systems der Gattungen in der Moderne partielle Übereinstimmungen mit diesen Dramenformen beschrieben werden.[458]

Daß Hofmannsthal der *Alkestis* einen Prolog voranstellt und damit die Makrostruktur der antiken Vorlage wahrt, versteht sich nicht von selbst. Denn sowohl die klassizistische Dramentheorie Freytags als auch die (Hofmannsthal näherstehenden) Überlegungen Nietzsches stimmen in der Verurteilung des Prologs überein, sei es, weil die Darlegung der Vorgeschichte der expositorischen Verflechtung aller dramatischer Elemente widerspricht,[459] sei es, weil die Vorwegnahme des Tragödienschlusses einem mutwilligen Verzicht auf den Einsatz spannungssteigernder Mittel gleichkommt.[460] Berücksichtigt man zudem die zahlreichen Vorspiele, die der Dichter für eigene und fremde Werke schrieb, dann läßt sich ein spezifisch modernes Interesse an dieser ‚undramatischen' Kleinform unterstellen, das mit Hofmannsthals Dramenverständnis ursächlich zusammenhängt. Hofmannsthals Prologfiguren dienen nicht mehr der sachlichen Informationsvermittlung und der belehrenden Vorausdeutung, sondern erschweren – in Selbstbetrachtung versunken – geradezu die Überleitung zu dem eigentlichen Drama (*Der Tod des Tizian*) oder führen in exemplarischer Weise die dem folgenden Werk angemessene Rezeptionshaltung vor (*Vorspiel zur Antigone des Sophokles*).[461] Dem Prolog der *Alkestis* kann zwar wie bei Euripides die mythische Vorgeschichte und die Schlußkonstellation entnommen werden, darüber

---

458 Zum gattungsgeschichtlichen Horizont siehe Szondi, *Das lyrische Drama des Fin de siècle*; Evelyn Schels, *Die Tradition des lyrischen Dramas von Musset bis Hofmannsthal*, Frankfurt a. M. u. a. 1990 (Europäische Hochschulschriften, Reihe 1, Deutsche Sprache und Literatur 1100); Hans-Joachim Wagner, „Lyrisches Drama und Drame lyrique: Eine Skizze der literar- und musikhistorischen Begriffsgeschichte", in: *Archiv für Musikwissenschaft* 47 (1990), S. 73-84; Damblemont, „Symbolistisches Theater im Gefolge Mallarmés", S 101-119; Ulrike Kienzle, „Theorien des einaktigen Schauspiels im literaturwissenschaftlichen Schrifttum", in: Winfried Kirsch/Sieghart Döring (Hg.), *Geschichte und Dramaturgie des Operneinakters*, Laaber 1991 (Thurnauer Schriften zum Musiktheater 10), S. 17-29; Hans-Peter Bayerdörfer, „Die neue Formel. Theatergeschichtliche Überlegungen zum Problem des Einakters", in: Kirsch/Döring, *Geschichte und Dramaturgie des Operneinakters*, S. 31-46; Hans-Peter Bayerdörfer, „Maeterlincks Impulse für die Entwicklung der Theatertheorie", in: Dieter Kafitz (Hg.), *Drama und Theater der Jahrhundertwende*, Tübingen 1991 (Mainzer Forschungen zu Drama und Theater 5), S. 121-138; Margarete Kober, *Das deutsche Märchendrama*, Frankfurt a. M. 1925 (Deutsche Forschungen 11), S. 133-144; Bettina Kümmerling-Meibauer, *Die Kunstmärchen von Hofmannsthal, Musil und Döblin*, Köln-Weimar-Wien 1991 (Kölner Germanistische Studien 32), S. 14-36 (zum Begriff des Märchens) und S. 173-179 (zu Märchenmotiven in Hofmannsthals Dramen).

459 Freytag, *Die Technik des Dramas*, S. 106f.

460 Nietzsche, *Die Geburt der Tragödie*, KSA 1 85.

461 Juliane Vogel, „Schattenland des ungelebten Lebens. Zur Kunst des Prologs bei Hugo von Hofmannsthal", in: *Hofmannsthal-Jahrbuch* 1 (1993), S. 165-181.

hinaus enthält die Szene aber auch Elemente, die über eine reine ‚Informationsvergabe' hinausgehen.

Hofmannsthal läßt dem Prolog des Apollon eine kurze Szene vorangehen, die
mehrere Funktionen erfüllt.[462] Durch die Evokation einer idyllischen Szenerie steht
das Drama von Beginn an unter sentimentalischen Vorzeichen: Da Apollon das Haus
des Admet schon zu einem früheren Zeitpunkt als in der Tragödie des Euripides verlassen hat, erklingt nun der wehmütige Gesang einer Stimme, die an das harmoni-
sche, die Gegensätze zwischen Gott, Mensch und Tier versöhnende Wirken des
Apollon erinnert.[463] Neben der Funktion als unsichtbare, nachgerade mythisch rau-
nende Erzählerfigur kommt der Stimme die Aufgabe zu, in die Atmosphäre des
Werks einzuführen. Der Hinweis auf die eigentümliche Qualität der Stimme („halb
Gebet, halb Lied", 9) und deren verhaltene musikalische Begleitung unterstreicht die
Entrücktheit von Raum und Handlung. Zudem wird durch die Lokalisierung des akustischen Phänomens „auf der Gartenmauer" (9) auf das Fin-de-siècle-Motiv des ab-
geschiedenen, verwunschenen Gartens angespielt und somit der bei Euripides nicht
konkretisierte Bühnenraum in eine epochentypische Räumlichkeit übertragen.[464]

Indem der Gesang der Stimme dem eigentlichen Prolog vorgeschaltet wird, macht
sich hier eine handlungshemmende Tendenz bemerkbar, da die Schilderung der (zeitlich in sich abgestuften) Vorgeschichte von einer das Drama bestimmenden, elegi-
schen Stimmung überlagert wird. Wenn Apollon auf den Gesang der Stimme und
damit auf die mythische Überlieferung Bezug nimmt („Sie rufen mich und singen,
daß ich einst", 9), dann betritt eine humanisierte Götterfigur die Bühne, die bedau-
ernd und im vollen Bewußtsein ihrer Spätzeitlichkeit auf ein Geschehen blickt, in das
einzugreifen sie nicht mehr fähig ist. Dabei fällt auf, daß Apollons sympathetisches
Verhältnis zu den Menschen – und insbesondere zu Admet – die Grundkonstellation
der Euripideischen Tragödie – die Deutung von Kullmann einmal unterstellt – voll-

---

462 Vgl. dazu Jens (Hofmannsthal und die Griechen, S. 31), der die Einfügung der Stimme darauf
   zurückführt, „weil ihm [Hofmannsthal] das allzu Direkte, Unvorbereitete und Konturenlose reiner Faktizität widerstrebt."
463 Hofmannsthal zitiert hier Verse des dritten Standlieds, die die Gastfreundschaft des Admet preisen: Euripides, Alkestis, V. 569-587.
464 Die Gartenmauer als symbolische Grenzlinie zwischen Leben und Tod erscheint mehrfach in
   Hofmannsthals Aufzeichnungen der neunziger Jahre, so in einer Notiz vom März 1894, die auf
   das fragmentgebliebene Gartenspiel (1897) vorausweist: „Garten des Lebens, in dem alle ge-
   genwärtigen und zukünftigen Mitspieler versammelt. Auf der Mauer sitzt der Tod."
   (GW RA III 379). Zum Gartenmotiv im Fin de siècle siehe Carl E. Schorske, „Die Verwandlung
   des Gartens. Ideal und Gesellschaft in Österreich von Stifter bis Hofmannsthal", in: Wort und
   Wahrheit XXII (1967), S. 523-555; Thomas Koebner, „Der Garten als literarisches Motiv: Ausblick auf die Jahrhundertwende", in: Park und Garten im 18. Jahrhundert. Colloquium der Arbeitsstelle 18. Jahrhundert Gesamthochschule Wuppertal, Heidelberg 1978 (Beiträge zur Geschichte der Literatur und Kunst des 18. Jahrhunderts 2), S. 141-192, hier S. 145f. und 175.

ständig umkehrt: An die Stelle der leidbringenden Beziehung von Mensch und Gottheit tritt der freundschaftliche Umgang miteinander. Vor diesem Hintergrund ist es ‚psychologisch' nachvollziehbar, daß Apollon nach vergeblichem Bitten von seinen Gefühlen ‚überwältigt' wird und den Tod wütend anherrscht: „Du Hund! / Die Menschen und die Götter hassen dich!" (11). Der humanisierte Apollon, der kontemplativ-melancholisch auf das Geschehen blickt, konstituiert durch die lyrische Entfaltung seiner intimen Einsichten die stimmungsvolle Tableauhaftigkeit der Szene.

Es stellt sich jedoch die Frage, ob Apollons Prophezeiung mit dem Schluß des Dramas vereinbar ist. Denn Alkestis – und in gewisser Weise auch Admet – werden ein Wissen um den Tod erlangen, über das der freundliche Gott des Vorspiels nicht zu verfügen scheint: Apollon weiß nichts von Dionysos, als dessen Herold Herakles auftreten wird. Zwischen Vorausdeutung und Schlußkonstellation besteht eine Differenz, die der zwischen antikem Mythos und moderner Mythisierung entspricht. Indem der menschliche, aber machtlose Gott von der Bühne abtritt, rückt an die Stelle des antiken Mythos die zeittypische Mythisierung des Lebens.

Neben der Neugestaltung des Prologs sind weitere Veränderungen hervorhebenswert: Hofmannsthal hat den Chor der antiken Tragödie entweder gestrichen (Standlieder 1, 3 und 4), als Klageszene variiert (Standlied 2) oder in Dialogszenen umgearbeitet (Parodos, Wechselgesänge). Vorbildcharakter für die Auflösung des Chors hatten die Sophokles-Übersetzungen von Adolf Wilbrandt, die (nach der Potsdamer *Antigone* von 1841) eine zweite Sophokles-Rezeption auf den großen Theaterbühnen (Meiningen 1867, Berlin 1873, Wien 1882-1887) auslösten und bis zum Ende des Ersten Weltkriegs häufig gespielt wurden. Wilbrandt war zwar mit den historischen Gegebenheiten der antiken Tragödie vertraut, zweifelte aber an der Vermittelbarkeit zeitgebundener, religiös motivierter Dramenelemente. Insofern zielten seine Übertragungen darauf, die weihevollen, aber nach zeitgenössischen Maßstäben unverständlichen Chorgesänge in Gesprächsszenen zwischen ‚Bürgern' umzuformen und somit die anachronistische Form in „schickliche *Individualität*" zu transformieren.[465] An diese Praxis knüpft Hofmannsthal an, wenn er den Einzug des Chors durch den Auftritt einer Gruppe von Adeligen aus Pherä (drei Männer, drei Frauen) ersetzt.[466]

---

[465] Adolf Wilbrandt, *Sophokles' ausgewählte Tragödien*, München ²1903, S. 17. Siehe dazu Wolfgang Schadewaldt, „Antike Tragödie auf der modernen Bühne. Zur Geschichte der Rezeption der griechischen Tragödie auf der heutigen Bühne", in: ders., *Hellas und Hesperien. Gesammelte Schriften zur Antike und zur neueren Literatur*, Bd. II., Zürich-Stuttgart ²1970, S. 622-649; Flashar, *Inszenierung der Antike*, S. 94-97 und 100-103. Zur Umgestaltung des Chors bei Hofmannsthal siehe Schmidt-Dengler, „Dichtung und Philologie", S. 159f. und 174.

[466] In gleicher Weise behandelt Hofmannsthal den sich anschließenden Wechselgesang zwischen Dienerin und Chorführer, an dessen Stelle nun eine dialogische Szene zwischen Sklavin und Edelleuten tritt.

Hofmannsthal geht jedoch über Wilbrandts Anpassung an das bildungsbürgerliche Antikenverständnis hinaus, da er die Verse der Halbchöre nicht nur auf einzelne Sprecher verteilt, sondern in Anlehnung an das ‚chorische' Sprechen bei Maurice Maeterlinck eine unheimliche Stimmung des Wartens entfaltet. Maeterlincks frühe Dramenproduktion war Hofmannsthal bekannt, das Drama *Les Aveugles* übersetzte der Dichter 1892 anläßlich einer Wiener Privataufführung.[467] In diesem Einakter muß eine alleingelassene Gruppe von Blinden durch ‚tastendes' Fragen erkennen, daß ihre Lage hoffnungslos ist. Die Gesamtheit dieser entindividualisierten Reden konstituiert eine Sprachform, die eine unheimliche Stimmung hervorruft, die wie ein unbegreifliches, nahendes Unglück auf allen Figuren lastet. Obwohl im Hinblick auf die Todesauffassung (noch näher zu erläuternde) Differenzen zwischen Maeterlinck und Hofmannsthal bestehen, kann gezeigt werden, wie Hofmannsthal den Einzug des Chors in Maeterlinckscher Manier umgestaltet. So betonen Figurenrede wie Nebentext mehrmals die Unheimlichkeit der Stille, die den Palast der todgeweihten Alkestis umgibt; gleichzeitig meinen verängstigte Frauen grauenerregende, auf einen Todesfall hindeutende Geräusche in der Luft zu vernehmen. Analog zu Maeterlinck wird auch bei Hofmannsthal das chorische Sprechen durch Momente des Schweigens abgelöst, in denen sich – anders als im traditionellen Drama – das ‚Wesentliche' ereignet.[468]

Auf das gesamte Drama bezogen tragen die modifizierten Chorszenen erheblich zur Lyrisierung des Textes bei. Die Struktur der antiken Tragödie bleibt zwar erkennbar, die deutlich akzentuierten Wechsel von Schauspieler- und Chorszenen des Euripides werden jedoch eingeebnet zugunsten einer einheitlichen, statischen Szenengestaltung. Einen nicht zu unterschätzenden Anteil hat daran auch die stimmungsvolle Raumkonzeption. Maßgeblich sind hierbei die zahlreichen Hinweise in Haupt- und Nebentext, die einerseits die ‚Unhörbarkeit' dramatischer Aktionen, andererseits den erhabenen, zeremoniellen Charakter von figuralen Positionswechseln explizit anzeigen. So steht die Bedeutsamkeit von bestimmten Reden, Gesten und

---

467 Michel Vanhelleputte, „Hofmannsthal und Maeterlinck", in: *Hofmannsthal Forschungen* 1 (1971), S. 85-98. Mohammed Anâm (*Hugo von Hofmannsthal und Maurice Maeterlinck. Zur Darstellung und Rezeption der Maeterlinckschen Todesauffassung und Theaterästhetik bei Hugo von Hofmannsthal*, Diss. Freiburg i. Br. 1995) vergleicht Maeterlincks *Princesse Maleine* mit Hofmannsthals *Alkestis*; die Gegenüberstellung beschränkt sich jedoch auf die Aufzählung thematischer Übereinstimmungen.

468 Eine weitere Chorszene der antiken *Alkestis*, das zweite Standlied, behandelt Hofmannsthal teils in antikem, teils in modernem Geist. Während bei Euripides der Chor von Alkestis' Nachruhm singt und an das Treueversprechen des Admet erinnert, betont Hofmannsthal den rituellen Charakter der Szene, indem er dem Gang zum Grab einen von drei Frauengruppen „*rezitativisch*" (22) vorgetragenen Klagegesang voranstellt. Das chorische Sprechen weist hier – unter den archaisierenden Vorzeichen eines dionysischen Lebensbegriffs – auf die rituellen Ursprünge der griechischen Tragödie zurück.

Bewegungen in einem umgekehrten Verhältnis zu ihrer akustischen Wahrnehmbarkeit: Alkestis opfert sich, indem sie „lautlos" (10) vor Admet tritt; der Tod betritt „*mit lautlosen Schritten*" (11) den Palast, um dort „stumm" (11) die tödliche Berührung auszuführen; die besorgten Edelleute versuchen, der „*tiefe[n] Stille*" (12) einen Hinweis auf das Geschick der Alkestis zu entnehmen; Alkestis steht – erschüttert von den Erfahrungen im Totenreich – „lautlos" (41) vor Admet. In ähnlicher Weise wird die Aufmerksamkeit des Rezipienten auf Bewegungen gerichtet, die – den Anweisungen des Nebentextes gemäß – „*langsam*", wie ein würdevolles Schreiten, auszuführen sind. Hier sind nicht nur die Auftritte des melancholisch gestimmten Apollon (9) und des machtbewußten Todesgottes (11) zu nennen, auch der ungestüme Herakles verläßt nach seiner Heldentat gemessenen Schritts die Szene (42). Berücksichtigt man des weiteren die zahlreichen, die dramatische Rede dehnenden Pausen sowie die Anfangs- und Schlußszene miteinander verklammernde „*leise[] Musik*" (9, 42), dann zeigt sich, wie sehr Hofmannsthal bemüht ist, Maeterlincks ‚Dramaturgie der Stille' nachzuzeichnen. Der Handlungsfortgang der antiken Tragödie wird durch diese Verfahren in eine Abfolge von statischen Situationen transformiert und damit tendenziell zum Stillstand gebracht. Das Zusammenspiel dieser Verfahren stellt jene Atmosphäre her, von der Hofmannsthal 1894 spricht: „Grundstimmung der ‚Alkestis': das unsäglich Wundervolle des Lebens".[469]

Trotz der genannten Übereinstimmungen unterscheiden sich die Darstellungsintentionen Maeterlincks und Hofmannsthals, insbesondere im Hinblick auf den Lebens- und Todesbegriff. Maeterlincks Dramaturgie richtet sich auf die ‚Alltäglichkeit' des Tragischen, die jenseits von Konflikten und Leidenschaften in konventionellen Situationen (*L'Intruse*, *Les Aveugles*, *Intérieur*) oder in märchenhafter Umgebung (*La princesse Maleine*, *Pélleas et Mélisande*) entfaltet wird. Indem die statische, atmosphärische Szenengestaltung immer wieder das Grauen vor dem Tod thematisiert, verwandelt sich der Raum des Theaters in den Innenraum der ‚conscience humaine', in dem symbolhaft das menschliche Ausgeliefertsein an ein unergründliches Schicksal dargelegt wird.[470] Das Moment der Unentrinnbarkeit spielt bei Hofmannsthal jedoch keine Rolle. Während Maeterlinck die Figuren entindividualisiert,[471] bewegt sich die Figuren- und Redegestaltung bei Hofmannsthal zwischen ästhetischer Stilisierung (Monologe mit lyrischen Aufschwüngen, lied- und gesangs-

---

469 Hofmannsthal, *Aufzeichnungen*, GW RA III 376.
470 Zu Maeterlincks Vorstellung von der Kollektivität des Unbewußten siehe auch Fick, *Sinnenwelt und Weltseele*, S. 93-104.
471 Bayerdörfer, „Maeterlincks Impulse", S. 125.

artige Partien, Gebrauch des Blankverses) und psychologischer Vertiefung der Charaktere (Introversion, Darstellung von psychischen Stimmungen).[472]

Die zentrale Metapher des Dramas (‚Herz der Dinge') übernimmt Hofmannsthal von Schopenhauer (bzw. von Nietzsche, der die entsprechende Passage aus der *Welt als Wille und Vorstellung* im 16. Abschnitt der *Geburt der Tragödie* ausführlich zitiert).[473] Auffallend ist dabei, daß dieses Bild in beiden Schriften in einem Zusammenhang erscheint, der das Wesen der Musik betrifft. Schopenhauer weist der Musik eine außerhalb des Systems der Künste stehende Position zu, da diese nicht – wie bildende Kunst oder Dichtkunst – ein Abbild der Erscheinungen, sondern – auf gleicher Ebene wie diese stehend – eine unmittelbare Objektivation des Willens sei. Der Aufbau einer musikalischen Komposition mit Baß, Zwischenstimmen und Melodie entspreche dem Aufbau der Natur mit unorganischer Masse, Pflanzen-, Tier- und Menschenwelt. Aufgrund dieser Analogie habe die Musik eine unmittelbare, Gefühl und Leidenschaften affizierende Wirkung; beim Hören von Musik offenbare sich – jenseits des begrifflichen Denkens – das innerste Wesen der Welt, das ‚Herz der Dinge'.

Vor diesem Hintergrund umschreibt die Herz-Metaphorik bei Hofmannsthal zunächst den blinden, sich selbst begehrenden Willen im Sinne Schopenhauers, der als metaphysisches Lebensprinzip den Fluchtpunkt des Antikendramas bildet. Angesichts der Bedeutung von musikalischen Formen für den Strukturzusammenhang des Werks – man denke an die Anfangs- und Schlußmusik, an den Gesang der Stimme, an den Gesang der Frauen, an das Lied des Herakles und im allgemeinen auch an die lyrische Versgestaltung –, ist es denkbar, daß Hofmannsthal auch formal an die ästhetischen Überlegungen Schopenhauers anknüpfen wollte. Denn gerade in den genannten Szenen wird die ‚reale' Spielebene im Hinblick auf ein übergeordnetes Geschehen transzendiert, wird der krasse Realismus der antiken Vorlage auf einen übergreifenden Sinnbezug hin überschritten: „Aus diesem innigen Verhältniß, welches die Musik zum wahren Wesen der Dinge hat, ist auch Dies zu erklären, daß wenn zu irgend einer Scene, Handlung, Vorgang, Umgebung, eine passende Musik

---

[472] Dies wird gerade an folgenden Details deutlich: Die kindliche Ernsthaftigkeit des kleinen Eumelos gibt Hofmannsthal Gelegenheit, dessen psychologisch erklärbares Unverständnis („Was legen sie die Mutter auf die Trage?", 21) als Vorwegnahme des mythischen Schlusses („Ein fremder Mann? wann bringt er sie denn wieder?", 21) zu gestalten. In der Auftrittsszene des Herakles fällt zudem auf, daß der mythische Held der Verehrung seiner Person mit verhaltener Ironie begegnet. Das humoristisch-bescheidene Auftreten verleiht der Figur nicht nur (wie schon Apollon) ein psychologisches Profil, sondern bereitet auch dessen Funktion als Mittler zwischen Leben und Tod, zwischen distanzierter Nüchternheit und entgrenzter Lebensemphase, vor.

[473] Arthur Schopenhauer, *Die Welt als Wille und Vorstellung*, *Werke in fünf Bänden*, Bd. 1, nach den Ausgaben letzter Hand hg. von Ludger Lütkehaus, Zürich 1988, S. 348; Nietzsche, *Die Geburt der Tragödie*, KSA 1 105-107.

144

ertönt, diese uns den geheimsten Sinn derselben aufzuschließen scheint und als der richtigste und deutlichste Kommentar dazu auftritt".[474]

Die Strukturanalyse hat gezeigt, daß Hofmannsthal die handlungshemmenden, statischen Elemente der antiken Tragödie weiter ausbaut. Mit Blick auf Prolog, Chorszenen, die Monologe des Admet, die atmosphärische Raumkonzeption und die bilderreiche Figurenrede ließe sich ohne weiteres von einem lyrischen Drama sprechen. Der Tendenz zur statuarischen Tableauhaftigkeit stehen jedoch handlungsvorantreibende, dynamische Momente wie die agonale Dialoggestaltung (Szene Admet-Pheres, Herakles-Szenen), die Ensembleszenen (Auftritt des Herakles), die grotesk-komischen Dialoge (mit Pheres bzw. Herakles) sowie ganz allgemein die Handlungsführung mit dem glücklichen Ende entgegen. *Alkestis* nimmt in struktureller Hinsicht eine ‚Zwischenstellung' zwischen antiker Tragödie und lyrischem Drama ein, wobei dem Letztgenannten – aufgrund des Übergewichts des Monologischen und des Musikalisch-Stimmungshaften – ein größeres Gewicht zukommt. Dies wird auch daran deutlich, daß Hofmannsthal die Euripideische Gliederung in märchenhafte (Prolog, Kampf mit dem Tod) und realistische (Tod der Alkestis, Klage des Admet) Teile nicht nur beibehält, sondern intensiviert: Die leise erklingende Musik zeigt an, daß sich Prolog und Schlußszene auf einer höheren Darstellungsebene bewegen und einen mythischen, das realistische Geschehen umgreifenden Rahmen bilden.[475] Die zirkuläre Struktur des Werks erweist sich aber auch auf der Ebene der Handlung, da die Thematik des gesteigerten Lebens an die Figurenkonstellation Alkestis-Admet-

---

474 Schopenhauer, *Die Welt als Wille und Vorstellung*, Bd. 1, S. 347.

475 Zur Funktion der Musik bei Hofmannsthal siehe Erken, *Hofmannsthals dramatischer Stil*, S. 47-54; Martin Erich Schmid, *Symbol und Funktion der Musik im Werk Hugo von Hofmannsthals*, Heidelberg 1968 (Beiträge zur neueren Literaturgeschichte, dritte Folge 4), S. 55, 59-62, 69-73. Die Darstellung des Musikalischen in Hofmannsthals *Alkestis* ist dem Musikbegriff Schopenhauers näher als dem Nietzsches, da bei jenem der Kunstgenuß als ein Moment „frei von Quaal" (Schopenhauer, *Die Welt als Wille und Vorstellung*, Bd. 1, S. 353) beschrieben wird, während dieser – mit Blick auf die erschütternden Wirkungen des Wagnerschen Musikdramas – die dionysische Entfesselung des tragischen Mythos herausstellt. In diesem Sinn auch Schmid über *Der Tor und der Tod*: „Die von Hofmannsthal imaginierte Musik ist aber auch nicht jener dröhnende Bakchengesang, von dem Euripides berichtet. Ohne Zweifel ist der Zug zu Mozart'scher Grazie stärker als der zu Wagners Trunkenheit." (S. 69).
Unter dem Gesichtspunkt des Musikalischen ergeben sich auch Übereinstimmungen mit dem neuromantischen Märchendrama (zum Beispiel von Gerhart Hauptmann, Ernst Rosmer, Heinrich Sudermann, Georg Hirschfeld). Wie in *Alkestis* so wird auch in Hauptmanns ‚Traumdichtung' *Hanneles Himmelfahrt* (1894) durch die musikalische Untermalung einzelner Szenen (CA I 565, 567f., 573, 582, 584) eine irreale Wirklichkeitsebene akzentuiert; Hauptmann wird dieses Verfahren 1913 als Versuch bezeichnen, um durch die Verbindung von Wort und Musik eine neue musikdramatische Form zu entwickeln ([*Die Zukunft der Oper*], CA XI 837). Zu Hauptmanns Bruch mit dem Prinzip der naturalistischen Wirklichkeitsdarstellung siehe Gerhard Kluge, „Hanneles Tod und Verklärung. Studien und Vorstudien zu Gerhart Hauptmanns *Hanneles Himmelfahrt*", in: Hans-Peter Bayerdörfer/Karl Otto Conrady/Helmut Schanze (Hg.), *Literatur und Theater im Wilhelminischen Zeitalter*, Tübingen 1978, S. 139-165.

Herakles und an das Motiv der Hingabe gebunden ist: Opfer (Alkestis), Gastfreund-schaft (Admet) und Rettungstat (Herakles) sind auf einander bezogene und einander gleichwertige Handlungen, die – anders als bei Euripides – unter dem Aspekt einer die Figuren verwandelnden Lebenserhöhung stehen und am Ende des Stücks in die Anfangskonstellation zurückführen. Insofern folgt die Handlung von Hofmannsthals Drama der Struktur des Reigens,[476] wobei der Verbindung zwischen Opfertod (Alke-stis) und Gastfreundschaft (Admet) eine besondere Bedeutung zukommt. Hier spielt nicht nur die (auf die kritische Euripides-Rezeption antwortende) Aufwertung des Admet eine Rolle, sondern auch eine eigenständige Behandlung der Figur, die über Hofmannsthals Vorgänger hinausgeht.

1.4 Der Dilettant Admet

Die *Alkestis* des Euripides zeigt das Leid, das der mythische Lebenstausch zur Folge hat. Da das Drama trotz der märchenhaften Wiederkehr der Alkestis in der Imma-nenz der Szene verbleibt, muß es – nach modernem Verständnis – als mythenfern bezeichnet werden. Auch bei Hofmannsthal nimmt die Darstellung von Admets Leid breiten Raum ein; darüber hinaus spielt die Anschauung von der Einheit des Lebens eine zentrale Rolle: „Den Gedanken scharf fassen: wir sind eins mit allem, was ist und was je war, kein Nebending, von *nichts* ausgeschlossen", schreibt Hofmannsthal 1894.[477] Dies bedeutet aber auch, daß das zweifache Überschreiten einer ontischen Grenze wie in *Alkestis* in der Immanenz des mythisierten Lebens ‚verbleibt'. Der Kunst kommt dabei die Aufgabe zu, den Symbolcharakter der sinnlich erfahrbaren Erscheinungswelt im Hinblick auf das absolut gesetzte Leben zu profilieren. Dies hat zur Folge, daß bei Hofmannsthal zwei ‚Erfahrungsmodi' in den Mittelpunkt der lite-rarischen Figuration rücken: die Anschauung als Erkenntnis der physischen Welt und die Entgrenzung als ekstatische Teilhabe am großen Ganzen. Bevor die Gültigkeit dieser Überlegung anhand der Konfiguration Admet-Herakles überprüft wird, soll zunächst die poetische Konstitution des hier skizzierten Lebensbegriffs als systemati-sche Vernetzung der Bildbereiche Frucht, Herz, Blut, Traum, Rausch und Natur ge-zeigt werden.

---

[476] Zum Reigen als dramatische Struktur bei Hofmannsthal siehe Erken, *Hofmannsthals dramati-scher Stil*, S. 36-47.

[477] Hofmannsthal, *Aufzeichnungen*, GW RA III 376.

Der Lebensbegriff des Dramas ist zunächst an die biologische Verfaßtheit des Menschen gebunden („Und freute mich am Purpur meines Bluts", 34), darüber hinaus aber auch an den metaphysischen Urgrund des Daseins, der – selbst im „Herzen" (31) der Erde träumend – in traumhaften Zuständen erahnt oder in Zuständen rauschhafter Entgrenzung erfahren werden kann. Zentral ist hierbei, daß der Rausch nicht nur durch Mohn und Wein, sondern auch durch den Tod herbeigeführt werden kann. Vorausgegangen ist dieser dionysischen Denkfigur die Vision des „wundervoll erhöhten Lebens" (26), in der die auf den Tod folgenden organischen Zerfallsprozesse – da unter dem unaufhörlichen und allumfassenden Gesetz des Werdens und Vergehens stehend – als Einswerdung mit der Natur verklärt werden. Während die Herz-Metapher, die Anknüpfungen an das individuell („Blut, vergossen, meinen Durst zu löschen, / Aus deinem Herzen deiner Jugend Blut!", 19) wie metaphysisch („Und aus dem Herzen aller Dinge kommen", 41) waltende Lebensprinzip ermöglicht, das ‚Zentrum' der Schlußszene bildet, durchzieht das Motiv der Frucht den gesamten Dramentext und stellt Verbindungen her zwischen den Bereichen Lebensgenuß („O brechet die Früchte", 22), Opfer der Alkestis („Die schönsten / Früchte", 25), Wein als Rauschmittel („Und bring mir mehr vom dunklen Saft der Mutter!", 30) und Mildtätigkeit („Wie der Granatapfel", 42). Die hier genannten, auf den Begriff des Lebens bezogenen Bildelemente und Motive bilden ein Geflecht von Beziehungen, das als Allegorie des allumfassenden Lebens in den antiken Mythos ‚eingearbeitet' wurde.

In Admets Klagemonolog werden die werkspezifischen Topoi nochmals ‚gebündelt' dargeboten: Die grüblerische Selbstaussprache nimmt ihren Anfang bei der ästhetischen Wahrnehmung der eigenen Körperlichkeit („Und freute mich am Purpur meines Bluts", 34), dessen Unveräußerlichkeit gegen das (hier negativ verstandene) Bild der die Frucht abschließenden Schale gehalten wird („so eingekernt / In stumpfe Schalen, so unwesentlich", 34). Der von Alkestis ausgehende Lebensimpuls, schon auf die zentrale Metapher ‚Herz aller Dinge' hindeutend („Und doch bebt deines Herzens Herz", 34), greift über die physiologischen Bedingungen hinaus („Die ohne dich in dieses Blut nie kamen", 34) in eine allumfassende, wiederum organisch verstandene Sphäre der Natur („Da saugt die dunkle Wurzel unsrer Kraft / Wie blinde Hündlein an der Mutter Zitzen!", 35), die im Traum nur undeutlich erschlossen („So aber träum ich dumpf", 35), im Entgrenzungszustand („gäben meines Bluts Atome nur, / Was sie von dir umschlossen halten, frei", 35) jedoch als Unbewußtes und Bewußtes vereinigende Einheit erfahren werden kann („Dann träumt ich fort von dir und wüßte drum!", 35).

Herz-Metapher und Daseinsschau im Traum sind poetische Zeugnisse von Hofmannsthals Schopenhauer-Rezeption, die 1889 einsetzt und die die dichterische Produktion der neunziger Jahre maßgeblich bestimmt.[478] Schopenhauers Ansicht, daß die Einheit des Seins als naturhaft-biologischer Lebenszusammenhang aufzufassen ist, findet eine Entsprechung im Klagemonolog, in dem Admet – wie oben gezeigt – seine eigene Leiblichkeit als Medium „zur Erkenntniß des innersten Wesens der gesammten Natur"[479] betrachtet und infolgedessen zu der Einsicht gelangt, daß alle Erscheinungen der Natur und des Kosmos von einem allumfassenden Lebenstrieb, dem Willen, durchdrungen sind: „Denn alles dies lebt irgendwo in uns" (35). Daran schließt die Vorstellung an, daß der Wille als Urgrund des Daseins selbst einen ‚Lebenstraum' träumt, an dem die Individuen als dessen Objektivationen in Zeit und Raum teilhaben. Erst in dieser Doppelheit von natur- und traumhafter Verfaßtheit des Lebens vermag – bei Schopenhauer wie bei Hofmannsthal – das Wesen des Daseins als willenbestimmtes erfaßt zu werden.[480] Hofmannsthal weicht jedoch von Schopenhauer ab, wenn er Lebensfeier (Admet), Rausch (Herakles) und Todeserfahrung (Alkestis) als Phänomene darstellt, die im Sinn von Nietzsches Kunstmetaphysik auf die Rückkehr in den Urgrund des Seins zielen. Im folgenden soll gezeigt werden, inwiefern die Transposition des antiken Mythos unter den Vorzeichen eines mythischen Lebensbegriffs zu dramaturgischen Widersprüchen führt.

Ausgangspunkt ist hierfür die Todesszene, die gänzlich frei von dionysischen Untertönen ist. An der Königin, die die Züge einer *Femme fragile* aufweist,[481] vollzieht sich die ästhetisch überhöhte Inszenierung eines langsamen Sterbens, das verschiedene Stadien des Verdämmerns umfaßt.[482] Die anrührende, von Krankheit oder

---

478 Steffen, „Schopenhauer, Nietzsche und die Dichtung Hofmannsthals", S. 65-90, hier S. 75. Siehe auch Grete Schaeder, „Hugo von Hofmannsthals Weg zur Tragödie. Die drei Stufen der Turm-Dichtung", in: *Deutsche Vierteljahrsschrift für Literaturwissenschaft und Geistesgeschichte* 23 (1949), S. 306-350, hier S. 311-314; Esselborn, *Hofmannsthal und der antike Mythos*, S. 36-48 und 93.

479 Schopenhauer, *Die Welt als Wille und Vorstellung*, Bd. 1, S. 163.

480 Philosophiegeschichtlich betrachtet bestehen Berührungspunkte zwischen den ‚Lebens'-Diskursen des 19. Jahrhunderts und der Tradition des neuplatonischen Denkens. Siehe dazu Riedel, *‚Homo Natura'*, S. XVIf., 45-48 und 65-77. Zu Hofmannsthals Rezeption von neuplatonischem Gedankengut in den neunziger Jahren siehe René Breugelmans, „Hofmannsthal im Platonismus der Jahrhundertwende", in: *Hofmannsthal Forschungen* 1 (1971), S. 16-35; Kuhn, *Mythos – Neuplatonismus – Mystik*, S. 17-31.

481 Hofmannsthal, *Alkestis*: „Da trat sein junges Weib lautlos vor ihn" (10), „und Todesgötter [...] Hörten's und wehten ihren jungen Leib / Mit leisem Schauer an" (10), „Heut morgen ging sie an den Fluß und wusch / Die weißen Glieder, [...] tat sich zierlich an" (14), „‚Bette, wo ein halbes Kind / Ich mich zuerst dem Manne ganz ergab'" (14), „Was für ein Boot, mein Kind?" (17), „Du holde kleine Frau" (27). Zum Kontext siehe Ariane Thomalla, *Die ‚Femme fragile'. Ein literarischer Frauentypus der Jahrhundertwende*, Düsseldorf 1972 (Literatur in der Gesellschaft 15).

482 Zunächst nimmt Alkestis' Stimme einen fremdartigen Klang an (14), dann vermag die Königin nur noch von Admet gestützt zu gehen und wird behutsam auf einem Kissenlager niedergelassen

Schmerz gänzlich abstrahierende Szene wird durch den Auftritt des Todes und den Bericht der Sklavin vorbereitet. In beiden Szenen fällt auf, daß die Unheimlichkeit der Todesfigur mit der Sanftheit ihrer Erscheinung korrespondiert: Der Tod wird das Haar der Alkestis „Unsichtbar, stumm" (11) mit seinem Schwert berühren; die Sklavin spricht von dem geduldig in den Gemächern wartenden Tod, „Der hinter ihr [Alkestis], sie fast berührend, stand" (14). Nicht die grauenerregende Skelettartigkeit mittelalterlicher und frühneuzeitlicher Todesallegorien wird hier bemüht,[483] sondern eine milde Bedächtigkeit, die den Berührungen des Todes einen geradezu intimen Charakter verleiht[484] und die von ferne an das „alte heitere Bild des Todes" erinnert, das Lessing skizziert hat.[485] Vor diesem, mit Motiven des Jugendstils durchsetzten Hintergrund werden im Stück zwei konträre Todesvorstellungen entfaltet: Einerseits das konventionelle Bild des Todes, das in Anlehnung an antike Hadesvorstellungen die Verstorbenen in einem kalten, schattenhaften Reich ansiedelt. Im Gegensatz dazu steht die Vorstellung, daß der Tod als rauschhafte Steigerung des Lebens vorzustellen ist. Dies klingt leitmotivisch schon – in einer milden Variante – im Gesang der Sklavinnen an; der eigentliche Protagonist dieser Vorstellung ist jedoch der zechende Herakles, der das „Totsein" als „Göttliche Art der Trunkenheit" (30) feiert.

Herakles führt nicht nur als Deus-ex-machina-Figur, den Konventionen der Euripideischen Tragödie entsprechend, das glückliche Ende herbei, sondern formuliert ein über den antiken Mythos hinausweisendes Deutungsprogramm, dem zufolge das Einheitsverlangen im Tod eine rauschhafte Erfüllung finden wird. Während bei Nietzsche die Erfahrung des Dionysischen an den tragischen Mythos bzw. an das Leiden des tragischen Helden geknüpft ist, entfaltet Hofmannsthal ein nach Intensitätsgraden abgestuftes Spektrum von Entgrenzungsphänomenen (Weingenuß, Eros, Tod), die entweder im Lebensvollzug selbst oder spätestens im Moment des Todes erfahrbar sind.

---

(16), wo sie – in der Betrachtung von Wolken und Sonnenlicht versunken – erblindet (17) und schließlich – einen letzten Gruß an Gatte und Kinder richtend – kraftlos niedersinkt (20).

[483] Siehe dazu Uwe Pörksen, „Der Totentanz des Spätmittelalters und sein Wiederaufleben im 19. und 20. Jahrhundert. Vorüberlegungen zu einer Rezeptionsgeschichte als Rezeptionskritik", in: Peter Wapnewski (Hg.), *Mittelalter-Rezeption. Ein Symposion*, Stuttgart 1986 (Germanistische Symposien, Berichtsbände VI), S. 245-262, hier S. 252-254.

[484] Siehe hierzu auch die Verse der Sklavinnen, die von der ‚zärtlichen' Berührung durch den Tod singen: „Flieg ihr auf den Mund, ein Falter, / Schwarz und still im Abendrot!" (22).

[485] Gotthold Ephraim Lessing, *Wie die Alten den Tod gebildet*, *Werke und Briefe*, Bd. 6: *Werke 1767-1769*, hg. von Klaus Bohnen, Frankfurt a. M. 1985, S. 715-778, hier S. 778. Lessing zieht auch die Darstellung des Todes in Euripides' *Alkestis* heran, um seine These von der ‚Sanftheit' des antiken Todesbildes zu untermauern (S. 759). Zu Lessings Abhandlung und ihrer literarischen Rezeption im Fin de siècle siehe Ludwig Uhlig, *Der Todesgenius in der deutschen Literatur von Winckelmann bis Thomas Mann*, Tübingen 1975 (Untersuchungen zur deutschen Literaturgeschichte 12), S. 9-19 und 92-111.

Es ist zwar denkbar, daß die *Alkestis*-Passage in der *Geburt der Tragödie* Hofmannsthals Dichtung angeregt hat.[486] Es sollte aber auch in Betracht gezogen werden, daß das Bild des erregten Admet lediglich die Wirkung illustriert, die die apollinische Versinnbildlichung der dionysischen Weisheit auf den Zuschauer der Tragödie auszuüben vermag. Dieser mythische Moment, der bei Nietzsche in der Verschränkung apollinischer und dionysischer Kunstmittel unmittelbar erlebt werden kann, wird bei Hofmannsthal zum Gegenstand des dramatischen Geschehens selbst und rückt damit in eine (dem Zuschauer) unerreichbare Ferne. Ablesbar ist diese Verschiebung auch daran, daß Herakles zwar den das Drama übergreifenden Sinnzusammenhang formuliert, seine dionysische Weisheit jedoch weder die tragische Situation des Admet ,erreicht' noch die Bereitschaft des Helden, Admets aufopferungsvolle Gastfreundschaft zu entgelten, befördert. Der Monolog des Herakles zielt nicht auf die durch den antiken Mythos vorgegebene Dramaturgie, sondern bildet die atmosphärische Voraussetzung für den Entrückungszustand der Alkestis: „kämen aber Tote wieder, / Sie hätten noch viel wundervollre Augen, / So vollgesogen innerlich mit Wundern" (31). Die thematische Anlehnung an die dionysische Entgrenzung bei Nietzsche entfernt Hofmannsthals Drama aber von dem, was in Nietzsches Perspektive den Gehalt eines dionysischen Kunstwerks ausmacht und nähert es – auch aufgrund der am lyrischen Drama geschulten Technik – dem Märchendrama an. Zudem lassen die märchenhaft-lyrische Stimmung und die Dominanz monologischer Introversion in *Alkestis* jene Pathosszenen vermissen, die in Nietzsches Sicht die Tragödie auszeichnen und die die Wiederherstellung der zerbrochenen Einheit erahnen lassen.

Sinnfällig wird die Distanz Hofmannsthals zu Nietzsche nicht nur in den visionären bzw. trunkenen Monologen des Admet und des Herakles, sondern vor allem in der Schlußszene. Das Todeserlebnis der Alkestis, das Hofmannsthal mit Schopenhauer und Nietzsche als Eintauchen in den Urgrund des Seins begreift, wird bei Hofmannsthal zum Gegenstand einer ,innerszenischen' Teichoskopie: Nicht als Pathosszene, sondern in indirekter Form, als Beschreibung körperlich-affektiver Vorgänge wird das Unvorstellbare von Admet annäherungsweise benannt. „Fürchterliches" (41), das die Zurückkehrende umgibt, wird nur innerhalb der Szene wahrgenommen und – ablesbar an der Herz-Metaphorik – von Admet und Herakles beglaubigt, so daß die apollinische Anschauung des Mysteriums die (immerhin mögliche) Darstellung des Dionysischen ,bändigt'. Hier von der symbolischen Gegenwart des

---

[486] Esselborn, *Hofmannsthal und der antike Mythos*, S. 93, siehe auch S. 250.

150

Dionysos im Sinne Nietzsches zu sprechen,[487] hieße Form und Wirkungsanspruch von Hofmannsthals Drama miteinander zu verwechseln.

Auffallend ist, daß der aus dem Hades zurückkehrende Herakles einen anderen Ton anstimmt. Seine lehrhafte Rede streift den dionysischen Aspekt des Todes nur und weist in eine andere Richtung: Nicht von rauschhafter Verzückung ist mehr die Rede, sondern von ehrfürchtiger Erinnerung an das Mysterium.[488] Damit nicht genug, wird der antike Mythos in zweifacher Hinsicht christlich überformt: Das Vermögen, ontische Grenzen zu überwinden, verbindet Herakles und Christus, während Alkestis und Christus beide aus dem 'Herzen aller Dinge' zurückkehren bzw. – christlich gewendet – wiederauferstehen.[489] Nach den bacchantischen Gesängen des Herakles wirkt diese finale Sinnstiftung überraschend, wenn nicht befremdend, da der dionysische Lebensbegriff des Dramas relativiert wird. Vom Schluß her betrachtet wird die rauschhafte Lebenserhöhung sowohl der ehrfurchtsvollen Anschauung des Wunders als auch dem Ethos des mildtätigen Herrschers untergeordnet. Da Entgrenzung und Kontemplation bzw. Entgrenzung und Königtum jedoch nicht miteinander vereinbar sind, steht damit die (in der einschlägigen Literatur behauptete) Einsinnigkeit des Werks in Frage. Dies um so mehr, als auch Admet, die eigentliche Hauptfigur des Dramas, eine 'Entwicklung' durchläuft, die sowohl dem märchenhaften Königtum als auch der dionysischen Lebensemphase widerspricht.

Zunächst wird der König als introvertierter Skeptiker gezeigt, der den mythischen Lebenstausch – anders als die demutsvolle Alkestis – unter den Vorzeichen einer an Euripides erinnernden Götterkritik betrachtet. Die Figur knüpft an die sentimentalische Perspektive, die Apollon im Prolog artikuliert hat, an, wenn er die Vorgeschichte als angstvolle Erwartung des Todes betrachtet: „So grauenvoll ist, wenn man es bedenkt, / Das Leben" (21). Dementsprechend erklärt der trauernde Admet die Erinnerung bzw. genauer: das Nicht-Vergessen-Wollen zu seinem Lebensinhalt. Eine solche Einstellung verlangt eine asketische, nüchterne Geisteshaltung, die jede Form von Zerstreuung ablehnen muß: „Die süßen Flöten, die sie aus dem Holz / Des Lotosbaumes schneiden, sollen schweigen. / Ich *will* nicht, daß sie mich vergessen lehren!" (21).

In einem großen Monolog, der sich zunächst an Herakles, dann an den Hofstaat richtet, erläutert Admet seine – angesichts des Trauerfalles – ungewöhnliche Gast-

---

487 Esselborn, *Hofmannsthal und der antike Mythos*, S. 250.

488 Rey (*Weltentzweiung und Weltversöhnung*, S. 48) weist auf diese Differenz hin, sieht darin jedoch keinen Widerspruch.

489 In einigen Varianten der *Alkestis* (4 H^4, 7 t^1, 9 t^2) hat Hofmannsthal diese christliche Wendung schon in der Szene Alkestis-Admet vorbereitet, da Admet hier die Liebe seiner Gattin mit 'Brot und Wein' (SW VII 234) vergleicht (statt wie in der endgültigen Fassung antikennäher mit „Öl und Wein", 19).

freundschaft. Während Euripides neben der Sorge um die öffentliche Meinung die Mildtätigkeit als Motiv hervorhebt, erwähnt der König bei Hofmannsthal eine ihm durch die Opfertat der Alkestis zukommende Verpflichtung, die über das Treueversprechen und über die konventionellen Formen der Gastlichkeit weit hinausgeht. Die Analogie „goldne[] Frucht" und „milde[r] König" (25) versinnbildlicht diese Verpflichtung, die – wie die Steigerung in den letzten Versen zeigt – eine allumfassende Herrschaftsform begründet, in deren Zentrum die Vision eines naturhaften, die zyklischen Vorgänge von Leben, Tod und erneuter Zeugung einschließenden Königtums steht. Dieser Monolog bildet einen auffälligen Kontrast zu der oben beschriebenen Haltung des Admet, da nun an die Stelle der permanenten Erinnerung an Alkestis die ‚euphorische' Regentschaft über das „wundervoll erhöhte[] Leben[]" (26) gerückt und demnach die rationale Fixierung auf die Trauer überwunden wird: „mir ist auferlegt, / So königlich zu sein, daß ich darüber / Vergessen könne all mein eignes Leid!" (26).[490]

Admets Verwandlung bleibt jedoch nur von kurzer Dauer. Nach der Rückkehr von dem Begräbnis fällt der König in das ‚dumpfe Brüten' zurück, das die Figur schon in der Sterbeszene der Alkestis und bei der Ankunft des Herakles charakterisiert hat. Auch hier richten sich seine Gedanken auf einen Zustand der Entgrenzung. Der auf diese Reflexion folgende Verzweiflungsausbruch erhält vor dem Hintergrund der Rede von dem „wundervoll erhöhten Leben[]" ein besonderes Gewicht, da nach der Grablegung Schmerz und Trauer die hoffnungsvolle, das Leid überwindende Perspektive überlagern. Als Herakles zurückkehrt, trifft er auf einen König, der – isoliert von seinen Gefolgsleuten, eingehüllt in einen Mantel und Trostworte nicht wahrnehmend – sich dem Leid völlig ergeben hat.[491]

---

[490] Die Interpretation Schmidt-Denglers („Dichtung und Philologie", S. 169-171) beruht maßgeblich auf dem Faktum, daß Admet in den von Herbert Steiner herausgegebenen Gesammelten Werken als „Der König" ausgewiesen wird (Hugo von Hofmannsthal, Dramen I, Gesammelte Werke in Einzelausgaben, Frankfurt a. M. 1953, S. 29f.), obwohl ein Sprecherwechsel nicht anzuzeigen wäre und der Monolog Admets nur durch szenische Anweisungen unterbrochen wird. Die Kritische Ausgabe der Alkestis hat gezeigt, daß es sich hierbei um eine Hervorhebung von Steiner handelt (SW VII 24f. und 282). Da zudem im Haupttext der soziale Status des Admet mehrfach betont wird, kann das Königtum in dieser Szene nicht die exklusive Bedeutung beanspruchen, die Schmidt-Dengler ihm zuschreibt.

[491] Paul Requadts Ausführungen zur Mantelsymbolik in Alkestis beschreiben die komplexen Textverhältnisse nur unzureichend („Sprachverleugnung und Mantelsymbolik im Werke Hofmannsthals", in: Deutsche Vierteljahrsschrift für Literaturwissenschaft und Geistesgeschichte 29 (1955), S. 255-283, hier S. 267). Denn zu einer ‚Geste des Mantelabwurfs' kommt es in der Schlußszene nur im metaphorischen Sinn: Beim Anblick der verschleierten (!) Alkestis bemüht Admet das Bild von dem „bunte[n] Schicksalskleid", das sich „wie ein Schleier" löst (37). Diese Bildlichkeit bezieht sich zweifellos auf das Bild des zerreißenden Schleiers in Nietzsches Geburt der Tragödie – in diesem Fall kann man jedoch nicht von einem ‚Mantelabwurf' sprechen. Ergänzend hierzu muß berücksichtigt werden, daß diesen Versen der reale Vorgang des Verhüllens

Hofmannsthal beseitigt einerseits die Widersprüche, die Admet belasten, andererseits verleiht er der Figur die Züge eines Dilettanten, der verschiedene Stadien bzw. Stimmungen durchläuft (Trauer – Euphorie – Herrscherwille – Erstarrung). Von besonderer Bedeutung ist dabei, daß sowohl das erhabene Königtum als auch die tiefe Verzweiflung eine Entsprechung im Bild der Natur finden: Stand vormals das organische Eingehen der Alkestis in die Sphäre der Natur im Mittelpunkt von Admets ‚königlicher' Verlautbarung, so betonen die Verse des Klagemonologs Alkestis' Abwesenheit in der Natur: „Das Land ist fürchterlich! die Wiesen reden / Von ihr, die Teiche sehnen sich nach ihr! / Die Bäume sind, als ob sie weinen wollten!" (35). Auf dem Höhepunkt der Verzweiflung vermag Admet die Natur nicht mehr als Leben und Tod umschließenden, metaphysischen Zusammenhang zu betrachten, sondern nur noch unter der hoffnungslosen Perspektive eines unüberwindbaren Verlustes.[492] Die „mythische Naturbetrachtung", von der Hofmannsthal in der Textvariante N5 zur *Alkestis* gesprochen hat,[493] bietet Admet keinen Trost.

Angesichts dieser Widersprüche ist es fragwürdig, Hofmannsthals Drama als literarische Ausformung einer Nietzsche nachgebildeten, einsinnigen „Bejahung des Lebens als menschliches Geschick" zu deuten.[494] Einerseits gründet Admets Königtum in einer Verpflichtung gegenüber Alkestis, basiert also nicht ausschließlich auf dionysischer Lebensbejahung bzw. der Absolutsetzung des Individuums, sondern ist die Folge einer liebenden bzw. trauernden Bezugnahme auf den Opfertod der Gattin. Dementsprechend wird im Stück dem Motiv der Mildtätigkeit ein hoher Stellenwert eingeräumt, im Schlußmonolog des Herakles sogar unter christlichen Vorzeichen. Andererseits vermag Admet dem pathetisch formulierten Herrschaftsideal selbst nicht gerecht zu werden; die Verwandlung des Leids in eine triumphale Lebensfeier erweist sich für den Trauernden als unerreichbare Vision. Ohne die märchenhafte Schlußgebung hätte man sich Admet als eine Figur zu denken, die nur noch zu grüblerisch-sentimentalischer Introversion fähig wäre und damit denkbar weit entfernt von lebensphilosophischen Selbstbemächtigungsstrategien.

Alkestis stellt den Versuch dar, unter dionysischen Vorzeichen die Märchenmotive des Stoffes zu erneuern. Die Werkanalyse hat gezeigt, daß diese Intention zu zwei

---

vorausgeht: Der trauernde Admet verbirgt sich tatsächlich in einem Mantel (34). Erst in dieser Komplementarität entfaltet die Mantelsymbolik ihren poetischen Sinn: Der Mantel als Zeichen der isolierten, in ihrem Leid aufgehenden Figur korrespondiert mit der metaphorischen Überschreitung des Individualitätsprinzips; die gegenseitige Bezüglichkeit von Erstarrung (verhüllender Mantel) und Entgrenzung (zerreißender Schleier) wird in das Bild des Gewandes ‚eingekleidet'.

[492] Im Gegensatz dazu spricht Nüchtern (*Hofmannsthals ‚Alkestis'*, S. 44) von der „Überwindung mystischer Introversion".

[493] SW VII 233.

[494] Steffen, „Schopenhauer, Nietzsche und die Dichtung Hofmannsthals", S. 79.

grundlegenden dramaturgischen Widersprüchen führt: Da Hofmannsthal die Handlungsstruktur des Euripides übernimmt, gerät das visionäre Königtum, das der hingebungsvollen Opferbereitschaft der Alkestis verpflichtet ist, in einen unüberbrückbaren Gegensatz zu der tiefen Verzweiflung, in die Admet in der zweiten Hälfte des Dramas stürzt. Und: Die Rückkehr der Alkestis wird zwar thematisch durch die dionysische Lebensverherrlichung des Herakles vorbereitet, das Drama schließt jedoch mit einer moralischen Lehre, die nicht nur Nietzsches Verzicht auf wirkungsästhetische Absichten, sondern auch dem symbolistischen Unsagbarkeitstopos des Schlusses („Ausschöpfen kannst du nie den Sinn davon", 41) widerspricht. Die heilsgeschichtliche Perspektive, die in den Worten des Herakles aufscheint, legt die Vermutung nahe, daß Hofmannsthal vor dem Hintergrund von Bergers Ansichten über den ideellen Gehalt des Dramas bemüht war, die prominente Rolle, die die dionysische Entgrenzung in seiner Antikenfiguration einnimmt, zurückzunehmen.

1.5 Die dionysischen Wirkungen der Metaphorik

Ausgangspunkt der Untersuchung der *Alkestis* war die Feststellung, daß Hofmannsthal bestrebt war, im Rückgriff auf einen klassischen Hypotext und unter Berücksichtigung der traditionellen Dramenpoetik über die Form seiner frühen Dramen hinauszugelangen. In struktureller Hinsicht hat sich gezeigt, daß die Transposition des antiken Mythos im Geist des lyrischen Dramas eine märchenhafte Überformung der Handlung zur Folge hat, die dem Geschehen nicht nur einen Zugang zu der Sphäre des Wunderbaren eröffnet, sondern auch (in einer über Euripides hinausgehenden Weise) die Beziehungen zwischen den Hauptfiguren neu konfiguriert. Die Struktur des Reigens, die – als Sinnbild monistischer Einheitsvorstellungen – die Rückgängigmachung des Lebenstausches veranschaulicht und Opfertod und Königtum, Gastfreundschaft und Hadesfahrt in eine Kreisstruktur einbindet, vermag jedoch weder das Leid des Admet, das im Zentrum der Euripideischen Tragödie steht, einzubeziehen, noch der Tendenz des Dramas zu statisch-stimmungsvoller Tableauhaftigkeit entgegenzuwirken. Dem entspricht auf thematischer Ebene, daß sich emphatische Lebensfeier und dilettantische Selbstbezüglichkeit, dionysische Entgrenzung und christlicher Sinngehalt, Lebensgenuß und Herrschaftsethos als dramaturgisch nur schwer miteinander vermittelbare Gegensätze herausgestellt haben. Indem schließlich das Moment des Dionysischen in das innerszenische Gefüge des Dramas zurückgenommen wird, tritt an die Stelle der tragischen Handlung die lyrische Beschwörung von Entgrenzungsphänomenen, die (behauptete) Urgewalt des Mythi-

154

schen findet keine Entsprechung im Szenischen. Die Diskussion der Forschung hat gezeigt, daß weder Hofmannsthals Selbstdeutung (Jens, Rey, Nehring, Nüchtern) noch der Rückgriff auf die Lebensphilosophie (Esselborn, Steffen), weder der Neuplatonismus (Kuhn) noch die Akzentuierung des Märchenkönigtums (Schmidt-Dengler) Struktur und Sinngehalt des Dramas erschöpfend zu erschließen vermögen. Die folgende Deutung beansprucht nicht, die beschriebenen Widersprüche der *Alkestis* aufzulösen, sondern unternimmt den Versuch, unter Berücksichtigung von Hofmannsthals symbolistischer Poetik eine weitere Sinnebene zu akzentuieren, die der *Alkestis* eingeschrieben wurde: die der Kunst.

Obwohl Hofmannsthal während der Arbeit an *Ascanio und Gioconda* gegenüber Schnitzler von der „eigentümlich dunkelglühenden, dionysischen Lust im Erfinden und Ausführen tragischer Menschen in tragischen Situationen" spricht,[495] kennzeichnet die Poetik des jungen Dichters weniger dramaturgische Einheitlichkeit als vielmehr synthetisches Anverwandlungsvermögen und ästhetizistisches Formenspiel. Auch die (oben zitierte) Aufzeichnung zum Dionysos-Mythos von 1893 enthält neben der dichtungstheoretischen (Nietzsche) und der weltanschaulichen (Monismus) Ebene noch eine dritte Komponente. Hofmannsthal geht es – wie der Kontext dieses Notats zeigt – um die *sinnliche Erfassung* der Totalität des Lebens, wobei der Dichter auch an alltägliche Gegenstände denkt: „die bauchige Glasflasche, der hochbeinige Tisch"[496]. Daß alles mit allem zusammenhängt, erweist sich für Hofmannsthal gerade auch in der Alltäglichkeit der kunsthandwerklichen Formenwelt, denn auch das Möbelstück wurde „aus dem Herzen der Esche geschnitten" und hat als leblose, gestaltete Natur noch Anteil an der Einheitssehnsucht des Dionysos Zagreus.[497] Da jede Erscheinung auf die allem zugrundeliegende Einheit verweist, bekundet sie ihre Verbundenheit mit der Gesamtheit aller Lebensvorgänge und hat demnach einen poetischen Charakter: „Alles was ist, ist, Sein und Bedeuten ist eins; folglich ist alles Seiende Symbol."[498] Die Wahrnehmung dieses Verweisungszusammenhangs gilt Hofmannsthal als grundlegende Voraussetzung jeder dichterischen Betätigung: „Ich bin ein Dichter, weil ich bildlich erlebe."[499]

Am 24.03.1894 veröffentlicht Hofmannsthal in der *Frankfurter Zeitung* eine Rezension der im Vorjahr erschienenen *Philosophie des Metaphorischen* von Alfred Biese. Hofmannsthal beurteilt Bieses Schrift, die die Geschichte des bildlichen Denkens in Philosophie, Poetik und Literatur nachzeichnet, teils wohlwollend, da sie

---

[495] BW Schnitzler, S. 23.
[496] Hofmannsthal, *Aufzeichnungen*, GW RA III 359.
[497] Hofmannsthal, *Aufzeichnungen*, GW RA III 359.
[498] Hofmannsthal, *Aufzeichnungen*, GW RA III 391.
[499] Hofmannsthal, *Aufzeichnungen*, GW RA III 382.

einen Thesaurus erlesener Metaphern und Gleichnisse darstellt, teils ironisch, da ihr – angesichts des unerschöpflichen Gegenstandes – der angestrengte Gelehrtenfleiß deutlich anzumerken ist. Letztendlich nimmt Hofmannsthal das Buch jedoch zum Anlaß, statt einer wissenschaftlichen Schrift eine dichtungsaffinere Darstellung des Metaphorischen vorzuschlagen – einen Dialog zwischen zwei Ästheten, die sich in einer großstädtischen Parkanlage den Eindrücken von Natur und historischer Kulisse hingeben und, „getroffen von so viel Schönheit"[500], ihrem Erleben bildlichen Ausdruck verleihen. Diese Skizze formuliert Hofmannsthal nicht aus einer ästhetizistischen Laune heraus, sondern um einen sprach- und dichtungstheoretischen Begründungszusammenhang darzulegen: Da der uneigentliche Ausdruck die Sprache der Natur bzw. des Lebens sei, vermag das metaphorische Sprechen in einem Akt der Entgrenzung das (verlorengegangene) Wissen um den Zusammenhang der Dinge (erneut) herzustellen. Hofmannsthal skizziert eine „hellsichtige Darstellung des seltsam vibrierenden Zustandes, in welchem die Metapher zu uns kommt, über uns kommt in Schauer, Blitz und Sturm: dieser plötzlichen blitzartigen Erleuchtung, in der wir einen Augenblick lang den großen Weltzusammenhang ahnen, schauernd die Gegenwart der Idee spüren, dieses ganzen mystischen Vorganges, der uns die Metapher leuchtend und real hinterläßt, wie Götter in den Häusern der Sterblichen funkelnde Geschenke als Pfänder ihrer Gegenwart hinterlassen."[501] Die mythische Bildlichkeit, die Hofmannsthal hier bemüht, illustriert jenen Urzustand der Sprache, in dem – noch vor der ‚Regulierungsarbeit' des abstrakt-begrifflichen Denkens – jede Form der Verständigung poetische Qualität besaß. Daher sind den jungen Spaziergängern „die Worte [...] lebendige Wesen, und vor Begriffen fliehen sie, wie vor großen schwarzen Hunden."[502]

Lenkt man den Blick von der Biese-Rezension zurück zur *Alkestis*, dann ergeben sich folgende Analogien: In dem Prosatext sind es die aus ‚poetischeren' Zeiten überlieferten Metaphern, „die zauberhaft und furchtbar gleichsam aus dem Herzen der Dinge heraustönen"[503]; in dem Drama ist es Alkestis, die aus dem (ebenfalls so bezeichneten) Urgrund des Seins zurückkehrt („Ein Schauder geht von dieser Fremden aus, / Als wär sie aus dem Herzen aller Dinge / Ans Licht getreten!", 77) und nun eine vergleichbare Wirkung auf den verzweifelten Admet ausübt. Das Bild des im Dunkeln strahlenden Diamanten erzeugt in beiden Texten jenen ‚Hoffnungsschimmer', der – als metaphysische Gewißheit – sowohl die Schrecklichkeit des To-

---

500 Hofmannsthal, *Philosophie des Metaphorischen*, GW RA I 193.
501 Hofmannsthal, *Philosophie des Metaphorischen*, GW RA I 192.
502 Hofmannsthal, *Philosophie des Metaphorischen*, GW RA I 193.
503 Hofmannsthal, *Philosophie des Metaphorischen*, GW RA I 191.

des als auch die tödliche Erstarrung des begrifflichen Denkens zu bannen vermag.[504] Die mythisierende Antikenfiguration, die das Gleichnis von der Unzerstörbarkeit des Lebens ebenso beinhaltet wie das von der Unzerstörbarkeit des dichterischen Sprechens, gerät Hofmannsthal zu jener „bebende[n] Hymne", als die sich der Dichter *seine* Philosophie des Metaphorischen imaginiert hatte.[505]

Es sind zwei gegenläufige Bewegungen, die – über die entstehungs-, stoff- und formgeschichtlichen Besonderheiten hinaus – die innere Spannung der *Alkestis* hervorrufen. Die metaphernreiche Rede von Entgrenzung und Wiederkehr kehrt einerseits jenen Prozeß um, der das Werk von Nietzsches Konzeption des Urdramas entfernt hatte: Indem der Metapher aufgrund der „plötzlichen blitzartigen Erleuchtung, in der wir einen Augenblick lang den großen Weltzusammenhang ahnen"[506], eine der dionysischen Tragödie *vergleichbare* Wirkung zugesprochen wird, öffnet sich das in seine lyrische Stimmungshaftigkeit versponnene Drama wieder dem Zuschauer bzw. richtiger dem Zuhörer, dem allerdings in weit höherem Maß als bei Nietzsche eine Sensibilität für die Qualität der poetischen Rede abverlangt wird. Eine solche Konzeption setzt jedoch andererseits die Tendenz zur Lyrisierung des Dramatischen, die Hofmannsthal im Rückgriff auf den antiken Mythos und auf die traditionelle bzw. nietzscheanische Dramenästhetik zu überwinden gedachte, fort, da die Wirkung des Dramatischen nicht mehr auf dem tragischen Mythos beruht, sondern ausschließlich auf der poetischen Behandlung desselben. An diesem Punkt erweisen sich die Intentionen Hofmannsthals – der Wille zum Dramatischen *und* zum Lyrischen – als unvereinbar. Denn eine Dichtkunst, die ihrer Schwesterkunst, der Musik, nachstrebt, um – wie Hofmannsthal 1896 in *Poesie und Leben* schreibt – „das Stoffliche bis zur Vergessenheit" zu überwinden,[507] erreicht genau dort ihre Grenze, wo der Stoff – wenn man am Mythos im Sinne des Aristoteles festhalten will – nicht vollständig tilgbar ist: im Drama.

Daß Hofmannsthal *Alkestis* erst fünfzehn Jahre nach ihrer Entstehung vollständig veröffentlicht hat, mag als ein Hinweis gewertet werden, daß der Dichter sein Werk als bedeutsame Einübung in die Formprobleme des Dramas betrachtete, das heterogene Ergebnis (ähnlich wie im Fall des *Bergwerks zu Falun* von 1899) jedoch nicht

---

[504] Vgl. Hofmannsthal, *Alkestis*, SW VII 31 mit Hofmannsthal, *Philosophie des Metaphorischen*, GW RA I 191f.

[505] Hofmannsthal, *Philosophie des Metaphorischen*, GW RA I 193. Siehe hierzu auch eine Aufzeichnung Hofmannsthals zur *Alkestis* des Euripides, entstanden zwischen 1897 und 1899: „Allegorischer Sinn: junge Ideale schwinden uns aus dem Sinn wie Tote, dann bringt sie ein starker genialer Gott aus den Armen des Todes zurück und legt sie vor uns hin; wir sind bewegt, die Fremde scheint uns an eine geliebte Tote zu erinnern und wir können nicht fassen, daß sie es selbst ist." (*Aufzeichnungen*, GW RA III 426).

[506] Hofmannsthal, *Philosophie des Metaphorischen*, GW RA I 192.

[507] Hofmannsthal, *Poesie und Leben*, GW RA I 18.

mit seinen Vorstellungen von den Erfordernissen der „wirkliche[n] brutale[n] Bühne"[508] in Einklang bringen konnte. Erst nach dem Durchbruch zum anerkannten Büh-
nenautor und Opernlibrettisten konnte sich Hofmannsthal entschließen, das frühe
Antikendrama auch in Buchform publik zu machen – nun aber unter der den lyrischen Gehalt der Szenen kaschierenden Gattungsbezeichnung des *Trauerspiels*.

---

[508] BW Schnitzler, S. 23.

158

2. „Ein schöneres Stück, wenn der Orest nicht vorkäme": Hofmannsthal, *Elektra* (1903)

2.1 Maßlosigkeit und Mäßigung

Mit *Elektra* greift Hofmannsthal auf einen Stoff zurück, der – nicht nur überliefe-rungsbedingt – im Zentrum antiker Dramatik steht. Aischylos, Sophokles und Euri-pides haben den konfliktreichen Atriden-Mythos zum Anlaß genommen, die Grau-samkeit und das Leid des unter einem mythischen Fluch stehenden Geschlechts dra-matisch zu gestalten und insbesondere nach der Berechtigung und den Konsequenzen des Muttermordes in religiöser, rechtlicher und moralischer Hinsicht zu fragen. Im Prozeß der variierenden Wiederholung des bekannten Mythos erfährt die Figur der Elektra, die in den homerischen Epen noch nicht erwähnt wird, eine dramaturgische Aufwertung. In den *Choephoren* des Aischylos beschränkt sich ihre Funktion noch darauf, die chthonischen Gottheiten um Beistand anzuflehen und den Bruder Orestes in seinen Rachegefühlen zu bestärken. Sie berichtet zwar von ihrem unwürdigen Da-sein am mykenischen Königshof, ist aber an der Intrige des Orestes nicht beteiligt und verläßt nach dem großen Kommos die Szene. Sophokles rückt Elektra ins Zen-trum seiner gleichnamigen Tragödie, indem er durch die späte Anagnorisis deren Leiden an den ungerechten Verhältnissen kunstvoll steigert und sie, die wie Kly-taimnestra von der Intrige des Orestes getäuscht wird, Vorbereitungen für die Aus-führung des Muttermordes treffen läßt. Der die Konvention des antiken Rollenver-ständnisses sprengende Ausruf „Triff sie nochmals, wenn du kannst!"[509] bringt die Maßlosigkeit ihres Hasses anschaulich zum Ausdruck. Die *Elektra*-Tragödie des Euripides liest sich dagegen wie eine Kontrafaktur des Aischylos und – ihre spätere Entstehung vorausgesetzt – des Sophokles. Die heroischen Figuren des Mythos wer-den als durchschnittliche, labile Charaktere vorgeführt, die der moralischen Dimen-sion der Handlung nicht gerecht werden können. Elektras Haß zielt auf eine gebro-chene, reuevolle und um ihre Tochter besorgte Klytaimnestra. Nach der Tat, die Ore-stes nur unter schweren Zweifeln und unterstützt von Elektra auszuführen vermag, werden die Geschwister von schweren Gewissensbissen heimgesucht. Das Dioskur-renpaar greift zwar ordnend in das unheilvolle Geschehen ein; anders als bei Sophokles endet das Drama jedoch nicht mit freudigem Jubel über die Aufhebung des Fluchs.[510]

---

[509] Sophokles, *Elektra*, V. 1415.

[510] In der Tragödie *Orestes* führt Euripides die hier skizzierte Linie weiter, indem er den Mutter-mord als Handlung interpretiert, die ironischerweise gegen jene Ordnung verstößt, die durch die Entsühnung des Orestes vor dem Athener Areopag in den *Eumeniden* des Aischylos erst geschaf-

Sophokles erweitert eine Episode des bei Aischylos entfalteten Atriden-Mythos und zeigt Elektra als von dem Mörderpaar Aigisthos und Klytaimnestra zu einem unwürdigen Dasein gezwungene, aber ungebrochene Künderin des vergangenen Verbrechens.[511] Konstitutiv für die Figur ist das dialektische Verhältnis von Unrechtsbewußtsein und Maßlosigkeit: Obwohl Elektra weiß, daß ihr Verhalten dem Gebot der Schicklichkeit zuwiderläuft, hält sie – mehrfach auf die Gründe ihrer Klagen und Vorwürfe verweisend – unbeirrt daran fest. In diesem Punkt besteht eine entscheidende Differenz zu Aischylos: Während dieser Gatten- und Muttermord in den Kontext der religiösen Auseinandersetzung um ältere und neuere Zeus-Religion stellt, rückt der mythologische Horizont bei Sophokles in den Hintergrund des Dramas. Dementsprechend treten ethische und psychologische Motive deutlicher hervor: Der Konflikt zwischen Familiensinn und Rechtsempfinden, der bei Aischylos eine Entsprechung auf politischer und religiöser Ebene findet, bleibt bei Sophokles auf die handelnden Figuren beschränkt und büßt damit seine metaphysische Dimension ein, gewinnt aber im Gegenzug an theatralischer Präsenz.[512]

Aufgrund des Muttermordes hat sich die literarische Rezeption des Stoffes verzögert; erst im 18. Jahrhundert wird die Thematik wieder aufgegriffen, aber auch deutlich entschärft.[513] Denn bei Crébillon (*Électre*, 1708), Voltaire (*Oreste*, 1750), Gotter (*Orest und Elektra*, 1772) und Alfieri (*Oreste*, 1786) kommt Klytaimestra während eines Kampfes zwischen Orestes und Aigisthos versehentlich zu Tode. Diese Schlußgebung läßt das Ende der Übeltäter als höhere Fügung bzw. als vermeidbares

---

fen wurde. Vor diesem Hintergrund erscheint das Verhalten der Geschwister im *Orestes* geradezu als ‚archaisch', da sie an der Blutrache festhalten, anstatt ein ordentliches Gerichtsverfahren gegen die Mörder Agamemnons anzustreben.

[511] Fritz, „Die Orestessage", S. 113-159; Lesky, *Die tragische Dichtung der Hellenen*, S. 229-238; Albrecht Dihle, *Griechische Literaturgeschichte*, München ²1991, S. 130-133.

[512] An diesem Punkt hat sich eine Kontroverse um den Stellenwert entfacht, den der Muttermord bei Sophokles – im Vergleich zu Aischylos – einnimmt. Holger Friis Johansen („Die *Elektra* des Sophokles", in: *Classica et Mediaevalia* 25 (1964), S. 8-32) und Jan C. Kamerbeek (*The Plays of Sophocles*, Part V: *The Electra*, Leiden 1974, S. 17-20) haben die Ansicht vertreten, daß einige doppeldeutige Verse erkennen lassen, daß Sophokles die Problematik des Muttermordes durchaus in seiner Tragödie berücksichtigt habe und der Schluß keineswegs als harmonischer Abschluß zu bewerten sei. Demgegenüber haben Hartmut Erbse („Zur ‚*Elektra*' des Sophokles", in: *Hermes* 106 (1978), S. 284-300) und Thomas Alexander Szlezák („Sophokles' *Elektra* und das Problem des ironischen Dramas", in: *Museum Helveticum* 38 (1981), S. 1-21) dargelegt, daß das Leid und die Selbstbehauptung Elektras im Zentrum von Sophokles' Drama steht und „ein ironisch offenes Dramenende, bei dem der Zuschauer das eigentlich Gemeinte erst zu ergänzen hätte, [...] nicht dem Sophokleischen Gebrauch der Ironie [entspricht]." (Szlezák, „Sophokles' *Elektra*", S. 20).

[513] Zur Stoffgeschichte siehe Jürgen Busch, *Das Geschlecht der Atriden in Mykene. Eine Stoffgeschichte der dramatischen Bearbeitungen in der Weltliteratur*, Diss. [masch.] Göttingen 1951; Hellmut Flashar, [„Anmerkungen zur *Elektra*"], in: Sophokles, *Elektra*, übertragen von Wolfgang Schadewaldt, hg. von Hellmut Flashar, Frankfurt a. M.-Leipzig 1994, S. 97-168, hier S. 121-149.

Unglück (so bei Voltaire) erscheinen und enthebt die Geschwister von der mythischen Verpflichtung, gegen das Tabu des Muttermordes zu verstoßen. Die kontrastreiche Figurenkonstellation, vor allem bei Sophokles, in ironisch modifizierter Form auch noch bei Euripides, wird deutlich abgemildert und Klytaimestra als gebrochene und schwache Königin gezeigt, während Elektra als liebende Tochter auftritt. Hiervon abweichend kehren Bodmer (*Electra, oder die gerechte Uebelthat*, 1760) und Dalberg (*Elektra*, 1780) wieder zum Muttermord zurück. Aber auch in diesen Werken werden die Geschwister als empfindsame Naturen gezeichnet. Im Vergleich zu Sophokles wird die Bedeutung Elektras zurückgenommen; während bei diesem die unbeirrbare Tochter Agamemnons bereit ist, die Rachetat *selbst* auszuführen, besteht ihre Funktion bei den genannten Dramatikern – dem klassizistischen Antikenbild entsprechend – in der Mäßigung des Orestes. Ein Nachklang dieser Figurenauffassung findet sich noch in Leconte de Lisles ,tragédie antique' *Les Erinnyes* (1837), in der die blutige Rachetat zwar auf offener Bühne vollzogen wird, Elektra vor ihrem Bruder jedoch entsetzt zurückweicht.

Hofmannsthals Antikendrama entwirft nicht nur ein dem Klassizismus entgegengesetztes Antikenbild, sondern wendet sich auch gegen ein Rollenverständnis, das Elektra in die Nähe ihrer Schwester Iphigenie gerückt hat.[514] Hofmannsthal macht die Depotenzierung der Elektra rückgängig und kehrt zu der Tragödiengestalt des Sophokles zurück. Die Unerbittlichkeit, mit der Elektra an die leidvolle Vergangenheit erinnert; der Haß, der sich gegen die verbrecherische Mutter richtet; schließlich die Verachtung, mit dem sie dem Opportunismus von Chrysothemis und Dienerschaft begegnet – all dies sind Eigenschaften, die die moderne Elektra mit ihrer antiken Vorgängerin teilt. Hofmannsthal geht jedoch weit über Sophokles hinaus, wenn er Elektras maßloser Identifikation mit dem mythischen Rachegebot pathologische Züge verleiht und dementsprechend die – nach heutigem Verständnis zwar bedenkliche, für Sophokles aber konfliktfreie – Gestaltung des Schlusses in düsteren Farben schildert: Nach der Ausführung der Rache tanzt sich Elektra mänadengleich zu Tode.

---

[514] Hofmannsthals *Elektra* wird zitiert nach: Hugo von Hofmannsthal, *Sämtliche Werke, Kritische Ausgabe*, Bd. VII: *Dramen 5*, hg. von Klaus E. Bohnenkamp und Mathias Mayer, Frankfurt a. M. 1997, S. 59-110.

2.2 Mythos und Spiel

Hofmannsthals Auseinandersetzung mit dramatischen Kleinformen endet in der Zeit der Jahrhundertwende. Im Bemühen um das Drama führt er nun Ansätze weiter, die sich schon in den neunziger Jahren vereinzelt gezeigt haben: die Adaption (welt)literarischer Stoffe und Werke. Die Uraufführung der *Elektra* am 30.10.1903 bildet nicht nur eine deutliche Zäsur in Hofmannsthals Bühnenschaffen, sondern läßt auch den Anspruch erkennen, der Verfallsgeschichte der Gattung Tragödie die moderne Gestaltung eines antiken Werks entgegenzusetzen.[515]

Die *Elektra* des Sophokles zählt zu jenen Werken, die Hofmannsthal 1892 während der Arbeit an *Ascanio und Gioconda* las, um sein Gespür für dramaturgische Zusammenhänge zu schulen. Zu einer erneuten Lektüre kommt es 1901 während der Arbeit an der *Gräfin Pompilia* (nach Robert Browning). Hofmannsthal stellt einige Überlegungen über die Handlung und den Stil einer *Elektra*-Tragödie an, die an Motive aus Goethes *Iphigenie auf Tauris* anknüpfen,[516] im Hinblick auf das Antikenbild jedoch einen deutlichen Kontrast zu Goethes Schauspiel bilden. „Wir müssen uns den Schauer des Mythos *neu* schaffen", notiert Hofmannsthal 1903 mit Blick auf Goethe, „Aus dem Blut wieder Schatten aufsteigen lassen."[517]

---

[515] Die Uraufführung der Elektra und das große Interesse der Kritik zieht zahlreiche Aufführungen an deutschsprachigen Bühnen und Neuauflagen der Erstausgabe nach sich. Dem Dramatiker Hofmannsthal wird zum ersten Mal eine Aufmerksamkeit zuteil, die über den kleinen Kreis, den die Kritiker und Leser der Wiener Moderne bilden, hinausgeht. „Der sogenannte große äußere Erfolg ist also eingetreten", meldet der Dichter am 10.11.1903 seinem Schwager Hans Schlesinger (B II 132). Bedeutsam ist in diesem Zusammenhang auch, daß einen Abend nach der Premiere der *Elektra* Gerhart Hauptmanns Schauspiel *Rose Bernd* im Deutschen Theater uraufgeführt wird. Die literarische Kritik vermeidet bis auf wenige Ausnahmen die naheliegende Vergleichung der beiden Werke: So rezensieren Gustav Zieler („[Rezension *Elektra* und *Rose Bernd*]", in: *Das litterarische Echo* 6 (1903/04), Sp. 357-360), Felix Poppenberg („Schlesische Hütten und zyklopische Mauern. Hauptmanns *Rose Bernd* – Hofmannsthals *Elektra*", in: *Der Türmer* VI (1903), S. 332-338), Alfred Kerr („*Rose Bernd* und *Elektra*", in: *Neue deutsche Rundschau* XIV (1903), S. 1311-1317) und Ernst Heilborn („Theater [Rezension: *Rose Bernd* und *Elektra*]", in: *Nation* XXI (1903/04), S. 93-95) zwar beide Uraufführungen in Doppelkritiken, aber nur Poppenberg und Heilborn stellen einen Vergleich der Werke an. Die Anerkennung, die Hofmannsthals Bemühungen um das in diesen Jahren vieldiskutierte ,neue Drama' gezollt wird, geht dabei auf Kosten einer naturalistischen Theaterästhetik. Deutliche Worte spricht in dieser Hinsicht Julius Bab, der Hofmannsthals *Elektra* als einen wegweisenden Neuanfang wertet („Dramatischer Nachwuchs II", in: *Die Schaubühne* 1 (1905), Nr. 2, S. 38-42). Zur Entstehung und frühen Rezeption der *Elektra* siehe auch Wolfgang Nehring, „*Elektra* und *Ödipus*: Hofmannsthals ,Erneuerung der Antike' für das Theater Max Reinhardts", in: Ursula Renner/G. Bärbel Schmid (Hg.), *Hugo von Hofmannsthal. Freundschaften und Begegnungen mit deutschen Zeitgenossen*, Würzburg 1991, S. 123-142.

[516] Ernst Hladny, „Hugo von Hofmannsthals Griechenstücke I", in: *XII. (XLVIII.) Jahresbericht des k. k. Staatsgymnasiums Leoben*, Leoben 1910, S. 5-29, hier S. 22.

[517] Hofmannsthal, *Aufzeichnungen*, GW RA III 443. Der entscheidende Anstoß zur Gestaltung des Stoffes beruht auf der Begegnung mit Max Reinhardt, der 1902 das Kleine Theater in Berlin er-

Schon 1901 überlegt Hofmannsthal, die zentralen Episoden des Atriden-Mythos auf zwei einaktige Dramen zu verteilen und auf die *Elektra* die Entsühnung des Muttermörders unter dem Titel *Orest in Delphi* folgen zu lassen. Dieser Plan ist über wenige Notizen nicht hinausgelangt, bildet jedoch als ,virtuelles Parallelprojekt' eine Folie, vor der Hofmannsthals Einschätzungen der *Elektra* betrachtet werden müssen. So schreibt der Dramatiker kurz nach der Uraufführung an Hans Schlesinger: „Mir wäre das Stück [*Elektra*] selbst in seiner fast krampfhaften Eingeschlossenheit, seiner gräßlichen Lichtlosigkeit ganz unerträglich, wenn ich nicht daneben immer als innerlich untrennbaren zweiten Teil den ,Orest in Delphi' im Geist sehen würde, eine mir sehr liebe Konzeption"[518].

In den frühen Skizzen zur *Elektra* folgt Hofmannsthal noch der Dramaturgie des Sophokles: Orestes tritt zu Beginn mit seinem Pfleger auf und bespricht mit diesem die Intrige, während im Hintergrund die klagende Elektra zu hören ist.[519] Abweichend von Sophokles betont Hofmannsthal die Problematik des Muttermordes: Elektras Bruder ist schon vor der Tat „ein Chaos, keine Person", seine psychische Zerrüttung soll für Elektra das ,Erkennungszeichen' sein.[520] Die Flucht des Orestes will Hofmannsthal nach dem Vorbild der *Choephoren* gestalten: Dieser soll „laut brüllend aus dem Haus" fliehen.[521] Die Eliminierung des Prologs und die ,Herabstufung' des Orestes sind entscheidende Veränderungen, die Hofmannsthal an dem durch Sophokles bzw. Aischylos vorgegebenen Handlungsablauf vorgenommen hat.

In einer Notiz vom Juni 1903 plädiert Hofmannsthal nicht nur für eine Neugestaltung der antiken Mythen jenseits von klassizistischer Mäßigung und altphilologischer Rekonstruktion. Er betont auch seinen unbeeindruckten, ja geradezu spielerischen Umgang mit der Tradition. Da Philologie und Bildungssystem ein Übermaß an Wissen über die Antike hervorgebracht hätten, erwachse dem Dichter aus der allgemeinen Verfügbarkeit der antiken Stoffe die Freiheit zur individuellen, verlebendigenden Neuschöpfung bzw. Variation des Bekannten: „Wir können mit den Figuren hantieren wie mit Engel und Teufel, mit Aschenbrödel und der bösen Stiefmutter. Alle Aufmerksamkeit können wir dem außerhalb des Pragmatischen liegenden geben, dem über dem Gebirge lagernden Dunstkreis des Lebens: jenem ,Stirb und werde!'

öffnet und mit der deutschen Erstaufführung von Oscar Wildes *Salome* einen fulminanten Theatererfolg feiert. Im Mai 1903 sieht Hofmannsthal Gertrud Eysoldt als Nastja in Maxim Gorkis *Nachtasyl* und entschließt sich, für die Schauspielerin eine Tragödie zu schreiben. Hofmannsthal läßt die Umarbeitung des *Geretteten Venedigs*, die er Otto Brahm zugesichert hatte, ruhen und schreibt *Elektra* in „unsicherer, fast immer matter Stimmung" (GW RA III 452) hauptsächlich in den Monaten Juli bis September.

[518] B II 132.
[519] Variante N1, SW VII 325.
[520] Variante N8, SW VII 327.
[521] Variante N2, SW VII 325.

der Mystik des Leidens und Tuens"[522]. Trotz der Berufung auf die ‚Schauer des Mythos' ist Hofmannsthals Produktionsästhetik auch durch eine offensichtliche Lust am Kombinatorischen, durch eine unbekümmerte Synthese von verschiedenen Motiven aus Literatur, Philosophie, Religionsgeschichte und Psychologie gekennzeichnet. Lesespuren von Homer, dem Alten Testament, Shakespeare, Hebbel, Swinburne, Bachofen, Nietzsche, Rohde, Wilde und Breuer/Freud finden sich in der *Elektra*; zudem läßt sich das Drama (je nach Perspektive) als tragisches Opfer,[523] als psychopathologische Studie,[524] als dionysische Entgrenzung,[525] als ästhetizistische Blutraserei,[526] als Reflexion über die dichterische Existenz,[527] als Simulation archaischer Kulte,[528] als kulturgesättigter Todesmythos[529] oder mit einem komparatistischen Schwerpunkt[530] lesen.

---

[522] Hofmannsthal, *Aufzeichnungen*, GW RA III 444. Zu Hofmannsthals Strategien der artistischen Verarbeitung von kulturellem Material siehe Dirk Niefanger, *Produktiver Historismus. Raum und Landschaft in der Wiener Moderne*, Tübingen 1993 (Studien zur deutschen Literatur 128); Christoph König, *Hofmannsthal. Ein moderner Dichter unter den Philologen*, Göttingen 2001 (Marbacher Wissenschaftsgeschichte 2).

[523] Jens, *Hofmannsthal und die Griechen*, S. 44-74; Gerhart Baumann, „Hugo von Hofmannsthal: *Elektra*", in: Sibylle Bauer (Hg.), *Hugo von Hofmannsthal*, Darmstadt 1968 (Wege der Forschung CLXXXIII), S. 274-310; Lothar Wittmann, *Sprachthematik und dramatische Form im Werke Hofmannsthals*, Stuttgart-Berlin-Köln-Mainz 1966 (Studien zur Poetik und Geschichte der Literatur 2), S. 67-92; Nehring, *Die Tat bei Hofmannsthal*, S. 73-84; Hans-Joachim Newiger, „Hofmannsthals *Elektra* und die griechische Tragödie", in: *arcadia* 4 (1969), S. 138-163; Frick, *‚Die mythische Methode'*, S. 111-138.

[524] Maximilian Harden, „*Elektra*", in: *Die Zukunft* 12 (1904), S. 349-358; Eliza Marian Butler, „Hofmannsthal's *Elektra*. A Graeco-Freudian Myth", in: *Journal of the Warburg Institute* 2 (1938), S. 164-175; Heinz Politzer, „Hugo von Hofmannsthals *Elektra*. Geburt der Tragödie aus dem Geiste der Psychopathologie", in: ders., *Hatte Ödipus einen Ödipus-Komplex? Versuche zum Thema Psychoanalyse und Literatur*, München 1974, S. 78-105; Bernd Urban, *Hofmannsthal, Freud und die Psychoanalyse. Quellenkundliche Untersuchungen*, Frankfurt a. M.-Bern-Las Vegas 1978 (Europäische Hochschulschriften, Reihe I: Deutsche Literatur und Germanistik 273), S. 35-38; Ritchie Robertson, „,Ich habe ihm das Beil nicht geben können': the Heroine's Failure in Hofmannsthal's *Elektra*", in: *Orbis Litterarum* 41 (1986), S. 312-331; Lorna Martens, „The Theme of Repressed Memory in Hofmannsthal's *Elektra*", in: *The German Quarterly* 60 (1987), S. 38-51; Worbs, *Nervenkunst*, S. 259-342.

[525] Esselborn, *Hofmannsthal und der antike Mythos*, S. 134-149; Bohrer, „Die Wiederholung des Mythos", S. 63-91.

[526] Kerr, „*Rose Bernd* und *Elektra*", S. 1311-1317.

[527] Mathias Mayer, „Hofmannsthals *Elektra*: Der Dichter und die Meduse", in: *Zeitschrift für deutsche Philologie* 110 (1991), S. 230-247.

[528] Juliane Vogel, „Priesterin künstlicher Kulte. Ekstasen und Lektüren in Hofmannsthals *Elektra*", in: Hellmut Flashar (Hg.), *Tragödie. Idee und Transformation*, Stuttgart-Leipzig 1997 (Colloquium Rauricum 5), S. 287-306.

[529] König, *Hofmannsthal*, S. 275-294.

[530] Heinrich Müller-Benfey, „Die *Elektra* des Sophokles und ihre Erneuerung durch Hofmannsthal", in: ders., *Welt der Dichtung. Dichter der Welt. Adel der Menschwerdung. Ausgewählte Schriften*, hg. von Fritz Collatz, Hamburg 1962, S. 339-352; Hanna B. Lewis, „Salome and Elektra: Sister or Strangers", in: *Orbis Litterarum* 31 (1976), S. 125-133; Martin Mueller, „Hofmannsthal's

Schon bei der Gestaltung von Bühnenbild und Kostümen wird deutlich, wie Hofmannsthal archaisierende und orientalisierende, naturalistische und symbolistische Stilmittel miteinander verschränkt, um ein Höchstmaß an suggestiver Stimmung hervorzurufen. So erinnern die säulenlosen Mauern aus „kyklopischen Urzeiten"[531] an Schliemanns mykenische Ausgrabungen, während die prachtvoll kostümierte Klytämnestra dem Palast des Tetrarchen Herodes in Wildes *Salome* zu entstammen scheint.[532] Mit der Verlegung des Handlungsortes von der Schauseite des Königshauses in dessen „*innere[n] Hof*" (63) wird im Sinne einer wirklichkeitsgetreuen Abbildung einer archaischen Alltagswelt die soziale Deklassierung Elektras plausibel gemacht: Die Königstochter lebt mit Dienern und Sklaven im Schmutz und wird selbst von diesen verachtet. Getreu der symbolistischen Bühnenästhetik, die Hofmannsthal u. a. in dem Aufsatz *Die Bühne als Traumbild* (1903) skizziert, verweist die Dramenhandlung auf eine zweite Bedeutungsebene, wozu vor allem die raffinierte Lichtregie mit häufigen Lichtwechseln und farbiger Beleuchtung („*Flecken roten Lichtes* [...], *wie Blutflecke*", 66) beiträgt. Die naturalistisch konzipierte Szenerie wird damit in ein schillerndes Licht getaucht und erhält ein traumartiges Ansehen. Auf diese Weise soll der bedrohliche, klaustrophobische Charakter des Handlungsortes und der psychische Zustand Elektras eindrücklich vorgeführt werden. In dem genannten Aufsatz spricht Hofmannsthal von einer geradezu malerisch gestalteten Bühne, die – der „Ökonomie der Träume" folgend – bestimmte Details mit größtmöglicher Intensität heraushebt.[533] Darüber hinaus sollen die Umrisse einer versunkenen, mythischen Welt erkennbar werden, einer Welt, an der das Ich des Zuschauers nur traumhaft

---

Electra and Its Dramatic Models", in: *Modern Drama* 29 (1986), S. 71-91. Komparatistische Analysen auch bei Jens, Newiger und Frick.

531 Brief Hofmannsthals an die Öffentliche Theatergesellschaft in Tokio vom 29.06.1913, SW VII 462.

532 Der Einsatz von orientalisierenden Elementen geht einerseits auf Bachofen und Nietzsche zurück, die die historische Bedeutung vorderasiatischer Kulturen für die Entstehung des antiken Griechenlands hervorgehoben haben. Andererseits kommt dem Orient in Hofmannsthals *Elektra* die konventionelle Funktion zu, als Chiffre für das Bedrohliche und Fremdartige zu dienen. In dieser Hinsicht steht Hofmannsthal in der Traditionslinie jenes literarischen Orientalismus, der – denkt man an Wildes *Salome* – den Orient zu einem Ort stilisiert hat, an dem Despotismus, Grausamkeit und sexuell Abartiges eine ebenso erschreckende wie faszinierende Verbindung eingegangen sind. Zum Orientbild Hofmannsthals siehe Andrea Fuchs-Sumiyoshi, *Orientalismus in der deutschen Literatur. Untersuchungen zu Werken des 19. und 20. Jahrhunderts, von Goethes 'West-östlichem Divan' bis Thomas Manns 'Joseph'-Tetralogie*, Hildesheim-Zürich-New York 1984 (Germanistische Texte und Studien 20), S. 110-135; Hartmut Zelinsky, „Hofmannsthal und Asien", in: Roger Bauer u. a. (Hg.), *Fin de siècle. Zu Literatur und Kunst der Jahrhundertwende*, Frankfurt a. M. 1977 (Studien zur Philosophie und Literatur des neunzehnten Jahrhunderts 35), S. 508-566.

533 Hofmannsthal, *Die Bühne als Traumbild*, GW RA I 490; siehe dazu auch Erken, *Hofmannsthals dramatischer Stil*, S. 229-231; Niefanger, *Produktiver Historismus*, S. 240-243.

oder aber im Medium einer die magische Qualität des Seins beschwörenden Kunst teilhaben kann.

Die Verschränkung von Archaik und Moderne findet sich auch auf der Ebene der Figurencharakterisierung. Einerseits wird die Figurenrede (insbesondere die Elektras) von mythisch besetzten Signalwörtern wie Zeit, Mord, Rache, Blut, Fluch, Beil, Jagd und Opfer dominiert, die einer mythischen Vorstellungswelt entstammen, die in dieser Ausschließlichkeit weder bei Sophokles noch bei Aischylos nachweisbar ist.[534] Andererseits leiden Elektra und Klytämnestra an den traumatischen Spätfolgen des Gattenmordes, was bei der Tochter zu einem blutrünstigen Opferkult, bei der Mutter zu personalen Auflösungserscheinungen führt. Ausgehend von psychischen Krankheitsbildern, deren Symptome Hofmannsthal bei Breuer/Freud studieren konnte, läßt der Dichter hier szenische Wirklichkeit werden, was Nietzsche in der *Geburt der Tragödie* und daran anknüpfend Hermann Bahr in seinem *Dialog vom Tragischen* als kulturgeschichtliche Vision umrissen haben: Die hysterische Verfaßtheit der griechischen Kultur. Die Projektion einer zeitgenössischen Symptomatik in die Frühgeschichte der Antike gehört neben der genannten, auf die synästhetische Überwältigung des Zuschauers zielenden Dramaturgie zu den zentralen Verfahren von Hofmannsthals produktiver Anverwandlung des antiken Mythos. Die archaische Antike erweist sich dabei als gedankliches Konstrukt, das nicht auf die Forschungen und

---

[534] Exemplarisch ist in diesem Zusammenhang die Szene Elektra-Klytämnestra, die Hofmannsthal in einem entscheidenden Punkt modifiziert hat: Während die Elektra des Sophokles die Verbrechen der Mutter aufzählt und rational argumentierend die Widersprüche von Klytaimnestras Verteidigungsrede aufdeckt, wird bei Hofmannsthal die Frage nach der Berechtigung des Gattenmordes überhaupt nicht berührt. Der Dialog von Mutter und Tochter umkreist – eher zufällig den Mord streifend – statt dessen das Motiv des kultischen Opfers, wobei Klytämnestra die sie bedrängenden Träume durch die rituelle Tötung eines Tieres oder Menschen zu bannen beabsichtigt, während Elektra in der Mutter selbst das Opfer sieht, das die Verbrechen der Vergangenheit sühnen wird. Trotz dieses – die tragische Ironie der Szene hervorrufenden – Gegensatzes liegt hier eine Ähnlichkeit zwischen Mutter und Tochter vor, da beide einer mythischen Vorstellungswelt verhaftet sind, die durch Blutrache, kultische Handlungen und zyklisches Zeitverständnis gekennzeichnet ist. Der Unterschied zwischen den Figuren betrifft lediglich die Intensität ihrer Identifikation mit dem Mythos: Während Klytämnestra das archaische Brauchtum nur einer Mischung aus Aberglaube und Zweckrationalismus pflegt („Man muß sich nur die Kräfte dienstbar machen, / die irgendwo verstreut sind", 78), hat sich Elektra bedingungslos in den Dienst der mythischen Blutrache gestellt. In gleicher Weise erinnert die – von Mutter und Tochter – geteilte Vorstellung, daß Flüche und Verwünschungen einen Gegner körperlich und seelisch schädigen können, an ein frühgeschichtliches Weltverständnis: „ELEKTRA Aus meiner Brust / hab' ich den Traum auf sie geschickt!" (73); „KLYTÄMNESTRA [...] wenn ich *dich* stehen sehe, / wie jetzt, so mein' ich, du mußt mit im Spiel sein." (80). Als archaische Beschwörung war schon Elektras erste Szene gestaltet, in der die Königstochter den Beginn ihres Monologs ganz im Sinn der antiken, durch Rohde vermittelten Seelenkultvorstellungen „*Gegen den Boden*" (66) spricht, um die Psyche des ermordeten Vaters aus dem Totenreich heraufzurufen.

Erkenntnisse der modernen Wissenschaft verzichten kann, wenn es in die Bereiche des vorrationalen Denkens vorstoßen will.[535]

Daß eine solche Konzeption von den Kritikern der Uraufführung als ausschließlich ästhetisch motiviertes Kunstwerk ohne moralische Konflikte wahrgenommen wurde, ist vor allem auf die zahlreichen Décadence-typischen Motive (sadistische Grausamkeit, Blutrausch, Orientalismus) und Formen (symbolistische Raumgestaltung, monologisierende Figurenrede, metapherngesättigte Verssprache) zurückzuführen. Nicht die Vorliebe für das Mythische oder das Psychische, so Alfred Kerr, sondern das ästhetizistische Interesse an einem nichtbürgerlichen, der männlichen Sexualität entzogenen Weiblichkeitstypus[536] und das Schwelgen in einem Blutkult, wie

---

[535] Vogel, „Priesterin künstlicher Kulte", S. 288-290 und 303f.

[536] Hugo Daffner hat Elektra als die „deutsch-griechische Schwester der französisch-orientalischen Salome" bezeichnet (*Salome. Ihre Gestalt in Geschichte und Kunst. Dichtung – Bildende Kunst – Musik*, München 1912, S. 309). Dazu auch Martin Mueller, der sich jedoch darauf beschränkt, den Vorbildcharakter von Salomes Tanz für die Schlußgestaltung von Hofmannsthals Tragödie hervorzuheben („Hofmannsthal's *Electra*", S. 74f.), sowie Carola Hilmes, die auf den obsessiven Charakter, der beiden Figuren eigen ist, aufmerksam macht, und Elektra als „ein ins Gewissen verlegte Salome" deutet (*Die Femme fatale. Ein Weiblichkeitstypus in der nachromantischen Literatur*, Stuttgart 1990, S. 121f.). Auch Lewis („Salome and Elektra") betont vor allem die Differenzen zwischen den beiden Einaktern.
Eine Ähnlichkeit zwischen Salome und Elektra besteht zunächst darin, daß bei beiden Figuren die Jungfräulichkeit die Grundlage eines übersteigerten, die Grenzen des ‚Normalen' sprengenden und in letzter Konsequenz dem Tode zustrebenden Begehrens bildet, ja Elektras maßloser Dienst für den toten Vater erscheint als eine ‚höhere' Form von Salomes nekrophilen Neigungen: „DRITTE ‚Drum hockst du immerfort', gab ich / zurück, ‚wo Aasgeruch dich hält und scharrst / nach einer alten Leiche!'" (64). In beiden Werken verweist das ständig wiederkehrende Blutmotiv zudem symbolhaft auf den tödlichen Ausgang. Niedergeschlagen hat sich die Bezugnahme auf Wilde auch in der Figur der Klytämnestra, die der Herodias nachgebildet ist. Da sich Klytämnestra – wie Herodias – mit dem Mörder ihres Gemahls vermählt hat, sind beide Figuren durch sexuelle Zügellosigkeit und blutige Mordlust charakterisiert. Die Schilderung der jungfräulichen Unversehrtheit („ELEKTRA fühlte ich / mit keuschem Schauder, wie mein nackter Leib / vor Unberührtheit durch die schwüle Nacht / wie eines Göttliches hinleuchtete.", 101) läßt an Salomes Gleichsetzung von Mond und Jungfrau denken. Diese Analogie geht über die Fin-de-siècle-typische Mond-Metaphorik hinaus, weil beide, Salome und Elektra, ihr obsessives Liebesbegehren auf eine unerreichbare und mit einem sexuellen Tabu behaftete Figur richten; beide interpretieren ihre sexuellen Zwangsvorstellungen als eine tatsächlich erfolgte Verletzung ihrer geschlechtlichen Unberührtheit („SALOME Und deine Zunge, die wie eine giftspritzende rote Schlange war, sie regt sich nicht mehr, sie sagt jetzt nichts, Jochanaan, diese rote Viper, die ihr Gift auf mich gespien hat?"; Oscar Wilde, *Salome*, *Sämtliche Theaterstücke*, übertragen von Siegfried Schmitz, Darmstadt 1971, S. 225-258, hier S. 256; „SALOME Ich war eine Jungfrau, du hast mir meine Jungfräulichkeit geraubt. Ich war keusch, du hast Feuer in meine Adern gesenkt"; Wilde, *Salome*, S. 257; „ELEKTRA Da mußte ich den Gräßlichen, der atmet / wie eine Viper, über mich in mein / schlafloses Bette lassen, der mich / alles zu wissen zwang, wie es zwischen Mann / und Weib zugeht.", 102). Schließlich sind noch zwei szenische Details zu erwähnen, die in beiden Dramen die Intensität der inneren Spannung erhöhen: das Warten auf die Hinrichtung und der Tanz der Protagonistinnen.
Während der Arbeit an der Oper *Elektra* äußert Richard Strauss am 27.04.1906 Bedenken, daß das neue Werk dem 1905 uraufgeführten Musikdrama *Salome* zu ähnlich sein könnte. Hof-

167

er auch in den Werken von Wilde, Maeterlinck und d'Annunzio nachweisbar sei, mache den Gehalt von Hofmannsthals Tragödie aus.[537] Dementsprechend registriert der Kritiker, daß die affektiv-emotionale Überformung des moralisch-rechtlichen Tragödiendiskurses den Zuschauer merkwürdig kalt lasse und nur in einem ästhetischen Sinn wirken könne.

Vergleicht man das oben zitierte Bekenntnis zu einer *freien* Gestaltung der *Elektra*, das Hofmannsthal wahrscheinlich im Juni 1903, also noch *vor* der eigentlichen Arbeit an der Tragödie, niedergeschrieben hat, mit der endgültigen Dramenstruktur, dann wird deutlich, daß er in letzter Konsequenz davon absah, die durch Hypotext und Gattung vorgegebene Dramaturgie vollständig außer Kraft zu setzen. Ein Drama ‚außerhalb des Pragmatischen' ist Hofmannsthals *Elektra* trotz verschiedener Kühnheiten in thematischer und struktureller Hinsicht nicht geworden.

2.3 Eine faszinierende Vision: *Elektra* ohne Orest

Die Tragödie des Sophokles zeichnet sich durch eine zweiteilige Struktur aus, wobei der als ‚Symmetrieachse' fungierende Botenbericht des Pflegers im zweiten Epeisodion von vier, sich spiegelbildlich entsprechenden Szenenpaaren umrahmt wird. Die Szenen des zweiten Teils sind jeweils als Umkehrung der Auftritte des ersten Teils gestaltet: Während vor dem Eintreffen des Boten Elektra die Widersprüche von Klytaimnestras Verteidigungsrede aufdeckt, feiert diese nach dem Erhalt der Todesnachricht einen bösen Triumph, da sie sich von nun an sicher glaubt. Die Elektra-Chrysothemis-Szenen enden im ersten Epeisodion mit einer vorsichtigen Annäherung der Schwestern, im dritten Epeisodion jedoch mit ihrer endgültigen Entzweiung. Die Klagen der Elektra in Prolog und Parodos entsprechen wiederum ihrem Jubel über die lang ersehnte Rückkehr des Orestes (Epeisodion 4). Und schließlich steht die Ankündigung der Rache im Prolog deren Ausführung in der Schlußszene gegenüber. Neben dem symmetrischen Aufbau der Einzelszenen ist auch das Mittel

---

mannsthals lapidare Antwort erweckt den Eindruck, als ob er durch die Aufzählung von äußerlichen Übereinstimmungen von der inneren Verwandtschaft der beiden Schauspiele ablenken wollte: „Es sind zwei Einakter, jeder hat einen Frauennamen, beide spielen im Altertum und beide wurden in Berlin von der Eysoldt kreiert: ich glaube, darauf läuft die ganze Ähnlichkeit hinaus." (BW Strauss, S. 19).

537 Kerr, „Elektra", S. 1315f. Zum Vorbildcharakter d'Annunzios für Hofmannsthal siehe Hans Hinterhäuser, „D'Annunzio und die deutsche Literatur", in: *Archiv für das Studium der neueren Sprachen und Literaturen* 116 (1964), S. 241-261, hier S. 243-258.

der dramatischen Ironie hervorzuheben, das die Dramaturgie der Tragödie kennzeichnet: Je weiter die Intrige des Orestes voranschreitet, desto hoffnungsloser erscheint Elektra ihre eigene Situation. Der Höhepunkt dieser Zuspitzung ist erreicht, wenn Elektra trauernd die vermeintliche Urne ihres Bruders umklammert, wissend, daß sie nun selbst die Ausführung des Muttermordes übernehmen muß. Indem Sophokles einen solchen, vom Mythos deutlich abweichenden Handlungsverlauf andeutet, wird Elektra in einer Weise dramaturgisch aufgewertet, die bis an die Grenze des antiken Rollenverständnisses geht.

Wie im Fall der *Alkestis* überträgt Hofmannsthal den antiken Hypotext in ein einaktiges, szenisch ungegliedertes Drama.[538] Die ausgewogene Komposition von sich entsprechenden Szenen, die das Sophokleische Drama im Ganzen charakterisiert, behält Hofmannsthal in drei Fällen bei, wobei die Anordnung der Elektra-Chrysothemis-Szenen auf Sophokles zurückgeht, während der wechselseitige Bezug von Anfangs- und Schlußszene jedoch Hofmannsthals eigene Gestaltung ist: Dem Bild der rituellen Totentänze, das Elektra in ihrem ersten Monolog entwirft, folgen in der letzten Szene die Tanzschritte, die die Königstochter in einem Zustand starker Erregung ausführt. Eine weitere, auf Hofmannsthal zurückgehende Entsprechung liegt mit der grandiosen Vorwegnahme des Muttermordes in der Szene Elektra-Klytämnestra und dessen Vollzug nach dem Auftritt des Orest vor.

Aus mehreren Gründen wirkt das Werk wie eine *komprimierte* Neuauflage der antiken Tragödie. So drängt Hofmannsthal entscheidende Szenen in einen kurzen Zeitraum zusammen, wenn er die unerwartete Todesnachricht, die sich wie ein Gerücht verbreitet, an das Ende der großen Szene zwischen Elektra und Klytämnestra stellt: Auf Elektras Prophezeiung folgt Klytämnestras höhnisches Freudengelächter, an das sich wiederum der schnell gefaßte Entschluß Elektras anschließt, nun selbst das tödliche Beil gegen die Mutter zu führen.

Des weiteren nimmt die Hauptfigur, die schon bei Sophokles aufgewertet wurde, eine die Dramenkonfiguration dominierende Stellung ein, da Hofmannsthal die Handlung ,monodramatisch' auf sie zuspitzt: Elektra verläßt zu keinem Zeitpunkt dieSzene und spricht gut die Hälfte des Dramentextes.[539] Dazu gehört auch, daß

---

538 Für seine Adaption hat Hofmannsthal die *Elektra*-Übersetzung von Georg Thudichum genutzt (*Sophokles*, Uebersetzt von Georg Thudichum, Bd. 7: *Elektra*, dritte Auflage, Leipzig o. J. [1875-1876]). Siehe dazu Bohnenkamp, „Deutsche Antiken-Übertragungen", S. 198-202.

539 In diesem Zusammenhang fällt zunächst auf, daß weder Chrysothemis noch Klytämnestra oder Orest als Korrektiv zu Elektras exaltierter Wahrnehmung des Lebens am mykenischen Königshof wirken. Zwar steht der Mord an Agamemnon ebenso außer Frage wie die Gewaltsamkeit von Klytämnestras und Ägisths Herrschaft („Hast du / den Herren sie [Elektra] nie schlagen sehn?", fragt eine der Dienerinnen, 65), bezweifelbar ist jedoch, ob das Regime des ehebrecherischen Paares jenen Grad an Perversion erreicht, den Elektras haßerfüllte Reden nahelegen („Sie kreißen oder / sie morden. Wenn es an Leichen mangelt, / darauf zu schlafen, müssen sie doch mor-

Hofmannsthal die Makrostruktur seines Hypotextes grundlegend geändert hat, da er den ersten Auftritt des Orestes streicht und an die Stelle von parallel geführter Elektra- und Orestes-Handlung ein einsträngiges Geschehen setzt. Infolgedessen werden die Wissensunterschiede, die bei Sophokles zwischen Bühnenfigur und Publikum bestehen und die die tragische Ironie des Dramas hervorrufen, getilgt, und auf diese Weise die isolierte Situation der Elektra nochmals betont – wiederum auf Kosten des Orest.[540]

Deutlicher noch als in *Alkestis* verzichtet Hofmannsthal in *Elektra* – mit Ausnahme des ersten Auftrittes – auf Szenen, die an die Chöre der antiken Tragödie erinnern. Der Beginn des Dramas führt nicht die heimliche Verbundenheit des Chors mit der Protagonistin vor, sondern bringt im Gegenteil deren untergeordnete Stellung in der sozialen Hierarchie des mykenischen Königshofes drastisch zum Ausdruck. Die Wechselreden der Dienerinnen können nur noch als Reminiszenz an den antiken Chor unter negativen Vorzeichen gewertet werden, da Hofmannsthal hier die gewalttätigen Verhältnisse, die unter der Herrschaft von Klytämnestra und Ägisth alltäglich geworden sind, facettenreich schildert. Als äußerst geglückt muß man die formale Gestaltung dieses Auftrittes bezeichnen: Obwohl Elektra schweigend im Hintergrund verharrt, beherrscht – aufgrund der wörtlichen Wiedergabe ihrer Schmähreden durch die Dienerinnen – ihre pathetisch-exaltierte Sprechweise vom ersten Augenblick an das Drama.

Mit Blick auf die Einakter Strindbergs und Maeterlincks erklärte Szondi das Fehlen des zwischenmenschlichen Bezugs zum konstitutiven Merkmal von Dramen, die aus der Krise des klassischen Dramas produktive Konsequenzen gezogen haben. An die Stelle des den Konflikt vorantreibenden, dialogischen Gegeneinanders tritt das Warten auf die unabwendbare Katastrophe: „Was ihn [den Protagonisten] vom Untergang trennt, ist die leere Zeit, die durch keine Handlung mehr auszufüllen ist, in deren reinem, auf die Katastrophe hin gespanntem Raum er zu leben verurteilt wur-

---

den!", 73). Des weiteren kommt es zu Korrelationen zwischen Haupt- und Nebentext, die ebenfalls als ‚monodramatische' Zuspitzung wirken: Nicht nur die Dienerinnen und Klytämnestra charakterisieren Elektras Verhalten als ‚tierhaft' (63, 75), auch der Nebentext vergleicht mehrfach die Bewegungen Elektras mit denen eines Tieres (63, 96, 106). Und auch die szenischen Anweisungen bestätigen diesen Eindruck: Wenn in Elektras Monolog die Bühne blutrot ausgeleuchtet wird, dann wirkt dies wie ein ‚auktorialer' Kommentar zu Elektras mythischem Wirklichkeitsverständnis. Siehe dazu auch Worbs, *Nervenkunst*, S. 276; Gerhart Pickerodt, *Hofmannsthals Dramen. Kritik ihres historischen Gehalts*, Stuttgart 1968 (Studien zur allgemeinen und vergleichenden Literaturwissenschaft 3), S. 158; Bohrer, „Die Wiederholung des Mythos", S. 83f.

540 Dagegen Frick, für den „die Parallelen im dramaturgischen Aufbau und in der inneren Proportion der Episoden unübersehbar" sind (‚*Die mythische Methode*', S. 119): „Tatsächlich ist ‚Elektra' geradezu der Musterfall einer Bearbeitung ‚von innen heraus', die der Großanlage und dem konstruktiven Bogen des sophokleischen Prätextes in enger Anlehnung folgt" (S. 117).

de."[541] Diese Beobachtung trifft auch auf Hofmannsthals *Elektra* zu, da die Protagonistin – trotz ihrer Bereitschaft, den Muttermord selbst auszuführen – zum Warten auf die entscheidende Tat verdammt ist.[542] Dazu kommt, daß Hofmannsthal die Bedeutung des Orest zurückgenommen und den Höhepunkt des Sophokleischen Dramas nach vorne verlagert: Nicht die Wiedererkennungsszene der Geschwister, sondern Elektras Antizipation des Muttermordes wird zum Zentrum des Dramas. Auf diese Weise werden die Strukturmerkmale Intrige, Peripetie und Anagnorisis, die die weitgespannte Dramaturgie der antiken *Elektra* konstituieren, eliminiert bzw. in ihrer Bedeutung herabgestuft.

Die Struktur der *Elektra* tritt noch deutlicher hervor, wenn man einen formgeschichtlichen Zusammenhang herstellt, der auf den ersten Blick nicht nahe liegt. Friedrich Hebbel hat im *Vorwort* zu seinem bürgerlichen Trauerspiel *Maria Magdalene* (1844) die „schroffe[] Geschlossenheit, womit die aller Dialektik unfähigen Individuen sich in dem beschränktesten Kreis gegenüberstehen" und die „hieraus entspringende[] schreckliche[] *Gebundenheit* des *Lebens* in der *Einseitigkeit*" zu dem herausragenden Strukturmerkmal dieser (schon im frühen 19. Jahrhundert) anachronistischen Gattung erklärt.[543] Mag die Betrachtung des Atriden-Mythos unter der Perspektive des bürgerlichen Familienkonfliktes zunächst abwegig erscheinen, so ist es doch berechtigt, auf jene erbarmungslose Dialektik von Selbstgespräch und Zwiegespräch hinzuweisen, die in den beengten Verhältnissen von Hebbels bürgerlichem Trauerspiel ihren Ausgang nimmt und sich in Hofmannsthals Tragödie fortsetzt. Hofmannsthal ergreift hier eine dem Atriden-Mythos inhärente Thematik und nutzt, indem er diese auf die Form seiner Tragödie anwendet, ein Potential, das aus der ‚Krisensituation' des modernen Dramas erwachsen ist: Da Elektra nicht aufhört, die Mörder Agamemnons anzuklagen, zwingen Klytämnestra und Ägisth die Tochter zu einem unwürdigen Leben unter dem Gesinde des Königshofs. Nicht (nur) der mythische Fluch, sondern (auch) die tagtäglich erfahrbare, räumliche Nähe mit den Mördern Agamemnons bringt jenen Zwang zur permanenten Konfrontation hervor, der die Struktur und die Figurenrede von Hofmannsthals Tragödie grundlegend prägt und der in der Szene Elektra-Klytämnestra ein Äußerstes an dramatischer Entfaltung erreicht. Diese Episode, die bei Sophokles ‚lediglich' der Klärung der rechtlichen Verhältnisse dient, nimmt bei Hofmannsthal die Durchführung der Rache vorweg und bildet jetzt den eigentlichen Höhepunkt des Dramas.

---

[541] Szondi, *Theorie des modernen Dramas*, S. 85.
[542] Pickerodt, *Hofmannsthals Dramen*, S. 163.
[543] Friedrich Hebbel, *Vorwort zu ‚Maria Magdalena'*, *Werke in zwei Bänden*, Bd. 2, hg. von Karl Pörnbacher, München ²1978, S. 281-305, hier S. 302.

Die Zäsur, die der Auftritt des Pflegers bei Sophokles darstellt, wird von Hofmannsthal szenisch nicht nur anders behandelt, sondern sie erhält auch ein anderes Gewicht: Während in dem antiken Drama der Botenbericht als dramaturgisches Zentrum fungiert, um das die sich jeweils entsprechenden Szenen symmetrisch angeordnet sind, ist die vergleichbare Handlungssequenz bei Hofmannsthal nicht nur als ein von außen kommendes, sondern auch als ein äußerliches Moment anzusehen, das – aufgrund der Zunahme von Konfigurations- und Replikenwechsel – eine deutliche Steigerung des dramatischen Zeitverlaufs einleitet.[544] Im Gegensatz zum ersten Teil, der durch eine ruhige Handlung mit langsam ansteigender Spannungskurve und sorgfältig aufgebauter Klimax gekennzeichnet ist, verläuft der zweite Teil wesentlich unruhiger und weist uneinheitliche Spannungsmomente auf – lange Dialoge mit ausgedehnten Repliken[545] stehen neben kurzen Auftritten mit häufig wechselndem Personal[546] bzw. werden von diesen sogar unterbrochen.[547]

Vor diesem Hintergrund hat das Werk mit den „in wildester Trunkenheit“ (86) hervorgestoßenen Versen Elektras sein Ziel erreicht; die Handlung, die sich an diesen fulminanten Ausbruch anschließt, verfügt nicht mehr über jene Spannung, die das Drama im ersten Teil aufweist. Hätte Hofmannsthal nicht für zwei weitere, allerdings nichtsprachliche Steigerungsmomente gesorgt – das „furchtbare[] Warten“ (106) vor dem Todesschrei der Klytämnestra und Elektras „Schritte des angespanntesten Triumphes“ (110) –, dann würde das Drama auf der durch Sophokles vorgegebenen, ,konventionellen‘ Bahn seinem Ende entgegengehen. Zugespitzt formuliert, zerfällt Hofmannsthals Elektra in zwei Teile: In ein modernes Psychogramm, das – Freud näherstehend als Sophokles – die Verbindung von Klytämnestra und Elektra

---

544 Hofmannsthals Elektra weist keine explizite Einteilung in einzelne Szenen auf. Erika Kaufmann (Wiederkehr und Abwandlung als Gestaltungsprinzip in Hugo von Hofmannsthals Dramen, Diss. Freiburg i. Br. 1966, S. 14-16) schlägt – in Übereinstimmung mit den Auftritten und Abgängen aller beteiligter Figuren – eine Gliederung in achtzehn Szenen vor, die jedoch die Struktur der Tragödie mehr verdeckt als erhellt. Wird dagegen eine Unterteilung vorgenommen, die nur die Konfigurationswechsel der für die Handlung bedeutsamen Figuren (Elektra, Chrysothemis, Klytämnestra, Orest, Pfleger des Orest, Ägisth) berücksichtigt, dann lassen sich zwölf Szenen unterscheiden, und die Überbringung der Todesnachricht scheidet als dramaturgische Zäsur – bei nahezu gleichem Textumfang – den ruhig verlaufenden, ersten Teil mit vier Szenen vom bewegungsreicheren, zweiten Teil, der acht Auftritte umfaßt. Die Dynamisierung der Fabel trägt ebenfalls zu dem Bedeutungsverlust bei, den Hofmannsthals Orest gegenüber der Figur bei Sophokles erfährt: Nicht mit Klagen und Verzweiflungsausbrüchen reagiert Elektra auf die traurige Botschaft, sondern – die neue Situation nüchtern überdenkend – mit dem ungebrochenen Willen, nun selbst an die Stelle des ersehnten Rächers zu treten.

545 Vgl. die Szenen Elektra-Chrysothemis und Elektra-Orest.

546 Vgl. die Szenen Elektra-Orest-Pfleger, Elektra allein, Elektra-Chrysothemis-Dienerinnen, Elektra-Ägisth, Elektra-Chrysothemis und Elektra-Chrysothemis-Dienerinnen-Knechte.

547 Vgl. den Auftritt von jungem Diener, Koch und altem Diener in der Szene Elektra-Chrysothemis und den Auftritt des alten Dieners in der Szene Elektra-Orest.

als beide zerstörende Haßliebe zeigt, und in eine Sequenz von Auftritten, die – bei weitgehender Berücksichtigung des antiken Mythos – die traumatischen Folgen von Verbrechen, Schuldverdrängung und mythischer Überidentifikation dramatisch vorführt. Obwohl Hofmannsthal durch die genannten strukturellen Entsprechungen (die beiden Elektra-Chrysothemis-Szenen, Elektras Rachevision/Ausführung des Muttermords, Elektras Monolog/Elektras Tanz), durch die Annäherung von Figuren- und auktorial intendierter Rezeptionsperspektive[548] und durch ein dichtes Netz von Motiven und Symbolen[549] jene ‚Bruchstelle‘ zu neutralisieren beabsichtigt, die das Werk in zwei Blöcke zerteilt, läßt sich der Einschnitt, der durch den Botenbericht und den Auftritt des Orest hervorgerufen wird, nicht völlig einebnen. Die Tendenz zur Emanzipation vom Hypotext, die im ersten Teil deutlich erkennbar ist und die – ganz im Sinne des Hofmannsthalschen ‚Hantierens mit bekannten Figurationen‘ – auf ein *Elektra*-Drama *ohne* Orest hinauszulaufen scheint, hat der Dichter im zweiten Teil wieder zurückgenommen.

Hofmannsthal war sich dieser strukturellen Problematik bewußt. In einem Brief an Christine Thun-Salm vom 12.10.1903 schreibt er: „Dass der Orestes so sehr im Dunkel gehalten ist, das ist Absicht; es sind hier die zwei Stoffe gefährlich ineinander verhakelt, die Orestes-tragödie ist wieder etwas ganz anderes, aber ihn ganz auszulassen, geht auch nicht; in der Elektra-tragödie ist er nichts als ein Requisit, aber ein unentbehrliches.“[550] Nach der Uraufführung geht Hofmannsthal sogar noch einen Schritt weiter. Maximilian Harden hat in seiner Kritik auf die immanente Spannung von antiker Handlung und psycho-mythischer Modernisierung hingewiesen und die Frage aufgeworfen, warum Orest, „dieser Fremdling, der wesenlose, uns in die Tragoedie tölpeln“[551] mußte. Dieser Einschätzung stimmt Hofmannsthal vorbehaltlos zu und schreibt am 26.09.1904 an Harden: „Ich glaube absolut, dass Sie recht haben und ich kann das Stück sehen, das Sie einen Augenblick vor sich gesehen haben, und bin ziemlich fasziniert von dieser Vision.“[552] In einem Brief an Eberhard von Bodenhausen vom 06.10.1904 äußert sich Hofmannsthal nochmals zustimmend zu Hardens Rezension: „Über die ‚Elektra‘ hat er [Harden] thatsächlich das einzige sehr treffende gesagt, das ich irgend gelesen hätte: nämlich daß sie ein schöneres Stück und ein

---

[548] Zur Perspektivenstruktur dramatischer Texte siehe Pfister, *Das Drama*, S. 90-103.
[549] Hier sind zu nennen: die Motivketten Rache/Mord, Blut, Beil, Opfer/Opferkult, Sexualität, Krankheit/Verwesung, Reinigung, Erinnern/Vergessen, Leben/Vegetieren, die Tier-Vergleiche, die Hell-Dunkel-Metaphorik, der Komplex des Sehens und der Tanz als die Sprache transzendierendes Ausdrucksmittel. Zum letzten Punkt siehe auch Brandstetter, *Tanz-Lektüren*, S. 198-202 und 279-282.
[550] SW VII 376.
[551] Harden, „*Elektra*“, S. 357.
[552] BW Bodenhausen, S. 51.

reineres Kunstwerk wäre, wenn der Orest nicht vorkäme. Und das hat er nicht von mir – obwohl es mein Gedanke auch ist, – sondern aus seinem Kopf."[553] Trotz seines unbekümmerten Umgangs mit der Tradition und seines Plädoyers für eine lebendige, von Bildungsdünkeln freie Dichtkunst konnte sich Hofmannsthal nicht dazu durchringen, die modernen Gestaltungsmomente, die gerade den ersten Teil der *Elektra* auszeichnen, ‚unverfälscht' zum Ausdruck zu bringen. Denn mit dem Auftritt des Orest kehrt das kammerspielartige Psychodrama um Elektra und Klytämnestra in die Bahn der große Tragödie zurück, wird die aus der Thematik gewonnene, avancierte formale Gestaltung den Wirkungen und Konventionen der großen Bühne geopfert. Hofmannsthals Ziel, als Dramatiker anerkannt zu werden, der Wunsch, über die dramatischen Kleinformen der neunziger Jahre hinauszugehen und die zeitweilig verfolgte Idee, auf die *Elektra* einen *Orest in Delphi* folgen zu lassen, haben dazu beigetragen, daß der innovative Ansatz des Einakters nicht konsequent weiterverfolgt wurde und in dramaturgischer Hinsicht einen ambivalenten Eindruck hinterläßt.

2.4 Elektras namenloser Tanz

Obwohl der Dichter schon kurz nach der Uraufführung von der „krampfhaften Eingeschlossenheit" und der „grässlichen Lichtlosigkeit" spricht, die ihm das Stück „ganz unerträglich" erscheinen lassen, sieht er sich dennoch verpflichtet, im Rahmen produktions- und werkästhetischer Überlegungen immer wieder auf jenes Drama zurückzukommen, das er im Sommer 1903 „ödeste[r] Stimmungslosigkeit" abgerungen hat.[554] Während Hofmannsthal in einer Aufzeichnung aus dem Jahr 1905 noch den Akzent auf die ‚Sprengung' des Individuums und die ekstatische Selbstzerstörung der Elektra legt,[555] ist im *Ariadne-Brief* (1913), in den *Aufzeichnungen zu Reden in Skandinavien* (1916) und in *Ad me ipsum* (1916f.) vielmehr von der unbedingten Treue Elektras die Rede, eine Treue, an die „alle menschliche Würde geknüpft"[556]

---

553 SW VII 403. Auch die Rezension von Moritz Heimann aus der Wiener *Zeit* von Anfang November 1903 findet die Zustimmung Hofmannsthals. Heimann schreibt u. a. über die Figur des Orest: „Und Orest – ist überhaupt kein Mensch, sondern nur eine theatralisch-dekorative Wirkung. Er erscheint, da ist er ein Bild. Nachher ist er die Waffe in der Hand der Schwester." (zitiert nach: Moritz Heimann, „Hofmannsthals *Elektra*", in: *Almanach. Hugo von Hofmannsthal. Briefwechsel* 87 (1973), S. 73-77, hier S. 76. Hofmannsthal zustimmende Antwort vom 08.11.1903 auf S. 78).
554 Brief an Hans Schlesinger vom 10.11.1903, SW VII 387.
555 Hofmannsthal, *Aufzeichnungen*, GW RA III 461.
556 Hofmannsthal, *Ariadne. Aus einem Brief an Richard Strauss*, SW XXIV 205.

174

sei. Mit der Formel „Der Weg zum Sozialen als Weg zum höheren Selbst: der nicht-mystische Weg"[557] legt Hofmannsthal schließlich den Schwerpunkt auf die ethische Haltung Elektras und ihre Opferbereitschaft.

Die Beharrlichkeit, mit der Hofmannsthal auf das ihm problematisch erscheinende Drama zurückgekommen ist, hat einen Teil seiner Interpreten veranlaßt, das Werk aus der Perspektive der späten Kommentare des Dichters zu deuten. Hofmannsthal zeige, so könnte man die Studien von Jens, Rey, Wittmann, Nehring und Newiger zusammenfassen, wie unter untragischen Bedingungen das tragische Opfer der Elektra noch möglich sei, wie Elektra angesichts der despotischen Herrschaft von Klytämnestra und Ägisth über sich hinauswachse und in einem ebenso heroischen wie selbstzerstörerischen Akt zur Wiederherstellung der sittlichen Ordnung beitrage. Die Vergegenwärtigung einer mythischen Seinsordnung im erinnernden Wort müsse, so Wittmann, als „unerläßliche Voraussetzung" des abschließenden Muttermordes gewertet werden: „Auch wenn sie [Elektra] selbst nicht zur Tat kommt, ist Handeln ohne die ‚konservierenden' Kräfte der Sprache in Hofmannsthals *Elektra*-Tragödie letztlich nicht möglich."[558] Die Tragik der Elektra beruhe einerseits darauf, daß sie die Bedeutung ihrer Sprachmächtigkeit selbst nicht zu erkennen vermag (‚ELEKTRA was aus einem Mund hervorkommt, / ist ohnmächtige Luft", 105), andererseits auf der Tatsache, daß ihre Existenz unauflöslich mit dem heroischen Kampf gegen das Vergessen verbunden sei und die Barbarei des Gattenmordes nur durch die unmenschliche Selbstaufopferung Elektras gerächt werden könne: „Und so erfüllt sich die tragische Gattung im einsamen tragischen Sprachopfer, das dem sprachlosen Chaos das Menschliche abtrotzt und den Menschen aus jener tieferen Sprachlosigkeit des Unmenschlichen löst, in die ihn der Fluch der verbrecherisch-animalischen Tat und die Stummheit des ‚Viehs' zu stoßen drohen."[559] Diese Auffassung übersieht jedoch, daß Elektras heroisches Aufbegehren ambivalent gestaltet ist – trotz ihrer Sprachmächtigkeit fällt die Protagonistin dem gleichen ‚Vertierungs'-Prozeß anheim wie die von ihr Geschmähten. Dabei muß zunächst hervorgehoben werden, daß Elektra Verbrechen, Sexualität und Perversion gleichsetzt, so daß sie alle Vorgänge, die die Körperlichkeit des Menschen und dessen

557 Hofmannsthal, *Ad me ipsum*, GW RA III 602.
558 Wittmann, *Sprachthematik und dramatische Form*, S. 80.
559 Wittmann, *Sprachthematik und dramatische Form*, S. 92. Dieser Interpretationslinie folgt auch noch Frick, der vor allem die Übereinstimmungen zwischen Sophokles und Hofmannsthal hervorhebt und dementsprechend die (im vorigen Kapitel genannten) strukturellen Differenzen nicht berücksichtigt. Aus dieser Sicht muß Elektra dem Interpreten als tragische Heroine erscheinen, als „verstörte und beschädigte Repräsentantin der ‚Humanität' und des ‚Gewissens'" (Frick, *‚Die mythische Methode'*, S. 135). Das Drama ende daher mit einer Steigerung ins „Monumentale und Tragisch-Irreversible" (S. 137).

‚Arterhaltung' betreffen, nur noch unter der Perspektive des Widernatürlichen beurteilen kann.[560] Höhepunkt dieser Zuspitzung ist das Bild des seinen eigenen Nachwuchs verzehrenden Tieres; aus Elektras Sicht Allegorie des animalischen, von niederen Instinkten beherrschten Menschen, den sie nicht nur in ihrer Mutter erblickt, sondern auch in den (am Gattenmord nicht beteiligten) Dienerinnen und sogar in ihrer Schwester. In dieser extremen Perspektive erscheint Elektras archaisch-mythisches Wirklichkeitsverständnis geradezu human und fortschrittlich, da es dem tierhaften Vergessen das menschengemäße Erinnern entgegensetzt. Nicht übersehen werden darf jedoch, daß die Protagonistin (im Haupt- und Nebentext) mit einem unruhigen, schreckenerregenden Tier verglichen wird, ja sie selbst spricht von ihrem Zustand in Tiermetaphern: „DRITTE da sprang sie [Elektra] auf und [...] schrie: ‚Ich füttere', / schrie sie, ‚mir einen Geier auf im Leib.'" (64). Die fortschreitende Bestialisierung, die Elektra in ihrer Umgebung wahrnimmt, macht vor ihrer eigenen Person *nicht* halt; ihren Kampf gegen das Archaisch-Barbarische gestaltet Hofmannsthal als Überidentifikation mit unübersehbaren pathologischen Zügen, was mit der (von Wittmann und anderen hervorgehobenen) tragischen Würde Elektras unvereinbar ist.

Gegen eine solche Deutung der *Elektra* gibt es weitere Einwände. Zunächst besteht zwischen der Erinnerung an den Gattenmord und dem Vollzug des Muttermordes, zwischen Elektras Sprechen und Orests Handeln *kein* kausaler Zusammenhang.[561] Orest weiß nicht, „wie die Götter sind" (103), und verkörpert insofern nur noch das abstrakt gewordene Prinzip der Rache; weder mythischer Blutbann noch schicksalhafte Bestimmung motivieren sein Handeln. Zudem bedarf er weder des ermunternden Zuspruchs durch Elektra noch ihrer tätlichen Hilfe. Als diese nämlich beginnt, in überschwenglichen Worten die bevorstehende Tat zu preisen und damit ironischerweise deren Gelingen gefährdet, müssen Orest und sein Begleiter sie zum Schweigen bringen. Anders als in ihren ausschweifenden Visionen wird Elektra in Orests Plan keine Rolle spielen: Weder übergibt sie ihm das Beil, das sie wie einen kultischen Gegenstand gehütet hat, noch erleichtert sie ihm den Zugang in den Pa-

---

560 Schon bei Sophokles legt Elektra dar, daß Klytaimnestra ausschließlich ehebrecherische Motive zum Gattenmord getrieben haben. Hofmannsthal greift diese Sichtweise auf und spitzt sie in einer Weise zu, so daß Elektra Zeugen und Gebären nur als Fortsetzung einer Kette von Verbrechen begreifen kann. Traumatisiert von dem Mord im Ehebett („Ah, mit einem schläft sie, / preßt ihre Brüste ihm auf beide Augen / und winkt dem zweiten, der mit Netz und Beil / hervorkriecht hinter'm Bett.", 71), verdammt Elektra ausnahmslos jede Haltung, die nicht mit ihrem asketisch-lebensfeindlichen Vaterkult vereinbar ist. Nicht nur die Dienerinnen überhäuft Elektra – immer den ‚perversen' Charakter des Sexuellen herausstellend – mit Schmähungen, auch den Wunsch der Chrysothemis nach einem „Weiberschicksal" (71) beantwortet sie in dem nämlichen Sinn: „Pfui, / die's denkt, pfui, die's mit Namen nennt! Die Höhle / zu sein, drin nach dem Mord dem Mörder wohl ist; / das Tier zu spielen, das dem schlimmern Tier / Ergetzung bietet." (71).

561 Heinz Wetzel, „Elektras Kult der Tat – ‚freilich mit Ironie behandelt'", in: *Jahrbuch des Freien Deutschen Hochstifts* (1979), S. 354-368, hier S. 360.

176

last. Statt dessen wird sie, wie eine Unbeteiligte, vor dem Palast warten: „*Sie* [Elektra] *läuft auf einem Strich vor der Tür hin und her, mit gesenktem Kopf, wie das gefangene Tier im Käfig.*" (106). Elektra muß die Ausführung der ersehnten Rachetat als einen Vorgang hinnehmen, der mit ihrem Selbstverständnis als Subjekt des mythischen Fluchs nicht in Einklang zu bringen ist: Der Muttermord vollzieht sich als ein von Elektras Person unabhängiges und damit aus ihrer Sicht zufälliges Geschehen.[562] Damit erhebt sich grundsätzlich die Frage nach dem Status von Elektras ekstatischer Rede. Wird in ihr eine für das gesamte Drama gültige mythische Seinsordnung vergegenwärtigt, oder handelt es sich um eine psychologisch erklärbare, wahnhafte Identifikation mit dem Mythos, die als Folge eines psychischen und sozialen Verelendungsprozesses notwendigerweise ins Pathologische umschlagen mußte?

Schon die zeitgenössische Kritik hat vor dem Hintergrund der medizinisch-psychologischen Diskurse des Fin de siècle vor allem die pathologische Verzeichnung von Sophokles' Tragödiengestalt herausgestellt. Hofmannsthal wird als „moderner Psychiater" bezeichnet,[563] der sich die Frage gestellt hat, wie sich die einsame Königstochter unter der Herrschaft von Klytämnestra und Ägisth entwickeln würde.[564] Vom „private[n] Rachdurst einer Epileptikerin"[565] und von „perversen sinnlichen Triebe[n]"[566] ist die Rede, während man in Klytämnestra ein „Demonstrationsobjekt für ‚Psychopathia sexualis'" sieht.[567] Neben Hinweisen auf die Neubewertung der Antike bei Kleist, Nietzsche, Burckhardt und Bahr rücken auch die 1895 erschienenen *Studien über Hysterie* von Joseph Breuer und Sigmund Freud ins Blickfeld. In dieser Perspektive sind die qualvollen Haßausbrüche Elektras *ausschließlich* psychologisch motiviert: Nachdem Klytämnestra aus sexueller Gier den heimkehrenden Gatten getötet hat, vermag Elektra ihr eigenes sinnliches Begehren nur noch unter den Vorzeichen des Perversen und des Bestialischen wahrzunehmen. Elektras Rachedurst ist die Kehrseite ihrer unterdrückten Sexualität: „Diese Elektra sühnt nicht die Schuld der Ahnen, sondern rächt, hitziger noch als den Vatermord, an der unkeuschen Mutter die dem Geschlecht angethane Schmach und die Beschmutzung der

---

562 Pickerodt, *Hofmannsthals Dramen*, S. 163-165. Den (durch die Übernahme des antiken Handlungsschemas hervorgerufenen) Widerspruch zwischen Wollen und Tun, zwischen psychologisch motivierter Handlungsbereitschaft und hypotextueller Dramenstruktur hat Hofmannsthal später als Gegensatz von individueller Tatbereitschaft und geschlechtsbedingter Tatunfähigkeit gedeutet, an dem Elektra aufgrund ihrer weiblichen Natur scheitern muß. Siehe dazu Hofmannsthal, [*Aufzeichnungen zu Reden in Skandinavien*], GW RA II 31f.

563 Zieler, „[Rezension *Elektra* und *Rose Bernd*]", Sp. 358.

564 Heilborn, „Theater [Rezension: *Rose Bernd* und *Elektra*]", S. 94.

565 Kerr, „*Rose Bernd* und *Elektra*", S. 1314.

566 Hermann Kienzl, „Hugo v. Hofmannsthal. *Elektra*", in: ders., *Dramen der Gegenwart*, Graz 1905, S. 306-313, hier S. 311.

567 Zieler, „[Rezension *Elektra* und *Rose Bernd*]", Sp. 358.

jungfräulichen Seele. Eine Weibersache; ein Frauenkrieg, in dem die Ungeschwächte, vom Mann nie Erkannte über die von Lüsten Zerfressene siegt."[568] An diese frühen Rezeptionszeugnisse schließen spätere literaturpsychologische Deutungen an. Heinz Politzer liest das Drama als Diagnose eines Persönlichkeitsverlustes infolge einer gestörten Vaterbindung.[569] Mit Blick auf die *Studien über Hysterie* sieht er in Elektra eine literarische Doppelgängerin von Anna O. bzw. Bertha Pappenheim, die nach dem Tod ihres Vaters hysterische Symptome ausprägte und die Sprechstunde von Breuer und Freud aufsuchen mußte. Auch die mykenische Königstochter stehe unter dem Wiederholungszwang eines traumatischen Erlebnisses, das ihre Identität aufgrund der psychischen Allgegenwart des zu rächenden Vaters allmählich aushöhle. Nachdem auch der Muttermord Elektras psychische Erstarrung nicht lösen konnte, trachte sie danach, diese durch einen ,heroischen', auf ihren Tod zielenden Akt zu überwinden. Die Aufhebung der seelischen Paralyse im Tanz widerspricht jedoch – wie die ihr vorausgehende Selbstdiagnose (,,denn alles war mir / um seinetwillen nichts", 104), – dem Anspruch auf Stimmigkeit, auf die Politzer besonderen Wert legt. Denn die Berufung auf die vier hysterischen Stadien Charcots[570] verträgt sich letztendlich nicht mit der Behauptung, Elektra würde in der Schlußszene die Züge einer tragischen Gestalt annehmen: Charcots Symptomatik kennt weder die Wiederkehr nüchterner Selbsterkenntnis noch den Entschluß, aus eigenen Kräften die psychische Krankheit zu überwinden. An diesem Punkt erweisen sich klinisches Material und tragisches Geschehen als unvereinbar.[571]

Für eine Interpretation der *Elektra* ist es letztendlich unerheblich, ob Hofmannsthal die vier hysterischen Stadien Charcots dramatisch verarbeitet hat oder ob die Protagonistin jene Krankheitssymptome ausprägt, die auch Breuer und Freud in ihren klinischen Untersuchungen beschrieben haben. Der Vorzug einer psychologischen Deutung besteht darin, daß sie die Tilgung mythologischer Bezüge, die Hofmannsthals Transposition zum Opfer gefallen sind, ernst nimmt. Daß Elektra das Gebot der Vaterrache befolgt, ist nicht auf die Existenz einer mythischen Sphäre zurückzuführen, sondern das Ergebnis einer sich verselbständigenden psychischen Überidentifikation. Das Bild des Vaters, das sie allabendlich und in getreuer Befolgung antiker Seelenkultvorstellungen aus dem Totenreich heraufbeschwört, ist das Produkt ihrer

---

[568] Harden, „*Elektra*", S. 357f. Zum Kontext siehe Marianne Schuller, „,Weibliche Neurose' und Identität. Zur Diskussion der Hysterie um die Jahrhundertwende", in: Dietmar Kamper/Christoph Wulf (Hg.), *Die Wiederkehr des Körpers*, Frankfurt a. M. 1982, S. 180-192; Manfred Schneider, „Hysterie als Gesamtkunstwerk. Aufstieg und Verfall einer Semiotik der Weiblichkeit", in: *Merkur* 39 (1985), S. 879-895.
[569] Politzer, „Hugo von Hofmannsthals *Elektra*", S. 80.
[570] Politzer, „Hugo von Hofmannsthals *Elektra*", S. 80
[571] König, *Hofmannsthal*, S. 290.

wahnhaften Vorstellungskraft und besitzt keine von ihrer Psyche unabhängige Existenz.[572] Während der Antizipation des Muttermordes heißt es lakonisch „die Götter sind beim Nachtmahl!" (86) und diese werden Klytämnestra genauso wenig zu Hilfe eilen wie sie die Ermordung Agamemnons verhindert haben. „Ich hab' die Götter nie gesehn" (102) wird Elektra im Dialog mit Orest sagen, und als sie überschwenglich dessen bevorstehende Tat preist, liest man: „Ich weiß von den Göttern nichts, / ich weiß nicht, wie sie sind, drum küss' ich lieber / dir deine Hände." (105). Es gilt also zweierlei festzuhalten: Elektras Beschwörung des Blutbannes steht in einem auffallenden Gegensatz zu ihrem säkularisierten Mythosverständnis. Und ausgerechnet in dem Augenblick, in dem das visionär Vorweggenommene („Vater! dein Tag wird kommen! Von den Sternen / stürzt alle Zeit herab", 67) Wirklichkeit wird, versagt Elektra. Obwohl sie die Mörder ihres Vaters seit Jahren voller Haß verfolgt, versäumt sie die Übergabe des Beiles, jenes Gegenstandes, der leitmotivisch durch ihre Reden geistert. Für Orest ist es dagegen unerheblich, ob er die Tat mit dem Beil ausführt, das Agamemnon getötet hat. Es fällt schwer, diese charakteristische Fehlleistung nicht als ironischen Hinweis des Dichters auf die krankhafte Identifikation Elektras mit dem Mythischen zu werten.

War Hofmannsthal tatsächlich der künstlerische Vollstrecker der Psychoanalyse, als den ihn einige Rezensenten der *Elektra*-Uraufführung verstanden haben? Es ist nur schwer vorstellbar, daß sich Hofmannsthal das Wissenschaftsverständnis von Religionsgeschichte und Psychoanalyse zu eigen gemacht haben soll, um ebenso illusionslos wie drastisch das ‚Körpertheater' einer archaischen Hysterikerin szenisch zu gestalten. Aus diesem Grund soll abschließend nochmals geprüft werden, inwiefern der entstehungsgeschichtliche Kontext der *Elektra* Auskunft über die Zielsetzungen Hofmannsthals gibt.

Rückblickend hat der Dichter 1904 geschildert, wie ihm bei der Lektüre des Sophokles ‚schlagartig' der Plan für eine eigene Gestaltung des Stoffes vor Augen stand. Hofmannsthal war sich darüber im klaren, daß die Protagonistin den Vollzug der Rachetat nicht überleben würde: „daß sie nicht mehr weiterleben kann, daß, wenn der Streich gefallen ist, ihr Leben und ihr Eingeweide ihr entstürzen muß, wie der Drohne, wenn sie die Königin befruchtet hat, mit dem befruchtenden Stachel zugleich Eingeweide und Leben entstürzen."[573] Der Vergleich mit der männlichen Honigbiene, die im Dienst der Arterhaltung zugrunde geht, ist in zweierlei Hinsicht aufschlußreich: Wenn Elektra im Moment der vollzogenen Rache „Eingeweide und Leben entstürzen" sollen, dann wird an den Schluß der geplanten Tragödie unüber-

---

572 Zu Elektras halluzinatorischem Vermögen und ihrer imaginativen Grausamkeit siehe Vogel, „Priesterin künstlicher Kulte", S. 295-299.
573 Hofmannsthal, *Aufzeichnungen*, GW RA III 452.

sehbar ein dionysischer Akzent gesetzt, in dem Zeugung und Tod, animalischer Lebenswillen und plötzlicher Lebensverlust verschmelzen und für einen Moment ununterscheidbar sind. Und: Es ist durchaus kein Zufall, daß Hofmannsthal den Rückgriff auf die mythisch-kultische Dimension des Stoffes im Bild des instinktgesteuerten Tieres veranschaulicht. Hofmannsthal will Elektra als eine Figur verstanden wissen, die mit tierähnlicher Triebhaftigkeit ihr Dasein in den Dienst der Rache stellt. Nicht die Bewahrung und Erneuerung des sittlichen Gesetzes wie bei Sophokles, sondern das bedingungslose Festhalten am Blutbann wird in Hofmannsthals Tragödie im Vordergrund stehen.

Einige Interpreten haben die genannte Notiz, aber vor allem die taumelnden Tanzschritte, mit denen Elektra ihr Leben beschließt, zum Anlaß genommen, um die Tragödie als „Feier des Lebens in seiner furchtbaren Herrlichkeit" zu deuten.[574] Der Muttermord an Klytämnestra stelle nicht nur das archaische Gesetz des Blutes wieder her, sondern eröffne Elektra einen Zugang zu jener „rauschvolle[n] Wirklichkeit", die nach Nietzsches Worten „des Einzelnen nicht achtet, sondern sogar das Individuum zu vernichten und durch eine mystische Einheitsempfindung zu erlösen sucht."[575] Indem sich Hofmannsthal den Natur- und Lebensbegriff des frühen Nietzsche zu eigen mache, lasse er den Gegensatz von Ich und Welt in einer mythisierten Ganzheit zusammenfallen. Elektras selbstzerstörerische Hingabe an das Gebot der Vaterrache werde zum „Geheimnis des unmittelbaren Lebens", „das nur zu erfahren und nicht mehr zu verstehen ist".[576]

Auch Bohrer ist der Ansicht, daß Hofmannsthals Drama in einer mythosidentifizierenden, regressiven Theatralik gipfelt.[577] Er verweist dabei auf den Stellenwert, den die mythisch-mystische Teilhabe an der Totalität des Lebens in Hofmannsthals Dichtungsverständnis einnimmt. Im *Gespräch über Gedichte* heißt es: „Wollen wir uns finden, so dürfen wir nicht in unser Inneres hinabsteigen: draußen sind wir zu finden, draußen. Wie der wesenlose Regenbogen spannt sich unsere Seele über den unaufhaltsamen Sturz des Daseins. Wir besitzen unser Selbst nicht: von außen weht es uns an, es flieht uns für lange und kehrt uns in einem Hauch zurück."[578] Die Berührung mit dem in die Natur projizierten Selbst stellt in der Moderne das Gedicht her, in der Frühgeschichte der Menschheit geschah dies jedoch im kultischen Opfer.

---

574 Walter Warnach, „Hugo von Hofmannsthal. Sein Weg von Mythos und Magie zur Wirklichkeit der Geschichte", in: *Wort und Wahrheit* 9 (1954), S. 360-377, hier S. 363.
575 Nietzsche, *Geburt der Tragödie*, KSA 1 30.
576 Esselborn, *Hofmannsthal und der antike Mythos*, S. 38.
577 Bohrer, „Die Wiederholung des Mythos", S. 85.
578 Hofmannsthal, *Das Gespräch über Gedichte*, SW XXXI 76.

Es bereitet jedoch Schwierigkeiten, in dem mythischen Zwang, den die Natur auf die Körper auszuüben vermag, den die Tragödie *Elektra* übergreifenden Sinnzusammenhang wiederzufinden. Wie sich im folgenden zeigen wird, beschreibt die Deutung von Esselborn und Bohrer die Intentionen Hofmannsthals zutreffend, nicht aber deren formale Umsetzung. Nach Bohrer hat Hofmannsthal die Figur der Elektra schon im ersten Monolog als ‚mänadische Existenz' angelegt, als eine Gestalt, die – wie eine der wilden Begleiterinnen des Dionysos – im ekstatischen Tanz ihre personale Identität überschreitet.[579] Eine nähere Betrachtung dieser Textstelle zeigt jedoch, daß Elektra nicht von mänadischer Ekstase, sondern von der Ausführung einer archaischen Bestattungszeremonie spricht.[580] Denn trotz der blutigen Orgiastik der Szene („so wird das Blut / aus hundert Kehlen stürzen auf dein Grab!", 67) geht es vor allem darum, daß die „königliche[n] Siegestänze" (68) *gemeinsam* von den Nachkommen des Agamemnon ausgeführt werden: „dann tanzen wir, dein Blut, rings um dein Grab" (67). Das Motiv des zeremoniellen Tanzes erscheint wieder in den Schlußversen der Elektra, beleuchtet aber nun gerade jene Diskrepanz, die zwischen ihrer visionären Sicht des Geschehens und dem tatsächlichen Handlungsverlauf besteht. Während Chrysothemis und die Dienerschaft unsichtbar für den Zuschauer die Rückkehr des Orest feiern, überwindet Elektra unter größter körperlicher Anstrengung „die Last / des Glückes" (110) und beginnt einen Tanz, der durch den Nebentext ausdrücklich als ‚mänadisch' beglaubigt wird. Elektra selbst spricht von einem „Reigen" (110), den sie anführen müsse und in den sich alle anderen einzureihen hätten, also von Tanzschritten, die – wie in dem oben zitierten Monolog – dem gemeinschaftlichen Vollzug eines Rituals dienen. Elektras Tanz ist deshalb ein „*namenloser Tanz*" (110), weil er *keinen* Rückhalt in der Gemeinschaft besitzt: Der Rächer Orest tritt nicht mehr auf, Chrysothemis und das Gesinde bleiben an der Tür stehen und beobachten die taumelnden Schritte Elektras ohne erkennbare Anteilnahme. Als diese endgültig zusammengebrochen ist und ihr Körper jene Erstarrung angenommen hat, in der sich ihr zwanghaft agierender Geist schon seit langer Zeit befindet, ruft Chrysothemis nach Hilfe; bevor diese eintreffen kann, schließt sich nach einem Moment der Stille der Vorhang. Während Elektras letzte Worte das gemeinschaftstiftende Ritual des Reigens beschwören, zeigt die Schlußkonstellation Hofmannsthals lediglich die tödliche Besessenheit einer einsamen Tänzerin.

---

579 Bohrer, „Die Wiederholung des Mythos", S. 83.
580 Zur Differenz zwischen mänadischem Tanz und kultischem Reigen siehe Wetzel, „Elektras Kult der Tat", S. 364; Reinhold Schlötterer, „Elektras Tanz in der Tragödie Hugo von Hofmannsthals", in: *Hofmannsthal-Blätter* 33 (1986), S. 47-58, hier S. 48f.; Vogel, „Priesterin künstlicher Kulte", S. 294f. und 302.

Ob von dem Dichter intendiert oder nicht: Der Versuch, im Rückgriff auf das antike Drama zu einem revitalisierten, ungebrochenen Begriff des Mythischen zu gelangen, erweist sich im Fall der *Elektra* als unmöglich.[581] Hofmannsthal hätte, um die mythischen Implikationen des Stoffes zur Geltung zu bringen, in der zweiten Hälfte des Dramas nicht an der Struktur des Sophokles festhalten dürfen. Indem einerseits der Muttermord im Medium des visionären Sprechens nicht nur vergegenwärtigt, sondern geradezu vorweggenommen wird, andererseits aber die Intrige des Orest und seine unbedingte Tatbereitschaft bestehen bleiben, entsteht eine dramaturgische Schieflage. Der Auftritt des mythenfernen Bruders verträgt sich nicht mit der mythischen Ununterscheidbarkeit von Ich und Natur, von der Hofmannsthal im *Gespräch über Gedichte* spricht, und bewirkt, daß die mythische Dimension der Elektra ins Psychologische bzw. Ästhetische umgebogen und damit verkleinert wird. Das ebenso schmerz- wie lustvolle Aufgehen des Individuums in der mythisierten Natur bleibt – Hofmannsthals Dichtungsverständnis zum Trotz – auf die Perspektive einer Figur beschränkt, deren leidvolle Erfahrungen sich in zwanghaften Rachevisionen artikulieren.

---

[581] Erst in der Opernfassung von 1909 wird die Sprödigkeit des Schlusses gemildert, da hier nicht nur das ‚dionysische' Kunstmittel des sinfonischen Orchesters zum Einsatz kommt, sondern Hofmannsthal zusätzliche Verse einfügt, um Elektra und Chrysothemis in einem postwagnerianischen Schlußgesang zu vereinen.

3. Im Banne Penelopes: Hauptmann, *Der Bogen des Odysseus* (1914)

3.1 Die Metamorphosen eines Seefahrers

Odysseus, Zentralgestalt der homerischen Epen, hat im Laufe seines literarischen Weiterlebens unterschiedliche Züge angenommen.[582] Bei Homer ist der König von Ithaka ein beredsamer Vermittler (*Ilias*) und erduldet mit Gleichmut das von den Göttern auferlegte Geschick (*Odyssee*). Sophokles (*Philoktet*) und Euripides (*Hekuba, Iphigenie in Aulis*) charakterisieren ihn als zynischen, ja grausamen Manipulator der Macht, eine Sicht, die über Vergils *Äneis* bis in die Neuzeit fortwirkt (zum Beispiel in Racines *Iphigénie*, 1674). Im 20. Jahrhundert wird Heiner Müller an diese Traditionslinie anschließen und, mit einem Seitenblick auf den Odysseus-Exkurs der *Dialektik der Aufklärung*, den Seefahrer als Figur der Grenzüberschreitung entwerfen, der die Barbarei überwindet, indem er sich barbarisch verhält (*Philoktet*, 1966).

Die Vertreter des antiken Stoizismus und die christlichen Kirchenväter sahen in Odysseus einen besonnenen Weisen, der zwischen Tugend und Laster zu unterscheiden weiß (so beispielsweise Horaz in seinen *Epistolae*), während Dante die Figur in seiner *Comedia* als ruhelosen Entdecker schildert. Bei Calderón (*Polifemo y Circe*, dritte Jornada, 1630; *El mayor encanto, amor*, 1635) erscheint Odysseus als wankelmütiger Held, der in Kirkes Bann steht und nur durch überirdische Mächte (hier: die Erscheinung des Achilles) zur Weiterreise bewegt werden kann.

Im Gegensatz zu anderen Figuren der homerischen Epen hat der listenreiche König im Schauspiel zunächst nur eine geringe Beachtung erfahren; seit seinem Auftreten in Monteverdis *Il Ritorno d'Ulisse in Patria* (1640/41) ist die Opernbühne seine eigentliche Heimstatt. Hier bot die Kirke-Episode – dem Vorbild frühneuzeitlicher Ariadne- und Dido-Figurationen folgend – Raum für ausführliche Klage-, Rache- und Todesszenen. Erst zu Beginn des 20. Jahrhunderts wird der Odysseus-Stoff verstärkt im Sprechdrama behandelt, u. a. bei Heym (*Die Heimkehr des Odysseus*,

---

[582] Zur Stoffgeschichte: Paul Gaude, *Das Odysseusthema in der neueren deutschen Literatur, besonders bei Hauptmann und Lienhard*, Halle a. d. S. 1916; Richard B. Matzig, *Odysseus. Studie zu antiken Stoffen in der modernen Literatur, besonders im Drama*, St. Gallen 1949; William B. Stanford, *The Ulysses Theme. A Study in the Adaptability of a Traditional Hero*, Oxford 1954; Bernhard Paetz, *Kirke und Odysseus. Überlieferung und Deutung von Homer bis Calderón*, Berlin 1970 (Hamburger Romanistische Studien 4); Karl-Heinz Eller, „Zur Rezeption des Odysseus-Mythos", in: *Der altsprachliche Unterricht* 23 (1980), S. 70-95; Heinz Hofmann, „Odysseus: Von Homer bis zu James Joyce", in: ders., (Hg.), *Antike Mythen in der europäischen Tradition*, Tübingen 1999, S. 27-67; Bernd Seidensticker, „Aufbruch zu neuen Ufern. Transformationen der Odysseusgestalt in der literarischen Moderne", in: ders./Martin Vöhler (Hg.), *Urgeschichten der Moderne. Die Antike im 20. Jahrhundert*, Stuttgart-Weimar 2001, S. 249-270.

1908), Sorge (*Odysseus*, 1911) und Lienhard (*Odysseus auf Ithaka*, 1911).[583] In Heyms Fragment wird die Irrfahrt mit der Thematik des Ausgestoßenseins verknüpft; Sorge gestaltet die Heimkehr des Odysseus als Vollendung eines Übermenschen; und Lienhard, Vertreter der antimodernen Heimatkunst-Bewegung, macht aus den Episoden Homers ein epigonales Ideendrama in einer realistisch-volkstümlichen Szenerie.

Zu den Charakterisierungen als Ratgeber, Städtezerstörer, Stoiker, Machtpolitiker, Entdecker, liebestoller Held, Heimatloser und Übermensch tritt mit Hauptmanns *Bogen des Odysseus* eine weitere hinzu, die mythengeschichtlich als Innovation gelten kann: Nach langjähriger Seefahrt wächst Odysseus auf Ithaka zu einem „*gigantische[n] Waldmensch[en]*" empor, der sich vom verderbenbringenden Meer lossagt und fortan auf heimischer Scholle als Bauer und Hirte tätig sein will.[584] Die aufkeimende Erdverbundenheit des Heroen steht im Kontext von Hauptmanns psychokultischer Poetik, die sich in der Zeit der Jahrhundertwende ausbildet. In Abgrenzung von der lichtdurchfluteten, harmonisch gegliederten Welt Homers (und des deutschen Klassizismus) entwirft der Dramatiker eine archaische Sphäre, in der das homerische Personal dem Einfluß chthonischer Gottheiten ausgesetzt ist. Kennzeichnend für dieses Dichtungsverständnis sind ein naturdämonisches Antikenbild, die Rückführung der Tragödie auf antike Opferkulte, ein vom Biologismus des späten 19. Jahrhunderts geprägtes Tragikverständnis und die Mythisierung psychischer Vorgänge.[585]

---

583 Matzig, *Odysseus*, S. 28, verzeichnet allein für den Zeitraum von 1907 bis 1922 elf Odysseus-Dramen.

584 Hauptmanns *Bogen des Odysseus* wird zitiert nach: Gerhart Hauptmann, *Sämtliche Werke*, *Centenar-Ausgabe*, Bd. 2: *Dramen*, hg. von Hans-Egon Hass, Frankfurt a. M.-Berlin 1965, S. 833-942; das Zitat auf S. 912.

585 Die Beschäftigung mit antiken Stoffen zeigt, inwiefern Hauptmann an den literatur- und geistesgeschichtlichen Diskursen der Moderne partizipiert, wobei die Stellungnahmen des Dichters durchweg von einem zivilisationskritischen Ressentiment geprägt sind. Siehe dazu Peter Sprengel, „Literatur und Leben 1906 bis 1913", in: Gerhart Hauptmann, *Tagebücher 1906 bis 1913. Mit dem Reisetagebuch Griechenland-Türkei 1907*, nach Vorarbeiten von Martin Machatzke hg. von Peter Sprengel, Frankfurt a. M.-Berlin 1994, S. 699-714, hier S. 706. Für Hauptmann sind nicht nur die religionsgeschichtlichen Werke von Bachofen und Rohde bedeutsam, sondern auch die – von der ethnologischen Forschung ausgelöste – Hinwendung zu den sog. primitiven Kulturkreisen Afrikas, Asiens und Ozeaniens. Hier sind insbesondere die Schriften des Ethnologen Leo Frobenius hervorzuheben, in denen die magisch-sinnliche Lebenswelt afrikanischer Völker in deutlicher Kontrastierung zum ‚mechanistischen Denken' der europäischen Moderne beschrieben wird. Aber nicht nur das Wissen um die Entstehung und Strukturierung kultureller Zusammenhänge beschäftigt Hauptmann, sondern auch das von Frobenius entfaltete Wechselverhältnis von affektiver Erschütterung und dämonisch-genialischer Produktivität. Dies mußte – gerade vor dem Hintergrund von Hauptmanns psychophysischem Menschenbild – nicht nur in produktionsästhetischer, sondern auch in dramentheoretischer Hinsicht sein Interesse erregen. Siehe dazu Sprengel, *Die Wirklichkeit der Mythen*, S. 167-172.

3.2 Probleme der Fokussierung

Hauptmanns *Bogen des Odysseus* gehen verschiedene Pläne und Entwürfe voraus. Auffallend ist zunächst die produktionsästhetische Bezugnahme auf Goethe, die das Antikendrama in den Kontext einer Klassiknachfolge rückt. Hauptmann wiederholt mit seiner Griechenlandreise, was er während eines Italienaufenthaltes 1897 schon einmal erprobt hat: die „äußerliche[] Imitation" des Klassikers.[586] Auf Goethes Spuren will sich Hauptmann jenen Zugang zu Mythos und zeitloser Formenwelt verschaffen, den sich das bewunderte Vorbild während seiner italienischen Reise erarbeitet hatte. Goethe besuchte am 07.04.1787 den Giardano pubblico in Palermo, der ihm wie die „Insel der seligen Phäaken" erschien.[587] Dadurch angeregt erwarb er eine Ausgabe der *Odyssee* und skizzierte während seines süditalienischen Aufenthalts das fragmentgebliebene Trauerspiel *Ulysses auf Phäa* bzw. *Nausikaa.* Der Griechenlandreisende Hauptmann knüpft an diese Episode an, wenn er homerisches Epos und Goethes Fragment im Reisegepäck mit sich führt und im Königlichen Garten der Villa Mon Repos auf Korfu, das im Reisetagebuch als „Phäakeninsel" bezeichnet wird,[588] Überlegungen zu einer Dramatisierung des Homer anstellt. Wie eine Tagebuchnotiz zeigt, schwebt Hauptmann schon im Oktober 1906 eine Adaption vor, die antike Elemente in die nordische bzw. deutsche Sphäre verlagert: „Könntest Du nicht einmal mit Kühnheit einen Athenensischen Stoff deutsch, durch und durch deutsch behandeln: die blauäugige Athene.!!"[589]

Lange Zeit ist unklar, welche Episode des Homer im Zentrum des Antikendramas stehen wird. Über die Fortführung von Goethes *Nausikaa* denkt Hauptmann am 13.03.1907 – also noch vor der Griechenlandreise – zum ersten Mal nach. Am 24.03.1907 fühlt sich Hauptmann als „neuer Homeride",[590] diesmal steht Laertes, der Vater des Odysseus, im Mittelpunkt des Entwurfs. Am 31.03.1907 beschließt der Dichter, ein „Gedicht vom Göttlichen Sauhirten" Eumäos, dem treuesten Diener des Odysseus auf Ithaka, zu verfassen.[591] Bis Oktober 1908 spricht Hauptmann in seinem

---

586 Peter Sprengel, „Zwischen Nachfolge und Parodie. Zur Klassik-Rezeption im Drama der Jahrhundertwende", in: ders., *Literatur im Kaiserreich. Studien zur Moderne*, Berlin 1993 (Philologische Studien und Quellen 125), S. 130-146, hier S. 138. Siehe hierzu auch Gunter Grimm, „Goethe-Nachfolge? Das Beispiel Gerhart Hauptmann", in: ders., *Rezeptionsgeschichte. Grundlegung einer Theorie. Mit Analysen und Bibliographie*, München 1977, S. 206-238.
587 Goethe, *Italienische Reise*, HA 11 241.
588 Gerhart Hauptmann, *Tagebücher 1906 bis 1913. Mit dem Reisetagebuch Griechenland-Türkei 1907*, nach Vorarbeiten von Martin Machatzke hg. von Peter Sprengel, Frankfurt a. M.-Berlin 1994, S. 365.
589 Hauptmann, *Tagebücher 1906 bis 1913*, S. 123.
590 Hauptmann, *Tagebücher 1906 bis 1913*, S. 164.
591 Hauptmann, *Tagebücher 1906 bis 1913*, S. 373.

Tagebuch abwechselnd von einem Telemach- und einem Eumäos-Drama; dann ist bis zur Fertigstellung im Frühjahr 1912 nur noch von einem Odysseus-Drama die Rede. Bemerkenswert immerhin, daß der Dichter 1909 den Anfang eines Kirke-Dramas notiert und sich noch 1913 vornimmt: „Du wirst schreiben: Odysseus bei Circe."[592] Wie Sprengel gezeigt hat, konnte Hauptmann auf die Realisierung dieses Vorhaben verzichten, da er die Entwürfe zu seinem Kirke-Drama im *Bogen des Odysseus* verarbeitet hat.[593] Neben Verweisen auf Homer tauchen in den Tagebüchern auch Bezugnahmen auf frühgeschichtliche Kulte (Totenopfer, Verehrung des Priapus) und naturmagische Szenen (Zaubergarten der Kirke, „Frühlingsbacchanal der unsterblichen Säue"[594]) auf, die als handlungs- und stimmungsfördernde Momente ebenfalls in das Drama eingegangen sind.

Entstehungsgeschichtlich sind damit drei Stoffkomplexe des Homer bedeutsam: die Kirke-, die Telemach- und die Rückkehr-Episode. Hauptmanns Unschlüssigkeit hinsichtlich Zentralgestalt und Handlungsführung läßt sich noch an dem fertigen Drama ablesen: So wird der Vater-Sohn-Konflikt als Nebenhandlung mitgeführt, die vor allem dazu dient, das endgültige Wiedererkennen hinauszuzögern.[595] Hauptmann hat allerdings das Potential der „Kronprinzentragik"[596], das in dem Zusammentreffen von Odysseus und Telemach liegt, nicht genutzt, da er dem Sohn so jugendlich-unreife Züge verliehen hat, die den Nachteil der generationsbedingten ‚Nachrangigkeit' eher unterstreichen als relativieren.[597] Als raffinierter Kunstgriff sollte sich dagegen die Idee, Penelope nicht auftreten zu lassen, erweisen; da Hauptmann die Gattin des Odysseus mit Attributen versieht, die sie zu einer zweiten Kirke machen, kann er auch diesen Stoffkomplex in sein Heimkehrerdrama integrieren.

Die Uraufführung des *Bogen des Odysseus* am 17.01.1914 in Berlin wird vom Publikum mit Beifall bedacht; die Kritik äußert sich dagegen überwiegend ablehnend. So werden vor allem die umständliche Handlungsführung, sprachliche Verstiegenheiten und die Kulissenhaftigkeit der mythisierenden Raumgestaltung bemän-

---

592 Manuskriptnachlaß Gerhart Hauptmanns, Berlin, Staatsbibliothek Preußischer Kulturbesitz, Hs 206, 23r, zitiert nach Sprengel, *Die Wirklichkeit der Mythen*, S. 273.

593 Sprengel, *Die Wirklichkeit der Mythen*, S. 273f.

594 Hauptmann, *Tagebücher 1906 bis 1913*, S. 378.

595 CA II 863-870. Guthke, *Gerhart Hauptmann*, S. 131, spricht daher von „erratische[n] Blöcke[n] aus dem ursprünglichen Entwurf", die „am Rande" liegengelieben sind.

596 Gerhart Hauptmann, *Das gesammelte Werk*, Bd. XVII, Berlin 1942, S. 314, zitiert nach Voigt, *Gerhart Hauptmann und die Antike*, S. 65.

597 Bei Homer ist die Beziehung zwischen Odysseus und Telemach konfliktfrei. Hauptmann zeichnet Telemach – in Übereinstimmung mit Homer – zunächst als verständigen, tatkräftigen Jüngling (862-870). Je mehr Odysseus die Szene beherrscht, desto verzweifelter wird Telemach (895), bis er schließlich wie ein trotziges bzw. verstörtes Kind weinend am Hals der Leukone hängt (909f.) Nach der Anagnorisis findet Telemach zu einer männlichen Haltung zurück, ist jedoch an der Bestrafung der Freier – anders als bei Homer – nicht beteiligt.

gelt – „Kämmerchen zu vermythen", spottet Alfred Kerr,[598] während Siegfried Jacobsohn meint, daß das Werk an Homer erinnert „wie ein Gemüsebeet an einen Urwald".[599] Alfred Polgar kritisiert den „Frosthauch der Allegorie", der Figuren wie Leukone „lebensfeindlich umweht".[600] Wie in den Jahren zuvor werden die Erwartungen, die Hauptmann mit ambitionierten Dramenplänen geweckt hat, durch eine konventionelle Realisierung enttäuscht.[601]

Die wissenschaftliche Rezeption des *Bogen des Odysseus* setzt zwar schon früh ein, bleibt jedoch – wie bei anderen Werken von Hauptmanns mittlerer Schaffenszeit – verhalten.[602] Die erste wichtige Darstellung liefert Voigt mit seiner Studie über Hauptmanns Antikenbild, die sich jedoch eng an Hauptmanns Selbstdeutung („das Lebensabenteuer des Starken"[603]) hält und dementsprechend im *Bogen des Odysseus* das „heldisch-heidnische[] *Ideal der Tat*" verherrlicht sieht.[604] Michaelis hat die Hadesaffinität von Hauptmanns nachnaturalistischen Werken exemplarisch herausgearbeitet, wobei das Odysseus-Drama jedoch in die Nachbarschaft der wesentlich düstereren *Atriden-Tetralogie* gerückt und die finale Beruhigung der dämonischen Natur-

---

[598] Kerr, *„Der Bogen des Odysseus*. (Bearbeitungen!)", S. 264.

[599] Siegfried Jacobsohn, *„Der Bogen des Odysseus*", in: *Die Schaubühne* X (1914), S. 95-98, hier S. 96.

[600] Alfred Polgar, „Gerhart Hauptmann. *Der Bogen des Odysseus*", in: ders., *Kleine Schriften*, Bd. 3: *Theater I*, hg. von Marcel Reich-Ranicki, Reinbek 1985, S. 97-102, hier S. 102. Als Gegenposition zu den führenden Literaturkritikern sei aus der positiven Beurteilung von Rudolf Klein-Diepold zitiert, der das Drama gerade wegen seiner vermeintlichen ‚Rückwärtsgewandtheit', wegen des Verzichts auf ‚ästhetenhaftes Archaisieren' und auf modernes Psychologisieren (wie bei Hofmannsthal) lobt („Hauptmanns *Odysseus*-Drama", in: *Hochland* 11 (1913/14), S. 755-757).

[601] Ähnlich wie die Berliner Uraufführung verläuft auch die Wiener Erstaufführung am 02.03.1915: Auf die Zustimmung des Premierenpublikums folgt ein eher verhaltenes Presseecho. Siehe dazu Gerhart Hauptmann, *Tagebücher 1914 bis 1918*, hg. von Peter Sprengel, Berlin 1997, S. 88 und 319f.

[602] Erwin G. Kolbenheyer, „Gerhart Hauptmanns *Der Bogen des Odysseus*. Eine technische Analyse", in: *Eckart* 8 (1913/14), S. 433-449; A. M. Scherer, „Gerhart Hauptmann und Friedrich Lienhard auf den Wegen Homers", in: *Hochland* 15 (1917), S. 532-543; Julius Bab, *Die Chronik des deutschen Dramas*, Bd. 3: *1911-1913*, Berlin 1922, S. 138-144; Arthur Laudien, „Gerhart Hauptmanns *Bogen des Odysseus*", in: *Neue Jahrbücher für das klassische Altertum, Geschichte und Deutsche Literatur* 24 (1921), S. 215-223; Korbinian Mayer, *‚Der Bogen des Odysseus' von G. Hauptmann*, Rosenheim 1930; Matzig, *Odysseus*, S. 63-82. Stanford (*The Ulysses Theme*, S. 195-199) verweist auf Narrenfiguren der vorhomerischen Odyssee-Tradition sowie Anleihen bei Shakespeare (Lears Wahnsinn, Hamlets Zaudern). Komparatistisch ist auch der Aufsatz von M. Byron Raizis angelegt: „Kazantzakis' Ur-Odysseus, Homer, and Gerhart Hauptmann", in: *Journal of Modern Literature* 2 (1972), S. 199-214.

[603] Hauptmann, *„Der Bogen des Odysseus*" [Marginalie vom 19.03.1914], CA VI 922.

[604] Voigt, *Gerhart Hauptmann und die Antike*, S. 63-66, hier S. 65. Auch Wolfgang Schadewaldt lehnt sich an Hauptmanns Selbstdeutung an („Gerhart Hauptmann und die Griechen. Zum *Bogen des Odysseus*", in: ders., *Hellas und Hesperien. Gesammelte Schriften zur Antike und zur neueren Literatur in zwei Bänden*, Bd. II, Zürich-Stuttgart ²1970, S. 406-410).

gewalten nicht ausreichend gewürdigt wird.[605] Auf den ideengeschichtlichen Kontext von Hauptmanns Antikendramen und dessen psychokultische Poetik hat Wegner aufmerksam gemacht.[606] Häufig thematisiert wurde die Schlußgestaltung und das problematische Verhältnis von Odysseus und Penelope, exemplarisch hier Glenns werkimmanente Interpretation über das ‚Ringen' des Odysseus um Gleichmut.[607] Sprengel hat den literaturgeschichtlichen Kontext des *Bogen des Odysseus* erschlossen und die motivischen Übereinstimmungen mit Topoi des Fin de siècle herausgearbeitet.[608]

3.3 Entmythologisierung des Epos und Profilierung des Mythischen

Hauptmanns *Bogen des Odysseus* gehört zu den wenigen Antikendramen, die auf einem nichtdramatischen Hypotext beruhen. Im Hinblick auf die Gestaltung des Stoffes bedeutet dies vor allem, daß die Textvorlage auf typische, dramaturgisch faßbare Situationen verkürzt wird. Das epische Panorama Homers wird bei Hauptmann auf die Ankunft des Odysseus auf Ithaka und den Kampf gegen die Freier beschränkt. Hierbei ist insbesondere die Festlegung auf einen einzigen Schauplatz bedeutsam: Das Geschehen, das bei Homer zehn von 24 Gesängen mit zahlreichen Schauplätzen umfaßt, spielt sich ausschließlich im Gehöft des Sauhirten Eumaios ab. Zudem läßt der Dichter nur vier Freier auftreten und versammelt diese während eines Festmahls in dem Anwesen. Die Rückkehr des Odysseus und der Vollzug der Rache werden somit zu den Eckpfeilern, zwischen denen sich das dramatische Spiel entfaltet. Einige Episoden, die sich bei Homer vor bzw. nach diesem Handlungsverlauf ereignen, werden eingefügt (so zum Beispiel die Begegnung des Odysseus mit seinem Vater Laertes, die erst im 24. Gesang stattfindet) oder in Berichtsform erwähnt (zum Beispiel die Ausfahrt des Telemach, die bei Homer in den ersten vier Gesängen behandelt wird).[609]

---

[605] Rolf Michaelis, *Der schwarze Zeus. Gerhart Hauptmanns zweiter Weg*, Berlin 1962, S. 40-72.

[606] Wegner, *Gerhart Hauptmanns Griechendramen*, S. 124-167.

[607] Jerry Glenn, „Hauptmann's Odysseus: The Struggle For Equanimity", in: *University of Dayton Review* 7 (1971), S. 53-59.

[608] Sprengel, *Die Wirklichkeit der Mythen*, S. 272-283.

[609] In den folgenden Details stimmen Hypo- und Hypertext überein: Eumaios vertreibt die Hunde, die Odysseus angreifen (Homer, *Ilias. Odyssee*, in der Übertragung von Johann Heinrich Voss, Frankfurt a. M. 1990, XVI, 29-36; Hauptmann, *Der Bogen des Odysseus*, CA II 844); Odysseus begrüßt die heimatliche Erde (XIII, 351f.; siehe CA II 850); die Freier wollen Telemach auflauern und ihn töten (IV, 669-672; siehe CA II 853); Melantho ist die Geliebte des Eurymachos

Hauptmanns Transposition liegt ein bemerkenswertes Verfahren zugrunde: Nachdem die epische Fülle auf wenige dramatische Stationen gekürzt wurde, wird der komprimierte Stoff wieder gedehnt. Denn die listenreiche Verstellung kommt bei Hauptmann erst spät zum Einsatz, ja in den ersten drei Akten fällt es mitunter schwer zu entscheiden, ob Odysseus aufgrund seiner langjährigen Irrfahrten tatsächlich ‚irre' geworden ist oder ob er – wie bei Homer – seine Identität verheimlicht, um seine Rache planvoll auszuführen zu können. Der Dramentext läßt mehrfach beide Annahmen zu. Diese Konstellation bietet Hauptmann einerseits die Möglichkeit, das Leid des Odysseus in ‚epischer' Breite vorzuführen, andererseits kann das Erkennen mehrfach vorbereitet und dann jeweils auf einen späteren Zeitpunkt verschoben werden. Hauptmann setzt dabei das Stilmittel der dramatischen Ironie geradezu inflationär ein, wenn die anspielungsreiche Rede des fremden Bettlers immer wieder Hinweise auf dessen wahre Identität gibt.[610] Auf diese Weise kommt es – gegen alle Wahrscheinlichkeit – zu einer Verzögerung des Handlungsverlaufs; das dramatische Spiel scheint gleichsam auf der Stelle zu treten. Gleichzeitig entsteht ein Schwebezustand, der zwischen Nichtwissen, Ahnung und Gewißheit oszilliert und Raum bietet für den Einbruch des Mythischen.

Während im homerischen Epos das Auftreten von Göttern und mythologischen Figuren als Selbstverständlichkeit zu gelten hat und keiner erzählerischen Beglaubigung oder besonderer Kunstgriffe bedarf, muß Hauptmann ein realistisches Vordergrund- von einem mythischen Hintergrundgeschehen abheben, um – insbesondere ab

---

(XVIII, 324; siehe CA II 838); Eumaios schlachtet für seinen Besucher ein Schwein (XIV, 418-429; siehe CA II 847); Telemach entkommt den Freiern durch einen Umweg (XV, 297f.; siehe CA II 865); Eumaios begrüßt Telemach wie einen Sohn (XVI, 11-21; siehe CA II 861f.); Telemach glaubt sich von einem Dämon getäuscht (XVI, 194; siehe CA II 910); die Freier bedrängen die Mägde (XXI, 37; siehe CA II 935); Odysseus und Telemach liegen sich weinend in den Armen (XVI, 219; siehe CA II 930); das letzte Mahl der Freier endet in einer übermütigen Stimmung (XX, 345-347; siehe CA II 935); der Freier Ktesippos wirft einen Kuhfuß nach Odysseus (XX, 299f.; siehe CA II 939); die Freier versuchen vergeblich, den Bogen zu spannen (XXI, 150 und 246f.; siehe CA II 936f.); Odysseus erschießt zuerst Antinoos und dann Eurymachos (XXII, 15f. und 80; siehe CA II 940).

In den folgenden Punkten weicht Hauptmann von Homer ab: Der Bogen des Odysseus wird bei Eumaios verwahrt (Hauptmann, *Der Bogen des Odysseus*, CA II 837, dagegen: Homer, *Odyssee*, XIX, 11f.); Odysseus trifft völlig mittellos auf Ithaka ein (siehe CA II 844, dagegen: III, 120-124); Odysseus prophezeit, daß er niemals zurückkehren wird (siehe CA II 859; dagegen: XIV, 151f.); Telemach ersucht die Stämme Griechenlands um Hilfe gegen die Freier (siehe CA II 864; dagegen: II, 213-216); Telemach kehrt von seiner Fahrt mit der Gewißheit zurück, daß Odysseus tot ist (siehe CA II 868; dagegen XV, 175-177 und XVII, 142-146); Melantheus schlägt Laertes (siehe CA II 886; dagegen XVII, 233f.); Melantho schmäht den Fremden (siehe CA II 857-859; dagegen: XVII, 215-235); Odysseus tötet die Freier ohne Wettschießen (siehe CA II 940-942; dagegen XXI, 419-423); Melantheus wird gehängt (siehe CA II 941, dagegen XXII, 475-477).

610 CA II 850, 851, 859, 860, 870, 872 und 873.

dem dritten Akt – beide als zusammengehörige Episoden ein und desselben Vorgangs erscheinen zu lassen. Insofern beruht das Konstruktionsprinzip von Hauptmanns Drama auf zwei gegenläufigen, sich aber entsprechenden Momenten – auf der *Entmythologisierung des Epos* und der *Profilierung des Mythischen*. Verbindendes Element ist dabei die Sphäre des Sauhirten Eumaios, in der das anfänglich realistisch konzipierte Geschehen mit mythischer Bedeutung aufgeladen wird.

Die Wahl des Schauplatzes hat programmatischen Charakter. Der Dichter entwirft – im Einklang mit dem Detailrealismus des Homer – eine ländliche Szene, die von dem einfachen Leben der Hirten geprägt ist. Anknüpfend an den Hypotext siedelt Hauptmann das Anwesen in einer waldreichen, eher mitteleuropäisch anmutenden Landschaft an.[611] Alltägliche Verrichtungen von Hirten und Mägden werden immer wieder in den Handlungsverlauf eingestreut: So reibt Eumaios zu Beginn den Bogen des Odysseus mit Talg ein, Mägde schöpfen Wasser, Schweine werden ausgeweidet und verschiedene Speisen zubereitet. Auf diese Weise wird die Raumkonzeption von Hauptmanns frühen Dramen gleichsam in die Antike verschoben und mit den Mitteln eines „bukolische[n] Naturalismus"[612] das Bild eines archaischen Griechenlands gezeichnet. Hauptmann verzichtet dabei vollständig auf gräkisierende Elemente und betont statt dessen die Stimmungshaftigkeit einer urtümlichen Szenerie.

Die Rationalisierung des Epos ist auch an Odysseus und Leukone ablesbar. Nicht wie bei Homer durch Athenes Zauberkunst verunstaltet, sondern als Folge der langjährigen Irrfahrten *tatsächlich* zum körperlich und seelisch zerrütteten Bettler herabgesunken, erscheint der Protagonist als Figur, die von Wahnvorstellungen gequält wird und sich deshalb kaum noch an die eigene Geschichte und das heimatliche Ithaka erinnern kann. Dementsprechend kennt das Drama auch keine göttliche Figur wie Homers Athene, die direkt in die Handlung eingreift. Als Stellvertreterin führt Hauptmann statt dessen Leukone ein; eine Figur, die im antiken Epos nicht auftritt, deren sprechender Name (die ‚Leuchtende') aber auf das wohltuende Wirken der Göttin verweist.

Die Entmythologisierung der Geschichte ist allerdings nur die Eingangstufe, die Hauptmann benötigt, um im weiteren Verlauf ein mythisches Geschehen entfalten zu können. Die Heimkehr des Odysseus wird zwar realistisch gezeichnet; die psychische Erschöpfung, unter der die Figur leidet, ist aber nicht nur eine Folge der jahrelangen Irrfahrten, sondern verweist auch auf die dämonischen Mächte, unter deren

---

611   Wenn Homer von einem Hof im „waldbewachs'nen Gebirge" (*Odyssee*, XIV, 2) bzw. „auf weitumschauendem Hügel" (*Odyssee*, XIV, 6) spricht, wird bei Hauptmann daraus eine bergige Gegend, „*hoch gelegen, zum großen Teil mit Waldungen uralter Eichen bedeckt*" (837).

612   Jacobsohn, „*Der Bogen des Odysseus*", S. 96.

190

Einfluß Odysseus steht. Besonders der Abstieg in den Hades (bei Homer im elften Gesang, bei Hauptmann als Rückblick zu Beginn von Odysseus' erstem Auftritt) bewirkt, daß sich der Protagonist selbst als einen auf der Erde wandelnden Hadesschatten, als Untoten, wahrnimmt. Aus der Perspektive des Dramentextes muß Odysseus als eine Figur betrachtet werden, deren Psyche ständig von mythischen Kräften ,unterspült' wird, was jene Träume und Wahnvorstellungen hervorbringt, die den Trojabezwinger bis an den Rand der Dissoziation führen.[613] Der Wahnsinn, mit dem Odysseus geschlagen ist, hat aber nicht nur personale Auflösungserscheinungen zur Folge, sondern eröffnet ihm auch einen partiellen Zugang zu höherem Wissen: So sieht er – als Projektion seiner mythisch durchfluteten Seele – in der Enkeltochter des Eumaios die Göttin Athene und noch vor dem ,Erwachen der Natur' (im dritten Akt) die Götter „wandeln" (894).[614]

Der Götterhimmel ist bei Hauptmann ähnlich strukturiert wie bei Homer; außer von Poseidon wähnt sich Odysseus aber auch von Artemis, Helios oder ganz allgemein von den ,Himmlischen' verfolgt. Im Gegensatz zu Homer sind bei Hauptmann die unteren Gottheiten besonders bedeutsam: Nach der Hadesfahrt steht Odysseus zunächst im Bann von Hades und Persephone; dieser Einfluß geht dann im dritten Akt auf die erdnahen Gottheiten Demeter, Pan und Dionysos über, wobei die chthonische Einwirkung gewahrt bleibt, diese aber nicht mehr unter den Vorzeichen des Todes, sondern des Lebens und der Fruchtbarkeit steht. Zu dieser ,Hirtenmythologie'

---

613 Zur psychopathologischen Gestaltung des Odysseus als Epileptiker bzw. Hysteriker siehe Wegner, *Gerhart Hauptmanns Griechendramen*, S. 155-164.

614 Auch Eumaios, Eurykleia, Leukone und Telemach verfügen über die Fähigkeit, Träume zu deuten und hinter dem realen Geschehen das mythische Parallelgeschehen wahrzunehmen. Bezeichnend für diese ,doppelte Handlungsführung' ist die Traumerzählung des Eumaios zu Beginn des ersten Aktes. Der Sauhirte erhält im Traum von Athene den Auftrag, den Bogen des Odysseus zu rüsten; währenddessen tritt seine Enkeltochter tatsächlich – wie die Göttin mit einem Speer bewaffnet – an sein Lager. Dabei wird das reale Geschehen nicht als rationale Erklärung für ein mysteriöses herangezogen (Eumaios sieht im Halbschlaf Leukone und träumt deshalb von Athene), sondern umgekehrt der nächtliche Auftritt der Leukone bekräftigt die Wahrheit des Traums: „So hast du träumend meinen Traum bevölkert, / Leukone, denn auf deiner Schulter saß / der Vogel der Athene, und du sprachst / mit Götterstimme Göttliches." (843). Neben den Träumen sind es vor allem Ahnungen und übersinnliche Wahrnehmungen, die den Blick auf das mythische Hintergrundgeschehen freigeben: Eumaios erkennt an dem fremden Bettler „der Gottheit Zeichen" (859) und deutet Regenbogen und Eulen in einem „heil'gen Ölbaum" (907) als Hinweise auf die Präsenz der Göttin Athene; Eurykleia träumt von der Rückkehr des Telemach (875); Telemach sieht in dem Bettler „Herakles" (892) und später einen „Dämon" (912); Leukone erblickt einen „Halbgott" (904) in Odysseus. Im Anschluß an die unerklärlichen Geschehnisse des dritten Aktes scheint Leukone von einem inneren Wandel ergriffen zu sein, so als ob sie sich ihrer Göttlichkeit bewußt würde („Und / mir war, ich wüchse, trüge Helm und Schild / und müßte kämpfen ihm zur Seite", 904). In weiteren Szenen tritt sie an entscheidender Stelle entweder als Ebenbild der Göttin (Leukone will den ungestümen Telemach besänftigen, 892f.) oder als von der Göttin ,erleuchtete' Figur auf (Leukone errät vor Telemach die wahre Identität des Bettlers: 929).

wird auch der Olympier Zeus hinzugezogen: „Ein Priaplied! Ein Nymphenlied! Ein Lied / zu Ehren des Zeus, der Nymphen und des Pan!" (900).

Während Odysseus bei Homer seine Intrige gegen die Freier umsichtig vorantreibt, zeigt die Figur bei Hauptmann bis zum Ende des dritten Aktes keine nennenswerte Aktivität, ja Odysseus fällt in dieser Szene bezeichnenderweise in Ohnmacht. Erst nachdem sich der Seefahrer von diesem Anfall ‚göttlichen Wahnsinns' erholt hat und im vierten Akt als „*gigantischer Waldmensch*" (912) zurückkehrt, kommt das Geschehen zu seinem Abschluß. Im Vergleich zu der Handlungsstruktur bei Homer, die linear eine Station an die andere reiht und ohne Schwankungen verläuft, bedeutet die Ankunft von Hauptmanns Odysseus' auf Ithaka zunächst eine Verschärfung des vorausgegangenen Leids. Die Entwicklungslinie des Dramas kann daher als ‚parabelförmig' bezeichnet werden,[615] da Odysseus in der Heimat seine Irrfahrten fortsetzt und in einen immer diffuseren Bewußtseinszustand gerät, der zwischen Traum und Wirklichkeit, zwischen Narrentum und Märtyrerhaltung changiert. Am Tiefpunkt dieser Entwicklung schlägt die zeitweilige Geistesverwirrung jedoch blitzartig in Erkenntnis um: Odysseus wird zum Medium übernatürlicher Kräfte und erteilt Anordnungen, um den Rachezug gegen die Freier einzuleiten. Dieser dramatische Wendepunkt, gleichsam eine deus-ex-machina-artig herbeigeführte Peripetie, steht unter den Vorzeichen des Lebens: Der Hirtengott Pan belebt die vertrocknete Natur, versiegte Quellen fangen wieder an zu sprudeln, unheimliche Stimmen, wahrscheinlich Nymphen, rufen die Hirten zusammen, und auf der Bühne entfaltet sich ein Reigentanz mit Gesang um eine improvisierte Priapus-Figur.

Die Szene, die bei Homer nicht vorkommt, ist als Konglomerat von sich überlagernden Figurationen gestaltet. Sie bezieht sich zunächst auf die Tradition der antiken bzw. antikisierenden Idylle-Darstellungen, die mit dem hellenistischen Dichter Theokrit einsetzt.[616] Dessen erste *Idylle* versammelt das ganze Inventar, das die Ikonographie dieser Gattung bis in die Moderne bestimmen wird: Naturszene mit Felsen, Quelle und Wasserlauf, Ehrung des Gottes Pan, Gesang, Flötenspiel, Reigentanz, Anrufung von Quellnymphen, Bildnis des Fruchtbarkeitsgottes Priapos und Schilderung des Hirtenlebens. Die ästhetische Konstruktion eines idealisierten Naturraumes, die schon bei Theokrit Ausdruck eines sentimentalischen Bewußtseins war und von der Sehnsucht des antiken Großstadtbewohners – der Dichter lebte in Alexandria – nach dem einfachen, ursprünglichen Landleben kündete, wird von Haupt-

---

615 Michaelis, *Der schwarze Zeus*, S. 57.
616 Zur Idylle siehe Paul Gerhard Klussmann, „Ursprung und dichterisches Modell der Idylle", in: Rolf Wedewer/Jens Christian Jensen (Hg.), *Die Idylle. Eine Bildform im Wandel. Zwischen Hoffnung und Wirklichkeit. 1750-1930,* Köln 1986, S. 33-65, hier S. 33-40.

192

mann gleichsam ‚renaturalisiert' und ihres artifiziellen Charakters entkleidet.[617] Die idyllische Szene soll durch die Rückführung in das naturalistisch gezeichnete Milieu des Sauhirten ihren (gattungsgeschichtlich bedingten) hohen Stilisierungsgrad einbüßen, so daß hinter der ästhetischen Konstruktion des *locus amoenus* die ‚Wahrhaftigkeit' des ursprünglichen Hirtenlebens und dessen sakrale Grundstimmung wieder aufscheint.[618] Den Verzicht auf eine dezidierte Stilisierung behält Hauptmann jedoch nicht bei, da er mit der Evokation des ‚Allgottes' Pan, der Personifikation animalischer Vitalität, eine zentrale Figuration der Jahrhundertwende zitiert, die sich vor allem in der Ikonographie der Jugendstil-Malerei niedergeschlagen hat und motivgeschichtlich dem vitalistischen Lebenskult der Zeit zuzuordnen ist. Dazu gehört auch die Hinwendung zur Natur, die Bejahung einer ursprünglichen Sinnlichkeit und der Tanz als unmittelbare Ausdrucksgeste des Körpers, bei Hauptmann szenisch repräsentiert durch Hirtengemeinschaft, Priaposfigur und Reigen.[619]

---

617   Ablesbar ist diese Intention vor allem am Nebentext: „*Nun kommen voll Heiterkeit und mit großem Gelächter, im lauten, munteren Gespräch, etwa dreißig Hirten, verschiedenen Alters, Knechte des Eumaios, hereingestürmt. Ohne vorher auf irgend etwas anderes zu achten, stürzen alle an den fließenden Brunnen, um ihren Durst zu löschen. Jeder will zuerst trinken, sie drängen einander von der Röhre weg und schlürfen direkt vom Rohr oder aus der hohlen Hand. Einige bespritzen einander voll Übermut.*" (898). In diesem Sinn wirkt auch der ‚rustikale' Beginn des Reigens: „O Nymphen! O Pan! Tut Efeu euch ums Haupt! / Eumaios hat geschlachtet. Im Obstgarten / düftelt bereits, mit Glut bedeckt, das Mastschwein, / und thymianduftig quillt ein dicker Weihrauch." (900).

618   Siehe dazu Hauptmanns Notiz über den Priapus-Kult: „Mit dem Worte ‚priapisch' ist schon eine Heiligung verbunden." (zitiert nach Hauptmann, *Tagebücher 1906 bis 1913*, S. 545).

619   Auch der Aufbruchcharakter der Szene, die Feier der Natur und des Lebens, die Frömmigkeit der Hirten, die Zierlichkeit des Reigens sowie der *Verzicht* auf dionysische Konnotationen (Rausch, Entgrenzung) verweisen (neben der Beschwörung des Pan) auf die Ikonographie des Jugendstils.
      Diese Bildlichkeit wird vorbereitet von Arnold Böcklin (*Pan verfolgt Syrinx*, 1854; *Waldrand mit Faun und Nymphe*, 1856; *Pan im Schilf*, 1857/58; *Pan erschreckt einen Hirten*, 1858 und 1860; *Frühlingsabend*, 1879; *Heiliger Hain*, 1882; *Syrinx flieht vor Pan*, 1894) und kehrt dann – häufig als Tanz-, Frühlings- oder Aufbruchsszene – wieder bei Franz von Stuck (*Pan*, 1895), Ludwig von Hofmann (*Badende Frauen*, um 1900; *Tanz*, 1910/11), Ferdinand Hodler (*Frühling*, 1901; *Die Empfindung*, 1903; *Heilige Stunde*, 1907), Fidus (*Tanzreigen*, 1909) und Paul Bürck (*Spiel im Wald*, um 1900). Literarische Pan-Figurationen u. a. bei Stéphane Mallarmé (*L'après-midi d'un faune*, 1876), Iwan Turgenjew (*Die Nymphen*, 1882), Hugo von Hofmannsthal (*Der Tod des Tizian*, 1892), Knut Hamsun (*Pan*, 1894), Otto Julius Bierbaum (*Pan im Busch*, 1900; *Faunsflötenlied*, 1906), Georg Trakl (*Leuchtende Stunde*, 1910) und Georg Heym (*Herbst*, 1911).
      In der Musik wird die Faunsfigur u. a. von Claude Debussy (*Prélude à l'après-midi d'un faune*, 1894; *Syrinx*, 1912), Gustav Mahler (*Sinfonie Nr. 3, I. Abteilung*, 1902), Robert Haas (*Pan*, 1906) und Maurice Ravel (*Daphnis et Chloé*, 1912) verarbeitet; Debussys *Prélude* erlebte 1912 als Ballett mit Vaclav Nijinski in der Rolle des Fauns eine aufsehenerregende Premiere (diese Aufführung sieht Hauptmann während eines Gastspiels des russischen Ballets im Dezember 1912 in Berlin). Zum Verhältnis von Tanz und archaisierend-vitalistischer Antikerezeption siehe Brandstetter, *Tanz-Lektüren*, S. 58-97. Zum weiteren Kontext: Herbig, *Pan*, S. 70-79; Jürgen Wertheimer, „‚Es lebt der große Pan', literarische Wandlungen eines mythologischen Themas", in: *Neohelicon IV* (1976), S. 315-329; Jutta Thamer, *Zwischen Historismus und Jugend-*

Unter dem Eindruck dieser Ereignisse findet Odysseus, der seit seiner Hadesfahrt den toten Schatten näher stand als den Lebenden, zu seiner ursprünglichen, vom ländlichen Leben geprägten Existenz zurück: „Soll der nicht weinen, dem ein Himmlischer / im Spiegel zeigt, was er verlor?" (900). Blitz und Donner untermalen als Attribute der höchsten olympischen Gottheit das rätselhafte Geschehen und bekräftigen die Verwandlung des Heroen. Die Verschiebung von der maritimen zur agrarischen Existenz folgt der Opposition Meer/Land, die den gesamten Dramentext strukturiert. Erst als sich Odysseus von der Seefahrt abwendet und Poseidon mit prometheischer Gebärde trotzt,[620] vermag er aus den Wahnvorstellungen ‚aufzutauchen', die den Heroen so lange geplagt haben: „Ist mir nicht, / als streckt' ich jetzt mein Haupt aus einem Traum / als wie aus einem Meer empor ins Wache?" (930).[621] Diese Raumsymbolik findet sich auch in einer parallelen Stelle, wenn Odysseus seinen Leidensweg als endloses Graben durch das Dasein, durch den „Schacht des Lebens" (933) beschreibt. In beiden Fällen geht die Bewegung nach oben, wird das Sicherheben über Traumtiefen, Meer, Erdinneres und Unterwelt als Rettung verstanden. Ergänzend sei hier noch angemerkt, daß Telemach – wie der jugendliche Odysseus – seinen größten Irrtum begeht, als er glaubt, mit einer Flucht auf das Meer einen Zustand vollkommener Schrankenlosigkeit erreichen zu können.[622] Die Meer-Land-Opposition wirkt bis in szenische Details hinein, so bei der Beschreibung des Gehöfts von Eumaios: „*Von der Seeseite her ist der Hof offen, weil in gewaltiger Höhe gelegen und über die felsige Küste unzugänglich.*" (880). Da Hauptmann sowohl mit den Bildbereichen Meer/Land als auch Hades/Erde arbeitet, wird die Stimmigkeit des strukturbestimmenden Oben-Unten-Gegensatzes stellenweise ‚aufgeweicht'. Denn das Reich des Hades (als unterer Bestandteil der chthonischen Sphäre, die auch die lebensfreundliche Welt von Pan und Demeter einschließt) ist deutlich von dem Reich des lebensfeindlichen Poseidon geschieden. Die daraus resultierende Opposition Hades/Poseidon läßt sich jedoch in eine aufsteigende Stufenfolge integrieren, die die

---

stil. Zur Ausstattung der Zeitschrift ‚Pan' (1895-1900), Frankfurt a. M.-Bern-Cirencester 1980 (Europäische Hochschulschriften, Reihe XXVIII Kunstgeschichte 8), S. 96-134; Starz, „‚Heiliger Frühling' als Kulturformel der Moderne", S. 473-486.

[620] Mit Anspielung auf Goethes *Prometheus*: „Hier steh' ich, hier! / Und achte deiner nicht." (903). Zu Prometheus-Figurationen bei Hauptmann siehe Sprengel, *Die Wirklichkeit der Mythen*, S. 17-72; Klaus D. Post, „Titanismus und Menschenliebe: Zu Gerhart Hauptmanns prometheischem Erbe", in: Helmut Koopmann/Clark Muenzer (Hg.), *Wegbereiter der Moderne. Studien zu Schnitzler, Hauptmann, Th. Mann, Hesse, Kaiser, Traven, Kafka, Broch, von Unruh und Brecht. Festschrift für Klaus Jonas*, Tübingen 1990, S. 47-67.

[621] Siehe auch: „Mich überwusch wohl tausendfach die Flut" (931).

[622] Vor seinem ‚Irrewerden' hatte Telemach das Meer als „breite, heuchlerische Flut" bezeichnet; positiv konnotiert ist dagegen der lebenspendende „Quell der Arethusa" (869).

beschriebene Raumstruktur bewahrt: Die Irrfahrten des Odysseus führen aus dem Totenreich über das Meer auf das Land.

Zur Raumsymbolik tritt eine Lichtsymbolik hinzu, die einer Bewegung vom Dunklen ins Helle folgt: Der Wahnsinn des Odysseus wird als „leere Finsternis" (848) beschrieben; bedrängt von der Hadeserfahrung sieht der Heimkehrer Leichenberge im „schwachen Licht" des Mondes (896), bis er – vom Lichtgott Apoll und den Blitzen des Zeus geblendet – seine „innre Sehkraft" (902) wiedererlangt. Im Anschluß daran erhellt er (als ‚Nachfolger' des Prometheus) die sich verdüsternde Halle des Eumaios, bis Leukone (die Leuchtende) „eines Gottes Strahl" (929) an ihm wahrnimmt und die Maskerade des Bettlers durchschaut. Im „schmerzenden Licht" (933) des gegenseitigen Erkennens kann Odysseus dann die Rache vollziehen, wobei der letzte Freier mit einem Bogenschuß „ins Dunkel" (942) des Totenreichs ‚befördert' wird.

Obwohl Odysseus als kraftvoller Tatmensch das Finale dominiert, muß betont werden, daß die Figur das Objekt mythischer Mächte bleibt und ohne den Wechsel der Einflußsphären nicht zu ihrer einstigen Stärke zurückgefunden hätte.[623] Hauptmann versucht zwar in den letzten beiden Akten die schicksalhaften Rahmenbedingungen seines Dramas hinter einem ‚Kult der Tat' zurücktreten zu lassen (neben der Charakterisierung als ‚Waldmensch' und ‚Dämon' wird Odysseus' Tatkraft auch durch die Berufung auf Herakles und Prometheus mythologisch beglaubigt);[624] das neue Heroentum ist jedoch nur ‚geborgt', da es wie die zu Leid und Wahnsinn führenden Irrfahrten von den Eingriffen externer Mächte abhängt. In diesem Punkt stoßen zwei sich ausschließende Momente – die Autonomie des tragischen Helden und die schicksalhafte Überformung des Geschehens – zusammen, was sich nicht miteinander vermitteln läßt. Dementsprechend bereitet es auch Schwierigkeiten, den tragischen Konflikt des Dramas bzw. die Schuld des Protagonisten präzise zu benennen. ‚Schuldig' wurde Odysseus insofern, als er die ihm angestammte Sphäre verlassen und als Stratege den Trojafeldzug zu einem siegreichen Ende geführt hat, was im Sinnhorizont des Dramas als Vergehen an den Kräften der Natur verstanden werden muß.[625] Als Bestrafung wäre dann die Öffnung seiner Seele für die Erfahrung des

---

623 Dagegen: Voigt, *Gerhart Hauptmann und die Antike*, S. 65f.; Hilscher, *Gerhart Hauptmann*, S. 265.

624 Siehe dazu CA II 912, 910, 892, 903, 919. Vgl. dazu auch die Hinweise auf Odysseus' Gottähnlichkeit (848, 868), die auf vorhomerischer Mythenüberlieferung beruhen.

625 Vgl. dazu das Lob des primitiv-rustikalen Lebens als Einheit von Hirtengemeinschaft, Naturkräften und göttlichen Wesen, sinnlich veranschaulicht im Bild des ‚Verwurzeltseins' (850, 900f., 934). Bezeichnend auch die Frage, die Leukone an Telemach richtet, als dieser verzweifelt Ithaka verlassen will: „Was hat dich so entwurzelt, Telemach?" (909).
   Guthke betont, daß es Hauptmann nicht um die „Verherrlichung der Elementarbezüge des Menschen" gegangen sei, sondern um die „Nähe zum Göttlichen" als Voraussetzung für die

Mythischen zu werten, wobei das Herausgerissen-Werden aus der beengten, menschlichen Existenz in den göttlichen Wahnsinn allerdings auch einer ‚Erhöhung' gleichkommt und Voraussetzung ist für das Wiedererstarken des Titelhelden.[626] Der Hirtenszene geht eine Umdeutung der Odysseus-Figur voraus. Schon bei der Ankunft in Ithaka erkennt der langjährige Seefahrer, daß der Kriegszug gegen Troja, die erworbenen Reichtümer und sein Ruhm nichtig sind im Vergleich zu dem Erlebnis, wieder auf heimischer Erde zu stehen und den Kräften der Natur nahe zu sein. Im fünften Akt will der Trojazerstörer dann auf seine Königswürde verzichten und – dem Vorbild seines Vaters Laertes folgend – als genügsamer Bauer im Schweiße seines Angesichts das Land bestellen. Auch der trojanische Krieg erfährt bei Hauptmann eine neue Beurteilung, wenn Odysseus den Feldzug als ein mörderisches Unternehmen bezeichnet, in dessen Verlauf die Jugend Ithakas erbarmungslos niedergemetzelt wurde.[627] Diese Wendung zum Pazifismus ist weniger als politische Stellungnahme denn als Abwertung des Rationalen zu verstehen, da Odysseus bei Homer (und seinen Nachfolgern) als listenreicher Stratege (und Schützling der ‚Kopfgeburt' Athene) dargestellt wird. Daher bleibt Odysseus trotz der Hinwendung zum friedlichen Landleben ein kriegerischer, ja geradezu blutrünstiger Typus, wie die Integrati-

---

„dionysische Daseinshingabe" des Protagonisten (*Gerhart Hauptmann*, S. 131). Dagegen spricht jedoch, daß das Odysseus-Drama – wie das homerische Epos – nicht auf *Entgrenzung*, sondern auf *Begrenzung* abzielt, daß im Gegenteil die (von den Freiern hervorgerufene) dionysische Verwahrlosung beendet werden soll und Odysseus unter den Vorzeichen einer wehrhaften Hirtengemeinschaft für stabile Herrschaftsverhältnisse sorgen wird. In diesen Kontext gehören auch die hauptmanntypischen Bezugnahmen auf den Gestalter-Mythos Prometheus. Der göttliche Wahnsinn ist dementsprechend nur ein Durchgangsstadium, das nicht dionysisch (im Sinne einer lustvollen Entgrenzung) konnotiert ist. In die gleiche Richtung weist die Beobachtung, daß das Lob der Erde mit einer Abwertung des Weiblichen und des Eros verbunden ist: „dieser Staub / [...] ist wundervoller als Kalypsos Bett! / süßer als Kirkes Leib, der Zauberin, / und schmeichlerischer anzufühlen!" (850). Zum mythengeschichtlichen Kontext siehe Walter, *Pans Wiederkehr*, S. 54-56, der auf die Differenz zwischen Pan und Dionysos hinweist: Pan ist weder ein orgiastischer noch ein leidender Gott, sondern ein vitales Naturwesen, das einerseits Hirten und Nymphen erschreckt, andererseits von diesen mit einem gemeinschaftlichen Tanzreigen gefeiert wird.

626 Michaelis, *Der schwarze Zeus*, S. 51. Dementsprechend kann das (endgültige) Erkennen als ‚Bereitsein' für eine mythisch-schicksalhafte Konstellation verstanden werden: Zunächst muß Odysseus seine Bestimmung erkennen und zu der (ursprünglichen) Bodenständigkeit seiner Existenz zurückfinden (850, 900f.); im Anschluß an diese ‚Selbsterkenntnis' auch Leukone und endlich Telemach (angeleitet von Leukone) in der Lage, in dem verwahrlosten Bettler den Heroen Odysseus zu erblicken (904, 929).

627 CA II 901. Auch Antinoos, der Anführer der Freier, äußert sich in diesem Sinn, als er den Heimkehrer erkennt: „Schlächter! Trojanischer Schlächter! Ja, er ist's, / der unsre Jünglinge fortführte und / hinwürgen ließ für Helena!" (940). Dazu paßt auch, daß Odysseus von ‚zwanzigjähriger Irrfahrt' spricht (931), was nicht nur seine Odyssee, sondern auch den Trojanischen Krieg einschließt.

196

on des antiken Opfer- und Totenkults in die Handlung und die Berufung auf den „kriegerischen Pan" (902) zeigt.[628]

Mit der Schilderung der Hadesfahrt, bei der Odysseus den Göttern der Unterwelt eine Trankspende darbietet und dabei *dreimal* seine tote Mutter anruft, wird der Zusammenhang zwischen kultischem Opfer und Rachehandlung vorbereitet. So wie Odysseus in der Unterwelt den Toten Blut darbrachte, so wird die Rache an den Freiern wie bei einer Opferzeremonie mit Blut besiegelt. Von „heiliger Mordlust" erfüllt, antwortet Odysseus, hier blutgieriger Hadesschatten, rächender Krieger und opfernder Priester in einem, dem Telemach auf seine Frage nach dem Vollzug der Rache mit einer ebenfalls *dreiteiligen* Beschwörungsformel: „Durch Blut! durch Blut! wodurch denn sonst? durch Blut!" (931). Zusätzlich zu dieser, Anfang und Ende verbindenden Wendung ist im Verlauf des Dramas immer wieder von ‚Schlachtung' die Rede, womit über die ländliche Szenerie hinaus sowohl auf das kultische Schlachtopfer als auch auf den finalen Racheakt angespielt wird.[629] Wie im *Griechischen Frühling* skizziert, scheint durch die Dramatisierung der homerischen Episoden immer wieder das Motiv des kultischen Opfers hindurch, wird die gesamte Handlung als Vorbereitung und Durchführung einer Opferung verstanden. Damit unterzieht Hauptmann seine Hauptfigur einer ‚Brutalisierung', die wiederum als Gegensatz zu den traditionellen Eigenschaften des Trojazerstörers wirksam wird – nicht rationales Handeln, sondern die affektgesteuerte, schonungslose Anwendung von Gewalt sind die Kennzeichen von Hauptmanns archaischem Odysseus.[630] Auch das ironische Lächeln, das Odysseus bisweilen zeigt, ist – wie sein Sarkasmus – nicht Ausdruck intellektueller Überlegenheit nach dem Bild des antiken Philosophen (vgl. dazu die stoisch-frühchristliche Charakterisierung des Odysseus als besonnener Weiser), son-

---

[628] Siehe auch CA II 920 und 934. Zur Verbindung von Hirten- und Kriegertum in der Frühgeschichte Griechenlands siehe Walter, *Pans Wiederkehr*, S. 42f. Zum Totenopfer siehe Michaelis, *Der schwarze Zeus*, S. 57-61, Wegner, *Gerhart Hauptmanns Griechendramen*, S. 124-132; Peter Sprengel, „Todessehnsucht und Totenkult bei Gerhart Hauptmann", in: *Neue deutsche Hefte* 33 (1986), S. 11-34, hier S. 29f. Die Berufung auf den kriegerischen Pan: CA II 902, 920, 934.

[629] Zum Motiv ‚Opfer' siehe CA II 852, 865, 870, 935; zum Motiv ‚Schlachtung' siehe CA II 847, 864, 872, 880, 881, 892, 900, 901, 914, 940.

[630] Bezeichnend hier die Worte, die Odysseus an Amphinomos richtet, bevor er ihn erschießt: „du bist mir nur zu jung, zu geil, das ist es." (941). Zur Brutalisierung des Odysseus siehe auch CA II 878, 930, 940-942. Dieser Aspekt bleibt bei der Diskussion um den Sinn der Schlußverse und den Gebrauch des Bogens als Waffe des Weisen bei Glenn („Hauptmann's Odysseus", S. 57f.) unberücksichtigt. Denn der Bogen kommt gerade nicht als Waffe eines gleichmütigrationalen Helden zum Einsatz, sondern richtet als archaisches Mordinstrument einer entfesselten Figur ein Blutbad unter den Freiern an. Insofern spielt der Gegensatz zwischen Schwert und Bogen als Symbole von Leidenschaft und Vernunft keine Rolle – wie schon in seiner Jugend muß Odysseus gewaltsam gegen die dämonische Penelope vorgehen.

dern höchstens Einsicht in die Vergeblichkeit vernünftigen Handelns angesichts schicksalhafter Zusammenhänge.

Ein wichtiges Merkmal von Hauptmanns Transposition ist schließlich die Entscheidung, Penelope nicht auftreten zu lassen. Durchgängiges Motiv aller Charakterisierungen – unabhängig davon, ob sie von den Freiern, Odysseus, Eumaios oder Melantho ausgesprochen werden, – ist die dämonische Sexualität der Königin. Auch wenn Penelope „den schlechteren Mann in ihres Herzens Verwirrung / Oftmals ehrt", wie es bei Homer im 20. Gesang heißt,[631] so besteht im Epos zu keinem Zeitpunkt Zweifel an der Treue und Unbescholtenheit der verlassenen Gattin. Bei Hauptmann ist der Sachverhalt ein anderer. Zwar sind auch hier die Freier junge, aufrührerische Fürsten, die sich über den traditionellen Verhaltenskodex hinwegsetzen. Es kommt jedoch ein zweites Moment hinzu: Penelope scheint die Freier regelrecht in ihren Bannkreis gelockt zu haben und spielt nun deren Begierden gegeneinander aus, so daß jeder sich auserwählt glaubt, aber keiner der Verheiratung bzw. der sexuellen Vereinigung einen Schritt näher rückt. Trotz der zahlenmäßigen Überlegenheit der Freier beherrscht die Königin bei Hauptmann souverän jene Situation, die bei Homer zu wiederholten Klagescenen geführt hat.

Auffallend ist dabei zweierlei: Einerseits bildet Hauptmann eine mythologische Analogie, indem er aus Penelope eine zweite Kirke macht.[632] Vorbereitet wird diese Gleichsetzung durch Leukone, die – in Anwesenheit der Freier – Penelope als „Nymphe" tituliert (889), die letztendlich für den Zusammenbruch der sittlichen Ordnung verantwortlich gemacht werden muß. Odysseus greift diese Analogie auf, um die Freier – so muß man aus der Deutungsperspektive des Dramas wohl sagen – *zu Recht* vor seiner Ehefrau zu warnen (890). Hauptmann führt dabei eine weitere Analogie ein, die eine Brücke schlägt von der Kirke-Episode Homers zum Ort seines Dramas: Penelopes aufreizendes Gebaren enthemmt die Freier dermaßen, daß ihre animalische Triebhaftigkeit offenbar wird und sie sich wie ‚Schweine' verhalten – insbesondere während ihres Aufenthaltes im Gehöft des Sauhirten Eumaios. Damit ist auch gesagt, daß dem Mann in der Nähe der Penelope die Bestialisierung droht.

Andererseits wird Penelope mit den Attributen einer *Femme fatale* ausgestattet: Lüsternheit, Gier, Vernachlässigung familiärer Pflichten und geheuchelte Sittsamkeit

---

[631] Homer, *Odyssee*, XX, 132f.

[632] CA II 932f. Eine vergleichbare Dämonisierung der Frau nach dem Vorbild der Kirke findet sich schon im *Griechischen Frühling*: „Die schöne Wäscherin, die ich an einem versteckten Röhrenbrunnen arbeiten sehe, auf meinem Heimwege durch den Park – die erste schöne Griechin überhaupt, die ich zu Gesicht bekomme -, sie scheint mir eine von Kirkes Mägden zu sein. Und wie sie mir in die Augen blickt, befällt mich Furcht, als läge die Kraft der Meisterin auch in ihr, Menschen in Tiere zu verwandeln, und ich sehe mich unwillkürlich nach dem Blümchen Moly um." (CA VII 32).

machen Penelope, deren Schönheit von den Freiern in einem „Agon der Geilheit" inbrünstig gepriesen wird,[633] zu einer *belle dame sans merci*, die das grausame Spiel mit ihren Liebhabern virtuos beherrscht. Dazu kommen noch topische Hinweise auf ihre statuengleiche Unnahbarkeit (Alterslosigkeit, Kälte, Marmorähnlichkeit der Haut) sowie die zeittypische Spinnen- und Schlangenmetaphorik, die die Bedrohlichkeit weiblicher Sexualität nochmals unterstreicht.[634] An der Integration der homerischen Kirke-Episode läßt sich Hauptmanns hypertextuelle Vorgehensweise gut ablesen: Durch die Gleichsetzung von Kirke und Penelope erhält das Heimkehrerdrama einen völlig neuen Akzent, da nicht die Überlistung der Freier, sondern die Überwältigung der dämonischen Ehefrau in den Vordergrund rückt. Indem Hauptmann die Werbung um Penelope zu der Heimkehr des Odysseus in Beziehung setzt, wird der Titelheld als eine Figur gezeichnet, die – zwischen Furcht und Allmachtsphantasien schwankend – nur mit Waffengewalt und unterstützt von mythischen Mächten die Oberhand über das bedrohliche Wesen ‚Frau' gewinnen kann.[635] Hinter dieser geschlechterkriegsartigen Konstellation verblaßt die homerische Kirke, ja der Hinweis auf Odysseus' Werbung um Penelope (lange *vor* dem Trojanischen Krieg) belegt, daß diese einen ‚Urtypus' vertritt, daß Penelope die *eigentliche* Kirke ist. Dieses Verfahren weist paradoxe Züge auf, da die hypertextuelle Bezugnahme den Hypotext gleichzeitig aktualisiert und auslöscht – überspitzt formuliert: Hauptmanns Penelope wird zum Vorbild für Homers Kirke. Der homerische Prätext bleibt erkennbar, und doch tendiert der Dramentext dazu, Kirke hinter Penelope, dem ‚neuen' Urbild mythischer Weiblichkeit, verschwinden zu lassen.

Auch die Charakterisierung der Freier folgt einer gängigen Fin-de-siècle-Motivik: Hauptmann zeichnet die jungen Fürsten als Großstadt-Décadents mit überreiztem Nervenkostüm, die, getrieben von der Gier nach zügellosen Ausschweifungen, von einer Orgie zur nächsten eilen. Die Femme fatale bildet gemeinsam mit den Décadents eine Gruppe, die in Opposition zu Odysseus und den Hirten (einschließlich Telemach) steht. Jene haben während der Abwesenheit des Titelhelden Ithaka in einen Ort verwandelt, der durch Naturferne, Mißachtung der Götter, Unterjochung der friedliebenden Hirten, sexuelle Übergriffe und Verfall der Sitten gekennzeichnet ist.

Die Integration des Kirke-Mythos und dessen Ausschmückung mit Décadence-Motiven verweist schließlich auch auf den Bildbereich des Meeres. Wenn Odysseus die Fluten des Poseidon mit einem „Waschweib" (903) vergleicht, dann wird deutlich, daß die semantischen Bereiche ‚Meer' und ‚Weiblichkeit' miteinander verkop-

---

633 Sprengel, *Die Wirklichkeit der Mythen*, S. 277; siehe auch S. 233-271 (zur Dämonisierung des Erotischen) und S. 176-186 (zum Krieg der Geschlechter).
634 CA II 838, 876, 924, 867, 878, 882, 923, 924, 940.
635 In diesen Kontext gehört auch der Frauenhaß des Odysseus (932).

pelt sind[636] und ihnen die Konstellation Land/Männlichkeit gegenübersteht – sinnbildlich verschränkt in der Figur des Odysseus, der Seefahrerei *und* weiblichen Verlockungen gleichermaßen abschwört, um auf heimatlichem Boden ein ebenso arbeitsames wie asketisches Leben zu führen. Komplementär zum Übergang von der maritimen zur agrarischen Existenz, die zu einer Besänftigung der dämonischen Kräfte der Natur führt, muß dann die patriarchalische Zähmung der Femme fatale erfolgen, die durch das Zerschlagen des „schönste[n] Spielzeug[s]" (942) der Penelope, also die Züchtigung respektive Abschlachtung der Décadents, eingeleitet wird.[637]

3.4 Das Mythische, metaliterarisch aufgelöst

Hauptmanns archaisierende Homer-Adaption verweist beständig auf eine zweite Handlungsebene, läßt hinter dem naturalistischen Bühnenraum eine mythische Welt erkennen, die in entscheidenden Momenten in die ländliche Sphäre des Eumaios hineinwirkt. Dementsprechend tendiert das Stück – ganz in Übereinstimmung mit Hauptmanns Poetik – zur (nichtdionysischen) Überschreitung von Grenzen, entweder durch die Öffnung der Psyche ins Mythische (exemplarisch vorgeführt am heiligen Wahnsinn des Odysseus) oder durch den Einbruch mythischer Kräfte in die Welt des Realen (szenisch präsentiert durch das Erwachen der Natur). Bemerkenswert ist jedoch, daß dieser mythisierend-naturdämonischen Dramaturgie, die auf inhaltlicher Ebene alle Anklänge an klassisches Drama und Gräkomanie vermeidet, Formelemente gegenüberstehen, die durchweg klassischer Natur sind. Die fünfaktige Gliederung des Dramas, die weitgehende Wahrung der Einheiten von Handlung, Raum[638] und Zeit, die Verwendung des Blankverses, eine stilisierte Bühnensprache,[639] der Rückgriff auf die Strukturelemente dramatische Ironie (die zahllosen Anspielungen

---

[636] Zur Gleichsetzung Meer/Weiblichkeit in Hauptmanns Werken der Jahrhundertwende siehe Sprengel, *Die Wirklichkeit der Mythen*, S. 220-233.

[637] Vgl. dazu die Diskussion um den Sinn der Schlußverse bei Stanford (*The Ulysses Theme*, S. 198), Matzig (*Odysseus*, S. 76f.) und Glenn („Hauptmann's Odysseus", S. 55), die aber ohne die Berücksichtigung der Fin-de-siècle-typischen Motivik ins Leere läuft.

[638] Sieht man von dem Wechsel zwischen Außenraum (I, III: Hof des Eumaios) und Innenraum (II, IV, V: im Haus des Eumaios) ab, so bleibt die Einheitlichkeit des Raumes gewahrt.

[639] Hauptmann folgt zwar im Wesentlichen den stilistischen Konventionen des klassischen Dramas, der hohe Ton wirkt manchmal jedoch umständlich bzw. formelhaft: „So wünsch' ich, dich nach Würde zu erhöhen, / mehr, als ich je es wünschte, das zu sein, / was ich, der beßre Tage sah, einst war.", (844); „Ins Haus, Leukone, eile, bring den Balsam, / den ich, du weißt es, in dem Schiffe der / Phönizier jüngst mir tauschte, und bring Wein." (844f.).

200

auf die wahre Identität des Bettlers), Peripetie (das Hirtenidyll in der Mitte des Dramas), Anagnorisis (am Schluß des vierten Aktes), Botenbericht (Odysseus über seine Hadesfahrt, Telemach über seine Ausfahrt, Melantheus über die Vorbereitungen zum Aufstand, Odysseus über seine Brautwerbung), Stichomythie (u. a. in der Finalszene) sowie chorisches Sprechen (ansatzweise im Hirtenidyll) lassen deutlich den Vorbildcharakter erkennen, den antikes und klassisches Drama für den *Bogen des Odysseus* besitzen.

Ein mythisches Drama braucht sich nicht an die Gesetze von Handlungslogik und Wahrscheinlichkeit zu halten, wie dies im Theater der Klassik, des Realismus und des Naturalismus üblich ist. Es darf diese aber auch nicht – durch eine mehrfach wiederholte Wiedererkennungsszene – beständig herbeizitieren und kalkuliert dagegen verstoßen, um eine mysteriöse Stimmung zu schaffen. Denn dadurch entstehen jene „rätselhafte[n] Lufthindernisse", von denen Alfred Polgar in seiner Uraufführungsrezension gesprochen hat[640] und die (auch) dazu beigetragen haben, daß das Drama auf der Bühne nicht heimisch wurde. Durch den Rückgriff auf klassische Formen kommt das Drama in die Nähe eines epigonalen Klassizismus. Hauptmanns naturdämonische Poetik, seine Intention, die naturreligiösen, chthonischen Grundlagen antiker Mythen dramatisch zu gestalten, verträgt sich nicht mit einer Formgebung, die das deutschsprachige Drama bis ins späte 19. Jahrhundert maßgeblich geprägt hat.

Ein weiterer Einwand betrifft die Darstellung des Mythischen, die – entweder als Beschwörung qua Figurenrede oder als szenische Darbietung (Tanz, Ohnmacht, dramatisches Wettergeschehen mit Blitz und Donner) – im Vergleich zu dem, was Hauptmann im *Griechischen Frühling* skizziert, relativ konventionell bleibt. Zudem wirkt die Fokussierung der Handlung auf einen archaisierenden Opfer- und Blutkult nach den Exzessen von Hofmannsthals *Elektra* und trotz der Brutalisierung der Odysseus-Figur vergleichsweise harmlos. Von einer Ästhetik des Schreckens ist Hauptmann weit entfernt – weder auf der Bühne noch im Zuschauerraum kommt es zu jener Bannung, die im *Griechischen Frühling* wortreich beschrieben wurde. Das hängt auch damit zusammen, daß trotz der fortgesetzten Totenbeschwörung der mythologische Entwicklungsgang des *Bogen des Odysseus* vom Totenreich (Hades) über das Meer (Poseidon) zum Land (Pan, Demeter, Nymphen) führt, in eine Welt, die – wie an der friedfertigen Hirtengemeinschaft des Eumaios und dem Hirtenidyll ablesbar – geradezu in bukolischer Heiterkeit erstrahlt.

Der Gegensatz von Inhalt und Form, von Intention und Ausführung wird noch dadurch verschärft, daß Hauptmann bemüht ist, seine Antikenfiguration in ein nordi-

---

640 Polgar, „*Der Bogen des Odysseus*", S. 97.

sches Milieu zu transponieren. Dies zeigt sich – neben den Eichenwäldern, die das Landschaftsbild Ithakas prägen – am deutlichsten in sprachlicher Hinsicht. Hauptmann reichert seine Verse durch Ausdrücke an, die an ältere Sprachstufen des Deutschen erinnern oder mundartlich geprägt sind und Berliner Mietskasernen oder schlesischen Bauerndörfern entstammen könnten;[641] stellenweise spielen auch Anklänge an Shakespearesche Dienerszenen hinein. Dieses Verfahren soll der Rede gleichermaßen eine archaisch-kraftvolle wie volkstümliche Note verleihen, konterkariert jedoch – wie auch die häufige Verwendung von Diminutiven – durchweg den hohen Ton und bietet Anlaß zu unfreiwilliger Komik – wenn beispielsweise die Freier Telemach als „knurrende[s] Pinscherlein" und „dumme[n] Schulbub" beschimpfen (925) oder Euryklea über Telemach sagt, daß ihm die Faust des Vaters gefehlt habe (874).

Dem Anspruch, die theatralischen Urformen Griechenlands im Drama der Moderne zu erneuern, stehen schließlich auch noch die zahlreichen Anspielungen entgegen, die eine historische Perspektive gegenüber homerischem Epos und Antike einnehmen. Da ist von „graue[m] Altertum" (842), dem „Lied der Sänger" (868), dem Bildhauer Daidalos (890), dem „verstörte[n] Sinn der schicksalsträchtigen Zeit" (912), dem „grindige[n] Homer" (925) und dem (homerischen) Gelächter der Götter (940) die Rede; auch mythologische Vergleiche – u. a. mit Kassandra (921), Kalchas (925), Helena (932), Klytaimnestra (932), Kalypso (932), Prometheus (919), Ödipus (887) und den Atriden (909) – oder Topoi der Antikentravestie (Menelaos als Hahnrei, 922; Helena als gealterte Matrone, 922) werden nicht gescheut. Das mehrfache Wortspiel mit dem Namen ‚Niemand', die wiederholte Thematisierung des Wiedererkennens und die an Odysseus gerichtete Mahnung zur Duldsamkeit (!) gehören ebenfalls in diesen Kontext, da diese Wendungen für das Bühnengeschehen funktionslos sind und sich ausschließlich an ein Publikum richten, das seinen Homer gelesen hat. Anklänge an Goethes *Prometheus* sowie vereinzelte christliche Motive[642]

---

641 Siehe dazu u. a.: „Sandmann" (839), „stäupen" (840), „Eichwald" (844), „Märlein" (858), „daherschmarutzen" (859), „Plappermäuler" (866); „Buhldirne" (875), „des listigen Schubiacks Tochter" (875), „Lotterbube[]" (876), „schnäbelt" (876), „meine Schwieger" (883), „ich plappere" (884), „Die alten / Weibsen" (887), „durcheinanderstökern" (887), „das Blümchen Moly" (890), „Gauklerwirrwirr" (896), „verfluchter Pracher" (902), „Lumpenhund" (902), „pantschendes / Waschweib" (903), „Gaukler" (904), „Tenne" (905), „Eslein" (906), „ne' schwere Sorge" (906), „Mummenschanz" (913), „Hündlein" (913), „glotzt" (914), „Mägdlein" (915), „Kämmerlein" (917), „mein Herzchen" (921), „Töchterlein" (922), „schäkern" (922), „Muttersöhnlein" (925), „Nestküken" (928), „rammeln" (935).

642 Hier sind zu nennen: Eumaios will Wein und Brot mit Odysseus teilen (846); Odysseus verhüllt sein Haupt (849); Odysseus hat in „wilde[m], ringende[m] Gebet" das Haus des Eumaios ersehnt (855); die Fußwaschung des Odysseus (856); Telemach ist kein Gott, sondern „nur einer Mutter Sohn" (862); die Rede vom „Höllenhund" (876); um Odysseus' Haupt sind Strahlen zu sehen

202

machen den *Bogen des Odysseus* zu einem bildungsgesättigten bzw. mit klassischer Bildung kokettierenden Schauspiel, was ebenfalls mit einem archaischen Bild der Antike nicht vereinbar ist.

Hauptmanns intertextuelle Verfahren hinterlassen einen zwiespältigen Eindruck. Einerseits unternimmt Hauptmann den Versuch, den Traditionsbezug, der einer Homer-Adaption naturgemäß innewohnt, in den Hintergrund zu drängen, indem er an die Stelle des ausdifferenzierten homerischen Götterhimmels die naturdämonische Religiosität einer archaischen Hirtengemeinschaft setzt, die vor allem durch chthonische Gottheiten geprägt ist. Durch die Neugestaltung der Odysseus-Figur (göttlicher Wahnsinn, prometheisches Gebaren, Abkehr von Krieg und Seefahrt, Hinwendung zur pastoralen Existenz, Brutalisierung, Abwertung des Rationalen, Kult der Tat, Frauenhaß, Überwindung der dämonisierten Ehefrau, Göttlichkeit nach dem Vorbild der vorhomerischen Mythentradition) erhalten die vorausgegangenen Irrfahrten zudem den Charakter eines Vorspiels – erst auf Ithaka erfährt Odysseus das ‚Lebensabenteuer des Starken'. In gleicher Weise wird durch die Dämonisierung der Penelope die Kirke-Episode modifiziert: Was bei Homer nur eine Episode unter vielen ist, wird bei Hauptmann zu einer lebenslangen, Trojakrieg und Irrfahrten überdauernden Aufgabe, die Odysseus selbst nach der Ermordung der Freier noch nicht bewältigt hat. Diese Verfahren zielen auf eine urtümliche, literarisch noch nicht über- und verformte Fassung des Odysseus-Stoffes, wobei das antike Sujet stellenweise verdüstert und in einer archaischen Sphäre angesiedelt wird, die vor der sonnendurchfluteten Welt des homerischen Epos liegt (was aber – wie oben gezeigt wurde – nicht durchgehend gelingt, da Hauptmann gleichzeitig einen Akzent auf die Friedlichkeit des Landlebens legt).

Andererseits rufen die zahlreichen Anachronismen und Bezugnahmen auf Homer und Antikerezeption eine metaliterarische Distanz hervor, die der psychokultischen Archaisierung entgegensteht. Dieser Eindruck wird noch unterstützt durch Hauptmanns synkretistische Werkästhetik, die mühelos Motive und Strukturelemente des Klassizismus (Form, Sprache), des Naturalismus (Raum- und Milieugestaltung), des Ästhetizismus (Femme fatale, Décadents, Metaphorik des Meeres, Gleichsetzung von Meer und Weiblichkeit), des Jugendstils (Pan-Figurationen und -Ikonographie, Hirtenidyll), des Vitalismus (Lebenskult, Tatkult) und der Heimatkunst (Verherrlichung der ‚Scholle') in das Drama integriert. Hauptmanns Dramentext befindet sich in einem Zustand der permanenten Selbstaufhebung: Die Einsinnigkeit einer mythischen Welt wird regelmäßig von metaliterarischen Bezugnahmen und synkretisti-

---

(904); Telemach spricht Odysseus mit „O heiliger Mann, o Vater" an (930); Telemachs Beichte: „im Herzen hatt' ich dich verraten" (930).

schen Verfahren konterkariert, so daß die Illusion einer archaischen Welt im Moment ihrer Beschwörung schon wieder zerstört wird. Ob diesem Verfahren ein ironischer (ja geradezu postmodern-spielerischer) Umgang mit dem antiken Stoff zugrunde liegt, wie dies die neuere Forschung thematisiert,[643] oder ob Hauptmann in einer Mischung aus poetologischer Naivität, Bildungsbeflissenheit und Goethe-Imitatio das mythische Spiel unwillkürlich metaliterarisch zersetzt, kann am Dramentext letztendlich nicht entschieden werden. Mit Blick auf die psychokultische Poetik des *Griechischen Frühlings*, die bekenntnishafte Figurenrede des Odysseus und die „Selbstherrlichkeit" von Hauptmanns dichterischem Selbstverständnis[644] spricht jedoch vieles für die Richtigkeit der zweiten These.

Zieht man zur Deutung des *Bogen des Odysseus* zudem den gleichnamigen Prosatext, den Hauptmann als Rechtfertigung seiner Dichtung am 19.03.1914 geschrieben hat, hinzu, dann bietet sich eine Lesart an, die zusätzlich zu der Transformation des Homer eine weitere intertextuelle Dimension einschließt: die Bezugnahme auf die Literatur der Jahrhundertwende. Hauptmann verwahrt sich in diesem Text gegen jene Kritiker, die in den Metropolen als Bohemiens leben und einer ästhetizistisch-dekadenten Kunstauffassung folgen: „Wer keine bewußte Beziehung zur Natur kennt, nichts von den elementaren Beziehungen weder zur Scholle noch zur Woge an sich hat, wer die großen physischen und typischen Erlebnisses des irdischen Abenteuers nicht kennt, und statt dessen nur solche, die sich unter künstlichem Licht in narkotisierter Luft zwischen Cafés, Restaurants, Alkoven und so weiter abspielen, der kann unmöglich einen Pulsschlag für das Werk mitbringen. Ebensowenig, wer verwachsen, hektisch, pervers, ohne einen Tropfen gesunden Blutes, in seine Krankheit vernarrt, das ungeheure Siechenhaus, dem er angehört, mit dem weiten reinen Raume des Himmels verwechselt."[645] Vor diesem Hintergrund erhält die Décadence-typische Einfärbung des *Bogen des Odysseus* einen weiteren, nämlich *Décadence-kritischen* Akzent, erscheint das blutige Finale als Abrechnung mit der Literatur der Moderne. Zu deren Entstehung hat Hauptmann mit seinen neuromantisch-symbolistischen Dramen zwar maßgeblich beigetragen und an ihrer Themen- und

---

[643] Siehe dazu Glenn, „Hauptmann's Odysseus"; S. 55; Cowen, *Hauptmann-Kommentar zum dramatischen Werk*, S. 178; Helmut Scheuer, „Gerhart Hauptmann (1862-1946)", in: Alo Allkemper/Norbert Otto Eke (Hg.), *Deutsche Dramatiker des 20. Jahrhunderts*, Berlin 2000, S. 36-62, hier S. 61. Daß sich Hauptmanns nachnaturalistisches Werk vor allem durch Gattungsmischung und Stilpluralismus auszeichnet, ist unbestritten; für den *Bogen des Odysseus* stellt sich jedoch die Frage, ob über die ironisch eingefärbten Reden der Hauptfigur hinaus ein ironisch-spielerischer Umgang mit literarischen Themen und Formen im Sinne einer ‚Mythen-Bricolage' nachzuweisen ist.

[644] Peter Sprengel, „Gerhart Hauptmann", in: Hartmut Steinecke (Hg.), *Deutsche Dichter des 20. Jahrhunderts*, Berlin 1994, S. 31-42, hier S. 39.

[645] Hauptmann, „*Der Bogen des Odysseus*", CA VI 922.

Formenvielfalt partizipiert er – wie die Dämonisierung des Weiblichen zeigt – auch weiterhin. In dem Maße, wie Hauptmann seine *Poetik des Elementaren* literarisch umsetzt und sich der Eindruck einer wachsenden Entfremdung von Theaterkritik und -publikum einstellt, sieht sich der beifallsverwöhnte Dichter zunehmend isoliert, was den Tagebuchschreiber zu bissigen Kommentaren gegen Theaterleute und Kritiker veranlaßt.[646] Vor diesem Hintergrund wird Odysseus auch zum Rächer in des Dichters Sache, zu einer Figur, die die Vertreter einer ästhetizistischen Doktrin grausam züchtigt und damit einer ,gesunden' Lebens- und Kunstauffassung zum Sieg verhelfen soll.

---

[646] Am 08.02.1907 notiert Hauptmann mit Blick auf Alfred Kerr (und andere Kritiker): „Kerr. Ihr merkt nicht, dass ihr Euch von mir entfernt. Ich verlange wohl auch zu viel auf die Dauer." (Hauptmann, *Tagebücher 1906 bis 1913*, S. 153; siehe auch S. 188f. und 555).

4. Antike Tragödie als Märtyrerdrama: Werfel, *Die Troerinnen des Euripides* (1915)

4.1 Krieg und Kriegsangst

Die Handlung der Euripideischen Tragödie *Die Troerinnen* wurde wiederholt zu historischen Ereignissen in Beziehung gesetzt. Das Drama, das anläßlich der Großen Dionysien im März 415 v. Chr. zum ersten Mal gezeigt wurde und dem die nur fragmentarisch erhaltenen Tragödien *Alexandros* und *Palamedes* vorausgingen, kann als Kritik an der rücksichtslosen Machtpolitik Athens verstanden werden. Denn ein Jahr zuvor hatte ein athenisches Heer die neutrale Insel Melos besetzt, die wehrfähigen Männer ermordet und Frauen und Kinder in die Sklaverei verschleppt. Auch wenn sich über den Zeitbezug von antiken Werken aufgrund der dürftigen Quellenlage nur unter Vorbehalt sprechen läßt, ist doch die Vermutung erlaubt, daß der Überfall auf Melos – und die Vorbereitungen zu der katastrophal verlaufenden Sizilien-Expedition der Athener – auf die Euripideische Dramatisierung des Trojanischen Krieges gewirkt haben.[647]

Euripides hat mit seiner Tragödie ein Werk hinterlassen, in dem nicht mehr die Götter das Leben der Menschen bestimmen. „O Götter!" ruft Hekabe, die Gattin des toten Königs Priamos, und berichtigt sich sofort: „euch zu rufen hilft ja nichts, / Doch liegt es uns so nah, nach euch zu rufen, / Wenn uns in Not der blinde Zufall stürzt. – "[648] Später, wenn ihre Tochter Polyxena und der Enkel Astyanax von den Griechen ermordet wurden, ihre Begleiterinnen versklavt, sie selbst dem Trojazerstörer Odysseus in die Fremde folgen muß und die Heimatstadt bis auf die Grundmauern niedergebrannt ist, wird deutlich, daß es in dieser von Gewalt und Willkür bestimmten Welt keine Hoffnung mehr für die Trojanerinnen gibt. Die einzige Perspektive, die die Tragödie nach der Kritik an Göttern und siegreichen Griechen bereithält, richtet sich auf die Kunst. Denn die vollständige Auslöschung Trojas ist ein so gewaltiger ‚Gegenstand', der zwangsläufig in der Dichtung und damit auch in der Erinnerung der nachfolgenden Generationen weiterleben wird: „Und doch – hätte Gott / Das oberste zu unterst nicht gekehrt, / Wir wären ohne Spur dahingegangen / Und

---

647 Lesky, *Die tragische Dichtung der Hellenen*, S. 391; Heinrich Kuch, „Die troische Dramengruppe des Euripides und ihre historischen Grundlagen"; in: Walter Hofmann/ders. (Hg.), *Die gesellschaftliche Bedeutung des antiken Dramas für seine und für unsere Zeit*, Berlin 1973 (Schriften zur Geschichte und Kultur der Antike 6), S. 105-123; Werner Biehl, „Beobachtungen zur Zeitkritik in Euripides' *Troerinnen*. Mit Ausblicken auf die Wirkung des Stückes in der Gegenwart", in: Hofmann/Kuch, *Die gesellschaftliche Bedeutung des antiken Dramas*, S. 125-137; Kurt Steinmann, „Nachwort", in: Euripides, *Die Troerinnen. Griechisch/Deutsch*, übersetzt und hg. von Kurt Steinmann, Stuttgart 1987, S. 165-207, hier S. 165-168.

648 Euripides, *Die Troerinnen*, V. 469-471.

ungepriesen von der Muse Lied."[649] Mit dieser reflexiven Wendung schließt ein pessimistisches Drama, das vor den Folgen eines ungezügelten Machtstrebens warnt und den Opfern von Krieg und Vertreibung eine vernehmbare Stimme verleiht.

In der Moderne hat das Wissen um die historischen Zusammenhänge im antiken Athen keine Rolle gespielt; gleichwohl sind die Adaptionen der *Troerinnen* von Werfel (1915), Braun (*Troerinnen*, 1957), Sartre (*Les Troyennes*, 1965), Jens (*Der Untergang*, 1982) und Reimanns Werfel-Vertonung (*Troades*, 1986) ebenfalls durch zeitgenössische Kriegsängste und Kriegserfahrungen motiviert.[650] Bei Werfel ist es eine apokalyptische Vision angesichts der Krisenjahre vor dem Ausbruch des Ersten Weltkriegs; bei Braun die Verheerungen des Zweiten Weltkriegs; bei Sartre die gewaltsam verlaufende Entkolonialisierung in Algerien und Vietnam; bei Jens und Reimann schließlich – vor dem Hintergrund des globalen Wettrüstens – die Drohung eines Atomkriegs. Diese Beispiele zeigen, daß die Tragödie des Euripides über ein hohes Aktualisierungspotential verfügt, auf das vor allem im 20. Jahrhundert mehrfach zugegriffen wurde.

Für die Rezeption des Troerinnen-Stoffes war zunächst nicht die Tragödie des Euripides, sondern das gleichnamige Werk von Seneca entscheidend, eine Kontamination von vier Tragödien, die neben den *Troerinnen* auch die Euripideische *Hekabe* sowie zwei verlorengegangene Dramen des Sophokles umfaßt. Seneca arbeitet das statische Moment, das in Euripides' Dramaturgie schon angelegt ist, weiter heraus, indem er die Handlung als Abfolge von einzelnen Bilder konzipiert, die jeweils in pathetischen Deklamationen des Leids kulminieren. Martin Opitz hat Senecas Version des trojanischen Untergangs 1625 ins Deutsche übertragen und die Darstellung dieser Katastrophe im Sinne der zeitgenössischen Poetiken als ‚Trostmittel' verstanden, um die Greuel des Dreißigjährigen Krieges mit stoischer Gemütsruhe ertragen zu können. Eine über den Tod hinausweisende Perspektive kennen jedoch weder Euripides noch Seneca; erst die frühbarocke Adaption des Stoffes unter christlichen Vorzeichen macht aus den *Troerinnen* ein Werk der Glaubenszuversicht und der moralischen Stärkung.[651]

---

649 Euripides, *Die Troerinnen*, V. 1242-1245.

650 Zur Stoffgeschichte siehe Robert Petsch, „*Die Troerinnen* einst und jetzt", in: *Neue Jahrbücher für das klassische Altertum, Geschichte und deutsche Literatur* 20 (1917), S. 522-550; Edwin Zellweker, *Troia. Drei Jahrtausende des Ruhms*, Zürich-New York-Wien 1947; Tadeusz Kachlak, „*Die Troerinnen* – eine antike und moderne Warnung vor dem Krieg. Antike und deutsche Troerinnendramen", in: Walter Hofmann/Heinrich Kuch (Hg.), *Die gesellschaftliche Bedeutung des antiken Dramas für seine und für unsere Zeit*, Berlin 1973 (Schriften zur Geschichte und Kultur der Antike 6), S. 139-154.

651 Zu den Tragödienübersetzungen von Opitz siehe Richard Alewyn, *Vorbarocker Klassizismus und griechische Tragödie. Analyse der ‚Antigone'-Übersetzung des Martin Opitz*, ND Darmstadt 1962 (Libelli LXXIX), S. 5-14 und 21-31; zur *Troades*-Übersetzung von Opitz siehe Paul Sta-

Werfel bezieht sich auf diesen Rezeptionsstrang, knüpft jedoch nicht an die Opitz-sche Fassung an, sondern unterzieht das griechische Original (in der Übersetzung von Wilamowitz-Moellendorff) einer teils barocken, teils frühexpressionistischen Sprachgestaltung, wobei in szenischer Hinsicht auch Einflüsse durch zeitgenössische Inszenierungskonzepte von Max Reinhardt, Adolphe Appia und Émile Jaques-Dalcroze erkennbar sind. Damit erweist sich Werfels Antikendrama als ein Werk, das die Dramaturgie der antiken Tragödie mit der Sprache des Barock und der Aufführungspraxis des expressiven Totaltheaters verknüpft.

4.2 Die Entstehung

Die Aktualität von Franz Werfels Antikendrama bedarf noch einer genaueren Betrachtung. Denn seine Adaption entstand *vor* dem Ausbruch des Ersten Weltkriegs, im Winter 1913/14.[652] Werfel war bis zu diesem Zeitpunkt vor allem als Verfasser von Gedichtbänden wie *Der Weltfreund* (1912) und *Wir sind* (1913) hervorgetreten.[653] Der Anstoß zu der Bearbeitung des antiken Stoffes ging von dem Verleger Jakob Hegner aus. Hegner riet Werfel zu den *Troerinnen*, da keine spielbare zeitgemäße Fassung des Stoffes vorlag und sich der Lyriker auf diese Weise mit den Anforderungen des Theaters vertraut machen könne. Darüber hinaus verstand Hegner Euripides als Vorläufer des Christentums und empfahl daher die christliche Perspektivierung des antiken Sujets.

Neben diesen produktionsästhetischen und ideengeschichtlichen Argumenten gibt es – blickt man von den genannten lyrischen Werken Werfels auf die *Troerinnen* – zahlreiche Motive und Themen, die das Interesse des expressionistischen Dichters ansprechen mußten. Hierzu gehören: Krieg, Gewalt gegen Frauen und Kinder, Eksta-

<hr>

chel, *Seneca und das deutsche Renaissancedrama. Studien zur Literatur- und Stilgeschichte des 16. und 17. Jahrhunderts*, Berlin 1907 (Palaestra 46), S. 180-204; Hans-Jürgen Schings, „Seneca-Rezeption und Theorie der Tragödie. Martin Opitz' Vorrede zu den *Trojanerinnen*", in: Walter Müller-Seidel (Hg.), *Historizität in Sprach- und Literaturwissenschaft. Vorträge und Berichte der Stuttgarter Germanistentagung 1972*, München 1974, S. 521-537.

652 Zur Entstehungsgeschichte von Werfels *Troerinnen* siehe Lore B. Foltin, *Franz Werfel*, Stuttgart 1972, S. 27f.; Peter Stephan Jungk, *Franz Werfel. Eine Lebensgeschichte*, Frankfurt am Main 1987, S. 58f.

653 Zu Werfels früher Lyrik und deren ekstatisch-religiöser Ausrichtung siehe Hellmut Thomke, *Hymnische Dichtung im Expressionismus*, Bern-München 1972, S. 220-265; Ingeborg Fiala-Fürst, *Der Beitrag der Prager deutschen Literatur zum deutschen literarischen Expressionismus. Relevante Topoi ausgewählter Werke*, Diss. Ölmütz 1995, St. Ingbert 1996 (Beiträge zur Robert-Musil-Forschung und zur neueren österreichischen Literatur 9), S. 99-116.

se, Glaubenszweifel und Selbstmord.[654] Für einen Dichter, dem wie Werfel „die tiefste Erniedrigung den höchsten hymnischen Aufschwung [ermöglicht]",[655] mußten sich die *Troerinnen* als idealer Stoff erweisen.

Wenn Werfel im April 1913 in einem Prospekt für die Anthologie *Der Jüngste Tag* dazu aufruft, die Literatur zu „vergessen",[656] so steht dies nicht im Widerspruch zu seiner kurz danach einsetzenden Beschäftigung mit Euripides. Nicht die radikale Abwendung von literarischen Vorbildern und Traditionsbezügen ist mit dieser Parole gemeint, sondern ein antibürgerliches Dichtungsverständnis, das die Qualität eines Textes an dessen Fähigkeit bemißt, existentielle, die Gleichförmigkeit des Alltagslebens übersteigende Erfahrungen zu vermitteln. In dieser Perspektive hat Werfel auch die *Troerinnen* entworfen.

Einzelne Szenen seiner Antikenadaption erscheinen vorab im Mai 1914 in den *Weißen Blättern*, die Buchausgabe kommt 1915 im Leipziger Kurt-Wolff-Verlag heraus, für den Werfel auch als Lektor tätig war. Die Uraufführung findet am 22.04.1916 im Berliner Lessing-Theater statt und machte Werfel weit über die Leserschaft zeitgenössischer Lyrik hinaus bekannt. Das Drama wurde durchweg unter dem Eindruck des sich dahinschleppenden Krieges als pazifistische Stellungnahme gewürdigt[657] und mehrfach im deutschsprachigen Raum nachgespielt.[658] Wie in zahlreichen anderen Fällen war es nicht die prophetische Gabe eines frühexpressionistischen Schriftstellers, die schon vor Kriegsausbruch das Grauen des Ersten Weltkriegs literarisch vorwegnahm,[659] sondern eine kritische Zeitgenossenschaft, die angesichts von Marokko-Krise (1911) und Balkankriegen (1912/13) die Gefahr eines großen Krieges in Betracht zog.[660] Vor diesem Hintergrund mußten Werfels *Troerinnen* auf das kriegsmüde Theaterpublikum der Jahre 1916 bis 1918 wie eine Anklage gegen Kriegsführung und Militär wirken. Stellenweise wurde das Drama aber auch als Appell an die Opferbereitschaft und den Durchhaltewillen der Deutschen ver-

---

654 Siehe dazu auch das Gedicht *Hekuba* aus der Sammlung *Einander* (in: Franz Werfel, *Das lyrische Werk*, hg. von Adolf D. Klarmann, Frankfurt a. M. 1967, S. 183f.). Zum literaturgeschichtlichen Kontext dieser Topoi siehe Wolfgang Rothe, *Der Expressionismus. Theologische, soziologische und anthropologische Aspekte einer Literatur*, Frankfurt a. M. 1977 (Das Abendland Neue Folge 9).

655 Thomke, *Hymnische Dichtung*, S. 263.

656 [Franz Werfel], *Der Jüngste Tag. Neue Dichtungen* [Prospekt des Kurt Wolff Verlags 1913], abgedruckt in: Thomas Anz/Michael Stark (Hg.), *Expressionismus. Manifeste und Dokumente zur deutschen Literatur 1910-1920*, Stuttgart 1982, S. 360.

657 Exemplarisch hierfür: Siegfried Jacobsohn, „*Die Troerinnen*", in: *Die Schaubühne* XII (1916), S. 428-430.

658 Helga Meister, *Franz Werfels Dramen und ihre Inszenierungen auf der deutschsprachigen Bühne*, Diss. [masch.] Köln 1964, S. 66-93.

659 So Richard Specht, *Franz Werfel. Versuch einer Zeitspiegelung*, Wien 1926, S. 132f.

660 Siehe dazu Klaus Vondung, *Die Apokalypse in Deutschland*, München 1988, S. 366f.

standen.[661] Eine solche Lesart ist durchaus möglich, war aber von Werfel, der der deutschen Kriegsbegeisterung von Anfang an skeptisch gegenüberstand, sicher nicht intendiert.[662]

An der Vorrede von Werfels Drama entzündet sich nach der Uraufführung eine publizistische Debatte, als Kurt Hiller, Vertreter eines utopischen Aktivismus, dem Dichter im Dezember 1916 vorwarf, er habe aus der selbstbewußten antiken Dramenfigur eine demütige Märtyrerin gemacht: „Welterlösung? Solange Hekuba flucht, besteht noch die Aussicht; beginnt sie zu jubeln, schnellt die Hoffnung um Jahrtausende zurück ... Denn gesetzt, da wäre wirklich (wie Christ Werfel lehrt) ‚Schuld', an der wir alle teil hätten so gäbe es kein anderes Mittel, sie zu sühnen, als – die Tat."[663] Werfel verwarf in einem offenen Brief an Hiller dessen Philosophie der Tat und bekräftigte seine christliche Sichtweise der antiken Figur.[664]

Die meisten literaturwissenschaftlichen Untersuchungen[665] haben das Werk als Ideendrama behandelt, wobei es je nach Akzentuierung um pazifistische, ethische oder religiöse Fragestellungen geht bzw. die Frage erörtert wird, inwiefern Werfels Hinwendung zum Christentum sich in dem Drama niedergeschlagen habe.[666]

---

[661] So Petsch, „*Die Troerinnen* einst und jetzt", S. 550.

[662] Siehe dazu das Gedicht *Die Wortemacher des Krieges*, das Werfel im August 1914 schrieb (Werfel, *Das lyrische Werk*, S. 164f.) sowie den Dialog *Euripides oder Über den Krieg* vom Dezember 1914 (Werfel, *Gesammelte Werke, Die Dramen. Zweiter Band*, hg. von Adolf D. Klarmann, Frankfurt a. M. 1959, S. 378-395).

[663] Kurt Hiller, „Die unheilige Hekuba", in: *Die Neue Generation* (1916), zitiert nach: Klaus Schuhmann, *Walter Hasenclever, Kurt Pinthus und Franz Werfel im Leipziger Kurt Wolff Verlag (1913-1919). Ein verlags- und literaturgeschichtlicher Exkurs ins expressionistische Jahrzehnt*, Leipzig 2000 (Leipzig, Geschichte und Kultur 1), S. 179.

[664] Franz Werfel, *Die christliche Sendung. Ein offener Brief an Kurt Hiller, Neue Rundschau* XXVIII (1917), S. 92-105.

[665] Einen Überblick über die wissenschaftliche Rezeption bietet Jennifer E. Michaels, *Franz Werfel and the Critics*, Columbia 1994, S. 32f.

[666] Siehe dazu Adolf D. Klarmann, „Franz Werfel", in: Wolfgang Rothe (Hg.), *Expressionismus als Literatur. Gesammelte Studien*, Bern-München 1969, S. 410-425. Für Guthke, *Mythologie*, S. 310-312 steht die religiöse Skepsis im Vordergrund, während Paul Wimmer auf die Anklage gegen das Leid von Unschuldigen abhebt (*Franz Werfels dramatische Sendung*, Wien 1973, S. 42-44). Zu Werfels Antimilitarismus siehe Gert Mattenklott, „*Die Troerinnen* des Euripides in deutscher Bearbeitung von Franz Werfel (1913)", in: Sigrid Bock u. a. (Hg.), *Die Waffen nieder! Schriftsteller in den Friedensbewegungen des 20. Jahrhunderts*, Berlin 1989, S. 248-256. Hinweise zur Form des Dramas und seinen gattungsgeschichtlichen Kontext finden sich bei Heribert Rück, *Franz Werfel als Dramatiker*, Diss. [masch.] Marburg 1965, S. 12-14; Klarmann, „Franz Werfel", S. 410-425; Philippe Ivernel, „L'abstraction et l'inflation tragiques dans le théâtre expressionniste allemand", in: Denis Bablet/Jean Jacquot (Hg.), *L'expressionnisme dans le théâtre européen*, Paris 1971, S. 79-91; Mattenklott, „*Die Troerinnen* des Euripides", S. 248-256.

4.3 Hypotext und Hypertext

Schon die antike Literaturästhetik hat die Handlungsarmut des Euripideischen Dramas bemängelt und auf das unverbundene Nebeneinander von Einzelszenen hingewiesen. An dieses Urteil knüpft August Wilhelm Schlegel an, wenn er von einer „Anhäufung hilflosen Leidens" spricht, das die Mitleidsfähigkeit des Zuschauers überfordere.[667] Die Strukturanalyse von Wolf Hartmut Friedrich hat dagegen gezeigt, daß der Tragödie ein kunstvoll angeordnetes Gerüst zugrunde liegt, das mehrere große und kleine Handlungsbögen umfaßt und für eine Auflockerung der monoton erscheinenden Klagegesänge sorgt.[668] In dieser Perspektive sind zahlreiche Vorausdeutungen und analog gestaltete Szenen erkennbar, die in der Tragödie selbst sowie zwischen den (nur fragmentarisch überlieferten) Tragödien *Alexandros* und *Palamedes* von Euripides' ‚trojanischer Trilogie' verschiedene mythologische Bezüge herstellen. Zentral ist dabei die Figur der Hekabe, die durch ihre szenische Präsenz für dramaturgische Kontinuität sorgt. Im Leid der Königin spiegelt sich zudem das Kollektivschicksal der unterlegenen Trojaner.

Ein das gesamte Drama überspannender Bogen führt von dem Entschluß, das Heer der Griechen auf der Heimfahrt zu vernichten (Athene und Poseidon im Prolog), zu dem finalen Aufbruchsignal, das die Versklavung der Trojanerinnen einleitet (Talthybios im Exodus). Über der beklagenswerten Situation der gefangenen Frauen lastet das Wissen um den nahen Untergang der maßlosen Sieger. Das Motiv der Täuschung durchzieht dementsprechend die gesamte Trilogie des Euripides: So wie die friedlich gestimmten Trojaner die List des Odysseus nicht durchschaut haben, so werden auch die siegestrunkenen Griechen die Zeichen ihres bevorstehenden Endes nicht deuten können.

Zwischen diesen Polen befindet sich eine dreiteilige Struktur, die die Kassandra-, Andromache- und Helena-Szenen umfaßt. Gegenläufig zur verstreichenden Zeit im Drama wird in diesen Szenen zunächst die Zukunft (Kassandra), dann die Gegenwart (Andromache) und schließlich die Vergangenheit (Helena) behandelt. Verdeutlicht wird die ‚Umkehrung' einer natürlichen Ordnung auch im Bild der Mutter, die ihr Kind begraben muß: „Nicht du mich, dich den Jüngern leg' ich alte, / Verwaiste, heimatlose Frau ins Grab", so klagt Hekabe angesichts ihres ermordeten Enkels

---

[667] August Wilhelm Schlegel, *Vorlesungen über dramatische Kunst und Literatur*, erster Teil, *Kritische Schriften und Briefe*, Bd. V, hg. von Edgar Lohner, Stuttgart-Berlin-Köln-Mainz 1966 (Sprache und Literatur 33), S. 123.

[668] Wolf Hartmut Friedrich, *Euripides und Diphilos. Zur Dramaturgie der Spätformen*, München 1953 (Zetemata 5), S. 73-75; Steinmann, „Nachwort [zu Euripides, *Die Troerinnen*]", S. 184-197.

Astyanax.[669] Mittelpunkt dieser Struktur (und der Tragödie überhaupt) sind die Verse im zweiten Epeisodion, in denen die Hoffnung Hekabes auf die zukünftigen Rachetaten des Astyanax zunichte gemacht werden: Talthybios überbringt die Nachricht von der bevorstehenden Hinrichtung des Kindes. Die Gegenüberstellung von vager Hoffnung und niederschmetternder Gewißheit ist ein Strukturelement, das sich schon im Übergang vom Parodos zum ersten Epeisodion findet, wenn die Troerinnen über ihr weiteres Schicksal aufgeklärt werden. Analog dazu ist auch die Klage der Hekabe zu Beginn des Exodus gestaltet, nachdem die Leiche des Astyanax hereingetragen wird – auch hier hat der Auftritt des dienstfertigen Schergen eine unumkehrbare Situation etabliert. Damit wird die Mitte des Dramas von zwei „flankierende[n] Stücken" eingerahmt, die demselben Bauprinzip gehorchen.[670]

Die kunstvolle Dramaturgie des Euripides mit ihren szeneübergreifenden Bezugnahmen und Spannungsbögen wirkt bis in das Rededuell zwischen Hekabe und Helena, das wie eine Gerichtsszene die Vorgeschichte und die Schuldfrage des Trojanischen Kriegs rekapituliert. Während Helena sich hier zum Opfer göttlicher Intrigen erklärt, da sie von Aphrodite zum Ehebruch gezwungen worden sei, betont Hekabe die Verantwortung des Individuums für sein Handeln. Dieser aufgeklärte Standpunkt kollidiert mit dem mythologischen Rahmen der trojanischen Trilogie, der ganz auf den schicksalhaften Zusammenhang von Voraussage und Realisierung abgestellt ist. Da Hekabe auf der Ebene des Mythos keine Argumente gegen Helena aufbringen kann, nähert sie sich mit ihrer individualistischen Ethik – wie auch in dem Gebet[671] und schließlich im Exodus – einer mythenkritischen Position an. Mythische Vorstellungen und kritische Reflexion, alte Gewißheiten und neues Rechtsbewußtsein bilden bei Euripides einen produktiven Widerspruch, den der Tragiker nicht lösen konnte (oder wollte) und der erkennen läßt, wie in der ersten Hälfte des fünften vorchristlichen Jahrhunderts die Selbstverständlichkeit des mythischen Denkens zunehmend in Frage gestellt wurde.[672]

---

669 Euripides, *Die Troerinnen*, V. 1185f.

670 Friedrich, *Euripides und Diphilos*, S. 74. Zwei weitere Bögen spannen sich von der Anfangsmonodie der Hekabe (Euripides, *Die Troerinnen*, V. 98-152) über die Nachricht, Sklavin des Odysseus werden zu müssen (V. 274-291), bis zu der endgültigen Deportation durch Talthybios (V. 1269-1330). Es gibt weitere Beispiele für die diskontinuierliche Gestaltung von Episoden: Über den Tod von Hekabes Tochter Polyxena spricht der Bote nur in Andeutungen (V. 260-269); Gewißheit bringt erst der Auftritt der Andromache (V. 622f.). In gleicher Weise wird zwischen Hinrichtung und Bestattung des Astyanax die Helena-Szene eingeschoben.

671 Euripides, *Die Troerinnen*, V. 884-888.

672 Über das Ausmaß der Götterkritik in den *Troerinnen* herrscht in der Forschung Uneinigkeit; unbestritten ist jedoch, daß Hekabe auf die Frage, weshalb die Götter dieses Leid zulassen, am Ende des Dramas keine Antwort weiß. Siehe dazu Eckard Lefèvre, „Die Funktion der Götter in Euripides' *Troades*", in: *Würzburger Jahrbücher für die Altertumswissenschaft* NF 15 (1989),

Franz Werfel überträgt die beschriebene Struktur des Euripides in eine Folge von elf Auftritten, der ein Prolog vorausgeht und in die ein Wechselgesang sowie zwei Chorlieder eingefügt werden.[673] Abgesehen von der neuen Szeneneinteilung behält Werfel die durch Euripides vorgegebene Textgestalt bei.[674] Als hypotextuelle Zwischenstufe hat ihm dabei die Übersetzung von Wilamowitz-Moellendorff aus dem Jahre 1906 gedient. Diese verzichtet auf eine Nachbildung des antiken Versmaßes und überträgt statt dessen die meisten Partien der Hauptfiguren in Blankverse, die der Chöre in freie Rhythmen.[675] Zahlreiche Textstellen belegen, wie Werfel der maßvollen, etwas behäbigen Übersetzung von Wilamowitz-Moellendorff zunächst folgt, sie dann aber mit expressionistischem Stilisierungswillen umgestaltet. Dabei überlagern sich zwei gegensätzliche Verfahren, da Werfel die Übersetzung von Wilamowitz-Moellendorff gleichzeitig über- und unterbietet. Bei diesem klagt Hekabe im Prolog: „Ich mag nicht schweigen, ich mag nicht schrein, / nicht singen das Lied unergründlichen Grams. Wie hart ich hier liege gebettet auf Stein, / wie schmerzt mich der Kopf, die Schläfe, das Kreuz."[676] Bei Werfel heißt es: „Mir ist nicht zum Schweigen, mir ist nicht zum Schrein, / Mir ist nicht zum Weinen. Wie hart ist der Stein / Meines Lagers. Wie schmerzt mich alles! Mein Kopf! / Ach Gott, meine Schläfen! Wie spür ich mein Kreuz!" (26f.). Der Wechsel des Kasus (‚mir' statt ‚ich') und die substanti-

---

S. 59-65; Waltraut Desch, „Die Hauptgestalten in des Euripides *Troerinnen*", in: *Grazer Beiträge* 12/13 (1985/86), S. 65-100.

[673] Da die von Adolf D. Klarmann herausgegebenen *Gesammelten Werke* die strophische Gliederung der Figurenrede nicht wiedergeben (*Die Dramen. Erster Band*, Frankfurt a. M. 1959, S. 41-89), wird Werfels Tragödie nach der Erstausgabe zitiert: Franz Werfel, *Die Troerinnen des Euripides. In deutscher Bearbeitung*, Leipzig 1915.

[674] Hinsichtlich des Chors ist ein Vergleich mit den Antikendramen von Hofmannsthal, Hauptmann und Pannwitz aufschlußreich: Während dort allenfalls Reminiszenzen an den antiken Chor nachweisbar sind, beläßt Werfel in Übereinstimmung mit seiner Vorlage den Chor weitgehend in seiner angestammten Rolle. Der Chor ist zweigeteilt und betritt in genauer Übereinstimmung mit der antiken Chorführung die Bühne. Darüber hinaus sind in Werfels *Troerinnen* die Abschnitte Parodos (29-33), Stasimon 1 (58-61), Stasimon 2 (84-87), Stasimon 3 (105-107), Exodus (123-127) sowie verschiedene chorische Einwürfe deutlich zu erkennen.

[675] Euripides, *Troerinnen*, *Griechische Tragödien*, übersetzt von Ulrich von Wilamowitz-Moellendorff, Bd. 3, Berlin 1906, S. 299-355. Wilamowitz-Moellendorff steht der Tragödie des Euripides skeptisch gegenüber, wie seine Einleitung deutlich macht: „der überwältigende unmittelbare Eindruck der Trostlosigkeit, des Pessimismus, ein modernes Schlagwort zu brauchen, bleibt unvermindert, und das bleibt ein peinlicher Eindruck. Wie muss es in dem Herzen des Menschen ausgesehen haben, der dieses Weltbild, Weltgericht zu malen wagte." (*Griechische Tragoedien*, Bd. 3, S. 295). Bei dem Philologen reicht das an Leid und pathetischen Ausbrüchen nicht eben arme Drama sprachlich kaum über einen epigonalen Klassizismus hinaus; stellenweise wirkt Wilamowitz-Moellendorffs Vorliebe für herabgestimmte Leidenschaften unfreiwillig komisch. So antwortet Hekabe, als Andromache von der Ermordung der Polyxene berichtet: „Die Ärmste. Darauf also deutete / des Herolds Rätselwort; wohl traf es zu." (*Griechische Tragoedien*, Bd. 3, S. 326). Zum Vergleich zwischen Übersetzung und Neudichtung siehe Petsch, „*Die Troerinnen* einst und jetzt", S. 541-550.

[676] *Griechische Tragoedien*, Bd. 3, S. 305.

vierten Verben ‚schweigen', ‚schreien' und ‚weinen' akzentuieren die Sprecherrolle stärker als bei dem Philologen, wobei eine für Werfel nicht untypische Tendenz zur übersteigerten, gespreizten Sprache auffällt.[677] Des weiteren lassen die syntaktischen Umstellungen, die Wiederholung des Personalpronomens und die Assonanz Schweigen-Schrein-Weinen-Stein deutlich erkennen, wie Werfel bemüht ist, den beiläufigen, mäßig literarisch gestimmten Ton der Übersetzung zu poetisieren. Gleichzeitig – und dies ist die Kehrseite der poetischen Überhöhung – greift Werfel auch zu alltäglichen Wendungen, die den hohen Ton der Tragödie absenken. Die Klage über das ‚schmerzende Kreuz' könnte auch von einer der Elendsgestalten stammen, die in Werfels frühen Gedichtbänden auftreten.[678] Darüber hinaus wird hier natürlich auch auf den Leidensweg Christi angespielt.

Die Spannungsbögen und Korrespondenzen, die den Hypotext kennzeichnen, lassen sich zwar auch in den fünfzehn Szenen Werfels wiederfinden, erhalten im dramatischen Gefüge jedoch einen anderen Stellenwert als bei Euripides, da Werfels *Troerinnen* wesentlich ‚kleinteiliger' organisiert sind. So verteilt sich beispielsweise die Handlung der drei Epeisodien auf elf Einzelszenen. Kennzeichnend für Werfels Adaption sind vor allem die zahlreichen Wechsel zwischen Statuarik und Dynamisierung, die die antike Tragödie geradezu *musikdramatisch* überformen. Stillstand und Bewegung sind die vorherrschenden ‚Tempi' von Werfels Bearbeitung, wobei der Dichter sich nicht nur an den komplementären musikalischen Formen *Arie* und *Ensemble* orientiert – Werfel spricht mehrfach von dem opernhaften Stil seines Dra-

---

[677] Hierzu ein weiteres Beispiel – bei Wilamowitz-Moellendorff lauten die Verse der Kassandra wie folgt: „Nur davon lass mich reden, dass den Troern / ein glücklicher Geschick beschieden war / als den Achäern." (*Griechische Tragoedien*, Bd. 3, S. 316). Werfel entwirft dagegen eine sich über fünf Zeilen hinziehende Passage mit zahlreichen Wortwiederholungen: „Doch eines sei gesungen und gesungen! / Gebenedeit seid ihr, gesegnet, Troer, / Kniet hin und schleudert jauchzend eure Arme, / Besiegte ihr, ein Übermaß der Gnade / Ist euer Schicksal vor des Siegers Schicksal." (46). Zu Werfels lyrischem Stil siehe Clemens Heselhaus, *Deutsche Lyrik der Moderne von Nietzsche bis Yvan Goll. Die Rückkehr zur Bildlichkeit der Sprache*, Düsseldorf 1961, S. 205-213; Thomke, *Hymnische Dichtung*, S. 253f.

[678] Auch mit den wilden Beschimpfungen, die Hekuba Helena und Odysseus entgegenschleudert, unterläuft Werfel gezielt den hohen Tragödienton seiner Vorlage (27f., 40). Zum Gebrauch der Alltagssprache in Werfels Lyrik siehe Pavel Trost, „Die dichterische Sprache des frühen Werfel", in: Eduard Goldstücker (Hg.), *Weltfreunde. Konferenz über die Prager deutsche Literatur*, Berlin-Neuwied 1967, S. 313-318. Weitere Wendungen – meist im Zusammenhang mit der Hinrichtung des Astyanax – zeichnen sich durch einen süßlichen Stil aus: „Hüpfend im Tanze [hebt] sich / Lieblichster Mädchenfuß" (59), „Will mein Kindchen seine Kleider haben?" (61), „Schlüpfst unter warme Flügel, süßes Vöglein?!?" (79), „Kommt her, ihr armen Ärmchen, und umarmt mich" (79), „Wie kläglich starbst du, Seelchen, ohne Sünde" (111). Zu diesen Trivialisierungen siehe auch Alfred Kerrs satirischen Seitenhieb: „Hier kann einer bloß rufen: O selig, ein Tind noch zu sein. Deht der Dichter ßpatzieren? Atta, atta!" (Alfred Kerr, „Euripides. *Die Troërinnen*. (Bearbeitet von Franz Werfel)", in: ders., *Gesammelte Schriften*, Bd. 3, Berlin 1917, S. 277-282, hier S. 280).

mas[679] –, sondern die Handlung auch unter choreographischen Gesichtspunkten gestaltet. Während ‚arienhafte' Züge schon in den Klagegesängen des Hypotextes angelegt sind, entwickelt Werfel insbesondere in der Kassandra-Szene und in den Chorpartien eine musikalisch-tänzerische Verve, die weit über das Original hinausgeht und das Werk zu einem wichtigen Dokument frühexpressionistischer Theaterpraxis macht. Vor diesem Hintergrund ist es bemerkenswert, daß Werfels Drama erst 1986 vertont wurde.[680]

4.4 Statuarik und Dynamisierung

Die Nähe zu lyrischen bzw. gesanglichen Formen wird besonders im ersten Auftritt der Hekabe, die bei Werfel (wie bei Seneca) *Hekuba* heißt, deutlich. Dieser ist nach dem Schema a-b-a in drei Teile mit unterschiedlicher Strophen- und Verslänge gegliedert. Werfel knüpft an die dreiteilige Monodie des Euripides an, indem er die Verslänge des mittleren Teils (von „Ihr Griechenschiffe" bis zu „Schluchten des Jammers", 27f.) deutlich kürzt und durch Aufzählungen („Des Menelas Weib, / Die Schande der Brüder, / Die Schmach der Welt.", 28) und Wortwiederholungen („Und mordete mir / Den Gatten, den alten, / Den Priamos mir!", 28) zu einem immer drängenderen Rhythmus findet. Eingerahmt wird dieser erregte Mittelteil, der bei Werfel länger ausfällt als bei Euripides, von zwei Strophenpaaren, deren Vers- und Satzlänge ein getragenes Sprechtempo verlangen. Dem entspricht auch die inhaltliche Gliederung, da der Mittelteil in einer heftigen Schimpfrede auf Helena gipfelt, während in den Teilen 1 und 3 Hekubas Erschöpfung im Vordergrund steht und damit ein resignativer Grundton vorherrscht. Formal greift Werfel mit dieser Szene nicht nur Elemente der antiken Monodie auf, sondern imitiert auch die (aus der antiken Mono-

---

[679] Nach der Züricher Aufführung der *Troerinnen* schreibt Werfel an Alma Mahler-Werfel, er habe sein Drama „als eine wunderbare Oper" inszeniert, die er „aus dem Stegreif komponiert habe" (Brief vom 22.01.1918, zitiert nach Werfel, *Die Dramen*, erster Band, S. 538). Siehe dazu auch Thomke, *Hymnische Dichtung*, S. 288, der die Mischung lyrischer und dramatischer Anteile in den frühen Dramen Werfels mit dessen Kenntnis der Prager Operntradition und dessen Vorliebe für die italienische Oper begründet. Zu musikalischen bzw. oratorischen Elementen im expressionistischen Drama und bei Werfel siehe Horst Denkler, „Das Drama des Expressionismus", in: Wolfgang Rothe (Hg.), *Expressionismus als Literatur. Gesammelte Studien*, Bern-München 1969, S. 127-152.

[680] Susanne Zeilfelder, „Euripides' *Troades* auf der Opernbühne", in: *Würzburger Jahrbücher für die Altertumswissenschaft*, Neue Folge, 15 (1989), S. 67-81.

die) entstandene Da-Capo-Arie der barocken Oper; diese Bezugnahme ist auch insofern naheliegend, als mit dem Lamento die abendländische Operngeschichte einsetzt.

Ein weiteres Beispiel für statuarische Passagen in Werfels *Troerinnen* ist Hekubas Klage im vierten Auftritt, in der – wie im ersten Auftritt – die Vorgeschichte antithetisch auf das leidvolle gegenwärtige Dasein bezogen wird. Bei Euripides ist dies ein ungegliederter Monolog, bei Werfel eine in sieben Strophen unterteilte Klageszene. Durch diese Gliederung wird der stetige Fortgang des Selbstgesprächs durch Zäsuren unterbrochen und die einzelnen Abschnitte voneinander abgesetzt. Die strophisch gegliederte Klage tendiert hier, mehr dem Lyrischen als dem Dramatischen zugehörig, zum melancholischen ‚Versinken' in der Innerlichkeit der Figur. In gleicher Weise sind weitere Klageszenen von Hekuba (im 10. Auftritt) und Andromache (im 5. und 6. Auftritt) gestaltet.

Statuarisch wirkt zudem der „*Große[] Aufzug*" (63) zu Beginn des fünften Auftritts, der – wie in einer tableauartigen Massenszene der Grand Opéra – Soldaten mit Wagen und Beute auf die Bühne bringt. Der Verdi-Liebhaber Werfel scheint hier eine Reminiszenz an den zweiten Akt der *Aida* verarbeitet zu haben.

Den statuarischen Episoden stehen zahlreiche Szenen gegenüber, die sich durch eine dynamische Gestaltung auszeichnen. Hierzu gehört bei den ‚Soloszenen' vor allem der erste Teil von Kassandras Auftritt, wobei Wortwiederholungen („Ich bringe hier, hebe hier, schwinge hier", 42), mehrfacher Wechsel des Reimes (Paar-, Kreuz- und umarmender Reim) sowie extrem verkürzte Verse („Schaut doch", „Rührt euch", 42) neben langen Satzperioden („Wie will ich des Purpurs, des wallenden, achten.", 43) das sprachliche Pendant zu den tänzelnden Bewegungen der ekstatischen Seherin bilden.

Mit sich steigerndem Affekt löst sich in den dynamischen Szenen die Gleichmäßigkeit der Verse auf: So wird in den leidenschaftlichen Klagen von Hekuba, in den ekstatischen Ausbrüchen der Kassandra und in den erregten Passagen des Chors die Verslänge verkürzt,[681] was zu einer Erhöhung des Sprechtempos führt und in zusammengedrängten Stichomythien,[682] charakteristischen Wortwiederholungen[683] sowie einzeiligen pathetischen Ausrufen gipfelt.[684] Insbesondere im zehnten Auftritt macht die musikalische Behandlung des Klagerufes „Weh" („*ganz lange*", „*noch*

---

681 Werfel, *Troerinnen*, S. 31-33, 35f., 42-44, 59-61, 107, 115f., 116f., 120 und 123-127.
682 Werfel, *Troerinnen*, S. 63f.
683 Werfel, *Troerinnen*, S. 35f.
684 „Troja, Troja – " (31), „Oh – " (31), „Weh." (61), „Weh mir!" (63), „Und Troja hin." (64), „Hektor – Hektor." (64). Die Steigerung der Affekte ist auch an minimalen Veränderungen ablesbar: Bei Wilamowitz-Moellendorff leitet Hekabe ihre Klagen mit dem gemäßigten Ausruf „Ach" ein (*Griechische Tragoedien*, Bd. 3, S. 308), bei Werfel stößt Hekuba ein zorniges „Hah!!" (32) aus.

länger und stärker", 117) kenntlich, daß die Intensität des Leides über jedes Maß hinausgeht und mit sprachlichen Mitteln nicht mehr darstellbar ist.

Eine wichtige Rolle kommt in diesem Zusammenhang dem Chor zu. Dieser unterbricht die Figurenrede nicht nur, sondern entwickelt einen aufführungstechnisch anspruchsvollen, teilweise simultan auszuführenden Sprechgesang, den der Dichter im Nebentext mit Anweisungen versieht, die sich – wie in einer Partitur – auf die musikalische Ausdrucksqualität des Dargebotenen beziehen.[685] Das hier beschriebene Darstellungsprinzip betrifft nicht nur die Intensität des Sprechens, sondern greift im letzten Auftritt auch auf die räumliche Positionierung des Chors über, wenn die verängstigten Trojanerinnen in genau choreographierten Bewegungen der Hekuba folgen, so daß das dramatische Personal zu szenischen Tableaux angeordnet wird. Werfel läßt hier die Figuren seines Stückes mit großem Körpereinsatz und äußerst raumausgreifend agieren, wobei die maritime Metaphorik des Nebentextes („*Wogen*", „*gießen*", 122; „*fluten*", „*Riff*", „*verschlingen*", 127) dem Untergangsgeschehen noch einen zusätzlichen Sinn verleiht: Vor dem brennenden Troja erscheint das Kollektiv selbst – wenn auch nur für wenige Augenblicke – als jene Naturkraft, die den im Prolog angekündigten Niedergang der siegreichen Griechen besiegeln wird. Die „*strenge[] Ordnung*" (29), mit der der Chor im ersten Auftritt die Bühne betrat, ist damit unrettbar verloren; dramatis personae, Chor und Bühnenraum bilden – mit Anklängen an das Schlußbild von Richard Wagners *Götterdämmerung* – ein chaotisches Durcheinander, das durch Beleuchtung („*tausendfache[s] Fackellicht*", 120; „*Überall Licht*", „*Troja nach und nach in Flammen*", 121; „*Sie* [Hekuba] *steht ganz in einem schwarzen Licht*", 127; „*Eine neue Woge von Feuer*", 127), Musik (taktschlagender Chor, 125; „*ungeheure Musik*", 127) und Geräusche („*heulende[] Schar Frauen*", 120; „*eiserner Marschlärm*", 127) in seiner Wirkung noch intensiviert wird.[686]

---

685 „*abwechselnd und verschlungen*" (33); „*durcheinander*" (40); „*ungeheuer ausbrechend*", „*ganz ineinander verwirrt*" (60); „*decrescendo*", „*verlöschend*" (61); „*Alles prestissimo*" (81); „*furchtbar*" (87); „*wild skandierte[] Anapäste*" (96); „*wild*" (107). Alfred Polgar erwähnt, daß der Chor der Uraufführungsinszenierung in Sopran- und Altstimmen geteilt war („*Die Troerinnen*", in: *Die Schaubühne* XII (1916), S. 599-601, hier S. 601).

686 Neben dem Schlußbild von Wagners *Götterdämmerung* hat auch die *Troerinnen*-Übersetzung von Wilamowitz-Moellendorff in visueller Hinsicht Spuren hinterlassen. Wilamowitz-Moellendorff entwirft in seiner Einleitung ein Bild des Untergangs, das sich wie eine Skizze zu Werfels Schlußszene liest: „Ein Finale, das nach einer solchen Scenenfolge wirken sollte, musste sich direkt an die Sinne der Zuschauer wenden; selbst die Musik reichte nicht mehr hin: das Auge musste in Mitleidenschaft gezogen werden. Die Verehrer des Lesedramas mögen die Nase rümpfen und von Oper und Ausstattungsstück reden. [...]. Die Entfernung zwischen Ilion und der Küste ist plötzlich so gering, dass Hekabe den Versuch machen kann in die Flammen zu laufen und die Kommandoworte des Heroldes hinüberreichen. Dazu dann ganz wilde Musik (die Rhythmen lehren es) und wilde Aktion; der ganze Chor wirft sich auf die Knie und schlägt den Boden um die Toten zu beschwören, und dann die Trompetensignale von der Flotte her und das

Die Untergangsszenarien von Wagner und Wilamowitz-Moellendorff mögen beiläufig in Werfels Dramaturgie hineinspielen, unübersehbar ist jedoch der Vorbildcharakter, den die zeitgenössische Theaterästhetik für die Chorszenen der *Troerinnen*
hat. In der 1908 bei Dresden gegründeten Gartenstadt Hellerau initiierte der Verleger
Jakob Hegner eines der bedeutendsten Festspielprojekte des deutschen Kaiserreiches.
Unter der Führung des Musikpädagogen Émile Jaques-Dalcroze und des Regisseurs
und Theatertheoretikers Adolphe Appia entstand hier zwischen 1911 und 1914 eine
reformorientierte, körperbetonte Theaterästhetik, die das dramatische Geschehen
ganz aus dem Geist der Musik entwickelte. Von der Gebärde des Schauspielers bis
zur Bewegungsführung von Massenszenen wurde die theatralische Inszenierung
vollständig auf musikalische und rhythmische Ausdruckswerte gestellt. Dieser tanz-
pädagogische Ansatz brachte ein neues Raumverständnis mit sich: Die Szene war
von Appia als ‚rhythmischer Raum' angelegt, in dem – unterstützt durch eine ausge-
klügelte, indirekte Beleuchtung – aufsteigende Treppen verschiedene Spielflächen
bilden. Auf diesen konnten Dramenpersonal, Chor und Tanzgruppen zu immer neuen
Ensembles und Tableaux arrangiert werden. Die mustergültigen Aufführungen von
Glucks Oper *Orpheus und Eurydike* unter der Leitung von Jaques-Dalcroze und Appia (1912) und von Paul Claudels Drama *Verkündigung* in der Regie des Dichters
(1914) fanden auch überregional große Beachtung.[687] Vor diesem Hintergrund erscheint Hegners Anregung, eine neue Fassung der *Troerinnen* zu erstellen, in einem
anderen Licht. Wie die szenische Behandlung des Chors zeigt, hat sich Werfel an der
theatralischen Konzeption von Jaques-Dalcroze und Appia orientiert. Hätte der
Kriegseinbruch nicht die Schließung des Hellerauer Instituts erzwungen, dann wäre
das Werk aller Wahrscheinlichkeit nach unter den dort vorherrschenden, für die Realisierung eines Chordramas optimalen Bedingungen uraufgeführt worden.

Jaques-Dalcroze und Appia haben Werfel auch hinsichtlich der Bühnenarchitektur
beeinflußt. Ähnlich wie in deren *Orpheus-und-Eurydike*-Inszenierung ist die Bühne
der *Troerinnen* zweigeteilt, wobei Treppen und Rampen die untere Spielfläche mit
der oberen verbinden. Das Geschehen spielt sich bis zur Schlußszene ausschließlich
auf der unteren Fläche ab, wobei Werfels Angabe, daß diese „*fast ins Publikum gerückt*" (16) ist, als Hinweis auf die intendierte Rezeptionsperspektive gewertet werden kann: Die räumliche Nähe von trojanischen Gefangenen und Publikum hebt

---

Andrängen der Schergen auf die Gefangenen, die schliesslich auf das Meer zu abziehen: das alles wird den Eindruck nicht verfehlen: die Welt geht unter, geht unter in Sünden und Schanden."
(*Griechische Tragoedien*, Bd. 3, S. 287).

687 Gernot Giertz, *Kultus ohne Götter. Émile Jaques-Dalcroze und Adolphe Appia. Der Versuch
einer Theaterreform auf der Grundlage der rhythmischen Gymnastik*, München 1975 (Münchener Beiträge zur Theaterwissenschaft 4); Manfred Brauneck, *Die Welt als Bühne. Geschichte des
europäischen Theaters*, Bd. 3, Stuttgart-Weimar 1999, S. 641f.

nicht nur im Sinn des ‚Totaltheaters' von Max Reinhardt die Grenzen der bürgerlichen Illusionsbühne auf und unterstützt den Eindruck theatralischer Überwältigung, sondern versinnbildlicht auch den Aktualitätsbezug des antiken Stoffes. Das Kollektiv der versklavten Trojanerinnen steht stellvertretend für die Gemeinschaft der Zuschauer, ja für die gesamte Menschheit. Wie noch genauer zu zeigen sein wird, verbindet sich für Werfel mit dieser expressionistischen Konstellation keine politische oder gesellschaftsbezogene Aussage, sondern vielmehr eine unbestimmte Heilserwartung, die einer düsteren Epoche – wie das brennende Troja der „ewige[n] Dämmerung" (15) des Dramas – ein Ende bereiten wird. Das „große[] Hellerwerden" (121) und die „Woge von Feuer und Fanfare" (127) am Schluß veranschaulichen nicht nur das katastrophale Ende Trojas, sondern können auch als Vorschein einer besseren Zukunft verstanden werden.

Deutlich an Jaques-Dalcroze/Appia orientiert ist auch der massenhafte Einsatz von Statisten, die in der letzten Szene mit Fackeln bewehrt über verschiedene Aufgänge auf die obere Spielfläche stürmen und Troja in Brand setzen. Analog zu der Choreographie des Chors soll auch hier der Eindruck erweckt werden, daß sich das Kollektiv aufgelöst hat und an seine Stelle eine zerstörerische Naturkraft getreten ist, die nicht nur die Bühnenlandschaft, sondern die Welt selbst zu ‚verletzen' imstande ist: „Überall Licht, großes Hellerwerden, die Horizonte bluten" (121).

Ohne der Tragödie des Euripides musikdramatische Züge abzusprechen, die ja schon durch die antike Aufführungspraxis vorgegeben sind, bleibt festzuhalten, daß in Werfels Adaption zum gesprochenen Wort weitere Darstellungsmodi wie Gesang, Musik und Tanz hinzukommen. Das parataktische Gefüge von Verweisen, das bei Euripides auch den epischen Charakter der Tragödie unterstreicht und distanzierend auf den Zuschauer wirkt, tritt damit hinter eine oratorien- bzw. opernartige Form zurück, die auf Distanzaufhebung und theatralische Überwältigung des Publikums zielt. Nicht die (agonal zu klärende) Frage nach den Ursachen des trojanischen Kriegs, sondern die Darstellung des Leids in all seinen Facetten steht im Vordergrund von Werfels Bearbeitung.

Unterstützend wirken in dieser Hinsicht auch dionysische Anteile wie archaische Rituale (Tanz,[688] Gebet,[689] Trauerzeremonien[690]) sowie Entgrenzungszustände (rasende Verzweiflung,[691] Erschöpfung[692]). Diese Szenen gehen zwar über die Vorgaben des Hypotextes hinaus, erhalten jedoch kein ‚Eigenleben' im Rahmen einer dio-

---

688 Werfel, *Troerinnen*, S. 42-45, 73, 122.
689 Werfel, *Troerinnen*, S. 55, 86, 102.
690 Werfel, *Troerinnen*, S. 27, 115-118, 124f.
691 Werfel, *Troerinnen*, S. 77, 80f.
692 Werfel, *Troerinnen*, S. 53, 57, 79, 83.

nysischen Dramaturgie wie bei Hofmannsthal oder Hauptmann. Es ist zwar zutreffend, daß Werfel mit der Gegenüberstellung von einzeln auftretenden Griechen und trojanischem Kollektiv den Gegensatz von westlich geprägter Rationalität und östlicher Kultgemeinschaft aktualisiert;[693] gleichwohl haben die Bezugnahmen auf das Dionysische eher ornamentalen Charakter und ordnen sich der heilsgeschichtlichen Perspektivierung der antiken Dramenhandlung unter.

Die Dynamisierung der Euripideischen Tragödie hat auch zur Folge, daß sich die dramatischen Gewichte verschieben: Denn während in dem antiken Drama mit der Ermordung des Astyanax Hekabes Hoffnung auf dynastische Kontinuität und einen zukünftigen Rächer endgültig schwindet, erscheint diese Episode bei Werfel ,nur' als weitere Greueltat in einer Kette von barbarischen Übergriffen. Die Entwicklungslinie von Werfels Drama steigert sich damit über verschiedene ,Stationen' des Leids wie ein Crescendo zum Finale hin, wobei das breite Spektrum der Tempi für einen beständigen Wechsel zwischen Statuarik und Dynamik, zwischen lyrischen Klagegesängen und dramatischen Chören sorgt.[694] Bei Werfel strebt die gesamte Komposition auf einen Höhepunkt zu, der bei Euripides nicht vorkommt: Während ein Brand von apokalyptischen Ausmaßen Troja vernichtet, überwindet Hekuba in einem heroischen Akt Leid und Lebensverneinung und schreitet mit der Souveränität einer Märtyrerin in die Sklaverei: „Ihr alten zitternden Füße geht den Weg, / Wie er vor euch liegt, denn hier ist nicht mehr / Ein Recht zum Tod. Seht her, so nehme ich / Mein Leben an die Brust und trags zu Ende!! / Nun zu den Schiffen! – " (127). Mit diesem Bekenntnis zum Leben kommt Werfels Drama zu einem Endpunkt, der denkbar weit entfernt ist von dem Schlußbild des Euripides. Hier wurde die Königin (nach ihrem scheiternden Selbstmordversuch) mit den anderen Frauen auf die griechischen Schiffe getrieben; eine innere Wandlung ist nicht feststellbar. Bei Werfel soll Hekubas Lebensbejahung dagegen als Beispiel für eine gelungene Sinnstiftung gelten, als Vorbild für eine Gegenwart, die – wie die Zeit des untergehenden Troja – als sinnlos erfahren wird. Dem pessimistischen Schlußbild des Euripides ringt Werfel eine posi-

---

[693] So Mattenklott, „,Die Troerinnen' des Euripides", S. 255f.

[694] Da sich bei Werfel eine Vielzahl von frühexpressionistischen Themen und Stilelementen finden, ist es durchaus zutreffend, die *Troerinnen* zum „Auftakt des expressionistischen Dramas" (Walter Benjamin, *Ursprung des deutschen Trauerspiels*, hg. von Rolf Tiedemann, Frankfurt a. M. [7]1996, S. 37) zu erklären. Zwar kann man es nicht mit einer parataktischen Aneinanderreihung disparater Handlungsepisoden wie im Stationendrama zu tun, da Werfels Drama an das Handlungskontinuum des Hypotextes gebunden ist. Aber die leidvollen Erfahrungen der Hekuba und der daraus resultierende Weg zu neuer Zuversicht können durchaus als Stationen einer idealtypischen Entwicklung betrachtet werden, an deren Ende ein ,neuer Mensch' steht. Zum gattungshistorischen Kontext siehe Paul Stefanek, „Zur Dramaturgie des Stationendramas", in: Werner Keller (Hg.), *Beiträge zur Poetik des Dramas*, Darmstadt 1976, S. 383-404.

tive Aussicht ab, indem er die antik-skeptische Haltung durch christlich-affirmative Leidensbereitschaft ersetzt.

4.5 Barocke Überformung

Eine auffällige Stellung nimmt in Werfels Dramaturgie der Prolog mit seinen überwiegend paargereimten, vierhebigen Jamben ein. Werfel erweist den älteren Vers- und Dramenformen des Deutschen seine Referenz, indem er den freien Knittelvers des 16. Jahrhunderts imitiert und den sentenzenartigen, finalen Dreireim des Fastnachtsspiels aufgreift.[695] Auch der ‚Prolog im Himmel' aus Goethes *Faust I* mit seiner Nachbildung von Kirchenlied und Madrigalversen scheint in Werfels Vorspiel hineinzuspielen; zudem treffen hier wie dort zwei gegnerische ‚Gottheiten' aufeinander und ‚einigen' sich über eine gemeinsame Vorgehensweise. Werfel lehnt sich damit an die barocke Konzeption des Welttheaters an, die auch für Goethes *Faust*-Dramaturgie maßgeblich war. Die folgende Handlung, so muß diese Konstellation gedeutet werden, hat allegorischen Charakter, ihr Ende ist durch den Anfang vorherbestimmt und sie zeigt, wie sich eine herausgehobene Figur in einer beispielhaften Katastrophe bewährt.

Die holperigen Verse und einige biedermeierliche Wendungen des Prologs bilden nicht nur einen scharfen Gegensatz zum lyrisch-expressiven Ton der nachfolgenden Tragödie, sondern haben eine teils distanzierende, teils unfreiwillig komische Wirkung: „Denn zehnmal schon erneute sich das Jahr, / Daß Abschiedskuß und -Trän' vergangen war, / Und jeder fühlt in seinem Hausverein / Sich wohl umjauchzt und süß empfangen sein." (18). Darüber hinaus steht der Prolog mit seinen riesigen Götterfiguren auch szenisch in einem deutlichen Kontrast zu dem nachfolgenden Spiel. Wenn die mächtige Stadt Troja wie eine Spielzeuglandschaft zwischen den Füßen von Poseidon und Athene liegt, soll durch die verzerrten Größenverhältnisse die Macht der Götter veranschaulicht werden. Bei der Berliner Uraufführung wurde der Prolog allerdings ganz, bei der Düsseldorfer Erstaufführung (1917) teilweise gestrichen; wenn diese Szene – wie bei der Hamburger Premiere (1917) – gegeben wurde, äußerten sich die Rezensenten dazu meistens ablehnend.[696] Für die Wiener Erstauf-

---

695 „Fahr wohl, mein Ilion, erhabner Ort, / Ihr Mauern und ihr Türme stündet fort, / Wärt ihr am Haß Athenens nicht verdorrt!" (20); „O Mensch, du Tor, du stürzt in eitler Kraft / Altar und Mal der Toten, frevelhaft, / Indes dein eigen Grab am Wege klafft." (25).

696 Meister, *Franz Werfels Dramen*, S. 70 und 73.

führung hat Werfel 1920 einen neuen Prolog geschrieben und das leiernde Versmaß der ersten Fassung durch Blankverse ersetzt. Statt Poseidon und Athene treten nun zwei nicht näher bestimmte Gottheiten auf, die barbarische bzw. frühgriechische Masken tragen. Auf eine genauere Bestimmung der Größenverhältnisse hat Werfel diesmal verzichtet; am lehrhaften Zuschnitt seines Drameneinstiegs hält er jedoch fest, ja er unterstreicht die christliche Perspektivierung der antiken Handlung nochmals, indem er nach den archaischen Beschwörungs- und Verdammungsformeln von Gott und Gegengöttin ein Kind, umgeben von einem Glorienschein, hereinschweben läßt, das sich als der geopferte Knabe Astyanax erweisen wird. Nicht nur die ikonographische Anlehnung an das Jesuskind, auch die Dreiheit von Schmerz, Duldsamkeit und Liebe, die der Knabe den barbarischen Gottheiten entgegenhält, nehmen die christliche Deutung des antiken Sujets vorweg.[697]

Bemerkenswert ist der Prolog aber auch deshalb, weil hier eine Darstellungsweise einsetzt, die im weiteren Verlauf des Dramas in einen immer deutlicheren Gegensatz zu der oben beschriebenen musikdramatischen Dynamisierung des Hypotextes tritt. Denn die Imitation der barocken Sprache mit ihren Bildern, Allegorien und Sentenzen weist eine lehrhaft-distanzierende, also epische Tendenz auf und gerät in einen auffallenden Kontrast zu der oben beschriebenen Dramaturgie der ,Überwältigung'. Da Werfel nicht auf die Seneca-Übertragung von Martin Opitz, sondern auf epochentypischen Gattungsmerkmale des Barock rekurriert, sind hier keine hyper-, sondern allenfalls architextuelle Relationen festzustellen.

Der Zusammenhang zwischen Barock-Rezeption und Expressionismus ist von literarischer wie auch literaturwissenschaftlicher Seite schon frühzeitig thematisiert worden.[698] Ob die beiden Stile über endzeitliche Gestimmtheit, schrankenloses Pathos und übersteigerte Bildlichkeit hinaus ein weitergehender ,Funktionszusammenhang' verbindet, soll an dieser Stelle nicht erörtert werden.[699] Zutreffend ist in jedem Fall Walter Benjamins Einschätzung, der zufolge die Vergleichbarkeit von expressionistischem und barockem Drama – bzw. genauer: von Werfels Euripides- und

---

697 In die *Gesammelten Werke* (Berlin-Wien-Leipzig 1929) hat Werfel die *Troerinnen* mit dem Prolog der Fassung von 1915 aufgenommen. Zum Motiv der Gotteskindschaft und dem Kult des Kindes bei Werfel siehe Thomke, *Hymnische Dichtung*, S. 248f. und 262-265. In diesen Kontext gehören in den *Troerinnen* vor allem jene Passagen, in denen der Tod von Kindern verklärt wird, wobei die Grenze zum ,Religionskitsch' stellenweise überschritten wird: „Polyxene ist hin und weiß von nichts, / Ihr süßes Antlitz schwand wie unberührt" (69), „Dies Rehlein hier, zerbrochen und vergossen" (111), „Wie kläglich starbst du, Seelchen, ohne Sünde" (111).

698 Einen Überblick gibt Paul Raabe, „Expressionismus und Barock", in: Klaus Garber u. a. (Hg.), *Europäische Barock-Rezeption*, Teil 1, Wiesbaden 1991 (Wolfenbütteler Arbeiten zur Barockforschung 20), S. 675-682.

699 Siehe dazu Gisela Luther, *Barocker Expressionismus? Zur Problematik der Beziehung zwischen der Bildlichkeit expressionistischer und barocker Lyrik*, The Hague-Paris 1969 (Stanford Studies in Germanics and Slavics VI).

Opitzens Seneca-Übertragung – nicht auf der Adaption einer spezifischen Dramaturgie beruht, sondern vielmehr auf der „am dramatischen Rezitativ sich schulenden Verskunst"[700]. Damit kommen die sprachlichen Mittel von Werfels *Troerinnen* deutlicher in den Blick. Denn Werfel hat nicht nur vereinzelte Anklänge an die barocke Dichtung gesucht, wie dies auch andernorts nachweisbar ist,[701] sondern ein dichtes Netz von barocken und christlichen Motiven über den antiken Hypotext gespannt. Die wortgewaltige, hypertrophe Bildlichkeit,[702] die Rhetorik des Leids,[703] das effektvolle Hervorbrechen ungezügelter Affekte,[704] Sinnsprüche,[705] Memento mori[706] sowie epochentypische Motive und Metaphern (Tod,[707] Fortuna,[708] Vanitas,[709] Schiff,[710] Turm[711]) verleihen dem Drama ein barockes Gepräge. Dieser Eindruck wird verstärkt durch eine typologische Figurengestaltung (mit Hekuba im Zentrum),

---

[700] Benjamin, *Ursprung des deutschen Trauerspiels*, S. 37.

[701] Eberhard Mannack, *Barock in der Moderne. Deutsche Schriftsteller des 20. Jahrhunderts als Rezipienten deutscher Barockliteratur*, Frankfurt a. M. u. a. 1991.

[702] „Von Blut entweiht, aus wilden Wunden Blut" (17); „Stürzt in Riesen-Nacht-Orkanen / Wetter aus der Wolkenschlucht. / Ohne Maßen jagen Regen / Hagel schmeißen sich entgegen" (23); So heb ich meine Stimme auf und halte / Sie vor die Himmlischen, daß nicht dein Wort / Unsterblichkeit besudle, Gleißnerin!" (97); „Auf, auf mein morscher Fuß" (121).

[703] „Schon schmilzt in der Brust, doch vieles erfuhr, / Das Herz mir dahin in Tränen!" (82).

[704] „Maßlos, weh, unfaßbar verruchtes Ende! / Mein Haupt, zerschmettre dich am nächsten Pfosten, / Ihr Nägel, grabt euch ein ins Fleisch der Wange!" (39); „Ich brenne ab, und bin nicht mehr vor Schmerzen!" (77); „Schon jauchzt der Tod mir köstlich durch die Glieder" (122).

[705] „Leben ist Jammer" (65); „Und doch ist *gut sein* mehr als *glücklich sein!*" (85); „Tod sei die Strafe / Für jedes Weib, das ehbricht und verrät!" (101); „Mit einem prächtigen Begräbnis schmückt / Die Eitelkeit sich nur, die leben bleibt!" (119).

[706] „O Mensch, du Tor, du stürzt in eitler Kraft / Altar und Mal der Toten, frevelhaft, / Indes dein eigen Grab am Wege klafft." (25).

[707] „Daß Euböas Steingestade / Leichen auf den Rücken lade" (24); „An Skyros und Kaphareus Klippenwand / Trägt mein Gewässer Leichen auf und ab." (24); „Ohn' Leichenhemd schmolz er in fremder Erde" (47); „Liegt mein Leib in trockner Gosse, jäh umkrallt von leerem Astwerk, / Deiner wird mir zugeschleudert und du stürzt in süßes Brautbett." (51); „Nun in Athenas Hain modern die Leichen verkrallt" (65); „Die du die Pest aus schönen Händen streust, / Aus schönen Augen ausgießt das Verderben, / Und Elends Unmaß duftest durch die Welt." (80); „daß ihr unbeschreiblich / Und scheußlich euch mit seinem Blut bespritztet" (111), „den Scheitel, / Liebkost von Sanftheit, ins unsagbar gräßlich / Hat ihn der Tod zerstampft!" (112).

[708] „Doch wer einst stand im Schwall der Glücksgestirne" (69); „O Tor der Toren, / Der je sich freut und einmal glücklich ist!" (114); „und nimmerdar / Ist einer glücklich, der es einmal war." (114).

[709] „Spiel der Eitelkeit" (97); „Mit einem prächtigen Begräbnis schmückt / Die Eitelkeit sich nur, die leben bleibt!" (119).

[710] „Und in die letzte Bucht der Schmerzen kam / Ihr Schiff noch nicht." (19); „Doch wächst das ungestüme Meer im Sturme, / Und packt das Schiff mit feuchten Riesenkiefern, / Dann läßt der Seemann seine Mühe fahren, / Und gönnt das Boot dem Tanz der Elemente." (73); „Kein Lied / – O Schiff der Ewigkeit – trägt sie dahin!" (119).

[711] „Zum Todes-Turm schleppt dich ein grauser Landsknecht" (79); „Da nehmt ihn, reißt ihn von mir, tragt ihn fort, / Zum Turm mit ihm" (80); „wie fürchterlich / Schor dich der Stein des väterlichen Turmes!" (112).

durch antithetische Verse,[712] emblematische Strukturen mit Pictura und Subscriptio (im Sinne eines Theatrum emblematicum),[713] paargereimte Stichomythien wie bei Opitz,[714] Hyperbeln,[715] Wortwiederholungen,[716] Nachahmung der Sprache des 17. Jahrhunderts[717] sowie die allegorische Deutung des trojanischen Untergangs. Mit der Nachahmung barocker Stilfiguren werden zwangsläufig auch christliche Motive in das Drama integriert: Die Trojaner erklären die Griechen zu ‚Teufeln' („Ich, Hekuba, bin Teufels Sklavin worden", 40), die Überlebenden müssen eine „steigende Sintflut der Tränen" (66) ertragen und Polyxene wird von „des Würgengels ehernem Flügelschlag" (69) dahingerafft. Gebets- und Segnungsformeln wie „himmlischer Vater", „Vater unser" (123) und „Gebenedeit seid ihr" (46) werden zu Bestandteilen von (ehemals antiken) Hymnen; Kassandra erklärt den Untergang Trojas – im Vergleich mit dem bevorstehenden Ende der Griechen – zu einem „Übermaß der Gnade" (46) und kündigt den Siegern „Moder, Höll und Tod" (48) an. Am Ende des vierten Auftritts sinkt Hekuba *wie entseelt* (57), von ihren Mägden aufgefangen, zu Boden – die Anspielung auf die Ikonographie der Kreuzabnahme ist überdeutlich.

Aber nicht nur auf sprachlicher oder ikonographischer Ebene ist die barockchristliche Einfärbung feststellbar; Werfels Verfahren wirkt auch auf die Handlung zurück. So erscheint die Ermordung des Astyanax als Antizipation des Kindermordes von Bethlehem. Und indem die trojanische Königin (wie das Andachtsbild der Mater dolorosa in Goethes *Faust I*) mit einem Beinamen der Jungfrau Maria („Schmerzens-

---

[712] „Ihr Mauern und ihr Türme stündet fort, / Wärt ihr am Haß Athenens nicht verdorrt!" (20); „Und Verwesung heißt die Wollust, die beschieden unserer Nacht ist." (52); „Verruchtes Fest, unselige Nacht des Glücks, / Die mich in das Gemach der Liebe führte!", (78); „Die Flut der Nacht ertränke jedes Licht!" (81).

[713] Eine emblematische Struktur hat Werfel beispielsweise in die Klage der Hekuba um Astyanax (im 10. Auftritt) eingefügt. Auf die bildliche Beschreibung des toten Leichnams (von „Du armes Köpfchen" bis „zersplitterten Gelenkes!", 112) folgt wenige Verse später das abschließende Epigramm, das bezeichnenderweise den Text einer zukünftigen Grabinschrift nennt: „O Dichter, du der Zeiten, komm und schreibe / Zu Häupten dieses kleinen Grabs die Inschrift: *Die Griechen töten Kinder, die sie fürchten...* / Und sei der Spruch ein Mal von Hellas Schande!!" (113). Analog dazu auch der Schluß des Prologs – hier folgt auf das Bild der im Fluß treibenden Leichen („Bald zu Mykonos", 24) ein zusammenfassendes, dreiteiliges Memento mori („O Mensch", 25).

[714] Werfel, *Troerinnen*, S. 84-86; vgl. dazu die Szene Pyrrhus-Agamemnon bei Martin Opitz, insbesondere die Verse 395-410 (Martin Optiz, *Trojanerinnen, Gesammelte Werke, Kritische Ausgabe*, Bd. II/2: *Die Werke von 1621-1626*, hg. von George Schulz-Behrend, Stuttgart 1979 (Bibliothek des literarischen Vereins in Stuttgart 301), S. 424-522, hier 447f.).

[715] „die Schluchten des Jammers" (28); „die steigende Sintflut der Tränen" (66); „die Wüsten der Qual" (66), „Brunnen tausendfachen Tods" (99).

[716] „Vernichtung ist der Ratschluß, / Vernichtet sind wir, und ich kann Vernichtung / Abhalten nicht von meines Sohnes Haupt." (80).

[717] „Landsknecht" (79), „Gleißnerin" (97), „von scheeler Furcht" (111), „nimmerdar" (114), „Drommete" (121).

reiche", 54) angesprochen wird, appliziert Werfel den Gegensatz von Maria und Eva, von Heiliger und Verführerin auf die Figurenkonstellation Hekuba/Helena.[718] Christlich, wenn auch nicht barock, ist schließlich auch Werfels Tragikverständnis, das pantragische Vorstellungen des 19. Jahrhunderts mit gnostischen Motiven verbindet. In seiner Vorbemerkung zu den *Troerinnen* greift Werfel zunächst auf theologische Motive zurück (das Blut auf Golgatha, die Erlösung der Welt) und stellt diesen eine Weltanschauung gegenüber, die auf den ersten Blick nihilistische Züge trägt: „Die Welt, in die der Mensch hineingeboren wird, ist Unsinn. Trieb und Zufall lenken jede Bahn, und die Vernunft, der Menschheit furchtbare Auszeichnung, steht erschüttert vor dem brutalen Schauspiel der Elemente." (7). Dahinter verbirgt sich die gnostische Idee, daß Menschheit und Welt durch den Abfall vom absoluten Geist entstanden sind und demzufolge die ganze Wirklichkeit von der Schuld dieser Abtrünnigkeit durchdrungen ist.[719] Überträgt man diese Sicht auf eine Theorie des Dramas, dann wird deutlich, daß sich Werfels gnostischer Idealismus und die Philosophie des Tragischen in diesem Punkt berühren, da beide von einem tragischen Konflikt, der im Fortgang des dramatischen Spiels entsteht, absehen: „Es gibt ein Tragisches, einen Bruch, eine Schuld (Erbsünde) in der Welt, woran alles teilhat, und das nur der Erkennende büßt." (8). Der Erkennende, in Werfels Terminologie der tragische Held, ist demnach genauso mit Schuld behaftet wie die grausamen Vertreter einer sinnlosen Welt. Der Zweck der Tragödie besteht letztendlich in der Sinnstiftung angesichts einer von sich selbst entfremdeten Welt: „Sie [die Tragödie] erzeugt den *Wert*, das *Unbedingte*, die *Idee*, an der der Ankläger (Mensch) und das Angeklagte (Schicksal) schuldig geworden sind, und an dem nur der erkennende Teil, der Ankläger, zugrunde geht." (7f.).

Während bei Euripides tatsächlich die Mitschuld des trojanischen Königshauses am zehnjährigen Krieg thematisiert wird (die Trojaner hätten den von Paris verübten Ehebruch nicht unterstützen sollen),[720] bleibt die Ebene des individuellen Handelns bei Werfel angesichts einer alles überwölbenden Urschuld zweitrangig. Die Frage der alten Dienerin nach dem Grund ihres Leids („Was muß ich leiden? Ohne Schuld und rein?", 84) stellt sich für Hekuba daher gar nicht: „Vernimm! Nie wird die Unschuld glücklich sein!" (85). Wenn jeder schuldig ist, dann wird die ethische Tat (als Sühne einer vorgängigen, allgemeinen Schuld) zum entscheidenden Differenzkriterium zwischen den Figuren: Nicht die Schuld Helenas am Trojanischen Krieg ist ent-

---

[718] Unterstützt wird diese Figurencharakterisierung durch die prachtvollen Kostüme, die Helena wie eine orientalische bzw. alttestamentarische Prinzessin erscheinen lassen.

[719] Zu gnostischen Motiven bei Werfel siehe Rio Preisner: „Franz Werfel und der Expressionismus", in: Margarita Pazi/Hans Dieter Zimmermann (Hg.), *Berlin und der Prager Kreis*, Würzburg 1991, S. 111-125, hier S. 116f.

[720] Siehe dazu Desch, „Die Hauptgestalten in des Euripides *Troerinnen*", S. 77-90.

226

scheidend, sondern die Tatsache, daß Hekuba ihr Leid widerspruchslos auf sich nimmt.[721] Vor diesem Hintergrund ist es nicht überraschend, daß Werfels Drama auch als Werk verstanden wurde, das das Leid und die Opferbereitschaft der Deutschen feierte angesichts eines – so die nationalistische Propaganda – ‚schicksalhaft‘ über das Deutsche Reich hereinbrechenden Weltkrieges.

4.6 Götterdämmerung

Trotz der christlichen Rhetorik schreibt Werfel kein christliches Drama oder christianisiert den antiken Mythos, wie dies im barocken Trauerspiel üblich war. Der expressionistische Dramatiker nimmt vielmehr die historische Distanz ernst, die zwischen Antike und Christentum liegt, da er – unter Beibehaltung der Mythen- und Götterkritik des Euripides[722] – die christliche Heilsgewißheit nur ansatzweise akzentuiert, so als ob diese für das Personal der antiken Tragödie noch nicht in ihrem ganzen Ausmaß erkennbar gewesen sei.[723] Hekuba ist trotz der barocken Sprache (noch) keine Märtyrerin, sie antizipiert vielmehr deren Haltung. Auf diese Weise wird das antike Drama in einen historischen Prozeß eingespannt: Der Untergang Trojas gerät Werfel zu einer religionsgeschichtlichen Notwendigkeit, die jene Leidensbereitschaft und Duldsamkeit erst ermöglicht, auf deren Boden sich das Christentum entfalten kann. Die Skepsis des Euripides, die aus den Klagegesängen der Hekabe spricht, wird zu einem historischen Durchgangsstadium auf dem Weg zu neuer Glaubensgewißheit: „Und so sehen wir den verrufenen Atheisten Euripides als Vorboten, Verkünder, als frühe Taube des Christentums" (9), so Werfel in seiner programmatischen Vorrede. Indem Werfel den religionsgeschichtlichen Übergang vom griechischen Mythos zur christlichen Religion auf das Drama des Euripides appliziert, wird in gattungsgeschichtlicher Perspektive die Tragödie in ein Trauerspiel transformiert.

Besonders deutlich wird dies, wenn Astyanax zur Hinrichtung geführt wird und das Leid der Frauen einen weiteren Höhepunkt erreicht. Bei Euripides folgt hier ein

---

[721] Daß die Gottheiten des neuen Prologs von 1920 Hekuba beschuldigen, am trojanischen Untergang mitschuldig zu sein, widerspricht dieser Einschätzung nicht, sondern illustriert nur den Haß, mit dem die archaischen Götter die Welt der Menschen betrachten. Vgl. dazu Guthke, *Mythologie*, S. 309-312.

[722] Werfel, *Troerinnen*, S. 55, 61, 67, 72, 86, 119, 122.

[723] Werfel, *Troerinnen*, S. 40: „Gab es ein Elend denn vor meinem Elend, / Steigt nicht das erste Mal auf Gottes Erde / Aus meinem Schicksal auf der Trauer Haupt?" sowie S. 46, 48, 68, 82, 85, 89 und 109.

Rufehymnos, der den Übergang vom mythischen Weltbild zu antiker Naturphilosophie markiert.[724] Die erste Hälfte des ersten Verses („Der du die Erde trägst", 89) übernimmt Werfel wortwörtlich von Wilamowitz-Moellendorff, schließt dann aber mit einer Meditation über die Namenlosigkeit Gottes an, die die kontemplative Annäherung an Gott beschwört: „Mir ziemt nur eins, zu knien in den versenkt, / Der wandellos in ungeheurer Stille / Jedwedes Schicksal an sein Ende lenkt!" (90). In diesem Moment mystischer Versenkung wird jene Zuversicht vorbereitet, die Hekuba über die Trauerzeremonie für Astyanax, den Brand Trojas und den eigenen Selbstmordversuch hinüberträgt zur abschließenden Bejahung ihres ausweglosen Daseins. Im Kontext von Werfels Geschichtstheologie muß die Ersetzung der anthropomorphen Götterwelt durch ein namen- und gestaltloses, also geistiges Prinzip (bei Euripides) als Schau auf den kommenden, christlichen Gott verstanden werden.

Ausgehend von diesem Befund soll abschließend das Verhältnis von Vorrede und Drama untersucht und der Stellenwert der *Troerinnen* im Kontext der literarischen Apokalyptik um 1910 benannt werden. Auffallend ist zunächst, daß Werfel die lineare Abfolge von religionsgeschichtlichen Zeitaltern, die als zweite Handlungsebene durchscheint, in eine zyklische Figur überführt. Werfel projiziert die Diagnose der eigenen Zeit in die Antike und präsentiert die unterstellte Ähnlichkeit der beiden Epochen als Beleg für einen bevorstehenden Umbruch: „Die Übersetzung der vorliegenden Tragödie ist durch das Gefühl veranlaßt worden, daß die menschliche Geschichte in ihrem Kreislauf wiederum den Zustand passiert, aus dem heraus dieses Werk entstanden sein mag." (5). Indem der historische Untergang Trojas zum Sinnbild einer die Zeiten übergreifenden, immer wiederkehrenden Katastrophe erklärt wird, legt Werfel die Grundlage für die Pflicht des Menschen, sein ,Schicksal' trotz unermeßlicher Not duldend auszuhalten und dem chaotischen Weltenlauf einen (christlichen) Sinn abzugewinnen. Im Gegensatz zu den linearen Geschichtsmodellen der biblischen bzw. literarischen Apokalyptik folgt Werfels Geschichtstheologie einem Schema, das die Stadien Glaubenszuversicht, Skepsis, Umwälzung und neue Glaubenszuversicht endlos durchläuft. Dementsprechend kann die Apokalypse nur als Durchgangsstation zu weiteren Erschütterungen und Erneuerungen verstanden werden. Werfel potenziert das apokalyptische Schema, indem er die geschichtliche Bewegung auf das Ende hin in eine kosmologische ,Endlosschleife' überträgt.

Im Drama selbst spiegelt sich dieses Schema, das mit Nietzsches Denkfigur von der ewigen Wiederkehr des Gleichen die Kritik am Geschichts- und Fortschrittsoptimismus der bürgerlichen Gesellschaft teilt, in verschiedener Hinsicht wider. Die Analogie zwischen Antike und Gegenwart realisiert Werfel – wie oben gezeigt – vor

---

[724] Euripides, *Die Troerinnen*, V. 884-888.

228

allem mit den Mitteln des Totaltheaters (Annäherung von Bühne und Zuschauerraum, Einsatz von Chor und Statisterie), die insbesondere im letzten Auftritt die Grenze zwischen Trojanern und Publikum aufheben sollen. Wenn das Leid der Frauen auf ein neues Zeitalter religiöser Zuversicht verweist und die Kollektive auf der Bühne und im Zuschauerraum eine zusammengehörende Gemeinschaft bilden, dann ist die Schlußfolgerung naheliegend, daß sich auch der zeitgenössische Theaterbesucher in einer historischen Umbruchsituation befindet, die auf den Beginn einer neuen Epoche schließen läßt. Diese Rekonstruktion der auktorial intendierten Rezeptionsperspektive knüpft an die Beobachtung an, daß sich um 1910 eine Art ‚Geschichtsmystik' ausbildet, wobei sich das mystische Einheitsverlangen nicht auf Gott oder die Natur, sondern auf die Menschheit und deren Geschichte richtet. Die Verschiebung von Gott zur Geschichte beruht nicht auf einer politischen oder gesellschaftskritischen Einsicht, sondern ist Ausdruck einer chiliastischen Vorstellungswelt, die sich vom Nützlichkeitsdenken der bürgerlichen Welt durch eine geschichtstheologisch ‚modifizierte' Mystik abgrenzen will.[725]

Spuren einer solchen Apokalyptik sind in Werfels *Troerinnen* neben der Darstellung des trojanischen Untergangs in der Kassandra-Szene nachweisbar, wo es vor allem im Mittelteil Anklänge an die Offenbarung des Johannes gibt. In Kassandras Worten erscheint das untergehende Troja als neues Jerusalem, wird der Untergang mit der aus dem Himmel ‚niederfahrenden' Stadt in eins gesetzt.[726] Auf die Synchronisation der Abwärtsbewegungen, die zunächst den Fall bzw. das Ende thematisieren, folgt das Bild einer neu errichteten Stadt, die unverrückbar – wie das neue Jerusalem – am Himmel steht: „Wohl, Krieg ist Wahnwitz, aber ist er da, / Heil einer Stadt, die heldisch niederfährt! / Aus Sturz und Feuersbrunst baut sie sich neu / Am Himmel auf, dem sie kein Sturm verwischt, / Und ihre Türm und Tore heißen Ruhm." (48). Des weiteren arbeitet Werfel in Kassandras Auftritt zahlreiche Formelemente ein, die einer ‚Rhetorik der Apokalypse' zuzurechnen sind.[727] Dazu gehören die Naherwartung des Endes,[728] die visionäre Vorwegnahme des Untergangs in einer Flut von Bildern,[729] die (auch sprachlich wahrnehmbare) Erregung der Sehe-

---

725 Siehe dazu Klaus Vondung, „Mystik und Moderne. Literarische Apokalyptik in der Zeit des Expressionismus", in: Thomas Anz/Michael Stark (Hg.), *Die Modernität des Expressionismus*, Stuttgart-Weimar 1994, S. 142-150, hier S. 147f. Zu messianischen Strömungen im Expressionismus siehe Silvio Vietta/Hans-Georg Kemper, *Expressionismus*, München 1975, S. 186-204.

726 Siehe dazu die *Offenbarung des Johannes*, 21, 2 und 10.

727 Vondung, *Die Apokalypse in Deutschland*, S. 319-338; Christoph Eykman, *Denk- und Stilformen des Expressionismus*, München 1974, S. 44-62.

728 „Bald landet die Braut beladen mit Kränzen" (42); „Aber jetzt bricht an die Stunde" (52); „bald will ich mit euch vereint sein!" (53).

729 „Doch war dies alles kleines Kinderunglück / Vor jenes Schicksals ungeheurem Anbruch, / Mit dem mein hochzeitlicher Hauch die Flamme / Des edlen Hauses löschen wird.", (45f.); „Den

rin,[730] die Bildung von Antithesen[731] sowie das Martyrium.[732] Im Gegensatz zu der Übertragung von Wilamowitz-Moellendorff enthält der Dramentext Werfels auch Anspielungen auf den apokalyptischen Drachen, der den Atriden den Muttermord bringen wird.[733] Des weiteren setzt Werfel die Griechen mit Teufeln gleich[734] und rückt Helena in die semantische Nähe der Hure Babylon.[735] In szenischer Hinsicht wurde schon darauf hingewiesen, daß der Brand Trojas als Vorschein einer besseren Zukunft verstanden werden kann. Auch wenn mit Troja nicht die Welt untergeht und der von Kassandra prophezeite Untergang der Griechen noch bevorsteht, so bildet der Schluß mit seinem furios-opernhaften Zusammenspiel von Solisten, Bewegungschor, Statisterie, Beleuchtungseffekten und Musik doch eine apokalyptische Umwälzung, die – wie in der Vorrede angedeutet – das Ende einer sinnlos erfahrenen Geschichte einleitet.[736]

4.7 Von der Kunst zur Religion

Werfels Euripides-Adaption könnte man als barocke Überschreibung einer antiken Tragödie bezeichnen, als ‚Parallelprojekt' zur Seneca-Übersetzung von Martin Opitz. Statt das griechische Original aus den Verzeichnungen von Seneca und Opitz wieder herauszuschälen, überzieht Werfel die antike Dramenhandlung mit einer am Barock geschulten Rede und integriert zudem Momente des zeitgenössischen, expressiven

---

Feinden [...] / Bringt meine Hochzeit Moder, Höll und Tod!" (48); vor allem die Verse von „Odysseus aber" (50) bis „Und Verwesung heißt die Wollust, die beschieden unserer Nacht ist." (52) sowie „Hoch in meinen Händen" bis „*Atreus* stürzt und stürzt durch mich" (53).

730 Kassandra betritt, von Visionen erschüttert, tanzend die Bühne; Verslänge und Versmaß ihrer dreiteiligen Rede wechseln, wie oben gezeigt, insbesondere im ersten Teil mehrfach.

731 „Das Geschlecht, das uns gestürzt hat, *Atreus* stürzt und stürzt durch mich." (53).

732 „Die Troer starben – doch fürs Vaterland, / Und schütteten sich in den Strom des Ruhmes." (47).

733 „Geschwiegen von dem bald erzeugten Drachen / Des Muttermords" (46).

734 „Ich, Hekuba, bin Teufels Sklavin worden" (40); „O Griechen, Teufel / In allen Martern Meister" (80).

735 Werfel, *Troerinnen*, S. 80 und 101. Die Kennzeichnung Helenas als Hure Babylon wird von Wilamowitz-Moellendorff vorbereitet: „Helene, du Tyndaridin, / wie könnte Zeus dein Vater sein? Die Väter / weiss ich zu nennen. Viele sind's. Der Fluch / zuerst und dann die Bosheit, Mord und Tod / und alle Sünden, die die Erde nährt." (*Griechische Tragoedien*, Bd. 3, S. 332, V. 766-769).

736 Wahrnehmungen des Sinnlosen vor allem bei Hekuba: „Im Tanz der unerbittlich eisigen Welt" (54); „Ich seh den Wahnsinn nur der Götter walten, / Der Knechte mächtig macht und Edle stürzt." (67); „Besessen ist das Schicksal" (114); „Die Götter wußten keine andre Huld / Für uns, und für die Stadt, als Qual und Tod." (118); „Und nun heißt's Knechtschaft, wie die Götter wollen." (122).

Totaltheaters in sein Werk. Auf diese Weise nähert sich die antike Tragödie dem christlich-barocken Trauerspiel an, wird die antike Handlung in einen christlichen Kontext integriert und zudem der Horizont einer apokalyptisch gestimmten Dichtung eröffnet.

In formaler Hinsicht bewegen sich die *Troerinnen* in einem Feld, das durch dionysische Überwältigung und belehrende Distanzierung, Lyrik und Didaktik, Musikalisierung und Allegorisierung geprägt ist. Damit stellt sich abschließend die Frage, in welchem Verhältnis die verschiedenen Formelemente zueinander stehen. Je nach Perspektive – entweder dramenintern dem Weg Hekubas oder dramenextern der Vorrede folgend – kann Werfels Tragödie als Antizipation des Christentums oder als Figuration einer nahen Erlösung verstanden werden, wobei im ersten Fall der Anfang, im zweiten das Ende der Heilsgeschichte im Zentrum steht. Das Schwanken zwischen Vorchristlichem und Endzeitlichem, zwischen religionsgeschichtlichem Umbruch und apokalyptischer Naherwartung, ist durchaus intendiert. Dementsprechend steht die ideelle Überfrachtung des dramatischen Sujets, wie sie auch in anderen Ideen- und Thesendramen des Expressionismus beobachtet werden kann, keineswegs in einem Gegensatz zu der Dominanz von nonverbalen Formen (Musikalisierung, Choreographie der Massen, ‚Körpertheater'). Vielmehr halten sich christlich-pazifistisches Ideendrama und expressives Körpertheater die Waage. Während die dionysische Überwältigung durch nonverbale und szenische Mittel ganz im Dienste einer apokalyptischen Perspektive steht, richten die lehrhaft-epischen Anteile den Blick auf das religionsgeschichtliche ‚Potential' des trojanischen Untergangs, nämlich auf die Antizipation des Märtyrertums.[737]

Während für Euripides Götterglaube und Mythos sinnlos geworden sind und die Dichtung die Aufgabe übernimmt, rückblickend an das Leid historischer Katastrophen zu erinnern, geht Werfel den umgekehrten Weg: Er will von der Kunst zur Religion gelangen, wobei die in ein Trauerspiel transformierte Tragödie einen religiösen Rahmen stiften soll, der den Blick lenkt von einer schlechten Gegenwart in eine bessere Zukunft.

---

[737] Unter den Rezeptionsbedingungen des Theaters (und des Ersten Weltkriegs) ist die endzeitliche Lesart allerdings die näherliegende.

5. Vom Spielerischen zum Seelenhaften: Hofmannsthal, *Ariadne auf Naxos* (1916)

5.1 Eine Zwischenarbeit

Hofmannsthals *Ariadne auf Naxos* nimmt einen besonderen Rang unter den Antikendramen der klassischen Moderne ein. Dies nicht nur, weil das Werk als Libretto konzipiert wurde und in seiner endgültigen Form seit 1916 auf den Opernbühnen beheimatet ist, sondern auch, weil die neuzeitliche Antikerezeption selbst zum Gegenstand der Handlung wird und das antike Personal von drei Zuschauergruppen beobachtet wird: von einer munteren Commedia dell'Arte-Truppe, von der (nicht sichtbaren) Festgesellschaft eines Wiener Mäzens und von den Besuchern der jeweiligen Opernaufführung. Aber auch innerhalb des Hofmannsthalschen Oeuvres kommt *Ariadne auf Naxos* eine Sonderstellung zu. Die Oper war zunächst als Gelegenheitsarbeit für Max Reinhardt gedacht, dem Hofmannsthal und Richard Strauss für seine Mitarbeit bei der Dresdner Uraufführung des *Rosenkavalier* danken wollten. Noch im Frühjahr 1911 betrachtet Hofmannsthal die geistreiche Verbindung von Komödie und musikalischem Divertissement als „Zwischenarbeit", die die Arbeitsgemeinschaft mit Strauss vertiefen und zu dem Musikdrama *Die Frau ohne Schatten* überleiten soll.[738] Zwischen 1911 und 1913 rückt *Ariadne auf Naxos* dann ins Zentrum von Hofmannsthals künstlerischem Schaffen: Zum einen, weil die Spielfolge – dem Muster der *Comédie-ballet* folgend – verschiedene Gattungen zusammenführt (Molières Komödie *Le bourgeois gentilhomme*, eine Zwischenszene von Hofmannsthal sowie die Oper *Ariadne auf Naxos* von Hofmannsthal/Strauss); zum anderen, weil das kleine Werk zahlreiche gattungstheoretische, dramaturgische und theaterpraktische Fragen aufwarf. Trotz des Mißerfolgs der Stuttgarter Uraufführung von 1912 und der (zunächst) zurückhaltenden Aufnahme der *neuen Bearbeitung* von 1916 sprach Hofmannsthal in seinen späteren Lebensjahren von *Ariadne auf Naxos* als einem Werk, in dem das Nebeneinander von elegischem und komödiantischem Ton reizvolle Kontrastwirkungen erzielt habe und in dem seine Intentionen am reinsten verwirklicht worden seien.[739] Die grundlegende Überarbeitung des Werks zwischen 1912 und 1916 macht aber auch deutlich, daß seine Entstehungsgeschichte keineswegs in so ruhigen Bahnen verlief, wie es Hofmannsthal im Rückblick nahelegt. In stärkerem Maße als bei den früheren Antikendramen Hofmannsthals ist hier die Werkgenese

---

[738] Brief vom 20.03.1911, BW Strauss, S. 113.

[739] Die wissenschaftliche Rezeption des Werks war zunächst von Hofmannsthals *Ariadne*-Brief von 1913 und seinen *Aufzeichnungen* aus den Jahren 1916 bis 1929 geprägt. Beispielhaft hierfür: Jens, *Hofmannsthal und die Griechen*, S. 95-109; Ewald Rösch, *Komödien Hofmannsthals. Die Entfaltung ihrer Sinnstruktur aus dem Thema der Daseinsstufen*, Marburg ²1968 (Marburger Beiträge zur Germanistik 1), S. 13-35; Schmid, *Symbol und Funktion der Musik*, S. 74-87.

auf die Endgestalt des Textes zu beziehen; dies um so mehr, als die künstlerische Gemeinschaft mit Strauss zum ersten Mal auf eine Bewährungsprobe gestellt wurde. Nach Versuchen mit eigenen Dramenplänen entschied sich Hofmannsthal im Mai 1911 dafür, das musikalische Divertissement *Ariadne auf Naxos* in Molières *Le bourgeois gentilhomme* einzugliedern. Vorbildcharakter hatte dabei Goethes Kunstgriff, das Monodrama *Proserpina* in den vierten Akt des Schauspiels *Der Triumph der Empfindsamkeit* einzufügen. Über diese formale Analogie hinaus wird zudem der literarische Anspielungshorizont deutlich, auf den sich die Ariadne-Oper bezieht. Denn anders als in *Alkestis*, *Elektra* und *Ödipus und die Sphinx* liegt dem Werk kein Dramentext zugrunde, dessen Handlung in mehr oder weniger abgewandelter Form aufgenommen wird. Hofmannsthal verarbeitet nicht eine der zahlreichen Ariadne-Episoden der Antike (Homer, Catull, Ovid) oder der Neuzeit (Monteverdi, Milton, Brandes, Gerstenberg, Haydn, Herder, Beer-Hofmann, Blei), sondern bezieht sich systemreferentiell auf eine traditionsgesättigte Konstellation.[740] In der Oper wird die klagende Ariadne, seit Monteverdis fragmentarisch überlieferter *Arianna* (1608) archetypisches Sinnbild dieser Kunstform, mit dem Personal der *Commedia dell'arte* konfrontiert, während die Verbindung von Prosakomödie und musikalischer Einlage an die festliche Aufführung einer *Comédie-ballet* am Hof von Versailles erinnert. Darüber hinaus ist – wiederum im Hinblick auf die Gattungen des 18. Jahrhunderts – auch der Gegensatz von *Opera seria* und *Opera buffa* mitzubedenken. *Ariadne auf Naxos* thematisiert aber nicht nur die Gegensätze der Gattungen, sondern reflektiert – insbesondere in der Fassung von 1916 – auch die Entstehungs- und Aufführungsbedingungen von Kunst, da mit der Figur des Komponisten die produktionsästhetische Seite und mit Primadonna, Tenor, Musiklehrer, Tanzlehrer, Zerbinetta und den Commedia dell'arte-Darstellern die theaterpraktische Seite beleuchtet wird. Damit wird schließlich die Frage aufgeworfen, was geschieht, wenn das unterentwickelte Kunstverständnis eines Mäzens zwei in Intention und Stil unvereinbare Kunstwerke zu einer simultanen Aufführung zusammenzwingt.

Trotz des Auftritts des Bacchus kann sich in *Ariadne auf Naxos* das dionysische Element nur zitathaft, sozusagen ‚auf zweiter Stufe', entfalten.[741] Denn die widersin-

---

[740] Hofmannsthal hat „die Haupthandlung wohlweislich so behandelt, daß sie dem Durchschnittshörer etwas äußerst Vertrautes ist; [...] etwas, was jeder vor sich sieht, und wäre es auch als gipserne Ofenfigur." (BW Strauss, S. 139.) Dazu auch Emil Staiger, „*Ariadne auf Naxos*. Mythos, Dichtung, Musik", in: ders., *Musik und Dichtung*, Zürich-Freiburg i. Br. [4]1980, S. 289-314, hier S. 299-304; Manfred Hoppe, „Fromme Parodien. Hugo von Hofmannsthals Opernlibretti als Stilexperimente", in: *Hofmannsthal-Forschungen* 7 (1983), S. 67-95.

[741] Hofmannsthals *Ariadne auf Naxos* wird zitiert nach: Hugo von Hofmannsthal, *Sämtliche Werke, Kritische Ausgabe*, Bd. XXIV: *Operndichtungen 2*, hg. von Manfred Hoppe, Frankfurt a. M. 1985, S. 7-48.

nige Vermählung von heroischer Klageszene und frivoler Tanzpantomime läßt jene archaische Atmosphäre nicht zu, in der das Dionysische – Hofmannsthals früheren Intentionen gemäß – zum Ausdruck kommen sollte. Im Vorspiel blitzt das Dionysische nur als Reminiszenz auf, wenn der Komponist in eine komische Verzweiflung über Zerbinetta und ihre Kollegen ausbricht, die ihre „Bocksprünge" in seinem „Heiligtum" vollführen werden (25). Für einen Moment wird hier an eine kultische Praxis erinnert, die weder die Differenzierung zwischen sakraler und profaner Handlung noch zwischen hoher und niederer Kunst kannte.

Auch die musikdramatische Gestaltung des Stoffes ist bemerkenswert. Nachdem Strauss in *Elektra* die nachwagnerianische Sinfonieoper zu einem gesangstechnisch und orchestral kaum zu überbietenden Höhepunkt geführt und selbst im *Rosenkavalier* noch – so der Vorwurf Hofmannsthals – den Nuancenreichtum des Librettos durch eine breit angelegte Orchestrierung überdeckt hat,[742] dringt der Dichter nun auf instrumentale Zurückhaltung und regt ein Werk an, das im Vergleich zu den Klangekstasen der *Elektra* geradezu neoklassizistisch anmutet.[743] Wie sehr sich Hofmannsthal am empfindsamen Stil des 18. Jahrhunderts als intertextuell-musikalische Ausdrucksebene orientiert hat, zeigen auch die an Strauss gerichteten Hinweise auf Gluck und Mozart, deren seelenvoller Ton Hofmannsthal zur Nachahmung empfahl;[744] Hinweise, denen Strauss jedoch nur stellenweise folgen wird.

Das Ariadne-Libretto ist schließlich auch ein Zeugnis dafür, daß Hofmannsthal seit seiner Hinwendung zur Komödie um 1906/07 die mythisierende Ideenwelt seiner Antikendramen aus größerer Distanz betrachtet. Daher ist es legitim, das emphatische Kunstverständnis des jungen Komponisten und seine Ausführungen zum Verwandlungsmysterium der Ariadne nicht nur werkimmanent auf die erhabenen Gegenstände der heroischen Oper zu beziehen,[745] sondern an dieser Stelle auch einen

---

742 Siehe den (nicht abgesandten) Brief Hofmannsthals vom 11.06.1916 (BW Strauss, S. 345-347).

743 Jakob Knaus, *Hofmannsthals Weg zur Oper ‚Die Frau ohne Schatten'. Rücksichten und Einflüsse auf die Musik*, Berlin-New York 1971 (Quellen und Forschungen zur Sprach- und Kulturgeschichte der germanischen Völker NF 38), S. 58-72.

744 Siehe dazu Hoppe, „Fromme Parodien", S. 80-90; Willi Schuh, „Die ‚verzeichnete' Zerbinetta", in: *Hofmannsthal-Blätter* 31/32 (1985), S. 52-57. Da Hofmannsthal Strauss zunächst als Komponisten des Archaischen, Eruptiven und Düsteren kennengelernt hatte (*Salome, Elektra*) und er eine Verzeichnung der *Ariadne auf Naxos* nach dieser Seite hin zu befürchten schien, schlägt er Strauss am 08.03.1912 die Komposition einer Symphonie *Orest und die Furien* vor, wohl mit dem Hintergedanken, auf diese Weise der *Ariadne* das „Seelenhafte[]" und „Liebliche[]" erhalten zu können (BW Strauss, S. 170).

745 Siehe dazu die Erläuterungen des Komponisten zu Ariadnes Todesbereitschaft und zum Verwandlungsmysterium: „Einzig nur darum geht sie mit ihm – auf sein Schiff! Sie meint zu sterben! Nein, sie stirbt wirklich." (22). Zu dieser Thematik auch Karl Pestalozzi, „Wandlungen des erhöhten Augenblicks bei Hofmannsthal", in: ders./Martin Stern, *Basler Hofmannsthal-Beiträge*, Würzburg 1991, S. 129-138.

leisen, vielleicht selbstironisch gemeinten Hinweis Hofmannsthals auf die eigene, hochgestimmte dionysische Poetik mitzulesen. Insofern ist *Ariadne auf Naxos* ein Werk, dem verschiedene Rezeptionsstufen eines Mythos eingeschrieben wurden: die mythische Erzählung der Antike, die Heroisierung des antiken Mythos in der Oper des 17. Jahrhunderts, die Humanisierung und Psychologisierung des Mythos im Monodrama des späten 18. Jahrhunderts, die dionysische Deutung der Antike im 19. Jahrhundert und schließlich Hofmannsthals Neudeutung des Mythos als Liebesmysterium.

5.2 Gattungskonfrontation und Verwandlungsmysterium

Bei dem Versuch, Hofmannsthals werkimmanente Konzeption nachzuzeichnen, fallen zwei Aspekte auf, die in einem spannungsvollen Verhältnis zueinander stehen: auf der einen Seite das In-Beziehung-Setzen verschiedener Gattungen und Epochenstile, auf der anderen das Verwandlungsmysterium von Ariadne und Bacchus. Über den Plan, das Personal verschiedener Gattungen aufeinandertreffen zu lassen, schreibt Hofmannsthal erstmals am 20.03.1911 an Strauss; er spricht von einer „30-Minuten-Oper für kleines Kammerorchester", „gemischt aus heroisch-mythologischen Figuren im Kostüm des XVIII. Jahrhunderts in Reifröcken und Straußenfedern und aus Figuren der Commedia dell'arte, Harlekins und Scaramouches, welche ein mit dem heroischen Element fortwährend verwebtes Buffo-Element tragen".[746] In späteren Briefen illustrieren Begriffe wie ,durchflechten' und ,verflechten' seine Vorstellung von einer auf Kontrastbildung ausgerichteten Dramenkonzeption.[747]

Thematisch steht für Hofmannsthal das Mysterium der gegenseitigen Verwandlung, das Ariadne und Bacchus erfahren, im Zentrum des Werks. Der Vereinigung der mythologischen Gestalten geht ein gegenseitiges Verkennen voraus: Ariadne glaubt den Todesboten zu umarmen, während Bacchus in Ariadne eine zweite Circe erblickt. Da sich Strauss nur mit Mühe für Sujet und Figurenkonstellation erwärmen kann und die ihm zugesandten Szenarien und Verse als kommentarbedürftig empfindet, muß Hofmannsthal weit ausholen, um „ein simples und ungeheueres Lebenspro-

---

[746] BW Strauss, S. 112.
[747] BW Strauss, S. 118: „eine geistreiche Paraphrase des alten heroischen Stils, durchflochten mit dem Buffo-Stil" (19.05.1911); BW Strauss, S. 122: „Auch bringt die Verflechtung mit dem anderen, buffonesken Element ja einen starken Reiz, hebt die Monotonie auf." (25.05.1911).

236

blem: das der Treue" zu verdeutlichen,[748] das er dem Ariadne-Stoff zugrunde legt: „An dem Verlorenen festhalten, ewig beharren, bis an den Tod – oder aber *leben*, weiterleben, hinwegkommen, *sich verwandeln*, die Einheit der Seele preisgeben, und dennoch in der Verwandlung sich bewahren, ein Mensch bleiben, nicht zum gedächtnislosen Tier herabsinken."[749] Anders als Strauss, der mit dem Schlußduett von Ariadne und Bacchus dem vorausgegangenen „Formenspiel" ein Ende setzen will[750] und sich „dionysischer[e]" Verse wünscht, die – wie am Schluß der *Elektra* – „in die Höhe gehen"[751], will Hofmannsthal Mitte Juli 1911 noch einen einsinnigen Schluß vermeiden und spricht deshalb von der ironischen Verbindung „durch das Nichtverstehen", die die Figurenkonstellation Ariadne/Zerbinetta charakterisiert.[752]

Kurz zuvor hat sich die Verlagerung vom „Spielerischen" ins „Seelenhafte"[753] schon angedeutet, als Hofmannsthal die Gattungsmischung dem Liebesmysterium unterordnet: „Dieses seelische Gewebe ist das *Eigentliche* und das andere (was Sie mit dem treffenden Wort Architekturgarten bezeichnen) ist nur drum herum, so wie im ‚Rosenkavalier' das Zeitkolorit, das Zeremoniell, der Dialekt usf. um das Eigentliche herum ist. Dieses *Eigentliche* zwischen Ariadne und Bacchus nun schwebt mir so nuanciert, so zart bewegt, so psychologisch und so lyrisch zugleich vor der Seele, daß ich es schon miserabel ausführen müßte, wenn es Sie nicht schließlich in der gleichen Weise ‚interessieren' sollte, wie die Texte Ihrer Lieder".[754] Dieser Aspekt findet eine Entsprechung in der musikalischen Bezugsebene, auf die Hofmannsthal hinweist – nicht an der (leicht zu parodierenden) Opera seria der Barockzeit, sondern an Glucks Reformopern, an Mozarts *Idomeneo* und *La Clemenza di Tito* soll sich Strauss orientieren, also an Werken, die sich – wie auch das Monodrama des späten 18. Jahrhunderts – ganz der Humanisierung und Psychologisierung der mythologi-

---

748 BW Strauss, S. 134.
749 BW Strauss, S. 134.
750 BW Strauss, S. 124.
751 BW Strauss, S. 132.
752 BW Strauss, S. 134. Siehe auch Hofmannsthals Brief vom 30.01.1912 (BW Strauss, S. 164).
753 Brief vom 05.07.1911, BW Strauss, S. 131.
754 Brief vom 28.05.1911, BW Strauss, S. 125. Siehe dazu zwei weitere Briefstellen, in denen deutlich wird, daß für Hofmannsthal das Prinzip der Gattungsmischung nachrangig ist: Am 23.07.1911 schreibt der Dichter, daß die „bizarre[] Mischung des Heroischen mit dem Buffo" (BW Strauss, S. 139) der Aufnahme des Werks erleichtere und damit zum Symbolischen hinleite (worunter Hofmannsthal die Gegenüberstellung von Ariadne und Zerbinetta, von emphatischer Liebe und sprunghafter Verliebtheit versteht). Am 18.12.1911 spricht er von der „raffinierten Stilmischung" der *Ariadne*-Oper und dem „unter Spiel versteckten tiefen Sinn" (BW Strauss, S. 149). Dazu auch Stefan Kunze, „Die ästhetische Rekonstruktion der Oper. Anmerkungen zur *Ariadne auf Naxos*", in: *Hofmannsthal Forschungen* 6 (1981), S. 103-123, hier S. 106-108.

schen Sujets verschrieben haben.[755] An anderer Stelle zählt Hofmannsthal den Ariadne-Mythos zu jenen Stoffen, die eine „Läuterung" zum Gegenstand haben und die insofern eine „Goethesche Atmosphäre" umgibt.[756] Diese Briefzitate zeigen deutlich, daß das parodistisch-zitathafte Moment nur bedingt zum Einsatz kommen soll, daß Hofmannsthal das ‚seelische Gewebe', das die Konstellation Ariadne-Bacchus umgibt, nicht angetastet wissen will.[757] Hofmannsthal erweitert die seelenvolle Sphäre sogar noch, da er (im Gegensatz zu Strauss) Zerbinetta nicht als kokette, musikalisch reichlich mit Koloraturen bedachte Figur versteht, sondern als eine Frauengestalt, die in einer Mischung aus Anmut, Leichtfertigkeit und Offenherzigkeit an Goethes Philine denken läßt.[758] Im Finale soll schließlich durch die Entgrenzung der Szene die vorausgegangene Kollision entgegengesetzter Theaterwelten in den Hintergrund gerückt werden: „hier muß die kleine Bühne ins Unbegrenzte wachsen, mit dem Eintritt des Bacchus müssen die puppenhaften Kulissen verschwunden sein, die Decke von Jourdains Saal schwebt auf, Nacht muß um Bacchus und Ariadne sein, in die von oben die Sterne hineinfunkeln, nichts darf vom ‚Spiel im Spiel' mehr zu ahnen sein, Herr Jourdain, seine Gäste, seine Lakaien, sein Haus, alles muß fort und vergessen sein".[759]

Hofmannsthal will einerseits die seelische Dimension des mythologischen Sujets herausarbeiten und humanisiert daher das Personal der heroischen Oper. Gleichzeitig drängt er das derb-karnevalistische Moment, das die Commedia dell'Arte eben auch

---

[755] Brief vom 23.06.1912: „Ich glaube, Ihre Musik wird, was die Figur der Ariadne betrifft, es außer allen Zweifel setzen, daß hier nichts Barockes, nichts Verschäfertes, sondern Seelenhaft-Wirkliches, Wahres zu geben vermeint war." (BW Strauss, S. 186).

[756] Brief vom 08.03.1912, BW Strauss, S. 170.

[757] Martin Stern („Spätzeitlichkeit und Mythos. Zu Hofmannsthals *Ariadne auf Naxos*", in: Karl Pestalozzi/ders., *Basler Hofmannsthal-Beiträge*, Würzburg 1991, S. 175-190) ist zuzustimmen, daß Hofmannsthals Drama nicht auf Satire, sondern auf ein „zartes Gleichgewicht und damit auf Ironie in einem höheren Sinn" angelegt ist (S. 181). Dieses Gleichgewicht wird jedoch durch den dionysischen bzw. sinfonischen Aufschwung im Finale der neuen Bearbeitung empfindlich gestört.

[758] Egon Wellesz, „Hofmannsthal und die Musik", in: Helmut A. Fiechtner (Hg.), *Hugo von Hofmannsthal. Der Dichter im Spiegel der Freunde*, Bern-München ²1963, S. 236-239, hier S. 237.

[759] So Hofmannsthal im 1913 publizierten *Ariadne*-Brief, SW XXIV 206f. Am 30.01.1912 hatte Hofmannsthal am Spiel-im-Spiel-Charakter der Szene noch festgehalten: „Mit dem Auftreten des Bacchus sind wir mit eins in dem Schoß großer Poesie, hoher Musik. Hier weiß ich ganz genau, was mir vorschwebt [...] Hier muß ein Wunder an Beleuchtung (Dunkelheit von überall, magisches Licht von oben) die puppenhafte Bühne in eine traumhafte *große* Bühne verwandeln – vielleicht die Kulissen ganz verschwinden – nachdem das Duett in der Höhle verklungen, schiebt sich erst die kleine Bühne wieder zusammen --" (BW Strauss, S. 164).
In der Fassung von 1916 wird zwar in den *Angaben für die Gestaltung* darauf hingewiesen, daß auf der realen Theaterbühne eine zweite gezeigt werden soll (48); spätestens beim Schlußduett von Ariadne und Bacchus wird dieser Spiel-im-Spiel-Effekt – trotz herabsinkendem und sich schließendem Baldachin als illusionsdurchbrechender Hinweis (46f.) – jedoch nicht mehr wahrgenommen. In diesem Sinn auch Stern, „Spätzeitlichkeit und Mythos", S. 188f.

238

auszeichnet, zurück, und bemüht sich um eine poetische Vertiefung des komischen Personals (insbesondere im Lied des Harlekin, das an ein Gedicht von Lenz anknüpft, sowie im Rondo der Zerbinetta).[760] Im Sinne einer „Komplettierung der darzustellenden Wirklichkeit"[761] sollen sich hohe und niedere Gattung auf einem mittleren Niveau begegnen: Die Differenzen sind zwar nach wie vor unübersehbar, es handelt sich aber in beiden Fällen um ‚Seelenwelten', die nicht so weit voneinander entfernt sind, wie es die Differenz zwischen Opera seria und Commedia dell'arte vermuten läßt. Es stellt sich damit die Frage, ob sich die Konzeption von der gegenseitigen Verflechtung der Gattungen mit dem Ziel, durch die exemplarische Gegenüberstellung von Ariadne und Zerbinetta dem Problem der Treue eine symbolische Form zu verleihen, in der endgültigen Fassung von 1916 noch Bestand hat.

5.3 Eine mythologische Operette?

Nach der Fertigstellung der Oper im Juli 1912 richtet Hofmannsthal die Bierlingsche Übersetzung des *Bürgers als Edelmann* von 1750 als zweiaktige Rahmenkomödie neu ein und schreibt eine Zwischenszene, die von Molière zu Hofmannsthal/Strauss überleitet und die die Vorbereitung der Opernaufführung zeigt. Diese Episode versteht Hofmannsthal als die das musikalische Werk erklärende Schlüsselszene, in der sowohl der psychologische Gegensatz von Ariadne und Zerbinetta als auch der künstlerische Gegensatz von Komponist und Zerbinetta entfaltet und auf scherzhafte Weise die Figurenkonstellation der Oper vorweggenommen wird. Strauss, der der Komik dieser Gegenüberstellung einiges abgewinnen kann und darüber hinaus zu satirischen Seitenhieben auf Kritik und Publikum rät, erhält von Hofmannsthal die etwas brüske Antwort: „In dieser Szene ist nichts zu komponieren."[762] Im Gegensatz zu Strauss, der Dichtung und Musik als gleichberechtigt betrachtet, sieht Hofmannsthal in der Inszenierung die Synthese aller beteiligten Künste; erst die Regiekunst

---

[760] Zu Hofmannsthals empfindsamer Umschreibung des Gedichts *Unser Herz* von Jakob Michael Reinhold Lenz siehe Hoppe, „Fromme Parodien", S. 92-94. Dieses Verfahren steht im Kontext der Wiederentdeckung und Ästhetisierung der Commedia dell'Arte im Fin de siècle, wobei die Betonung des Poetischen auf Kosten des volkstümlichen Charakters dieser Gattung geht. Siehe dazu Karin Wolgast, *Die Commedia dell'arte im Wiener Drama um 1900*, Frankfurt a. M. u. a. 1993 (Analysen und Dokumente, Beiträge zur Neueren Literatur 31), S. 153-155.

[761] Max See, „*Ariadne* I oder II? Ein dramaturgischer Essay zu der Oper von Richard Strauss", in: *Neue Zeitschrift für Musik* 122 (1961), S. 281-286, hier S. 282.

[762] BW Strauss, S. 167.

Reinhardts könne, so der Dichter, den Bedeutungsgehalt dieser Szene erschließen (wobei – so könnte man hinzufügen – Hofmannsthal sich als den geistigen Schöpfer einer geglückten Synthese versteht, die nur noch des Theaterpraktikers Reinhardt bedarf, um lebendig zu werden).[763]

Ariadne auf Naxos, Oper in einem Aufzuge von Hugo von Hofmannsthal, Musik von Richard Strauss, zu spielen nach dem *Bürger als Edelmann* von Molière, wird am 25.10.1912 im Königlichen Hoftheater in Stuttgart uraufgeführt. Die Verlagerung der Premiere in die Theaterprovinz war auch eine theaterpraktische Notwendigkeit: Nur in Stuttgart war es möglich, Reinhardt die künstlerische Verantwortung für den ganzen Abend zu übertragen und das erstklassige Reinhardtsche Schauspielensemble mit hervorragenden Gastsolisten und -musikern zusammenzubringen. Daß es trotz dieser Anstrengungen nur zu einem Achtungserfolg kam, ist zum einen darauf zurückzuführen, daß Hofmannsthal die besagte Zwischenszene „schon der Länge des Abends wegen [...] fast ganz gestrichen" hatte;[764] zum anderen erwies sich die Idee des Dichters, verschiedene Stile und Künste nach Art des barocken Festspiels an einem Abend zu vereinen, für die moderne Theaterbühne als nicht lebensfähig. Bei späteren Aufführungen langweilte sich das Opernpublikum, das auf den Einakter von Strauss wartete, während sich die Freunde der Schauspielkunst an dem musikalischen Intermezzo desinteressiert zeigten. Zudem war Hofmannsthal mit dem Molière-Spiel der Schauspieler unzufrieden; es stellte sich heraus, daß in Aufführungen, die nicht von Reinhardt betreut wurden, der poetische Gehalt der ungewöhnlichen Spielfolge nicht angemessen umgesetzt werden konnte.

Resultat dieser für Hofmannsthal enttäuschenden Entwicklung („ich darf an die ganze verfahrene und vertane Sache gar nicht denken ohne tiefe Verstimmung"[765]) war die Überlegung, den *Bürger als Edelmann* aus der Spielfolge herauszunehmen, die Anspielungen auf Molières Komödie in der Überleitungsszene zu tilgen und der Oper ein auskomponiertes Vorspiel voranzustellen: „es wird eine bezaubernde Überraschung für die ganze Welt [...], wenn erst die widernatürliche Verkuppelung des Toten mit dem Lebendigen gelöst ist", so Hofmannsthal an Strauss am 03.06.1913.[766] Schauplatz des neuen Vorspiels ist nun die Garderobe eines Wiener Palais; statt des neureichen Emporkömmlings Jourdain ist ein namenloser und im Hintergrund

---

763 Siehe dazu Günter Schnitzler, „Libretto, Musik und Inszenierung. Der Wandel der ästhetischen Konzeption in *Ariadne auf Naxos* von Hofmannsthal und Strauss", in: Michael von Albrecht/Werner Schubert (Hg.), *Musik und Dichtung. Neue Forschungsbeiträge, Viktor Pöschl zum 80. Geburtstag gewidmet*, Frankfurt a. M. u. a. 1990 (Quellen und Studien zur Musikgeschichte von der Antike bis in die Gegenwart 23), S. 373-408, hier S. 386-391.

764 Richard Strauss, *Betrachtungen und Erinnerungen*, hg. von Willi Schuh, Zürich 1949, S. 198.

765 BW Strauss, S. 234.

766 BW Strauss, S. 234.

240

verbleibender Mäzen für die gleichzeitige Aufführung von heroischer Oper und komödiantischer Tanzmaskerade verantwortlich.[767] Zudem wird die Figur des Komponisten deutlicher profiliert und ein aufkeimendes Liebesverhältnis zwischen dem Komponisten und Zerbinetta angedeutet. In der Oper werden die Kommentare Jourdains über die Eintönigkeit des musikalischen Stils und die Langatmigkeit der Handlung gestrichen und damit der Spiel-im-Spiel-Charakter gegenüber der Fassung von 1912 zurückgenommen. Zwischen 1914 und 1916 lassen Hofmannsthal und Strauss das teilweise umgearbeitete Werk liegen, immer wieder hoffend, daß sich die erste Fassung doch noch auf dem Theater durchsetzen werde. Hofmannsthal überzeugt Strauss schließlich im Januar 1916 von der Notwendigkeit, die neue Bearbeitung fertigzustellen. Strauss setzt gegen Hofmannsthals Willen durch, daß der Komponist – wie schon der Octavian des *Rosenkavaliers* – als Hosenrolle konzipiert wird; den Vorschlag, auf die Oper eine komische Szene folgen zu lassen, die einen verzweifelten, mit seinem Schicksal hadernden Komponisten zeigt, lehnt Hofmannsthal mit dem Hinweis auf die mühsam erklommene, „fast mystische Höhe" des Schlusses ab.[768]

---

[767] Daß der reiche Wiener Herr ein Kunstbanause sein muß, erscheint offensichtlich – siehe dazu eine der Verlautbarungen seines Haushofmeisters: „Zudem ist mein gnädiger Herr schon seit drei Tagen ungehalten darüber, daß in einem so wohlausgestatteten Hause wie das seinige ein so jämmerlicher Schauplatz wie eine wüste Insel ihm vorgestellt werden soll" (18f.). Dem Anschein des Banausentums könnte jedoch entgegenhalten werden, daß der Mäzen die interessanteste Figur des Werks ist, da er als ,heimlicher Regisseur' (bewußt oder unbewußt) eine produktive Kollision von Gattungen und Stilen provoziert und damit ein ebenso neuartiges wie flüchtiges Kunstwerk schafft. Aus der Perspektive des romantischen Dramas wäre der Mäzen die (ironischerweise *nicht* sichtbare) Verkörperung jenes Prinzips, das das Entgegengesetzte zusammenführt und durch die Konfrontation von Hohem und Niederem ein neues Kunstwerk hervorbringt. Auch Zerbinetta weist Züge einer romantischen Dramenfigur auf: Während Ariadne vollständig in ihrer frühneuzeitlichen Opernrolle als heroisch Klagende aufgeht und damit der Tradition des Lamento verhaftet bleibt, entwickelt Zerbinetta ein spezifisches, über ihre Commedia dell'Arte-Rolle hinausgehendes Figurenbewußtsein (beispielsweise wenn sie ihre Verführbarkeit reflektiert). Insofern ist sie die einzige parabatisch angelegte Figur des Werks, da sie aus der Distanz heraus die Thematik und das Geschehen der Oper zu betrachten vermag. Daran schließt sich eine weitere, ebenfalls aus dem Umfeld der Romantik stammende Überlegung an, nämlich daß durch die erzwungene Simultandarbietung die Uraufführung jener heroischen Oper verhindert wird, die der Komponist für diesen Abend geschrieben hat und die in der von ihm vorgesehenen Form (ohne Kürzungen und ohne die Unterbrechungen des Commedia dell'Arte-Ensembles) *nicht* realisiert werden wird (siehe dazu die pragmatische Einschätzung des Tanzmeisters: „Fragen Sie ihn [den Komponisten], ob er seine Oper lieber heute ein wenig verstümmelt hören will, oder ob er sie niemals hören will.", 20). In jeder *Ariadne*-Aufführung verbirgt sich demzufolge ein Kunstwerk, dessen Urgestalt nicht mehr rekonstruierbar ist. Eine Deutung der *Ariadne* aus romantischer Perspektive hat Bernhard Diebold 1918 vorgeschlagen; Hofmannsthal hat sich dagegen mit einem Hinweis auf seine künstlerische ,Verwurzelung' im „bayrisch-österreichischen Barock" verwahrt (BW Strauss, S. 442f.). Diebolds Ansatz wurde von Barbara Könneker fortgeführt: „Die Funktion des Vorspiels in Hofmannsthals *Ariadne auf Naxos*", in: *Germanisch-Romanische Monatsschrift* NF XXII (1972), S. 124-141.
[768] BW Strauss, S. 334.

Schwerwiegend sind die Striche, die die Rolle der Zerbinetta betreffen; nicht nur die sog. Schmückungsszene vor dem Auftritt des Bacchus, sondern auch die gesamte Schlußpartie waren der Lustspielfigur vorbehalten.[769] In der Frühfassung von 1911 tritt Zerbinetta mit ihrem Gefolge nochmals auf, nachdem das Liebespaar schon in einer Grotte verschwunden ist, und „wiederholt mit spöttischem Triumph ihr Rondo": „Kommt der neue Gott gegangen, / Hingegeben sind wir stumm!"[770] Daran schließt sich ein gemeinsamer Tanz aller Commedia dell'Arte-Figuren an. In der Fassung von 1916 sollte Zerbinetta ursprünglich gar nicht mehr erscheinen; erst Hofmannsthals Drängen, daß „die irdische Gegenstimme" der Ariadne doch noch zu Wort kommen müsse,[771] und sei es durch die einmalige Wiederholung des Refrains und durch ihr „symbolisches spöttisches Dastehen und Wiederverschwinden".[772] Auf diese Weise wird zumindest ansatzweise an jene Balance zwischen hohen und niederen Figuren bzw. Gattungen erinnert, auf die der Dichter zu Beginn der Arbeit so großen Wert gelegt hatte; unübersehbar ist aber auch, daß Zerbinetta als ironische Kontrastfigur zum Liebesmysterium von Ariadne und Bacchus zurückgenommen wird und ihre kurze Rückkehr auf die Bühne in einem „wilhelminischen Klangrausch"[773] untergeht – der Lustspielfigur bleibt nur noch ein augenzwinkerndes Aperçu. Hofmannsthals Konzeption ist bei weitem nicht so ausgewogen, wie sein Urteil vom 08.05.1916 über die „Harmonie beider Elemente" am Ende der Oper nahelegt.[774] Nicht nur von der Verflechtung der Gattungen ist wenig übrig geblieben (siehe dazu das folgende Kapitel), auch die poetische Stimmung des Monodramas und die Goethesche Atmosphäre der Läuterung müssen sich dem symphonischen Orchester von Strauss unterordnen.

Die Schlußgestaltung wirft ein bezeichnendes Licht auf Hofmannsthals ambivalentes musikdramatisches Verständnis, das sich merkwürdig unentschieden zwischen

---

769 Siehe dazu See, „Ariadne I oder II?", S. 284f.

770 GW D V 284. Vgl. dazu den ursprünglichen Schluß von 1912 in SW XXIV 149f., wo es heißt: „Kommt der neue Gott gegangen, / Hingegen sind wir stumm!". Hierbei handelt es sich vermutlich um einen Druckfehler.

771 BW Strauss, S. 339.

772 BW Strauss, S. 340; siehe auch den Brief vom Oktober 1916 an Strauss: „die heiteren Figuren sind zum Schluß nicht zu ihrem Recht gekommen, weder in der Musik noch in der Erscheinung – sie sind fallen gelassen und daraus resultiert ein Gefühl von Inkomplettheit, leider. In der Musik läßt sich nichts ändern – wohl aber im Szenischen: [...] es müssen mit Zerbinetta ihre Gefährten mitkommen (die Treppe herauf), und müssen für einen Augenblick Licht bekommen und dastehen." (BW Strauss, S. 361). Siehe dazu Günter Brosche, „Der Schluß der Oper Ariadne auf Naxos. Neue Aspekte zur Entstehung des Werks", in: Österreichische Musikzeitschrift 34 (1979), S. 329-334.

773 Volker Klotz, „Soziale Komik bei Hofmannsthal/Strauss. Zum Rosenkavalier mit Stichworten zur Ariadne", in: Hofmannsthal Forschungen 6 (1981), S. 65-79, hier S. 78.

774 BW Strauss, S. 338.

242

Gluck/Mozart und Wagner/Strauss hin- und her bewegt.[775] Zwar spricht Hofmannsthal während der Arbeit am *Rosenkavalier* von der „unleidlichen Wagnerischen Liebesbrüllerei ohne Grenzen": „eine abstoßend barbarische, fast tierische Sache, dieses Aufeinander losbrüllen zweier Geschöpfe in Liebesbrunst"[776]. Und es sei nochmals an die Ausführungen zum seelenvollen, klassischen Musikstil des 18. Jahrhunderts erinnert, mit denen Hofmannsthal den Komponisten zu einer ‚gemäßigten' Behandlung von Singstimmen und Orchester anleiten wollte. Das Duett von Ariadne und Bacchus gehört mit Sicherheit zu den kompositorischen Meisterleistungen von Richard Strauss; Hofmannsthals Vorstellungen von einer Musik, die sein nuanciertes, zart bewegtes, lyrisches Textgebilde kongenial ergänzt (siehe dazu den oben zitierten Brief vom 28.05.1911), hat Strauss jedoch keinesfalls entsprochen. Das hängt aber auch damit zusammen, daß der Dichter der sinfonischen, auf Wagner zurückgehenden Opernästhetik von Richard Strauss nicht so fern steht, wie es einzelne Kommentare glauben machen wollen. Denn mit der Todessehnsucht der Ariadne und dem abschließenden Liebesduett liegt eine Figuration vor, die sich aufgrund der mystischen Verwandtschaft von Liebe, Nacht und Tod motivisch Wagners *Tristan und Isolde* annähert. Hofmannsthal hat diesen Anklang durch eine *Tristan*-Anspielung sogar noch verstärkt: „ARIADNE Blickt nicht aus dem Schatten deines Mantels / Der Mutter Auge auf mich her? / Ist so dein Schattenland! also gesegnet! / So unbedürftig der irdischen Welt?" (46).[777] Dementsprechend hat sich Hofmannsthal – wie oben schon erwähnt – auch gegen eine Rückkehr zur Rahmenhandlung nach dem Erreichen der ‚mystischen Höhe' des Ariadne-Bacchus-Duetts ausgesprochen. So gelangt nach den Parodien auf barocken bzw. klassischen Stil mit deutlich reduziertem Orchesterklang die Oper am Ende in eine Region, in der das Formenspiel ein Ende hat und der unverstellten, frei strömenden und sinfonisch abgestützten Gefühlsäußerung Raum gewährt wird. Denn Strauss und Hofmannsthal stimmen darin überein, daß die Wirklichkeit des Mythos nur im Rahmen des sinfonischen Musikdramas zum Ausdruck kommen kann; daß die Begrenzungen der gesellschaftlichen Sphäre nur in den dionysischen Steigerungen des Schlußduetts überwunden werden können.

---

[775] Siehe dazu Dieter Borchmeyer, „Der Mythos als Oper – Hofmannsthal und Richard Wagner", in: *Hofmannsthal-Forschungen* 7 (1983), S. 19-65, hier S. 43-54; Stephan Kohler, „‚Worte sind Formeln, die können's nicht sagen.' Musikbegriff und Musikalität Hugo von Hofmannsthals", in: *Hofmannsthal-Blätter* 31/32 (1985), S. 65-71.

[776] Brief vom 06.06.1910, BW Strauss, S. 91.

[777] Siehe dazu Tristans Abschiedsworte an Isolde am Schluß des zweiten Aktes: „Wohin nun Tristan scheidet, / willst du, Isold', ihm folgen? / Dem Land, das Tristan meint, / der Sonne Licht nicht scheint: / es ist das dunkel / nächt'ge Land, / daraus die Mutter / mich entsandt', / als, den im Tode / sie empfangen, / im Tod sie ließ / an das Licht gelangen." (Richard Wagner, *Tristan und Isolde, Die Musikdramen*, München 1978, S. 319-384, hier S. 363f.).

Hierzu ein Ausblick auf die *Ägyptische Helena*: Anläßlich der Uraufführung dieser Oper hat Hofmannsthal im April 1928 einige Überlegungen zu seiner (zum Musikdrama tendierenden) Theaterästhetik in einem Aufsatz dargelegt, der auch eine (an Wagners Musikdrama und Nietzsches *Geburt der Tragödie* orientierte) Poetik der Oper umreißt. In Abkehr von einer Dramentradition, die ganz auf die Kunst des psychologischen Dialogs setzt (paradigmatisch für Hofmannsthal in der Antike: Euripides, in der Moderne: Hebbel, Ibsen), entwirft der Dichter eine an den Formen der Musik angelehnte, lyrische Dramenkonzeption, bei der es nicht auf die psychologisch nachvollziehbare Dialektik von Rede und Gegenrede ankommt, sondern auf dezente Andeutungen, Leitmotive, beispielhafte Figurenkonstellationen, Analogien (in sprachlicher und figuraler Hinsicht), symbolhafte Handlungsepisoden sowie auf Tonfall, Gebärden, Stimmungen und Atmosphäre. Indem Hofmannsthal diese einerseits von Wagner, andererseits vom lyrischen Drama der 1890er Jahre herrührende Poetik auf eine weit gespannte, mehraktige Dramaturgie überträgt, entsteht jener Dramentypus, den er 1928 als „mythologische[] Oper" bezeichnen wird.[778] Allein diese ‚Gattung' ist, so Hofmannsthal, in der Lage, an die fortwirkende Präsenz des Mythischen in einer entzauberten Welt zu erinnern und ihr einen glaubhaften Ausdruck zu verleihen. In diesem Punkt waren sich Hofmannsthal und Strauss aber schon während der Arbeit an der *Ariadne* einig.

5.4 Die stumme Zerbinetta

Die Fassung von 1916 zeichnet sich dadurch aus, daß der Spiel-im-Spiel- bzw. genauer: der Theater-auf-dem-Theater-Charakter des Werks zurückgenommen wird. Vorspiel und Oper bilden zwar einen Handlungszusammenhang nach dem Schema von Opernprobe und Opernaufführung;[779] da mit dem Schluß der Oper auch das ge-

---

[778] Hofmannsthal, *Die Ägyptische Helena (1928)*, GW D V 512.

[779] Siehe dazu Manuela Hager, „Die Opernprobe als Theateraufführung. Eine Studie zum Libretto im Wien des 18. Jahrhunderts", in: Albert Gier (Hg.), *Oper als Text. Romanistische Beiträge zur Libretto-Forschung*, Heidelberg 1986 (Studia Romanica 63), S. 101-124.
Während im Vorspiel eine hektische Betriebsamkeit mit zahlreichen Auftritten und Abgängen zu verzeichnen ist, weist der Opernakt eine klare Gliederung mit drei jeweils dreiteiligen Szenen auf: 1. Teil: Szene und Monolog der Ariadne, Lied des Harlekin, Arie der Ariadne; 2. Teil: Quintett der Lustspielfiguren mit Tanz, Rondo der Zerbinetta, Pantomime mit Gesang; 3. Teil: Terzett der Nymphen, Auftrittsarie des Bacchus, Duett Ariadne-Bacchus. Dabei hat Strauss die Hofmannsthalsche Prosa im Vorspiel in einen munteren Parlandostil mit einzelnen ariosen Aufschwüngen (vor allem in der Partie des Komponisten) umgesetzt; in der Oper greift er dage-

244

samte Werk endet, überlagert die abschließende theatralische Illusion das Spiel mit den zwei Wirklichkeitsebenen jedoch merklich. Nach dem betörenden Schlußgesang von Ariadne und Bacchus[780] verblassen die im Vorspiel verhandelten Fragestellungen. Dies hängt auch damit zusammen, daß die Kontrastrelationen zwischen Rahmenspiel und innerem Spiel eher schwach ausgebildet sind und Hofmannsthal – wie oben erwähnt – heroisches und komisches Personal unter den Vorzeichen des Seelenvollen einander annähert. Mit dem Verzicht auf die Rahmenkomödie in der Fassung von 1916 wurden zudem die dramaturgischen Gewichte verlagert und das geistreiche Spiel mit verschiedenen dramatischen Formen mußte hinter das Liebesmysterium zurücktreten.[781] Bei näherer Betrachtung fällt auf, daß es zu einer Verflechtung der Gattungen bzw. einem Dialog der jeweiligen Rolleninhaber – wie von Hofmannsthal 1911 in seinen Briefen an Strauss skizziert – nicht kommt. Im ersten Teil finden zunächst behutsame (Harlekin), dann etwas keckere (Zerbinetta) Annäherungsversuche statt, die aber alle ergebnislos bleiben, obwohl Zerbinetta ansatzweise die sprachliche Ebene der heroischen Oper bemüht: „Kam der neue Gott gegangen, / Hingegeben war ich stumm!" (33). Konsequenterweise wenden sich im folgenden die Commedia dell'arte-Figuren von der unzugänglichen Königstochter ab und führen ungestört das Nachspiel *Die ungetreue Zerbinetta und ihre vier Liebhaber* auf. Bevor die Nymphen die Ankunft des Bacchus ankündigen und damit die Oper ihre Fortsetzung findet, bleibt die Bühne einen Moment lang leer und versinnbildlicht solchermaßen das scheiternde Unterfangen, hohe und niedere Kunst in ein dialogisches Verhältnis zu setzen. Zwischen den beiden Sphären liegt tatsächlich, wie die Primadonna im Vorspiel zu dem Musiklehrer sagt, „eine Welt" (24).

Angesichts dessen kann man zu dem Schluß kommen, daß die Befürchtungen des Komponisten (im Vorspiel) unangebracht waren, da selbst die unbezweifelbare Darstellungskunst Zerbinettas und die komödiantischen Einfälle ihrer Begleiter die Erhabenheit des heroischen Spiels nicht zu stören, sondern allenfalls zu unterbrechen in der Lage sind. Da die Protagonisten der Opera seria ihre Rollen mit der ihnen ange-

---

gen auf traditionelle Formen wie Arie, Duett, Terzett, Quartett und Quintett zurück, wobei Rezitative die einzelnen Gesangsnummern miteinander verbinden.

[780] Formale Entsprechung zum Verwandlungsmysterium ist die ‚Entkörperung' der Sänger: Ariadne und Bacchus sind am Ende der Oper nicht mehr sichtbar, sondern nur noch als ‚überirdisch' anmutendes Stimmphänomen akustisch präsent. Siehe dazu Robert Mühlher, „Hugo von Hofmannsthals *Ariadne auf Naxos*", in: ders., *Österreichische Dichter seit Grillparzer. Gesammelte Aufsätze*, Wien-Stuttgart 1973 (Wiener Arbeiten zur deutschsprachigen Literatur 2), S. 338-354, hier S. 352.

[781] Manfred Hoppe, [„Bericht des Arbeitskreises *Ariadne auf Naxos*"], in: *Hofmannsthal Forschungen* 5 (1977), S. 49-54, hier S. 53, ist dagegen der Ansicht, daß sich heroische und komödiantische Sphären bis zum Schluß gegenseitig relativieren und der Spiel-im-Spiel-Charakter gewahrt bleibt.

messenen Gleichmut exekutieren[782] und die Vorstöße des Buffa-Personals über eine harmlose Lustigkeit nicht hinausgelangen, fällt es zudem schwer, von der geglückten Verflechtung zweier Gattungen zu sprechen. Auch von einer Annäherung läßt sich nur insofern reden, als Hofmannsthal einerseits die Tendenz zur Vermenschlichung der Heroen im Monodrama des 18. Jahrhunderts aufgreift und andererseits den Ton der Lustspielfiguren im Hinblick auf empfindsame Ausdrucksqualitäten anhebt. Hätte Hofmannsthal den fünf Lustspielfiguren erlaubt, die Steifheit der Heroen und deren gemessene Sprache zu parodieren, und zudem das heroische Personal angewiesen, auf die Unverschämtheiten der Komödianten zu reagieren, dann wäre vielleicht jenes Werk entstanden, von dem Strauss glaubte, es sei mit der *Ariadne auf Naxos* verwirklicht worden: die „politisch-satirisch-parodistische Operette",[783] die einen Bogen von Mozart über Offenbach bis ins 20. Jahrhundert schlägt.[784]

Hofmannsthal ist zwar um eine Konfrontation der Gattungen bemüht, entwickelt die zweisträngige Opernhandlung dabei jedoch so behutsam und allenfalls humoristisch, so daß eine architextuelle ‚Beschädigung' der heroischen Oper durch die Commedia dell'arte so gut wie ausgeschlossen ist. Einer solchen Gestaltung des reizvollen Szenarios steht letztendlich Hofmannsthals Kunst- und Lebensmetaphysik entgegen, die trotz der lustspielhaften Elemente mit ungebrochener Ernsthaftigkeit nach dem tieferen Sinn des Ariadne-Mythos fragt. In der vorliegenden Form ist der zweite Teil der *Ariadne auf Naxos* eine heroische Oper, in die einige Commedia dell'arte-Szenen eingefügt wurden; zu einer gegenseitigen Verflechtung der Genres kommt es nicht. Was im Vorspiel noch Teil einer komischen Szene war – die Verzweiflung des Komponisten über die Lustspielfiguren, die ihre „Bocksprünge" in

---

782 Eine Ausnahme stellt nur die Nymphe Echo dar, die – ihrem Wesen entsprechend – die Melodie von Harlekins Lied und Zerbinettas Rondo leise wiederholt (29, 33). Diese beiden Stellen verdeutlichen nochmals, welch marginalen Stellenwert die Idee der Gattungsmischung in der endgültigen Fassung der *Ariadne auf Naxos* einnimmt.

783 BW Strauss, S. 345.

784 Strauss an Hofmannsthal am 05.06.1916: „Ja, ich fühle mich geradezu berufen zum Offenbach des 20. Jahrhunderts, und Sie werden und müssen mein Dichter sein." (BW Strauss, S. 344); Strauss an Hofmannsthal am 16.08.1916: „Ich verspreche Ihnen, daß ich den Wagnerschen Musizierpanzer nun definitiv abgestreift habe." (BW Strauss, S. 359) – beide Briefstellen sind Dokumente einer grandiosen Fehleinschätzung. Auf den Brief vom 05.06.1916 verfaßt Hofmannsthal am 11.06.1916 die oben schon erwähnte, sehr kritische Erwiderung, die er aber nicht an den Komponisten absenden wird.
See, „Ariadne I oder II?", S. 286 und Klotz, „Soziale Komik", S. 78 plädieren dafür, zur ersten Fassung der *Ariadne auf Naxos* von 1912 zurückzukehren; Kunze, „Ästhetische Rekonstruktion", S. 106f. und Stern, „Spätzeitlichkeit und Mythos", S. 189f. verteidigen dagegen die (auf der Opernbühne fest etablierte) zweite Fassung. Man kann mit Stern der Ansicht sein, daß Hofmannsthal mit der zweiten Fassung zeigen will, wie ein reines Kunstwerk unter den widrigen Verhältnissen des Kunstbetriebs vorübergehend entsteht (S. 188); in diesem Fall muß man aber zugestehen, daß Hofmannsthal es der Kunst nicht schwer gemacht hat, sich gegen die Widrigkeiten der niederen Lebenssphäre durchzusetzen.

246

seinem „Heiligtum" vollführen (25), – wird spätestens am Schluß der Oper ernst genommen und dementsprechend werden die Komödianten auf den zweiten Rang verwiesen: Mit dem strahlenden Liebesgesang von Ariadne und Bacchus feiert gerade jenes bürgerlich-spätromantische Kunstverständnis einen Triumph, das durch die geistreiche Konfusion der Gattungen und Stile hätte verwirrt werden sollen. Will man den Kreis noch weiter ziehen, so könnte man sagen, daß *Ariadne auf Naxos* von Hofmannsthal und Strauss das Dokument einer modernen Klassikrezeption ist (mit den genannten nachromantischen Überformungen), die sich der Weimarer Tradition künstlerisch annähert und die den spielerischen Umgang mit den Formen souverän zu handhaben weiß. Dabei wird aber keine satirische oder parodistische Absicht wie in Goethes *Triumph der Empfindsamkeit* verfolgt, sondern an das klassische Bestreben angeknüpft, den Übergang vom höchsten Schmerz in unzerstörbare Freuden nachzuzeichnen.

Ariadne auf Naxos ist insofern ein ambivalentes Werk, als sich Hofmannsthal einerseits von der ekstatischen Antikerezeption der Jahrhundertwende auf graziösspielerische Weise distanziert, andererseits durch die künstlerische Gemeinschaft mit dem Klangekstatiker Strauss gerade jene *werkeigene* Traditionslinie fortführt, die zu überwinden er sich vorgenommen hatte. Es drängt sich letztendlich der Eindruck auf, daß Hofmannsthal seinem Libretto zuviel zugemutet hat, wenn er in dem kleinen Werk Fragen aufwirft, die die Kunst, das Theater, die Gegensätze der Gattungen, die Antikerezeption und schließlich das Mysterium der Verwandlung betreffen.

6. „Du darfst mich töten, wenn du mich nur liebst": Jahnn, *Medea* (1926)

6.1 Leidenschaft und Kalkül

Der Mythos von Medea gehört zu jenem Komplex von Erzählungen, der von der sagenhaften Fahrt der Argonauten berichtet.[785] Jason, der rechtmäßige Thronfolger von Iolkos, wird von seinem Onkel Pelias aus eigennützigen Motiven mit der gefährlichen Suche nach dem Goldenen Vlies beauftragt. In Kolchis trifft Jason auf die zauberkundige Königstochter Medea, die sich in den Griechen verliebt und ihn bei seinem Vorhaben unterstützt. Sie hilft ihm nicht nur, das Fell zu rauben, sondern verhindert die Verfolgung durch den Vater, indem sie ihren Bruder zerstückelt und die Leichenteile ins Meer wirft. Am Hof von Iolkos bewährt sich Medeas Zauberkunst aufs neue; hier bringt sie die Töchter des Pelias (unter dem Vorwand einer Verjüngungskur) dazu, ihren Vater zu töten. Medea und Jason werden daraufhin vertrieben und gelangen nach Korinth. Wegen ihrer Zauberkünste wird Medea hier nicht geduldet, worauf sie den korinthischen König Kreon tötet und in Athen Zuflucht nehmen muß. In einer Version des Mythos heißt es, daß sich die erzürnten Korinther an den Kinder Medeas rächen und diese töten.

Im Laufe der frühen Rezeptionsgeschichte des Mythos gewinnt Medea immer mehr an Bedeutung: Trat sie zunächst nur als märchenhafte Helferin des Heroen Jason auf, so verdrängt sie diesen zunehmend aufgrund ihrer magischen Künste. In dem Maße, wie das Heldentum Jasons fragwürdig wird, verdüstert sich aber auch das Bild der Medea, bis man in ihr nur noch eine dämonische Barbarin gesehen hat.[786] Dies ist die Situation, die Euripides um 431 v. Chr. vorfindet. Ob der Tragiker oder sein Zeitgenosse Neophron den Kindermord erfunden hat, ist in der altphilologischen Forschung umstritten,[787] für die folgende Überlegung aber nicht relevant. In dramaturgischer Perspektive stellt sich vielmehr die Frage, wie ein solches Verbrechen motiviert werden kann. Die literarische Mythenrezeption *nach* Euripides erklärt die Untat unter dem Eindruck der antiken, bis in die Neuzeit nachwirkenden Affektenlehre. In den Werken von Seneca (*Medea*), Corneille (*Medée*, 1635), Gotter (*Medea*, 1775) und Cherubini (*Medea*, 1797) schlägt Medeas hingebungsvolle Liebe in leidenschaftlichen Haß um. Am nachdrücklichsten hat Seneca den Zustand schier unstillbarer Rachelust zur Darstellung gebracht. Während der Morde, die auf offener

---

785 Zur Stoffgeschichte siehe Kurt von Fritz, „Die Entwicklung der Iason-Medeasage und die *Medea des Euripides*", in: ders., *Antike und moderne Tragödie. Neun Abhandlungen*, Berlin 1962, S. 322-429.

786 Fritz, „Die Entwicklung der Iason-Medeasage", S. 332 und 336.

787 Bernd Manuwald, „Der Mord an den Kindern. Bemerkungen zu den *Medea*-Tragödien des Euripides und des Neophron", in: *Wiener Studien*, Neue Folge 17 (1983), S. 27-61, hier S. 41-50.

Bühne vollzogen werden, ruft die rasende Medea Jason zu: „Zu wenig sind die zwei für meinen Grimm. / Ja wüßte ich, daß unter meinem Herzen / Ein Pfand von dir sich birgt, mit diesem Schwert / Zerwühlt' ich meinen Leib und riss' es heraus."[788]

Auch bei Euripides wurde die unbeherrschte Wesensart und der zornige Sinn der Protagonistin zur Erklärung des Kindermordes herangezogen.[789] Dagegen haben einige Interpreten gezeigt, daß Medeas Leidenschaftlichkeit zwar mehrfach erwähnt wird, für die Ausführung der Gewalttaten jedoch keine Rolle spielt. Entscheidend sei vielmehr die Orientierung am Ehrenkodex der archaisch-klassischen Zeit: Medea will vor ihren Feinden nicht als schwach oder feige gelten.[790] Eine solche Einstellung verlangt jedoch eine rationale Vorgehensweise, und in der Tat entscheidet sich Medea erst zum Kindermord, nachdem sie herausgefunden hat, daß sie Jason auf diese Weise am empfindlichsten treffen kann – geht es doch auch um den Fortbestand von Jasons Geschlecht.[791] Medeas tragischer Konflikt besteht darin, daß sie sich dem heroischen Ethos eines Kriegers verpflichtet fühlt und aus diesem Grund die Kinder töten muß, eine solche Tat jedoch mit ihren mütterlichen Gefühlen unvereinbar ist. Medeas Leidenschaftlichkeit hat bei Euripides die Funktion eines retardierenden Moments, da die Hauptfigur als eine ihre Kinder liebende Mutter charakterisiert wird.[792]

Die dramatische Entwicklungslinie der Tragödie gestaltet Euripides als Abstieg und Aufstieg. Medea, die aus dem Geschlecht des Sonnengottes Helios stammt, betritt in Korinth eine niedere Sphäre, in der traditionelle Ehrbegriffe verraten und Ungerechtigkeiten mit sophistischen Spitzfindigkeiten bemäntelt werden. Wie in der Tragödie *Alkestis* greift Euripides eine mythische Episode auf und transponiert sie in die Alltäglichkeit bürgerlicher Verhältnisse. So kommt die Art und Weise, wie Jason als Opportunist, Kreon als schwacher König und Kreusa als eitle Prinzessin charakterisiert wird, einer Karikatur des traditionellen Tragödienpersonals verdächtig nahe.

---

788 Lucius Annaeus Seneca, *Medea*, in: Joachim Schondorff (Hg.), *‚Medea'. Euripides. Seneca. Corneille. Cherubini. Grillparzer. Jahnn. Anouilh. Jeffers. Braun*, München-Wien 1963, S. 71-110, hier S. 110. Siehe dazu Albrecht Dihle, *Euripides' ‚Medea'*, Heidelberg 1977 (Sitzungsberichte der Heidelberger Akademie der Wissenschaften, Philosophisch-Historische Klasse, Jg. 1977, Abh. 5), S. 9-13 und 18-21; Otto Zwierlein, „Die Tragik in den *Medea*-Dramen", in: *Literaturwissenschaftliches Jahrbuch*, Neue Folge 19 (1978), S. 27-63, hier S. 37-54.

789 Fritz, „Die Entwicklung der Iason-Medeasage", S. 353-357 und 383; Lesky, *Die tragische Dichtung der Hellenen*, S. 310f.

790 Wolf Hartmut Friedrich, „Medeas Rache", in: ders., *Vorbild und Neugestaltung. Sechs Kapitel zur Geschichte der Tragödie*, Göttingen 1967, S. 7-56, hier S. 19, 29 und 32; Eilhard Schlesinger, „Zu Euripides' *Medea*", in: *Hermes* 94 (1966), S. 26-53; Dihle, *Euripides' ‚Medea'*, S. 13-18.

791 Manuwald, „Der Mord an den Kindern", S. 36-38.

792 Dihle, *Euripides' Medea*, S. 16f.; Zwierlein, „Die Tragik in den *Medea*-Dramen", S. 33-36 und 62f.; Manuwald, „Der Mord an den Kindern", S. 38.

Unabhängig von der Frage, ob das athenische Publikum Jasons Verhalten als unehrenhaft wahrgenommen hat oder nicht, wird deutlich, daß dessen Heldentum fragwürdig geworden ist.[793] Medea verläßt diese unheroische, von Versorgungs- und Ehekonflikten geprägte Welt trotz ihrer Verbrechen als ungebrochene, über ihre Gegner triumphierende Figur. Der Abgang mit dem Sonnenwagen unterstreicht ihre herausgehobene Rolle innerhalb der Tragödie: Medea ist in dieser Szene Protagonistin *und* Dea ex machina. Diese Schlußgestaltung erschwert aber auch – wie so oft bei Euripides – eine eindeutige Beurteilung des vorausgegangenen Geschehens. Es ist unwahrscheinlich, daß Euripides das patriarchalische Gesellschaftssystem seiner Zeit kritisieren wollte;[794] vielmehr ging es dem Tragiker um die anspielungsreiche Anverwandlung der mythologischen Tradition. Damit gelingt das Kunststück, remythisierende und entmythisierende Verfahren in *einem* Werk zusammenzuführen und auf diese Weise einen poetischen ‚Gleichgewichtszustand' herzustellen.

6.2 Verschmelzung und Zerstörung

Hans Henny Jahnn schrieb seine Tragödie *Medea* 1924 zunächst in Prosa und veröffentlichte sie im April 1926 in Versform.[795] Die Uraufführung folgte kurz darauf am 04.05.1926 in Berlin und rief ein zwiespältiges Echo hervor.[796] Nach einer weiteren Überarbeitung erscheint das Drama 1959 als *veränderter Neudruck*.[797]

---

[793] Fritz, „Die Entwicklung der Iason-Medeasage", S. 336, 352 und 368.

[794] Fritz, „Die Entwicklung der Iason-Medeasage", S. 366-371.

[795] Als Vorlage nutzte der Dichter aller Wahrscheinlichkeit nach die Übersetzung der Euripideischen Tragödie von J. C. C. Donner aus dem Jahre 1859.

[796] Die meisten Rezensenten lehnten Jahnns Tragödie ab, wobei der Schauspielerin Agnes Straub als Medea eine gewisse Anerkennung gezollt wurde. Positiv äußern sich Emil Faktor, [„*Medea*"], in: *Berliner Börsen-Courier*, 05.05.1926, abgedruckt in: Günther Rühle, *Theater für die Republik. Im Spiegel der Kritik*, Bd. 2: *1926-1933*, Frankfurt a. M. ²1988, S. 711f.; Siegfried Jacobsohn, „*Medea*", in: *Die Weltbühne* 22 (1926), Nr. 21, S. 819f.; Ernst Heilborn, „*Medea*", in: *Die Literatur* 28 (1926), H. 9, S. 35f.; Herbert Ihering, „Hans Henny Jahnn anläßlich der *Medea*", in: *Die literarische Welt* Nr. 20, 2. Jg., 14.05.1926, S. 3. Paul Fechter ([„*Medea*"], in: *Deutsche Allgemeine Zeitung*, 05.05.1926, abgedruckt in: Rühle, *Theater für die Republik*, S. 715f.) nennt das Drama einen „Versuch zu neuer Sachlichkeit in Versen" (S. 715), was kritisch gemeint ist, Jahnns Umformung der antiken Tragödie aber zutreffend beschreibt. Alfred Kerr bemängelt das Monströse des Stückes („Dreifach ... ist hier alles. Fünfundzwanzigfach [...] Wie der Hofmannsthal sich zum Sophokles verhält: so Jahnn zum harmlosen Hofmannsthal"), lobt aber die sprachliche Qualität des Dramas ([„*Medea*"], in: *Berliner Tageblatt*, 05.05.1926, abgedruckt in: Rühle, *Theater für die Republik*, S. 713-715, hier S. 713). Zum theatergeschichtlichen Kontext von Jahnns Antikenfiguration siehe Flashar, *Inszenierung der Antike*, S. 143-163.

Jahnn hat die Erstausgabe seiner Tragödie in mehreren Briefen und Aufsätzen kommentiert, wobei er das Werk seines antiken Vorgängers als unzureichend charakterisiert: „Als ich mit 20 Jahren zum ersten Mal die Medea des Euripides las, wie zornig bin ich geworden. Wie unwirklich war dieser Kindermord, wie aus der Masse gegriffen."[798] Später spricht er davon, daß Euripides das Drama „zum Hintergrund für einen Ehescheidungsprozeß herabgewürdigt" habe.[799] Die Kritik am prosaisch-bürgerlichen Charakter der Euripideischen Tragödien war schon mehrfach Ansatzpunkt für die Entstehung von Antikendramen (Hofmannsthal, *Alkestis*; Hauptmann, *Iphigenie*-Tragödien). Wie Hofmannsthal, Hauptmann und Pannwitz schwebt auch Jahnn ein Drama vor, in dem eine mythische Dimension erfahrbar wird.[800] Jahnns remythisierende Sicht der Antike läßt sich aber nur teilweise durch ein chthonisch-dionysisches Antikenbild erklären;[801] wichtiger sind in diesem Zusammenhang Motive und Themen, die im Jahnnschen Werkkontext immer wiederkehren. Jahnn versteht sich wie sein Vorbild Kleist als Autor, der „hemmungslos soziale und leibliche Probleme zur Diskussion"[802] stellen will und an einem Wiederaufleben der Antikerezeption – auch unter remythisierenden Vorzeichen – nur wenig interessiert ist. Sein Theater kreist vielmehr um Zustände aggressiver Körperlichkeit und stellt mit peini-

---

[797] Jahnns *Medea* wird zitiert nach: Hans Henny Jahnn, *Werke in Einzelbänden, Hamburger Ausgabe, Dramen I. 1917-1929*, hg. von Ulrich Bitz, Hamburg 1988, S. 763-850.

[798] Brief an Oskar Loerke vom Dezember 1925, zitiert nach D I 1153.

[799] Brief an Friedrich König vom 03.03.1949, zitiert nach D I 1158.

[800] Zu Jahnns Idee eines kultischen Theaters siehe Lehmann, „Jahnns Texte – Welches Theater", S. 130.

[801] Zu den Spuren eines antiklassizistischen Antikenbildes in Jahnns *Medea* siehe folgende Charakterisierungen und Hinweise: Medeas „schwarze[r] Zauber" (769); Medeas „gräuliche[] Orakel" (770); Medeas Nähe zu den Toten (782); die ausführliche Darstellung von Zauberzeremonien (787-789); das Heraufbeschwören des toten Bruders aus dem Hades (788); das Gebet an den babylonischen Mondgott (796f.); unheilverheißende „schwarze[] Zeichen" (806); die Anrufung der babylonischen Unterweltsgottheit Anunnaki (807); Medeas Nähe zur Unterwelt (812); Kreons Furcht vor Medeas Zauberkünsten (815); die Nähe der Blutgeister (841); die Zahlen- und Geschlechtssymbolik (782, 784). Zum letzten Punkt siehe Rüdiger Wagner, „Archaische, pythagoreische und harmonikale Grundzüge in den Jugenddramen Hans Henny Jahnns", in: *Literatur in Wissenschaft und Unterricht* 7 (1974), H. 3 und 4, S. 164-179 und 210-225, hier S. 217.
In diesem Kontext gehört auch das Lächeln Medeas nach der Ermordung des Knaben („AMME Sie lächelt, die / Unmenschliche!", 842). Zusätzlich zu den Anmerkungen bei Genia Schulz („Eine andere Medea", in: Hartmut Böhme/Uwe Schweikert (Hg.), *Archaische Moderne. Der Dichter, Architekt und Orgelbauer Hans Henny Jahnn*, Stuttgart 1996, S. 110-126, hier S. 116-119) kann hierbei auch auf das *archaische Lächeln* frühgriechischer Statuen hingewiesen werden (siehe dazu Kapitel III.2.2).
Trotz dieser antiklassizistischen Elemente stellt sich die Frage, ob Hofmannsthals *Elektra* und Jahnns *Medea* tatsächlich so viele Gemeinsamkeiten aufweisen, wie Frick, ,*Die mythische Methode'*, S. 138-140 meint. Im Hinblick auf das Verhältnis von Antike und Orient und auf die Bedeutung des Dionysisch-Orgiastischen bei Jahnn wird im folgenden eine von Frick abweichende Deutung vorgeschlagen.

[802] Jahnn, ,*Glossen zum Schicksal gegenwärtiger Dichtkunst'*, D I 950.

gender Genauigkeit sexuelles Begehren, Gewalt und Todesangst dar, häufig an der Grenze des Erträglichen. In den vielgestaltigen Formen des Begehrens (bis zur Selbstaufgabe) sieht Jahnn Versuche, über die Endlichkeit des Körpers hinauszugelangen. „Du darfst mich töten, wenn du mich nur liebst" (819) – in diesem Vers ist die verzweifelte Hoffnung eingeschlossen, die einige von Jahnns Figuren umtreibt.[803] Der Schrecken des Todes, so läßt sich dieser Vers deuten, kann nur in einer bedingungslosen Liebe gebannt werden. Oder anders formuliert: Nur eine Liebe, die selbst in die Auslöschung des eigenen Ich einwilligt, vermag die kulturell auferlegten Grenzen der Subjektivität zu überschreiten.[804] Im Gegensatz zu Pannwitz und anderen Autoren des Vitalismus geht es Jahnn nicht um die Feier des Lebens im Zeichen eines entfesselten, dionysischen Eros.[805] Er will vielmehr, mit einem großen Verständnis für die Kreatürlichkeit des Menschen und die destruktive Seite der Sexualität ausgestattet, das Begehren mittels literarischer Gestaltung als anthropologisches, kulturell häufig unterdrücktes Grundmuster kenntlich machen. Jahnn entwirft dabei immer wieder Konstellationen pubertärer, gleichgeschlechtlicher, inzestuöser oder vermeintlich ‚perverser' Sexualität, also Formen des Begehrens, die sich dem dominierenden Moralverständnis der bürgerlichen Gesellschaft nicht fügen. Walter Muschg spricht daher von einem „tragischen Zug der Erotik"[806] in Jahnns Werk und Hans Wolffheim nennt den Schriftsteller einen „Tragiker der Schöpfung"[807]. Dem wäre aus heutiger Sicht hinzuzufügen, daß Jahnn „in seinem Werk eine immanente Triebtheorie entfaltet, welche die Grundlage für seine Zivilisations- und Kulturkritik bildet."[808] Ablesbar ist die thematische Fixierung auf die „Aufhebung von Reduktion

---

[803] Als Erläuterung für die Triebstruktur des Menschen spielt Jahnn auf den platonischen Mythos vom Gespaltensein des Menschen an: „KNABENFÜHRER Halb hat dein Blut / dir Wissen anvertraut, das wildverstockt, / wehschreiend rot und überrot / dein Herz bedrängt, dich ahnen macht, / daß deines eignen Lebens zweite Hälfte / in einem andern Leib verborgen liegt. / Sieh jene dort! Sie alle sind Halbierte, / nicht gleiche und von gleichem Schnitt, / uneben manche, weil zu spröde / die Maserung" (777).

[804] Zum lächelnden Einverständnis mit der gewaltsamen Opferung des Ich siehe Schulz, „Eine andere Medea", S. 115f.

[805] Dies gegen Frick, ‚Die mythische Methode', S. 143-152, 154 und 163f., der vor allem die pansexuelle-orgiastische Seite von Jahnns Tragödie hervorhebt. Dabei bleibt das Spannungsverhältnis von Auflösung und Monumentalisierung, das sowohl auf struktureller als auf thematischer Ebene nachweisbar ist und das dem Drama eine bemerkenswerte inhaltliche wie formale Geschlossenheit verleiht, unberücksichtigt.

[806] Walter Muschg, „Hans Henny Jahnn", in: ders., Von Trakl zu Brecht. Dichter des Expressionismus, München 1961, S. 264-334, hier S. 285. Siehe auch ders., „Zu Hans Henny Jahnns Medea", in: Gustav Erdmann/Alfons Eichstaedt (Hg.), Worte und Werte. Bruno Markwardt zum 60. Geburtstag, Berlin 1961, S. 276-280.

[807] Hans Wolffheim, Hans Henny Jahnn. Der Tragiker der Schöpfung, Frankfurt a. M. 1966.

[808] Gerd Rupprecht, „Hans Henny Jahnn", in: Kritisches Lexikon zur deutschsprachigen Gegenwartsliteratur, hg. von Heinz Ludwig Arnold, Bd. 4, München 1978ff., 33. Nachlieferung, S. 3. Zu dem Zusammenhang von Sexualtrieb und Todesangst als fundamentale Bestimmung der

der Subjektivität"[809] auch an jahnnspezifischen Motiven und Konstellationen, die sein ganzes Werk durchziehen und auch in der *Medea*-Tragödie wiederkehren. Dazu gehören pubertäre Initiationsriten, Knabenliebe, Inzest, sexuelle Verwicklungen jeder Art, Preisungen des Körpers sowie Klage um seine Vergänglichkeit, Greuel und Verletzungen, Angst vor Tod und Verwesung sowie Pferde und Grabstätten.[810]

Jahnn kritisiert, so könnte man die weltanschaulichen Grundlagen seines Dichtungsverständnisses zusammenfassen, die Negation und Unterdrückung der triebhaften menschlichen Natur in der Moderne. Damit verbindet sich ein Interesse für die Kultur der sog. primitiven Völker, die sich den Sinn für die mythische Dimension des Eros noch bewahrt haben: „das grösse<ere> Kolchis liegt im schwarzen Afrika, wo es ein Benin gab und ein Ägypten, wo die Sagen noch heute gegenwärtig scheinen in den uns beinahe unverständlichen Gebräuchen der Eingeborenen."[811] Jahnn ist sich darüber im Klaren, daß ein Zurück in mythische Urzeiten nicht möglich ist – „wir taugen nichts mehr als Unwissende" schreibt er 1932.[812] Sein ‚Antiintellektualismus' zielt vielmehr darauf ab, „das Wirken der instrumentalisierten Ratio als Resultat unverarbeiteter atavistischer Triebmächte kenntlich zu machen, um im Bewußtsein der Dialektik von Naturbeherrschung und Naturverfallenheit ein ganzheitliches geistiges Ethos zu etablieren, das ein historisches ‚Umbiegen' ermöglichen könnte."[813] Remythisierung bedeutet für Jahnn also nicht, in den Brunnen der Vergangenheit ‚hinabzusteigen', um den Kontakt mit einer verlorengegangenen Sphäre wiederherzustellen (wie dies in Hofmannsthals *Gespräch über Gedichte* oder Hauptmanns *Griechischem Frühling* angedeutet wird), sondern das qualvolle, selten beglückende Ausgeliefertsein an die Begierden als schicksalhafte Konstellation bzw. als anthropologische Konstante anzuerkennen. Nicht die Erschließung archaischer Zeiten, sondern eine vorurteilsfreie Auseinandersetzung mit dem menschlichen Triebschicksal ist das Ziel von Jahnns Remythisierungsbemühungen. Aus diesem Grund bezeichnet Jahnn seine *Medea* auch als „Schicksalstragödie".[814]

menschlichen Existenz bei Jahnn siehe Reiner Stach, „Stil, Motiv und fixe Idee. Über einige Untiefen der Jahnn-Lektüre", in: Hartmut Böhme/Uwe Schweikert (Hg.), *Archaische Moderne. Der Dichter, Architekt und Orgelbauer Hans Henny Jahnn*, Stuttgart 1996, S. 346-361.

[809] Manfred Maurenbrecher, „Bemerkungen zur Kulturkritik Hans Henny Jahnns", in: Heinz Ludwig Arnold (Hg.), *Hans Henny Jahnn, Text + Kritik*, H 2/3, München ³1980, S. 121-135, hier S. 126.

[810] Rupprecht, „Hans Henny Jahnn", S. 4.

[811] Jahnn, *Die Sagen um Medea und ihr Leben*, D I 939.

[812] Hans Henny Jahnn, *Aufgabe des Dichters in dieser Zeit, Werke in Einzelbänden, Hamburger Ausgabe, Schriften zur Kunst, Literatur und Politik*, erster Teil, hg. von Ulrich Bitz und Uwe Schweikert, Hamburg 1991, S. 791-803, hier S. 803.

[813] Rupprecht, „Hans Henny Jahnn", S. 12.

[814] Jahnn, *Zur Medea*, D I 900.

Ein Bezugspunkt von Jahnns Werk sind jene altorientalischen Mythen und Figurationen, in denen – aus seiner Sicht – zum ersten Mal der Protest des Menschen gegen Tod und Vergänglichkeit formuliert wurde: „Einige Sagen [...] geben eine erste Geschichte der verzweifelungsvollen Taten gegen die Macht des Todes. Jeder Kampf, jeder Schrei bleibt ohne Antwort aus den Ewigkeiten von Raum, Zeit und Sternenmeer."[815] Dazu zählen vor allem das babylonische Gilgamesch-Epos und der (von Plutarch) überlieferte Mythos von Isis und Osiris. Das Epos, das im 3. Jahrtausend v. Chr. entstand, hat die Freundschaft der Heroen Gilgamesch und Engidu zum Gegenstand; eine Freundschaft, die für Jahnn das mythische Modell einer homoerotischinzestuösen Zwillingsbrüderschaft bildet. In einer zentralen Stelle des Epos wird geschildert, wie der Titelheld das „Kraut ewigen Lebens"[816] erwirbt und wieder verliert: „Gilgamesch, wohin eilst du? / Das Leben, das du suchst, findest du doch nicht! / Als die Götter die Menschen schufen, / Setzten sie den Tod ein für die Menschheit, / Das Leben aber behielten sie in ihrer Hand."[817] Im Gilgamesch-Epos findet Jahnn zudem die Vorstellung, daß Heroen zwischen göttlicher und menschlicher Sphäre stehen („zwei Drittel Gott, ein Drittel Mensch"[818]), aber trotzdem den menschlichen Leidenschaften unterworfen und letztendlich sterblich sind. Bedeutsam ist für Jahnn auch die ägyptische Isis-und-Osiris-Erzählung, eines der ältesten Zeugnisse mythischer Geschwisterliebe: „Gott und Göttin waren Zwillingskinder, die schon im Mutterschoße miteinander zeugten. [...] Kaum ein Zweifel: in dieser blutigen Erzählung verbirgt sich eine wissenschaftliche Parabel, die: daß es nur einen Weg gibt, die Existenz einer oder zweier Lebewesen hier auf Erden bis in alle Ewigkeit zu garantieren: ihre Geburt als Zwillingskinder unterschiedlichen Geschlechts und ihr Fortzeugen miteinander zum Zwecke, daß ihre Nachkommen Zwillingsgeschwister zweierlei Geschlechts wie sie selbst."[819] Indem Jahnn babylonische und ägyptische Mythen miteinander verschränkt, schafft er einen neuen Mythos, dem

815 Jahnn, *Die Sagen um Medea und ihr Leben*, D I 934f.
816 Jahnn, *Zur Medea*, D I 899.
817 Arthur Ungnad, *Die Religion der Babylonier und Assyrer*, Jena 1921, S. 120, zitiert nach D I 1259. Jahnn vermag in dem „riesenhafte[n] Gebäude der tausendfachen Religionen" (Jahnn, *Die Sagen um Medea und ihr Leben*, D I 934) keinen Trost über die Unabänderlichkeit des Sterbens zu erkennen: Die Tragik des menschlichen Lebens wird „nicht einmal gemildert durch den Ausweg, daß nach dem Tode [...] ein ewiges Leben in einer anderen Welt wartet." (Jahnn, *Die Sagen um Medea und ihr Leben*, D I 936f.). Nebenbei sei angemerkt, daß Jahnns Äußerungen zu diesem Punkt nicht stimmig sind – neben den zitierten Textstellen sind auch solche zu finden, die der hier formulierten Religionskritik widersprechen: „Es stehen Gebete in dem Werk [in der Tragödie *Medea*], die ein priesterhafter Mann spricht, und die ein Chor wiederholt. Sie erinnern daran, daß trotz scheinbarer Verlassenheit unser Erleben und Handeln, innen und außen, nicht allein ist." (Jahnn, *Zur Medea*, D I 902).
818 Jahnn, *Die Sagen um Medea und ihr Leben*, D I 935.
819 Jahnn, *Die Sagen um Medea und ihr Leben*, D I 935f.

zufolge Todesfurcht und Tod in einer inzestuösen Gemeinschaft überwunden werden können.

Diese altorientalische Bilderwelt adaptiert Jahnn auch in seinem Antikendrama. Die Handlung des Euripides wird in Grundzügen beibehalten, den mythologischen Hintergrund und die Motive der Figuren hat Jahnn jedoch völlig neu gestaltet. Bei Jahnn war Medea mit ihrem Bruder wie Isis und Osiris in einem mythisch-inzestuösen Bund vereint.[820] Durch die Aufhebung dieser Gemeinschaft durch Brudermord[821] und die zauberische Verjüngung Jasons wird Medeas gottähnlicher Zustand beendet, sie ‚infiziert' sich geradezu mit Sterblichkeit[822] und hat nun „der Menschen trauriges Herz geerbt" (813). Das Hineingerissen-Werden in die Zeitlichkeit der Menschen macht Jahnn zur Ausgangssituation seiner Tragödie: Der blühende, alterslose Jüngling Jason, der – einer paradoxen Bemerkung Jahnns zufolge – „eher jünger erscheinen [muß] als seine Kinder"[823], steht der alternden Medea gegenüber, die Jason immer noch verzweifelt liebt. Aufgrund dieser Änderungen wird Jasons Heirat mit Kreons Tochter in die Mitte der Tragödie verschoben und spielt – im Vergleich mit Euripides – eine untergeordnete Rolle. Entscheidend ist vielmehr, daß Jason sein Versprechen bricht, eine Nacht mit Medea zu verbringen;[824] des weiteren sieht sich die Königstochter um die rituelle Teilhabe an der Hochzeitsnacht ihres Sohnes mit Kreusa gebracht.[825] Dieses archaische Brauchtum ist insofern bedeutsam, als Medea in ihrem ältesten Sohn den ermordeten Bruder zu erblicken glaubt. Jahnn

---

[820] „MEDEA Medea trug in sich verborgen / das Bildnis ihres jungen Bruders. – ." (826), „MEDEA Da tritt das Bild herein! Mein Sohn! / [...] Auf ihn schaut! Meines Bruders Leib! / Ihm gleicht mein Kind. In meinem Schoß / wuchs er, ihm gleich, mein Sohn. Kaum weiß ich, ob / von Jason ich empfangen hab den Erstgebornen." (829).

[821] Die Zerstückelung wird nicht nur im Argonauten-Mythos, sondern auch in Plutarchs Text über Isis und Osiris thematisiert: Jahnn, *Die Sagen um Medea und ihr Leben*, D I 935f.

[822] „MEDEA Oh, wie die Brust / sie aufriß ihrem Bruder! Daran / trank sie sich ihres Leibes Tod." (829).

[823] Brief an Jürgen Fehling vom 09.02.1926, zitiert nach D I 1208.

[824] Jasons ‚Schuld' besteht letztendlich darin, daß er keinen Sinn für die mythische Dimension des Bundes mit Medea hat: „MEDEA Daß ich dein Leben / zurückgegeben dir fünfmal, / das schon verwirkt war durch der Götter Ratschluß, / du hast es aus den Sinnen dir geschlagen." (784). Darüber hinaus ist Jason unfähig, sein Begehren an ein Objekt zu binden: „MEDEA Daß Bettgenossen / du dir wählst, weiß ich wie jeder. / Ob du nun Dienern oder Dienerinnen / dich beigesellt, ob dich der eigne Sohn / den du zum Freund dir machtest, dich erfreut: / du liebst wie nur ein Mann in jungen Jahren." (785); „MEDEA Wildfremder Sklave wäre ihm [Jason] genug. / Und eine Dirne säße ihm genug. / Räudige Stute wäre ihm genug. / Mit Lust würd er beschlafen Mensch und Tier. / Und zeugen in die Erde würde er." (816f.). Zur Thematisierung von Schuld und Ethos in der *Medea* siehe auch die Hinweise bei Frick, *‚Die mythische Methode'*, S. 166-169.

[825] Zur kultischen Verehrung des Geschlechtsaktes in der *Medea* siehe Claudia Benthien, „Das Feste, das Fließende und das Fragmentarische. Grundstrukturen in Jahnns Tragödie *Medea*", in: *Forum Homosexualität und Literatur* 22 (1994), S. 63-81, hier S. 78.

steigert diese inzestuöse Konstellation nochmals, indem er die Söhne Medeas in einer kämpferisch-sexuellen Umklammerung zeigt, in die die Mutter gewaltsam eingreift: „Am Boden, / aufeinander sich wälzend, fand ich sie. / Wie Hochzeit war's. Des Bruders Bildnis, / des fernen Toten<,> verzwiefacht, / stark und schwach, halbreif und reif, / lag vor mir." (845). Die verschiedenen inzestuösen Konstellationen (Medea/Bruder, Medea/älterer Knabe, älterer Knabe/jüngerer Knabe), die Jahnn auf den Medea-Mythos appliziert, bilden eine Motivkette, die die Vorgeschichte mit der eigentlichen Dramenhandlung verknüpft: Mit dem ritualartigen Sexualmord an den Knaben wiederholt Medea jene grausame Tat, die einst die Gemeinschaft mit Jason begründet hat. Am Anfang dieser Liebesbeziehung stand eine erotische ‚Blendung', die Medea aus der lichtlosen, inzestuösen Gemeinschaft mit dem Bruder hinausführt in die helle, von sexuellen Begierden erfüllte Welt der Griechen.[826] Damit tauscht Medea ihren mythischen Status gegen den eines Subjekts, das fortan auf das Bildnis des Geliebten fixiert ist. Zum Konflikt führt dieser Zustand, als sich Jason von der alternden Medea abwendet: „Die unter dem Jason-Bildnis liegende, überblendete Schicht kommt wieder zum Vorschein, was von Jahnn zeitgleich in Szene gesetzt wird: das Bild des toten Bruders erscheint figürlich in Form des älteren Knaben, der ihm gleicht und nun in Medeas Blickfeld tritt."[827] Vor diesem Hintergrund läßt sich der Mord an den Kindern als „mißlungene[r] Liebesakt[]"[828] verstehen, der im Wunsch nach unauslöschlicher Nähe auf die (gewaltsame) Vereinigung mit dem geliebten Objekt zielt. Medea treibt der unerfüllbare Wunsch, in einem grenzauflösenden Moment ihre Subjektivität zu überschreiten. Dieses Begehren ist paradox strukturiert: Das gewaltsame Eindringen in den Leib des Anderen zielt auf die Wiederherstellung einer verlorengegangenen Einheit und zerstört im Liebesakt doch gleichzeitig, was es herzustellen beabsichtigt.

Wenn Jahnn den mythengeschichtlichen Rahmen der antiken Tragödie sprengt und auf babylonische und ägyptische Mythen zurückgreift, darf dies nicht als Hinweis auf die Bindungen Griechenlands an frühe Hochkulturen des Ostens mißverstanden werden. Jahnn geht es nicht um eine Orientalisierung der Antike, sondern um beispielhafte Figurationen, die – jenseits des modernen Erfahrungshorizonts – die Überwindung von Todesangst zur Darstellung bringen. Ein weiteres Korrelat zu der altorientalischen Bilder- und Sprachwelt ist die Verlagerung von Medeas Heimat Kolchis nach Schwarzafrika, in einen Raum, in den die mythenfeindliche Moderne

---

826 Benthien, „Das Feste", S. 64f. Zur Hell-Dunkel-Metaphorik in Jahnns *Medea* siehe auch das folgende Kapitel.
827 Benthien, „Das Feste", S. 66.
828 Klaus Theweleit, *Männerphantasien*, 2 Bde., Reinbek 1980, zitiert nach Benthien, „Das Feste", S. 72.

noch nicht eingedrungen ist. Diese Verschiebung ist weniger Ausdruck eines literarischen Exotismus, sondern zielt auf eine aktualisierende Lesart der Tragödie: „Die Rassenfrage: Was für Griechen Barbaren waren, sind für uns heutige Europäer Neger, Malaien, Chinesen."[829] In Jahnns anthropologisch-pantragischem Dichtungs- und Weltverständnis ist die Abwehr und Unterdrückung anderer Kulturen und Ethnien Ausdruck einer hegemonialen Ideologie, die die abendländisch-christliche Körper- und Sexualfeindlichkeit mit zeitgenössischen kolonialistischen und rassistischen Diskursen verbindet. Repräsentant dieser Moderne ist König Kreon, der Medea nicht nur als „Ungriechische Barbarin" (809) und ihre Söhne als „Bastardknaben" (811) bezeichnet, sondern auch darüber nachdenkt, „ob dunkelfarbge Menschen / den Tieren gleichzusetzen sind." (815).[830]

Dem Vorwurf, daß Jahnn eklektizistisch vorgeht, wenn er verschiedene Mythenkreise in seine *Medea*-Tragödie integriert, kann entgegengehalten werden, daß jedes dieser Elemente in funktionaler Beziehung zur vorherrschenden Körper- und Triebthematik steht. Das grundlegende Verfahren von Jahnns Tragödie besteht gerade darin, den verächtlichen, aus dem literarischen Diskurs ausgegrenzten Körper als ernstzunehmenden poetischen Gegenstand zu behandeln und ihm so – zumindest ansatzweise – seine mythische Bedeutsamkeit zurückzuerstatten.

---

[829] Jahnn, *Medea*, D I 956. Siehe dazu auch Jahnn, *Die Sagen um Medea und ihr Leben*, D I 939f.: „Weshalb müssen die Neger für uns Barbaren sein wie es Kolchis für die Griechen war? – Vielleicht doch nur, weil wir die Geschichte der Menschheit und ihre großen Süchte leugnen, was Neger und Chinesen noch nicht taten. [...] Die Handlung selbst möchte ich als ganz gegenwärtig genommen wissen. Nicht verschwiegen habe ich, daß in Europa eine Rassenwertung herangezüchtet worden ist, die vielleicht nicht nur in der Hautfarbe sich begründet, sondern tiefer, im Religiösen. – Wir wollen die Religionen vitaler Offenbarungen nicht mehr kennen." – Als „Negerin" wird Medea erst im Personenverzeichnis des veränderten Neudrucks von 1959 ausgewiesen (Hans Henny Jahnn, *Medea*, Stuttgart 1991, S. 3); in der Fassung von 1926 wird sie noch als „Barbarin" (765) bezeichnet.

[830] Jahnn begründet den Mord an Kreon mit einer (metaliterarischen) Anspielung auf die *Antigone* des Sophokles („MEDEA Wer Tote läßt von Hund und Krähen fressen, / verdient Zerstückung, wenn er stirbt.", 840; siehe dazu Sophokles, *Antigone*, V. 192-210) und stellt Medea damit in die Tradition jener Frauen, die gegen das patriarchalische System aufbegehren (daß Jahnn den korinthischen König Kreon mit dem thebanischen verwechselt, ist irrelevant).

258

6.3 Körper/Sprache

Die gesamte Handlung der Euripideischen Tragödie ist überschattet von Medeas Racheplan. Schon in Prolog und Parodos wird angedeutet, daß das Leid, das die kolchische Königstochter erfahren mußte, in gewaltsame Reaktionen umschlagen könnte. Diese Hinweise bestätigen sich im Fortgang des Dramas, wenn Medea ihre Intrige planvoll vorantreibt, wobei die Auftritte von Kreon und Aigeus eine handlungsbeschleunigende Funktion haben.

Im Zentrum der antiken Tragödie stehen drei große Dialoge zwischen Medea und Jason, wobei im ersten und im dritten Zwiegespräch die konträren Positionen des zerstrittenen Paares aufeinanderprallen, während im zweiten der Mord an Kreusa und Kreon vorbereitet wird. Je länger das Drama andauert, desto stärker steigt die Spannungskurve: Medea, der die Ausweisung aus Korinth droht, schreckt mehrfach vor der Tötung der Kinder zurück und kann den Konflikt zwischen heroischem Kriegerethos und mütterlichen Gefühlen nicht entscheiden. Erst die Meldung von dem geglückten Anschlag auf Kreon und Kreusa löst Medeas tragisches Dilemma: Sie *muß* nun die Kinder töten, damit diese nicht in die Hände der Korinther fallen. Gemäß den Konventionen der griechischen Tragödie schildert ein Bote (im fünften Epeisodion) das grausame hinterszenische Geschehen. Die Exodus-Szene endet mit dem oben schon erwähnten Bild: Medea verläßt den Schauplatz als Siegerin und triumphiert über Jason.

Jahnn wählt für seine *Medea* die Form des ungegliederten Einakters, der sich aufgrund der zahlreichen Auftritte und des beträchtlichen Textumfanges von rund 2600 Versen dem Typus des mehraktigen Dramas annähert.[831] Wie schon bei Euripides stehen die drei großen Dialoge zwischen Medea und Jason im Zentrum des Bühnengeschehens, so daß Jahnns Tragödie eine dreiteilige Struktur aufweist.[832] Der erste Teil (767-801) hat den Charakter einer Introduktion, da Jahn die Handlung gegenüber Euripides in entscheidenden Punkten geändert und die handlungsbestimmenden Akzente anders verteilt hat. Während bei diesem die Heiratspläne Jasons schon zu Beginn feststehen, verzögert jener den Gang der Handlung, indem er die beiden Knaben als individualisierte Figuren einführt. Nicht die Klage über Jasons Verrat eröffnet das Drama, sondern der Blick auf die Pubertät als schmerzhafte Initiation in

---

[831] Siegmar Hohl, *Das 'Medea'-Drama von Hans Henny Jahnn. Eine Interpretation unter besonderer Berücksichtigung der Problematik des Mythischen*, Diss. München 1966, S. 225. Wenn man den Wechsel der Konfiguration als Kriterium für die Gliederung eines (vom Autor nicht gegliederten) dramatischen Textes heranzieht, dann weist Jahnns *Medea* 36 Auftritte auf. Zum Vergleich: Goethes fünfaktige *Iphigenie auf Tauris* ist in 20 Auftritte unterteilt und umfaßt 2174 Verse.

[832] Hohl, *Das Medea-Drama*, S. 13f.

die Erwachsenenwelt. Jahnn baut die gesamte Dramaturgie seiner Tragödie auf dieser veränderten Figurenkonstellation auf, da erst die Begegnung des älteren Knaben mit Kreons Tochter zu Jasons Ehebruch überleitet. Jasons Verrat trifft daher nicht nur Medea, sondern auch seinen älteren Sohn. Der zweite Teil (801-831) beginnt mit dem Botenbericht über Jasons Werbung um Kreusa und endet mit dem endgültigen Bruch zwischen Medea und Jason. Der Schluß (831-850) zeigt die Rache Medeas, wobei ihre Intrige verkürzt wird. Die Episode mit König Aigeus (bei Euripides im 3. Epeisodion) fehlt ganz.

Wie in der griechischen Tragödie ist der Chor während des gesamten Stücks anwesend. Jahnn läßt jedoch nicht korinthische Frauen auftreten, sondern Sklaven, die wie Medea aus Schwarzafrika stammen und nicht nur wegen ihrer dunklen Hautfarbe einen merklichen Kontrast zu den im Vordergrund agierenden Griechen bilden. Der Chor hat keine kommentierende Funktion wie bei Euripides, sondern preist, angeleitet von dem als Chorege fungierenden Knabenführer, im ersten und im zweiten Teil des Dramas mit insgesamt drei Hymnen den Sonnengott Helios, aus dessen Geschlecht Medea stammt (778f., 796f., 813f.). Der Text des zweiten Chors geht auf ein babylonisches Gebet an den Mondgott zurück, das Jahnn in Arthur Ungnads *Religion der Babylonier und Assyrer* (1921) gefunden hat. Mit diesen hymnischen Passagen evoziert der Chor ein Gegenbild zu der mythenlosen Gegenwart der Bewohner Korinths.[833] Dem antiken Wechselgesang nachgebildet sind zahlreiche Szenen, die den Knabenführer im Dialog mit dem jüngeren Knaben, Jason, dem älteren Knaben, Medea und dem Boten zeigen. Durch die Präsenz eines die Handlung beobachtenden Kollektivs wird zudem eine zusätzliche Instanz eingeführt, die dazu beiträgt, daß das identifikatorische Potential der Protagonisten (im Sinne einer realistischen Dramaturgie) nicht zum Tragen kommt und der Zuschauer (wie in der griechischen Tragödie üblich) in einer merklichen Distanz zum dramatischen Spiel gehalten wird.

Im Gegensatz zu der agonalen Struktur der Dialoge bei Euripides (insbesondere in den Medea-Jason-Szenen) herrscht bei Jahnn eine Tendenz zur Verselbständigung der Figurenrede; die Szenen sind über weite Strecken von monologischen Partien geprägt. In diesem Zusammenhang sind auch die zahlreichen epischen Passagen zu nennen, die nicht nur die Vorgeschichte des Dramas sowie hinterszenisches Geschehen schildern, sondern auch das Weiterwirken einer mythischen Vergangenheit in der Gegenwart andeuten.[834] Indem in berichtenden Passagen ausführlich Gewalttaten

---

833 Im dritten Teil will der Knabenführer mit dem Chor den Gott Helios anrufen, wird aber von Medea mit den Worten „Schweig du! Das war mein Sang." (832) daran gehindert. Medeas Anrufung des Helios bildet den rituellen Auftakt zu ihrem Racheplan; bezeichnend ist dabei, daß sie die kultische ‚Rückversicherung' im gemeinsamen Chorlied nicht sucht (schon während der drei vorausgegangenen Chorhymnen ist Medea nicht auf der Bühne anwesend).

834 Hohl, *Das Medea-Drama*, S. 53; Schulz, „Eine andere Medea", S. 114.

(die Zerstückelung von Medeas Bruder, die Blendung des Boten, die Ermordung von Kreusa und Kreon, der Sexualmord an den Knaben) beschrieben werden, entfaltet Jahnn eine werkinterne Ikonographie, die die Figuren unter dem Zwang sexueller Begierden in immer neuen, meist tödlich endenden Konstellationen zeigt. Bemerkenswert ist dabei, daß sich in dem Entsetzen über Mord und Zerstückelung auch Hinweise auf die ästhetische Dimension der Gewalt finden: Jason spricht von einem „Bild" (837), die Amme von einem „gräßlich[en] Schaustück" (841). Da sich Jahnn bei Gewaltdarstellungen konsequent an das Vorbild des antiken Botenberichts hält und auf eine szenische Präsentation der Greuel verzichtet, werden die Gewalttaten im Modus der nachträglichen Bildbeschreibung (Ekphrasis) in großformatige, den Fortgang der Handlung hemmende Tableaus der Gewalt transformiert. Diese Bilder bzw. Bildbeschreibungen tragen wesentlich zum strukturellen Zusammenhalt der Tragödie bei, da sie wie Klammern die monologisierende, ausufernde Figurenrede ‚zusammenpressen'.

Strukturbildend wirken darüber hinaus die benachbarten Bildbereiche Sehen/Nicht-Sehen und Helligkeit/Dunkelheit, die wiederum auf die Oppositionen Korinth/Kolchis, Griechen/Barbaren, Europa/Afrika, Zeitlosigkeit/Zeitlichkeit und den Gegensatz von mythisch-inzestuöser Sexualität (Medea/Bruder) und menschlichtriebhafter Sexualität (Medea/Jason) verweisen. Die dunkelhäutige Medea lebt in einer „schwarze[n] Tempelhalle" (826), wo sie – wie schon erwähnt – in inzestuöser Gemeinschaft mit ihrem Bruder verbunden war. Der Anblick Jasons kommt einer Blendung gleich, so daß sich ihre erwachenden Begierden vollständig auf den hellhäutigen Griechen richten. Nachdem sich Jason, der sich zum „Licht" sehnt (819), von Medea abwendet bzw. sie nicht mehr ansieht, lebt Medea als „Nachtgespenst" (829) in „verdumpften Gemächern, / die längst, in Trauer versunken, sich schwärzten" (782). Den Boten, der mitangesehen hat, wie Jason um Kreusa warb, läßt sie blenden – ein ebenso barbarischer wie verzweifelter Versuch, Jasons Verrat ungeschehen zu machen. Nachdem Medea die Knaben getötet hat, verhindert sie, daß Jason einen letzten Blick auf die toten Körper wirft; die Söhne werden in einem Felsengrab bestattet. Schließlich verschließt Medea den gesamten Bühnenraum wie eine riesige Grabkammer („*Alle Tore der Halle schlagen zu. Es finstert.*", 849) und ‚versenkt' ihn unter dem Meeresgrund „in schwarzem Stein" (850) – das Licht erlischt, die letzten Verse werden bei vollständiger Dunkelheit gesprochen.

Eine leitmotivische Funktion hat zudem das Pferd, das der ältere Knabe von Jason erhält und das ihn zu Kreusa führt. In der Schlußszene erscheint dieses Motiv wieder, wenn die toten Knaben mit einem von zwei Pferden gezogenen Wagen in ihre Grabkammer fahren. Im Zusammenhang mit dem Pferde-Motiv kommt es außerdem zu einer grotesk anmutenden Szene (791-793), die bezeichnend ist für Jahnns Ästhetik und seine Erfindung von mythischen Bildfragmenten. Die Stute, die Jason seinem ältesten Sohn geschenkt hat, führt diesen zu Kreusa. Die Begegnung mit der korinthischen Prinzessin wird für den jungen Mann zur schicksalhaften Initiation in die Welt der Begierden, denn das Mädchen treibt ihren erregten Hengst an, die Stute des Knaben zu begatten, so daß beide Pferde, gleichzeitig aber auch die auf ihnen sitzenden Reiter in einem Zustand wilder Animalität mit- und ineinander verkeilt sind. Die Tier und Mensch gleichermaßen erfassende Triebhaftigkeit, die sich überkreuzenden geschlechtlichen Oppositionen (Reiterin/Hengst vs. Reiter/Stute), die Vertauschung der klassischen Rollen von Aktivität und Passivität (indem der Hengst die Stute bespringt, überwältigt das Mädchen auch den Knaben), das Verwischen von hetero- und homosexuellen Geschlechterrollen bzw. von tierischer und menschlicher Sexualität (der Knabe wird nicht nur von dem Mädchen überwältigt, sondern muß auch die Triebhaftigkeit des Hengstes an sich erdulden), – all diese Momente gerinnen zu einem mythischen Bild, in dem der Zustand des platonischen Gespaltenseins in einer aus vier Körpern zusammengefügten Einheit für einen ekstatischen Augenblick aufgehoben ist.[835]

Auch in sprachlicher Hinsicht zeigt Jahnn einen ausgeprägten Willen zur Stilisierung.[836] Sowohl in der Prosa-Fassung von 1924 als auch in der versifizierten *Medea* von 1926 hat er großen Wert auf rhythmische Sprachstrukturen gelegt, wobei vier- und fünfhebige freie Jamben vorherrschen. Da auf diese Weise das erwartbare Blankversschema immer wieder vermieden wird, entstehen rauhe, archaisch wirkende Verse, die nichtsdestotrotz einen hohen Grad an formaler Gestaltung erkennen lassen. Auch die zahlreichen Wortumstellungen, die die syntaktischen Kombinationsmöglichkeiten des Deutschen bis an die Grenze des Zulässigen ausnutzen, unterstützen den archaischen Gestus der Figurenrede: „Deshalb kaufte / von fernher weißes Pferd er" (767); „Vernommen habe / dergleichen ich aus deinem Munde nicht." (768); „Demütigen mich weiter willst du." (824). Archaisierend wirken auch elliptische Konstruktionen („Ich enteil dem Haus, in dem Irrsinnige.", 812) und die regelwidrige Verbindung von Präfix und Grundverb in konjugierten Formen („Anhör das Ende!", 837; „Ausbrachen Knochen", „aufzüngelte ein schwelend Feuer", 838). Die ungewöhnliche Satzbildung ruft einerseits den Eindruck einer vorwärtsdrängenden Bewegung hervor, andererseits hemmen Wortumstellungen den Fortgang der Rede und erschweren damit das Verständnis des Gesagten. Charakteristisch für Jahnns Sprache ist die Gleichzeitigkeit von drängendem und stockendem Redefluß: „Mein

---

835 Jürgen C. Thöming, „Jahnns zwei *Medea*-Fassungen. Hinweise zum Sprachstil", in: Eckehard Czucka (Hg.), *'Die in dem alten Haus der Sprache wohnen'. Beiträge zum Sprachdenken in der Literaturgeschichte. Helmut Arntzen zum 60. Geburtstag*, Münster 1991, S. 549-560, hier S. 555.
836 Siehe dazu Muschg, „Hans Henny Jahnn", S. 292; Hohl, *Das Medea-Drama*, S. 27 und 96-103; Thöming, „Jahnns zwei *Medea*-Fassungen, S. 551-559.

Herz auswirken die Fäulnis, die stinkend / zerspringen es machte, jetzt muß es." (831). Mit dem Erregungszustand der Figuren korrespondiert ein abgehackt-stammelndes, zu immer neuen Steigerungen und Variationen ansetzendes, affektge-steuertes Sprechen. Dieses Verfahren ahmt den Zustand des Außer-sich-Seins sprachlich nach: „Grausame Rede führst du und bekräftest, / fügst zu mit jedem Wort, nimmst nicht ab. / Ganz unerträglich wird mir, heiß mir, / hassend mein die-nend Herz. Partei / wächst in mir. Nicht mehr faß ich dich, / gequältes Weib. Nicht faß ich's. Deine Tat / nicht faß ich." (843). Obwohl sich Jahnn über weite Strecken eines expressiven Tonfalls bedient, vermeidet er pathetische Ausbrüche oder Klage-formeln, wie sie für Werfels Antikendrama typisch sind. Bei Jahnn stehen die stilisti-schen Verfahren (archaisierende Versgestaltung, Genauigkeit der Beschreibung, di-stanziert-nüchterne Redehaltung) in einem deutlichen Gegensatz zu den unerträgli-chen Greueln, von denen so oft die Rede ist. So wird beispielsweise in Medeas Er-zählung von der Zerstückelung des Bruders der barbarische Vorgang in ein Geflecht von kompakten Versgliedern, Paraphrasen, Wortwiederholungen und Alliterationen gefaßt, so daß das Unvorstellbare – wie oben gezeigt – als Bild des Grauens fixiert wird. Distanzierend wirkt zudem, daß Medea von sich selbst in der dritten Person spricht: „MEDEA den Bruder nahm sie [...] / und schnitt das Herz ihm aus. Und warf / es in das grüne Meer [...] / Und schnitt vom Rumpf die Hände und spaltete / sie nach der Zahl der Finger und warf die Stücke / ins rotgeronnene Meer. Und schnitt / vom toten Rumpf die Füße und spaltete / sie nach der Zehen Zahl und schnitt, schnitt ab / den Kopf vom Hals, riß Zunge aus, / abtrennte Ohren, Nase, Kinn / und Augen riß sie aus dem Leichnam, / warf das Zerstückte in das Meer. / Und alle süßen Eingeweide riß sie / aus ihrem Sitz, zerstückte sie / und warf sie in das Meer. Und was / sie einst entzückte, zerrissen in die Flut." (827). Nicht nur in inhaltlicher, sondern auch in formaler Hinsicht findet Jahnn mit diesen Wendungen eine Entsprechung zu den ‚harten Fügungen' des antiken Dramas und entwickelt so eine archaisch-monumentale Bühnensprache, die gleichermaßen entfernt ist vom realistischen wie vom expressionistischen Sprachstil.[837]

---

[837] Diese Intention setzt sich bis in aufführungstechnische Hinweise Jahnns fort: Gegenüber Jürgen Fehling, dem Regisseur der Uraufführung, merkt Jahnn an, daß jedes übermäßige Pathos zu ver-meiden und die Verse eher beiläufig als zu stark betont gesprochen werden sollen (Brief an Jürgen Fehling vom 09.02.1926, D I 1208f.). Den Uraufführungsrezensionen zufolge hat Fehling diese Vorgaben nicht umgesetzt. So schreibt beispielsweise Kurt Pinthus, daß die Aufführung „unter dem dauernden Fortissimo, zu dem die Gewaltsamkeit des Dichters lockt, [litt,] so daß Schreien, Brüllen und Grunzen selbst trainierte Ohren und Hirne betäubte" („Hans Henny Jahnn: Medea", in: Der Zeitgenosse. Literarische Portraits und Kritiken von Kurt Pinthus, ausgewählt zu seinem 85. Geburtstag am 29. April 1971, Marbach 1971, S. 142-144, hier S. 143).

Wie sehr Jahnn seine Dramen und eben auch *Medea* als „radikales Worttheater"[838] konzipiert hat, wird durch den Verzicht auf eine direkte Darstellung der Gewalt erkennbar. Keine der Greueltaten wird szenisch präsentiert, sondern ausschließlich als Botenbericht oder als Rückschau im Medium der Sprache veranschaulicht. So sehr Jahnn das Körperliche (thematisch) in den Vordergrund stellt, so sehr hält er (formal) an einer rein sprachlichen, also den Körper aussparenden Darstellungsweise fest. Jahnn gelingt es auf diese Weise, die Wirklichkeit des Körpers im Medium der Sprache zu artikulieren, ohne zu dramaturgischen Notlösungen wie die nonverbale Darstellung der dionysischen Entgrenzung greifen zu müssen. Durch die beständige Verschränkung von körperbezogenen Darstellungsabsichten und rein sprachlichen Darstellungsmitteln erreicht Jahnns Tragödie einen Grad an formaler Geschlossenheit, den die remythisierenden Antikendramen der Zeit nicht aufweisen. Aufgrund der konsequenten Fokussierung auf Sprachlichkeit nimmt Jahnns Tragödie zusammen mit Hölderlins *Antigonae* und Kleists *Penthesilea* eine Ausnahmestellung innerhalb des deutschsprachigen Antikendramas ein.[839]

---

[838] Lehmann, „Jahnns Texte – Welches Theater", S. 133.

[839] Trotz der Triebbestimmtheit der Figuren und einer ungeschminkten Darstellung von sexuell grundierter Gewalttätigkeit findet dramenintern – ähnlich wie bei Euripides – eine ‚Sympathielenkung' zugunsten der Hauptfigur statt, auch wenn es auf das Ganze betrachtet nicht zu einer „stimmigen ‚Gesamtaussage'" kommt, die Frick, ‚*Die mythische Methode'*, S. 169 vermißt. Folgt man aber der werkintern entfalteten Logik des Begehrens, dann ist Medeas Verhalten in sich stimmig und ihr verzweifelter Versuch, die Reduktion von Subjektivität in Akten der Gewalt aufzuheben, nachvollziehbar. Fricks Fazit, daß die Stärke von Jahnns Drama in der „‚Verschwierigung' der Textverhältnisse" (S. 140) und in seiner „aporetisch-offenen semantischen Perspektivenstruktur" (S. 169) begründet liegt, ist entgegenzuhalten, daß die Suche nach konsistenten Argumentationssträngen (S. 167) in dramatischen Texten grundsätzlich problematisch ist. Frick zieht mehrfach das Modell des widerspruchsfrei argumentierenden, philosophisch-theoretischen Textes heran (S. 140f., 168f.), um dann (zu Recht) festzustellen, daß eine solche, an diesem Modell orientierte Deutungsperspektive gegenüber Dramen der Moderne unangemessen sei (wobei noch zu ergänzen wäre, daß auch ‚vormoderne' Dramen keine stimmigen Gesamtaussagen bereithalten). Darüber hinaus ist Fricks Sicht auf das Drama der Moderne zu sehr von einem traditionellen Dramenverständnis geprägt, ablesbar an der mehrfach beschworenen „conditio humana", deren „Aporien" Jahnn thematisiere (S. 169). In Jahnns *Medea* geht es jedoch nicht um Willensfreiheit, Schuld oder personale Verantwortung, sondern um den Versuch, durch die archaisierende Adaption bzw. Neuschöpfung von mythischen Bildfragmenten die Strukturen des Begehrens literarisch zu gestalten. Insofern kann Jahnns Tragödie nicht mit dem Maßstab des klassischen Dramas gemessen werden – gerade in der Abwendung von klassischen, realistischen und naturalistischen Dramenkonzeptionen liegt die ‚archaische Modernität' von Jahnn begründet.

6.4 Die Künstlerin Medea

In Jahnns *Medea* ist neben der ungeschminkten Darstellung des Begehrens ein weiterer Aspekt eingeschlossen, der in der Rezeption dieses Mythos bis dahin keine Rolle spielte: die Kunst. Zweifellos wird das Drama von dem Phantasma beherrscht, daß der Tod in entgrenzenden Liebesakten zu überwinden sei. Neben dieser Vorstellung gibt es jedoch weitere Möglichkeiten, um den Verfall der Körper aufzuhalten. Denn Medea ist nicht nur mit den Attributen eines zauberkundigen Wesens ausgestattet, sie tritt auch als souveräne Künstlerin auf. So ist es kein Zufall, daß ein kunstbezogenes Vokabular immer wieder in ihrer Rede aufscheint,[840] denn mit einigem Recht darf sie den verjüngten Jason als ein von ihr geschaffenes Geschöpf betrachten.[841] Wie ein antiker Bildhauer modelliert Medea (mittels Zaubermittel) die jugendlichen Körper von Jason und ihren Söhnen, wobei die Hinweise auf deren Schönheit und göttergleiche Anmut Assoziationen an Meisterwerke der antiken Skulptur (wie beispielsweise den Apoll von Belvedere) wecken. Jasons Bitte, den unerträglichen Zustand ewiger Jugend zu beenden, lehnt Medea ab, weil sie um die Ganzheit und den Fortbestand ihres Kunstwerks fürchtet: „Nichts deines Leibes will ich stückweis. / Keins deiner Glieder. Kann ich das Bild / zerstören, das ich selbst geschaffen? / Nicht feilschen will ich, abbrechen Quader / von meinem Heiligtume nicht." (824). Medea erscheint bei Jahnn als ‚Umkehrfigur' des Pygmalion: Während der antike Bildhauer seine Skulptur zum Leben erwecken möchte, will die kolchische Königstochter die lebendige Gestalt des Geliebten als Kunstwerk konservieren.[842] Und in der Todesszene der Knaben scheint Medeas Blick nicht über sterbende Körper, sondern über Statuen aus Marmor hinwegzugleiten: „Ich hab das Letzte ausgekostet, / Zug um Zug: wie ihre Adern sich / am schlanken Hals bewegten, sich meißelten / in tiefen Schatten ihre Brüste, / das letzte Zucken ihres Bauches / sie bis ins Innerste entblößte." (845f.). Mit Blick auf das ästhetische Potential der Zerstückelungs- und Mordszenen lassen sich die Gewalttaten Medeas neu lesen, nämlich als Inszenierungen einer prometheischen Künstlerin. Hierbei gibt es einen bezeichnenden Unterschied: Während Kreusa in organische Masse aufgelöst und Kreon in verschiedene Körperfragmente zerteilt wird, dient das „spitze[] Eisen" (845), mit dem Medea ihre Söhne ‚zusammennagelt' (845), der fortdauernden Erhaltung einer Schönheit, die im Moment orgiastischer Verklammerung fixiert wurde: „Mein sind die Kinder jetzt. / Der Leib ist mein, denn seine Schönheit / hab ich Helios abgetrotzt. / Tot nur ist Jasons Same. Der Knaben

---

840 Siehe dazu Jahnn, *Medea*, S. 778, 779, 785, 789, 799, 813, 823, 824, 840 und 845. Dazu auch Hohl, *Das Medea-Drama*, S. 70-72.
841 Benthien, „Das Feste", S. 67.
842 Benthien, „Das Feste", S. 67f.; Schulz, „Eine andere Medea", S. 116.

Bildung / lebt als Gott mit Göttern." (846).[843] Wie oben gezeigt, schließt die Beschreibung der Todesszenen nicht nur die Darstellung von Gewalt, sondern auch ein konservierendes, ästhetisches Moment ein: Die Sterbenden werden mittels ausführlicher, alle Aspekte des Todes komprimierender Bildbeschreibung in monolithischen Sprachkunstwerken gleichsam metaliterarisch verewigt und damit dem Kreislauf von Werden und Vergehen entzogen – die als Bildbeschreibung gestaltete Erzählung vom Tod der Knaben gerät Medea zum Sprachdenkmal, zum Epitaph für ihre Söhne.

Als weitere Möglichkeit der künstlerischen Gestaltung (neben der bildhauerischen Modellierung von Körpern mittels Zaubermittel, der theatralischen Inszenierung von Greueltaten und der Ekphrasis von Gewalt und Sexualität) steht Medea die Bau- bzw. Sepulkralkunst zur ‚Verfügung'. Am Ende der Tragödie werden die toten Knaben in einer Grabkammer bestattet: „In harten Fels hinein tief / werde ich versenken die teure Bürde." (848). Wenn Medea Jason den Anblick der Toten verbietet, dann nicht, um wie bei Euripides die Qual des Vaters zu steigern, sondern um die Reinheit ihrer Schöpfung zu bewahren. Jahnns Drama führt verschiedene Zustände vor, in denen die Gesetze der Zeitlichkeit und des organischen Verfalls außer Kraft gesetzt werden sollen: Der mythisch-inzestuöse Bund zwischen Medea und ihrem Bruder, die Verjüngung Jasons, die orgiastische Tötung der Söhne, ihre Bestattung in einer Grabkammer im Fels, schließlich die Versenkung des gesamten Bühnenraumes unter den „Grund des Meeres" (848). All das sind Versuche, dem Verfall des Lebens Einhalt zu gebieten und einen Zustand mythischer Zeitlosigkeit herbeizuführen.

Rätselhaft mutet die Schlußszene an.[844] Einerseits wird die Halle für die sterbenden Diener und Sklaven zu einem riesigen Sarkophag, zu einem Raum, der der Erinnerung an Tote gewidmet ist. Andererseits entspricht die Versenkung unter den Ozean der Auslöschung des Lebens wie bei einer Naturkatastrophe. Wer sich unter dem Meeresboden befindet, tritt aus dem Raum der Geschichte in den bild- und erinnerungslosen Raum der Natur ein, in eine Sphäre, in der es weder sinnliche Wahrnehmung („Gebrochne Augen", 850) noch körperliche Begierden („zwecklose Leiber", 850) gibt. Eine solche Auslöschung kommt – entgegen Medeas Ankündigung: „Ein Schicksal / sollt ihr haben." (848) – völliger Schicksalslosigkeit gleich. Indem Diener

<hr/>

843 Wobei mit dem ‚spitzen Eisen' nicht nur ein Messer, sondern auch der Meißel eines Bildhauers gemeint sein kann. Siehe dazu auch Schulz, „Eine andere Medea", S. 115f.

844 Vorbereitet wird das Schlußbild durch den ‚Glückswechsel', den Medea herannahen sieht („Und beginnt / nicht doch der Fall jetzt, nebelnächtend?", 806), die Prophezeiung des Knabenführers („Die Festen dieses Hauses wanken.", 813), das Bild des einstürzenden Hauses in Jasons Verteidigungsrede („Des Hauses Wölbung stürzte ein.", 830) und insbesondere das Gebet der Amme („Die Götter strafen! Weh uns Beschuldigten. / Wo sollen wir uns bergen? Welch Ort / ist ab von aller Schöpfung, daß er uns / verschwiege? Und dunkel, daß er uns / bedeckte, daß wir verschüttet in / dem Ozean der Nacht uns fänden, / der leer von Lärm, daß wir erschräken nicht / beim eignen Röcheln.", 840f.)

und Sklaven das Bewußtsein verlieren und sich ihre Körper zersetzen, vergeht auch die Erinnerung an das vorangegangene Geschehen – mit dem Verlöschen des Lichts und dem Verstummen der Stimmen ist die Tragödie in einem Raum absoluter Negativität angelangt. Trotz der zahlreichen Bilder orgiastischer Brutalität, die Jahnn im Laufe seiner Tragödie schon entfaltet hat, wird erst jetzt der Höhepunkt des Schrekkens erreicht.

Welchen Stellenwert hat die Kunst nun in einer archaischen Welt, in der alle Figuren unter der Triebhaftigkeit leiden? Im Verlauf des Dramas wird mehrfach die gestaltende und Leidenschaften bezähmende Kraft des Künstlers angesprochen, wie oben gezeigt, meist mit Bezug auf die Bildhauerei: „O könnt / ich Götter bilden, buntem Stein / entringen meiner Phantasien über- / höhte Leidenschaften, vereinen / Geilheit und Erlösung und Tier und Mensch / und Mann und Weib und was mich sonst erregt!" (800), so klagt der ältere Knabe. Trotz der zahlreichen Hinweise auf künstlerische Produktivität scheint die Sublimierung des Begehrens in der Kunst kein Weg zu sein, um dem vielgestaltigen Verlangen nach Liebe Einhalt zu gebieten. Eine solche Perspektive würde auch Jahnns poetologischem Verständnis widersprechen, das nicht auf Läuterung oder Sublimierung, sondern auf Anerkennung der menschlichen Triebstruktur zielt.

Unter metaliterarischem Blickwinkel kann man durchaus davon sprechen, daß Jahnns Drama auch eine Aussage über den Stellenwert der Kunst enthält. Wie die oben zitierten Textstellen zeigen, sind selbst die Darstellung von qualvollen Leidenschaften und blutigen Greueln einem konsequenten Stilisierungswillen unterworfen. Durch die Anwendung strenger, archaisierender Formen auf eine Welt der Begierden gelangt Jahn an einen Punkt, an dem die Sprache etwas von ihrer mythischen Gewalt zurückgewinnt, die sie vormals besaß. Anders als die Vertreter des remythisierenden Antikendramas, die eine Poetik des Opfers oder auch die Theatermaschinerie bemühen müssen, um vergleichbare Intentionen zu realisieren, vertraut Jahnn der Kraft und Anschaulichkeit des gesprochenen Wortes.

7. Welttheater der Grausamkeit: Hauptmann, *Die Atriden-Tetralogie* (1941/1944/1948)

7.1 Hypotexte

Der Tantaliden- bzw. Atriden-Mythos gehört zu den bedeutendsten Heroenerzählungen der griechischen Antike. Obwohl dieser Mythos von den familiären Greueltaten mehrerer Generationen berichtet, haben die antiken Tragiker (und ihre modernen Nachfolger) hauptsächlich jene Episoden gewählt, die den mykenischen König Agamemnon und seine Familie betreffen. In den meisten Dramatisierungen des Stoffes wird die Handlung durch jenen Fluch motiviert, der auf die Gewalttaten von Tantalos und Pelops, Atreus und Thyestes zurückgeht. Auf diese Weise erhält das Geschehen eine mythische Tiefendimension, da die Vorgeschichte bis in die Gegenwart der jeweiligen dramatischen Figuration hineinragt: Noch Agamemnon und Klytaimestra, Orestes und Iphigenie leiden unter einem Geschehen, das die gewalttätigen Stammväter zu verantworten haben.

Gerhart Hauptmanns *Atriden-Tetralogie* kommt eine Ausnahmestellung in der Rezeptionsgeschichte dieses Mythos zu: Durch die Verknüpfung des Iphigenie-Mythos (mit seinen Stationen in Aulis, Tauris und Delphi) mit dem Geschehen in Mykene (Ermordung des Agamemnon, Ermordung der Klytämnestra) übertrifft der Dramenzyklus sogar die Spannweite von Aischylos' *Orestie*, immerhin die einzige thematisch zusammenhängende Trilogie, die aus der Antike überliefert wurde.[845]

Als Ausgangstext der *Iphigenie in Delphi* diente das ‚Argumentum', das Goethe in seiner *Italienischen Reise* skizziert hat;[846] in kontrastiver Hinsicht sind auch die taurischen *Iphigenie*-Dramen von Euripides und Goethe sowie die *Choephoren* und die *Eumeniden* von Aischylos zu nennen. Die später entstandenen Teile des Zyklus

---

845 Hauptmanns *Atriden-Tetralogie* wird zitiert nach: Gerhart Hauptmann, *Sämtliche Werke*, *Centenar-Ausgabe*, Bd. III: *Dramen*, hg. von Hans-Egon Hass, Frankfurt a. M.-Berlin 1965, S. 839-1090.

846 Dieses Szenario folgt einer Überlieferung, die im Vergleich zu dem aulischen und dem taurischen Iphigenie-Mythos die geringere Nachwirkung hatte. In der taurischen *Iphigenie* des Euripides und später bei Goethe werden zwar Orest- und Iphigeniehandlung miteinander verknüpft und durch Athenes Eingriff (Euripides) bzw. Orests Heilung (Goethe) zu einem glücklichen Abschluß gebracht. Die Rückkehr der Geschwister nach Griechenland und deren Vereinigung mit Elektra blieb den nicht überlieferten Dramen *Chryses* und *Aletes* vorbehalten, über deren Inhalt der römische Mythograph C. Iulius Hyginus in seinen *Fabulae* berichtet. Goethe befaßte sich während seiner italienischen Reise mit der Idee, die letzte Episode des Atriden-Mythos nach antikem Vorbild zu dramatisieren. Als Höhepunkt des Dramas plante er das verhängnisvolle Zusammentreffen der Schwestern Elektra und Iphigenie: „Diese [Elektra] ist im Begriff, mit demselbigen Beil, welches sie dem Altar wieder entreißt, Iphigenien zu ermorden, als eine glückliche Wendung dieses letzte schreckliche Übel von den Geschwistern abwendet." (Goethe, *Italienische Reise*, HA 11 108).

(*Iphigenie in Aulis*, *Agamemnons Tod*, *Elektra*) basieren weitgehend auf der aulischen *Iphigenie* von Euripides und der *Orestie* von Aischylos; die Atriden-Dramen von Sophokles (*Elektra*) und Euripides (*Elektra*, *Orestes*) sind nur in zweiter Linie von Bedeutung. Ob Hauptmann eines der *Iphigenie-in-Delphi*-Dramen des 19. Jahrhunderts, z. B. von Kannegießer oder Halm, kannte, ist nicht belegbar.[847] Neuere Bearbeitungen des Atriden-Mythos wie Hofmannsthals *Elektra* und Eugene O'Neills Trilogie *Mourning Becomes Electra* (1931) waren Hauptmann zwar bekannt, haben in seinen Antikendramen jedoch keine Spuren hinterlassen.[848]

Die homerischen Epen und die Dichtungen der antiken Tragiker stellen als literarische Umformungen mündlich tradierter Erzählungen eine späte Stufe der Mythenüberlieferung dar.[849] Zudem handelt es sich dabei um Heroenmythen, d. h. um Mythen, in denen von Wesen berichtet wird, die aufgrund ihrer göttlichen Herkunft und ihrer herausragenden Taten eine Sonderexistenz zwischen Menschen und Göttern einnehmen, jedoch sterblich sind und daher nicht als Götter angesehen werden können. Hauptmann geht hinter diese, für die abendländische Literatur so wirkungsmächtige Mythentradition zurück, wenn er die nach Tauris entrückte Tochter Agamemnons mit der archaischen Gottheit Iphigeneia identifiziert. Da in der Frühzeit der Mythenbildung die Götter nicht als Individualitäten, sondern als vielgestaltige Wesen vorgestellt wurden, verehrte man die chthonische Göttin Iphigeneia nicht nur als Geburts-, Fruchtbarkeits- und verderbenbringende Todesgöttin, sondern brachte sie auch mit den Gottheiten Artemis und Hekate in Verbindung. Wie archäologische Zeugnisse belegen, wurde Iphigeneia vielerorts durch symbolische Menschenopfer geehrt, bis das Vordringen des apollinisch-delphischen Kultes zwischen 700 und 500 v. Chr. zu einer Säkularisierung und Individualisierung des griechischen Götterwesens führte.[850] Als Folge dieser Ereignisse verblaßte der Iphigeneia-Kult und die

---

847 E. Susini („*L'Iphigénie a Delphes* de Gerhart Hauptmann", in: *Études Germaniques* III (1948), S. 333-342, hier S. 336) hält dies für möglich, Voigt (*Gerhart Hauptmann und die Antike*, S. 204, Anm. 17) schließt dies aus. Zur Rezeption von Goethes *Iphigenia-von-Delphi*-Plan im 19. Jahrhundert siehe Wilhelm Scherer, „Goethes *Iphigenie in Delphi*", in: ders., *Aufsätze über Goethe*, Berlin ²1900, S. 159-174, hier S. 167-173; Joseph Brock, *Hygins Fabeln in der deutschen Literatur. Quellenstudien und Beiträge zur Geschichte der deutschen Literatur*, München 1913, S. 335-355 sowie Kapitel III.1.6.

848 Voigt, *Gerhart Hauptmann und die Antike*, S. 139f.; Carl Friedrich Wilhelm Behl, *Zwiesprache mit Gerhart Hauptmann. Tagebuchblätter*, München 1949, S. 17f.; Cowen, *Hauptmann-Kommentar zum dramatischen Werk*, S. 247-249.

849 Burkert, *Griechische Religion*, S. 27f. und 191-199.

850 Siehe dazu Anders Lennart Kjellberg, „Iphigeneia", in: *Paulys Real-Encyclopädie der classischen Altertumswissenschaft*, Neue Bearbeitung, begonnen von Georg Wissowa, hg. von Wilhelm Kroll, 18. Halbband, Stuttgart 1916, Sp. 2588-2622, hier Sp. 2588-2598; Burkert, *Griechische Religion*, S. 92, 96 und 342; Gustav Hillard, „Das Opfer der Iphigenie", in: *Merkur* 3 (1949), S. 908-917, hier S. 908f.; Hamburger, „Das Opfer der delphischen Iphigenie", S. 169f.;

270

Gottheit sank zu der durch die Literarisierungen bekannten Heroenfigur des Atriden-Mythos herab. Die Auswertung von Hauptmanns Nachlaß und Bibliothek hat gezeigt, daß sich der Dichter sowohl in der Zeit nach der Jahrhundertwende als auch in den dreißiger und vierziger Jahren intensiv mit griechischer Religions- und Kulturgeschichte beschäftigt hat.[851] Auch wenn Hauptmann in letzter Konsequenz nicht an einer wissenschaftlich abgesicherten Rekonstruktion archaischer Mythen und Kulthandlungen interessiert ist, hat sich die Beschäftigung mit dieser Thematik in der *Atriden-Tetralogie* niedergeschlagen, insbesondere durch die Gestaltung einer chthonisch-düsteren Atmosphäre.[852] Wie im Fall seiner Tragödienauffassung verfährt der Dichter auch hier synkretistisch, d. h., er integriert das Wissen um die griechische Religionsgeschichte in sein mythisch grundiertes Welt- und Dichtungsverständnis. So wie für Hauptmann eine archaisierende Antikenfiguration mit den Formen der klassizistischen Tragödie vereinbar ist, so lassen sich auch die frühzeitlichen Mythen (Iphigeneia) mit dem späthellenistischen Brauchtum (eleusische Demeter-Mysterien) verbinden.

Susanne Aretz, *Die Opferung der Iphigeneia in Aulis. Die Rezeption des Mythos in antiken und modernen Dramen*, Stuttgart-Leipzig 1999 (Beiträge zur Altertumskunde 131), S. 33-46.

Anklänge an den archaischen Kultdienst finden sich vor allem in der *Iphigenie bei den Tauren* von Euripides, in der Iphigenie die schon erwähnten taurischen Opferungen anzuleiten hat und Orestes auf Befehl der Göttin Athena einen Artemiskult in Attika einrichten wird. Zur Erinnerung an die nicht vollzogene Hinrichtung in Tauris soll dabei einem jungen Mann mit einem Schwert der Hals geritzt werden, „bis ihm das Blut entquillt" (Euripides, *Iphigenie bei den Tauren*, V. 1460).

851 Carl Friedrich Wilhelm Behl/Felix A. Voigt, *Chronik von Gerhart Hauptmanns Leben und Schaffen*, bearbeitet von Mechthild Pfeiffer-Voigt, Würzburg 1993, S. 144; Voigt, *Gerhart Hauptmann und die Antike*, S. 57; Wegner, *Gerhart Hauptmanns Griechendramen*, S. 265f.; Sprengel, *Die Wirklichkeit der Mythen*, S. 232, 290-296, 314f. und 375.

Darüber hinaus hat Daria Santini (*Gerhart Hauptmann zwischen Modernität und Tradition. Neue Perspektiven zur ‚Atriden-Tetralogie'*, Berlin 1998 (Veröffentlichungen der Gerhart-Hauptmann-Gesellschaft e. V. 8), S. 33-99) gezeigt, daß Hauptmann während der Arbeit an der *Atriden-Tetralogie* intensiv antike Werke und religionsgeschichtliche und philosophische Arbeiten rezipiert hat, wobei der Themenkomplex ‚Orphik' eine besondere Rolle spielt. Zu den Texten, die Hauptmann zwischen 1940 und 1945 gelesen hat, zählen u. a.: Hesiod, *Theogonie*; Homer, *Ilias*; Aischylos, *Orestie* und *Perser*; Sophokles, *Philoktet* und *Elektra*; Euripides, *Hekabe*; Herodot, *Historien*; Pausanias, *Beschreibung von Griechenland*; Johann Jakob Bachofen, *Urreligion und antike Symbole*; Friedrich Nietzsche, *Die Geburt der Tragödie*; Ludwig Klages, *Vom kosmogonischen Eros*; Frank Thiess, *Das Reich der Dämonen*; sowie ein Vortrag des Ethnologen Leo Frobenius über die ‚rituelle Opferung afrikanischer Prinzessinnen'. Die Gleichzeitigkeit von weit gespannter, religionsgeschichtlicher Rezeption und literarischer Produktion hat sicher auch zu den Formproblemen der *Atriden-Tetralogie* beigetragen, da Hauptmann mitunter den Blick für den dramaturgischen Zusammenhang verloren hat und mehr daran interessiert war, Ergebnisse seiner Lektüre in den Dramentext einzuarbeiten, was u. a. zur Monologisierung des Dialogs und zu zahlreichen epischen Passagen geführt hat.

852 Zu Hauptmanns Antikenfiguration aus altphilologischer Sicht siehe Karin Alt, „Die Erneuerung des griechischen Mythos in Gerhart Hauptmanns *Iphigenie*-Dramen", in: *Grazer Beiträge* 12/13 (1985/86), S. 337-368, hier S. 358 und 368.

In den Nachkriegsjahren wurde Hauptmanns *Atriden-Tetralogie* trotz ihrer augenfälligen Gegenwartsferne als zeitbezogene Dichtung rezipiert. In seiner Gesamtperspektive schien das Werk der pessimistischen Weltsicht zahlreicher Interpreten zu entsprechen, die die Zeitereignisse (Nationalsozialismus, Zweiter Weltkrieg) auf die Ebene des Mythisch-Zeitlosen angehoben sahen. Dementsprechend wurde die Tetralogie als „erbarmungslos spiegelndes Sinnbild"[853], als „Geschichte unserer Generation"[854] und als „Botschaft der Hoffnung auf eine befriedete [...] Menschheit"[855] gewürdigt. Die Studien, die in der Folgezeit zu Hauptmanns archaischer Mythosauffassung vorgelegt wurden, verschieben die interpretatorischen Akzente. Insbesondere Hamburger stellt den chthonischen Charakter Iphigenies heraus, der in deutlichem Widerspruch zu dem apollinischen Schlußbild der *Iphigenie in Delphi* steht. Diese pessimistische Deutung der Schlußtragödie hat sich für die Rezeptionsgeschichte der Tetralogie als grundlegend erwiesen.[856] Den Gegensatz von *delphischer* und *aulischer* Werkauffassung hat Ziolkowski zum Anlaß genommen, auf die entstehungsgeschichtlich bedingten Widersprüche (insbesondere hinsichtlich des mythologischen Horizonts des Werks) hinzuweisen und die Frage nach der ästhetischen Einheit des Zyklus aufzuwerfen.[857] In dieser Perspektive ist Goethes Humanitätsideal in *Iphigenie in Delphi* noch maßgeblich und wird erst in den später entstandenen Tragödien chthonisch verdüstert. Hätte Hauptmann – so mutmaßt Ziolkowski – die delphische *Iphigenie* nochmals überarbeitet bzw. nach der *Elektra* geschrieben, dann wäre an die Stelle eines verhaltenen Goetheschen Humanismus eine in der Grundtendenz hoffnungslos-pessimistische Figuration getreten. Gegen diese Sicht spricht jedoch, daß in Hauptmanns Spätwerk kaum noch „umwälzende weltanschauliche Veränderungen" nachzuweisen sind[858] und vielmehr der unterschiedliche Grad der Stofftraktierung für die mangelnde ästhetische Ge-

---

853   Carl Friedrich Wilhelm Behl, „Gerhart Hauptmanns *Atriden-Tetralogie*", in: *The Gate* II 2 (Juni-August 1948), S. 20-25, hier S. 25.

854   Oskar Seidlin „Die *Orestie* heute: Enthumanisierung des Mythos", in: ders., *Von Goethe zu Thomas Mann. Zwölf Versuche*, Göttingen 1963, S. 208-225, hier S. 212.

855   Hubert Razinger, [„Nachwort zur *Atriden-Tetralogie*"], in: Gerhart Hauptmann, *Die Atriden-Tetralogie*, hg. von Hubert Razinger, Gütersloh 1956, S. 243-337, hier S. 337.

856   Hamburgers Aufsatz von 1953 zählt nach wie vor zu den maßgeblichen Interpretationen der *Atriden-Tetralogie*. Siehe dazu das Fazit von Frick, *Die mythische Methode'*, S. 211f.: „Wo Orest und Elektra sich, idealistischer Erwartung gemäß, den Olympiern anschließen, optiert Iphigenie, die einstige Leitfigur der Humanität, für den Rückzug in die Barbarei und den archaischen Terror einer chthonischen Gegenwelt, die damit nicht länger als das ein für allemal überwundene Vorstadium der Kultur erscheint, sondern als das stets präsente, nie völlig aufgehobene ,Andere' der Humanität, ihre blutige Alternative."

857   Theodore Ziolkowski, „Hauptmann's *Iphigenie in Delphi*: a travesty?", in: *The Germanic Review* 34 (1959), S. 105-123.

858   Peter Sprengel, *Gerhart Hauptmann. Epoche – Werk – Wirkung*, München 1984, S. 261.

272

schlossenheit verantwortlich ist. Auch Guthke hat betont, daß der Widerstreit zwischen optimistischer und pessimistischer Auslegung davon ablenkt, daß die mythologischen Schichten eine in sich widersprüchliche Struktur aufweisen und man lediglich den *Kampf* als zentrales Thema benennen kann.[859] Hierzu hat Alt eine erhellende Studie vorgelegt, die die Differenzen zwischen antikem Götterglauben und Hauptmanns archaisierender Mythologie herausstellt.[860] Wichtige Studien, die Entstehung, Tragödienstruktur und Iphigenies Opfertod erörtern, wurden von Reichart,[861] Emrich,[862] Fiedler,[863] Michaelis,[864] Alexander,[865] David[866] und Ruprecht[867] vorgelegt. In komparatistischer Perspektive sind außerdem die Arbeiten von Stockum[868], Blumenthal[869] und Garten[870] maßgeblich. Den zeitgeschichtlichen Gehalt der Tetralogie haben Piscator[871] und vor allem Usmiani[872] dargelegt. Die geistesgeschichtlichen Grundlagen von Hauptmanns Griechendramen wurden von Voigt,[873] Wegner[874] und

[859] Karl S. Guthke, „Hebbels ‚Dialektik in der Idee': Die Erfüllung einer Prognose", in: ders., *Wege zur Literatur. Studien zur deutschen Dichtungs- und Geistesgeschichte*, Bern-München 1967, S. 256-268; Guthke, *Gerhart Hauptmann*, S. 185-189.

[860] Alt, „Die Erneuerung des griechischen Mythos".

[861] Walter A. Reichart, „*Iphigenie in Delphi*", in: *The Germanic Review* 17 (1942), S. 221-237; Walter A. Reichart, „The Genesis of Hauptmann's *Iphigenia* Cycle", in: *Modern Language Quarterly* 9 (1948), S. 467-477.

[862] Wilhelm Emrich, „Der Tragödientypus Gerhart Hauptmanns", in: Hans Joachim Schrimpf (Hg.), *Gerhart Hauptmann*, Darmstadt 1976 (Wege der Forschung CCVII), S. 145-164.

[863] Ralph Fiedler, *Die späten Dramen Gerhart Hauptmanns. Versuch einer Deutung*, München 1954.

[864] Rolf Michaelis, *Der schwarze Zeus. Gerhart Hauptmanns zweiter Weg*, Berlin 1962.

[865] Neville E. Alexander, *Studien zum Stilwandel im dramatischen Werk Gerhart Hauptmanns*, Stuttgart 1964 (Germanistische Abhandlungen 3).

[866] Claude David, „Gerhart Hauptmanns *Iphigenie in Delphi* und die Krise der Kunst des Dramas", in: Hans Joachim Schrimpf (Hg.), *Gerhart Hauptmann*, Darmstadt 1976 (Wege der Forschung CCVII), S. 278-288.

[867] Erich Ruprecht, „Gerhart Hauptmanns *Atriden-Tetralogie* – ein vergessenes Vermächtnis", in: Franz Link/Günter Niggl (Hg.), *Theatrum Mundi. Götter, Gott und Spielleiter im Drama von der Antike bis zur Gegenwart*, Berlin 1981, S. 367-385.

[868] Theodorus Cornelius van Stockum, „Gerhart Hauptmanns *Atriden-Tetralogie*", in: ders., *Von Friedrich Nicolai bis Thomas Mann. Aufsätze zur deutschen und vergleichenden Literaturgeschichte*, Groningen 1962, S. 334-361.

[869] Blumenthal, „Iphigenie von der Antike bis zur Moderne", S. 9-40.

[870] Hugo F. Garten, „Hofmannsthals und Hauptmanns *Elektra*", in: Vincent J. Günther u. a. (Hg.), *Untersuchungen zur Literatur als Geschichte. Festschrift für Benno von Wiese*, Berlin 1973, S. 418-430.

[871] Erwin Piscator, „Gerhart Hauptmanns *Atriden-Tetralogie*", in: Hans Joachim Schrimpf (Hg.), *Gerhart Hauptmann*, Darmstadt 1976 (Wege der Forschung CCVII), S. 319-327.

[872] Renate Usmiani, „Towards an Interpretation of Hauptmann's ‚House of Atreus'", in: *Modern Drama* XII (1969), S. 286-297.

[873] Voigt, *Gerhart Hauptmann und die Antike*.

[874] Wegner, *Gerhart Hauptmanns Griechendramen*.

Machatzke[875] dargelegt. Unter Berücksichtigung des handschriftlichen Nachlasses zeigt Sprengel, in welcher Weise mysterienhafte und totenkultische Züge das Dichtungsverständnis des mittleren und späten Hauptmann geprägt haben.[876] Unter den neueren Arbeiten zur *Atriden-Tetralogie*[877] ist besonders die Monographie von Santini hervorzuheben, die nicht nur orphisch-gnostische Motive bei Hauptmann herausarbeitet, sondern auch auf Formprobleme der Tetralogie eingeht.

7.2 Die Werkgenese

Obwohl Hauptmann sich nach seiner Griechenlandfahrt von 1907 in zunehmendem Maße mit antiken Stoffen und Figurationen befaßte, fiel die Entscheidung, die Geschichte des Atriden-Geschlechts als Tetralogie zu gestalten, erst 1940. Ausschlaggebend war der zufällige Hinweis auf Goethes *Iphigenia-von-Delphi*-Argument, das Hauptmann in einer Schrift des Deutschen Theaters Prag abgedruckt fand. Es scheint, als ob eine Gegenposition zu Goethes Humanitätsideal Anreiz für Hauptmann war, sich mit dem Iphigenie-Stoff zu beschäftigen. Schon 1938 hatte er sich abwertend über Goethes *Iphigenie auf Tauris* geäußert: „Dies Kunstwerk ist nicht elementar. [...] Es zeigt nicht, läßt nicht einmal ahnen die Furchtbarkeit der Tantaliden. Es zeigt nicht den mutterblutbefleckten, erinnyengehetzten Orest. Es zeigt nicht die einst als Opfer geführte Iphigenie. Das Grausen ist nirgend wahrhaft da. Hier sprechen allzu wohlerzogene, allzu gebildete Leute."[878] In diesem Zitat sind einige Aspekte genannt, die bei der Dramatisierung des Atriden-Mythos eine entscheidende Rolle spielen werden. Die ungezügelte Darstellung von Ekstase, Raserei und Wahnsinn ist hier ebenso hervorzuheben wie eine bilderreiche Sprache, die immer wieder die Schrecken des Dämonischen beschwört; darüber hinaus muß die Bedeutung des Opfers für die dramatische Fabel und die Deutung Iphigenies als uner-

---

875 Machatzke, *Hauptmanns Erzählfragment ,Winckelmann'*, S. 163-184.
876 Sprengel, *Die Wirklichkeit der Mythen*.
877 Skrodzki, *Mythopoetik*, S. 51-76; Peter Delvaux, *Antiker Mythos und Zeitgeschehen. Sinnstruktur und Zeitbezüge in Gerhart Hauptmanns ,Atriden-Tetralogie'*, Amsterdam-Atlanta 1992 (Amsterdamer Publikationen zur Sprache und Literatur 100); Peter Delvaux, *Leid soll lehren. Historische Zusammenhänge in Gerhart Hauptmanns ,Atriden-Tetralogie'*, Amsterdam-Atlanta 1994 (Amsterdamer Publikationen zur Sprache und Literatur 110); Santini, *Gerhart Hauptmann zwischen Modernität und Tradition*; Frick, *,Die mythische Methode'*, S. 170-212; Aretz, *Die Opferung der Iphigeneia in Aulis*, S. 357-462.
878 Unveröffentlichte Notiz Hauptmanns, Gerhart-Hauptmann-Archiv, Ronco, A 103, Bl. 27f., August/September 1938. Zitiert nach Machatzke, *Hauptmanns Erzählfragment ,Winckelmann'*, S. 174.

274

bittliche, grausame Priesterin der Göttin Hekate erwähnt werden. Nichtsdestotrotz stellt Hauptmann der Erstveröffentlichung der *Iphigenie in Delphi* ein respektvolles Vorwort voran, in dem er seine Stoffwahl rechtfertigt: „Ich hoffe, daß niemand [...] den Gedanken eines Wetteifers mit dem Ingenium divinum Goethes oder Mangel an Ehrfurcht vor ihm vermuten wird. [...] es ist doch wohl nichts dagegen zu sagen, wenn sie [die antiken Stoffe] auch hundert und mehr Jahre nach Goethe noch ihre Anziehungskraft auf die Phantasie eines Dramatikers ausüben." (1026).

Die *Atriden-Tetralogie* ist in der Zeit zwischen Juli 1940 und Januar 1945 entstanden.[879] Während der Arbeit an der *Iphigenie in Delphi* ergab sich die Notwendigkeit, das Vorgeschehen nicht nur in Form von erzählenden Rückblicken zu vergegenwärtigen, sondern es selbst zu dramatisieren. Ähnlich wie Richard Wagner, der seinen *Nibelungen*-Zyklus von Siegfrieds Tod her plante, ging Hauptmann vom ‚tragischen' Ende Iphigenies aus, dessen Bedeutung sich nur durch die vorausgegangenen Episoden, insbesondere jene in Aulis, Tauris und Mykene, erschließen läßt. Hauptmann hat die Schwierigkeit einer solchen Arbeitsweise gesehen. Behl vermerkt zu diesem Problem am 15.06.1943: „Ja, er [Hauptmann] meinte sogar – cum grano salis –, die delphische Iphigenie sei eine Spielerei gegen die aulische: ‚Vielleicht wäre sie, *nach der aulischen geschrieben, anders ausgefallen*'".[880] Dieser Aspekt betrifft jedoch weniger eventuelle Veränderungen im Weltbild des achtzigjährigen Autors als vielmehr die inhaltliche und formale Geschlossenheit des Werks. Eine Interpretation wird immer wieder auf die Frage stoßen, ob widersprüchliche Figurencharakterisierungen und dramaturgische Inkohärenzen lediglich auf eine unterlassene letzte Abstimmung der einzelnen Dramenteile zurückzuführen sind[881] oder ob sich darin eine Ambivalenz ausdrückt, die dem Werk bewußt eingeschrieben wurde.[882]

Die Umarbeitung der ersten Fassung der *Iphigenie in Delphi* hat zu zahlreichen Bedeutungsverschiebungen geführt. Hauptmann hat insbesondere die Titelgestalt neu konzipiert und damit die anfängliche Goethe-Nähe seines Dramas zurückgenommen. Dieser Veränderung liegt auch der Impuls zugrunde, Iphigenies Vorgeschichte unter

---

879 Eine ausführliche Rekonstruktion der Entstehungsgeschichte bei Santini, *Gerhart Hauptmann zwischen Modernität und Tradition*, S. 33-77 und 151-153.

880 Behl, *Zwiesprache mit Gerhart Hauptmann*, S. 160.

881 Behl, *Zwiesprache mit Gerhart Hauptmann*, S. 138 schreibt am 31.03.1943 über die Entstehung der *Iphigenie in Aulis*, daß „gewisse Zusammenhänge der Handlung [...] sich durch die verschiedenen Fassungen bei ihm [Hauptmann] verwirrt [hatten]. Wir brachten die Sache aber bald ins reine."

882 So Frick, *‚Die mythische Methode'*, S. 175, 201f. und 211f. Dagegen Santini, *Gerhart Hauptmann zwischen Modernität und Tradition*, S. 118: „Hauptmanns unaufhörliche Anstrengungen seiner letzten Lebensjahre, den tragischen Geist wiederzubeleben, finden keine befriedigende dramatische Umsetzung. Alle Versuche brechen unter der übergroßen Bedeutungsschwere zusammen und lassen das originale schöpferische Moment vermissen, das seine gelungeneren Werke auszeichnete."

Berücksichtigung der bei den griechischen Tragikern entwickelten Gatten- und Muttermordepisoden dramatisch zu gestalten. Schon in der ersten Fassung wird Iphigenie als ein der menschlichen Sphäre entrücktes Wesen gezeigt: Theron charakterisiert sie als „Barbaren-Priesterin",[883] deren blutrünstiges Treiben selbst bei König Thoas Entsetzen auslöst.[884] Die Fahrt nach Tauris dient aber nicht nur der Entsühnung des Orestes, sondern beendet auch Iphigenies unmenschliche Existenz. Entscheidend ist dabei, daß Orestes- und Iphigeniehandlung (im Gegensatz zur endgültigen Fassung) miteinander verknüpft werden: Die Aufhebung des Atriden-Fluchs ist erst möglich, als Orestes unter Anleitung des Oberpriesters Olen seine Schwester Iphigenie befragt und beide sich ihrer gewaltsamen Vergangenheit vergewissern.[885] Die Erinnerung an die blutigen Morde in Tauris und Mykene befreit Orestes von seinen Wahnvorstellungen und klärt Iphigenie über ihre Herkunft auf.

Nachdem im Sommer 1940 *Iphigenie in Delphi* fertiggestellt worden war, entschloß sich Hauptmann am 14.09.1940, „die Voraussetzung für die letzte Opfertat Iphigeniens zu gestalten."[886] Dies sollte sich als die umfangreichste Arbeit innerhalb der Tetralogie erweisen: Neun teilweise stark voneinander abweichende Fassungen zeugen von den dramaturgischen Problemen, denen Hauptmann gegenüberstand. Anders als in *Iphigenie in Delphi* war hier der Blick auf die Ereignisse durch die gleichnamige Tragödie des Euripides vorgeprägt. Zudem stand Hauptmann vor der Aufgabe, gemäß der im *Griechischen Frühling* entwickelten Poetik des Opferkultes der mythischen Gewalt dramatischen Ausdruck zu verleihen.

Am 17.02.1941 liegt die dritte Fassung der *Iphigenie in Aulis* vor, die zum ersten Mal eine vollständige Folge von fünf Akten umfaßt und daher als erste abgeschlossene Fassung gilt. Diese Werkstufe steht noch ganz in der Tradition mythenkritischer *Iphigenie*-Transpositionen: Zwischen Agamemnon und Kalchas entbrennt im ersten Akt eine machtpolitische Auseinandersetzung um den Führungsanspruch von Königund Priestertum, die den gesamten Text des Dramas durchzieht und die mythischen Handlungsepisoden relativiert.[887] Die Hinweise auf die mythischen Mächte sind noch uneinheitlich; der Zusammenhang zwischen dem ausbrechenden Wahnsinn Agamemnons und der chthonischen Sphäre wird nur beiläufig hergestellt. Hauptmann notierte daher auf dem Typoskript, daß eine „neue Niederschrift das Artemis-

---

883 Hauptmann, *Iphigenie in Delphi*, erste Fassung, CA IX 1437.
884 Hauptmann, *Iphigenie in Delphi*, erste Fassung, CA IX 1435 und 1437f.
885 Hauptmann, *Iphigenie in Delphi*, erste Fassung, CA IX 1471f.
886 Behl, *Zwiesprache mit Gerhart Hauptmann*, S. 48.
887 Hauptmann, *Iphigenie in Aulis*, erste abgeschlossene Fassung, CA IX 1489-1498, insbesondere 1494f.: „AGAMEMNON Wer sagt mir, ob der Göttin grausenvoller, / blutgieriger Wunsch nicht nur in deinem Haupt / allein besteht?"

Mysterium suggestiver und tiefer in den Mittelpunkt des Werks bringen, ja seine Atmosphäre schaffen [muß]."[888]

Das zentrale Problem der *Iphigenie in Aulis* betrifft das Antikenbild, das Hauptmann seinem Werk unterlegt und das in einem auffallenden Gegensatz zu den Werken der antiken Tragiker steht. Am 10.04.1941 schreibt Hauptmann an Voigt: „Unter uns gesagt: ich werde meine Bemühungen um Aulis doch wohl aufgeben, weil schon die alten perikleischen Tragiker für Menschenschlächterei auf Altären nichts Rechtes mehr übrig haben konnten."[889] Deutliches Zeichen einer Differenz zwischen Euripides und Hauptmann ist die Motivierung des Opfers. An die Stelle einer mythologischen Begründung treten bei Euripides politische Motive: Agamemnon muß fürchten, daß die latente Gewaltbereitschaft des Heeres seiner Herrschaft ein Ende bereiten könnte, wenn er sich der Opferung widersetzt.[890] Im Gegensatz zu dieser „säkularisierten Ananke"[891] will Hauptmann die Fabel des Werks wieder auf ihre kultischen Grundlagen zurückführen. Damit stellt sich die Frage nach der szenischen Darstellbarkeit des archaischen Opferkultes, da das Menschenopfer einen sakralen Charakter hat, der sich schon im Medium der antiken Tragödie nicht mehr als Mysterium vorführen ließ. Hauptmann war sich des zeitlichen Widerspruchs seiner Antikenfiguration durchaus bewußt: „Mein neueres Griechentum ,Iphigenie in Delphi' ist gewissermaßen das ältere: ich glaube, es wird bei der zufällig angeregten ,Iphigenie in Delphi' sein Bewenden haben müssen. Geht man weiter, so wird der Ernst immer ernster und das Gewissen immer gewissenhafter. Und die Voraussetzung für eine ,Iphigenie in Delphi' zu schaffen, heißt ein uns fremdes Mysterium zugleich auflösen und bestehen lassen."[892] Hauptmann hat *Iphigenie in Aulis* nicht ruhen lassen, aber die langwierige Arbeit an den verschiedenen Fassungen des Werks zeugt von der Schwierigkeit, den kultischen Charakter des antiken Stoffes in der Form des neuzeitlichen Dramas szenisch zu präsentieren. Der Dramatiker hat die mysterienhaften Züge in der neunten Fassung der Tragödie durch die Vergöttlichung Agamemnons, die Figur der Peitho, die Präsenz des Totenschiffs und die Entführungsszene deutlich ausgebaut. Demgegenüber treten realistische Handlungsanteile, insbesondere die (an Racines *Iphigénie* erinnernde) Liebesbeziehung zwischen Iphigenie und Achilleus und die machtpolitischen Auseinandersetzungen zwischen Agamemnon und Kalchas, erkennbar zurück. Letztendlich mußte der Versuch, das Mysterium zu dramatisieren,

---

888   Notiz Hauptmanns vom 15.02.1941, zitiert nach Hauptmann, *Iphigenie in Delphi*, erste Fassung, CA IX 1484.

889   Zitiert nach Voigt, *Gerhart Hauptmann und die Antike*, S. 141.

890   Euripides, *Iphigenie in Aulis*, V. 511-542 und 1255-1275.

891   Lesky, *Die tragische Dichtung der Hellenen*, S. 475; siehe auch Aretz, *Die Opferung der Iphigeneia in Aulis*, S. 224-229.

892   Brief vom 10.04.1941 an Voigt, zitiert nach Voigt, *Gerhart Hauptmann und die Antike*, S. 141.

trotz zahlreicher Modifikationen zu dramaturgischen Widersprüchen führen, die sich bis in die Endfassung der *Iphigenie in Aulis* fortsetzten und nur durch produktionsästhetische Mystifikationen überdeckt werden konnten. So schreibt Hauptmann am 23.06.1942 in einer „Iphigenie in Aulis" betitelten Notiz „Über den dichterischen Schaffensprozeß": „Er [Dionysos] bringt mich in einen Zustand, wo meine Feder über das Papier rennt, Reim oder Rhythmus ergeben sich völlig unabsichtlich. Es gibt keine Hemmung, und die Quelle, aus der alles herkommt, bleibt unbewußt. Dies Schaffen ist medial."[893]

Den Plan, eine über die zwei *Iphigenie*-Tragödien hinausreichende dramatische Figuration zu entwerfen, erwähnt Hauptmann zum ersten Mal am 18.01.1942. Ausgangspunkt ist der Mykene-Akt, den Hauptmann in die letzte Fassung der *Iphigenie in Aulis* eingefügt hat und der durch die Konstellation Klytämnestra-Aigisthos eine Verbindung zwischen Iphigenies Opfertod und Agamemnons Ermordung herstellt. Da Hauptmann zu diesem Zeitpunkt schon mehrere Wochen an *Agamemnons Tod* arbeitete, werden nicht nur die ersten Skizzen dieser Tragödie gesichtet, sondern gesprächsweise auch Anschlußmöglichkeiten im Hinblick auf die Großform Tetralogie erörtert. Naheliegend war hier die Dramatisierung der Rachetat des Orestes; eine Neubearbeitung der taurischen *Iphigenie* schloß Hauptmann dagegen kategorisch aus.[894] Die Überlegungen hinsichtlich einer Tetralogie bleiben zunächst unausgeführt: Am 08.04.1943 – *Agamemnons Tod* lag schon in der zweiten, endgültigen Fassung vor – spricht Hauptmann noch von Klytämnestras Mutterliebe als der „Urkeimzelle der Trilogie".[895] Äußerungen im Freundeskreis bestärken den Autor, die vorliegenden Tragödien in einem vierteiligen Dramenzyklus zusammenzufassen.[896] Hauptmann greift die Idee jedoch erst wieder am 02.08.1944 auf, als er nach einer nochmaligen Lesung von *Agamemnons Tod* die Überlegung anstellt, in Übereinstimmung mit der antiken Tradition die Tetralogie durch ein Satyrspiel abzuschließen. Anstelle eines heiteren Ausklangs greift Hauptmann auf die Chronologie des Atriden-Mythos zurück und ergänzt den Zyklus durch die Tragödie *Elektra*, die am 13.12.1944 in einer ersten Lesung vorgestellt wird. Hauptmann diktiert am 11.01.1945 noch Veränderungen, die den Haß Elektras psychologisch stärker moti-

---

893 Hauptmann, [„*Iphigenie in Aulis*"], Prosatext vom 23.06.1942, CA XI 1189. Siehe auch Behls Hinweise auf „die mediale Art seiner [Hauptmanns] Produktivität" und auf den „Zwang" bzw. „Daimon", der Hauptmann zu der Vollendung des Werks nötigte (*Zwiesprache mit Gerhart Hauptmann*, S. 47f. und 80). Zu dieser Thematik: Ingo Stöckmann, „Verhüllung und Repräsentanz. Gerhart Hauptmanns Autorschaft", in: Heinz Ludwig Arnold (Hg.), *Gerhart Hauptmann*, *Text+Kritik* 142 (1999), S. 27-42.

894 Behl, *Zwiesprache mit Gerhart Hauptmann*, S. 113f.

895 Behl, *Zwiesprache mit Gerhart Hauptmann*, S. 141.

896 Joseph Gregor, *Gerhart Hauptmann. Das Werk und unsere Zeit*, Wien o. J. [1951], S. 478, Anm. 200.

278

vieren sollen. Nach der schweren Bombardierung Dresdens am 13. und 14.02.1945, die Hauptmann in einem Vorort miterlebt, zog er diese Korrekturen jedoch wieder zurück und stellte die Arbeit an der *Atriden-Tetralogie* ganz ein.[897] Eine Revision der *Iphigenie in Delphi*, die – wie Hauptmann am 13.12.1944 festgestellt hatte – nach Abschluß der Tetralogie erforderlich gewesen wäre, unterblieb ebenso wie eine grundsätzliche Angleichung der Tragödien aneinander.[898]

Ein Vergleich der *Iphigenie-in-Delphi*-Fassungen zeigt, daß Hauptmann schon zu einem frühen Zeitpunkt von einer versöhnlichen Schlußgebung des Atriden-Mythos abgerückt ist, weil sich der Gegensatz zwischen delphischem Götterglauben und hekatischem Opferkult als unüberbrückbar herausgestellt hatte. Die Barbarisierung der Iphigenie-Figur erforderte eine neuerliche Dramatisierung der Vorgeschichte, die – anders als bei Aischylos, Euripides und Goethe – die Protagonisten mit den schreckenerregenden Schicksalsgewalten einer archaischen Vorzeit konfrontiert. Hauptmanns Interesse an der aulischen *Iphigenie* richtete sich dementsprechend auf die gegenseitige Durchdringung von realistischen und übernatürlichen Handlungsanteilen im Licht seiner kultischen Tragödienauffassung. Daß Hauptmann die delphische *Iphigenie* zügig – Machatzke meint „zu schnell"[899] – abschloß, die aulische *Iphigenie* dagegen einem langwierigen Be- und Überarbeitungsprozeß unterzog, mußte zu einer unterschiedlichen Durchdringung der einzelnen mythischen Episoden führen, die der ästhetischen Geschlossenheit des Zyklus nicht zuträglich war.

---

897 Behl, *Zwiesprache mit Gerhart Hauptmann*, S. 271f. und 281f.
898 Behl, *Zwiesprache mit Gerhart Hauptmann*, S. 263f.; Voigt, *Gerhart Hauptmann und die Antike*, S. 164. Folgende Punkte widersprechen der Handlungslogik: Iphigenie bejaht in Aulis und Mykene ihre Opferung (912, 914, 925, 936f.), während sie im Rückblick davon spricht, den taktischen Erwägungen des Kalchas zum Opfer gefallen zu sein (1079); obwohl Pylades mit der Ermordung des Aigisthos Blutschuld auf sich lädt (1019), wird er in Delphi als vom Atriden-Fluch nicht betroffen gezeigt (1064f.); Elektra erklärt, durch die Berührung mit dem Blut Kassandras zur Seherin geworden zu sein (1003), obwohl sie bei deren Ermordung nicht anwesend war (979, vgl. 970, 983). Siehe dazu Fiedler, *Die späten Dramen Gerhart Hauptmanns*, S. 124; Stockum, „Gerhart Hauptmanns Atriden-Tetralogie", S. 354f.; Hilscher, *Gerhart Hauptmann*, S. 476; Alt, „Die Erneuerung des griechischen Mythos", S. 350-368.
899 Machatzke, *Hauptmanns Erzählfragment ‚Winckelmann'*, S. 164.

7.3 Archaik, Antike und Zeitgeschichte

Auffallend ist, daß Hauptmann die Archaisierung des Antikenbildes nicht einheitlich gestaltet, sondern neben *mythisierenden* Elementen auch eine *mythengeschichtliche* Dimension einschließt. Als mythisierend können alle Handlungsepisoden bezeichnet werden, die die (im Stück behauptete) Wirklichkeit des Mythischen sprachlich oder szenisch darstellen. In diesen Momenten kommt Hauptmanns ‚älteres Griechentum' zum Ausdruck: In Zuständen des Außer-sich-Seins wird die Annäherung an das Göttliche dargestellt und die Überwindung von Raum- und Zeitbezügen sprachlich behauptet oder szenisch vorgeführt. Obwohl Hauptmann den mythisierenden Zug seines Werks stark hervorhebt, kann gezeigt werden, daß die Handlung der *Atriden-Tetralogie* in einer *nacharchaischen* Zeit spielt, in der sich schon ein historisches Mythosverständnis ausgebildet hat. Eine mythengeschichtliche Perspektive wird vor allem dann artikuliert, wenn das mysterienhafte Geschehen selbst Gegenstand des dramatischen Diskurses wird. Insbesondere Menelaos, Kritolaos und Klytämnestra bezeichnen die Opferung mehrmals als Rückfall in die „grause[n] Bräuche der Vergangenheit" (885); Iphigenie wehrt in Szene II, 2 Peithos unheilschwangere Prophezeiungen mit der Bemerkung „Schweig, Närrin, laß / die blutigen Märchen ruhn von Atreus' Stamm!" (868) ab. Auch die Charakterisierung des Kalchas als blutgieriger Scharlatan (907f.) unterstützt diese Tendenz.

Mythenkritische Motive haben in der *Iphigenie in Aulis* eine andere Funktion als in den *Iphigenie*-Dramen von Euripides, Racine und Goethe. Bei Hauptmann geht es nicht um eine Humanisierung von Mythos und Opferkult, sondern um die Darstellung eines zyklischen Geschichtsverständnisses: Nach einer Zeit des zivilisatorischen Wohlergehens kehren die längst überwunden geglaubten mythischen Mächte zurück und bedrohen die Menschen mit Wahnsinn und Untergang. Es ist daher nicht zutreffend, wenn Hamburger behauptet, in der *Iphigenie in Aulis* herrsche *noch* Hekatezeit.[900] Vielmehr werden in Hauptmanns Dramenzyklus *zwei* ‚menschheitsgeschichtliche' Wendepunkte vorgeführt: Zunächst der Einbruch des Archaischen in *Iphigenie in Aulis* und dessen Konsolidierung in *Agamemnons Tod* und *Elektra*; schließlich die (zeitweilige) Beruhigung der mythischen Konflikte in *Iphigenie in Delphi*.

Die Überwältigung des Humanen durch das Archaische hat die Frage nach dem zeitgeschichtlichen Gehalt des Werks aufgeworfen.[901] Hauptmann ist von seiner ur-

---

[900] Hamburger, „Das Opfer der delphischen Iphigenie", S. 177.
[901] Siehe dazu Santini, *Gerhart Hauptmann zwischen Modernität und Tradition*, S. 126-133. Zu Hauptmanns zwiespältiger Haltung zum Nationalsozialismus siehe Ulrich Erdmann, *Vom Naturalismus zum Nationalsozialismus? Zeitgeschichtlich-biographische Studien zu Max Halbe, Ger-*

sprünglichen Intention, in Anknüpfung an den *Griechischen Frühling* die elementare Gewalt des Opferrituals zu dramatisieren, abgerückt. An die Stelle einer einsinnigen Archaisierung der Antike ist der strukturbildende Gegensatz von archaischem Kultverständnis und mythengeschichtlicher Perspektive getreten. Unter dem Eindruck von Faschismus und Weltkrieg mußte aus Hauptmanns Sicht die Zerstörung Europas wie die Entfesselung mythischer Kräfte erscheinen. Um einen Zusammenhang zwischen den Zeitereignissen und dem Atriden-Mythos herstellen zu können, war es notwendig, in der *Iphigenie in Aulis* eine historische Perspektive zu entfalten, vor deren Hintergrund die gewalttätige Rückkehr der Götter als Einbruch in die zivilisierte Welt der Menschen wahrgenommen werden kann.[902] Zur Lust an „blutiger Schaurigkeit"[903], die sich im *Griechischen Frühling* mit provokativer Geste gegen hellenistisches Altertum und klassizistisches Griechenlandbild richtet, kommt in der *Iphigenie in Aulis* das Erschrecken vor dem (ins Mythische transponierten) Zeitgeschehen hinzu.

Schon im Dezember 1943 schloß ein britischer Rezensent allein von der Inhaltsangabe der *Iphigenie in Aulis* auf eine „unmittelbar gegen Hitler gerichtete Dichtung"[904]. Diese Vermutung steht jedoch im Gegensatz zu der Tatsache, daß Hauptmanns Tragödie am 15.11.1943 anläßlich seines 81. Geburtstages am Wiener Burgtheater uraufgeführt wurde – in Anwesenheit des Wiener Gauleiters Baldur von Schirach. Erwin Piscator hat Überlegungen angestellt, die eine Interpretation des Zyklus als *„politisches Drama"*, ja als „verschlüsselte Anklage gegen das Nazi-Regime" begründen sollen.[905] Ausgangspunkt ist dabei die Annahme, daß Hauptmann sich gezwungen sah, Anspielungen auf die politischen Zustände in Deutschland hinter der Fassade einer mythisierenden Antikenfiguration zu verbergen. Piscators (stark kürzende) Westberliner Inszenierung von 1962 stellt den Versuch dar, den zeitgeschichtlichen Gehalt des Werks aus seinem archaischen Gehäuse herauszuschälen und die griechische Szene auf die deutschen Verhältnisse während des Nationalsozialismus zu projizieren. Dies geschieht durch die Analogisierung von Mythos und Zeitge-

---

hart Hauptmann, Johannes Schlaf und Hermann Stehr. Mit unbekannten Selbstzeugnissen, Frankfurt a. M. u. a. 1997, S. 200-239 sowie S. 331-333; Jan-Pieter Barbian, „Zwischen allen Stühlen. Gerhart Hauptmann im ‚Dritten Reich'", in: Heinz Ludwig Arnold (Hg.), *Gerhart Hauptmann, Text+Kritik* 142 (1999), S. 43-63.

902 Aus diesem Grund beziehen sich aktualisierende Interpretationen der *Atriden-Tetralogie* (wie die von Piscator und Usmiani) hauptsächlich auf die *Iphigenie in Aulis.*

903 Mayer, „Griechischer Frühling", S. 332.

904 Dieser Hinweis bei Felix A. Voigt, „Gerhart Hauptmann unter der Herrschaft des Nazismus", in: Hans Joachim Schrimpf (Hg.), *Gerhart Hauptmann*, Darmstadt 1976 (Wege der Forschung CCVII), S. 116-123, hier S. 117. Siehe auch Hans Daiber, *Gerhart Hauptmann oder Der letzte Klassiker*, Wien-München-Zürich 1971, S. 283.

905 Piscator, „Gerhart Hauptmanns ‚Atriden-Tetralogie'", S. 320.

schichte: Hinter den antiken Masken treten entweder historische Figuren (Agamemnon-Hitler, Kalchas-Goebbels) oder die Personifikationen historischer Kollektive hervor (Klytämnestra steht für die antifaschistische Widerstandsbewegung, Orestes für die regimetreue Wehrmacht, Iphigenie für die Opfer des nationalsozialistischen Vernichtungswahns).[906] Abgesehen davon, daß diese Zuordnungen nicht restlos aufgehen (wie sind Klytämnestra und Iphigenie zu deuten, nachdem sie den chthonischen Mächten verfallen und die barbarischen Kulte der Vorzeit wiederaufleben lassen?), verkennt Piscator, daß Hauptmann die im antiken Mythos aufbewahrten historischen Gegebenheiten (Vor- und Nachgeschichte des Trojanischen Krieges, Einführung einer neuen Rechts- und Kultordnung) gänzlich ins Mythische gewendet hat. Dies jedoch nicht, weil „unter dem Hitler-Terror naturgemäß die größte Vorsicht geboten war bei kritischen Anspielungen auf die Gegenwart"[907] und das (gemeinte) politische Geschehen hinter einer antikisierenden Fabel verborgen werden mußte, sondern weil – tiefenstrukturell betrachtet – ein unspezifisch-ahistorischer Grundkonflikt zwischen Licht und Finsternis, zwischen Lebens- und Todessphäre den Handlungsfortgang bestimmt. Elektras Klage über die Schicksalsmächte („Wie viele Schwerter zücken über uns / in jeder Stunde, jedem Augenblick!", 1076) betrifft nicht eine konkrete, in die Antike transponierte zeitgeschichtliche Konstellation, sondern bringt eine von *allen* Figuren geteilte Schicksalsgläubigkeit zum Ausdruck. In dieser Hinsicht fanden Hauptmanns bis 1945 mehrfach aufgeführte *Iphigenie*-Dramen sowohl in regimefernen als auch in regimetreuen Kreisen eine gewisse Anerkennung.[908]

Auch Usmiani interpretiert die *Atriden-Tetralogie* als dezidierte Anklage gegen die Vernichtung des jüdischen Volkes.[909] Anders als Piscator betont die Autorin, daß die Dramenfiguren nicht mit historischen Persönlichkeiten korrespondieren, sondern

---

[906] Piscator, „Gerhart Hauptmanns ‚Atriden-Tetralogie'", S. 322-324.

[907] Piscator, „Gerhart Hauptmanns ‚Atriden-Tetralogie'", S. 324.

[908] Siehe dazu die wohlwollenden Uraufführungsrezensionen im *Völkischen Beobachter*: Richard Biedrzynski, „*Iphigenie in Delphi*. Erfolgreiche Uraufführung einer Tragödie von Gerhart Hauptmann", in: *Völkischer Beobachter*, Berliner Ausgabe, 17. November 1941, Nr. 321; Otto Horny, „Götter und Menschen. Gerhart Hauptmanns *Iphigenie in Aulis* im Burgtheater uraufgeführt", in: *Völkischer Beobachter*, Wiener Ausgabe, 17. November 1943, Nr. 321.
    Santini, *Gerhart Hauptmann zwischen Modernität und Tradition*, S. 128-130, weist darauf hin, daß die *Atriden-Tetralogie* in einigen Punkten mit der Ästhetik des völkisch-heroischen Dramas des Nationalsozialismus übereinstimmt. Siehe dazu grundsätzlich Uwe-Karsten Ketelsen, *Literatur und ‚Drittes Reich'*, Schernfeld 1992, S. 48-54. In seiner Monographie *Heroisches Theater* hat Ketelsen außerdem eine Typologie vorgelegt, die einen Vergleich mit Hauptmanns *Atriden-Tetralogie* erlaubt (S. 83-178). Übereinstimmungen gibt es insbesondere hinsichtlich der Verabsolutierung des Tragischen, der Fixierung auf das kultische Opfer, der Wiederbelebung der kultischen Dimension des Dramas, der typisierenden Figurendarstellung und der mythisierenden Überhöhung der Geschichte.

[909] Usmiani, „Towards an Interpretation", S. 287.

weist auf Übereinstimmungen zwischen dem Dramentext und zeittypischen Redewendungen der politischen Propaganda hin. Auf diese Weise treten – so Usmiani – hinter der Darstellung von Größenwahn, Kriegsbegeisterung und religiösem Fanatismus (vor allem in der *Iphigenie in Aulis*) ideologische Versatzstücke und Präsentationsformen des faschistischen Herrschaftssystems hervor. Agamemnons Ohnmacht entspricht dem zunehmenden Verlust von moralischen Unterscheidungskriterien, den die Deutschen unter dem Einfluß einer allgegenwärtigen Propaganda erlitten hatten; die Entfesselung des Kriegswahns soll als Anspielung auf den pseudoreligiösen Inszenierungsstil von NS-Massenveranstaltungen verstanden werden; die Menschenopferung wird – wie der Holocaust im Dritten Reich – mit einem mythischen bzw. historischen Auftrag 'legitimiert', dem die Griechen bzw. Deutschen zu entsprechen hätten.[910] Wie bei Piscator beschränkt sich die Argumentation auf 'sinnfällige' Übereinstimmungen zwischen antiker Szenerie und politischem Zeitgeschehen, wobei einerseits einzelne Zitate herangezogen werden („der Wahnsinn herrscht! / Ganz Hellas ist sein fürchterlicher Herd", 900), andererseits auf die zunehmende, mit dem Kriegsgeschehen 'korrelierende' Verdüsterung der Handlung in den seit 1942 entstandenen Dramen (*Iphigenie in Aulis*, neunte Fassung; *Agamemnons Tod*; *Elektra*) hingewiesen wird. Aber auch in diesem Fall ergeben sich die Parallelen zwischen Werk und Historie nur, wenn einzelne Textpassagen isoliert betrachtet werden. Es kommt zwar im griechischen Heer zu wahnhaften Exzessen („Laßt keine Jungfrau leben, opfert alle / der heiligen Himmelsjungfrau Artemis!", 922); es werden jedoch auch Stimmen laut, die einer 'Gleichschaltung' im Sinn einer durchorganisierten Propaganda widersprechen („Die Fürsten sind Verräter allesamt!", 922; „Wir wollen keinen Krieg, wir wollen Brot! – ", 922). Und es darf nicht übersehen werden, daß die sich mehrfach steigernde Zustimmung zu Opferung und Kriegszug das Ergebnis eines mythischen Aktes ist. Agamemnon tritt eben nicht als die Massen aufpeitschender Demagoge auf, sondern ist tatsächlich – zumindest in der Sinnperspektive der Tragödie – eine von den Göttern beseelte, 'Wahrheit' verkündende Gestalt. Der realistische Konflikt zwischen den griechischen Heerführern, der allein Anlaß für die Parallelisierung von Mythos und Zeitgeschehen bietet, bleibt im Vergleich zu den mythischen Eingriffen von einer auffälligen Harmlosigkeit. Geht man jedoch einen Schritt weiter und verknüpft die Auseinandersetzungen auf mythischer Ebene mit Krieg und Faschismus (wie dies in Interpretationen der 40er und 50er Jahre häufig anklingt), dann wird Hauptmanns Tendenz zur Mythisierung des Historischen fortgeschrieben und die Etablierung eines totalitären Herrschaftssystems zu einer grausa-

---

910 Usmiani, „Towards an Interpretation", S. 289-293.

men Schicksalsfügung umgedeutet. In diesem Fall erweist sich die aktualisierende Lesart der *Atriden-Tetralogie* als blanke Ideologie.

Die hier angeführten Beispiele zeigen, daß die zeitgeschichtlichen Bezugnahmen vage bleiben und eine Deutung der *Atriden-Tetralogie* als Widerstandsdichtung gegen den Faschismus nicht zulassen. Außerdem ist zu berücksichtigen, daß die Darstellung von Gewalt und Leid schon vor der Zeit des Nationalsozialismus im Zentrum von Hauptmanns Dichtungsverständnis stand. Darüber hinaus ist dem Urteil Reicharts zuzustimmen, dem zufolge sich der zeitgeschichtliche Symbolgehalt der *Atriden-Tetralogie* nicht auf eine konkrete politische Konstellation bezieht, sondern vielmehr auf die generellen Auswirkungen von Krieg und Willkürherrschaft.[911] Wenn Hauptmanns Tetralogie (und hier vor allem die *Iphigenie in Aulis*) politisch interpretiert werden kann, dann nur insofern, als hier die *Folgen* des Krieges zur Darstellung gelangen. Opferwut und religiöser Fanatismus sind Ausdruck einer Brutalisierung familiärer und sozialer Beziehungen, die sich vor dem Hintergrund einer wahnhaften Kriegsbegeisterung entfalten. Es ist diese schicksalhafte Unbestimmtheit, die – wenn überhaupt – den zeitgeschichtlichen Gehalt der *Atriden-Tetralogie* ausmacht und die Thomas Mann in seiner Gedenkrede von 1952 hervorhob, als er Gerhart Hauptmann wie folgt charakterisierte: „Irgendwie trug dieser Dichtermensch die Bluthistorie der Menschheit, insonders auch der deutschen, in sich – gequälter, leibhaftig leidender als irgendein anderer."[912]

7.4 Affektstruktur, Psychokult und Zeitenwende

Mehrere Interpreten haben die Figurendarstellung in Hauptmanns *Iphigenie in Delphi* kritisiert – so beispielsweise David: „Sie [die Figuren] leben nur noch in einem blinden Taumel, der sie unfähig macht, die Gegenwart klar zu erfassen"[913]. Daher spiele sich das gesamte Drama „unterhalb der Bewußtseinsschwelle [...], in Wahnvorstellungen und Fieber [ab]".[914] Diese Beobachtung ist zutreffend, muß jedoch präzisiert werden, da das psychopathologische Erscheinungsbild der dramatis personae auf einer deterministischen Dichtungskonzeption beruht. Berücksichtigt man die

---

[911] Reichart, „The Genesis of Hauptmann's *Iphigenia* Cycle", S. 473.
[912] Thomas Mann, *Gerhart Hauptmann, Gesammelte Werke, Frankfurter Ausgabe, Leiden und Größe der Meister*, hg. von Peter de Mendelssohn, Frankfurt a. M. 1982, S. 635-646, hier S. 642.
[913] David, „Gerhart Hauptmanns *Iphigenie in Delphi*", S. 282.
[914] David, „Gerhart Hauptmanns *Iphigenie in Delphi*", S. 284.

284

Komponenten einer auf biologischen und kultischen Grundannahmen basierenden Dramentheorie, dann läßt sich ein psychopathologisches Grundmodell beschreiben, das den figuralen Differenzierungsspielraum deutlich einengt.[915]

Auf *erster* Ebene sind dabei die Wechselwirkungen zwischen Physis und Psyche von Belang: Aufgrund der biologisch bedingten Trieb- und Affektstruktur des Menschen ist dessen Willens- und Entscheidungsfreiheit stark eingeschränkt. Dieser Determinismus geht auf die Wirkungen des Blutes zurück: Nicht handlungsimmanente Gegensätze bestimmen die Motivationsstruktur der Protagonisten, sondern – losgelöst vom szenischen Kontext – die in ihrem Blut schwelenden und gärenden Konflikte. Agamemnons Schwanken zwischen resignativer Untätigkeit und rasendem Aufbegehren ist auf seine titanenhafte Abstammung zurückzuführen;[916] Orestes fühlt einen furchtbaren, nur mit der Kategorie der Vererbung erklärbaren Zwang aus seinen Adern aufsteigen, der ihn zum Muttermord antreibt: „Trag' ich im Blute nicht uralten Fluch / der Tantaliden? Wär' ich jung und reichte / nicht bis dorthin, wo die Verbrechen andrer / mein Blut vergifteten, dann freilich wär' / ich heute jung. So bin ich alt! uralt!" (997). Die herausragende Bedeutung, die dem Blut in der *Atriden-Tetralogie* zukommt, geht über die durch Mythos und Stoffgeschichte vorgegebenen ‚Leitmotive' wie Blutsverwandtschaft, Blutrache und Blutschuld weit hinaus, ja das Blut wird selbst zum Medium der Erkenntnis[917] und stellt eine Verbindung zum Numinosen her.[918] Die sich aus der naturhaften Elementarebene des Blutes ergebenden Konflikte sind durchweg antagonistisch strukturiert: So bestimmen die Gegensätze Herrscherwille-Familiensinn (Agamemnon), Gattenliebe-Mutterschaft (Klytämnestra), Mutterliebe-Racheverlangen (Orestes) und Rachsucht-Gewissensqual (Elektra) die Handlungsmotivationen der Hauptfiguren. Als einzige fällt Iphigenie aus diesem Schema heraus, da sie von Beginn an eine starke Todesaffinität aufweist, die sich während ihrer taurischen Priesterschaft zu einem exzessiven Blut- und Todeskult steigert. Iphigenies Bindung an die Welt der Menschen ist zu schwach, als daß es im Verlauf der Tragödien zu einem affektiven ‚Triebkonflikt' kommen könnte.

Als Folge dieser physiologisch bedingten Trieb- und Affektstruktur treten eine Vielzahl von Entgrenzungszuständen auf, die im Text durchgehend als krank- oder wahnhaft bezeichnet werden. So durchläuft Agamemnon in der *Iphigenie in Aulis*

---

915 Siehe zum Folgenden Wegner, *Gerhart Hauptmanns Griechendramen*, S. 245-266.

916 In *Iphigenie in Aulis*, III, 4 wird der Einfluß des Blutes auf das Bewußtsein der Figuren explizit thematisiert, wenn Klytämnestra den (vergeblichen) Versuch unternimmt, an Agamemnons Einsicht zu appellieren: „Atrid', komm zu dir! Deines Blutes Dämon, / der böse, nicht der gute, warf dich nieder." (908f.)

917 „ELEKTRA Mein Blut hat ihn [Agamemnon] erkannt." (970); siehe auch 878, 971 und 1003.

918 „AGAMEMNON Um uns mischen sich / des Hades und Olympos Götterlüfte; / wir trinken atmend sie in unser Blut / und damit heiligen Wahnsinn." (925); siehe auch 1002.

verschiedene Stadien der Bewußtseinsstörung, die Identitätsverlust,[919] hypnoide Zustände,[920] apathische Erstarrung[921] und wahnhafte Allmachtsvorstellungen[922] einschließen.[923] Diese Symptome betreffen nun die *zweite* Ebene von Hauptmanns Figurengestaltung, nämlich das Verhältnis von Psyche und Mythos. Wie Wegner gezeigt hat, drängen die entfesselten Leidenschaften zu bildlich-mythologischen Ausdrucksformen. Die Agamemnon bedrängenden Wesen haben „als der gesteigerte Ausdruck der ihn [Agamemnon] unterjochenden Affekte zu gelten."[924] Damit wird ein weiteres Determinationsgefüge erkennbar: Wie die zahllosen Klagen über die gewalttätige Willkürherrschaft von Göttern und Dämonen zeigen, wird nicht nur das mystifizierte ‚Blut', sondern auch der nahezu unübersichtliche mythologische Horizont für die Grausamkeiten des Handlungsverlaufs verantwortlich gemacht. Die Hauptfiguren sind sowohl in einen biologischen als auch in einen mythologischen ‚Abhängigkeitszusammenhang' eingespannt.

Es stellt sich die Frage, in welchem Verhältnis diese Determinationsgefüge zueinander stehen. Denn trotz der unübersehbaren Hinweise auf die psychopathologische Figurencharakterisierung erschöpft sich der Ideengehalt der *Atriden-Tetralogie* nicht in deren Zurschaustellung, sondern verweist auf ein schicksalhaftes Moment. Anhand der Darstellungsmodi mythischer Figuren in Haupt- und Nebentext läßt sich zeigen, daß es sich bei den Dämonen und Göttern nicht um psychische Projektionen der Protagonisten handelt und damit – wie Machatzke meint – um „Symptome seelischer Krankheit"[925], sondern um Wesen, denen auch unabhängig von den Bewußtseinsvorgängen der Dramenfiguren Realität zukommt. Die dramatische Szene Hauptmanns zeigt nicht nur den nach außen gewendeten, von Triebkonflikten zerrütteten Innenraum seines antiken Personals. Entgegen der von Machatzke (deutlicher als von Wegner) vertretenen Meinung kommt bei Hauptmann letztendlich nicht die Psychologie vor der Mythologie,[926] da die psychopathologische Bewußtseinsverfassung der Figuren in eine psychokultische Vorstellungswelt eingebunden ist.

Die psychokultische Sicht auf die *Atriden-Tetralogie* hat zunächst von Hauptmanns gattungsbezogenen Überlegungen auszugehen: Durch das tragische, Men-

---

[919] CA III 850 und 907.
[920] CA III 848f., 854, 885 und 906f.
[921] CA III 857 und 889.
[922] CA III 882, 887-889, 925-928 und 942-944.
[923] Nach Wegner, *Gerhart Hauptmanns Griechendramen*, S. 247-249 und 263-265 weist das diffuse Krankheitsbild Agamemnons sowohl epileptische als auch hysterische Symptome auf. Als epileptischen Anfall stuft Wegner (S. 261) auch Elektras Sturz in *Agamemnons Tod* ein: „*Sie stürzt ohnmächtig nach vorn auf das Gesicht.*" (988).
[924] Wegner, *Gerhart Hauptmanns Griechendramen*, S. 252.
[925] Machatzke, *Hauptmanns Erzählfragment ‚Winckelmann'*, S. 182.
[926] Machatzke, *Hauptmanns Erzählfragment ‚Winckelmann'*, S. 182.

schenopfer und Mord einschließende Geschehen wird die „grausame Forderung des sonst wohltätigen Gottes"[927] erfüllt; gleichzeitig werden die Hadesschatten angelockt, die zur dramatischen Darstellung vergangener Grausamkeiten gezwungen werden.[928] Die psychokultische Dramaturgie der *Atriden-Tetralogie* wird deutlich erkennbar, wenn man der Bedeutung des Opfers für das dramatische Geschehen nachgeht. Nach Hauptmanns Auffassung stellt die kultische Opferhandlung die Urform der griechischen Tragödie dar. Bedeutsam ist in diesem Zusammenhang, daß Hauptmann auch den *Mord* als Opferung begreift, als Glied in einer endlosen Kette von blutigen Taten, in der alte Schuld neue Sühneforderungen hervorbringt.[929] Ähnlich wie in Rohdes *Psyche* wird die Abfolge von Totenkult und Mordsühne zum grundlegenden Handlungsschema der *Atriden-Tetralogie*, werden die Episoden des antiken Mythos durch kultische Handlungen miteinander verknüpft: So geht den Morden bzw. Opferungen in *Iphigenie in Aulis* und in *Agamemnons Tod* jeweils ein Tieropfer voraus, das den Blutdurst der Dämonen stillen soll. Im ersten Fall ist es Peitho, die der Hekate ein (nicht näher bezeichnetes) Tier darbringt, im zweiten Fall sucht Klytämnestra die als antike Spukgestalt umherirrende Iphigenie durch ein Lammopfer zu besänftigen.

Eine solche Auffassung bedarf einer szenischen Konkretisierung, die insbesondere auf stimmungshaft-atmosphärische Elemente abhebt. Hauptmann verlagert Figuren, Handlung und Räumlichkeiten am deutlichsten in den Einaktern der Tetralogie in den direkten Einflußbereich eines mythischen Urgrundes. Der Dramatiker hat den Wahnsinn verbreitenden delphischen ‚Blutbrunnen', der schon im *Griechischen Frühling* erwähnt wird, zum Mittelpunkt seiner Einakter gemacht. Der Baderaum, bei Aischylos hinter der Szene liegender Schauplatz des Gattenmordes, wird nun als Teil des Demeter-Tempels zu einer Kultstätte, die durch die aufsteigenden heißen Dämpfe und Quellen mit der Unterwelt verbunden ist. Das Bad, das Klytämnestra hier nimmt, dient auf einer realistischen Handlungsebene ihrer Gesundung (968); auf der den gesamten Dramentext überlagernden mythischen Ebene bedeutet es jedoch das Eintauchen in die chthonische Sphäre, das der Gewalttat notwendigerweise vorausgehen muß. Im Rückblick auf die Mordtat wird der psychokultische Zusammenhang zwischen chthonischer Überwältigung und wahnhaft vollzogener Bluttat nochmals betont, wenn Klytämnestra erkennt, daß die Kette grausamer Handlungen nicht abreißen wird: „Doch der Quell, / der heiße, blut'ge Quell quillt weiter." (990). In

---

[927] Hauptmann, *Griechischer Frühling*, CA VII 80.
[928] Hauptmann, *Griechischer Frühling*, CA VII 100.
[929] Siehe dazu (mit Bezug auf Goethes *Gesang der Parzen*): „KLYTÄMNESTRA Aus Hadestiefen klirrt die Kette – hört! -, / taucht auf mit diesem und mit jenem Glied / und wird nach unten wiederum gezogen: / ein unzerreißlich Band, das Rache heißt." (987). Siehe dazu auch Hauptmann, *Griechischer Frühling*, CA VII 79 sowie Mayer, „Griechischer Frühling", S. 331-333.

Elektra wird der Demeter-Tempel als ein vor Schmutz starrendes Grab dargestellt, in dem sich ekelerregende Verwesungsvorgänge vollziehen. Am deutlichsten ist die hadesartige Verzeichnung aber an Elektra ablesbar, die nicht nur als Schatten, Gespenst, Aussätzige und Schlangenwesen wahrgenommen wird, sondern sich selbst als „Blutdürstige Wölfin" (1003) und als „Gorgo" (1021) bezeichnet.

Gerade die Aufmerksamkeit, die Hauptmann der Darstellung einer chthonischen Atmosphäre widmet, widerspricht einer ausschließlich psychobiologischen Interpretation. Hauptmann bleibt nicht bei der szenischen Darstellung von Triebkonflikten stehen, sondern will die Übergänge zwischen physiologisch bedingter Individualpsyche und chthonischem Urgrund der Seele dramatisch gestalten. Dieses Verhältnis steht wiederum in einem größeren Zusammenhang, nämlich dramatische Figuration wie Lebenswirklichkeit gleichermaßen umgreifenden Schicksalhaftigkeit. Die mitunter schematisch wirkende Darstellung von Figuren und Handlung folgt dem Anliegen, durch die Einbeziehung der Mythenforschung des 19. und frühen 20. Jahrhunderts mythisches Denken und Handeln auf der dramatischen Szene selbst vorzuführen.

Neben der psychokultischen Sicht auf den Atriden-Mythos wird eine weitere Bedeutungsebene erkennbar, die auf der von Bachofen skizzierten, kultur- und rechtsgeschichtlichen Umbruchphase vom Matriarchat zum Patriarchat beruht. Hauptmann hat in seine Antikenfiguration Anspielungen und Bezugnahmen auf Bachofens *Mutterrecht* integriert[930] und auf diese Weise dem Werk eine teleologische Ausrichtung unterlegt. Agamemnon hat nicht nur im Hain der Göttin Artemis eine trächtige Hirschkuh erlegt und damit einen Jagdfrevel begangen, sondern auch (wie durch die Opferung Iphigenies und die Mißachtung Klytämnestras) gegen die Prinzipien eines naturhaften Muttertums verstoßen.[931] Insofern erwächst ihm in Klytämnestra eine furienartige Gegnerin, die immer erregter „im Namen aller Mütter" (880) gegen Agamemnons Pläne vorgeht: „Zweifle nicht: / mich packt des wilden Tieres Raserei, / besinnungslos macht mich die Wut der Rache." (880).[932] Die Anlehnung an Bachofen wird auch dadurch sinnfällig, daß Klytämnestra in Beziehung zu der Erdgöttin Demeter (sowie Iphigenie zu Persephone) gesetzt wird: Klytämnestras Kultdienst im Demeter-Tempel gipfelt in der die Verbrechen Agamemnons sühnenden Mordtat. Im Angesicht der Tempelbilder (Demeter, Pluton, Kore) wird auch Aga-

---

[930] Zu Hauptmanns Bachofen-Lektüre während der Arbeit an der *Atriden-Tetralogie* siehe Santini, *Gerhart Hauptmann zwischen Modernität und Tradition*, S. 73, 84, 87, 92-94, 98 und 146.

[931] Wegner, *Gerhart Hauptmanns Griechendramen*, S. 225.

[932] Siehe dazu Bachofen, *Das Mutterrecht*, erste Hälfte, GesW 2 217: „Was die Mutter [Klytaemnestra] für sich geltend macht, ist ganz den Verhältnissen des stofflichen Lebens entnommen; die mütterliche Blutrache, die sie übt, gehört dem Recht der mütterlichen Geburt, die in der Erde Muttertum ihr großes Vorbild findet."

288

memnon hellsichtig: „in der Erdmutter Haus", so weiß der Heroe, „bin / ich hier, ich spür' es, allzu tief gefangen." (971). Wie Bachofen akzentuiert auch Hauptmann die rechtliche Seite des Gattenmordes: Geht es doch nicht nur um Blutrache, die die toten Heroen von ihren Anverwandten fordern, sondern auch um die Sühnung eines Verbrechens gegen die matriarchalische Ordnung. Klytämnestras Rede ist daher von ‚juristischen' Begriffen durchsetzt, die anklingen lassen, daß sich die ritualhaft vollziehende Ermordung Agamemnons vor dem Hintergrund einer gynaikokratischen Rechtsauffassung abspielt.[933]

In *Elektra* kommt es dann zu der direkten Konfrontation zwischen chthonischem und apollinischem Recht. Wie vormals Klytämnestra sprechen nun Elektra und Orestes von „Strafe" (983), „Recht" (990) und „Richteramt" (1004), bis sich Klytämnestra an der Stätte des Gattenmordes wie eine Verurteilte fühlt, die ihre Hinrichtung erwartet. Wurde die Ermordung Agamemnons durch mütterliche Mächte wie Ate, Dike, Erinnys und Nemesis legitimiert,[934] so erfolgt nun der Muttermord auf Anordnung des Apoll.[935] Bevor das neue Recht den Sieg davonträgt, erheben sich nochmals die chthonischen Gottheiten, um den schwersten Anschlag auf das Mutterrecht zu ahnden. Hauptmann, der in der *Iphigenie in Delphi* nicht die Verbindlichkeit einer patriarchalischen Rechtsordnung, sondern vielmehr die Hinwendung zu einem humaneren Kultwesen darstellt, gestaltet auch die szenische Versinnbildlichung der Entsühnung mit Blick auf Bachofen. Die auffällige Lichtsymbolik dieser Tragödie folgt den tellurischen, lunarischen und solarischen Qualitäten, die Bachofens natursymbolisch verfahrende Mytheninterpretation dem Licht beimißt. Bei Bachofen wird anhand einer „von unten nach oben fortschreitende[n] Stufenfolge"[936] die Entwicklung vom ‚stofflichen' Mutterkult zur ‚geistigen' Vaterreligion beschrieben. Den Übergang von den archaischen Blutgesetzen zu den neueren Sühnegesetzen sieht der Religionshistoriker als menschheitsgeschichtliche Fortentwicklung, da durch die Abschaffung der zwanghaft ausgeübten Mordsühne die religiöse ‚Verwurzelung' in einem naturhaft-dämonischen Glaubensbereich als überwunden gelten kann.[937] Überträgt man diese Konstellation auf den Schluß der *Iphigenie in Delphi*, dann scheint mit Iphigenies Rückkehr und ihrem anschließenden Selbstmord die von Bachofen beschriebene Epoche des Mutterrechts zu Ende zu gehen. Indem Iphigenie den Weg freimacht für die endgültige Entsühnung der Geschwister, endet auch die unglückse-

---

933 CA III 986, 1011f. und 1016f.
934 CA III 964, 971f., 974 und 986. Siehe dazu Bachofen, *Das Mutterrecht*, erste Hälfte, GesW 2 216 und 221f.
935 CA III 1038, 1051 und 1063f. Siehe dazu Bachofen, *Das Mutterrecht*, erste Hälfte, GesW 2 174, 178f. und 204.
936 Bachofen, *Das Mutterrecht*, zweite Hälfte, GesW 3 594.
937 Bachofen, *Das Mutterrecht*, erste Hälfte, GesW 2 199f., 204, 206 und 217f.

lige Verkettung familiärer Grausamkeiten: „IPHIGENIE Nichts da von neuem Zwist, von neuem Streit: / das Lied ist aus!" (1082).

Trotz der genannten Übereinstimmungen kann jedoch nicht behauptet werden, daß Hauptmann das kultur- und religionsgeschichtliche Entwicklungsschema des *Mutterrechts* in seinem Dramenzyklus verarbeitet hat. Wie bei den Bezugnahmen auf Rohdes Untersuchungen zum Totenkult unterstützen die Anspielungen auf den chthonischen Mutterkult vor allem die Atmosphäre der Tragödien und motivieren das zwanghafte Verhalten der Protagonisten. Daß der Vergleich mit Bachofens Mytheninterpretation nicht überstrapaziert werden darf, zeigt sich schon daran, daß Klytämnestra in *Iphigenie in Aulis* als heftige Gegnerin einer archaischen Kultpraxis gezeigt wird und in den Einaktern selbst im Dienst der chthonischen Mächte steht. Da menschliche und Hadessphäre sich gegenseitig durchdringen, kann auch Elektra, die Bachofen zufolge ein Sinnbild „apollinische[r] Reinheit"[938] ist, als Furie gezeigt werden, und der Demeter-Tempel sowohl der Erdgöttin als auch dem Gott der Unterwelt als Kultstätte dienen. Wichtig ist in diesem Zusammenhang auch, daß sich die Entsühnung des Orestes nicht wie bei Aischylos vor einer säkularen Institution, sondern als mythisches Ereignis vollzieht. Nicht das Athener Geschworenengericht, sondern der Übertritt der Artemis von der chthonischen in die apollinische Sphäre führt zur Aufhebung des Atriden-Fluches. Und schließlich darf nicht übersehen werden, daß trotz der hoffnungsvollen Schlußgebung der *Iphigenie in Delphi* die Hadesschatten auch weiterhin in Mykene umhergehen und Orestes zwingen, seine neu erworbene Herrschaft in Sparta statt in der Burg Agamemnons anzutreten. Die Bedrohlichkeit der chthonischen Mächte bleibt also bestehen; der mythische Urgrund der Seele kann auch in Zukunft von Dämonen und Unterweltsgottheiten affiziert und zu neuen Greueltaten gereizt werden.

Die genannten Beispiele verdeutlichen Hauptmanns synkretistischen Umgang mit Mythos und Religionsgeschichte. Die Bezugnahmen auf Totenkult (Rohde) und Matriarchat (Bachofen) lassen zwei gegensätzliche Auslegungen der *Atriden-Tetralogie* zu: Während im ersten Fall das Fortwirken der chthonischen Mächte eine pessimistische Sicht auf Mythos (und Geschichte) begründet, erscheint im zweiten Fall eine Aufhebung des Naturzwanges und damit die Überwindung archaischer Kultpraxis durchaus als möglich. Ob die *Atriden-Tetralogie* eher in *aulischer* oder in *delphischer* Perspektive zu beurteilen ist, hängt demnach von der Bewertung des Verhältnisses von psychokultischer Kontinuität und religionsgeschichtlicher Diskontinuität ab. Mit Blick auf die in Mykene umherirrenden Hadesschatten und auf Iphigenies Tod muß jedoch betont werden, daß der chthonisch-naturhafte Bereich als der Be-

---

[938] Bachofen, *Das Mutterrecht*, erste Hälfte, GesW 2 218.

290

ständigere anzusehen ist und sich der an Bachofens Mytheninterpretation anknüpfende kulturhistorische Prozeß lediglich auf diesem ,Urgrund' erhebt. Denn anders als Bachofen zeigt Hauptmann nicht *die* kultur- und rechtsgeschichtliche Wende des Abendlandes, sondern führt anhand des Atriden-Mythos *eine* schicksalsträchtige Episode vor, in der das Wissen um die Prozeßhaftigkeit der Geschichte zur Gänze mythischer Schicksalsverfallenheit weichen muß.

7.5 Die Struktur der Tragödien

7.5.1 Hauptmanns Neoklassizismus

Bemerkenswert ist, daß die Entsühnungen in Tauris und Athen, die bei Aischylos (*Die Eumeniden*), Euripides (*Iphigenie bei den Taurern*) und Goethe (*Iphigenie auf Tauris*) erwähnt werden, bei Hauptmann scheitern: Weder in Tauris noch in Athen konnte Orestes die Rachegeister abschütteln (1042).[939] Hauptmann hatte eine Neugestaltung der taurischen *Iphigenie* zwar ausgeschlossen, in seiner delphischen *Iphigenie* ,verbirgt' sich aber auch eine *Iphigenie auf Tauris*.[940] Denn erst durch die ausgedehnten Rückblicke auf das taurische Geschehen wird die barbarisch verzeichnete Iphigenie-Figur sichtbar, die den Impuls zu Hauptmanns mehrteiligem Alterswerk gab: „In ihrem Schlachthaus herrscht sie unbeschränkt, / blutgieriger, gnadenloser als die Göttin." (1049). Die Tauris-Episode ist aber nicht nur aus entstehungsgeschichtlicher Perspektive bedeutsam, sondern auch aus poetologischer – man denke nur an Hauptmanns Gleichsetzung von Opferkult und Tragödiengeschehen im *Griechischen Frühling*. Schließlich eröffnet diese Episode auch einen erhellenden Blick auf die Dramaturgie der *Atriden-Tetralogie*, da sich die maßgeblichen Konflikte des Zyklus jenseits des Raumes abspielen, der szenisch präsentiert wird. Welche Konsequenzen

---

[939] Zudem gab es – wie bei Euripides – einen ersten ,Entsühnungsversuch' in Delphi, der ebenfalls gescheitert ist (1042).

[940] Siehe dazu die folgenden Szenen der *Iphigenie in Delphi*: 1031f., 1038, 1049, 1051, 1054f., 1066-1068, 1071f., 1078-1086 und 1090. Insofern ist es nicht zutreffend, wenn Reichart, „The Genesis of Hauptmann's Iphigenia Cycle", S. 476 behauptet, daß Hauptmann die taurische Episode des Mythos vermieden habe. Voigt, *Gerhart Hauptmann und die Antike*, S. 166 meint, daß die ausgedehnten Rückblicke funktionslos wurden, nachdem Hauptmann sich zu einer Dramatisierung der Vorgeschichte entschlossen hatte. Auch dies trifft nicht zu: Die archaisch verzeichnete (taurische) Iphigenie führt ein untergründiges Dasein im Schlußdrama von Hauptmanns Zyklus.

diese Verlagerung bzw. ‚Verjenseitigung' der Bühnenhandlung hat, soll im folgenden näher erläutert werden.

Betrachtet man die Struktur von Hauptmanns Dramenzyklus, dann fallen zunächst die Anleihen beim klassischen Drama auf. Hauptmann verwendet fast durchgehend den Blankvers und zielt auf eine gehobene Dramensprache, die allerdings vor drastischen Schilderungen des Grauens nicht zurückschreckt.[941] Auch die Stilisierung der Figurenrede (Monologisierung des Dialogs, Einsatz von Stichomythien bzw. Hemistichomythien, Bildung von Sentenzen[942]) läßt den Vorbildcharakter des klassischen Dramas mit seinem geschlossenen Aufbau erkennen. Für die *Iphigenie*-Tragödien gilt zudem, daß die Dramen in fünf bzw. drei Akte unterteilt sind, wobei jeder Akt die gattungstypische Gliederung in mehrere Auftritte aufweist. Auch die drei Einheiten hat Hauptmann berücksichtigt: Mit Ausnahme der *Iphigenie in Aulis* vollzieht sich die Handlung der Tragödien während eines Tages an einem Ort. Assoziationen an Priester- und Tempelszenen in der Oper des 18. Jahrhunderts (zum Beispiel an Mozarts *Thamos, König von Ägypten* und seine *Zauberflöte* sowie an Wenzel Müllers *Das Sonnenfest der Brahminen*) weckt schließlich das Bühnenbild der delphischen *Iphigenie*, das eine Tempelanlage mit Säulen, Treppe und Terrasse zeigt. Betrachtet man diese Formelemente, dann erweist sich der Abstand der *Atriden-Tetralogie* zu Goethes *Iphigenie* als nicht mehr so groß, wie es Hauptmanns antiklassische Produktionsästhetik und die Barbarisierung der Iphigenie zunächst vermuten lassen. Die Bezugnahmen auf das klassische Drama zeigen, daß sich Hauptmann stärker an traditionellen Formen orientiert hat, als dies noch im *Bogen des Odysseus* der Fall gewesen ist. Aufgrund dieser starken Traditionsbindung stellt sich auch die Frage, inwiefern klassische Dramenform und Archaisierung der Antike miteinander

---

[941] Siehe dazu Donald H. Crosby, „Characteristics of Language in Hauptmann's *Atriden-Tetralogie*", in: *The Germanic Review* 40 (1965), S. 5-16; Santini, *Gerhart Hauptmann zwischen Modernität und Tradition*, S. 120. Hauptmann bezieht sich zwar mehrfach auf Schiller und dessen Pathos bzw. fühlt sich dem „schillerschen Dämon" näher als dem Goethes (zitiert nach Santini, *Gerhart Hauptmann zwischen Modernität und Tradition*, S. 36, Fußnote 17). Ob man aus dieser produktionsästhetischen Mystifikation jedoch eine tragfähige Tragödienkonzeption ableiten kann, wie dies Santini mehrfach andeutet (S. 104, 106f., 110, 125f. und 129), ist fraglich.

[942] „Glaub mir, ein jeder Mensch mit Götterblut / ist, wo er immer wandelt, auf dem Weg / nach dem Engpasse in die andre Welt" (926); „Wir sind dem Gotte ein verfemt Geschlecht, / das sich vergeblich müht, ihm zu gefallen." (952); „Gewöhnen wir uns an des Hades Nacht, / die fürder keinen Morgen mehr erwartet!" (964); „Tun und leiden: / im Reich der Nemesis ist beides eins." (971); „Die Nacht ist dunkel, doch folgt ihr das Licht / wie immer in der Welt." (997); „Denn ewig Suchen ist ja Menschenlos." (1047); „wir brauchen sie, die Götter, / doch sie nicht uns. Was sie verhängen, sind / grausame Martern, denen sie mit Lust / zuschauen: Martern über Mensch und Tier." (1058); „Wie viele Schwerter zücken über uns / in jeder Stunde, jedem Augenblick!" (1076).

vereinbar sind; an diesem Punkt setzt zudem die Diskussion über die Epigonalität der *Atriden-Tetralogie* an.[943]

7.5.2 Die Tektonik der Tetralogie

Bevor die wesentlichen Strukturmerkmale der Tetralogie im Einzelnen betrachtet werden, ist es sinnvoll, auf Unterschiede und Gemeinsamkeiten innerhalb des Zyklus hinzuweisen. Ein Charakteristikum der beiden *Iphigenie*-Tragödien ist, daß sich die Handlung in öffentlichen Räumen und vor den Augen zahlreicher Beobachter abspielt: In Aulis ist es das griechische Heer, das auf den Auszug nach Troja wartet; in Delphi sind es Priester und Pilger, die an der feierlichen Entsühnungszeremonie des Orestes teilnehmen. Die Massenszenen, die Hauptmann hier vorsieht, verleihen den Werken ein geradezu opernhaftes Gepräge: Die Hysterie in Aulis erinnert an kollektive Ausbrüche (wie sie für die Grand Opéra des 19. Jahrhunderts typisch sind), das weihevolle delphische Finale an die schon erwähnte *Zauberflöte* und an die Abendmahlszenen in Wagners *Parsifal*.[944]

---

[943] Siehe dazu Hamburger, *Von Sophokles zu Sartre*, S. 96; Santini, *Gerhart Hauptmann zwischen Modernität und Tradition*, S. 29. Die Frage nach der Epigonalität der *Atriden-Tetralogie* ist nicht einfach zu beantworten, zumal sich Hauptmanns Dramen – im Vergleich mit anderen Antikendramen der Moderne – durch eine hohe ‚privatmythologische' Eigenständigkeit auszeichnen. Gert Mattenklott nennt Hauptmanns intellektuelle Welt mit einem treffenden Wort „agrarisch", womit gemeint ist, daß sich dessen dichterische Entwürfe als „tragödienträchtige Gegenwelt" zur urbanen Moderne darbieten („Gerhart Hauptmann – Ein Portrait", in: Walter Engel/Jost Bomers (Hg.), *Zeitgeschehen und Lebensansicht. Die Aktualität Gerhart Hauptmanns*, Berlin 1997, S. 11-22, hier S. 16f.). Ein solches Dichtungsverständnis mag unzeitgemäß sein, epigonal ist es jedoch nicht.
   Santini (*Gerhart Hauptmann zwischen Modernität und Tradition*, S. 133-150) geht dieser Fragestellung mit Blick auf mythisierende Dichtungen der 30er und 40er Jahre nach. Der Vergleich mit Broch, Thomas Mann, Kaiser, Benn und Hofmannsthal ist zwar erhellend, bestätigt aber einmal mehr die Außenseiterposition (und damit die ‚Nicht-Epigonalität') von Gerhart Hauptmann, da dieser die vorherrschende Tendenz zur Humanisierung des Mythos (zum Beispiel bei Thomas Mann) bzw. zur apollinischen Überformung von Dionysik und Orphik (zum Beispiel bei Benn) *nicht* umsetzt. Die Anlehnung an klassische Dramenformen (in der *Atriden-Tetralogie*) weist jedoch ebenso wie der Anspruch, in einer historischen Umbruchzeit ein repräsentatives Werk mit hohem Deutungsanspruch zu schaffen, epigonale Züge auf.

[944] Der *Parsifal*-Bezug kommt auch in der Gattungsbezeichnung „Tempelweihefestspiel" zum Ausdruck, die Hauptmann für die delphische *Iphigenie* ursprünglich vorgesehen hatte (undatierte Notiz Hauptmanns, abgedruckt in: *Gerhart Hauptmann. Leben und Werk*, Gedächtnisausstellung des Deutschen Literaturarchivs zum 100. Geburtstag des Dichters im Schiller-Nationalmuseum Marbach a. N. vom 13.05. bis 31.10.1962, Stuttgart 1962, S. 299).

Neben den groß angelegten, szenenreichen *Iphigenie*-Dramen wirken *Agamemnons Tod* und *Elektra* wie düstere Zwischenspiele, in denen die Morde an Agamemnon und Klytämnestra in knappster Form dargestellt werden. Hauptmann rückt die Mittelteile seiner Tetralogie in struktureller und thematischer Hinsicht nahe aneinander: Beide Tragödien sind ungegliederte Einakter und stimmen hinsichtlich des Handlungsortes überein. Die Kontrahenten treffen in beiden Werken wie von fremder Hand gesteuert in dem abgelegenen Demeter-Tempel aufeinander, so daß sich Gatten- und Muttermord nicht geplant, sondern mit schicksalhafter Notwendigkeit vollziehen. Diese Veränderungen stammen zwar von Hauptmann, entsprechen jedoch jenen Analogien, die bei Aischylos den strukturellen Zusammenhang zwischen *Agamemnon* und *Choephoren* herstellen.[945]

Indem Hauptmann die Handlung aus der öffentlichen Sphäre der argivischen Königsburg in die Abgeschiedenheit eines Tempels verlegt, wird nicht nur der kultische Charakter des Geschehens und dessen Hadesnähe hervorgehoben, sondern den Dramen ein Familienkonflikt zugrunde gelegt: Die Tragödie der Atriden verwandelt sich in ein auf den privaten Raum beschränktes Kammerspiel. Unterstützt wird diese Tendenz durch eine aktualisierende Lesart des Mythos: Agamemnon betritt nicht wie bei Aischylos als gefeierter Sieger die Bühne, sondern als verarmter und gebrochener Kriegsteilnehmer, dessen Rückkehr sich im familiären Kreis ereignet (mit dieser Modifikation zitiert Hauptmann zudem die Ausgangskonstellation des *Bogen des Odysseus*). Anders als in den *Iphigenie*-Dramen, in denen die Massenszenen zu den Höhepunkten der Handlung zählen, erscheint das Volk in *Agamemnons Tod* nicht; die Enge des Raums bleibt damit gewahrt.[946] In *Elektra* verzichtet Hauptmann völlig auf die Einbeziehung eines Kollektivs in die Handlung. Schon der Umfang der Tragödie *Elektra* läßt erkennen, daß Hauptmann das Verfahren der Reduktion, das schon den ersten Einakter kennzeichnete, weiter zugespitzt hat: *Agamemnons Tod* umfaßt 1100, *Elektra* nur noch 700 Verse.

Ein weiterer Aspekt ist hervorzuheben: Wie oben gezeigt, behandeln die *Iphigenie*-Tragödien schicksalhafte *Wendepunkte*, die nicht nur vor und nach dem Trojanischen Krieg spielen, sondern ein menschheitsgeschichtliches, vielleicht sogar kosmi-

---

[945] Bei Aischylos sind in diesem Zusammenhang folgende Punkte zu nennen: Orestes tritt wie Agamemnon als ein aus der Ferne Kommender auf; in der Szene nach dem Mord erscheinen in beiden Tragödien die Täter in der Tür des Palastes und geben den Blick frei auf die hinter ihnen liegenden Leichen; auf die Morde folgen Rechtfertigungsreden, die mit der Verunsicherung der Täter enden: Klytaimestra fürchtet den Fluch der Atriden, Orestes die Verfolgung durch die Erinnyen. Siehe dazu Lesky, *Die tragische Dichtung der Hellenen*, S. 123f.; Herwig Görgemanns, „Aischylos: Die Tragödien", in: Gustav Adolf Seeck (Hg.), *Das griechische Drama*, Darmstadt 1979, S. 13-50, hier S. 21f.

[946] Erst nach dem Mord erscheinen sechs Greise, die das vor dem Demeter-Tempel wartende Volk repräsentieren.

sches Geschehen vorführen. *Iphigenie in Aulis* zeigt den Einbruch von chthonischen Gottheiten und Dämonen in eine antike Welt, die die Zeit der blutigen Menschenopfer schon überwunden geglaubt hatte; in *Iphigenie in Delphi* beruhigen sich die Konflikte der mythischen Mächte und die Welt der Menschen (hier repräsentiert durch das antike Griechenland unter seinem neuen König Orestes) sieht einer friedlicheren Zeit entgegen. Im Gegensatz dazu herrscht in den beiden Einaktern „Hekatezeit"[947]: Hier wurde unter den Vorzeichen des Chthonischen die Grenze zwischen oberer Welt und Hades aufgehoben und ein *Zwischenreich* etabliert, in dem die Kräfte des Todes das menschliche Leben beherrschen.[948] Hauptmann hat die Ausdehnung der

---

[947] Hamburger, „Das Opfer der delphischen Iphigenie", S. 177.
[948] Siehe dazu Karl S. Guthke, „Die Zwischenreich-Vorstellung in den Werken Gerhart Hauptmanns", in: ders., *Wege zur Literatur. Studien zur deutschen Dichtungs- und Geistesgeschichte*, Bern-München 1967, S. 205-220. Der Zwischenreich-Charakter der Handlung läßt sich besonders gut an der Raumstruktur der Tetralogie ablesen, die naturalistische, symbolistische und irreale Elemente vereint. Hauptmann entwirft zunächst Räume, die sich durch eine wirklichkeitsgetreue Darstellung auszeichnen (*Iphigenie in Aulis*: Rasenplatz vor dem Zelt des Agamemnon, Gasthaus am Kithairon, Burg von Mykene, Versammlungsplatz am Euripos, Artemis-Tempel; *Agamemnons Tod* und *Elektra*: Demeter-Tempel; *Iphigenie in Delphi*: Apollon-Heiligtum).
Die Eindeutigkeit der naturalistisch gezeichneten Schauplätze wird jedoch auf verschiedene Weise relativiert: In den beiden Einaktern ist der Handlungsraum jeweils ein primitiver Tempel, den Standbilder chthonischer Gottheiten (Demeter, Pluton, Kore) schmücken; beide Dramen spielen zu nächtlicher Stunde; unheilverkündende Rufe von Nachtvögeln (*Agamemnons Tod*) und aus der Erde aufsteigende Dämpfe (*Elektra*) stellen eine unheimliche Atmosphäre her, die über dem kultischen Ort lastet. Setzt man das apokalyptische Szenario des Kritolaos (*Iphigenie in Aulis*, II, 6) in Beziehung zu den Mittelstücken der Tetralogie, dann wird deutlich, daß sich die Kräfte des Barbarischen verfestigt haben. Ein „Gewölk / der Schicksalsgötter" (965) hat sich lähmend über die Szenerie gelegt und übt auf die Akteure eine verhängnisvolle Sogwirkung aus: Wie von fremder Hand geführt, treffen die Atriden aufeinander.
Auch in der aulischen *Iphigenie* gibt es Bildelemente, die die ‚Realität' des Transempirischen betonen. Wenn zu Beginn des zweiten Aktes Sonne und Mond gleichzeitig sichtbar sind, unterstreicht dies nicht nur die magische, zwielichtige Stimmung, sondern beglaubigt auch den mythischen Gehalt der Tragödie: Nicht der Mond, sondern „*die Scheibe der Artemis*" (863) steht am Himmel; nicht der reale Handlungsraum verweist symbolisierend auf ein nicht abbildbares, mythisches Geschehen, sondern die reale Präsenz des Mythischen wird im Nebentext behauptet.
Hauptmanns Figuren bewegen sich (vor allem in den *Iphigenie*-Tragödien) in einem Raum, in dem die Grenzen zwischen Menschen und Dämonen aufgehoben sind: Da mythische Gestalten nicht nur beschworen werden, sondern selbst mehrfach in Erscheinung treten, kann an der Gleichzeitigkeit von realer und irrealer Handlungsebene kein Zweifel herrschen. In der delphischen *Iphigenie* wird durch eine „*Magische Morgendämmerung*" (1029) und den gedämpften Zusammenklang von kultischen Musikinstrumenten und Knabenstimmen eine irreale Stimmung hergestellt, die die Besonderheit des Ortes unterstreicht. Licht- und Toneffekte kennzeichnen das delphische Heiligtum als eine rätselhaften Zwischenbereich, in dem menschliche Erfahrungswelt und übernatürliche Kräfte aufeinandertreffen. Diese Raumkonzeption wird noch unterstrichen durch eine ausdifferenzierte Lichtsymbolik: Wechselnde Lichtverhältnisse zeigen den Konflikt zwischen den Geschwistergottheiten Artemis und Apoll an, wobei die sich anbahnende Versöhnung im dritten Akt mit dem Übergang vom Mondlicht (III, 1 – III, 4) zum vollen Tageslicht (III, 7) korrespondiert. Wie in *Iphigenie in Aulis* spielt sich die entscheidende Szene im Zwielicht ab, in einer Zwischenstellung zwischen Mond (Artemis) und Sonne (Apoll).

Hadeswelt sinnfällig gemacht, indem er das Bad, bei Aischylos der Ort von Agamemnons Ermordung, in eine im Demeter-Tempel entspringende Quelle umdeutet, die als ,Blutbrunnen' zunächst Klytämnestra, dann Orestes in ihren Bann zieht und die Atriden von einem Familienmord zum nächsten treibt.

Schließlich ist in den *Iphigenie*-Dramen die *Episierung* des Dramatischen besonders offensichtlich. So durchläuft die Handlung der *Iphigenie in Aulis* einen Zeitraum von zwei Monaten mit wechselnden Schauplätzen (I: Aulis, II: Kithairon, III: Mykene, IV: Aulis, V: Aulis). Dadurch ergibt sich ein dramatisches Panorama mit drei großen Sequenzen: Die Akte I/II und IV/V stehen jeweils in enger zeitlicher Nähe, während der dritte Akt sowohl zeitlich als auch räumlich aus dem Handlungsgefüge herausgehoben wird. In der delphischen Tragödie werden zwar die drei Einheiten gewahrt (alle drei Akte spielen im Apollon-Tempel, die Handlung dauert ungefähr einen Tag). Aufgrund der zahlreichen Rückblenden auf die Vorgeschichte in Aulis, Mykene und vor allem in Tauris erhält das Geschehen aber gleichfalls einen epischen, den dramatischen Fortgang hemmenden Grundzug. Zudem gibt es in dem Drama zwei Handlungsstränge, auf deren Verknüpfung Hauptmann bewußt verzichtet hat. Im ersten Teil (I, 1 bis II, 5) steht das Zusammentreffen von Elektra und Orestes im Vordergrund, im zweiten Teil (II, 5 bis III, 5) das Ende von Iphigenies grausamer Priesterschaft.[949] Im Vergleich zu der Episodenhaftigkeit bzw. Mehrsträngigkeit der *Iphigenie*-Dramen weisen die beiden Einakter dagegen eine einsträngige Handlungsführung und damit eine kompaktere Form auf.

Der Zwischenreich-Charakter läßt sich exemplarisch in der Szene I, 5 der delphischen *Iphigenie* zeigen: Der Auftritt des Orestes wird akustisch begleitet von Hundegebell, das während des Dialogs mit Elektra immer wieder einsetzt und abbricht. Durch diesen Hinweis auf die nächtlichen Begleiter der Erinnyen wird die innere Wahrnehmung der Figur zum Außenraum hin geöffnet und die Existenz der mythischen Rachegöttinnen als unbezweifelbare Realität vorgeführt. Innere Wahrnehmung, äußere Realität und übernatürliche Erscheinungen werden in dieser Raumkonzeption als ununterscheidbare, aber aufeinander bezogene Sphären dargestellt. Auch die Erscheinung der schattenhaften, blutüberströmten Klytämnestra unterstützt diesen zwischenreichartigen, und trotz der Annäherung von Orestes und Iphigenie siehe auch Wegner, *Gerhart Hauptmanns Griechendramen*, S. 231-244.

[949] Der Verzicht auf eine Verbindung dieser Episoden wird besonders in der zentralen Szene II, 5 deutlich, in der die drei Geschwister das einzige Mal aufeinandertreffen. Weder in dieser noch in einer späteren Szene kommt es jedoch zu einer die Gegensätze auflösenden „glückliche[n] Wendung", wie sie Goethe vorgesehen hatte (*Italienische Reise*, HA 11 108). Trotz der räumlichen Vereinigung der Geschwister in Delphi und trotz der Annäherung von Orestes und Iphigenie (in II, 5) sowie von Elektra und Iphigenie (in III, 5) bleibt Iphigenie ausdrücklich von dem ,kosmischen' Geschehen der Tragödie ausgeschlossen, die Differenz zwischen Artemis-Hekate und Apoll ist für sie unaufhebbar. Der Verzicht auf eine Verknüpfung dieser Handlungsstränge muß – zumindest aus der idealtypischen Perspektive des absoluten Dramas – ebenfalls als episches Verfahren betrachtet werden.

296

7.5.3 Eine Dramaturgie des Schwebezustands

Entscheidend für den Handlungsfortgang im Drama ist das Verhältnis von Progression und Stasis. Dabei lassen sich idealtypisch zwei Dramaturgien unterscheiden: So zeichnet sich die europäische, an die Poetik des Aristoteles anknüpfende Dramentradition durch eine vorwärtsdrängende Endbezogenheit der Teile aus. Im Gegensatz dazu hat sich – auch angesichts eines sich verändernden Zeitbewußtseins – seit dem späten 19. Jahrhundert eine Dramaturgie herausgebildet, in der die statische Situation über die sukzessive Situationsveränderung dominiert – zum Beispiel in den Drames statiques von Maeterlinck, in den lyrischen Einaktern Hofmannsthals und am konsequentesten in Becketts *En attendant Godot*. Zwischen statischer Dramaturgie und auktorial intendierter Rezeptionsperspektive besteht eine komplementäre Beziehung: Da der Mensch, so das pessimistische Weltbild Maeterlincks, einem undurchschaubaren Schicksal ausgeliefert ist, werden die Handlungsmöglichkeiten der Figuren drastisch eingeschränkt – die Kategorie der Handlung wird durch die der Situation ersetzt.[950] Es soll nun keineswegs behauptet werden, daß sich Hauptmann Maeterlincks Dramenproduktion zum Vorbild für die *Atriden-Tetralogie* genommen hat; die strukturelle Entsprechung zwischen Dramaturgie (Stasis) und Sinnperspektive (schicksalhafte Determiniertheit der Figuren) findet sich in seinem Dramenzyklus jedoch in ähnlicher Weise wie bei Maeterlinck.[951]

Da sich Hauptmann in den ersten drei Dramen seines Zyklus auf Tragödien von Euripides und Aischylos stützt, übernimmt er zwangsläufig das Modell einer finalbezogenen Dramaturgie, das – mit den in Kapitel I.2 genannten Einschränkungen – eben auch diese Werke auszeichnet.[952] Andererseits hat Hauptmann den individuel-

---

[950] Szondi, *Theorie des modernen Dramas*, S. 54.

[951] Zu dem Verhältnis von naturalistischem und gegennaturalistischem Drama siehe Martin Machatzke, „Vom naturalistischen zum symbolischen Drama. Zur Entwicklungsgeschichte der deutschen Literatur um 1900", in: *Grillparzer-Forum* 1976, S. 69-89; Peter Sprengel, „Soziales Drama oder Mythendichtung für die Bühne? Konkurrenz und Koinzidenz alternativer Textsorten bei Gerhart Hauptmann", in: *Textsorten und literarische Gattungen. Dokumentation des Germanistentages in Hamburg vom 1. bis 4. April 1979*, hg. vom Vorstand der Vereinigung der deutschen Hochschulgermanisten, Berlin 1983, S. 551-562. Zur Form der *Atriden-Tetralogie* auch Emrich, „Der Tragödientypus Gerhart Hauptmanns", S. 145-164; David, „Gerhart Hauptmanns *Iphigenie in Delphi*", S. 278-288; Santini, *Gerhart Hauptmann zwischen Modernität und Tradition*, S. 100-121.

[952] Aufgrund des epischen Charakters der antiken Tragödie mit ihren handlungshemmenden Chorpartien wird das (idealtypische) Modell der progressiven Handlungsführung nicht vollständig realisiert. Trotzdem ist unbestreitbar, daß Hauptmanns Hypotexte finalitätsbezogen sind: In der *Iphigenie in Aulis* strebt die Handlung zur Lösung des Konflikts; im *Agamemnon* und in den *Choephoren* zum Vollzug der Rache.
Die Schwierigkeit, realistische und mythische Handlungsanteile miteinander zu verknüpfen, hat im Fall von Hauptmanns *Iphigenie in Aulis* zu einem langwierigen Überarbeitungsprozeß ge-

len Entwicklungs- und Entscheidungsspielraum seiner dramatis personae in einer Weise eingeschränkt, die ohne Vorbild in der Dramengeschichte ist. Das mythische Weltbild, das Hauptmann in der *Atriden-Tetralogie* entwirft, ist in dieser Rigorosität selbst bei Aischylos, dem ältesten Tragiker, nicht nachweisbar. Auch wenn in der *Orestie* die Grenze zwischen menschlicher Entscheidung und göttlichem Zwang nicht immer eindeutig benannt werden kann und der freien Wahl der Protagonisten enge Grenzen gesetzt sind, besteht bei Aischylos gleichwohl ein Zusammenhang zwischen menschlichem Verhalten und göttlicher Strafe.[953] Eine zentrale Aussage der Trilogie lautet daher auch (von Droysen auf die prägnante Formel gebracht): „durch Leid / Lernen".[954] Mit anderen Worten: Wer handelt, wird zwangsläufig schuldig und erfährt Leid; infolgedessen gewinnt der Handelnde (bzw. der Zuschauer von Aischylos' Trilogie) jedoch auch Einsicht in den Willen der Götter. Diesen Aspekt, in den religiöse und ethische Vorstellungen hineinspielen (nämlich: ‚Glaube an die Macht der Götter' vs. ‚Wissen um die menschliche Verantwortung'), gibt es bei Hauptmann nicht. Bei ihm heißt die entscheidende, den eben zitierten Vers des Aischylos modifizierende Sentenz: „Tun und leiden: / im Reich der Nemesis ist beides eins." (971). Die Aufhebung eines Kausalitätsverhältnisses, das bei Aischylos noch bestand („Dies bleibt, solang bleibt auf seinem Throne Zeus: / Daß Leid der Tat folgt; denn das ist Satzung."[955]), hat gravierende Folgen für Hauptmanns Figurencharakterisierung und seine Dramaturgie. Denn wenn es – wie in Nietzsches Konzeption des Urdramas - keinen Unterschied mehr gibt zwischen ‚Tun' und ‚Leiden', wenn die Handlungen einer Figur gleichsam absichtslos geschehen bzw. eine Figur nicht (mehr oder weniger) selbstbestimmt zwischen Handlungsalternativen wählen kann, dann folgt daraus, daß das dramatische Personal wie ferngesteuert den Willen mythischer Mächte exekutiert, was wiederum zur Konsequenz hat, daß das szenisch sicht-

führt; erst die neunte Fassung der Tragödie hat der Dramatiker als die endgültige betrachtet. Gerade die Charakterisierung des Kalchas als machtgieriger Priester nach dem Vorbild aufklärerischer Religionskritik zeigt, daß Hauptmann sich nur schwer von seinen Hypotexten lösen konnte. Auf diese Weise wird in die aulische *Iphigenie* auch eine entmythisierende Tendenz hineingetragen, die in einem deutlichen Kontrast zu Hauptmanns Tragödienverständnis steht und zudem für den Ablauf des Geschehens bedeutungslos ist: Im fünften Akt muß Kalchas, der zuvor als mächtiger Gegenspieler des Agamemnon ‚aufgebaut' wurde, erkennen, daß er angesichts der göttlichen Eingriffe ebenso hilflos ist wie alle anderen Figuren der Tragödie.

953   Siehe dazu: Max Pohlenz, *Die griechische Tragödie*, Göttingen ²1954, S. 140-148; Lesky, *Die tragische Dichtung der Hellenen*, S. 162-168; Görgemanns, „Aischylos: Die Tragödien", S. 40-47.

954   Aischylos, *Agamemnon, Die Tragödien und Fragmente*, auf der Grundlage der Übersetzung von Johann Gustav Droysen bearbeitet, eingeleitet und teilweise neu übersetzt von Franz Stoessl, Zürich 1952, S. 255-311, hier S. 261, V. 175-177: „Ihn, der Menschen führt den Weg / Weisen Denkens, der durch Leid / Lernen gab: ein fest Gesetz."

955   Aischylos, *Agamemnon*, V. 1563f. Siehe auch Aischylos, *Choephoren*, V. 312f.: „‚Und ein Schlag, ein mördrischer, sei mit mörd- / rischem Schlage gebüßt! Was du tust, tut man dir!'"

298

bare Geschehen (im vorliegenden Fall: Kindesopferung, Gattenmord, Muttermord, Entsühnung) das Resultat einer hinterszenisch sich abspielenden, den antiken Mythos übersteigenden Handlung ist. Mit anderen Worten: Die verdeckte Handlung dominiert vollständig das Geschehen auf der Bühne.[956] Mit der Entscheidung für solch eine Dramaturgie reaktiviert Hauptmann den Typus der *Schicksalstragödie*, allerdings in einer Weise, die man nur als hypertrophe Überformung dieser Subgattung bezeichnen kann. Denn das Schicksalsdrama des frühen 19. Jahrhunderts kannte nur *eine* übermächtige Größe, die in ein meist realistisch gezeichnetes Geschehen eingreift und dem Protagonisten ihren Willen aufzwingt.[957] Im Gegensatz dazu installiert Hauptmann einen unübersehbaren Götterhimmel mit olympischen Göttern (Apoll, Artemis, Zeus, Ares), chthonischen Gottheiten (Hekate, Hades, der schwarze Zeus, Persephone, Demeter), Schicksalsmächten (die Kere, die Moiren, Ate, Nemesis, Tyche) und Dämonen (Erinnyen, Medusa, Gorgo, Harpyien), die untereinander in permanente Konflikte verstrickt sind und die die Handlungsmöglichkeiten der Figuren vollkommen einschränken.[958]

Diese Dramaturgie hat weitreichende Konsequenzen für Figurencharakterisierung und Handlungsführung. Wenn mythische Wesen eine solch dominierende Rolle ein-

---

[956] Siehe dazu Hans Joachim Schrimpf, „Hauptmanns doppelte Perspektive. Die ‚zweite Realität' oder Phantasie und Traum als Erkenntnisorgane", in: *Grillparzer-Forum* (1976), S. 90-110.

[957] Zur Geschichte der Gattung siehe Herbert Kraft, *Das Schicksalsdrama. Interpretation und Kritik einer literarischen Reihe*, Tübingen 1974 (Untersuchungen zur deutschen Literaturgeschichte 11); Roger Bauer (Hg.), *Inevitabilis Vis Fatorum. Der Triumph des Schicksalsdramas auf der europäischen Bühne um 1800*, Bern u. a. 1990 (Jahrbuch für Internationale Germanistik, Reihe A, Kongreßberichte 27).

[958] Angesichts des unübersichtlichen Götterhimmels in *Iphigenie in Aulis* ist es sinnvoll, die Darstellungsweise mythischer Geschöpfe in Haupt- und Nebentext zu unterscheiden. Szenisch präsentiert werden *ausschließlich* mythische Wesen und Symbole, die der chthonischen Sphäre angehören: der Mond als Zeichen der Artemis (II); die unheimliche Hekate-Priesterin (IV, 2); das taurische Schiff (IV); die weiblichen Gestalten, die Iphigenie entführen (V, 3). Andere Gottheiten werden im Haupttext nur in Form von Beschwörungen, Prophezeiungen, Traumdeutungen und Wahnvorstellungen erwähnt. Hierbei fällt auf, daß die Vieldeutigkeit der göttlichen Zeichen selbst Gegenstand des dramatischen Diskurses ist: Immer wieder wird der Absolutheitsanspruch mythischer Erzählungen durch Vermutungen („IPHIGENIE des Ares Wutschrei, / so scheint mir, macht selbst den Kroniden kleinlaut", 869), durch konjunktivische Wiedergabe („PEITHO Es habe Hekate, so hört' ich raunen, / den Herrn der Nacht gewonnen zum Vergleich.", 931) oder durch Hinweise auf Gerüchte („MENELAOS es [das schwarze Schiff] ist, so heißt's, von Hekate gesandt", 853) relativiert. Diese beeinträchtigen jedoch in keiner Weise den Glauben an Götter- und Schicksalsmächte.
Es stellt sich daher die Frage, ob mit der „alogische[n] Gegensätzlichkeit" des mythologischen Horizonts (Guthke, „Hebbels ‚Dialektik in der Idee'", S. 264) auf die chaotischen ‚Wucherungen' mythischer Erzählungen angespielt wird. In diesem Fall hätte man von einer *architektuellen* Bezugnahme auf die Strukturen eines vielfältig vernetzten Mythensystems auszugehen: So wenig sich der Formen- und Variantenreichtum des Mythos auf *eine* Handlungsepisode einschränken läßt, so wenig kann die Vielgestaltigkeit des mythologischen Horizonts in der *Iphigenie in Aulis* auf *einen* Grundkonflikt und auf *ein* Gegensatzpaar reduziert werden.

nehmen, dann kann von einer Handlung im klassischen Sinn, verstanden als geplante und den Dramenfiguren zurechenbare Situationsveränderung, nicht mehr gesprochen werden; an deren Stelle treten von außen gesteuerte Geschehensabläufe, die mit plötzlicher Gewalt über die Figuren hereinbrechen. Auch die Intrige, seit der Antike Inbegriff einer voranschreitenden, auf dem planvollen Vorgehen einer Figur basierenden Handlungsepisode, wird bei Hauptmann bedeutungslos; vereinzelte Anspielungen auf Intrigen haben lediglich eine ornamentale bzw. metaliterarische Funktion.[959] Damit ändert sich auch der Status der Figuren grundlegend: Nicht Individuen, die zwischen Handlungsalternativen wählen können (und damit potentiell Gefahr laufen, tragisch zu scheitern), stehen auf der Bühne, sondern marionettenartige ,Wesen', die den wechselnden Einflüssen von Schicksalsmächten ausgeliefert sind.[960] Hauptmann entwirft damit – trotz der oben erwähnten, mythengeschichtlichen Perspektive – ein Weltbild, das geradezu vorgeschichtlich bzw. vorzivilisatorisch genannt werden muß. In dieser Konstellation scheint auch der Versuch zum Ausdruck zu kommen, das abendländische Theater mit seinem spezifischen, seit Aischylos bestehenden Verständnis von menschlicher Individualität bzw. Subjektivität zurückzunehmen, wenn nicht sogar auszulöschen. Abgesehen davon, daß Hauptmanns nachnaturalistische Dramenproduktion generell zur Entmächtigung von Dramenfiguren und zur Mythisierung von Geschichte bzw. Geschichten tendiert, scheint in dem Maße, wie die hier beschriebene ,Schicksalsdramaturgie' auf den antiken Mythos appliziert wird, auch ein genereller Vorbehalt des Dramatikers gegen ein wirkungsmächtiges Modell des abendländischen Theaters, wenn nicht sogar gegen das Drama selbst, wirksam zu werden. Es ist eine bemerkenswerte Tatsache, daß Hauptmann am Ende seines Lebens Urszenen der europäischen Dramengeschichte in einem Zyklus verarbeitet, der kaum noch der Gattung Drama anzugehören scheint, ja der – trotz traditioneller Formgebung und trotz vielfältiger Bezugnahmen auf antike und klassische Werke – die Gattung Drama als solche zu widerrufen bzw. zurückzunehmen scheint.[961]

Die eruptive Durchbrechung der statischen Szenenführung wird – wie oben gezeigt – psychologisch nicht vorbereitet bzw. läßt sich nicht aus dem vorausgegange-

---

[959] In der aulischen *Iphigenie* erweisen sich die Intrigen von Menelaos, Odysseus, Kalchas und Achilleus in dem Moment als hinfällig, in dem Agamemnon als Priester-König auftritt.

[960] Dagegen Santini, *Gerhart Hauptmann zwischen Modernität und Tradition*, S. 110, die die Schwäche (der delphischen *Iphigenie*) „nicht so sehr im Fehlen eines tragischen Konflikts" begründet sieht, sondern in der unzulänglichen Entfaltung des „vorhandene[n] tragische[n] Potential[s]". Hierfür seien die zahlreichen epischen Elemente verantwortlich.

[961] In diesem Sinn könnte man tatsächlich von der *Atriden-Tetralogie* als einem „Manifest der ,Zurücknahme'" sprechen, wie Frick, *,Die mythische Methode'*, S. 170, dies tut. Frick meint damit jedoch die Barbarisierung des klassischen Antikenbildes. Siehe dazu Kapitel IV.7.5.10.

nen Geschehen erschließen.[962] Während Agamemnon am Ende des dritten Aktes der *Iphigenie in Aulis* noch völlig erschüttert und handlungsunfähig gezeigt wurde, tritt er in IV, 2 wie ein Gott auf. Wenn es zu handlungsintensiven Episoden kommt, dann kann man sicher sein, daß Hauptmanns Protagonisten diese in einem Zustand des Außer-sich-Seins ausführen – von der (vermeintlichen) Opferung der Iphigenie über den Gatten- und Muttermord bis zu Elektras Anschlag auf die taurische Priesterin. Der Einfluß chthonischer Mächte führt zur Auflösung einer fest umrissenen Personalität, die Figuren nehmen sich selbst als mediale Geschöpfe wahr. Der entsetzten Klytämnestra entgegnet Agamemnon in Mykene: „Wenn du den Wahnsinn in mir recht erkannt, / so weißt du auch, ich bin vom Gott berührt / und sein ohnmächtiges Werkzeug." (907).[963] Damit löst sich auch der (für das klassische Drama konstitutive) Zusammenhang zwischen Figurenrede und Handlung auf: Äußerungen von Angst und Schicksalergebenheit dominieren über weite Strecken die Tragödien; das Gefangensein im Grauen wird zum Normalzustand des Figurenbewußtseins. Hauptmanns Dramaturgie führt zu einer Angleichung der (von den antiken Tragikern bzw. Goethe äußerst kontrastreich gezeichneten) Dramenfiguren aneinander, was u. a. auch daran ablesbar ist, daß sich fast jedes Mitglied der fluchbeladenen Familie mit Prometheus vergleicht, wobei aber nicht der Empörer gegen göttliche Willkür, sondern der von Zeus grausam Bestrafte den Vergleichspunkt bildet.[964]

Die erwähnte Entindividualisierung der Figuren läßt sich gut am Beispiel der Elektra zeigen. Da Hauptmann die Schwester des Orestes als dämonisches Wesen auftreten läßt, wird die Dialektik von Vergessen und Erinnern, die bei Sophokles einen leidvollen und bei Hofmannsthal einen selbstzerstörerischen Prozeß in Gang setzt, für seinen Einakter bedeutungslos. Hauptmann setzt dort an, wo Hofmannsthal endet: Die dionysische Sprengung der Personalität wird zum psychischen Normalzu-

---

[962] CA III 880, 930, 934, 1014, 1023, 1043 und 1063f. Im Gegensatz dazu spricht Behl, „Gerhart Hauptmanns ‚Atriden'-Tetralogie", S. 24 von „psychologischer Hellsicht", mit der das Verhältnis Klytämnestra-Aigisthos gestaltet wird; Voigt, *Gerhart Hauptmann und die Antike*, S. 157 nennt als „psychologische Voraussetzungen" für Iphigenies Opferbereitschaft deren „sensiblen Nervenzustand"; Razinger, [„Nachwort zur ‚Atriden-Tetralogie"], S. 294, Anm. 98 hebt hervor, daß es „in Hauptmanns Atriden keine psychologisch un- oder zuwenig motivierten Handlungen" gibt; Stockum, „Gerhart Hauptmanns Atriden-Tetralogie", S. 354 ist der Ansicht, daß die „feine psychologische Analyse der priesterlichen Iphigenie" deren Tod hinreichend erklärt. Auch Santini, *Gerhart Hauptmann zwischen Modernität und Tradition*, S. 113 und 115f., betont, daß Hauptmann besonderes Gewicht auf die psychologische Vertiefung der Figuren gelegt hat und rechnet diesen Aspekt zu den naturalistischen Strukturelementen der Tetralogie.

[963] In diesem Kontext gehören alle szenisch präsentierten Zustände des Außer-sich-Seins (wie Traum, Hysterie, Ekstase, Tanz, Wahnsinn, Ohnmacht, kollektive Raserei) sowie die (durch Haupt- und Nebentext beglaubigten) Eingriffe mythischer Mächte in das Geschehen (die unheimliche Priesterin auf der schwarzen Theore: 924; die drei Priesterinnen der Hekate: 937; das Orestes verfolgende Hundegebell der Erinnyen: 1039; die Erscheinung der Klytämnestra: 1044).

[964] CA III 850, 851, 885, 950, 958, 997 und 1013.

stand seiner Figur. Elektra wird zum Medium mythischer Mächte: „Ich bin der Wirbel, bin der Wirbelwind, / der unsere Feinde wirbelnd in sich zieht." (1006).[965] Im folgenden soll Hauptmanns Dramaturgie des Schwebezustands näher untersucht werden. Neben den schon genannten komplementären Verfahren von Reduktion (der Hypotexte), Dehnung (von Handlungsepisoden) und hypertextueller Kontrastbildung werden die Verselbständigung der Figurenrede, epische Passagen, Chorszenen, Wiedererkennungsszenen sowie die Schlußgestaltung erörtert.

7.5.4 Reduktion, Dehnung, Kontrafaktur

Hauptmanns Dramaturgie zielt auf einen Schwebezustand, der die vorwärtsdrängende Handlung so lange wie möglich verzögert. Um diese Tendenz, die schon im *Bogen des Odysseus* festzustellen war, auf den gesamten Dramenzyklus auszudehnen, hat der Dramatiker ein ganzes Repertoire von Verzögerungsmomenten entwickelt und in seinen Dramentext integriert. Retardierende Momente sind im Drama nichts Ungewöhnliches, sondern dienen – als punktuelle Unterbrechung oder Verzögerung einer Handlungsepisode – der Erhöhung von Detail- oder Finalspannung. In der *Atriden-Tetralogie* wird jedoch die den antiken Hypotexten inhärente Progression in einer Weise verzögert, so daß das Geschehen immer wieder stockt oder lange Zeit zwischen Handlungsalternativen oszilliert. Dadurch entsteht jener Schwebezustand, in dem sich die Figuren zwischen Nichtwissen, Ahnung und Erkenntnis hin- und her bewegen, wobei das Figurenbewußtsein häufig durch traumartige Zustände oder Absencen getrübt ist. Es ist offensichtlich, daß Hauptmann diese Szenen als Momente verstanden wissen will, in denen das dramatische Personal in besonderer Weise unter den Einwirkungen mythischer Mächte steht.

Das Verfahren der Reduktion ist besonders gut an den beiden Einaktern ablesbar. Handlungsfolgen, die im *Agamemnon* des Aischylos drei Epeisodia umfassen, werden von Hauptmann in einer einzigen Szene dargeboten. Die so ausgedünnte dramatische Szenenfolge bietet Hauptmann dann die Möglichkeit, den Einfluß mythischer Mächte auf die Figuren darzustellen, wobei die oben genannten Verzögerungsmomente zum Einsatz kommen, die alle den Fortgang der Handlung hemmen und das Geschehen (mitunter über Gebühr) dehnen.

---

[965] Siehe dazu Garten, „Hofmannsthals und Hauptmanns ‚Elektra'", S. 426f.

302

Hauptmann übernimmt zwar zentrale Motive des Aischylos; die kunstvolle Steigerung des Geschehens, die in den Tragödien *Agamemnon* und *Choephoren* entfaltet wird, spielt bei ihm jedoch keine Rolle. So folgen in *Agamemnons Tod* das Zusammentreffen von Agamemnon und Klytämnestra, Kassandras Visionen und Klytämnestras heuchlerische Reden in kürzester Zeit aufeinander (972-978). Durch diese Raffung der antiken Vorlage wird die dialogische Auseinandersetzung funktionslos, da die Streitszene zwischen Agamemnon, Klytämnestra und Kassandra für den Fortgang der Handlung irrelevant ist: Kassandras Prophezeiungen, die Hauptmann in wenige Verse zusammendrängt (von „Ein Gatte fällt", 976, bis „Du fällst durch deinen Sohn", 977), könnten Agamemnon als Warnung dienen; dieser weiß jedoch um die Unabänderlichkeit seines Geschicks und betritt im Vorgefühl des nahen Todes die Badekammer des Tempels.

Auch in *Elektra* verdichtet Hauptmann den Stoff. Fünf relativ kurze Auftritte leiten über zu der großen, die Hälfte des Dramas umfassenden Szene des Muttermordes, in der alle Beteiligten der Tragödie aufeinandertreffen (1012-1023). Diese Szene ist ohne Vorbild in der Dramengeschichte: Zwischen Elektra, Orestes und Pylades auf der einen und Klytämnestra und Aigisth auf der anderen Seite entwickelt sich eine langgedehnte, den Mord verzögernde Auseinandersetzung, in deren Verlauf sich sogar eine Umkehrung des Täter-Opfer-Verhältnisses abzeichnet: Besinnungslos vor Wut stürzt sich Klytämnestra am Schluß der Szene auf ihren Sohn, der sie gleichsam in Notwehr erschlagen muß. Wie in *Agamemnons Tod* verzichtet Hauptmann in dieser Tragödie auf eine voranschreitende Handlungsführung – an die Stelle der sukzessiven Vorbereitung des Muttermordes, die bei Aischylos die Stationen Grabspende, Anagnorisis, Kommos, Totenbeschwörung und Intrige umfaßt, tritt das zufällige bzw. schicksalhafte Zusammentreffen von Orestes, Elektra und Klytämnestra. Aus diesem Grund bedarf es auch keiner Intrige, die Orestes in fast allen Bearbeitungen des Stoffes den gefahrlosen Zutritt zum Palast der Klytaimnestra ermöglicht.

Diese Beispiele zeigen, daß die Kürzung der antiken Tragödien mit einer Dehnung von zentralen Episoden sowie der Kontrafaktur[966] von berühmten Szenen einhergeht. In *Agamemnons Tod* weigert sich Klytämnestra zunächst, in dem schiffbrüchigen Heimkehrer ihren Gatten zu erkennen (bei Aischylos gibt es keine Zweifel an der Identität des Troja-Heimkehrers); diese Modifikation dient wiederum als retardierendes Moment im oben beschriebenen Sinn.[967] In *Elektra* zieht sich die Szene des Muttermordes wesentlich länger hin als bei Aischylos, der hier eine rasche, sti-

---

[966] Siehe hierzu: Theodor Verweyen/Gunther Witting, *Die Kontrafaktur. Vorlage und Verarbeitung in Literatur, bildender Kunst, Werbung und politischem Plakat*, Konstanz 1987 (Konstanzer Bibliothek 6).

[967] In *Elektra* gibt es eine vergleichbare Szene: Klytämnestra will Orestes nicht erkennen (1013).

chomythische Auseinandersetzung vorsieht. Auch hier gehen Dehnung und Kontrastbildung Hand in Hand: Orestes zögert so lange, bis sich Klytämnestra, der langen Reden überdrüssig, wie eine Furie auf ihren Sohn stürzt.[968]

---

[968] Das offensichtlichste Beispiel für die hypertextuelle Kontrastbildung ist natürlich die *Barbarisierung* der Iphigenie, auf die an dieser Stelle nur kursorisch verwiesen wird, weil dieses Verfahren der dramaturgischen Verschränkung von Reduktion und Dehnung nicht zuzurechnen ist.

In deutlicher Abkehr von Goethes Tragödie hat Hauptmann alle Motive und Handlungselemente, die auf eine Humanisierung des archaischen Kultes hindeuten, zurückgedrängt oder sogar in ihr Gegenteil gewendet. Iphigenie vollzieht ohne Rührung den blutigen Opferdienst in Tauris; ihre Erscheinung gleicht mehr einer zur Tempelstatue erstarrten Göttin als einem menschlichen Wesen; nicht Empfindsamkeit und Wahrhaftigkeit wie bei Goethe, sondern Kälte, Maßlosigkeit und Haß zeichnen die Figur aus. Iphigenie war in Tauris weder mit König Thoas in Konflikt geraten noch sah sie sich dem Problem ausgesetzt, in der Fremde ihre empfindsame Vernunfthaltung bewahren zu müssen. Hauptmann begreift die Entrückung als mythischen Vorgang, der die junge Königstochter (durch drei todesartige ‚Durchgänge': 1084) in eine halbgöttliche Existenz hinübertreten läßt. Hierbei lehnt sich Hauptmann an Goethe an: „IPHIGENIE So gib auch mich den Meinen endlich wieder, / Und rette mich, die du vom Tod errettet / Auch von dem Leben hier, dem zweiten Tode." (*Iphigenie auf Tauris*, HA V 8, V. 51-53). Auch die Art und Weise dieser Verwandlung spielt auf Verse Goethes an: Nach den schmerzvollen Prozeduren der Göttin (1071) wirkt Iphigenie nicht nur äußerlich wie ein archaisches Standbild, ihre Seele ist tatsächlich „wie mit Eisenbanden" festgeschmiedet (*Iphigenie auf Tauris*, HA V 9, V. 72).

Hauptmann weicht aber auch von Euripides ab, wenn er die Fahrt nach Tauris als gewaltsamen Raubzug darstellt, in dessen Verlauf es zu gegenseitigen Tötungsversuchen der Geschwister kommt: Orestes will Iphigenie wegen der Menschenopferungen bestrafen, Iphigenie den Mord an ihrer Mutter rächen (1067, 1076 und 1081). Nicht eine kunstvolle Anagnorisis, sondern nur eine beiderseitige, undeutliche Ahnung der mythischen Zusammenhänge verhindert diese Morde. Anders als bei Euripides wird die lang entbehrte Gemeinschaft der Geschwister nicht wiederhergestellt, sondern Iphigenie von Orestes überwältigt und nach Delphi verschleppt (1038 und 1055). Daß diese Überwältigung auch erotische Implikationen aufweist (1081), vertieft nochmals den Kontrast zu der Asexualität von Goethes Figur. Dieses Motiv wird auch auf die Begegnung von Orestes und Elektra (in I, 5) übertragen.

Neben diesen hypertextuellen Veränderungen gibt es in der delphischen *Iphigenie* aber auch zahlreiche Überstimmungen mit den Dramen von Aischylos, Euripides und Goethe. Hier sind zunächst die Beschreibungen von Figuren und Dämonen zu nennen, die auf Aischylos zurückgehen: Zu den schlangenhaarigen Erinnyen (1032) siehe *Choephoren*, V. 1048-1058 und *Die Eumeniden*, V. 50-54; zum Motiv der Hetzjagd (1044 und 1082) siehe *Die Eumeniden*, V. 130-139; zu Klytämnestras Erscheinung (1044f.) siehe *Die Eumeniden*, V. 94-139. Das weiße Haar des Orestes (1039) wird in *Choephoren*, V. 282 erwähnt.

Bezugnahmen auf Euripides betreffen vor allem die Heimatlosigkeit bzw. Gottverlassenheit, unter der Orestes zu leiden hat: „THERON (ORESTES) wer nirgend wohnt, ist überall zu Haus." (1040), siehe dazu Euripides, *Iphigenie bei den Taurern*, V. 568: „OREST Der Arme lebt, nirgends und überall."; „THERON (ORESTES) Wie aber heißt der Gottbetrogene denn?" (1042), siehe dazu Euripides, *Iphigenie bei den Taurern*, V. 711: „OREST Phoibos, der Seher, hat mich arg getäuscht". Siehe auch V. 560, 570f. und 691f. Bei Euripides weigert sich Orestes, seinen Namen zu nennen (V. 500-504), bei Hauptmann wird dieses Motiv bis zum Identitätsverlust gesteigert: „THERON (ORESTES) Orest? Orest? Wo hört' ich diesen Namen?" (1042).

Von Goethe hat Hauptmann folgende Motive übernommen: die Hadesnähe des Orestes (1040, siehe dazu Goethe, *Iphigenie auf Tauris*, V. 560-595), Elektras Rachsucht (1051 und 1063f., siehe dazu V. 1022-1038), die Grausamkeit der Götter (1057f., siehe dazu V. 1726-1766), die Rückkehr der Artemis (1062, siehe dazu V. 734-736) und der Heilschlaf des Orestes (1072 und 1087f., siehe dazu V. 1254-1368).

304

Auch der *Iphigenie in Aulis* liegt die Dehnung als strukturierendes Verfahren zugrunde. Hauptmann knüpft dabei an Euripides an, bei dem es trotz einer äußerst bewegten Handlung zu keiner Lösung des Konflikts kommt. Agamemnons Bemühungen um die Verhinderung bzw. Geheimhaltung der Opferung sind ebenso erfolglos wie die Hilfegesuche Klytaimestras, die Klagen Iphigenies und die Anstrengungen des Achilleus. Die antike Tragödie zerfällt dadurch in zwei große Blöcke: Weder die Briefintrige (V. 1-542) noch die verschiedenen Versuche, die Opferung zu verhindern (V. 543-1275), führen zu einer Lösung. Erst Iphigenie vermag die zirkuläre Handlungsführung zu durchbrechen: Nachdem weder die Heroen des trojanischen Feldzugs noch Klytaimestra einen Ausweg aus der zugespitzten Situation finden konnten, ergreift die junge Königstochter die Initiative und verleiht ihrem Selbstopfer eine patriotische Note. Diese Struktur – in jeder Episode ändert sich der Verlauf der Handlung, wird die vorausgegangene Situation durch eine neue aufgehoben – erweitert Hauptmann beträchtlich, indem er das Geschehen zunächst in ein Gasthaus am Kithairon (II) und dann sogar zurück nach Mykene (III) führt (wobei das frühe Auftreten des Aigisthos auf das weitere Geschehen der Tetralogie hindeutet). Zudem kommt es in der aulischen *Iphigenie* zu zahlreichen Handlungsumschwüngen, was besonders deutlich wird, wenn man die Haltungswechsel des Agamemnon verfolgt: Bis zum Ende des dritten Aktes schwankt der König mehrfach zwischen familiärer Fürsorge, strategischen Erwägungen und mythischem Opfergebot. Daher bildet auch nicht Iphigenies Opferbereitschaft (in III, 5) den Höhepunkt der Tragödie, sondern Agamemnons Auftritt als gottähnlicher Priesterkönig (in IV, 2).[969] Die Dehnung bzw. Auffächerung des Geschehens bietet Hauptmann schließlich die Möglichkeit, die Entrückung bzw. Opferung Iphigenies in drei verschiedenen Szenen vorzuführen: Zunächst wird gezeigt, wie die Priesterinnen der Hekate die Königstochter entführen (V, III); dann wird durch Mauerschau (V, 4) und Botenbericht (V,5) ihre vermeintliche Opferung vergegenwärtigt.

In der delphischen *Iphigenie* kommt es zu einer vergleichbaren Dehnung des Geschehens durch die ausbleibende Verknüpfung von Iphigenie- und Orestes-Handlung. Die langen Dialoge, in denen sich die (von Goethe geplante) Verbindung der fluchbeladenen Geschwister andeutet, führen letztendlich in die Irre; alle diesbezüglichen Zeichen erweisen sich als blinde Motive – am Schluß werden nur Orestes und Elektra in die Entsühnung einbezogen.

---

[969] Behl, *Zwiesprache mit Gerhart Hauptmann*, S. 80 notiert am 06.12.1941, daß Hauptmann während der Arbeit an der achten Fassung erwägt, der Tragödie den Titel *Agamemnon* zu verleihen. Siehe dazu Reichart, „The Genesis of Hauptmann's Iphigenia Cycle", S. 471. Voigt, *Gerhart Hauptmann und die Antike*, S. 155 übersieht diese Akzentverschiebung, wenn er den III. Akt als Höhepunkt der Tragödie und die Theatralik des IV. Aktes als unmotiviert bezeichnet.

7.5.5 Die Verselbständigung der Figurenrede

Eine weitere Besonderheit der *Atriden-Tetralogie* ist die Verselbständigung der Figurenrede, die teils als Monologisierung des Dialogs,[970] teils als dialogisches Aneinandervorbeireden gestaltet wird. Sehr deutlich wird dieses Verfahren im zweiten und dritten Akt der aulischen *Iphigenie*. Die Dialoge bestehen hier über weite Strecken aus Vermutungen über den wechselnden Einfluß mythischer Mächte, aus düsteren Ahnungen, halb ausgesprochenen Befürchtungen, Rückblenden auf grausame Opferzeremonien, Rätselworten sowie Versatzstücken des Atriden-Mythos. Der Versuch, sich über die verschiedenen mythischen Einflüsse zu vergewissern, ist angesichts des unübersichtlichen Götterhimmels zum Scheitern verurteilt – Hauptmanns Heroen sprechen deshalb häufig im Konjunktiv.[971] Selbst Kalchas und Peitho, die als Priester der göttlichen Sphäre ‚nahe' stehen, können über die Vorgänge jenseits der Szene nur Mutmaßungen anstellen. Mit der Abwertung rationaler Verständigung, die in der Tetralogie immer wieder aufscheint (eine mehrfach wiederkehrende Formel lautet: „Forsche nicht!"), geht die Aufwertung nichtrationaler Erkenntnisformen einher (im Traum, in Zuständen des Außer-sich-Seins sowie durch physiologische ‚Wahrnehmung' mittels der Kräfte des Blutes). Diese führen jedoch nicht zu größerer Erkenntnis – die mythischen Konflikte bleiben im Dunkeln, die Figuren müssen in Schicksalsergebenheit verharren.

Über das Kräfteverhältnis der mythischen Mächte besteht zwar häufig Unklarheit, aus der Perspektive der auktorialen Rezeptionssteuerung gibt es jedoch – wie oben gezeigt – keinen Zweifel, daß im Laufe der Tetralogie über- bzw. unterirdische Wesen in die Welt der Menschen eingreifen. Die einzigen Figuren, die sich mit rationalen Argumenten gegen Massenhysterie und Barbarisierung des Kultwesens stemmen (Klytämnestra in der aulischen *Iphigenie*, stellenweise auch Kritolaos und Thestor), müssen schließlich einsehen, daß sie einem Irrtum unterlegen sind. Wenn überhaupt, dann scheint nur in Klytämnestras Rede (vor allem im zweiten und dritten Akt der *Iphigenie in Aulis*) jener auf Überzeugung und Verständigung angelegte Diskurs auf, der in Goethes *Iphigenie* eine gewaltlose Beilegung des Konflikts ermöglicht hat. Nachdem die Königin jedoch begreifen muß, daß sie Agamemnon nicht umstimmen

---

[970] Die Monologisierung des Dialogs ist gut ablesbar an der Gestaltung der Figurenrede in II, 6 der *Iphigenie in Aulis*, wenn Klytämnestra vergeblich versucht, Agamemnon zur Besinnung zu rufen, während sich dieser der ‚Wirklichkeit' des Mythos hingibt: „Durch des Kithairons Schluchten hinzurasen, / [...] alles das / erfrischte mich und stählte meine Kraft. – / Je ferner Menschen, um so näher Götter!" (882).

[971] „Es heißt, des Palamedes Leichnam habe / sein schweres Grab aus Steinen abgeschüttelt" (931). Mehrfach gibt es auch Satzkonstruktionen mit ‚scheinen': „Der jähe Blitz vom Berg – / sein Dämon, scheint mir, hat ihn falsch gedeutet." (929). Siehe auch 869, 899 und 930.

kann, verfällt auch sie der allgemeinen Raserei und wird – wie schon Agamemnon – ein Spielball mythischer Mächte.[972]

7.5.6 Epische Passagen

Da sich das eigentliche Geschehen der *Atriden-Tetralogie* größtenteils jenseits der Szene abspielt, besteht die Notwendigkeit, die Eingriffe mythischer Mächte in Berichtsform darzulegen. Epische Passagen nehmen daher – über die übliche, expositorische Informationsvergabe hinaus – einen großen Raum ein. Zugespitzt formuliert: Hauptmanns Dramaturgie erweckt den Eindruck, als ob die Tragödien (insbesondere die *Iphigenie*-Dramen) bis zur letzten Szene nicht über den Stand der Exposition hinaus gelangen.[973]

Bei den antiken Tragikern ebenso wie in Goethes *Iphigenie* und Hofmannsthals *Elektra* erschließt die Bezugnahme auf den Atriden-Fluch eine mythische Tiefendimension. Auch Hauptmann knüpft an dieses Modell an, allerdings mit dem bezeichnenden Unterschied, daß die Präsenz des Vergangenen nicht nur auf den Fluch zurückzuführen ist, sondern auf eine Vielzahl von mythischen Konflikten, die alle in die Gegenwart des Geschehens hineinragen und zu zahlreichen Berichten über die Vorgeschichte Anlaß geben; epische Passagen, die u. a. als Traumerzählungen, Weissagungen, Beschwörungen mythischer Mächte, Botenberichte von Zuständen des Außer-sich-Seins sowie Teichoskopien in das Dramengeschehen integriert werden. Das große Spektrum von epischen Anteilen ist wiederum Ausdruck der oben beschriebenen ,Entmächtigung' der Dramenfiguren sowie der Herabstufung der Kategorie ,Handlung'.

---

[972] CA III 880 und 887.
[973] Siehe dazu die Veränderungen des mythologischen Rahmens im fünften Akt der aulischen *Iphigenie*, die Anlaß für zahlreiche Botenberichte und Neudeutungen sind.

7.5.7 Die Transformation des Chors

Chorszenen, die bei der Frage nach epischen Strukturen im Drama immer relevant sind, spielen in der *Atriden-Tetralogie* nur eine untergeordnete Rolle. Bezeichnend für Hauptmanns Dramaturgie ist, daß der antike Chor in der für das neuzeitliche Drama typischen Form präsentiert wird: Das Kollektiv wird in eine Gruppe von einzelnen Sprechern aufgelöst, die sich auf der gleichen Ebene bewegen wie die Figuren der Tragödien auch. Es gibt weder Anklänge an ein urtümliches Ritual (wie in der Hirtenszene von Hauptmanns *Bogen des Odysseus*) noch reflektierende Passagen (wie in den Hypotexten, die Hauptmanns Tetralogie zugrunde liegen).[974] Der Verzicht auf episierende Passagen ist naheliegend, da durch die Distanz herstellende Rede des Chors eine zusätzliche Kommunikationsebene zwischen dramatischem Personal und ,Schicksalsmächten' eingezogen würde, was Hauptmanns Dramaturgie der Bannung widerspräche. Weniger einleuchtend ist dagegen der Verzicht auf chorlyrische Passagen, da diese Form am ehesten mit Hauptmanns archaisierender Poetik übereinstimmen würde. Auffallend ist, daß Hauptmann dem antiken Chor und seinen archaischen Vorformen schon im *Griechischen Frühling* keine Aufmerksamkeit gewidmet hat. In diesem Punkt hat sich einmal mehr Hauptmanns Neoklassizismus durchgesetzt: Trotz archaisierendem Antikenverständnis sieht der Dramatiker keine Notwendigkeit, die erprobten Formen des klassischen Dramas zugunsten älterer Strukturelemente einzutauschen – was ihm nicht zu Unrecht den Vorwurf der Epigonalität eingetragen hat. Hauptmann nutzt das innovative Potential, das seinen Hypotexten und seiner psychokultischen Poetik innewohnt, nur in begrenztem Maße.

7.5.8 Wiedererkennungsszenen

Die Anagnorisis ist neben der Peripetie ein zentrales Element der antiken Tragödiendramaturgie. Das Wiedererkennen der Hauptfiguren beendet die handlungsbestimmende Intrige und leitet zum Abschluß der Tragödie über; Wiedererkennungsszenen sind daher meist im letzten Epeisodion oder im Exodus plaziert. Bei Hauptmann hat die Anagnorisis eine gegenteilige Funktion, da sie den Fortgang der Handlung nicht beschleunigt, sondern hemmen soll. Daher wird diese dramaturgische Gelenkstelle

---

[974] Dagegen Santini, *Gerhart Hauptmann zwischen Modernität und Tradition*, S. 109, die in dem Auftritt der drei Greise in II,2 in der *Iphigenie in Delphi* den Versuch einer Wiedereinführung des antiken Chors sieht.

aus ihrer finalen Position in die Mitte (oder sogar an den Anfang) des Geschehens gerückt.

In *Agamemnons Tod* gibt es drei Wiedererkennungsszenen, die bei Aischylos nicht vorkommen und die die Struktur der Tragödie bestimmen. Auf die kurze Erkennungsszene zwischen Thestor und Kritolaos folgt eine ausgedehnte Szene zwischen Agamemnon und Elektra, in der trotz zahlreicher Anspielungen auf den Atriden-Mythos und die Zeus-Ähnlichkeit Agamemnons das vollständige Erkennen lange hinausgezögert wird.[975] Die dritte Anagnorisis spielt sich zwischen Agamemnon und Klytämnestra ab. Anders als bei Aischylos ist Klytämnestra nicht auf die Mordtat vorbereitet und sträubt sich daher lange, in dem Schiffbrüchigen ihren Gemahl zu erkennen: „Du lügst! Du bist der nicht, / der du zu sein mit dreistem Worte lügst." (975). Die Anagnorisis-Szenen verzögern nicht nur den Fortgang der Handlung, sondern verändern die Motive der Protagonisten grundlegend: Klytämnestra begeht den Mord nicht vorsätzlich, sondern erschlägt ihren Gatten im Affekt.

Auch in der *Iphigenie in Delphi* ist die Anagnorisis ein mehrfach eingesetztes Handlungsschema; anders als in *Agamemnons Tod* gibt es mit Goethes Argumentum auch ein hypertextuelles Vorbild. Neben dem Bericht über die Begegnung von Orestes und Iphigenie in Tauris, die der Anagnorisis aus der taurischen *Iphigenie* des Euripides entspricht, gibt es drei weitere Wiedererkennungsszenen, die jeweils den Höhepunkt eines Aktes bilden.[976] Insbesondere in I, 5 bleibt sowohl der im Halbschlaf versunkenen Elektra als auch dem wahnsinnigen Orestes die Identität des Anderen verborgen; auf der Ebene eines mythisch affizierten Unterbewußtseins erkennen sich die Geschwister jedoch an ihrer Blutschuld.

Bezeichnend für alle Anagnorisis-Szenen ist, daß Hauptmann den Moment des Erkennens ‚mystifiziert': Wie schon im *Bogen des Odysseus* zielt der Dialog nicht auf eine Zunahme an Wissen im inneren Kommunikationssystem, sondern auf einen Schwebezustand zwischen Erkennen und Verkennen, zwischen Wissen und Nicht-Wissen, zwischen Wirklichkeit und Traum. Unter den Vorgaben einer klassisch-realistischen Dramaturgie ist eine solche, das Gebot der Wahrscheinlichkeit beständig verletzende Dialoggestaltung eigentlich ausgeschlossen; im Kontext von Hauptmanns mythisierender Poetik muß das verzögerte Erkennen als herausgehobene Si-

---

975 Agamemnon erkennt an Elektra das „goldne Haar / der Atreuskinder" (960), Elektra nimmt an dem vom Nebentext als *„gewaltiger Bettler"* (954) bezeichneten Agamemnon gottähnliche Züge wahr (961). Die Erkennungsszene zwischen Thestor und Kritolaos (959f.) muß als dialogisches Beiseite gesprochen werden, da andernfalls das Gespräch zwischen Vater und Tochter (960-965) nicht plausibel ist. Im Nebentext fehlt ein Hinweis auf eine räumliche Distanzierung der beiden Paare.

976 CA III 1039-1047, 1058-1064 und 1074-1086.

tuation verstanden werden, in der das Figurenbewußtsein entgrenzt wird hin zur ‚Wirklichkeit' des Mythischen.

Die Schwierigkeit, die Anagnorisis-Szenen der *Atriden-Tetralogie* angemessen zu beurteilen, besteht nun darin, daß Hauptmanns transpsychologische Figurencharakterisierung einerseits die klassisch-realistische Dramaturgie durchbricht und irreale Züge annimmt, der Dramatiker andererseits an den Darbietungsformen des klassischen Dramas unbeirrt festhält und für Zustände der Entgrenzung keine adäquaten Formen findet. Dazu kommt, daß die Figuren trotz ihres Außer-sich-Seins in der Lage sind, ihren Zustand objektiv zu beschreiben,[977] was ebenfalls als Widerspruch wahrgenommen wird. Anders formuliert: Hauptmann zielt in den Wiedererkennungsszenen auf eine die Realität transzendierende Sprache und Szenengestaltung, ergreift hierfür jedoch untaugliche, weil auf den Prämissen der klassischrealistischen Dramaturgie beruhende Mittel. In diesen Szenen zeigt sich in besonderer Weise Hauptmanns prekäre Synthese von Tradition und Modernität: Modern ist die Darstellung von Traumgesprächen, in denen mythische Mächte das Unterbewußtsein der Figuren ‚überfluten' und der Innenraum der Psyche sich zum Bühnenraum hin öffnet (zum Beispiel in der Szene Orestes-Elektra in I, 5 der delphischen *Iphigenie*); traditionell dagegen das Festhalten an Formen, die eben nicht auf Entgrenzung, sondern (aufgrund ihrer gattungshistorischen Entwicklung) auf Begrenzung, Mäßigung und rationale Verständigung zielen.

Schließlich macht sich ein weiterer Aspekt bemerkbar, der den Gegensatz zwischen Tradition und Modernität weiter vertieft: Hauptmanns Neigung, intertextuelle Anspielungen in seinen Dramentext einzustreuen und auf diese Weise – sozusagen über die Köpfe seiner dramatis personae hinweg – mit dem Vorwissen einer humanistisch gebildeten Zuhörerschaft zu ‚spielen'. Die Hinweise auf berühmte Wiedererkennungsszenen, die Hauptmann in seinen Dramentext integriert,[978] sind für das Dramengeschehen der Tetralogie bedeutungslos und haben den Status eines auktorialen ad spectatores. Die hauptmanneske ‚Zitierwut' und seine Bildungsbeflissenheit[979]

---

[977] „AGAMEMNON Wenn du den Wahnsinn in mir recht erkannt, / so weißt du auch, ich bin vom Gott berührt / und sein ohnmächtiges Werkzeug." (907); „ELEKTRA Nennst du mich Gorgo, / so nennst du, was ich bin und was ich nicht bin, / mehr aber, was ich bin, als was ich nicht bin." (1021).

[978] Die Spende des Orestes am Grab des Agamemnon (1060); die Falschmeldung vom Tod des Orestes (1050 und 1060).

[979] Siehe dazu die folgenden Textstellen: Agamemnon verstopft sich die Ohren mit Wachs, um den ‚Sirenengesang' der Hekate nicht zu hören (849); „Charonsgroschen" (865); „Heilkraut des Asklepios" (866); „stygische[] Kunst" (869); „blühst in der Ledatochter Helena / unseligem Liebreiz" (872); „Ich bin Herakles nicht" (883); „Die Götter hör' ich ihr olympisch Lachen / anstimmen" (887); Achill singt wie Orpheus (933). Darüber hinaus gibt es auch christliche Motive und Anspielungen: 967, 972, 1043, 1063 und 1090.

sind ebenso wie das Einstreuen von historischen bzw. pseudohistorischen Anspielungen[980] und das Festhalten an der klassischen Dramensprache Aspekte, die dem transpsychologischen, irrealen Charakter der Szene widersprechen. Hauptmann hätte, um seinen Überlegungen zu Opferkult und mythischem Gebanntsein gerecht zu werden, eine Formsprache entwickeln müssen, die dem kultischen Gehalt des Darzustellenden mehr entspricht.

7.5.9 Die Schlußgestaltung

Da die Handlung immer wieder stockt, muß Hauptmann durch deus-ex-machina-artige Auftritte für die Weiterführung bzw. den Abschluß des Geschehens sorgen. In der aulischen *Iphigenie* gibt es eine ganze Serie von Szenen, in denen durch Eingriffe von außen die statische Szenenführung unvermittelt durchbrochen wird. „*Wie hingezaubert*" (923) erscheint in Szene IV, 2 zunächst der Herold Talthybios im griechischen Heerlager, begleitet von mythologisch bedeutsamen Wetterphänomenen (Blitz, Donner). Kurz darauf tritt Agamemnon „*in goldener Rüstung*" auf, die Erscheinung des Talthybios „*weit überstrahlend*" (924). Eine textgetreue Realisierung dieser Szene könnte auf den Einsatz der Theatermaschinerie wohl kaum verzichten. Im letzten Akt gibt es zwei weitere Deus-ex-machina-Szenen: Iphigenie wird von drei Hekate-Priesterinnen entführt (V, 3), Agamemnon befiehlt „*in einem ekstatisch-überirdischen Zustand*" (943) den Aufbruch nach Troja. Ähnlich die Situation am Schluß der delphischen *Iphigenie*: Wie ein Gott verfügt Pylades die Heilung des Orestes: „Auch du erwache nun, Orest, und tritt / aus deines Grames fürchterlicher Nacht / heraus ins reine Tageslicht der Gottheit!" (1065). Mit der ‚Verlautbarungsrhetorik' eines Gottes trägt Pyrkon dann in der Finalszene eine abschließende Deutung des Atriden-Mythos vor.

Die Tetralogie ist damit zwar an ihr Ende gelangt, aber da sich die maßgeblichen Konflikte jenseits der Szene abspielen und schon *vor* dem Beginn des Vierteilers bestanden (siehe dazu den Eingangsmonolog des Kritolaos: „O Gott, in welchem Graun sind wir gefangen!", 845), kann man nur von einer vorläufigen Beruhigung ausgehen. Trotz ihrer monumentalen Anlage zeigt die sich über zehn Akte erstreckende *Atriden-Tetralogie* nur ausschnitthaft das Drama einer von grausamen Schicksalsmächten bedrohten Welt. Deshalb mutet der Schluß des Zyklus willkürlich an, als

---

[980] CA III 848, 856, 901, 868, 880, 885, 890f., 900, 907f. sowie 1006.

ob Hauptmann gezwungen gewesen wäre, die Handlung unvermittelt abzubrechen. Der antike Mythos wurde zwar mit seinen wichtigsten Stationen ausführlich dargestellt, das eigentliche, der Tetralogie zugrundeliegende Geschehen (der kosmische Antagonismus von ‚Licht' und ‚Finsternis') ist jedoch unabschließbar und könnte in weiteren Tragödien fortgesetzt werden.[981] Für Hauptmann ist der Atriden-Mythos ein ‚Vehikel', das ihm die Möglichkeit bietet, ein *Welttheater der Grausamkeit* vorzuführen und auf diese Weise seiner schicksalsträchtigen Weltsicht Ausdruck zu verleihen. Würde man den Ausschnitt, den die *Atriden-Tetralogie* bildet, ‚vergrößern' und die Vor- und Nachgeschichte des Mythos in den Blick nehmen, dann wäre – überspitzt formuliert - das Drama, das dann sichtbar würde, das Leben selbst bzw. die Geschichte der Welt, so wie sie Hauptmann sieht. In diese Richtung weisen nicht nur die dramentheoretischen Überlegungen des Dichters, sondern auch seine produktionsästhetischen Notizen, die immer wieder die mediale Rolle des Künstlers hervorheben. Insofern ist Hauptmann in seinem Spätwerk Naturalist geblieben – wenn auch unter den Vorzeichen einer mythisierenden Weltsicht.

Die Diskussion über den Schluß der Tetralogie hat sich insbesondere an der Frage entzündet, wie Iphigenies Tod zu verstehen ist. Mehrere Interpreten haben zu Recht betont, daß Iphigenies Tat nicht als tragisches Opfer gedeutet werden kann.[982] Denn zum einen stellt der Text des Dramas keinen Zusammenhang zwischen dem Selbstmord und der Entsühnung von Orestes und Elektra her; zudem ist unter den Vorgaben von Hauptmanns Schicksalsdramaturgie der Begriff der individuellen Schuld (und ein daraus resultierender Entschluß zum tragischen Opfertod) gar nicht denkbar. Zum anderen muß berücksichtigt werden, daß Iphigenies halbgöttliche, archaische Wesensart mit der sich in Delphi vollziehenden religionsgeschichtlichen ‚Wende' nicht vereinbar ist. Der Selbstmord vollendet daher den (Iphigenie vorherbestimmten) Weg der Vergöttlichung.[983] Hauptmann läßt eine verblaßte Mythentradition wieder aufleben, indem er an die Doppelnatur Iphigenies erinnert: Hinter der heroischen Figur des Euripides tritt die Gestalt einer vormals gefürchteten Nacht- und Todesgöttin hervor. Iphigenies Tod dient weder der Entsühnung der Atriden noch löst er das Problem der Nichtintegrierbarkeit des Chthonischen in eine apollinische Welt. Iphigenie vollzieht mit ihrem Selbstmord den letzten Schritt auf der Bahn zur Vergöttlichung. Dieser Weg führt über die Stationen Aulis und Tauris nach Delphi, wo Iphigenie – mythengeschichtlich betrachtet – wieder den Status einer chthoni-

---

981 Alexander, *Studien zum Stilwandel*, S. 118.
982 Hamburger, „Das Opfer der delphischen Iphigenie", S. 172f.; Alt, „Die Erneuerung des griechischen Mythos", S. 362f.
983 „IPHIGENIE Elektra, o versuche zu verstehen, / was unabänderlich beschlossen ist!" (1084); „IPHIGENIE Nein, ich fürchte nicht / den wohlvertrauten Pfeil der Göttin, die / mir selbst so wohlvertraut ist: trifft er mich, / so macht er mich zu dem, was ich schon bin." (1085).

schen Göttin annimmt. Indem in *Iphigenie in Delphi* das Eingehen einer heroischen Figur in den mythologischen Horizont thematisiert und damit der historische Prozeß der Mythenbildung im Medium des Dramas ,umgekehrt' wird, erinnert das Werk nicht nur an die ältesten Mythen, sondern will auch – wie Hamburger gezeigt hat – auf die latente Bedrohlichkeit einer dämonischen Sphäre für die Menschenwelt verweisen.

So einleuchtend diese Deutung ist – es bleibt jedoch ein ,Rest', der aus Goethes taurischer *Iphigenie* herrührt und der sich – vielleicht auch gegen Hauptmanns archaisierende Intentionen – in den Schlußszenen der Tetralogie bemerkbar macht. Denn die Transformation der Iphigenie erscheint als Erstarrung einer Figur, die vormals der Menschenwelt zugehörte und die um die Alternativlosigkeit ihrer Situation weiß. Anders formuliert: In Delphi gelangt Iphigenie zu der Einsicht, daß sie eine erneute Verwandlung Hekates nicht nachvollziehen kann und zudem ihre Vergangenheit als Priesterin eine Rückkehr in die menschliche Welt unmöglich macht. Pyrkons salbungsvolle Schlußverse bilden daher einen starken Kontrast zu dem Leid einer Figur, die trotz aller hekatischen Verhärtungen erfahren mußte, daß sie um ihr Menschsein betrogen wurde. Der letzte Schritt von Iphigenies Vergöttlichung vollzieht sich als endgültige Auslöschung des Humanen, und in dieser kontrafaktischen Konstellation scheint ein letztes Mal Goethes *Iphigenie* auf. Nicht Pyrkons kühldistanzierte Deutung, sondern die (am Beispiel der Iphigenie vorgeführte) Einsicht in die Gewaltförmigkeit von Mythos und Geschichte bildet den eigentlichen Schlußpunkt der Tetralogie.[984] Auch wer Hauptmanns hypertrophe Mythos- und Schicksalsvorstellungen nicht teilt, muß zugeben, daß dem Dramatiker mit seiner Iphigenie-Figuration ein eindrucksvolles, ja anrührendes Bild mythischer Unterwerfung gelungen ist.[985]

---

[984] „ELEKTRA Du scheinst mir, Hohe, wie ein Schmerz, der wandelt – / nein, mehr: als wie der Schmerz der ganzen Welt." (1077).

[985] Insbesondere vor dem Hintergrund der arkadischen Vision, die Iphigenie im letzten Akt der aulischen Tragödie entwirft (936). Hier leuchtet für einen Moment jene antik-rustikale Welt auf, die Hauptmann in *Bogen des Odysseus* gestaltet hatte. Was dort naturalistisch gezeichnete Lebenswelt war, hat in der *Atriden-Tetralogie* nur noch chimärenhafte Züge.

7.5.10 Hypertextualität und Tragödienstruktur

Die hypertextuellen Bezugnahmen der *Atriden-Tetralogie* besitzen ein eigentümliches Gepräge. Da Hauptmanns Intention darauf abzielt, die schon bei den antiken Tragikern erkennbare Abschwächung des Mythischen zurückzunehmen, steht seine Anverwandlung der literarischen Vorlagen im Zeichen einer wiederbelebten Archaik. Das führt dazu, daß der Dramatiker sich gleichsam über den literarischen Traditionsbezug ,hinwegsetzen' muß, um an ein vorliterarisches Zeitalter der Mythenbildung und Mythentradierung anknüpfen zu können. Es handelt sich also um eine Form der Hypertextualität, die sich selbst negiert bzw. die durch die mythische Überzeichnung der antiken Tragödien den Vorbildcharakter der Hypotexte abzuschwächen versucht. Als gegenläufiges Moment macht sich jedoch Hauptmanns Tendenz bemerkbar, zahlreiche Motive von Aischylos, Euripides und Goethe zu übernehmen oder auf diese (mittels Kontrastbildung) anzuspielen. Ähnlich wie im *Bogen des Odysseus* kommt es damit zu einem Widerspruch zwischen archaisierender Verzeichnung der Antike und fortbestehender Bezugnahme auf die literarische Tradition. Von einer „dionysische[n] Revision"[986] oder einem „Manifest der ,Zurücknahme'"[987] kann daher nur bedingt die Rede sein, dafür ist Hauptmanns Ehrfurcht vor der Tradition zu groß, was sich neben der Häufung von antiken Motiven vor allem an seinem Festhalten am Formtypus des klassischen Dramas ablesen läßt. Zudem spielen – wie Santini gezeigt hat – antivitalistische Motive aus dem Umkreis der Orphik eine größere Rolle als dionysische.[988]

Wie die hypertextuelle Gestaltung ist auch die Struktur der Tragödien nicht frei von Widersprüchen. Obwohl Hauptmanns psychokultische Poetik zu einer Auflösung der traditionellen dramatischen Formen strebt, vollzieht sich die Neugestaltung archaischer Opfermysterien im Medium der klassischen Tragödie.[989] Zudem höhlt

---

[986] Frick, *,Die mythische Methode'*, S. 172.

[987] Frick, *,Die mythische Methode'*, S. 170.

[988] Santini, *Gerhart Hauptmann zwischen Modernität und Tradition*, S. 97.

[989] Frick schlägt vor, die Formprobleme der *Atriden-Tetralogie* unter dem Blickwinkel „einer ,postmodernen' Sensibilität für Stilmischungen und produktive Zitations- und ,Reibungsverhältnisse' zwischen heterogenen Ausdruckselementen" zu betrachten. Demzufolge „gewinnt selbst die unleugbare Epigonalität der Form eine kritische Valenz, ergibt sich der Gestus einer in der Anknüpfung an eine ,nicht mehr mögliche' Tradition formulierten programmatischen ,Zurücknahme'" (S. 201f., Fußnote 737). Frick führt diesen diskussionswürdigen Aspekt nicht weiter aus; an diesem Punkt müßten jedoch Verbindungslinien zum postmodernen Drama gezogen und neuere dramentheoretische Ansätze berücksichtigt werden, beispielsweise von Lehmann oder Fischer-Lichte. Zu dieser Thematik siehe auch Erika Fischer-Lichte, „Postmoderne – Fortsetzung oder Ende der Moderne? Theater zwischen Kulturkrise und kulturellem Wandel", in: dies., *Theater im Prozeß der Zivilisation*, Tübingen-Basel 2000, S. 229-239. Auch wenn man zu dem Ergebnis käme, daß es sich bei der *Atriden-Tetralogie* – wie schon beim *Bogen des Odysseus* – um

314

die Schicksalsdramaturgie, die das Geschehen der *Atriden-Tetralogie* überwölbt, die Gesetze der Gattung Tragödie tendenziell aus: Bei Hauptmann sind an die Stelle einer dialogischen Konfliktgestaltung mythische Wechselwirkungen zwischen Protagonisten und Götterhimmel getreten. Es trifft zwar zu, daß sich Hauptmann auf „eine geistige Ahnenreihe [bezieht], die von Aristoteles über Schiller und Hegel bis zum Hebbelschen Pantragismus reicht."[990] Indem der Dramatiker jedoch an die Stelle eines tragischen Konflikts ein dunkles Schicksal setzt, das über die Protagonisten hereinbricht, löst er nicht nur die Bindungen an das Modell der aristotelischen Wirkungsästhetik, sondern koppelt sich auch von Hegels Tragödientheorie mit ihrer Kollision von gleichberechtigten Prinzipien ab. Die in der *Atriden-Tetralogie* realisierte Tragödienkonzeption steht damit am Ende eines Prozesses, der mit Kleist, Hölderlin, Grillparzer und Hebbel einsetzt und von der Wirkungslehre der Tragödie auf eine Philosophie des Tragischen ‚umschaltet'. Wenn die menschliche Existenz grundsätzlich als tragisch angesehen wird, dann bleibt kein Raum mehr für einen tragischen Konflikt, da das Tragische keine *Wesenheit*, sondern ein dialektischer *Modus* ist: „Nur *der* Untergang ist tragisch, der aus der Einheit der Gegensätze, aus dem Umschlag des Einen in sein Gegenteil, aus der Selbstentzweiung erfolgt."[991]

Der Verzicht auf szenische Spannungsmomente zieht eine allgemeine Demotivation der Figuren nach sich. Exemplarisch kann dies an der häufigen Verwendung von Szenen gezeigt werden, die der antiken Anagnorisis nachgebildet sind. Nicht die handlungsbeschleunigende Auflösung einer Intrige, sondern die breit angelegte Darstellung mythisch-traumartiger Bewußtseinszustände steht hier im Mittelpunkt. Die auf Mord und Rache reduzierte Handlung bewegt sich in einem eigentümlichen Schwebezustand zwischen Verzögerung, Stillstand und plötzlichem Fortgang. In Szenen, in denen die chthonische Atmosphäre das Bewußtsein der Figur nahezu auslöscht, werden die Grenzen des dramatisch Darstellbaren erreicht. Um die Eindringlichkeit des mythischen Geschehens abzubilden, greift Hauptmann entweder zu monologischen Beschwörungen oder zu nichtverbalen Darstellungsmitteln. Da die Protagonisten unterschiedslos Erfahrungen des Schreckens und der Gewalt thematisieren, zerfallen die Dialoge in vereinzelte Episoden, die durch den Atriden-Mythos nur bedingt zusammengehalten werden. An die Stelle dialogischer Auseinandersetzung tritt ein pathetisch aufgeladener Sprachgestus. Eine psychologische Konturie-

eine postmoderne Mythenbricolage handelte, so bliebe noch die Schwierigkeit, die sich in diesen Werken artikulierende ‚Schicksalsideologie' Hauptmanns zu erklären. Postmoderne Literatur zeichnet sich, verallgemeinernd gesprochen, durch eine Absage an geschlossene Denksysteme aus. In dieser Hinsicht gibt es jedoch keine Übereinstimmungen zwischen Hauptmanns Dichtungsverständnis und einer postmodernen Dramentheorie.

990 Santini, *Gerhart Hauptmann zwischen Modernität und Tradition*, S. 104.
991 Szondi, *Versuch über das Tragische*, S. 209.

rung der Figuren findet nicht statt, da die fieberhaft vorgetragenen Affekte sich sprunghaft ändern können, was wiederum zu einer schrittweisen Auflösung der Differenzen zwischen den Protagonisten führt. Da der dem Zyklus zugrundeliegende Konflikt außerhalb der Szene liegt, werden in den Tragödien nur die Auswirkungen einer letztendlich nicht darstellbaren Handlung vorgeführt: Der in zehn Akten dargebotene Atriden-Mythos bietet einen Ausblick auf die vielfältigen Facetten göttlicher Grausamkeit.

Konsequenz dieser Dramaturgie ist zum einen die *Episierung* des Dramas, da sich die schicksalhaften Zusammenhänge nicht als dramatische, aus dem Dialog erwachsende Aktion abbilden lassen. In dem Maße, wie die Dramenfiguren ,entmächtigt' werden, kommt es aber auch zu einer *Lyrisierung* der Szene: Hauptmann hält zwar am Blankvers fest (und geht nicht zu ,musikalischeren' Versformen über); trotzdem entsteht durch die Angleichung der Figuren aneinander der Eindruck, als ob sich die Atriden-Dramen in einem „großen tragischen Gedicht[]" bzw. einem Stimmengewebe auflösen würden, in dem „namenlose[] Rufer" von der Gewalttätigkeit blinder Schicksalsmächte künden.[992] Geht man diesem Hinweis nach, dann rückt der Vierteiler in die Nähe eines Oratoriums, das man sich jedoch als reines Sprachkunstwerk, ohne den Einsatz von Chor und Orchester, aufgeführt vorstellen müßte. Eine solche Verortung der *Atriden-Tetralogie* im Spektrum der dramatischen Gattungen ist natürlich nur bedingt möglich, allerdings gibt es einige Punkte, die den Vergleich von Hauptmanns Antikenzyklus mit dieser musikdramatischen Gattung erlauben: Handlungsarmut und statuarische Szenengestaltung (das Oratorium kennt keine szenisch präsentierte Handlung), der hohe Anteil von epischen Passagen (im poetologischen Verständnis des 19. Jahrhunderts gehörte das Oratorium noch zu den epischen Gattungen[993]), die Häufung von Monologen (dem im Oratorium die Arie entspricht) sowie die Präsentation von Handlungsschwerpunkten als Stimmungsbilder bzw. Tableaux (wobei hier zusätzlich die Nähe zur Oper, insbesondere zur Grand Opéra, hervorzuheben ist). Da das Oratorium aus liturgischem Kontext hervorgegangen ist, weist die Gattung – im Gegensatz zur Oper – eine größere religiöse bzw. weltanschauliche Ausrichtung auf (auch wenn im 19. Jahrhundert eine ,Verweltlichung' einsetzt – man denke beispielsweise an Max Bruchs *Odysseus* von 1872). Hauptmanns Versuch, seinem schicksalsträchtigen Weltbild eine künstlerische Form zu geben, rückt die *Atriden-Tetralogie* in den Rang eines (aus der Zeit ,herausfallenden') Bekenntniswerks und legt auch in dieser Hinsicht den Vergleich mit dem Oratorium nahe.

---

992 David, „Gerhart Hauptmanns ,Iphigenie in Delphi'", S. 286.
993 Carl Dahlhaus, „Igor Strawinskijs episches Theater", in: ders., *Vom Musikdrama zur Literaturoper*, München-Salzburg 1983, S. 174-198, hier S. 187.

316

7.6 Partielle Archaisierung

Hauptmann verzichtet vollständig auf eine politische, religiöse oder ethische Kontextualisierung der Konflikte, wie dies bei Aischylos, Euripides oder Goethe der Fall ist. Statt dessen wird in der *Atriden-Tetralogie* der Versuch unternommen, die Zwanghaftigkeit mythischer Schicksalsgewalten dramatisch darzustellen, wobei barbarische Gewalttaten eine herausragende Stellung im Handlungsverlauf einnehmen. Die Bezugnahmen auf frühgeschichtliche Mythen, chthonischen Totenkult, matriarchalische Rechtsauffassung und orphische Mysterien haben rein illustrativen Charakter, da letztendlich das Verhältnis von Protagonist und schicksalhaften Mächten im Mittelpunkt der Tragödien steht. Die anachronistische Absicht, die antike Schicksalstragödie ‚wiederzubeleben', hat Dramen hervorgebracht, in denen der Stellenwert des Mythischen im Vergleich zu den Werken der antiken Tragiker wesentlich höher zu veranschlagen ist.

Bezeichnend ist in diesem Zusammenhang die nicht realisierte Anagnorisis in der letzten Tragödie des Zyklus. Im Gegensatz zu den relevanten Hypotexten von Hyginus und Goethe fehlt bei Hauptmann die zentrale Wiedererkennungsszene zwischen den Geschwistern: Die Identität der Priesterin bleibt am Schluß der Tragödie – Elektra ausgenommen – allen verborgen. Zwar kommt es in dem Dialog zwischen den Schwestern zu einer Neubewertung des taurischen Priestertums; diese neue Erkenntnis bleibt jedoch partiell, wird nicht öffentlich vermittelt und vermag am schicksalhaften Gang der Ereignisse nichts zu ändern. Die Verpflichtung zur Wahrhaftigkeit, die auf dem Leitsatz des delphischen Orakels (‚Erkenne dich selbst') beruht und die in Goethes *Iphigenie* die Wiederbegegnung der Geschwister ermöglicht, kann sich unter den mythologischen Rahmenbedingungen der *Atriden-Tetralogie* nicht entfalten. Trotz quälender Versuche (vgl. die zahlreichen Anagnorisis-Szenen) muß der letzte Schritt zur Überwindung der mythischen Erstarrung unterbleiben. Die Enthumanisierung des Mythos zeigt sich schließlich auch daran, daß sich Iphigenie (anders als Peitho!) den Schicksalsmächten nicht entgegenstellt und ihre Haltung insofern einer (in diesem Rahmen noch möglichen) Tragik ermangelt. Denn selbst wenn man von der Freiwilligkeit des Selbstmordes ausgeht, wäre ein Ausbruch aus den mythischen Gegensätzen nicht möglich: Noch im selbstgewählten Tod bestätigt Iphigenie die gnadenlosen Gesetze der Götter.

Folgt man dieser Ansicht, dann erklärt sich auch die (von einigen Interpreten mißverstandene) Figurengestaltung: Nicht psychologische Motivierungen und handlungsimmanente Konflikte bestimmen den Geschehensablauf der Tragödien, sondern das Verstricktsein der Figuren in einen mythisch-schicksalhaften Urgrund. Das Hervortreten des Mythischen bedingt das Zurücktreten individueller Charaktere und Handlungsspielräume: Angesichts der Aneinanderreihung von Grausamkeiten wird das ‚Schicksal' zum bestimmenden Handlungszentrum der Dramen. Demzufolge wird gerade der Werkzeugcharakter der Figuren und ihr Ausgeliefertsein an Götter und Dämonen immer wieder beschworen und in Zuständen des Außer-sich-Seins dargestellt.

Die dramaturgischen Widersprüche der *Atriden-Tetralogie* beruhen nicht nur auf der komplizierten Werkgenese, sondern auch auf Hauptmanns archaisierendem Antikenbild und seiner antagonistischen Poetik des Dramas. Nachdem Hauptmann die ältere Version des Iphigenie-Mythos auf den dramengeschichtlich wenig bekannten Iphigenie-in-Delphi-Stoff appliziert hatte, warf die Entscheidung, auch dessen Vorgeschichte zu dramatisieren, einige dramaturgische Probleme auf. So mußte Hauptmann zwangsläufig auf Handlungsepisoden zurückgreifen, die einer jüngeren, dezidiert *nicht*archaischen Mythentradition zuzurechnen sind. Entgegen der Intention, das Mysterienhaft-Archaische des Atriden-Mythos herauszustellen, bleiben die *Iphigenie*-Dramen aufgrund ihrer pseudohistorischen Reminiszenzen an Trojanischen Krieg und griechisches Kultwesen einem klassischen Antikenbild verhaftet: In der aulischen *Iphigenie* wird der Einbruch, in der delphischen *Iphigenie* das Ende einer archaischen Welt vorgeführt. Eine Vertiefung des Chthonischen – auch im Sinne einer zeitlos-archaischen Szene, wie sie Hauptmann im *Griechischen Frühling* entworfen hat – konnte erst in den Einaktern *Agamemnons Tod* und *Elektra* stattfinden, was hier aber unter Ausschluß der Figur Iphigenies zu geschehen hatte. Hätte Hauptmann sowohl den Grundlagen seiner psychokultischen Poetik entsprechen als auch die Archaisierung des Iphigenie-Mythos fortschreiben wollen, dann hätte er eine *Iphigenie auf Tauris* schreiben müssen. Anstatt in direkte Konkurrenz zu Goethes Schauspiel zu treten und das Problem der Doppelnatur Iphigenies als Tochter Agamemnons *und* als grausame Todesgöttin in *einem* Drama zu bewältigen, folgte Hauptmann dem durch Aischylos' *Orestie* vorgegebenen Gang der Handlung und tauchte deren Szenerie in das düstere Licht des Hades. Vor dem Hintergrund dieser Überlegungen müssen die – von der Forschung häufig als zweitrangig eingestuften – Einakter als die angemessene Verwirklichung seines archaischen Antikenbildes betrachtet werden. Erst in diesen Werken ist es Hauptmann stellenweise gelungen, sich von den klassizistischen Traditionen freizumachen und dem grauenvollen Anblick der Medusa eine dramatische Form zu geben.

318

8. „Wer weiß, da kann doch drunt' ein andrer Brauch sein":
Brecht, *Die Antigone des Sophokles* (1948)

8.1 Der Verlust der Würde

Sophokles' Tragödie *Antigone* kennt neben dem Palast des thebanischen Königs Kreon einen weiteren Schauplatz: ein Geröllfeld vor den Toren der Stadt, wo der Leichnam des Polyneikes liegt. Obwohl Antigone zweimal gegen Kreons Bestattungsverbot verstößt und den toten Bruder mit einer dünnen Staubschicht bestreut, kann sie nicht verhindern, daß die Leiche ein Raub von wilden Tieren wird. Im Exodus berichtet der Bote: „Ich gab als Führer deinem Gatten das Geleit / zum Rand des Feldes, wo noch immer grauenhaft / zerfleischt von Hunden Polyneikes' Leichnam lag."[994] Über den religiösen Aspekt hinaus erinnert Sophokles im Laufe seiner Tragödie mehrfach daran, was passiert, wenn ein Toter unbegraben den Zersetzungsprozessen der Natur überantwortet wird: Mit dem Ausschluß aus dem Raum der Kultur verwandelt sich der Leichnam in ein Stück Aas – zum Verlust des Lebens tritt der Verlust der Würde hinzu.

In Bertolt Brechts *Antigone* wird dieses Motiv aufgegriffen und fortgeführt. Die Zerreißung des Körpers, die bei Sophokles eine Folge der unterbliebenen Bestattung ist, steht bei Brecht am Anfang:[995] Polyneikes, der hier gemeinsam mit Eteokles gegen die Stadt Argos kämpft, flieht nach dem Tod seines Bruders entsetzt aus der Schlacht, worauf Kreon den Deserteur ergreift und ihn „zerstückt" (V. 17). Im weiteren Verlauf des Dramas bleibt nicht nur die Leiche des Polyneikes unbestattet, auch die getöteten Bewohner von Argos werden Vögeln und Hunden überlassen;[996] und als das Heer der Argiver vor Theben steht, droht nun den vormals Siegreichen dieses Schicksal.[997]

Zerstückelung, Bestattungsverbot und Zurschaustellung des verwesenden Leichnams sind die Insignien einer Herrschaft, deren Strafen nicht mit dem Tod enden, sondern erst in der Fragmentarisierung und dem Unkenntlichmachen toter Körper ihren Abschluß finden. In beiden *Antigone*-Dramen zeigt dieses Motiv die Aufhe-

---

[994] Sophokles, *Antigone*, V. 1196-1198.

[995] Brechts *Antigone* wird zitiert nach: Bertolt Brecht, *Die Antigone des Sophokles. Nach der Hölderlinschen Übertragung für die Bühne bearbeitet*, Werke, Große kommentierte Berliner und Frankfurter Ausgabe, Bd. 8: *Stücke 8*, hg. von Werner Hecht, Jan Knopf, Werner Mittenzwei und Klaus-Detlef Müller, Berlin-Weimar-Frankfurt a. M. 1992, S. 193-241.

[996] „KREON Und du siehst hin / Wo einst ihre Stadt war / Und du siehst Hunde / Denen glänzet das Angesicht. / Die edelsten Geier fliegen zu ihr; sie schreiten / Von Leichnam zu Leichnam / Und von dem reichlich bereiteten Mahle / Nicht in die Höhe können sie steigen." (V. 131-138).

[997] „KREON So fällt jetzt Thebe. / Und fallen soll es, soll's mit mir, und es soll aus sein / Und für die Geier da." (V. 1286-1288).

bung zivilisatorischer Standards an; bei Brecht ist hierfür jedoch nicht die tragische Verblendung Kreons, sondern eine sich radikalisierende Herrschaftspraxis verantwortlich, die durch absolute Machtausübung und militärische Aggression ihre inneren Konflikte zu kaschieren versucht.

Die maßlose Gewalt, von der Brechts Antigone in der ersten Szene berichtet, verweist einerseits auf antike Zerreißungsmythen und den archaischen Kontext, dem sie entstammen. Mit dem Dionysischen ist die Zerstückelung bei Brecht aber nicht nur in motivgeschichtlicher, sondern auch in anthropologischer bzw. sozialpsychologischer Hinsicht verbunden, da in seinem Antikendrama die Überschreitung des Humanen im Krieg mit dem Außer-sich-Sein und mit orgiastischer Tötungslust einhergeht.[998] Damit ergibt sich das Bild einer Gesellschaft, die ihre inneren Konflikte in Gewalt und Unterdrückung transformiert, um sich schließlich in einen dionysischen Taumel hineinzusteigern, der in der Selbstzerstörung enden muß.

8.2 Rückkehr aus dem Exil

Brechts Antigone verdankt ihre Entstehung mehreren Zufällen. Der Schriftsteller trifft im November 1947 aus den USA kommend in der Schweiz ein, um von Zürich aus die Möglichkeiten für eine kontinuierliche Theaterarbeit im besetzten Deutschland auszuloten.[999] Obwohl das Züricher Schauspielhaus während der Kriegsjahre drei seiner im Exil entstandenen Dramen uraufgeführt hat, gestalten sich die Arbeitsbedingungen für ihn und Helene Weigel schwieriger als erwartet: Brecht muß auf eine Arbeitserlaubnis warten und seine Lebensgefährtin erhält wegen ihrer langjährigen Abwesenheit von der Bühne kein Engagement. Aus diesem Grund nimmt Brecht ein Angebot von Hans Curjel an, dem ehemaligen Dramaturgen der Berliner Kroll-Oper und jetzigen Leiter des Stadttheaters in Chur. Dieser stellt sein Haus, das auch als Kino genutzt wird, für eine Inszenierung zur Verfügung. Neben der Antigone des Sophokles ziehen Brecht und Curjel auch Shakespeares Macbeth, Racines Phädra sowie Mutter Courage und Die heilige Johanna der Schlachthöfe in Erwägung. Brecht entscheidet sich schließlich für Sophokles, auf Anraten des Bühnenbildners Caspar Neher in der Übertragung von Friedrich Hölderlin.

---

998 Siehe dazu V. 106-109, 532-534, 669-674, 726-731, 735f., 842-844, 882-886, 1141-1143.

999 Jörg Wilhelm Joost, „Die Antigone des Sophokles", in: Jan Knopf (Hg.), Brecht Handbuch, Bd. 1: Stücke, Stuttgart-Weimar 2001, S. 532-544, hier S. 232; Werner Wüthrich, Bertolt Brecht und die Schweiz, Zürich 2003 (Theatrum Helveticum 10), S. 131-135.

Mitte Dezember 1947 schließt Brecht seine Bearbeitung ab; das Stück – Brechts erste Theaterarbeit in Europa seit 1933 – wird am 15.02.1948 mit Helene Weigel in der Titelrolle in Chur uraufgeführt. Wegen der fremdartigen Sprache Hölderlins, des ungewohnten Inszenierungsstils Brechts und des primitiv-archaischen Bühnenbilds von Caspar Neher erringt das Drama nur einen Achtungserfolg. Auf der Grundlage der Churer Aufführung stellt Brecht mit Ruth Berlau das *Antigonemodell 1948* zusammen, das 94 Fotographien enthält und späteren Inszenierungen als modellhafte Spielanleitung dienen soll. Bemerkenswert ist, daß die *Antigone* weder zu Brechts Lebzeiten noch nach seinem Tod von ‚seinem' Berliner Ensemble gespielt wird; die deutsche Erstaufführung findet 1951 im sächsischen Greiz wiederum an einem Provinztheater statt. Die verhaltene Resonanz setzt sich bis in die jüngste Zeit fort: Brechts *Antigone* wird zwar regelmäßig gespielt, das Drama kommt jedoch über mittelgroße Theater und Studiobühnen nicht hinaus.[1000]

8.3 Dialektische Verschränkungen

Strukturprinzip von Brechts *Antigone*-Bearbeitung ist die wechselseitige Bestimmung von antikem Mythos und Zeitgeschichte, von Traditionsbezug und politischer Aufklärung. Dialektisch mutet schon die Wahl des Hypotextes an: Brecht entscheidet sich für eine der wirkungsmächtigsten Tragödien der Antike, stützt sich dabei jedoch auf die Übertragung Hölderlins, die wegen ihrer sprachlichen Unzugänglichkeit kaum gespielt wurde.[1001] Hölderlin ist wiederum der emphatisch beschworene Dichter-Seher, der nach 1900 unter kulturkonservativen, nationalistischen, christlichen und existentialistischen Vorzeichen eine breite Rezeption erfuhr;[1002] wenig Beachtung fanden dagegen Hölderlins *Empedokles*-Tragödie, seine Tragödientheorie und

---

[1000] Siehe dazu die Aufführungsliste für den Zeitraum von 1948 bis 1986 in Werner Hecht (Hg.), *Brechts ‚Antigone des Sophokles'*, Frankfurt a. M. 1988, S. 302-305.

[1001] Daß Brecht die Hölderlinsche Übertragung aus einer „ganz pragmatischen, arbeitsökonomischen Erwägung" heraus aufgreift, wie Frick (*‚Die mythische Methode'*, S. 502) andeutet, ist nicht sehr wahrscheinlich. Ruth Berlau berichtet, daß der Dramatiker „verschiedene Übersetzungen von Sophokles geprüft [hatte]", die sich alle – so kann man unterstellen – wesentlich einfacher überarbeiten hätten lassen. Siehe dazu Ruth Berlau, „Erinnerungen", abgedruckt in: Hecht, *Brechts ‚Antigone des Sophokles'*, S. 183-187, hier S. 184.

[1002] Auch Brecht rechnet Hölderlin am 22.08.1940 zur „pontifikale[n] Linie" der deutschen Literatur: *Journal*, GBA 26 416. Siehe auch Jochen Schmidt, „Hölderlin im 20. Jahrhundert. Rezeption und Edition", in: Gerhard Kurz u. a. (Hg.), *Hölderlin und die Moderne. Eine Bestandsaufnahme*, Tübingen 1995, S. 105-125. Zu Hölderlins *Antigonae* siehe auch Kapitel III.1.3.

die beiden Sophokles-Übersetzungen *Oedipus der Tyrann* und *Antigonae*.[1003] Hinzu kommt, daß in dramaturgischer wie in sprachlicher Hinsicht wohl kein Übersetzer oder Bearbeiter der *Antigone* so großen Wert auf eine dialektische Strukturierung des Textes gelegt hat wie eben Hölderlin – sei es auf der Ebene des Verses, des Dialogs, der Figurenkonstellation oder der übergreifenden Sinnperspektive. Brecht, so könnte man sagen, operiert mit Hölderlin gegen das emphatische Hölderlin-Verständnis der Kriegs- und Nachkriegsjahre. Insofern ist Brechts *Antigone* auch ein frühes Dokument einer progressiven Hölderlin-Rezeption und gleichzeitig der Versuch, das poetische Material dieser selten rezipierten Übertragung für das Drama der Moderne zu nutzen.

Zu dem Komplex der wechselseitigen Verschränkungen gehört auch die sozial- und kulturgeschichtliche Kontextualisierung, die der materialistische Geschichtsdenker Brecht vornimmt. Der *Antigone*-Mythos ist seit Hegel mit dem epochalen Übergang von der Tyrannis zur Demokratie verbunden;[1004] das bürgerliche Theater hat wiederum den tragischen Untergang der Protagonistin zum Martyrium verklärt und das Geschehen in einen zeitlosen Raum verlegt. Gegen diese idealistischen Anschauungen wendet sich Brecht, wenn er die archaische Seite des Mythos herausstellt und anhand des Dionysos-Kultes die Verflechtung von Politik und Religion thematisiert.

Dialektisch verschränkt hat Brecht den antiken Mythos schließlich auch mit der Zeitgeschichte, da er die berühmte Handlung mit Hinweisen ausstattet, die Rückschlüsse auf die Verfallsgeschichte des nationalsozialistischen Regimes zulassen, insbesondere nach der Niederlage von Stalingrad im Februar 1943. Indem die antike Fabel in die Gegenwart hineinragt und die Zeitgeschichte mit dem Geschehen in Theben kurzgeschlossen wird, erhält das Drama eine einzigartige historische Tiefendimension.

In intertextueller Perspektive stellt sich die Frage, ob die zeitgeschichtliche Aktualisierung des Mythos in einem Gegensatz zu den Strukturelementen steht, die Brecht von Sophokles bzw. Hölderlin übernommen hat. Die Beantwortung dieser Frage hat die Genese von Brechts *Antigone* und die sich dabei ergebende Verlagerung der dramaturgischen Akzente nachzuzeichnen. Dabei rücken jene Paratexte ins Blick-

---

[1003] Eine Ausnahme bilden die monumental-weihevollen Aufführungen von *Oedipus der Tyrann* und *Antigonae* 1922/23 in Darmstadt. Siehe dazu Hellmut Flashar, „Hölderlins Sophoklesübersetzungen auf der Bühne", in: Christoph Jamme/Otto Pöggeler (Hg.), *Jenseits des Idealismus. Hölderlins letzte Homburger Jahre (1804-1806)*, Bonn 1988 (Neuzeit und Gegenwart 5), S. 291-317, hier S. 295-297.

[1004] Zu Hegels *Antigone*-Deutung siehe Annemarie Gethmann-Siefert, *Die Funktion der Kunst in der Geschichte. Untersuchungen zu Hegels Ästhetik*, Bonn 1984 (Hegel-Studien, Beiheft 25), S. 200-203; George Steiner, *Die Antigonen. Geschichte und Gegenwart eines Mythos*, München 1988, S. 34-60; Düsing, „Die Theorie der Tragödie bei Hölderlin und Hegel", S. 74-76.

feld, die sich um den eigentlichen Dramentext angesiedelt haben. Leitend ist hierbei die These, daß das Verfahren der „Durchrationalisierung"[1005] zentrale Strukturelemente der Hypotexte nicht erreicht.

Überraschend ist die Behutsamkeit, mit der Brecht seinen Hypotext behandelt. Der Dramatiker übernimmt nicht nur rund 400 Verse Hölderlins, sondern schreibt Anschlußverse und Übergänge, die sich erst bei genauerer Vergleichung als Nachdichtungen Brechts herausstellen. Dieses Verfahren, das gleichermaßen epigonale und innovative Züge aufweist, wird so konsequent durchgeführt, daß man von einem ‚Übergreifen' des Hölderlinschen Textkorpus auf denjenigen Brechts sprechen könnte. Insofern ist es naheliegend, nach dem Weiterwirken von Hölderlins tragödientheoretischen Implikationen in Brechts Dramenadaption zu fragen bzw. zu prüfen, welchen Stellenwert diese (an den Versen Hölderlins ‚haftenden') Implikationen im Kontext von Brechts geschichtsgesättigtem Antikendrama einnehmen.

8.4 Der Materialwert

Obwohl das Zufällig-Improvisatorische zu den Entstehungsbedingungen von Brechts *Antigone* gehört, ist das Werk von einer bemerkenswerten Dichte. Dies ist zum einen auf die doppelte Bezugnahme auf Sophokles und Hölderlin zurückzuführen, zum anderen aber auch Konsequenz eines spezifischen Bearbeitungsverständnisses von literarischen Texten.[1006] Um Brechts Produktionsästhetik genauer zu bestimmen, werden im folgenden dessen Überlegungen zum *Materialwert* aus den 1920er Jahren herangezogen, die in modifizierter Form auch für die *Antigone* noch Gültigkeit besitzen.

[1005] Brecht, *Antigonemodell 1948*, GBA 25 74. Die Veränderungen, die Brecht im Zuge seiner Durchrationalisierung des antiken Mythos vorgenommen hat, sind von der Forschung umfassend erörtert worden und spielen im folgenden nur eine untergeordnete Rolle. Siehe dazu den Überblick bei Jörg Wilhelm Joost, „*Antigonemodell 1948*", in: Jan Knopf (Hg.), *Brecht Handbuch*, Bd. 4: *Schriften, Journale, Briefe*, Stuttgart-Weimar 2003, S. 330-342. Kritisch zur These von der gelungenen Durchrationalisierung: Wilfried Barner, „‚Durchrationalisierung' des Mythos? Zu Bertolt Brechts *Antigonemodell 1948*", in: Paul Michael Lützeler (Hg.), *Zeitgenossenschaft. Zur deutschsprachigen Literatur im 20. Jahrhundert. Festschrift für Egon Schwarz zum 65. Geburtstag*, Frankfurt a. M. 1987, S. 191-210; Hellmut Flashar, „Durchrationalisieren oder provozieren? Brechts *Antigone*, Hölderlin und Sophokles", in: Ilse Nolting-Hauff/Joachim Schulze (Hg.), *Das fremde Wort. Studien zur Interdependenz von Texten. Festschrift für Karl Maurer zum 60. Geburtstag*, Amsterdam 1988, S. 394-410; Frick, ‚*Die mythische Methode'*, S. 524-527.

[1006] Zur Traditionsaneignung bei Brecht siehe Hans Mayer, *Brecht*, Frankfurt a. M. 1996, S. 97-241 sowie Frick, ‚*Die mythische Methode'*, S. 485-488.

An den Debatten um das Theater der Weimarer Republik beteiligt sich Brecht mit einem argumentativen „Zweifrontenkampf"[1007]. Dieser richtet sich *gegen* das bürgerliche Theater und *gegen* die theater- und kunstfeindlichen Tendenzen im Umfeld von Neuer Sachlichkeit und Kommunistischer Partei. Grundsätzlich kritisiert der Schriftsteller das bildungsbürgerliche Theater: „Bei alledem hat sich das alte klassische Repertoire [...] doch als hinreichend brüchig und vermottet herausgestellt. Man konnte es tatsächlich nicht mehr wagen, es in seiner alten Form erwachsenen Zeitungslesern anzubieten."[1008] Brecht wendet sich aber auch gegen die vor allem im kommunistischen Lager geäußerte Idee, klassische Werke überhaupt nicht mehr aufzuführen. Diese radikale Haltung entspringe einer bürgerlichen Fluchtidee und sei unproduktiv. Als erhaltenswert hat sich für Brecht der „Materialwert"[1009] der alten Stücke erwiesen, dies aber auch nur mit Einschränkungen: „Wirklich brauchen [...] konnte man nur mehr den Stoff. (Gewisse klassische Stücke, deren reiner Materialwert nicht ausreicht, sind für unsere Epoche ungenießbar)."[1010] Der Begriff des Materialwerts impliziert einen respektlosen Umgang mit den Klassikern, und Brecht spricht an anderer Stelle auch von „wohlüberlegte[n] Amputationen"[1011], vom „Heraushacken"[1012] und vom „abschlachten"[1013]. Zu der Reduktion auf den erhaltenswerten stofflichen Gehalt und zur formalen Neugestaltung muß aber auch eine durch die aktuelle politische Situation begründete Thematik hinzutreten, um das Weiterleben klassischer Werke auf dem Theater zu rechtfertigen: „Durch Anwendung eines politischen Gesichtspunktes konnte man irgendein klassisches Stück zu mehr machen als einem Schwelgen in Erinnerungen."[1014] Trotz dieser eingeschränkten Fürsprache für die Werke der klassischen Literatur ist Brecht insgesamt skeptisch, was deren Aufführbarkeit unter den Bedingungen des bürgerlichen Theaters angeht: „ich meine, daß es nicht den geringsten Sinn hat, ein Stück von Shakespeare aufzuführen, bevor das Theater imstande ist, die zeitgenössische Produktion zur Wirkung zu bringen."[1015] Diese Einschätzung bezieht sich vor allem auf Erwin Piscator, dessen politisches Theater zwar einen „hoffnungsvolle[n] Versuch"[1016] darstelle, letztendlich aber die Bedingungen eines kapitalistisch organisierten Theaterbetriebs nicht verändere und

---

[1007] Manfred Voigts, *Brechts Theaterkonzeptionen. Entstehung und Entfaltung bis 1931*, München 1977, S. 96.
[1008] Brecht, [*Wie soll man heute Klassiker spielen?*], GBA 21 182.
[1009] Brecht, *Gespräch über Klassiker*, GBA 21 311.
[1010] Brecht, [*Wie soll man heute Klassiker spielen?*], GBA 21 182.
[1011] Brecht, *Materialwert*, GBA 21 285.
[1012] Brecht, *Materialwert*, GBA 21 285.
[1013] Variante zum *Gespräch über Klassiker*, zitiert nach GBA 21 724.
[1014] Brecht, [*Wie soll man heute Klassiker spielen?*], GBA 21 182.
[1015] Brecht, [*Wie soll man heute Klassiker spielen?*], GBA 21 182.
[1016] Brecht, *Gespräch über Klassiker*, GBA 21 312.

daher nicht zu den Wurzeln der modernen Theaterkrise vorstoße. Insofern könne das Herausschälen des Materialwerts und die aktualisierende Anreicherung nur ein vorläufiges Verfahren sein, dessen politische Wirksamkeit begrenzt oder sogar kontraproduktiv sei. Im *Gespräch über Klassiker* erklärt Brecht 1929 daher, daß er in diese Richtung gehende Projekte wie *Leben Eduard des Zweiten von England* (1924 an den Münchner Kammerspielen uraufgeführt) nicht weiterführen werde; die geplante Bearbeitung und Aufführung von Shakespeares *Julius Caesar* wurde vorzeitig abgebrochen.[1017]

Angesichts der politischen Entwicklung bestimmt dieser Vorbehalt weiterhin Brechts Auseinandersetzung mit der literarischen Tradition. Denn die Zwangsläufigkeit, mit der der Nationalsozialismus aus der bürgerlichen Gesellschaft hervorgegangen sei,[1018] lasse sich gerade an der propagandistischen Instrumentalisierung von klassischer Ästhetik und bürgerlicher Literatur im NS-Regime ablesen. Damit stehen grundsätzlich alle Werke der Tradition unter einem ideologiekritischen Vorbehalt. Brecht wird in den folgenden Jahren aber auch anerkennen, daß sich weder im sozialistischen noch im westlichen Exil Arbeitsbedingungen für ein neues Theater ergeben. Die Möglichkeit, gleich nach seiner Rückkehr aus den USA die *Antigone des Sophokles* unter den widrigen Bedingungen eines Schweizer Stadttheaters zu inszenieren, ergreift er daher ganz pragmatisch. Die Überlegungen zum Materialwert – die Reduktion auf den stofflichen Gehalt und das Herausarbeiten von politischen Bezügen – sind weiterhin relevant, erfahren jedoch auf der Ebene der Bearbeitung eine Verschiebung von der provozierenden Destruktion zur verdeutlichenden Rekonstruktion.[1019] Brecht geht es bei der Bearbeitung der *Antigone* um die bewahrende Transformation einer antiken Tragödie mit dem Ziel, jene „höchst realistische Volkslegende"[1020] freizulegen, die am Anfang der Mythenbildung steht. Auf der Grundlage seines materialistischen Geschichtsbildes will Brecht zudem die historischen Rahmenbedingungen erhellen, die den vorgängigen Dramentexten eingeschrieben wurden: „Wir müssen den ursprünglichen Ideengehalt des Werks herausbringen und seine nationale und damit seine internationale Bedeutung fassen und zu diesem Zweck die geschichtliche Situation zur Entstehungszeit des Werks sowie die Stellungnahme und besondere Eigenart des

---

[1017] Siehe dazu die gestrichene Textpassage aus dem *Gespräch über Klassiker*, abgedruckt in GBA 21 724.

[1018] Siehe dazu Franz Norbert Mennemeier, „Bertolt Brechts Faschismus-Theorie und einige Folgen für die literarische Praxis", in: Helmut Arntzen u. a. (Hg.), *Literaturwissenschaft und Geschichtsphilosophie. Festschrift für Wilhelm Emrich*, Berlin-New York 1975, S. 561-574. Am 01.01.1948 notiert Brecht: „Das deutsche Bürgertum ,entnazen' heißt, es entbürgern." (*Journal*, GBA 27 259), sowie am 01.03.1948: „Die Grausamkeit der nazistischen Staats- und Kriegsführung war genau das, was die Bourgeoisie brauchte" (*Journal*, GBA 27 265).

[1019] Frick, ,*Die mythische Methode'*, S. 495f.

[1020] Brecht, *Journal*, GBA 27 255.

klassischen Autors studieren.", so Brecht 1954 über seinen revidierten Umgang mit den Klassikern.[1021]

Damit eröffnen sich zwei historische Perspektiven auf den Antigone-Mythos. Zum einen ist Brecht davon überzeugt, mittels Durchrationalisierung eine unverfälschte, ideologisch noch nicht überformte Mythosvariante freizulegen. Diese gibt den Blick frei auf eine frühgeschichtliche Epoche, in der das Kultwesen noch nicht im Dienst von Politik und Machterhalt stand (wie Brecht es der Zeit des Sophokles unterstellt), sondern Ausdruck einer volkstümlichen Religiosität war.[1022] Im Zentrum dieses Gemeinwesens, das man sich als urdemokratische, klassenlose Gesellschaft vorstellen kann, stand die Verehrung des „Freudengott[es]" Dionysos, von Brecht zum „lokale[n] Volksheilige[n]" erklärt.[1023] Demgegenüber betont Brecht aber auch die vorzivilisatorische, grausame Seite jener Zeit, in Chur theatralisch sinnfällig gemacht durch die vier Pfähle mit den aufgespießten Pferdekopfskeletten, die den „barbarischen Ort des alten Gedichts" andeuten.[1024] In Brechts *Antigone*-Konzeption, so ist an dieser Stelle festzuhalten, spielen zwei Epochenvorstellungen hinein: urkommunistisches Gemeinwesen und archaisches Feudalsystem. Die Durchrationalisierung zielt also nicht nur auf die Eliminierung des antiken Schicksalsglaubens mit dem Ziel, die „Immanenz der Macht- und Gewalt-Prozeduren" darzulegen[1025], oder auf die Analogisierung von Mythos und Zeitgeschichte. Brecht geht es auch darum, die Umrisse eines frühgeschichtlichen Stadiums erkennbar werden zu lassen, um diese historische Perspektive für eine Analyse der Gegenwart zu nutzen: „Im übrigen handelt es sich in keiner Weise darum, etwa durch das Antigonedrama oder für dasselbe den ‚Geist der Antike zu beschwören', philologische Interessen konnten nicht bedient werden. Selbst wenn man sich verpflichtet fühlte, für ein Werk wie die Antigone etwas zu tun, könnten wir das nur so tun, indem wir es etwas für uns tun lassen."[1026]

[1021] Brecht, *Einschüchterung durch die Klassizität*, GBA 23 317. Siehe auch Jost Hermand, „‚Das Theater ist nicht die Dienerin des Dichters, sondern der Gesellschaft.' Zur Aktualität von Brechts Bearbeitungstechnik", in: Wolfgang Fritz Haug u. a. (Hg.), *Aktualisierung Brechts*, Berlin 1990 (Argument-Sonderband 50), S. 122-143, hier S. 128f.; Frick, *‚Die mythische Methode'*, S. 489-495.

[1022] Kritisch zu Brechts Mythosverständnis: Barner, „‚Durchrationalisierung' des Mythos?", S. 194; Flashar, „Durchrationalisieren oder provozieren?", S. 409.

[1023] Brecht, *Journal*, GBA 27 255.

[1024] Brecht, *Journal*, GBA 27 261.

[1025] So Barner, „‚Durchrationalisierung' des Mythos?", S. 197.

[1026] Brecht, *Antigonemodell 1948*, GBA 25 75.

8.5 Dramentext und Paratext

Der eigentliche Dramentext von Brechts *Antigone* hat sich im Rahmen seiner Aufführungs- und Publikationsgeschichte kaum verändert. Aufschlußreich für Werkgenese und Deutung des Dramas sind daher jene Paratexte, die den durch Sophokles bzw. Hölderlin vorgegebenen Textbestand erweitern.[1027] Denn hier wird deutlich, welche strukturellen Schwierigkeiten die Parallelisierung von antikem Mythos und deutscher Zeitgeschichte aufgeworfen haben.

Brechts grundlegende Transformation von Hölderlins Übertragung betrifft die Handlungsebene. Dem Dramatiker geht es im Rahmen seiner Durchrationalisierung nicht nur darum, antike Schicksalsvorstellungen zu beseitigen, sondern er synchronisiert den Labdakiden-Mythos mit dem Ende des nationalsozialistischen Regimes. Für seine Adaption folgt daraus, daß der Krieg, der bei Sophokles mit dem Tod der feindlichen Brüder Eteokles und Polyneikes sowie dem Sieg der Thebaner endet, zu Beginn des Stückes noch andauert und als bedrohliches Geschehen zunehmend die Handlung überformt. Auf dieser Grundlage ergeben sich mehrere historische Analogien: Kreon erscheint als faschistoider Diktator, der – wie Hitler die Sowjetunion – die Nachbarstadt Argos mit einem aggressiven Raubkrieg bedroht. Wichtig ist zudem, daß Megareus, der Sohn des Kreon, sich nicht wie bei Sophokles für die Stadt opfert, sondern als grausamer Feldherr die thebanischen Truppen unerbittlich in die Schlacht führt, bis er schließlich in einem (an den Häuserkampf in Stalingrad erinnernden) Gefecht getötet wird. Nicht weil er göttliche Gebote mißachtet hat, muß sich Kreon mit Hämon versöhnen (und deshalb Antigone aus ihrem Grab befreien), sondern um der kopflos fliehenden Armee einen neuen Feldherrn voranzustellen. Damit tritt an die Stelle des Labdakiden-Fluchs, der bei Sophokles als mythisches Schicksal die Tragödie beherrscht, eine politisch-militärische Konstellation, die zur historischen Analogiebildung auffordert. Verdeutlicht wird die zeitgeschichtliche Bedeutung des antiken Stoffes zudem durch ein *Vorspiel*, das im Berlin der letzten Kriegstage angesiedelt ist und das die tragische Konstellation der *Antigone* vorwegnimmt. Diese Szene verweist auch auf das nachfolgende Drama, da die Hinrichtung des Deserteurs den Tod des Polyneikes präfiguriert.

In Übereinstimmung mit dem traditionellen Antigone-Bild hat Brecht die Protagonistin zunächst als positive Identifikationsfigur konzipiert, die „kämpferisch in die

---

[1027] Hierzu zählen das in den letzten Kriegstagen spielende *Vorspiel*; das Gedicht *Antigone* (1948); die Texte, die das *Antigonemodell 1948* enthält (*Vorwort*; Modellbuch mit Kommentaren einschließlich der sog. *Antigone-Legende*, die während der Proben in Chur als ‚Brückenverse' von den Schauspielern gesprochen und dann zu den Bildunterschriften des Modellbuchs umgearbeitet wurden); der *Neue Prolog zu ‚Antigone'* sowie die *Anmerkungen zur Bearbeitung*, die beide 1951 anläßlich der Aufführung in Greiz entstanden.

damaligen griechischen Zeitgeschehnisse eingreift" und aufgrund ihrer unnachgiebigen Haltung zur Auflösung einer tyrannischen Herrschaft beiträgt.[1028] Folgt man der Parallelisierung von thebanischem Mythos und deutscher Zeitgeschichte, dann entspricht Antigone zwangsläufig einer Figur des deutschen Widerstands. Von einer solchen Konkretisierung, die je nach politischem Standort ein ganzes Spektrum von Zuweisungsmöglichkeiten zuläßt – hier seien nur der konservative Kreis um Stauffenberg, die bürgerlichen Studenten der ‚Weißen Rose' und die kommunistischen Untergrundkämpfer der ‚Roten Kapelle' genannt –, hat Brecht wieder Abstand genommen: „die große Figur des Widerstands im antiken Drama repräsentiert nicht die Kämpfer des deutschen Widerstands, die uns am bedeutendsten erscheinen müssen."[1029] Diese Einschränkung mag darauf zurückzuführen sein, daß der innerdeutsche Widerstand nur punktuell in Erscheinung getreten ist und der Nationalsozialismus ohne den massiven militärischen Einsatz der Alliierten nicht hätte besiegt werden können; zum anderen entspricht Antigone als Angehörige der thebanischen Herrscherdynastie nicht dem Typus der proletarischen Aufrührerin, an dem sich Brecht zunächst orientiert hat[1030] – vielleicht mit einem Seitenblick auf die Figur der Pelagea Wlassowa in seiner Dramatisierung von Maxim Gorkis Roman *Die Mutter*.

Statt dessen hat der Dramatiker paratextuell den Versuch unternommen, die Thematik von der subjektiven Ebene des Widerstands auf die objektive Ebene des Systems anzuheben.[1031] Dementsprechend wird im *Vorwort* zum *Antigonemodell* „die Rolle der Gewaltanwendung bei dem Zerfall der Staatsspitze"[1032] zum Darstellungsziel der Bearbeitung erklärt. Brecht war sich durchaus bewußt, daß *figurbezogene* Widerstandsthematik und *systembezogene* Analyse ein Mißverhältnis bilden. Er

---

[1028] Notiz zur *Antigone*, abgedruckt in: Hecht, *Brechts ‚Antigone des Sophokles'*, S. 22. Siehe auch die *Frühe Fassung der Fabel*: „Die Antigone des Sophokles ist die betonte Absage an die Tyrannis und die Hinwendung zur Demokratie.", abgedruckt in: Hecht, *Brechts ‚Antigone des Sophokles'*, S. 22. Siehe auch das Gedicht *Antigone*, das Brecht 1948 für Helene Weigel schrieb und in dessen Mittelpunkt die Vorbildlichkeit der Figur steht.

[1029] Brecht, *Antigonemodell 1948*, GBA 25 74.

[1030] Siehe dazu Mayer, der auf die „plebejische Tradition" bei Brecht abhebt (*Brecht*, S. 202) sowie Frick, der auf den poetologisch-weltanschaulichen Nexus zwischen der esoterischen Volksgrammatik Hölderlins und Brechts Kategorie des Volksnah-Plebejischen hinweist (‚*Die mythische Methode'*, S. 510-515).

[1031] Besonders deutlich wird dies im *Antigone*-Vorspiel: Ursprünglich sollte dies mit der Ermordung des SS-Mannes durch die zweite Schwester enden. Damit wäre der Schritt vollzogen worden vom religiös motivierten Widerstand zum politischen Kampf gegen die Diktatur. Die endgültige Fassung des Vorspiels nähert sich wieder dem Hypotext an, da diese an den tragischen Konflikt der Antigone anknüpft: „Da sah ich meine Schwester an. / Sollt sie in eigner Todespein / Jetzt gehn, den Bruder zu befrein?" (Brecht, *Antigone*, S. 198f.). Die Zweideutigkeit des letzten Verses („Er mochte nicht gestorben sein.", S. 199) ist ein weiteres Indiz dafür, daß Brecht den Gegenwartsbezug wieder abschwächen wollte.

[1032] Brecht, *Antigonemodell 1948*, GBA 25 74.

weist deshalb darauf hin, daß „sich die Analogien zur Gegenwart, die nach der Durchrationalisierung überraschend kräftig geworden waren, freilich als eher nachteilig heraus[stellten]".[1033] Der ideale Rezipient seiner Bearbeitung, so Brecht weiter, sei derjenige, der von den offenkundigen Parallelen absehe und deren Überdeutlichkeit in einem ‚rezeptiven Verfremdungsakt' wieder zurücknehme. Brecht geht zu diesem Zeitpunkt aber noch nicht so weit, das *Vorspiel* zu tilgen. Zu diesem Schritt entschließt sich der Dramatiker erst anläßlich der deutschen Erstaufführung 1951 in Greiz. Hier rückt an die Stelle des *Vorspiels* der *Neue Prolog,* der im Sinn des epischen Theaters eine größere Distanz zum Geschehen herstellt. Auf die Zusammenfassung des ‚durchrationalisierten' Mythos, vorgetragen vom Darsteller des Tiresias, folgt hier die Aufforderung an das Publikum: „Wir bitten euch / Nachzusuchen in euren Gemütern nach ähnlichen Taten / Näherer Vergangenheit oder dem Ausbleiben / Ähnlicher Taten."[1034] Die Parallelität von antikem Mythos und deutscher Zeitgeschichte bleibt grundsätzlich bestehen, vor allem, was das terroristische Regime Kreons angeht; im Hinblick auf die Widerstandsthematik gibt es jetzt jedoch eine Leerstelle: Die jüngste deutsche Vergangenheit kennt keine Antigone.

Die Schlußverse des Prologs zeigen, welche Funktion Brecht 1951 dem antiken Stoff trotz der oben genannten Distanzierung beimißt. Denn das Stück spielt an einem Ort, „wo einst unter den / Tierschädeln barbarischen Opferkults / Urgrauer Zeiten die Menschlichkeit / Groß aufstand."[1035] Brecht will Antigones Handeln vor allem von dem ‚Makel' des Verrats befreien: „Die große sittliche Tat der Antigone, die sich gegen den Tyrannen Kreon auflehnt, besteht darin, daß sie, bewegt durch tiefe Menschlichkeit, nicht zögert, durch offenen Widerstand das eigene Volk in die Gefahr des Besiegtwerdens in einem Raubkrieg zu bringen."[1036] In der jungen DDR, so läßt sich dieser Kommentar deuten, ging es nicht nur um Vergangenheitsbewältigung, sondern auch um die Etablierung eines neuen Menschenbildes. Dabei war der Rückgriff auf das antike Erbe naheliegend und so konnte Antigone unter den Vorzeichen eines sozialistischen Humanismus auch als Vorbild für eine neue, im Aufbau begriffene Gesellschaft dienen.[1037]

[1033] Brecht, *Antigonemodell 1948,* GBA 25 74.

[1034] Brecht, *Neuer Prolog zu ‚Antigone',* GBA 8 242.

[1035] Brecht, *Neuer Prolog zu ‚Antigone',* GBA 8 242.

[1036] Brecht, [*Anmerkungen zur Bearbeitung*], GBA 24 350f.

[1037] Siehe dazu auch Trilse, *Antike und Theater heute,* S. 89; Seidensticker, „Metamorphosen", S. 130-133; Horst Domdey, „Brecht, Heiner Müller und *Antigone*", in: Walter Delabar/Jörg Döring (Hg.), *Bertolt Brecht (1898-1956),* Berlin 1998 (Memoria 1), S. 341-353, hier S. 340f. Zur gesellschaftlichen Rolle Brechts im Übergang von der Opposition zur Repräsentation siehe Mayer, *Brecht,* S. 106-114.

Obwohl erst der *Neue Prolog* die Bedenken gegen die Analogien zwischen My-thos und Geschichte zum Bestandteil der dramatischen Szene macht, hat Brecht die Greizer Aufführung nicht zum verpflichtenden Modell erklärt. In den Publikationen der *Antigone* nach 1951 erscheint das *Vorspiel* auch weiterhin als integraler Bestand-teil des Dramentextes und geht damit auch in die Theaterpraxis ein. Damit bleibt der Gegensatz von Identifikation und Distanzierung, von subjektiver und objektiver Ebene erhalten.

8.6 Pathos und Distanz

Mitverantwortlich für die oben beschriebenen Ambivalenzen ist ein rezeptionsge-schichtliches Mißverständnis Brechts, das sich in der Struktur seiner Adaption nie-derschlug. Im Vorwort zum *Antigonemodell* spricht der Dramatiker davon, daß „das alte Stück durch seine historische Entrücktheit nicht zu einer Identifizierung mit der Hauptgestalt einlud"[1038]; vergleichbare Passagen finden sich auch im *Neuen Prolog* und in den *Anmerkungen zur Bearbeitung*. Mögen die religions- und rechtsgeschicht-lichen Grundlagen von Sophokles' Tragödie dem Publikum um 1950 tatsächlich nicht präsent gewesen sein – die Protagonistin mit ihrem beachtlichen identifikatori-schen Potential war es durchaus. Denn seit der Potsdamer Aufführung von 1841 zählte die *Antigone* zu den am häufigsten gespielten antiken Dramen im deutschspra-chigen Raum. Darüber hinaus sind in der zweiten Hälfte des 19. Jahrhunderts zahl-reiche *Antigone*-Übersetzungen sowie Neuauflagen der klassischen Übertragungen von Donner, Solger und Boeckh erschienen, die nicht nur zum Schulgebrauch dien-ten, sondern auch ein breites Lesepublikum fanden.[1039] Aber unabhängig davon, ob des Ödipus' Tochter als sanfte Dulderin (wie im Theater des 19. Jahrhunderts) oder als aufrührerische Oppositionelle (wie in Hasenclevers Adaption von 1917) auftrat – *immer* bot sie ein großes Identifikationspotential. Dies um so mehr, als die antike Figur in der bürgerlichen wie in der antibürgerlichen Variante die Züge einer christ-lichen Märtyrerin aufwies. Für Brechts Adaption wäre dies unerheblich, wenn der Dramatiker die im Hypotext verankerte Sympathielenkung zugunsten Antigones vollständig eliminiert hätte. Obwohl im *Antigonemodell* zahlreiche Distanz herstel-

---

[1038] Brecht, *Antigonemodell 1948*, GBA 25 75.
[1039] Flashar, *Inszenierung der Antike*, S. 60-76 und 82f.

330

lende Verfahren zum Einsatz kommen,[1040] zeichnet sich seine Adaption gerade dadurch aus, daß identifikationsstiftende Strukturelemente (vor allem die Charakterisierung der Protagonistin als unbeirrbare Widersacherin des Tyrannen Kreon) von der Durchrationalisierung des Hypotextes nicht erfaßt werden.[1041] Insofern handelt es sich bei Brechts Eingriff weniger um ein ‚Herausschneiden' (im Sinne der Materialwert-Konzeption) als vielmehr um eine *partielle Ersetzung*. Im folgenden soll gezeigt werden, daß sich einige (überwiegend von Hölderlin herrührende) pathetische Momente nicht neutralisieren lassen und ein ‚Eigenleben' innerhalb von Brechts Dramaturgie entfalten.

An die Stelle einer religiös argumentierenden Figur tritt bei Brecht eine politisch hellsichtige Beobachterin. Diese ist als Angehörige der thebanischen Herrschaftsschicht zwar erst spät zu ihren Einsichten gekommen, vermag aber von ihrem Klassenstandpunkt zu abstrahieren und artikuliert während des gesamten Stücks eine allgemeine, die Bevölkerung von Theben und Argos gleichermaßen einschließende Perspektive. Die politischen Kommentare Antigones haben auch deshalb eine so große Bedeutung für das Drama, da sie durchweg die Analogie von antikem Mythos und nationalsozialistischem Herrschaftssystem herstellen und die macht- und gewaltförmigen Strukturen einer faschistoiden Diktatur – soweit dies in einem Drama überhaupt möglich ist – zutreffend beschreiben. Anders formuliert: Indem Antigone Kreon nachhaltig kritisiert und politische Aufklärung betreibt, tritt der faschistoide Cha-

---

[1040] Hier sind im Einzelnen zu nennen: die Nachahmung des antiken Bühnenraumes (Orchestra, Spielfläche, halbrunde Bühnenbegrenzung nach hinten, Verzicht auf Vorhang); die Sichtbarmachung des Theaterapparats (Hinter- und Seitenbühne sind einsehbar); die stilisierende Kennzeichnung des archaischen Ortes durch vier aufgespießte Pferdeschädel; der merkliche Haltungswechsel der Schauspieler beim Betreten des Spielfeldes; die Anweisung, daß sich die Schauspieler nicht in Figuren verwandeln, sondern diese ‚zeigen' und dementsprechend eine *andeutende* Spielweise einsetzen sollen; das synkopenartige, den Versfluß störende Sprechen (zum Beispiel in Antigones Klageszene); der chorische, von einstudierten Gesten begleitete Vortrag der Alten (im dritten Chorlied); das hohe Spieltempo der Aufführung; der sparsame Einsatz von Mimik und Gestik; die Natürlichkeit und Leichtigkeit des Spiels; das mimisch-gestische ‚Beiseite' („Der Wächter [...] geht strahlend zum Maskenbrett, das Publikum anlachend.", Brecht, *Antigonemodell 1948*, GBA 25 102); die Anwesenheit der wartenden oder sich umziehenden Schauspieler und des nichtkünstlerischen Theaterpersonals auf der Bühne (letztere während des sichtbaren Umbaus nach dem *Vorspiel*); die starke Ausleuchtung des Spielfeldes; die schmucklosen Kostüme aus Sackleinwand und Baumwolle, die an ostasiatische Gewänder erinnern; der Gebrauch von Masken und Schminke; das demonstrative Zeigen von Requisiten (Gerätebrett mit Bacchusstabmasken, Lorbeerkranz, Hirseschale, Weinkrug, Hocker, Schwert), von Schlaginstrumenten (Alarmplatte und Alarmstangen) und von Apparaten (Schallplattenspieler). Siehe dazu Joachim Schmitt-Sasse, „‚Zwischen barbarischen Kriegskultpfählen'. *Antigonemodell 1948* – Bild und Text – Brecht und Neher", in: *TheaterZeitSchrift* 26 (1988/89), S. 122-132; Barner, „‚Durchrationalisierung' des Mythos?", S. 196f.

[1041] Dagegen Frick, *‚Die mythische Methode'*, S. 516-524 und 534-539, der von einer konsequenten Episierung des antiken Dramas im Sinne der Brechtschen Theatertheorie ausgeht.

rakter von Kreons Herrschaft erst deutlich hervor.[1042] Unterstützend wirken in dieser Hinsicht die Figuren Hämon und Tiresias, die sich in ähnlicher Weise gegenüber Kreon äußern und aus unterschiedlichen Motiven die Inhumanität seines Regimes anprangern.[1043] Daher trifft es nicht zu, daß die *Antigone*-Handlung in den Hintergrund tritt;[1044] vielmehr intensiviert Brecht das rezeptionsgeschichtlich bedingte Identifikationspotential der Hauptfigur geradezu, indem er den virulenten politischen Gehalt der Fabel auf die deutsche Zeitgeschichte appliziert.

Partiell ist das ersetzende Verfahren auch deshalb, weil die Figurengestaltung nicht nur strukturell beibehalten (und lediglich semantisch modifiziert) wird, sondern weil Brecht auch Handlungsmotive und Strukturelemente übernimmt, die in einem deutlichen Kontrast zu Antigones aufgeklärt-politischer Haltung stehen. Denn trotz ihrer materialistisch eingefärbten Argumentation bezieht sich die Hauptfigur – wie schon bei Sophokles und Hölderlin – immer wieder auf eine jenseitige Sphäre.[1045] Besonders deutlich wird dies im Klagegesang der Antigone, in dem sich schlagartig der Übergang vom Sprechen in mythischen Exempeln (anhand des Niobe-Mythos: „Recht der gleich / Bringt mich ein Geist zu Bette.", V. 808f.) zur Mythenkritik („Nach oben blickt ihr ins Bläulichte, nimmer / Ins Aug mir.", V. 815f.) vollzieht. Bezeichnend ist der sich anschließende Vers, der das mythenkritische Moment wieder zurücknimmt bzw. an Antigones sakrale Grundhaltung zurückbindet: „Und doch hab ich nur Heiligs / Heilig betrieben." (V. 816f.).[1046] Mit dieser an Hölderlin erin-

---

[1042] Siehe hierzu den folgenden Dialog: „ANTIGONE Nicht genügte es dir / Über die Brüder zu herrschen in eigener Stadt / Thebe, lieblich, wenn / Angstlos gelebt wird, unter den Bäumen; du / Mußtest zum fernen Argos sie schleppen, über sie / Zu herrschen auch dort. Und machtest den einen zum Schlächter / Dem friedlichen Argos, doch den Erschrockenen / Legst du jetzt aus gevierteilt, zu schrecken die Eigenen. / KREON Ich rate, nichts zu sagen, nichts / Dieser da zuzusprechen, wer sein Wohl im Aug hat." (V. 411-420).

[1043] Gerade weil Tiresias zur Schicht der Herrschenden gehört und von Kreon ins Amt gebracht wurde, ist seine Kritik an Kreons überzogenem Handeln so glaubwürdig – hier äußert sich ein Machtpolitiker, der etwas zu verlieren hat. Zur Tiresias-Szene siehe Joost, „*Die Antigone des Sophokles*", S. 536-541.

[1044] So Frick, ,*Die mythische Methode'*, S. 519f. Im Gegensatz zu den Nebenfiguren und zum Chor, die naturgemäß eine stärker berichtende Funktion haben, kann von einer Episierung der Figurenrede bei Antigone, Kreon, Hämon und Tiresias nicht die Rede sein. Außerdem muß betont werden, daß Brecht trotz der zeitgeschichtlichen Fokussierung bemüht ist, so wenig wie möglich von dem Handlungsgerüst des Sophokles abzuweichen. Dieses bleibt bis zum Auftritt des Boten erhalten, erst danach erfordert die veränderte Handlungsführung eine Umstellung von Szenen. Aber auch nach Vers 1121 bestehen weiterhin Korrespondenzen: Bei Sophokles meldet der Bote zunächst den Tod von Antigone und Haimon und dann den von Eurydike. Bei Brecht berichtet ein Bote vom Tod des Megareus und eine Magd vom Tod Antigones und Hämons.

[1045] Barner, „,Durchrationalisierung' des Mythos?", S. 195.

[1046] Siehe dazu auch den für Hegels *Antigone*-Deutung zentralen Konflikt zwischen Religion und Staat, auf den Brecht anspielt: „KREON Immer nur die Nase neben dir siehst du, aber des Staats / Ordnung, die göttliche, siehst du nicht. / ANTIGONE Göttlich mag sie wohl sein, aber ich wollte doch / Lieber sie menschlich, Kreon, Sohn des Menökeus.", V. 481-484. Diese Modi-

nernden Wendung unternimmt Brecht eine bemerkenswerte Engführung von antik-klassischem Tragödienverständnis und modern-epischer Dramaturgie. Dadurch entsteht eine jener „Oszillationen"[1047], die eine stimmige Lesart des Dramas erschweren. Im Kontext von Brechts Antigone-Kritik kann der Interpret an dieser zentralen Stelle zu der Ansicht gelangen, daß Antigone trotz ihrer politischen Hellsichtigkeit als in mythischen Anschauungen verstrickt gezeigt und dementsprechend in ihrer (auch herkunftsbedingten) Begrenztheit vorgeführt werden soll. Gegenüber dieser ‚denunziatorischen' Tendenz läßt sich aber auch argumentieren, daß Antigone letztendlich ihre mythische Befangenheit überwindet und ohne metaphysischen Trost, dafür aber mit einem klaren Blick für die politischen Machtverhältnisse in den Tod geht.

Es gibt weitere identifikationsstiftende Momente, die in einem Widerspruch zu den Distanz herstellenden Verfahren des Modellbuchs stehen. So verfügt Antigone durchaus über anrührende Züge, gerade in der dem antiken Kommos nachgebildeten Szene (V. 752-859), deren Verse Brecht zu einem Großteil unverändert von Hölderlin übernommen hat. Dementsprechend fehlt hier weder das Motiv der erotischen Todessehnsucht („Braut / des Acheron bin ich", V. 761f.) noch die Verbundenheit mit den toten Verwandten („O mein Vater, o unglückliche Mutter", V. 785), und auch den klagenden Ton des Hypotextes übernimmt Brecht.[1048] Hervorzuheben ist in diesem Zusammenhang auch die dramatische Entwicklung, die Antigone von der Todesfurcht (in der ersten Szene mit Ismene) über den Beinahe-Zusammenbruch (während der Verurteilung) bis zur Überwindung der Furcht (im Klagegesang) führt. Diese Entwicklung wird unterstützt durch die Differenz zwischen Antigones Sprechweise und Kreons „abstechend prosaischem Ton"[1049], durch die „Bedrücktheit" des Chors angesichts des Bestattungsverbots[1050] und durch die realistische „Darstellung des Sterbens"[1051]. Letztere wird eingeleitet durch den Auftritt des schwerverletzten Boten, dessen pathetisches Potential Brecht voll ausschöpft und nur inhaltlich, nicht aber formal im Sinn des epischen Theaters modifiziert.

Brecht erweitert die zahlreichen Pathosszenen sogar, indem er Antigone nach der Ergreifung durch den Wächter mit einem auf den Rücken gebundenen, großen Brett auftreten läßt. Diese Regieanweisung setzt Antigones Bewegungen nicht nur „phy-

---

fikation – menschliches Maß statt göttlichem Bezug – wird zwei Verse später wiederum religiös grundiert und damit das humane Pathos der Figur an ein religiöses zurückgebunden: „Wer weiß, da kann doch drunt' ein andrer Brauch sein." (V. 487). Siehe dazu Barner, „‚Durchrationalisierung' des Mythos?", S. 203f.

[1047] Frick, ‚Die mythische Methode', S. 549.
[1048] Siehe dazu V. 752-762, 773-781, 785-792 und 849-859.
[1049] Brecht, Antigonemodell 1948, GBA 25 96.
[1050] Brecht, Antigonemodell 1948, GBA 25 98.
[1051] Brecht, Antigonemodell 1948, GBA 25 148.

sisch groß" um,[1052] sondern zitiert historische Fesselungs- und Folterwerkzeuge und verweist zudem auf die Kreuzigung Christi.[1053] Darüber hinaus hat Brecht die emphatische Verwendung des Adjektivs ,heilig' von Hölderlin übernommen.[1054] Nicht nur vor dem Hintergrund von Hölderlins theologischem Verständnis – für diesen war Christus der letzte „der Göttersöhne, der am Abend der antiken Zeit die Gabe den Jüngern austeilt, Brot und Wein, damit sie in der Zeit seiner Abwesenheit im Stillen bewahrt werde"[1055] – erweisen sich diese Bezugnahmen auf das Christentum als kontraproduktiv für eine konsequente Durchrationalisierung. Die genannten Textstellen belegen, daß die Antigone-Handlung nicht „zur Episode unter Episoden herabgestuft" wird,[1056] sondern – auch gegen Brechts Intentionen! – ihre herausgehobene Bedeutung beibehält – ganz wie in Brechts Hypotexten.[1057]

Des weiteren betreibt Brecht im Zuge einer kongenialen Weiterdichtung eine bemerkenswerte Mimesis hinsichtlich der Sprache Hölderlins, so daß – von einigen zeitgeschichtlichen Bezugnahmen einmal abgesehen[1058] – die Entscheidung, ob ein Vers von Hölderlin oder Brecht stammt, nicht auf den ersten Blick möglich ist. Diese Anlehnung ist nicht unproblematisch. Denn Hölderlins Übertragung zeichnet sich nicht nur durch poetische Kühnheiten aus (Brecht lobt die „erstaunliche[] Radikali-

---

[1052] Brecht, *Antigonemodell 1948*, GBA 25 104.

[1053] Barner, „,Durchrationalisierung' des Mythos?", S. 196. Vorbereitet wird diese Ikonographie durch Hölderlin („KREON den Täter müßt ihr liefern, / Der hackt die Toten, den vors Auge müßt ihr / Mir schaffen, oder lebend erst, ans Kreuz gehängt", *Antigonae*, V. 321-323). Das ,Brettschleppen' ist zudem augenfällige Konkretisierung jener gewaltsamen Unterwerfung, die Kreons Regime erzwingt, und die Brecht – wiederum auf Hölderlin zurückgreifend – in der zentralen Metaphorik des ,unter das Joch gebeugten Nackens' zum Ausdruck bringt (siehe dazu Hölderlin, *Antigonae*, V. 303-307 und 366-370 sowie Brecht, *Antigone*, V. 230-233, 285-289, 438-441 und 736-740).

[1054] Brecht, *Antigone*, V. 75f. und 816f.; vgl. Hölderlin, *Antigonae*, V. 75f., 862f. und 1252.

[1055] Uvo Hölscher, „Hölderlins Umgang mit den Griechen", in: Christoph Jamme/Otto Pöggeler (Hg.), *Jenseits des Idealismus. Hölderlins letzte Homburger Jahre (1804-1806)*, Bonn 1988 (Neuzeit und Gegenwart 5), S. 319-337, hier S. 334f. Siehe auch Frank, *Der kommende Gott*, S. 285-307; Uwe Beyer, *Christus und Dionysos. Ihre widerstreitende Bedeutung im Denken Hölderlins und Nietzsches*, Münster-Hamburg 1992, S. 152-159.

[1056] So Frick, ,*Die mythische Methode'*, S. 550.

[1057] Frick folgt hier Brechts produktionsästhetischen Absichtserklärungen, ohne nachzuprüfen, inwiefern sich diese in der Struktur des Dramas niedergeschlagen haben. Aus der Perspektive des Historischen Materialismus ist Antigones Widerstand zweifelsohne ein zu vernachlässigendes Ereignis angesichts der ,objektiven' Bewegungskräfte der Geschichte. Eine Interpretation, die von einer bruchlosen Umsetzung dieser geschichtsphilosophischen Konzeption ausgeht, unterschätzt einerseits die Eigenständigkeit von Brechts Geschichtsdenken und übersieht andererseits die dramaturgischen Widersprüche, die Brechts Dramentext aufweist.

[1058] „Mein Führer" (V. 186); „Führer" (V. 223); das Hängen als Strafe für Deserteure und Widerstandskämpfer (V. 1127-1130); „tausend Jahre" (V. 1207); sowie die Anspielung auf Hitlers Fatalismus: „So fällt jetzt Thebe. / Und fallen soll es, soll's mit mir; und es soll aus sein / Und für die Geier da. So will ich's dann." (V. 1286-1288).

334

tät"[1059] seines Hypotextes), sondern folgt auch einem Prinzip, das Schadewaldt und andere als *interpretierendes* oder *ausdeutendes* Übersetzen bezeichnet haben.[1060] Im Gegensatz zu seinen Zeitgenossen will Hölderlin Bezüge freilegen, die seiner Ansicht nach im Original angelegt sind, aber von der maßvoll-konventionellen Sprache des Klassizismus verdeckt werden; er will „durch den Schock des Unerwarteten das Denken des Zuschauers in Gang bringen"[1061]. Hinter diesem verfremdenden Übersetzungsverständnis, das aus naheliegenden Gründen für Brecht äußerst anregend sein mußte, steht die Idee, „in der aufgezeigten Sache ein Absolutum sichtbar werden" zu lassen.[1062] Daher ist Zeus bei Hölderlin nicht der Herrscher des Olymps, sondern der „Vater der Zeit".[1063] Dieses Verfahren folgt einerseits einer Tendenz zur Entmythologisierung („Wir müssen die Mythe nämlich überall *beweisbarer* darstellen.", so Hölderlin in seinen *Anmerkungen zur Antigonä*[1064]), andererseits wird damit der Blick auf die All-Einheit der Natur gelenkt.[1065] Zeus ist eine klar umrissene Göttergestalt mit bestimmten Eigenschaften, der Vater der Zeit aber die Verkörperung eines absoluten Prinzips, das als ,rasender Zeitgeist' die menschliche Existenz bedrohen und destabilisieren kann. Mit anderen Worten: Hier wie an anderen Stellen verweist Hölderlins Text auf eine Ebene des Numinosen, wodurch der mythologische Horizont der antiken Tragödie überschritten wird.

Brecht hat die Schwierigkeiten, die die Adaption von Hölderlins Sprache mit sich bringt, durchaus gesehen: „Diese Chöre, wie auch manch andere Stellen des Gedichts, können bei einmaligem Anhören kaum voll verstanden werden. Teile von den Chören klingen wie Rätsel, die Lösungen verlangen."[1066] Es ist offensichtlich, daß Brecht die Adaption von Hölderlins eigenwilligem Stil als Verfremdungseffekt verstanden wissen will, der eine distanzierte Rezeptionshaltung gegenüber dem Schicksalsglauben der antiken Tragödie ermöglichen soll – „man muß mit dem Urteil dazwischenkommen können", wie es im *Kleinen Organon* heißt.[1067] Fraglich ist jedoch, ob sich Hölderlins Verse in diesem didaktischen Sinn ,funktionalisieren' lassen und

---

[1059] Brecht, *Journal*, GBA 27 258.
[1060] Schadewaldt, „Hölderlins Übersetzung des Sophokles", S. 314f.; Binder, „Hölderlin und Sophokles", S. 28f.; Schmidt, „Tragödie und Tragödientheorie", S. 64f.
[1061] Binder, „Hölderlin und Sophokles", S. 29.
[1062] Binder, „Hölderlin und Sophokles", S. 29.
[1063] Hölderlin, *Antigonae*, V. 987. Siehe auch Schmidt, „Tragödie und Tragödientheorie", S. 70.
[1064] Hölderlin, *Anmerkungen zur Antigonä*, SWB 2 916.
[1065] Zu diesem Komplex siehe Schmidt, „Griechenland als Ideal und Utopie", S. 106f.; Bernhard Lypp, „Poetische Religion", in: Walter Jaeschke/Helmut Holzhey (Hg.), *Früher Idealismus und Frühromantik. Der Streit um die Grundlagen der Ästhetik (1795-1805)*, Hamburg 1990 (Philosophisch-literarische Streitsachen 1), S. 80-111.
[1066] Brecht, [*Anmerkungen zur Bearbeitung*], GBA 24 351.
[1067] Brecht, *Kleines Organon für das Theater*, GBA 23 92.

ob die enge Anlehnung an dessen Sprachstil eine konsequente Durchrationalisierung nicht unmöglich gemacht hat. Wie Pohl gezeigt hat, hat Brecht Hölderlins Pathos, seinen monumentalisierenden Sprachgestus und seine kultische Sprachlage weitgehend übernommen: „Im Gegensatz zu den von Brecht mit Glück verwerteten Pathosformen der Lutherbibel ist Hölderlins Sprache ihrem Wesen nach zu esoterisch, als daß sie sich einer aktualisierenden Umfunktionierung fügen könnte.“[1068] Damit bleibt Brecht „auch im säkularisierten Text der Sprache Hölderlins so sehr verhaftet, daß die Aura des Mythischen sich in Form von gelegentlich schwer verständlicher Sprache wieder einstellt.“[1069] Knopf weist zu Recht darauf hin, daß die Analyse der *Antigone* nicht von den episch-verfremdenden Elementen der Theaterpraxis abstrahieren darf.[1070] Aber da Hölderlins Verse nicht als vereinzelte Zitate in einem Dramentext erkennbar sind, der sich ansonsten durch eine andere Sprachebene auszeichnet, sondern die Stilhöhe des *gesamten* Dramentextes bestimmen, gelingt es Brecht nicht, seine ursprünglichen Intentionen gegen die ‚Produktivkraft' und den ‚Eigensinn' von Hölderlins Übertragung durchzusetzen.[1071]

In ihrer Gesamtheit wirken die hier aufgelisteten Strukturmerkmale (die Dominanz der Antigone-Handlung, das Pathos der Hauptfigur, die Rückbindung an das Mythische, die christlichen Motive, die Nachahmung von Hölderlins Sprache) einer distanzierten Rezeptionshaltung entgegen, auf die Brecht in seinen Paratexten mehrfach hinweist.[1072] Wendet man Schillers Unterscheidung zwischen dramatischer und epischer Dichtung, die Brecht im *Antigonemodell* zitiert, auf die *Antigone* an, dann

---

[1068] Rainer Pohl, *Strukturelemente und Entwicklung von Pathosformen in der Dramensprache Bertolt Brechts*, Bonn 1969 (Bonner Arbeiten zur Deutschen Literatur 20), S. 176. Siehe auch Ulrich Weisstein, „Imitation, Stylization, and Adaptation: The language of Brecht's *Antigone* and its Relation to Hölderlin's Version of Sophocles", in: ders., *Links und links gesellt sich nicht. Gesammelte Aufsätze zum Werk Heinrich Manns und Bertolt Brechts*, New York-Bern-Frankfurt a. M. 1986 (Germanic Studies in America 52), S. 485-510.

[1069] Pohl, *Strukturelemente und Entwicklung*, S. 174.

[1070] Jan Knopf, *Brecht-Handbuch. Theater. Eine Ästhetik der Widersprüche*, Stuttgart 1986, S. 272.

[1071] Siehe dazu Pohl, *Strukturelemente und Entwicklung*, S. 176f., der auf die ‚Selbsttätigkeit' eines Sprachstils abhebt und sich dabei auf eine sprachtheoretische Überlegung von Alfred Döblin bezieht.
Brecht schreibt zwar vor, daß die Darstellerin der Antigone das Wissen um die dramen- und theatergeschichtliche Bedeutung der Figur zum Bestandteil des Spiels machen müsse: „Wie alles übrige spielte die Weigel den Todesgang der Antigone, als sei er etwas Berühmtes, sowohl als historischer Vorgang als auch als eine Bühnengestaltung, ja, sie spielte beinahe, als sei ihr eigenes Spiel in dieser Szene berühmt." (Brecht, *Antigonemodell 1948*, GBA 25 132). Aber gegen die ‚Sprachmacht' von Hölderlins Versen, deren mythisierende Tendenz Brecht – wie oben gezeigt – keinesfalls relativiert, sondern sogar noch unterstützt, können sich die epischen Verfahren des *Antigonemodells* nicht durchsetzen.

[1072] Brecht, *Antigonemodell 1948*, GBA 25 78: Das Publikum soll der „Ablieferung eines antiken Gedichts" beiwohnen; *„Frage*: Welche Stellung einzunehmen soll dann das Publikum veranlaßt werden? *Antwort*: Die des Volks, das dem Zerwürfnis der Herrschenden zusieht." (GBA 25 118).

wird deutlich, daß es Brecht nicht vollständig gelungen ist, gegen die „fremde[] Gewalt"[1073] der dramatischen Handlung die „Freiheit der Kalkulation"[1074] (im Sinne des epischen Theaters) zu erhalten. Trotz des epischen Theaterapparats kommt es – nicht nur auf sprachlicher Ebene – zu nicht intendierten emotionellen Wirkungen. Es stellt sich damit die Frage, wie Intention (Durchrationalisierung) und Textstruktur (partielle Ersetzung) zusammengehen. Denn der Dramentext zeigt mehr, als nur das Verhältnis Antigones zum Staat des Kreon.[1075] Und die Kommentare und szenischen Anweisungen des *Antigonemodells* vermögen das von Hölderlin herrührende Pathos nicht zu bändigen; ja Brecht hat – in einer Art begeistert-produktiver Auseinandersetzung mit Hölderlins Sprache und Dramaturgie – den pathetischen Grundton und die geschichtsphilosophischen Implikationen seiner Vorlage fortgeschrieben.

8.7 Mythos und Geschichte

Die Präsenz von Hölderlinschem Gedankengut in Brechts Adaption zeigt sich vor allem bei einem Vergleich der Chorlieder. Diese bilden bei Hölderlin das sich verändernde Kräfteverhältnis zwischen den Göttern Zeus und Dionysos ab und verdeutlichen eine Zeitenwende, die vom ,Griechischen' zum ,Hesperischen' führt. Hölderlins *Antigonae* liegt ein universalgeschichtlicher Entwurf zugrunde, der von der erfüllten Zeit der Antike über die gottesferne Gegenwart bis zu der Rückkehr des ,liebenden Gemeingeistes' Dionysos reicht. Dessen Ankunft führt zur Restitution eines friedfertigen, republikanischen Gemeinwesens, wie es nach Hölderlins Ansicht zuletzt in der griechischen Polis bestanden hat. Dieser Wandel kann sich als Folge eines revolutionären Geschehens vollziehen. Auch wenn Hölderlins Tragödientheorie im wesentlichen religiös begründet ist, so muß die Idee einer dionysischen Kulturwanderung im Kontext der historischen Ereignisse von 1789 gelesen werden. Brecht übernimmt das Strukturmodell der Zeitenwende, wenn auch unter veränderten Vorzeichen: Bei ihm führt die Entwicklung vom Siegestaumel in die Katastrophe. Fragmente aus Hölderlins mythopoetischem Verweisungssystem sind daher keineswegs funktionslos,[1076] sondern verbinden sich mit Brechts eigenen produktionsästhetischen

---

[1073] Zitat aus Schillers Brief an Goethe vom 26.12.1797, in: Brecht, *Antigonemodell 1948*, GBA 25 75.
[1074] Brecht, *Antigonemodell 1948*, GBA 25 75.
[1075] So Brecht, *Antigonemodell 1948*, GBA 25 156.
[1076] So Barner, „,Durchrationalisierung' des Mythos?", S. 202.

und geschichtsphilosophischen Vorstellungen; mit Intentionen, die nicht nur auf einer materialistischen Mythenkritik beruhen (Stichwort ‚Durchrationalisierung'), sondern auch auf der Idee, daß ein Ausbruch aus den gewaltförmigen Prozessen der Geschichte möglich sei. Im folgenden soll gezeigt werden, daß die humanen Anteile des Mythos nicht auf Brechts rekonstruierender Zurücknahme der Sophokleischen ‚Verfälschungen' beruhen, sondern auf Hölderlins *Antigonae*.

Das mythologisch überhöhte Kriegsgeschehen, das bei Sophokles und Hölderlin im Zentrum des Parodos steht, kann Brecht übergehen, da er schon in Antigones erstem Auftritt ein Bild maßloser Gewalt gezeichnet hat. Daher übernimmt der Dramatiker nur die zweite Gegenstrophe des Parodos und spitzt diese prägnant auf Siegesfeier und bacchantischen Taumel zu.[1077] Was bei Sophokles und Hölderlin nur anklingt – der dionysische Reigen soll die verstörende Erinnerung an Labdakiden-Fluch und Bruderkrieg auslöschen –, wird bei Brecht zu einer rigorosen sozialen Praxis.

Im ersten Chorlied erhebt Brecht Hölderlins Charakterisierung des kreontischen, ‚allzuförmlichen' Herrschers zu einer allgemeinen Aussage über den Menschen. Daran schließt sich ein pessimistisches Geschichtsbild an, in dem exemplarisch Naturbeherrschung (Seefahrt, Ackerbau, Jagd, Viehzucht) und kulturelle Leistungen (Rhetorik, Philosophie, Politik) aufgezählt werden, um letztendlich – anhand des ‚homo-homini-lupus'-Motivs – zu der barbarischen Maßlosigkeit des Menschen zu gelangen: „Wie dem Stier / Beugt er dem Mitmensch den Nacken, aber der Mitmensch / Reißt das Gekröse ihm aus." (V. 301f.). Wobei das Übermaß an Gewalt, das hier den Prozeß der Geschichte kennzeichnet, mit der Maßlosigkeit Kreons korrespondiert, die dieser gegenüber dem Deserteur Polyneikes angewendet hat: „da greift / Den vom Blut des Bruders Besprengten Kreon, der hinten / Einpeitscht alle sie in die Schlacht, und zerstückt ihn." (V. 15-17).

Bei Brecht wird Hölderlins lakonische, auf einem Übersetzungsfehler beruhende Formel „Allbewandert, / Unbewandert. Zu nichts kommt er."[1078] zur Chiffre einer die Zeiten überdauernden Dialektik von kultureller Entwicklung und Barbarei. Es scheint, als ob das (teilweise) sinnentstellende Übersetzen Hölderlins erst im Kontext von Brechts Geschichtsverständnis einen Sinn bekäme: Demnach wäre die Fügung ‚Allbewandert/Unbewandert' eine dialektische Denkfigur, die Wissen und Nichtwissen, Naturbeherrschung und Unterdrückung miteinander verklammert, und auf diese Weise das Bild einer auf gewaltsame Herrschaftsausübung ausgerichteten Geschichte zeichnet. Solange sich die Gesellschaftsverhältnisse nicht ändern, so könnte die

---

[1077] Brecht, *Antigone*, V. 106-113, bei Hölderlin, *Antigonae*, V. 153-160.

[1078] Hölderlin, *Antigonae*, V. 375f., bei Brecht: *Antigone*, V. 294f.

338

Schlußfolgerung dieser materialistischen Hölderlin-Deutung lauten, so lange kommt der Mensch „zu nichts". Diese Stelle belegt, daß Brecht den Antigone-Mythos bzw. Hölderlins *Antigonae* über die zeitgeschichtliche Aktualisierung hinaus auch als Dokument betrachtet hat, das Material für eine dialektische Geschichtsbetrachtung bietet.[1079]

Bei Sophokles kreist das zweite Chorlied um den Begriff des Verderbens (Ate) und den Geschlechterfluch der Labdakiden; bei Hölderlin steht Antigones Bindung an die Totenwelt, ihr heiliger Wahnsinn und ihre Vorkämpferrolle für die republikanische Vernunftform im Vordergrund. Brecht entfaltet – analog zu seiner ‚Geschichtsschreibung von unten' (wie beispielsweise in den *Fragen eines lesenden Arbeiters* von 1938) – eine ‚proletarische Mythologie', die Beispiele für das heroische Aufbegehren gegen die Mächtigen nennt. Der Dramatiker behandelt den Hypotext hier mit größerer Freiheit als im ersten Chorlied: Er erfindet mythologische Exempla (die Lachmyschen Brüder) und zitiert den Argonauten-Mythos (Peleas), der weder bei Sophokles noch bei Hölderlin erwähnt wird. Zentral ist für dieses Chorlied eine über Naturbeherrschung, Unterdrückung und Barbarei *hinausreichende* Perspektive. Nach dem Blick auf die gewaltförmige Organisation der Geschichte (im ersten Chorlied) folgt jetzt der Rückblick auf Ausbrüche aus diesen Zusammenhängen. Bezeichnend der Tempuswechsel in den Versen 557f.: Das Aufbegehren gegen die ‚Peiniger' reicht aus mythischer Vorzeit („standen sie auf und / Erschlugen der Peiniger alle.", V. 555f.) bis in die Gegenwart des Antigone-Mythos („und schon ist / Über die letzte Wurzel gerichtet das Licht / In Ödipus' Häusern", V. 563-565).

Brecht treibt geradezu ein architextuelles Spiel mit der Mythenrezeption, wenn er den mythisch raunenden Chor das nahe Ende der Schicksalsverfallenheit beschwören läßt: „Der blicklose / Schlaf im Jammer, als lägen in / Altersloser Zeit die Erschöpften, ist endlich." (V. 558-560). Mit genauem Gespür für den revolutionsoptimisti-

---

[1079] Dieser Aspekt spielt bei den altphilologischen Interpreten von Brechts *Antigone* keine Rolle, da diese Hölderlins exzentrischer, den Bedeutungshorizont des antiken Textes immer wieder übersteigenden Übertragung keinen Sinn abgewinnen können. Siehe dazu Flashar, der das erste Chorlied bei Brecht untersucht und mit einer gewissen Ratlosigkeit konstatiert, „daß die ‚Ungeheuerlichkeit' des Menschen [...] auf diese Weise im ganzen einen anderen Akzent als bei Sophokles und Hölderlin [bekommt]" („Durchrationalisieren oder provozieren?", S. 400). Das gleiche gilt für Walter Jens, der Sophokles und Brecht als Teilnehmer einer fiktiven Rundfunkdiskussion auftreten läßt. Im Verlauf dieses Dialogs kommen auch die Übersetzungsfehler Hölderlins zur Sprache, die Brecht angeblich unbesehen übernommen hat: „SOPHOKLES Und jetzt stell den Satz um. *Unbewandert kommt er zu nichts.* Ja, so ist es richtig. Bei dir steht das Gegenteil: *Zu nichts kommt er.* BRECHT Du hast recht. Das gibt so keinen Sinn. Ich hätte das merken müssen. (zum Gesprächsleiter) Habt Ihr einen Bleistift? Ich muß das verbessern. Jetzt gleich." (Walter Jens, *Sophokles und Brecht, Zur Antike*, München 1978, S. 413-433, hier S. 426). Die Szene hat ihren eigenen Witz; trotzdem ist es unwahrscheinlich, daß Brecht einen ‚Flüchtigkeitsfehler' begangen hat und ihm die (von Sophokles abweichende) Bedeutung dieses markanten Hölderlin-Verses entgangen sein soll.

schen Subtext von Hölderlins *Antigonae* setzt Brecht Verse aus der ersten Strophe Hölderlins an das Ende des Gesanges – die Umkehrung aller gesellschaftlichen Verhältnisse kündigt sich an: „So wie wenn unten / Auf Pontischer See, bei übelwehenden / Thrazischen Winden, die Nacht unter dem Salze / Eine Hütte befallen: von Grund auf wälzt sie das dunkle / Gestad um, das zerzauste / Und vom Gestöhne rauschen die geschlagenen Ufer." (V. 567-572). Daß Hölderlin hier das sturmgepeitschte Ufer, Symbol einer festgefügten, vorrevolutionären Ordnung, auf dem Wege der Anthropomorphisierung gleichsam Klagelaute anstimmen läßt und damit menschliche Leidensfähigkeit zuspricht, verweist einerseits auf die Radikalität des Umsturzes, andererseits auf das Leid, das die (in Hölderlins Sicht notwendige) vaterländische Umkehr *auch* hervorruft. Daran knüpft Brecht an: Eine Revolution führt nicht nur die (von Brecht gewünschte) Änderung gesellschaftlicher Verhältnisse herbei, sondern ist als historischer, dramatisch verlaufender Prozeß auch eine Quelle des Leids: „Und es fällt nicht in sich das Große; auf vieles dann / Fällt es." (V. 566f.). Wenn Brecht den gesellschaftlichen Umsturz im Bild der Natur schildert, dann stellt sich die Frage, ob er noch dem Verfahren der Transposition folgt oder nicht vielmehr – um mit Genette zu sprechen – Beziehungsmodus und Register gewechselt hat und zur Imitation bzw. Nachbildung, wenn nicht zur Parodie, übergegangen ist. Zu offenkundig sind die architextuellen Bezugnahmen auf die um 1800 gängige poetische Verarbeitung der Französischen Revolution im Bild der eruptiven Naturkatastrophe (Sturm, Erdbeben, Vulkanausbruch). Schließlich ist noch ein weiterer Aspekt hervorzuheben: Brecht zitiert den Prometheus-Mythos zwar nicht, aber er spielt mit dem erfundenen mythologischen Exemplum der Lachmyschen Brüder und ihrem prometheischen Gebaren auf diesen an; ja er bezieht sich – wiederum architextuell – auf den Prozeß der Mythenrezeption, in dem er dem Prometheus-Mythos eine ‚neue' Episode hinzufügt.[1080]

Anders als Sophokles und Hölderlin, bei denen sich das dritte Chorlied an Eros richtet, versteht Brecht diesen Gesang als „Loblied auf Bacchus"[1081], wobei diese Umdeutung durchaus ‚hölderlinaffin' ist, da der „Geist der Liebe"[1082] mit Dionysos gegen Zeus im Bund steht und beide Götter das ‚gegenförmliche', sich zum Exzentrischen neigende Prinzip vertreten. Damit verschiebt sich das Moment der Friedfertigkeit von Eros (bei Hölderlin) zu Dionysos (bei Brecht). Das Lied führt die im ersten Chorgesang entfaltete Dialektik von zivilisatorischer Naturbeherrschung und

---

[1080] Zur materialistischen Rezeption des Prometheus-Mythos siehe Trilse, *Antike und Theater heute*, S. 43, 48f. und 51; Volker Riedel, „Stabilisierung, Kritik, Destruktion. Wandlungen des Antikebildes in der Literatur der DDR", in: ders., *Literarische Antikerezeption. Aufsätze und Vorträge*, Jena 1996 (Jenaer Studien 2), S. 183-193, hier S. 185-187.

[1081] Brecht, [*Anmerkungen zur Bearbeitung*], GBA 24 352.

[1082] Hölderlin, *Antigonae*, V. 811.

340

barbarischer Machtausübung fort. Da Brecht einige friedensstiftende Attribute, die bei Hölderlin Eros zugeschrieben werden, beibehält, entsteht eine starke Polarität zwischen der politischen Instrumentalisierung des Kultes und seinem humanen Kern. Brecht hinterfragt den Dionysos-Kult, der den religionsgeschichtlichen Rahmen von Sophokles' Tragödie bildet, hinsichtlich seiner Funktion im Herrschaftssystem Kreons. Der Kult wird als soziale Praxis vorgeführt, die immer dann zum Einsatz kommt, wenn Kreons Herrschaft bestätigt werden soll oder Zweifel an seiner Kriegspolitik auftreten. Brecht kann dabei an das Moment des sinnlichen Überwältigt-Seins, das der Dionysos-Mythos seit der Antike präsent hält, anknüpfen, und es mit den auf massenhafte Überwältigung zielenden Kommunikationsstrategien der Nationalsozialisten kurzschließen.[1083] Hier wie dort soll die Intensität des Augenblicks auf Dauer gestellt und die Erinnerung an Vergangenes, an Krieg, Tod, Ungerechtigkeit und Widersprüche des Systems ausgelöscht werden: „Und nach dem Kriege hier / Macht die Vergessenheit aus!" (V. 108f.).[1084] Nochmals zugespitzt wird dieser Aspekt, wenn der vom Dionysos-Kult Ergriffene als besonders ‚unterwerfungsbereit' gezeichnet wird und solchermaßen Raserei, Erinnerungslosigkeit und Herrschaftsausübung ineinandergreifen: „Nie zuschanden wird der, es ist / Wer's an sich hat, nicht bei sich. Ergriffen, rast er. Und / Regt sich unter dem Joch und macht dem / Frische Nacken" (V. 735-738). Diese kultische Praxis geht einher mit Naturbeherrschung, Kolonisation und Ausweitung des Herrschaftsbereichs: „fürchtend nicht / Den Odem der Salzgrub, noch das dünn- / wandige Schiff auf den schwarzen Gewässern." (V. 738f.).

Die Archaik, die die Alten hier vorführen, ist ein sekundäres, inszeniertes Phänomen, da ein mythischer Zustand vorgespiegelt werden soll, obwohl der Schritt in einen immer barbarischer werdenden Geschichtsverlauf schon vor langer Zeit vollzogen wurde. Auf der klanglich-theatralischen Ebene soll durch den Vollzug des Dionysos-Kultes – bei Brecht durch das rhythmische Stoßen der Maskenstäbe und eine urtümliche Musik angedeutet[1085] – ein Zustand des Vergessens herbeigeführt werden, ohne den das System Kreon nicht überlebensfähig wäre. Gleichzeitig wird – sozusagen als ‚Opium für das Volk' – die Erinnerung an ein friedfertiges vorgeschichtliches Zeitalter bewahrt. Was bei Hölderlin in die Zukunft verweist, wird bei Brecht im Rahmen von Kreons Tyrannei zu einem herrschaftsstabilisierenden Rückblick in ‚alterslose Zeit'.

[1083] Barner, „‚Durchrationalisierung' des Mythos?", S. 199.

[1084] Diese Verse hat Brecht ohne Änderungen von Hölderlin übernommen. Der Zusammenhang zwischen dionysischer Raserei und ‚bewußt' herbeigeführtem Vergessen wird bei Brecht mehrfach vom Chor thematisiert: Brecht, *Antigone*, V. 540-546, 728-731 und 882-886.

[1085] Brecht, *Antigonemodell 1948*, GBA 25 120.

Mit diesen Versen wird aber nicht nur die ideologische Instrumentalisierung des Kultes kritisiert, sondern auch eine Utopie beschworen, die – wie bei Hölderlin – über die dramatische Konstellation hinausweist und die Umrisse einer zukünftigen Gesellschaft erkennen läßt. Folgt man dieser Überlegung, dann wird deutlich, was Brecht meint, als er am 16.12.1947 notiert, daß „Nach und nach, bei der fortschreitenden Bearbeitung der Szenen, [....] aus dem ideologischen Nebel die höchst realistische Volkslegende auf[taucht]."[1086] Brechts Produktionsästhetik zielt darauf ab, jenen ursprünglichen Text freizulegen, der seit Sophokles im Laufe der Jahrhunderte mehrfach überschrieben und verändert wurde. Das Überraschende dieser intertextuellen Rekonstruktion ist nun, daß Brecht nicht einen antiken, der *Antigone* des Sophokles vorausgehenden Mythos ‚entdeckt', sondern Hölderlins *Antigonae*. Anders formuliert: Den realistischen, ideologisch noch nicht überformten Kern des Mythos verdankt Brecht nicht der Durchrationalisierung des Sophokles, sondern Hölderlins unkonventioneller Dramenübertragung. Mit der Rede vom „lokale[n] Volksheilige[n]" und der „höchst realistische[n] Volkslegende"[1087] verschleiert Brecht – ob bewußt oder unbewußt, spielt hier keine Rolle – die Genese und die Textverhältnisse seiner Adaption. Er projiziert Hölderlins Dionysos-Figuration in die Antike zurück und gibt sie als Sophokles *vorausgehende* Mythenvariante aus. Leitend war hierbei die Vorstellung von einer archaischen Urgesellschaft; eine Idee, die ausgehend von Rousseau schon in Hölderlins Übersetzung Eingang fand[1088] und im 19. Jahrhundert u. a. von den Theoretikern der materialistischen Geschichtsphilosophie weiterentwickelt wurde.

Verkürzt gesagt, unterscheiden Marx und Engels zwischen einer *urgesellschaftlichen* und einer *klassengesellschaftlichen* Produktionsweise. Erstere zeichnet sich durch Stammesverbände (Gentilorganisation), Gemeineigentum, gemeinschaftliche Produktion, das Fehlen von systematischer Gewaltanwendung und eine naturwüchsige Religiosität aus. Letztere wird durch einen hierarchisch gegliederten Staat, Privateigentum, Arbeitsteilung, Militärwesen, Raubkriege, Sklaverei und ein ausdifferenziertes Kultwesen charakterisiert.[1089] Folgt man dieser Perspektive, dann wird deutlich, daß Antigone – trotz ihrer Zugehörigkeit zur Aristokratie – als Vertreterin eines

---

[1086] Brecht, *Journal*, GBA 27 255.

[1087] Brecht, *Journal*, GBA 27 255.

[1088] Zur Rezeption von Rousseau bei Hölderlin siehe Bernhard Böschenstein, „Die Transfiguration Rousseaus in der deutschen Dichtung um 1800: Hölderlin – Jean Paul – Kleist", in: ders., *Studien zur Dichtung des Absoluten*, Zürich-Freiburg i. Br. 1968, S. 11-24, hier S. 11-16.

[1089] Friedrich Engels, *Der Ursprung der Familie, des Privateigentums und des Staates*, in: Karl Marx/ders., *Gesamtausgabe*, MEGA, 1. Abteilung, Bd. 29, Berlin 1990, S. 13-20, 53-72 und 96-114. Zu Gemeinsamkeiten im Denken von Hölderlin und Marx siehe Beyer, *Christus und Dionysos*, S. 211-215.

vorzivilisatorischen Gemeinwesens auftritt, dessen vorherrschende Merkmale Gemeinsinn, Friedfertigkeit und eine ‚sanfte' Religiosität sind. Die Religion ist in diesem menschheitsgeschichtlichen Stadium noch frei von politischer Instrumentalisierung und hat ihren historischen Eigenwert – Antigones positive Bezugnahmen auf Mythos und Totenwelt beleuchten dies hinreichend.[1090] Daß Brecht bei aller rekonstruierenden Emphase nicht nur rückwärts, sondern auch vorwärts blickt, wird szenisch durch die archaisierende Bühnenraumgestaltung verdeutlicht. Denn die „barbarische Pferdeschädelstätte"[1091] markiert nicht nur einen frühgeschichtlichen Zeitabschnitt, sondert ragt auch durch die Jahrtausende bis in die Barbarei des Nationalsozialismus hinein. Beide Epochen, archaisches Griechenland und faschistische Diktatur, bilden damit den Anfang und das Ende jenes historischen Kontinuums, das sich durch immer stärker auftretende Klassengegensätze auszeichnet. In diesem Sinn wohnt Brechts Adaption eine ‚konkrete Utopie' inne: Antigones Humanität, der friedliche Dionysos-Kult und die realistische Volkslegende sind die Insignien einer vergangenen Urgesellschaft und gleichzeitig Vorbild für eine zukünftige klassenlose Gesellschaft.

Die Kennzeichen dieses Dionysos-Bildes sind ethnische Vielfalt, ein positiv besetzter Chaos-Begriff, Gewaltlosigkeit, Friedfertigkeit und grenzüberschreitende Kooperation: „Andere Häute / Mischt er und wirft / Alle zusammen, aber verwüstet / Nicht das Erdreich mit der Gewalt der Hände, sondern / Friedlich ist er vom Anbeginne dem Werden großer / Verständigungen gesellet." (V. 740-745). Durch die Präsenz der Göttin Aphrodite erhält dieser idyllisch-urgesellschaftliche Zustand auch einen ästhetischen bzw. erotischen Beiklang: „Unkriegerisch nämlich / Spielt da die göttliche Schönheit mit." (V. 745f.). Verfahrenstechnisch verläßt Brecht im dritten Chorlied wiederum das Feld der Transformation zugunsten der Nachahmung, diesmal jedoch nicht im Modus der Parodie, sondern – von „Andere Häute" bis „Friedlich ist er" – der Nachbildung, die bruchlos in Hölderlins grandios gesteigertes Schlußbild allumfassender Verständigung hineinführt. Trotz der Wahrung des hohen Stils entspricht diese hypertextuelle Vorgehensweise noch am deutlichsten den früheren Materialwert-Überlegungen, da Brecht Hölderlins Text gleichsam ‚plündert' und einzelne Verse und Versfragmente, abgestimmt auf den neuen Sinngehalt, in den neuen Chorgesang einmontiert. Dabei hat der Dramatiker allerdings sehr genau darauf geachtet, daß die ‚Bruchstellen' zwischen alten und neuen Versen sorgfältig geglättet werden und als solche (ohne genaue Kenntnis der *Antigonae)* kaum noch wahrnehmbar sind.

[1090] Dagegen Frick, *Die mythische Methode'*, S. 545.
[1091] Brecht, *Journal*, GBA 27 265.

343

Im vierten Chorlied gibt es keine wörtlichen Übernahmen aus der *Antigonae*; dafür rückt Brecht das Motiv der Blindheit, das bei Hölderlin die „Abkehr des Gottes vom Menschen" anzeigt,[1092] in das Zentrum des Gesanges. Tertium comparationis der mythologischen Episoden (Danae, Lykurgos, Phineiden) ist hier die schicksalhafte Konfrontation mit den Göttern, wobei alle Auseinandersetzungen in dunklen Räumen enden: Danae liegt in der „Totenkammer"[1093], Lykurgos wird in einer Felsenhöhle gefangengehalten, Kleopatra und die Phineiden in einen Kerker geworfen; die Phineiden sogar geblendet. Unter Rückgriff auf diese Thematik entfaltet Brecht *seine* Deutung des Antigone-Mythos: Der Gesang beginnt mit einer Wendung, die kritisch die Rolle der Antigone als Angehörige der thebanischen Herrschaftsschicht beleuchtet: „Aber auch die hat einst / Gegessen vom Brot, das in dunklem Fels / Gebacken war." (V. 865-867). Das Motiv der Blindheit strukturiert anhand der aufeinander bezogenen Gegensätze Dunkelheit/Licht und Mythos/Aufklärung den weiteren Fortgang des Chorliedes: Sich ernährend von den „in dunklem Fels" (V. 866) mühsam Arbeitenden wird des „unsehenden Ödipus / Kind" (V. 879f.) aus seiner machtgeschützten Selbstbezogenheit (in der „Türme Schatten", V. 868) in die Helligkeit des Tages ‚geworfen', wo Antigone – der selbstzerstörerische Verfall der Labdakiden ist schon weit vorangeschritten – erst im letzten Moment „vom Aug die altersbrüchige Binde" (V. 880) nimmt und solchermaßen ‚aufgeklärt' die Folgen einer sich immer radikaler gebärdenden Tyrannei erkennt.

Brecht überträgt zudem die Polarität von Duldsamkeit (Danae, Kleopatra, Phineiden) und Rebellion (Lykurgos), die bei Hölderlin zwei Reaktionsformen auf die Begegnung mit dem Gott darstellen, als dramatisches Entwicklungsschema auf die Figur Antigone. Was bei Hölderlin als Gegensatz gestaltet ist, erscheint bei Brecht als Handlungsverlauf, der von der Anpassung zur Empörung führt. Angesichts der sich abzeichnenden militärischen Niederlage verharrt das Volk – wie früher Antigone – in einem Zustand des Nicht-Sehen-Wollens und überläßt sich den dionysischen Rauschmitteln, die – hier kehrt die Lichtmetaphorik wieder zu ihrem Ausgangspunkt zurück – „im Finstern gemischt" (V. 885) sind. Antigones Empörung vermag gegen die massenhafte Indoktrination nichts auszurichten; ihr Widerstand bleibt eine vereinzelte Tat.

Im fünften, dem Bacchus gewidmeten Chorlied überführt Brecht die dreiteilige Gliederung Hölderlins – bei Sophokles sind es zwei Strophen mit jeweils einer Antistrophe – in eine sechsteilige Struktur. Dabei kommt es zu einer sich wechselweise verschränkenden Engführung von vorweggenommener Katastrophe (Strophe 3 und

---

[1092] Böschenstein, „Gott und Mensch", S. 132.
[1093] Hölderlin, *Antigonae*, V. 985.

344

5) und rückblickender Trauer (Strophe 2 und 4), die in der sechsten Strophe auf ein monströses, aus Hölderlins Parodos stammendes Bild der Vernichtung zuläuft: „Und davon geht er [der Feind] nicht / Ehe von unserm / Blut er die Backen gefüllt." (V. 1228-1230).[1094] Bemerkenswert sind die zeitlichen Verhältnisse des Liedes, das am Vorabend der Katastrophe den Blick auf das in Kürze untergehende Theben eröffnet, sozusagen eine in die Zeitstufe Futur II transponierte Elegie.[1095] Der Gesang setzt ein mit der epiphanischen Formel „Komme [...] noch einmal" (V. 1195; bei Hölderlins: „Werd' offenbar!"[1096]). Diese leitet aber nicht den orgiastischen Reigen ein, sondern erlaubt eine letzte Schilderung des friedlichen Lebens vor der Niederlage. Brecht zitiert Hölderlins Wendepunkt („Also jetzt", V. 1223; bei Hölderlin: „Jetzt aber"[1097]), verkehrt diesen jedoch in sein Gegenteil: Nicht Dionysos wird als Heiler angesichts „gewaltiger / Krankheit"[1098] erscheinen, sondern der verderbenbringende Feind. Mit dieser Wendung spielt Brecht auf den Topos der Gottesferne an, eine zentrale Kategorie in Hölderlins mythopoetischem Denken. Auch wenn Dionysos bei Brecht nicht erscheint – im Hintergrund ist die (von Hölderlin herrührende) Vorstellung von der Restitution eines friedlichen Gemeinwesens durchaus präsent.

Bei Hölderlin geht der Gang der Geschichte unter den Vorzeichen einer Kulturwanderung von Ost nach West, vom Alten zum Neuen; mit der Anrufung des Dionysos im fünften Chorlied steht der rettende Eingriff der Gottheit kurz bevor. Brecht greift dieses Modell auf, ändert jedoch seinen Verlauf: Der Weg führt hier von der Tyrannei in den Untergang. In beiden Fällen muß jedoch eine utopische Perspektive mitbedacht werden: bei Hölderlin die Hoffnung auf die Etablierung einer republikanischen ‚Vernunftform', bei Brecht die Hoffnung auf das Ende der Unterdrückung, also die Überwindung von Kapitalismus und Faschismus durch den Aufbau einer klassenlosen Gesellschaft.[1099] Die Perspektive auf eine zukünftige Gesellschaft rührt

---

1094 In diesem Punkt besteht eine deutliche Differenz zu Hölderlin, bei dem es – in der Schlachtbeschreibung des Parodos – eben nicht zum Äußersten kommt und der Feind, also Polyneikes, nicht zum blutsaufenden ‚Ungeheuer' wird („Doch ging er davon, / Noch ehe von unsrem / Blut er die Backen / Gefüllt", Hölderlin, *Antigonae*, V. 122-125). Bei Brecht verhält es sich anders: Nach den zahllosen Grausamkeiten, die Kreons Truppen im Kampf gegen die Argiver verübt haben, müssen die Bewohner Thebens jetzt ein bestialisches Blutbad befürchten.

1095 Dagegen Barner, „‚Durchrationalisierung' des Mythos?", S. 200, der der Ansicht ist, daß in dieser Szene der Rausch des Reigens vorherrscht (und nicht: Reflexion, Rückblick und elegische Stimmung).

1096 Hölderlin, *Antigonae*, V. 1199.

1097 Hölderlin, *Antigonae*, V. 1189.

1098 Hölderlin, *Antigonae*, V. 1189f.

1099 Frick wirft abschließend die Frage auf, ob in einer „Welt ‚objektiver' politisch-wirtschaftlicher Mechanismen und Zwänge" (‚*Die mythische Methode*', S. 546) ein subjektives Handeln „aus moralisch-normativen Prämissen" (S. 546f.) noch möglich sein kann. Daran schließt sich die Überlegung an, daß bei Brecht an die Stelle der antiken Moira neue Determinanten getreten seien, nämlich „gesellschaftliche[] Mechanismen" und „ökonomische[] Zwänge", die den „Frei-

maßgeblich von jenen Passagen aus der *Antigonae* her, in denen das chiliastisch-epiphanische Geschichtsbild Hölderlins zum Ausdruck kommt und die das friedenstiftende Wirken des Dionysos zum Gegenstand haben.

8.8 Von *Antigone* zu *Philoktet*

Nach der Uraufführung wird Brecht mehrfach auf den moralischen Gehalt seines Dramas angesprochen, worauf er am 10.04.1948 notiert: „Durch die Bestrafung Thebes (und Kreons) kommt es freilich in gefährliche Nähe der braven Maxime ‚Verbrechen macht sich nicht bezahlt', aber ich hoffe doch, das Stück zeigt nicht mehr (oder weniger), als daß Unternehmungen, die allzu viel Gewalt benötigen, leicht scheitern."[1100] Angesichts der komplexen Textverhältnisse und der verschiedenen zeitlichen Bezugsebenen, die das Drama aufweist, liest sich diese Äußerung des Autors wie eine Untertreibung. Brecht wollte durchaus mehr zeigen, vielleicht sogar mehr, als sich dramaturgisch bewältigen ließ. Denn der Versuch, subjektive Widerstandsthematik und objektive Verfallsanalyse, durchrationalisierten Mythos und theatralische Rebarbarisierung, antike Tyrannei und faschistische Diktatur, archaisches Gemeinwesen und republikanische Vernunftform, identifikatorisches Potential und epische Distanzierung in *ein* Werk zu integrieren, mußte zu formalen Widersprüchen führen. Daß sich Brecht dieser Problematik bewußt war, dokumentiert die letzte Notiz seines *Journals* vor der Churer Uraufführung: „Die ganze ‚Antigone' gehört auf die barbarische Pferdeschädelstätte. Das Stück ist ja keineswegs durchrationalisiert".[1101] Mit Sicherheit haben die zahlreichen Gegensätze, die das Drama durchziehen, seine Rezeption auf der Bühne erschwert. Die ironische Pointe von Brechts Durchrationalisierung besteht letztendlich darin, daß seine Adaption partiell an jene

---

heitsspielraum der Figuren nicht minder drastisch beschränken" (S. 551). Abgesehen davon, daß der Schicksalsglaube der antiken Tragödie den tragischen Helden keineswegs zur Passivität verdammt (das Beispiel Antigone zeigt dies deutlich), ließe sich eine solche Konzeption allenfalls in Hauptmanns *Atriden-Tetralogie* nachweisen, nicht aber in Brechts *Antigone*. Wie oben gezeigt, eröffnet die Integration von Hölderlins Versen eine geschichtsphilosophische Perspektive, die auf das Ende einer kapitalistischen bzw. faschistischen Herrschaftslogik verweist, auf einen utopischen Zustand also, in dem übergreifende ‚Mechanismen' und ‚Zwänge' aufgehoben sein werden. Ob man diese Perspektive teilt, ist eine andere Frage; Tatsache ist jedoch, daß Brechts Dramentext ein utopisches Potential aufweist und damit mehr ist als ein „politische[s] Lehrstück über geschichtliche Macht- und Gewaltverhältnisse" (Frick, ‚*Die mythische Methode*', S. 551).

[1100] Brecht, *Journal*, GBA 27 267.
[1101] Brecht, *Journal*, GBA 27 265.

idealistische Perspektive anknüpft, die für die Tragödientheorie des 19. Jahrhunderts kennzeichnend war und gegen die der Dramatiker in den zwanziger Jahren mit guten Argumenten zu Felde zog. Gleichwohl ist Brecht ein Werk gelungen, das ein Scharnier in der Antikerezeption des 20. Jahrhunderts bildet. Hier wird erstmals im deutschsprachigen Antikendrama der Versuch unternommen, anhand eines Mythos den Eintritt in die Geschichte szenisch zu präsentieren. Brecht hat vorgeführt, wie das vorherrschende remythisierende Antikenbild theatralisch sinnfällig gemacht *und* in einen historischen Kontext eingebunden werden kann, ja wie der Mythos gleichsam 'vom Kopf auf die Füße' gestellt werden kann. Der Blick auf die Dialektik von Barbarei und Zivilisation, den Brechts Deutung des Antigone-Mythos (als Fortführung von Hölderlins Geschichtsdenken) eröffnet, ist jener Sichtweise verwandt, die Horkheimer und Adorno in ihrer zeitgleich erschienenen *Dialektik der Aufklärung* entfaltet haben; mit dem gravierenden Unterschied allerdings, daß die Verfasser der *Philosophischen Fragmente* jene hoffnungsvoll-utopische Perspektive nicht teilen, die aus der *Antigonae* von Hölderlin spricht und die ein untergründiges Weiterleben in Brechts *Antigone* führt.

Dramatiker wie Heiner Müller, Matthias Braun, Jochen Berg und Stefan Schütz haben, geschult an den Brechtschen Verfahren der Durchrationalisierung und der historisch-dialektischen Kontextualisierung des Mythos, dieses Projekt weitergeführt und den immanenten Zusammenhang zwischen historischem Fortschritt und gewaltförmiger Organisation der Gesellschaft ins Zentrum ihrer dramatischen Antikenfigurationen gerückt.[1102] Im Vergleich zu Brecht wurde hier, wie das Beispiel *Philoktet* (1966) von Heiner Müller zeigt, auf das Mittel der Sympathielenkung jedoch konsequent verzichtet. Müller behandelt den Philoktet nicht als mitleiderweckenden Protagonisten (wie Sophokles), sondern als eine Figur, die während ihrer Isolation einen erbitterten Haß gegen alles Griechische genährt hat. Philoktet, der in einem barbarischen Akt auf einer einsamen Insel ausgesetzt wurde, ist selbst barbarisch geworden und hat nur noch ein Ziel: Die blutige Rache an Odysseus, die er sich als einen endlosen Vorgang imaginiert ("Dein Tod ist meine Arbeit / Und ganz will ich die. Wären wir unsterblich / Daß ich dich töten könnte jetzt und immer."[1103]) Auch vom Brechtschen Pathos des Neuanfangs ist bei Müller nichts übrig geblieben; dagegen zeigt sein Drama, daß sich die Kritik an instrumenteller Vernunft auch in einer (vermeintlich) klassenlosen Gesellschaft nicht erübrigt.

[1102] Emmerich, „Antike Mythen auf dem Theater", S. 82 und 87-95. Zur Rezeption von Brechts *Antigone* bei Heiner Müller siehe Domdey, „Brecht, Heiner Müller und *Antigone*", S. 341-353.

[1103] Heiner Müller, *Philoktet*, *Werke 3, Die Stücke 1*, hg. von Frank Hörnigk, Frankfurt a. M. 2000, S. 289-327, hier S. 319f.

Wichtiger als die Abrechnung mit dem Stalinismus und dem Funktionärswesen der DDR ist jedoch das Moment der *Grenzüberschreitung*, das Müller in einem Brief von 1983 hervorhebt: „Wie Jason, der erste Kolonisator, der auf der Schwelle vom Mythos zur Geschichte von seinem Fahrzeug erschlagen wird, ist Odysseus eine Figur der Grenzüberschreitung. Mit ihm geht die Geschichte der Völker in der Politik der Macher auf, verliert das Schicksal sein Gesicht und wird die Maske der Manipulation."[1104] Die Perspektive auf die „*longue durée* von jahrtausendealten vorgeschichtlichen Strukturen"[1105] hat vor Müller schon Brecht in der *Antigone* entwickelt, ebenso die Motive ,maßlose Gewaltanwendung' und ,Funktionalisierung von toten Körpern'. Bei Brecht ist es Kreon, der Polyneikes zur Abschreckung vor den Toren Thebens verwesen läßt; bei Müller wird dieses Motiv noch weiter zugespitzt, denn die zynische Schlußfolgerung des Odysseus lautet: Der tote Philoktet wird der griechischen Armee noch besser dienen als der lebende – wenn für seinen Tod die Trojaner verantwortlich gemacht werden. Selbst den Leichnam, die tote Natur, vermag Odysseus noch im Sinne der griechischen Herrschaftsideologie zu instrumentalisieren. Damit kommen die Umrisse einer exemplarischen Figur zum Vorschein, die jenseits von historischen Systemen wie Polis-Demokratie, Tyrannei, Kapitalismus oder Kommunismus die qualvolle Emanzipation des Menschen vom Naturzustand versinnbildlicht.

Wenn Odysseus in der letzten Szene klagt, „Ich wollt mich nähm ein Gott in seinen Schlaf."[1106], dann wird die ungeheuere Anstrengung sichtbar, der es bedurfte, um sich als Subjekt eines aufgeklärten, innere wie äußere Natur beherrschenden Denkens zu entwerfen. Insofern ist Odysseus, der Repräsentant abendländischer Rationalität, eine grenzüberschreitende Figur, als er die Barbarei überwindet, indem er sich gewaltsam gegen sich selbst und gegen andere verhält. Brecht gebührt das Verdienst, mit seiner Hölderlin-Adaption das Material für diese geschichtspessimistische Deutung des antiken Mythos bereitgestellt zu haben.

[1104] Heiner Müller, *Brief an den Regisseur der bulgarischen Erstaufführung von ,Philoktet' am Dramatischen Theater Sofia, Herzstück*, Berlin 1983, S. 102-110, hier S. 104.
[1105] Emmerich, „Antike Mythen auf dem Theater", S. 92.
[1106] Müller, *Philoktet*, S. 324.

348

V. Schluß

Die Strukturanalyse von Antikendramen von Hofmannsthal, Hauptmann, Pannwitz, Werfel, Jahnn und Brecht hat gezeigt, daß der Rückgriff auf antike Mythen unter remythisierenden bzw. entmythisierenden Vorzeichen zu verschiedenen dramaturgischen Problemen führt. Diese Beobachtung bezieht sich nicht auf die (in einigen Antikendramen erkennbare) Faszination für mythische Konstellationen, Opferkult und ,wildes Denken', die ideengeschichtlich einem gegen die Moderne gerichteten, gleichwohl modernen Diskurs verpflichtet ist. Vielmehr konnte in struktureller wie gattungstypologischer Hinsicht dargelegt werden, daß insbesondere die Dramen von Hofmannsthal, Hauptmann und Pannwitz hinter einer – in Nietzsches *Geburt der Tragödie* ansatzweise formulierten – Poetik der dionysischen Tragödie zurückbleiben. Dies hängt vor allem damit zusammen, daß trotz der epochetypischen Faszination für das Archaische die Bindungen an antike und klassische Tradition nicht so einfach zu lösen sind, wie verschiedene poetologische Entwürfe (vor allem von Hofmannsthal und Hauptmann) dies vermuten ließen. Denn eine konsequente Rückkehr zum Urdrama setzt einen Verzicht auf zahlreiche Elemente voraus, die zum Repertoire der abendländischen Dramengeschichte gehören. Der Versuch einer solchen Rückkehr zeichnet sich insbesondere in dem dionysischen Bild *Die Befreiung des Oidipus* von Pannwitz ab, wenn auch mit Einschränkungen. Denn Pannwitz hat – wie alle hier vorgestellten Dramatiker – den Anspruch, einen stimmigen strukturellen Zusammenhang zwischen archaischen, antiken und modernen Formen bzw. Inhalten herzustellen. Wie bei Hofmannsthal und Hauptmann fällt auch bei Pannwitz auf, daß archaische, antike und moderne Elemente unverbunden nebeneinander stehen und es zu einer wechselseitigen strukturellen Durchdringung nicht kommt, ja daß in ein und demselben Werk remythisierende *und* entmythisierende Anteile nachweisbar sind, die sich letztendlich gegenseitig aufheben.

So ist bei Hofmannsthal bemerkenswert, daß er sowohl in *Alkestis* als auch in *Elektra* weitgehend an der Handlungsstruktur seiner Hypotexte festhält und die von der Tradition vorgezeichneten Bahnen nicht verläßt. *Alkestis* bleibt trotz zahlreicher dionysischer Anspielungen jener Märchenhandlung verpflichtet, die schon die Antike kannte. Zudem mutet der Schluß des Dramas mit seiner christlichen Perspektivierung des Geschehens reichlich konventionell an. Noch folgenschwerer ist das Festhalten an der Tradition in *Elektra*: Nachdem Hofmannsthal mit der großen Szene Klytämnestra-Elektra ein dramatischer Höhepunkt gelungen ist, in dem archaisch-kultische und modern-psychologische Motive eine ebenso bezwingende wie überzeugende Synthese bilden, läßt er – wie der Kritiker Harden zutreffend schrieb – den ,wesenlosen Fremdling' Orest in die Tragödie ,tölpeln', um an dem traditionsreichen Mythos festzuhalten und den Anschluß an die ,große Form' nicht zu verpassen. Da Hofmannsthal seinen Hypotexten ‚folgt' (anstatt Dramen „außerhalb des Pragmatischen" zu entwerfen), muß er sich einer dionysischen Rhetorik bedienen, um an jene Entgrenzungszustände zu erinnern, die er mit großer Sensibilität für affektive Erschütterungen in seinen um das Opferritual kreisenden Prosatexten beschrieben hatte. Ein dramatisches Äquivalent für die narrative Evokation des Archaischen im Sinne einer Retheatralisierung des Rituals hat Hofmannsthal letztendlich nicht gefunden.

Auch Pannwitz, der in seine Tragödie *Die Befreiung des Oidipus* mehrere orgiastische Chorszenen einfügt und damit der Idee von Nietzsches Urdrama sehr nahe kommt, bleibt ‚auf halbem Weg' stehen, da er sich ebensowenig von der Struktur und dem Personal seines antiken Hypotexts lösen kann wie schon Hofmannsthal.

Wie im *Griechischen Frühling* skizziert, will Hauptmann mit seinen chthonischen Antikenfigurationen an jenen Schrecken anknüpfen, der schon das Publikum der antiken Amphitheater erstarren ließ. Dies gelingt nur teilweise, da der Dramatiker trotz einer psychokultischen Poetik seine Antikendramen in einer Weise mit Anspielungen auf antikes und klassisches Bildungsgut überfrachtet, die eine Entfaltung des archaischen Potentials seiner Hypotexte nicht zuläßt. Und obwohl in der *Atriden-Tetralogie* (mehr noch als im *Bogen des Odysseus*) die Beschwörung des Grauens und die barbarische Verzeichnung der antiken Heroen im Zentrum des Geschehens steht, ist gerade in diesem Zyklus die Abhängigkeit vom klassischen Dramentypus überdeutlich, so daß man auch hier nur von einer partiellen Archaisierung bzw. Mythisierung sprechen kann.

Franz Werfels Drama *Troerinnen* ist sicherlich ein Außenseiter in der hier vorgestellten Reihe. Traditionsbindung aber auch hier: Sprache und christliche Perspektivierung des Geschehens verweisen auf die Barockzeit (wobei diese architextuelle Bezugnahme innovativer ist als die erwartbaren antikisierenden oder klassizistischen Bezüge bei Hofmannsthal, Hauptmann und Pannwitz). Entscheidend bei Werfel ist die Dominanz nonverbaler Gestaltungsmittel, die zu einer stimmigen Synthese von antiken und modernen Formanteilen geführt hat. Werfels expressives Chordrama geht in szenisch-choreographischer Hinsicht deutlich über die Antikendramen von Hofmannsthal, Hauptmann und Pannwitz hinaus.

Jahnns *Medea* ist das avancierteste Werk unter den Antikendramen zwischen 1890 und 1950. Dies liegt zum einen daran, daß bei Jahnn nicht die Remythisierung eines antiken Mythos im Vordergrund steht, sondern die Kreatürlichkeit des Menschen und die destruktive Seite menschlicher Sexualität. Zum anderen verzichtet Jahnn – anders als Hofmannsthal, Hauptmann, Pannwitz und Werfel – auf die naheliegende szenische Veranschaulichung von dionysischen oder orgiastischen Entgrenzungszuständen und setzt statt dessen ganz auf Sprachlichkeit. Durch die konsequente Verschränkung von körperbezogenen Darstellungsabsichten und rein sprachlichen

350

Darstellungsmitteln erreicht Jahnns Tragödie eine formale Geschlossenheit, die dem Werk den Anschein archaischer Monumentalität verleiht.

Am Beispiel von Brechts *Antigone* läßt sich zeigen, welch virulentes Eigenleben ein Hypotext in einem Hypertext führen kann. In intertextueller Perspektive ist sein Antikendrama sicher das markanteste Werk der hier vorgestellten Stücke. Mit Hölderlins ‚Hilfe‘ gelingt Brecht das Kunststück, antike Tragödie und episches Theater, Analyse eines faschistoiden Machtapparats und revolutionäre Utopie in einem dichten Text zusammenzuschließen, der trotz dramaturgischer Widersprüche ein wichtiges Dokument in der Dramengeschichte des 20. Jahrhunderts darstellt. Denn Brechts Adaption ist das einzige Drama dieser Reihe, das das dionysische Potential seiner Vorlage ernst nimmt *und* im Modus des Dramatischen (!) eine kritische Reflexion über die (politische) Instrumentalisierung des Dionysos-Kultes eröffnet.

Der Versuch, mit den Mitteln des Dramas in den Bereich des Mythischen vorzudringen, führt letztendlich zur szenischen Restitution archaischer Praktiken wie Opferritual und kollektives Entgrenzungserlebnis. Damit ergibt sich die Schwierigkeit, „das Zerbrechen des Individuums und sein Einswerden mit dem Ursein" (Nietzsche) mit den Mitteln des Theaters vorzuführen; mit anderen Worten: das Nichtinszenierbare zu inszenieren. Momente der Entgrenzung wie Selbstopfer (*Alkestis*), Todestanz (*Elektra*), Hirtenidyll (*Der Bogen des Odysseus*), orgiastische Chorgesänge (*Die Befreiung des Oidipus*), kollektive ekstatische Ausbrüche (*Die Troerinnen des Euripides*), gewaltsamer Liebesakt (*Medea*), Umdeutung von Tötungs- in Opferszenen (*Der Bogen des Odysseus, Die Atriden-Tetralogie*) und Orgien der Gewalt (*Die Antigone des Sophokles*) erinnern zwar alle an ritualartige, kollektive Praktiken der Frühgeschichte und bewegen sich damit an der Grenze zwischen mimetischer und nichtmimetischer Ästhetik, zwischen zeichenhafter Repräsentation und realer Selbsttransformation. Aus dem darstellungslogischen Dilemma einer Inszenierung des Nichtinszenierbaren gibt es jedoch keinen Ausweg, es sei denn, man verläßt den Raum des Theaters und tritt ein in den Bereich der multimedialen Performance. Zugespitzt formuliert: Erst in den blutigen Happenings von Hermann Nitsch und anderen Protagonisten des postdramatischen Theaters kommt die Poetik des dionysischen Antikendramas zu sich selbst.

Für das Antikendrama der klassischen Moderne lassen sich damit zwei Dramaturgien unterscheiden: Die Abkehr von der „zwischenmenschlichen Aktualität" (Szondi) durch den Einsatz von nichtdialogischen Darstellungsmitteln (dionysische Rhetorik, Monolog, Mimik, Gestik, ekstatische Zustände, Tanz, Chor, Musik, Licht, Bühnenbild, ‚Stimmung‘). Diese epische Tendenz, die das Drama der Moderne generell auszeichnet, weist im Falle des Antikendramas zurück zum Ritual. Hofmannsthal, Hauptmann, Pannwitz und Werfel deuten in ihren Antikenfigurationen durch den Einsatz der oben genannten Stilmittel eine solche

Perspektive an; zur Konkretisierung einer ritualartigen Ästhetik kommt es aber bei diesen Dramatikern letztendlich nicht.

Die zweite Möglichkeit ist die Fokussierung auf Sprachlichkeit. Hier sind Jahnn und Brecht zu nennen, die in doppelter Hinsicht an die Tradition anknüpfen und gleichzeitig zeitgenössische Erfahrungen (Jahnn: bürgerliche Sexualmoral, Rassismus; Brecht: Faschismus) in den Diskurs der erneuerten antiken Tragödien einbringen. Der zweifache Traditionsbezug besteht bei Jahnn und Brecht darin, daß sie sich am antiken Modell der sprachlichen Vermittlung des Schreckens orientieren *und* auf eine szenische Vergegenwärtigung des Mythischen konsequent verzichten. (Daß Brecht mit dem *Antigonemodell 1948* eine detaillierte Spielanleitung im Sinne seines epischen Theaters entwickelt hat, spricht *nicht* gegen die Klassifikation der *Antigone* als Drama, das zur Darstellung des Dionysischen bzw. Mythischen vor allem auf sprachliche Mittel setzt). Zweiter Bezugspunkt ist für beide Dramatiker das deutschsprachige Antikendrama um 1800, wobei Brecht eine enge textuelle Verbindung mit Hölderlins *Antigonae*-Übertragung eingeht, während Jahnn – ohne textuelle Anleihen – mit seiner *Medea* ein in die Moderne fortgeschriebenes ‚Parallelprojekt' zu Kleists *Penthesilea* entwirft. Auffallend ist bei Jahnn und Brecht zudem, daß sich beide weitgehend an die Struktur ihrer Hypotexte halten und trotzdem einen freieren Umgang mit dem antiken Mythos entwickeln können als dies bei Hofmannsthal, Hauptmann und Pannwitz der Fall ist.

Wenn abschließend dem zweiten Typus der Vorzug gegeben wird, dann deshalb, weil in den Antikendramen von Jahnn und Brecht – trotz unterschiedlicher thematischer und stilistischer Schwerpunktsetzungen – die spannungsvolle Verschränkung von Pathos und Nüchternheit, von Tradition und Moderne am eindrucksvollsten gelungen ist. Bei aller Sympathie für den Versuch, kultisch-theatralische Erfahrung auf den Spuren von Nietzsches *Geburt der Tragödie* zurückzugewinnen, sind es die Dramen von Jahnn und Brecht, die dem Schrecken, der Entgrenzung und dem Leid einen adäquaten Ausdruck verliehen haben. Das ist vor allem darauf zurückzuführen, daß beide darauf verzichten, dionysische Zustände zu beschwören oder herbeizuzitieren, wie dies vor allem bei Hauptmann, teilweise aber auch bei Hofmannsthal und Pannwitz der Fall ist.

VI. Literaturverzeichnis

1. Siglen

B I   Hugo von Hofmannsthal, *Briefe 1890-1901*, Berlin 1935

B II   Hugo von Hofmannsthal, *Briefe 1900-1909*, Wien 1937

B Bodenhausen   Hugo von Hofmannsthal – Eberhard von Bodenhausen, *Briefe
                        der Freundschaft*, hg. von Dora von Bodenhausen, o. O. [Düs-
                        seldorf] 1953

B Herzfeld   Hugo von Hofmannsthal, *Briefe an Marie Herzfeld*, hg. von
                        Horst Weber, Heidelberg 1967 (Poesie und Wissenschaft I)

BW Andrian   Hugo von Hofmannsthal – Leopold von Andrian, *Briefwechsel*,
                        hg. von Walter H. Perl, Frankfurt a. M. 1968

BW Beer-Hofmann   Hugo von Hofmannsthal – Richard Beer-Hofmann, *Briefwech-
                        sel*, hg. von Eugene Weber, Frankfurt a. M. 1972

BW Fischer   Samuel Fischer/Hedwig Fischer, *Briefwechsel mit Autoren*, hg.
                        von Dierk Rodewald und Corinna Fiedler, mit einer Einführung
                        von Bernhard Zeller, Frankfurt a. M. 1989

BW George   Robert Boehringer (Hg.), *Briefwechsel zwischen George und
                        Hofmannsthal*, München-Düsseldorf ^{2}1953

BW Insel   Hugo von Hofmannsthal, *Briefwechsel mit dem Insel-Verlag
                        1901 bis 1929*, hg. von Gerhard Schuster, Frankfurt a. M. 1985

BW Pannwitz   Hugo von Hofmannsthal – Rudolf Pannwitz, *Briefwechsel.
                        1907-1926*, hg. von Gerhard Schuster, mit einem Essay von Er-
                        win Jaeckle, Frankfurt a. M. 1993

BW Schnitzler   Hugo von Hofmannsthal – Arthur Schnitzler, *Briefwechsel*, hg.
                        von Therese Nickl und Heinrich Schnitzler, Frankfurt a. M.
                        1964

BW Strauss	Richard Strauss – Hugo von Hofmannsthal, *Briefwechsel*, hg. von Willi Schuh, Zürich-Freiburg i. Br. ^{5}1978
CA	Gerhart Hauptmann, *Sämtliche Werke, Centenar-Ausgabe*, XI Bde., hg. von Hans-Egon Hass, fortgeführt von Martin Machatzke (Bde. X und XI) und Wolfgang Bungies (Bd. X), Frankfurt a. M.-Berlin(-Wien) 1962-1974
D I	Hans Henny Jahnn, *Werke in Einzelbänden, Hamburger Ausgabe, Dramen I. 1917-1929*, hg. von Ulrich Bitz, Hamburg 1988
GBA	Bertolt Brecht, *Werke, Große kommentierte Berliner und Frankfurter Ausgabe*, 30 Bde., hg. von Werner Hecht, Jan Knopf, Werner Mittenzwei und Klaus-Detlef Müller, Berlin-Weimar-Frankfurt a. M. 1988- 2000
GesW	Johann Jakob Bachofen, *Gesammelte Werke*, 10 Bde., mit Benützung des Nachlasses unter Mitwirkung von Max Burckhardt, Harald Fuchs, Matthias Gelzer, Ernst Howald u. a. hg. von Karl Meuli, Basel 1943- 1966
GS	Theodor W. Adorno, *Gesammelte Schriften*, 20 Bde., hg. von Rolf Tiedemann, Frankfurt a. M. ^{2}1990
GW D I	Hugo von Hofmannsthal, *Gedichte. Dramen I. 1891-1898, Gesammelte Werke in zehn Einzelbänden*, hg. von Bernd Schoeller in Beratung mit Rudolf Hirsch, Frankfurt a. M. 1979
GW D II	Hugo von Hofmannsthal, *Dramen II. 1892-1905, Gesammelte Werke in zehn Einzelbänden*, hg. von Bernd Schoeller in Beratung mit Rudolf Hirsch, Frankfurt a. M. 1979
GW D III	Hugo von Hofmannsthal, *Dramen III. 1893-1927, Gesammelte Werke in zehn Einzelbänden*, hg. von Bernd Schoeller in Beratung mit Rudolf Hirsch, Frankfurt a. M. 1979
GW D V	Hugo von Hofmannsthal, *Dramen V. Operndichtungen, Gesammelte Werke in zehn Einzelbänden*, hg. von Bernd Schoeller in Beratung mit Rudolf Hirsch, Frankfurt a. M. 1979

GW E — Hugo von Hofmannsthal, *Erzählungen. Erfundene Gespräche und Briefe. Reisen, Gesammelte Werke in zehn Einzelbänden*, hg. von Bernd Schoeller in Beratung mit Rudolf Hirsch, Frankfurt a. M. 1979

GW RA I — Hugo von Hofmannsthal, *Reden und Aufsätze I. 1891-1913, Gesammelte Werke in zehn Einzelbänden*, hg. von Bernd Schoeller in Beratung mit Rudolf Hirsch, Frankfurt a. M. 1979

GW RA II — Hugo von Hofmannsthal, *Reden und Aufsätze II. 1914-1924, Gesammelte Werke in zehn Einzelbänden*, hg. von Bernd Schoeller in Beratung mit Rudolf Hirsch, Frankfurt a. M. 1979

GW RA III — Hugo von Hofmannsthal, *Reden und Aufsätze III. 1925-1929. Buch der Freunde. Aufzeichnungen 1889-1929, Gesammelte Werke in zehn Einzelbänden*, hg. von Bernd Schoeller und Ingeborg Beyer-Ahlert (Aufzeichnungen) in Beratung mit Rudolf Hirsch, Frankfurt a. M. 1980

HA — Johann Wolfgang von Goethe, *Werke, Hamburger Ausgabe in 14 Bänden*, München 1988

KSA — Friedrich Nietzsche, *Sämtliche Werke, Kritische Studienausgabe in 15 Einzelbänden*, hg. von Giorgio Colli und Mazzino Montinari, München-Berlin-New York ^{2}1988

SW — Hugo von Hofmannsthal, *Sämtliche Werke, Kritische Ausgabe*, 38 Bde., veranstaltet vom Freien Deutschen Hochstift, hg. von Rudolf Hirsch, Clemens Köttelwesch, Christoph Perels, Heinz Rölleke und Ernst Zinn, Frankfurt a. M. 1975ff.

SWB — Friedrich Hölderlin, *Sämtliche Werke und Briefe*, 3 Bde., hg. von Jochen Schmidt, Frankfurt a. M. 1992-1994

2. Primärliteratur

Aischylos, *Agamemnon, Die Tragödien und Fragmente*, auf der Grundlage der Übersetzung von Johann Gustav Droysen bearbeitet, eingeleitet und teilweise neu übersetzt von Franz Stoessl, Zürich 1952, S. 255–311

Aischylos, *Tragödien*, übersetzt von Oskar Werner, mit einer Einführung und Erläuterungen von Bernhard Zimmermann, München 1990

Anz, Thomas/Michael Stark (Hg.), *Expressionismus. Manifeste und Dokumente zur deutschen Literatur 1910–1920*, mit Einleitungen und Kommentaren, Stuttgart 1982

Aristoteles, *Poetik*, griechisch/deutsch, übersetzt und hg. von Manfred Fuhrmann, Stuttgart 1982

Bachofen, Johann Jakob, *Gesammelte Werke*, 10 Bde., mit Benützung des Nachlasses unter Mitwirkung von Max Burckhardt, Harald Fuchs, Matthias Gelzer, Ernst Howald u. a. hg. von Karl Meuli, Basel 1943–1966

Bahr, Hermann, *Dialog vom Tragischen*, Berlin 1904

Berger, Alfred von, *Ursachen und Ziele der modernsten Literaturentwicklung*, in: ders., *Über Drama und Theater. Fünf Vorträge*, Leipzig ^{2}1900, S. 3–49

Boehringer, Robert (Hg.), *Briefwechsel zwischen George und Hofmannsthal*, München-Düsseldorf ^{2}1953

Borchardt, Rudolf, *Über Alkestis, Gesammelte Werke in Einzelbänden, Prosa II*, hg. von Marie Luise Borchardt, Stuttgart ^{2}1992, S. 235–294

Brecht, Bertolt, *Werke, Große kommentierte Berliner und Frankfurter Ausgabe*, 30 Bde., hg. von Werner Hecht, Jan Knopf, Werner Mittenzwei und Klaus-Detlef Müller, Berlin-Weimar-Frankfurt a. M. 1988–2000

Burckhardt, Jacob, *Griechische Kulturgeschichte, Gesammelte Werke*, Bde. 5–8, Basel-Stuttgart 1978

Creuzer, Georg Friedrich, *Symbolik und Mythologie der alten Völker, besonders der Griechen*, vierter Teil, Leipzig-Darmstadt ^{3}1843, ND Hildesheim-New York 1973

Engels, Friedrich, *Der Ursprung der Familie, des Privateigentums und des Staates*, in: Karl Marx/ders., *Gesamtausgabe*, MEGA, 1. Abteilung, Bd. 29, Berlin 1990

Euripides, deutsch, in den Versmaßen der Urschrift, von J. J. C. Donner, 2 Bde., Leipzig-Heidelberg ^{3}1876

Euripides, *Troerinnen, Griechische Tragoedien*, übersetzt von Ulrich von Wilamowitz-Moellendorff, Bd. 3, Berlin 1906, S. 299–355

Euripides, *Tragödien*, übersetzt von Hans von Arnim, mit einer Einführung und Erläuterungen von Bernhard Zimmermann, München 1990

Fiedler, Leonhard M. (Hg.), *Der Sturm Elektra. Gertrud Eysoldt. Hugo von Hofmannsthal. Briefe*, Salzburg-Wien 1996

Fischer, Samuel/Hedwig Fischer, *Briefwechsel mit Autoren*, hg. von Dierk Rodewald und Corinna Fiedler, mit einer Einführung von Bernhard Zeller, Frankfurt a. M. 1989

Freytag, Gustav, *Die Technik des Dramas*, hg. von Klaus Jeziorkowski, Stuttgart 1983

Gerhart Hauptmann. Leben und Werk, Gedächtnisausstellung des Deutschen Literaturarchivs zum 100. Geburtstag des Dichters im Schiller-Nationalmuseum Marbach a. N. vom 13.05. bis 31.10.1962, Stuttgart 1962

Goethe, Johann Wolfgang von, *Werke, Hamburger Ausgabe in 14 Bänden*, München 1988

Griechische Tragoedien, übersetzt von Ulrich von Wilamowitz-Moellendorff, Bd. 3, Berlin 1906

Grillparzer, Franz, *Selbstbiographie, Werke*, Bd. III: *Gedichte. Epigramme. Satiren. Autobiographische Schriften*, hg. von August Sauer und Reinhold Backmann, München 1971, S. 487–661

Grillparzer, Franz, *Das goldene Vließ, Werke*, Bd. 2: *Dramen. 1817–1828*, hg. von Helmut Bachmaier, Frankfurt a. M. 1986, S. 205–390

Gründer, Karlfried (Hg.), *Der Streit um Nietzsches 'Geburt der Tragödie'. Die Schriften von E. Rohde, R. Wagner, U. v. Wilamowitz-Moellendorff*, Hildesheim 1969

Hacks, Peter, *Iphigenie, oder: Über die Wiederverwendung von Mythen, Das Poetische. Ansätze zu einer postrevolutionären Dramaturgie*, Hamburg 2001, S. 63–65

Halm, Friedrich, *Iphigenie in Delphi, Werke*, Bd. 8, Wien 1864, S. 1–110

Hauptmann, Gerhart, *Sämtliche Werke, Centenar-Ausgabe*, XI Bde., hg. von Hans-Egon Hass, fortgeführt von Martin Machatzke (Bde. X und XI) und Wolfgang Bungies (Bd. X), Frankfurt a. M.-Berlin(-Wien) 1962–1974

Hauptmann, Gerhart, *Tagebücher 1906 bis 1913. Mit dem Reisetagebuch Griechenland-Türkei 1907*, nach Vorarbeiten von Martin Machatzke hg. von Peter Sprengel, Frankfurt a. M.-Berlin 1994

Hauptmann, Gerhart, *Tagebücher 1914 bis 1918*, hg. von Peter Sprengel, Berlin 1997

Hebbel, Friedrich, *Vorwort zu 'Maria Magdalena', Werke in zwei Bänden*, Bd. 2, hg. von Karl Pörnbacher, München ^{2}1978, S. 281–305

Hegel, Georg Wilhelm Friedrich, *Vorlesungen über die Ästhetik III, Werke in zwanzig Bänden*, Bd. 15, Frankfurt a. M. 1970

Hegel, Georg Wilhelm Friedrich, [*Das älteste Systemprogramm des deutschen Idealismus*], *Werke in zwanzig Bänden*, Bd. 1: *Frühe Schriften*, Frankfurt a. M. 1971, S. 234–236

Herder, Johann Gottfried, *Der entfesselte Prometheus, Sämtliche Werke*, Bd. 28, hg. von B. Suphan, Berlin 1877–1913

Hofmannsthal, Hugo von, *Briefe 1890–1901*, Berlin 1935

Hofmannsthal, Hugo von, *Briefe 1900–1909*, Wien 1937

Hofmannsthal, Hugo von, *Gesammelte Werke in Einzelausgaben, Dramen I*, hg. von Herbert Steiner, Frankfurt a. M. 1953

Hofmannsthal, Hugo von, *Briefe an Marie Herzfeld*, hg. von Horst Weber, Heidelberg 1967 (Poesie und Wissenschaft I)

Hofmannsthal, Hugo von, *Sämtliche Werke, Kritische Ausgabe*, 38 Bde., veranstaltet vom Freien Deutschen Hochstift, hg. von Rudolf Hirsch, Clemens Köttelwesch, Christoph Perels, Heinz Rölleke und Ernst Zinn, Frankfurt a. M. 1975ff.

Hofmannsthal, Hugo von, *Gesammelte Werke in zehn Einzelbänden*, hg. von Bernd Schoeller und Ingeborg Beyer-Ahlert (Aufzeichnungen) in Beratung mit Rudolf Hirsch, Frankfurt a. M. 1979–1980

Hofmannsthal, Hugo von, *Briefwechsel mit dem Insel-Verlag 1901 bis 1929*, hg. von Gerhard Schuster, Frankfurt a. M. 1985

Hofmannsthal, Hugo von – Leopold von Andrian, *Briefwechsel*, hg. von Walter H. Perl, Frankfurt a. M. 1968

Hofmannsthal, Hugo von – Richard Beer-Hofmann, *Briefwechsel*, hg. von Eugene Weber, Frankfurt a. M. 1972

Hofmannsthal, Hugo von – Eberhard von Bodenhausen, *Briefe der Freundschaft*, hg. von Dora von Bodenhausen, o. O. [Düsseldorf] 1953

Hofmannsthal, Hugo von – Rudolf Pannwitz, *Briefwechsel. 1907–1926*, hg. von Gerhard Schuster, mit einem Essay von Erwin Jaeckle, Frankfurt a. M. 1993

Hofmannsthal, Hugo von – Arthur Schnitzler, *Briefwechsel*, hg. von Therese Nickl und Heinrich Schnitzler, Frankfurt a. M. 1964

Hölderlin, Friedrich, *Sämtliche Werke und Briefe*, 3 Bde., hg. von Jochen Schmidt, Frankfurt a. M. 1992–1994

Homer, *Ilias. Odyssee*, in der Übertragung von Johann Heinrich Voss, Frankfurt a. M. 1990

Jahnn, Hans Henny, *Werke in Einzelbänden, Hamburger Ausgabe, Dramen I. 1917–1929*, hg. von Ulrich Bitz, Hamburg 1988

Jahnn, Hans Henny, *Aufgabe des Dichters in dieser Zeit, Werke in Einzelbänden, Hamburger Ausgabe, Schriften zur Kunst, Literatur und Politik*, erster Teil, hg. von Ulrich Bitz und Uwe Schweikert, Hamburg 1991, S. 791–803

Jahnn, Hans Henny, *Medea*, Stuttgart 1991

Jens, Walter, *Sophokles und Brecht, Zur Antike*, München 1978, S. 413–433

Kannegießer, Karl Ludwig, *Iphigenia in Delphi. Schauspiel in drei Akten, mit einem Vorspiele: Iphigenia's Heimfahrt, und einem Nachspiele: Iphigenia's Tod*, Leipzig 1843

Kleist, Heinrich von, *Penthesilea, Sämtliche Werke und Briefe*, Bd. 1, hg. von Helmut Sembdner, München ^{7}1987, S. 321–428

Lessing, Gotthold Ephraim, *Wie die Alten den Tod gebildet, Werke und Briefe*, Bd. 6: *Werke 1767–1769*, hg. von Klaus Bohnen, Frankfurt a. M. 1985, S. 715–778

Lessing, Gotthold Ephraim, *Hamburgische Dramaturgie, Werke und Briefe*, Bd. 6: *Werke 1767–1769*, hg. von Klaus Bohnen, Frankfurt a. M. 1985, S. 181–694

Luserke, Matthias (Hg.), *Die Aristotelische Katharsis. Dokumente ihrer Deutung im 19. und 20. Jahrhundert*, Hildesheim-Zürich-New York 1991 (Olms Studien 30)

Mann, Thomas, *Gerhart Hauptmann, Gesammelte Werke, Frankfurter Ausgabe, Leiden und Größe der Meister*, hg. von Peter de Mendelssohn, Frankfurt a. M. 1982, S. 635–646

Marx, Karl, *Einleitung [zur Kritik der Politischen Ökonomie]*, in: ders./Friedrich Engels, *Werke*, Bd. 13, Berlin ^{10}1985, S. 615–642

Müller, Heiner, *Brief an den Regisseur der bulgarischen Erstaufführung von ,Philoktet' am Dramatischen Theater Sofia, Herzstück*, Berlin 1983, S. 102–110

Müller, Heiner, *Philoktet*, *Werke 3*, *Die Stücke 1*, hg. von Frank Hörnigk, Frankfurt a. M. 2000, S. 289–327

Nietzsche, Friedrich, *Sämtliche Werke*, *Kritische Studienausgabe in 15 Einzelbänden*, hg. von Giorgio Colli und Mazzino Montinari, München-Berlin-New York ^{2}1988

Nitsch, Hermann, *zur theorie des o. m. theaters, das orgien mysterien theater 2. theoretische schriften partiturentwurf des 6 tagespieles*, Neapel-Reggio i. E.-München 1976, S. 93–95

Nitsch, Hermann, *Das Sechstagespiel des Orgien Mysterien Theaters 1998*, Ostfildern-Ruit 2003

Optiz, Martin, *Trojanerinnen*, *Gesammelte Werke*, *Kritische Ausgabe*, Bd. II/2: *Die Werke von 1621–1626*, hg. von George Schulz-Behrend, Stuttgart 1979 (Bibliothek des literarischen Vereins in Stuttgart 301), S. 424–522

Pannwitz, Rudolf, *Die Befreiung des Oidipus*, *Werke*, Bd. 1: *Dionysische Tragoedien*, Nuernberg 1913, S. 199–249

Rohde, Erwin, *Psyche. Seelencult und Unsterblichkeitsglaube der Griechen*, Freiburg i. Br.-Leipzig 1894

Schiller, Friedrich, *Über den Gebrauch des Chors in der Tragödie*, *Sämtliche Werke*, Bd. 2: *Dramen II*, hg. von Gerhard Fricke und Herbert G. Göpfert, Darmstadt o. J., S. 815–823

Schlegel, August Wilhelm, *Vorlesungen über dramatische Kunst und Literatur*, erster Teil, *Kritische Schriften und Briefe*, Bd. V, hg. von Edgar Lohner, Stuttgart-Berlin-Köln-Mainz 1966 (Sprache und Literatur 33)

Schlegel, Friedrich, *Geschichte der europäischen Literatur (1803/04)*, *Kritische Friedrich-Schlegel-Ausgabe*, Bd. 11: *Wissenschaft der europäischen Literatur. Vorlesungen, Aufsätze und Fragmente aus der Zeit von 1795–1804*, hg. von Ernst Behler, München u. a. 1958, S. 1–185

Schliemann, Heinrich, *Trojanische Alterthümer. Bericht über die Ausgrabungen in Troja*, Leipzig 1874

Schopenhauer, Arthur, *Die Welt als Wille und Vorstellung*, *Werke in fünf Bänden*, Bd. 1 und 2, nach den Ausgaben letzter Hand hg. von Ludger Lütkehaus, Zürich 1988

Sembdner, Helmut (Hg.), *Heinrich von Kleists Lebensspuren. Dokumente und Berichte der Zeitgenossen*, Bd. 1, Frankfurt a. M. 1984

Sembdner, Helmut (Hg.), *Heinrich von Kleists Nachruhm. Eine Wirkungsgeschichte in Dokumenten*, München ^{4}1996

Seneca, Lucius Annaeus, *Medea*, in: Joachim Schondorff (Hg.), *‚Medea'. Euripides. Seneca. Corneille. Cherubini. Grillparzer. Jahnn. Anouilh. Jeffers. Braun*, München-Wien 1963, S. 71–110

Sophokles, Uebersetzt von Georg Thudichum, Bd. 7: *Elektra*, dritte Auflage, Leipzig o. J. [1875–1876]

Sophokles, *Tragödien*, übersetzt von Wilhelm Willige, überarbeitet von Karl Bayer, mit einer Einführung und Erläuterungen von Bernhard Zimmermann, München 1990

Strauss, Richard, *Betrachtungen und Erinnerungen*, hg. von Willi Schuh, Zürich 1949

Strauss, Richard – Hugo von Hofmannsthal, *Briefwechsel*, hg. von Willi Schuh, Zürich-Freiburg i. Br. ^{5}1978

Swinburne, Algernon Charles, *Atalanta in Calydon, The Poems of Algernon Charles Swinburne*, Vol. IV, London 1909, S. 235–333

Wagner, Richard, *Tristan und Isolde, Die Musikdramen*, München 1978, S. 319–384

Wagner, Richard, *Oper und Drama*, hg. und kommentiert von Klaus Kropfinger, Stuttgart 1984

Werfel, Franz, *Die Troerinnen des Euripides. In deutscher Bearbeitung*, Leipzig 1915

Werfel, Franz, *Die christliche Sendung. Ein offener Brief an Kurt Hiller*, Neue Rundschau XXVIII (1917), S. 92–105

Werfel, Franz, *Euripides oder Über den Krieg, Gesammelte Werke, Die Dramen. Zweiter Band*, hg. von Adolf D. Klarmann, Frankfurt a. M. 1959, S. 378–395

Werfel, Franz, *Die Troerinnen. Nach der Tragödie des Euripides, Gesammelte Werke, Die Dramen. Erster Band*, hg. von Adolf D. Klarmann, Frankfurt a. M. 1959, S. 41–89

Werfel, Franz, *Das lyrische Werk*, hg. von Adolf D. Klarmann, Frankfurt a. M. 1967

Wilbrandt, Adolf, *Sophokles' ausgewählte Tragödien*, München ^{2}1903

Wilde, Oscar, *Salome, Sämtliche Theaterstücke*, übertragen von Siegfried Schmitz, Darmstadt 1971, S. 225–258

Winckelmann, Johann Joachim, *Gedanken über die Nachahmung der griechischen Werke in der Malerei und Bildhauerkunst. Sendschreiben. Erläuterung*, hg. von Ludwig Uhlig, Stuttgart 1990

Winckelmann, Johann Joachim, *Geschichte der Kunst des Alterthums, Schriften und Nachlaß*, Bd. 4.1, hg. von Adolf H. Borbein u. a., Mainz 2002

3. Sekundärliteratur

Adorno, Theodor W., *Gesammelte Schriften*, 20 Bde., hg. von Rolf Tiedemann, Frankfurt a. M. ^{2}1990

Alewyn, Richard, *Vorbarocker Klassizismus und griechische Tragödie. Analyse der ‚Antigone'-Übersetzung des Martin Opitz*, ND Darmstadt 1962 (Libelli LXXIX)

Alexander, Neville E., *Studien zum Stilwandel im dramatischen Werk Gerhart Hauptmanns*, Stuttgart 1964 (Germanistische Abhandlungen 3)

Alt, Karin, „Die Erneuerung des griechischen Mythos in Gerhart Hauptmanns *Iphigenie*-Dramen", in: *Grazer Beiträge* 12/13 (1985/86), S. 337–368

Anâm, Mohammed, *Hugo von Hofmannsthal und Maurice Maeterlinck. Zur Darstellung und Rezeption der Maeterlinckschen Todesauffassung und Theaterästhetik bei Hugo von Hofmannsthal*, Diss. Freiburg i. Br. 1995

Anz, Thomas/Michael Stark (Hg.), *Expressionismus. Manifeste und Dokumente zur deutschen Literatur 1910–1920*, Stuttgart 1982

Aretz, Susanne, *Die Opferung der Iphigeneia in Aulis. Die Rezeption des Mythos in antiken und modernen Dramen*, Stuttgart-Leipzig 1999 (Beiträge zur Altertumskunde 131)

Assmann, Aleida/Jan Assmann, „Mythos", in: Hubert Cancik/Burkhard Gladigow/Karl-Heinz Kohl (Hg.), *Handbuch religionswissenschaftlicher Grundbegriffe*, Bd. IV, Stuttgart-Berlin-Köln 1998, S. 179–200

Bab, Julius, „Dramatischer Nachwuchs II", in: *Die Schaubühne* 1 (1905), Nr. 2, S. 38–42

Bab, Julius, „Reinhardts Chorregie", in: *Die Schaubühne* 5 (1909), Nr. 24/25, S. 668–671

Bab, Julius, *Die Chronik des deutschen Dramas*, Bd. 3: *1911–1913*, Berlin 1922

Bachmann-Medick, Doris, „Kulturelle Spielräume: Drama und Theater im Licht ethnologischer Ritualforschung", in: Erika Fischer-Lichte/Fritz Paul/Brigitte Schultze/Horst Turk (Hg.), *Soziale und theatralische Konventionen als Problem der Dramenübersetzung*, Tübingen 1988 (Forum Modernes Theater 1), S. 153–177

Baeumer, Max L., *Das Dionysische in den Werken Wilhelm Heinses. Studie zum dionysischen Phänomen in der deutschen Literatur*, Bonn 1964 (Abhandlungen zur Kunst-, Musik- und Literaturwissenschaft 19)

Baeumer, Max L., „Winckelmanns Formulierung der klassischen Schönheit", in: *Monatshefte für deutschen Unterricht, deutsche Sprache und Literatur* 65 (1973), S. 61–75

Baeumer, Max L., „Das moderne Phänomen des Dionysischen und seine ‚Entdekkung' durch Nietzsche", in: *Nietzsche-Studien* 6 (1977), S. 123–153

Baeumler, Alfred, *Das mythische Weltalter. Bachofens romantische Deutung des Altertums. Mit einem Nachwort: Bachofen und die Religionsgeschichte*, München 1965

Bandet, Jean-Louis, „Corneille – Grillparzer – Anouilh. Zur Behandlung des Medea-Stoffes in Österreich und Frankreich", in: Robert Pichl u. a. (Hg.), *Grillparzer und die europäische Tradition. Londoner Symposium 1986*, Wien 1987, S. 31–43

Barbian, Jan-Pieter, „Zwischen allen Stühlen. Gerhart Hauptmann im ‚Dritten Reich'", in: Heinz Ludwig Arnold (Hg.), *Gerhart Hauptmann, Text+Kritik* 142 (1999), S. 43–63

Barner, Wilfried, „‚Durchrationalisierung' des Mythos? Zu Bertolt Brechts *Antigonemodell 1948*", in: Paul Michael Lützeler (Hg.), *Zeitgenossenschaft. Zur deutschsprachigen Literatur im 20. Jahrhundert. Festschrift für Egon Schwarz zum 65. Geburtstag*, Frankfurt a. M. 1987, S. 191–210

Barner, Wilfried, „Über das Negieren von Tradition. Zur Typologie literaturprogrammatischer Epochenwenden in Deutschland", in: Reinhart Herzog/Reinhart Kosselleck (Hg.), *Epochenschwelle und Epochenbewußtsein*, München 1987 (Poetik und Hermeneutik XII), S. 3–51

Barthes, Roland, *Mythen des Alltags*, Frankfurt a. M. 1964

Bauer, Roger (Hg.), *Inevitabilis Vis Fatorum. Der Triumph des Schicksalsdramas auf der europäischen Bühne um 1800*, Bern u. a. 1990 (Jahrbuch für Internationale Germanistik, Reihe A, Kongreßberichte 27)

Baumann, Gerhart, „Hugo von Hofmannsthal: *Elektra*", in: Sibylle Bauer (Hg.), *Hugo von Hofmannsthal*, Darmstadt 1968 (Wege der Forschung CLXXXIII), S. 274–310

Baur, Detlev, „Der Chor auf der Bühne des 20. Jahrhunderts. Ein typologischer Überblick", in: Peter Riemer/Bernhard Zimmermann (Hg.), *Der Chor im antiken und modernen Drama*, Stuttgart-Weimar 1998 (Drama. Beiträge zum antiken Drama und seiner Rezeption 7), S. 227–246

Bayerdörfer, Hans-Peter, „Die neue Formel. Theatergeschichtliche Überlegungen zum Problem des Einakters", in: Winfried Kirsch/Sieghart Döring (Hg.), *Geschichte und Dramaturgie des Operneinakters*, Laaber 1991 (Thurnauer Schriften zum Musiktheater 10), S. 31–46

Bayerdörfer, Hans-Peter, „Maeterlincks Impulse für die Entwicklung der Theatertheorie", in: Dieter Kafitz (Hg.), *Drama und Theater der Jahrhundertwende*, Tübingen 1991 (Mainzer Forschungen zu Drama und Theater 5), S. 121–138

Behl, Carl Friedrich Wilhelm, „Gerhart Hauptmanns *Atriden-Tetralogie*", in: *The Gate* II 2 (Juni-August 1948), S. 20–25

Behl, Carl Friedrich Wilhelm, *Zwiesprache mit Gerhart Hauptmann. Tagebuchblätter*, München 1949

Behl, Carl Friedrich Wilhelm/Felix A. Voigt, *Chronik von Gerhart Hauptmanns Leben und Schaffen*, bearbeitet von Mechthild Pfeiffer-Voigt, Würzburg 1993

Benjamin, Walter, *Das Kunstwerk im Zeitalter seiner technischen Reproduzierbarkeit. Drei Studien zur Kunstsoziologie*, Frankfurt a. M. 1977, S. 7–44

Benjamin, Walter, *Ursprung des deutschen Trauerspiels*, hg. von Rolf Tiedemann, Frankfurt a. M. ^{7}1996

Benthien, Claudia, „Das Feste, das Fließende und das Fragmentarische. Grundstrukturen in Jahnns Tragödie *Medea*", in: *Forum Homosexualität und Literatur* 22 (1994), S. 63–81

Benz, Richard, *Wandel des Bildes der Antike in Deutschland. Ein geistesgeschichtlicher Überblick*, München 1948

Berlau, Ruth, „Erinnerungen", in: Werner Hecht (Hg.), *Brechts ‚Antigone des Sophokles'*, Frankfurt a. M. 1988, S. 183–187

Berner, Ulrich, „Mysterien/Mysterienreligion", in: *Handbuch religionswissenschaftlicher Grundbegriffe*, hg. von Hubert Cancik u. a., Bd. IV, Stuttgart-Berlin-Köln 1998, S. 169–173

Beyer, Uwe, *Christus und Dionysos. Ihre widerstreitende Bedeutung im Denken Hölderlins und Nietzsches*, Münster-Hamburg 1992

Biedrzynski, Richard, „*Iphigenie in Delphi*. Erfolgreiche Uraufführung einer Tragödie von Gerhart Hauptmann", in: *Völkischer Beobachter*, Berliner Ausgabe, 17. November 1941, Nr. 321

Biehl, Werner, „Beobachtungen zur Zeitkritik in Euripides' *Troerinnen*. Mit Ausblicken auf die Wirkung des Stückes in der Gegenwart", in: Walter Hofmann/

Heinrich Kuch (Hg.), *Die gesellschaftliche Bedeutung des antiken Dramas für seine und für unsere Zeit*, Berlin 1973 (Schriften zur Geschichte und Kultur der Antike 6), S. 125–137

Binder, Wolfgang, „Hölderlin und Sophokles", in: *Hölderlin-Jahrbuch* 16 (1969/70), S. 19–37

Blumenberg, Hans, „Wirklichkeitsbegriff und Wirkungspotential des Mythos", in: Manfred Fuhrmann (Hg.), *Terror und Spiel. Probleme der Mythenrezeption*, München 1971 (Poetik und Hermeneutik IV), S. 11–66

Blumenberg, Hans, *Arbeit am Mythos*, Frankfurt a. M. [5]1990

Blumenthal, Lieselotte, „Iphigenie von der Antike bis zur Moderne", in: Helmut Holtzhauer (Hg.), *Natur und Idee. Andreas Bruno Wachsmuth zugeeignet*, Weimar 1966, S. 9–40

Bogosavljevic, Srdan, „Der Amiel-Aufsatz: Zum Dilettantismus- und Décadence-Begriff des jungen Hofmannsthal", in: *Hofmannsthal-Forschungen* 9 (1987), S. 207–235

Böhme, Hartmut, „Kulturgeschichtliche Grundlagen der Theatralität", in: Erika Fischer-Lichte/Christian Horn/Sandra Umathum/Matthias Warstat (Hg.), *Theatralität als Modell in den Kulturwissenschaften*, Tübingen-Basel 2004 (Theatralität 6), S. 43–62

Bohne, Anke, „Überlegungen zu zwei Einzelbeispielen der Rezeption des Pergamonaltares im deutschen Bürgertum am Ende des 19. Jahrhunderts", in: Manuel Baumbach (Hg.), *Tradita et inventa. Beiträge zur Rezeption der Antike*, Heidelberg 2000 (Bibliothek der klassischen Altertumswissenschaften, Reihe 2, N. F. 106), S. 441–458

Bohnenkamp, Klaus E., „Deutsche Antiken-Übertragungen als Grundlage der Griechendramen Hofmannsthals", in: *Euphorion* 70 (1976), S. 198–202

Bohrer, Karl Heinz, „Ästhetik und Historismus: Nietzsches Begriff des ‚Scheins'", in: ders., *Plötzlichkeit. Zum Augenblick des ästhetischen Scheins*, Frankfurt a. M. 1981, S. 111–138

Bohrer, Karl Heinz, „Das ‚Erhabene' als ungelöstes Problem der Moderne. Martin Heideggers und Theodor W. Adornos Ästhetik", in: ders., *Das absolute Präsens. Die Semantik ästhetischer Zeit*, Frankfurt a. M. 1994, S. 92–120

Bohrer, Karl Heinz, „Erscheinungsschrecken und Erwartungsangst. Die griechische Tragödie als moderne Epiphanie", in: ders., *Das absolute Präsens. Die Semantik ästhetischer Zeit*, Frankfurt a. M. 1994, S. 32–62

Bohrer, Karl Heinz, „Die Wiederholung des Mythos als Ästhetik des Schreckens. Hugo von Hofmannsthals Nachdichtung von Sophokles' *Elektra*", in: ders., *Das absolute Präsens. Die Semantik ästhetischer Zeit*, Frankfurt a. M. 1994, S. 63–91

Bohrer, Karl Heinz, „Augenblicke mit abnehmender Repräsentanz. Das Problem der Epiphanie in der Dichtung der klassischen Moderne", in: ders., *Ekstasen der Zeit. Augenblick, Gegenwart, Erinnerung*, München-Wien 2003, S. 72–91

Borchmeyer, Dieter, *Das Theater Richard Wagners. Idee – Dichtung – Wirkung*, Stuttgart 1982

Borchmeyer, Dieter, „Der Mythos als Oper – Hofmannsthal und Richard Wagner",
in: *Hofmannsthal-Forschungen* 7 (1983), S. 19–65

Borchmeyer, Dieter, „Vom Anfang und Ende der Geschichte. Richard Wagners mythisches Drama. Idee und Inszenierung", in: Peter Kemper (Hg.), *Macht des Mythos – Ohnmacht der Vernunft?*, Frankfurt a. M. 1989, S. 176–200

Böschenstein, Bernhard, „Die Transfiguration Rousseaus in der deutschen Dichtung
um 1800: Hölderlin – Jean Paul – Kleist", in: ders., *Studien zur Dichtung des Absoluten*, Zürich-Freiburg i. Br. 1968, S. 11–24

Böschenstein, Bernhard, „Antike und moderne Tragödie um 1800 in dreifacher Kontroverse: Goethes *Natürliche Tochter* – Kleists *Penthesilea* – Hölderlins *Antigone*", in: Walter Haug/Wilfried Barner (Hg.), *Ethische contra ästhetische Legitimation von Literatur. Traditionalismus und Modernismus: Kontroversen um den
Avantgardismus*, Akten des VII. Internationalen Germanisten-Kongresses Göttingen 1985, Bd. 8, Tübingen 1986, S. 204–215

Böschenstein, Bernhard, „Gott und Mensch in den Chorliedern der Hölderlinschen
Antigone. Eine Skizze", in: Christoph Jamme/Otto Pöggeler (Hg.), *Jenseits des
Idealismus. Hölderlins letzte Homburger Jahre (1804–1806)*, Bonn 1988 (Neuzeit
und Gegenwart 5), S. 123–136

Böschenstein, Bernhard, „Zu Hölderlins Dionysos-Bild", in: ders., *,Frucht des Gewitters'. Hölderlins Dionysos als Gott der Revolution*, Frankfurt a. M. 1989,
S. 12–29

Böschenstein, Bernhard, „Hölderlins *Oedipus* – Hölderlins *Antigonä*", in: Gerhard
Kurz u. a. (Hg.), *Hölderlin und die Moderne. Eine Bestandsaufnahme*, Tübingen
1995, S. 224–239

Brandstetter, Gabriele, *Tanz-Lektüren. Körperbilder und Raumfiguren der Avantgarde*, Frankfurt a. M. 1995

Brandstetter, Gabriele, „Ritual als Szene und Diskurs. Kunst und Wissenschaft um
1900 – am Beispiel von *Le Sacre du printemps*", in: Gerhart von Graevenitz
(Hg.), *Konzepte der Moderne. DFG-Symposion 1997*, Stuttgart-Weimar 1999
(Germanistische Symposien, Berichtsbände XX), S. 367–388

Brauneck, Manfred, *Theater im 20. Jahrhundert. Programmschriften, Stilperioden,
Reformmodelle*, Reinbek ^{8}1998

Brauneck, Manfred, *Die Welt als Bühne. Geschichte des europäischen Theaters*,
Bd. 3, Stuttgart-Weimar 1999

Brauneck, Manfred, *Die Welt als Bühne. Geschichte des europäischen Theaters*,
Bd. 4, Stuttgart-Weimar 2003

Braungart, Georg, „Die Fremdheit der Sprache am Beginn der Moderne: Lebenskult,
Ritual, Remythisierung, Mystik", in: Eijiro Iwasaki (Hg.), *Begegnung mit dem
,Fremden'. Grenzen – Traditionen – Vergleiche. Akten des VIII. Internationalen
Germanisten-Kongresses Tokyo 1990*, Bd. 6, München 1991, S. 117–127

Braungart, Wolfgang, *Ritual und Literatur*, Tübingen 1996 (Konzepte der Sprach-
und Literaturwissenschaft 53)

Bremer, Dieter, „Vom Mythos zum Musikdrama. Wagner, Nietzsche und die griechische Tragödie", in: Dieter Borchmeyer (Hg.), *Wege des Mythos in der Moder-*

ne. Richard Wagner, ,Der Ring des Nibelungen'. Eine Münchner Ringvorlesung, München 1987, S. 41–63

Bremmer, Jan N., Götter, Mythen und Heiligtümer im antiken Griechenland, Darmstadt 1996

Breugelmans, René, „Hofmannsthal im Platonismus der Jahrhundertwende", in: Hofmannsthal Forschungen 1 (1971), S. 16–35

Briegleb, Klaus, „,1933'. Die Ergreifung der Monade. Oder: Auf welche Sozialgeschichte beruft sich ,die' Systemtheorie?", in: ders., Unmittelbar zur Epoche des NS-Faschismus. Arbeiten zur politischen Philologie, Frankfurt a. M. 1989, S. 160–179

Briese-Neumann, Gisa, Ästhet – Dilettant – Narziß. Untersuchungen zur Reflexion der Fin de siècle-Phänomene im Frühwerk Hofmannsthals, Frankfurt a. M.-Bern-New York 1985 (Tübinger Studien zur deutschen Literatur 10)

Brittnacher, Hans Richard, Erschöpfung und Gewalt. Opferphantasien in der Literatur des Fin de siècle, Köln-Weimar-Wien 2001 (Literatur – Kultur – Geschlecht, Studien zur Literatur- und Kulturgeschichte, Große Reihe 18)

Brock, Joseph, Hygins Fabeln in der deutschen Literatur. Quellenstudien und Beiträge zur Geschichte der deutschen Literatur, München 1913

Brosche, Günter, „Der Schluß der Oper Ariadne auf Naxos. Neue Aspekte zur Entstehung des Werkes", in: Österreichische Musikzeitschrift 34 (1979), S. 329–334

Brown, Hilda M., „Der Chor und chorverwandte Elemente im deutschen Drama des 19. Jahrhunderts und bei Heinrich von Kleist", in: Kleist-Jahrbuch (1981/82), S. 240–260

Bruer, Stephanie-Gerrit, „Jacob Burckhardt. Systematische Kunstbetrachtung ein Jahrhundert nach Winckelmann", in: Peter Betthausen/Max Kunze (Hg.), Jacob Burckhardt und die Antike, Mainz 1988 (Kulturgeschichte der antiken Welt 85), S. 103–116

Brunkhorst, Martin, „Das Experiment mit dem antiken Chor auf der modernen Bühne (1585–1803)", in: Peter Riemer/Bernhard Zimmermann (Hg.), Der Chor im antiken und modernen Drama, Stuttgart-Weimar 1998 (Drama. Beiträge zum antiken Drama und seiner Rezeption 7), S. 171–194

Brunotte, Ulrike, „Das Ritual als Medium ,göttlicher Gemeinschaft'. Die Entdekkung des Sozialen bei Robertson Smith und Jane Ellen Harrison", in: Erika Fischer-Lichte/Christian Horn/Sandra Umathum/Matthias Warstat (Hg.), Wahrnehmung und Medialität, Tübingen-Basel 2001 (Theatralität 3), S. 85–102

Bürger, Peter, Theorie der Avantgarde, Frankfurt a. M. 1974

Burkert, Walter, „Greek Tragedy and Sacrificial Ritual", in: Greek Roman and Byzantine Studies 7 (1966), S. 87–121

Burkert, Walter, Griechische Religion der archaischen und klassischen Epoche, Stuttgart-Berlin-Köln-Mainz 1977 (Die Religionen der Menschheit 15)

Burkert, Walter, „Griechische Mythologie und die Geistesgeschichte der Moderne", in: Les études classiques aux XIXe et XXe siècles: leur place dans l'histoire des idées, Vandeeuvres-Genf 1980 (Entretiens sur l'antiquité classique 26), S. 159–199

Burkert, Walter, *Anthropologie des religiösen Opfers. Die Sakralisierung der Gewalt*, München ^{2}1987 (Carl Friedrich von Siemens Stiftung. Themen XL)

Burkert, Walter, „Opfer als Tötungsritual: Eine Konstante der menschlichen Kulturgeschichte?", in: Fritz Graf (Hg.), *Klassische Antike und neue Wege der Kulturwissenschaften. Symposium Karl Meuli (Basel, 11.–13. September 1991)*, Basel 1992 (Beiträge zur Volkskunde 11), S. 169–189

Burkert, Walter, „Antiker Mythos – Begriff und Funktion", in: Heinz Hofmann (Hg.), *Antike Mythen in der europäischen Tradition*, Tübingen 1999, S. 11–26

Busch, Jürgen, *Das Geschlecht der Atriden in Mykene. Eine Stoffgeschichte der dramatischen Bearbeitungen in der Weltliteratur*, Diss. [masch.] Göttingen 1951

Butler, Eliza Marian, *The Tyranny of Greece over Germany. A Study of the Influence exercised by Greek Art and Poetry over the Great German Writers of the eighteenth, nineteenth and twentieth Centuries*, Cambridge 1935

Butler, Eliza Marian, „Hofmannsthal's *Elektra*. A Graeco-Freudian Myth", in: *Journal of the Warburg Institute* 2 (1938), S. 164–175

Cancik, Hubert, „Epiphanie/Advent", in: ders. u. a. (Hg.), *Handbuch religionswissenschaftlicher Grundbegriffe*, Bd. II, Stuttgart-Berlin-Köln 1990, S. 290–296

Cancik, Hubert, „Mysterien/Mystik", in: *Handbuch religionswissenschaftlicher Grundbegriffe*, hg. von Hubert Cancik u. a., Bd. IV, Stuttgart-Berlin-Köln 1998, S. 174–178

Cancik, Hubert/Hildegard Cancik-Lindemaier, „Der Einfluß Friedrich Nietzsches auf klassische Philologen in Deutschland bis 1945", in: Hubert Cancik/Hildegard Cancik-Lindemaier, *Philolog und Kultfigur. Friedrich Nietzsche und seine Antike in Deutschland*, Stuttgart-Weimar 1999, S. 231–249

Cancik-Lindemaier, Hildegard, „Opferphantasien. Zur imaginären Antike der Jahrhundertwende in Deutschland und Österreich", in: *Der altsprachliche Unterricht* 30 (1987), H 3, S. 90–104

Cowen, Roy C., *Hauptmann-Kommentar zum dramatischen Werk*, München 1980

Cowen, Roy C., *Das deutsche Drama im 19. Jahrhundert*, Stuttgart 1988

Crosby, Donald H., „Characteristics of Language in Hauptmann's *Atriden-Tetralogie*", in: *The Germanic Review* 40 (1965), S. 5–16

Daffner, Hugo, *Salome. Ihre Gestalt in Geschichte und Kunst. Dichtung – Bildende Kunst – Musik*, München 1912

Dahlhaus, Carl, „Igor Strawinskijs episches Theater", in: ders., *Vom Musikdrama zur Literaturoper*, München-Salzburg 1983, S. 174–198

Daiber, Hans, *Gerhart Hauptmann oder Der letzte Klassiker*, Wien-München-Zürich 1971

Damblemont, Gerhard, „Symbolistisches Theater im Gefolge Mallarmés", in: Dieter Kafitz (Hg.), *Drama und Theater der Jahrhundertwende*, Tübingen 1991 (Mainzer Forschungen zu Drama und Theater 5), S. 101–119

David, Claude, „Gerhart Hauptmanns *Iphigenie in Delphi* und die Krise der Kunst des Dramas", in: Hans Joachim Schrimpf (Hg.), *Gerhart Hauptmann*, Darmstadt 1976 (Wege der Forschung CCVII), S. 278–288

Dedner, Burghard, „Die Ankunft des Dionysos", in: Thomas Koebner/Gerhart Pickerodt (Hg.), *Die andere Welt. Studien zum Exotismus*, Frankfurt a. M. 1987,
S. 200–239

Delvaux, Peter, *Antiker Mythos und Zeitgeschehen. Sinnstruktur und Zeitbezüge in
Gerhart Hauptmanns ‚Atriden-Tetralogie'*, Amsterdam-Atlanta 1992 (Amsterdamer Publikationen zur Sprache und Literatur 100)

Delvaux, Peter, *Leid soll lehren. Historische Zusammenhänge in Gerhart Hauptmanns ‚Atriden-Tetralogie'*, Amsterdam-Atlanta 1994 (Amsterdamer Publikationen zur Sprache und Literatur 110)

Denkler, Horst, „Das Drama des Expressionismus", in: Wolfgang Rothe (Hg.), *Expressionismus als Literatur. Gesammelte Studien*, Bern-München 1969, S. 127–
152

Deppermann, Maria, „Semiotik der ‚großen Loslösung'. Nietzsches ‚ästhetische Revolution' als hermeneutischer Schlüssel zum Strukturwandel im modernen Drama", in: *Jahrbuch der Bayrischen Akademie der Schönen Künste* 6 (1992),
S. 221–242

Desch, Waltraut, „Die Hauptgestalten in des Euripides *Troerinnen*", in: *Grazer Beiträge* 12/13 (1985/86), S. 65–100

Detienne, Marcel, „Apollon und Dionysos in der griechischen Religion", in: Richard
Faber/Renate Schlesier (Hg.), *Die Restauration der Götter. Antike Religion und
Neo-Paganismus*, Würzburg 1986, S. 124–132

Detienne, Marcel, *Dionysos. Göttliche Wildheit*, Frankfurt a. M.-New York-Paris
1992 (Edition Pandora 5)

Dietrich, Margret, „Vorwort", in: Joachim Schondorff (Hg.), *‚Alkestis'. Euripides.
Gluck. Wieland. Richter. Hofmannsthal. Lernet-Holenia. Wilder*, München-Wien
1969, S. 7–71

Dietrich, Margret, *Das moderne Drama. Strömungen. Gestalten. Motive*, Stuttgart
³1974

Dihle, Albrecht, *Euripides' ‚Medea'*, Heidelberg 1977 (Sitzungsberichte der Heidelberger Akademie der Wissenschaften, Philosophisch-Historische Klasse, Jg. 1977,
Abh. 5)

Dihle, Albrecht, *Griechische Literaturgeschichte*, München ²1991

Domdey, Horst, „Brecht, Heiner Müller und *Antigone*", in: Walter Delabar/Jörg Döring (Hg.), *Bertolt Brecht (1898–1956)*, Berlin 1998 (Memoria 1), S. 341–353

Düsing, Klaus, „Die Theorie der Tragödie bei Hölderlin und Hegel", in: Christoph
Jamme/Otto Pöggeler (Hg.), *Jenseits des Idealismus. Hölderlins letzte Homburger
Jahre (1804–1806)*, Bonn 1988 (Neuzeit und Gegenwart 5), S. 55–82

Eckstein, Hans, „Einleitung", in: Erwin Rohde, *Psyche. Seelencult und Unsterblichkeitsglaube der Griechen*, ausgewählt von Hans Eckstein, Leipzig 1929, S. VII–
XXX

Eggert, Hartmut u. a. (Hg.), *Faszination des Organischen. Konjunkturen einer Kategorie der Moderne*, München 1995

Eichler, Rolf, *Poetic Drama. Die Entdeckung des Dialogs bei Byron, Shelley, Swinburne und Tennyson*, Heidelberg 1977 (Reihe Siegen, Beiträge zur Literatur- und Sprachwissenschaft 6)

Eller, Karl-Heinz, „Zur Rezeption des Odysseus-Mythos", in: *Der altsprachliche Unterricht* 23 (1980), S. 70–95

Emmerich, Wolfgang, „Antike Mythen auf dem Theater. Geschichte und Poesie, Vernunft und Terror", in: ders., *Die andere deutsche Literatur. Aufsätze zur Literatur aus der DDR*, Opladen 1994, S. 79–114

Emrich, Wilhelm, „Der Tragödientypus Gerhart Hauptmanns", in: Hans Joachim Schrimpf (Hg.), *Gerhart Hauptmann*, Darmstadt 1976 (Wege der Forschung CCVII), S. 145–164

Epple, Thomas, *Der Aufstieg der Untergangsseherin Kassandra. Zum Wandel ihrer Interpretation vom 18. Jahrhundert bis zur Gegenwart*, Würzburg 1993 (Würzburger Beiträge zur deutschen Philologie 9)

Erbse, Hartmut, „Zur *Elektra* des Sophokles", in: *Hermes* 106 (1978), S. 284–300

Erdmann, Ulrich, *Vom Naturalismus zum Nationalsozialismus? Zeitgeschichtlich-biographische Studien zu Max Halbe, Gerhart Hauptmann, Johannes Schlaf und Hermann Stehr. Mit unbekannten Selbstzeugnissen*, Frankfurt a. M. u. a. 1997

Erken, Günther, *Hofmannsthals dramatischer Stil. Untersuchungen zur Symbolik und Dramaturgie*, Tübingen 1967 (Hermaea N. F. 20)

Erken, Günther, „Regietheater und griechische Tragödie", in: Hellmut Flashar (Hg.), *Tragödie. Idee und Transformation*, Stuttgart-Leipzig 1997 (Colloquium Rauricum 5), S. 368–386

Esselborn, Karl G., *Hofmannsthal und der antike Mythos*, Diss. Berlin 1968, München 1969

Eykman, Christoph, *Denk- und Stilformen des Expressionismus*, München 1974

Faktor, Emil, [„*Medea*"], in: *Berliner Börsen-Courier*, 05.05.1926, abgedruckt in: Günther Rühle, *Theater für die Republik. Im Spiegel der Kritik*, Bd. 2: *1926–1933*, Frankfurt a. M. ^{2}1988, S. 711f.

Fechter, Paul, [„*Medea*"], in: *Deutsche Allgemeine Zeitung*, 05.05.1926, abgedruckt in: Günther Rühle, *Theater für die Republik. Im Spiegel der Kritik*, Bd. 2: *1926–1933*, Frankfurt a. M. ^{2}1988, S. 715f.

Fiala-Fürst, Ingeborg, *Der Beitrag der Prager deutschen Literatur zum deutschen literarischen Expressionismus. Relevante Topoi ausgewählter Werke*, Diss. Ölmütz 1995, St. Ingbert 1996 (Beiträge zur Robert-Musil-Forschung und zur neueren österreichischen Literatur 9)

Fick, Monika, *Sinnenwelt und Weltseele. Der psychophysische Monismus in der Literatur der Jahrhundertwende*, Tübingen 1993 (Studien zur deutschen Literatur 125)

Fiedler, Ralph, *Die späten Dramen Gerhart Hauptmanns. Versuch einer Deutung*, München 1954

Fischer-Lichte, Erika, „Einleitung", in: dies., *Die Entdeckung des Zuschauers. Paradigmenwechsel auf dem Theater des 20. Jahrhunderts*, Tübingen-Basel 1997, S. 7–38

Fischer-Lichte, Erika, *Das eigene und das fremde Theater*, Tübingen-Basel 1999

Fischer-Lichte, Erika, „Berliner Antikenprojekte", in: dies., *Theater im Prozeß der Zivilisation*, Tübingen-Basel 2000, S. 99–122

Fischer-Lichte, Erika, „Das theatralische Opfer. Zum Funktionswandel von Theater im 20. Jahrhundert", in: dies., *Theater im Prozeß der Zivilisation*, Tübingen-Basel 2000, S. 137–153

Fischer-Lichte, Erika, „Postmoderne – Fortsetzung oder Ende der Moderne? Theater zwischen Kulturkrise und kulturellem Wandel", in: dies., *Theater im Prozeß der Zivilisation*, Tübingen-Basel 2000, S. 229–239

Fischer-Lichte, Erika, „Einleitung", in: dies. (Hg.), *Theatralität und die Krisen der Repräsentation*, Stuttgart-Weimar 2001 (Germanistische Symposien, Berichtsbände XXII), S. 1–19

Fischer-Lichte, Erika, „Ritualität und Grenze", in: dies./Christian Horn/Sandra Umathum/ Matthias Warstat (Hg.), *Ritualität und Grenze*, Tübingen-Basel 2003 (Theatralität 5), S. 11–30

Flashar, Hellmut, „Durchrationalisieren oder provozieren? Brechts *Antigone*, Hölderlin und Sophokles", in: Ilse Nolting-Hauff/Joachim Schulze (Hg.), *Das fremde Wort. Studien zur Interdependenz von Texten. Festschrift für Karl Maurer zum 60. Geburtstag*, Amsterdam 1988, S. 394–410

Flashar, Hellmut, „Hölderlins Sophoklesübersetzungen auf der Bühne", in: Christoph Jamme/Otto Pöggeler (Hg.), *Jenseits des Idealismus. Hölderlins letzte Homburger Jahre (1804–1806)*, Bonn 1988 (Neuzeit und Gegenwart 5), S. 291–317

Flashar, Hellmut, *Inszenierung der Antike. Das griechische Drama auf der Bühne der Neuzeit 1585–1990*, München 1991

Flashar, Hellmut, [„Anmerkungen zur *Elektra*"], in: Sophokles, *Elektra*, übertragen von Wolfgang Schadewaldt, hg. von Hellmut Flashar, Frankfurt a. M.-Leipzig 1994, S. 97–168

Flashar, Hellmut, „Die *Poetik* des Aristoteles und die griechische Tragödie", in: ders. (Hg.), *Tragödie. Idee und Transformation*, Stuttgart-Leipzig 1997 (Colloquium Rauricum 5), S. 50–64

Fohrmann, Jürgen, „Der Kommentar als diskursive Einheit der Wissenschaft", in: ders./Harro Müller (Hg.), *Diskurstheorien und Literaturwissenschaft*, Frankfurt a. M. 1988, S. 244–257

Foltin, Lore B., *Franz Werfel*, Stuttgart 1972

Fontaine, Thomas, „Grausame vorgeschichtliche Opferpraktiken in der Mythenwelt der Griechen und Etrusker", in: Hans-Peter Kuhnen (Hg.), *Morituri. Menschenopfer. Todgeweihte. Strafgerichte*, Trier 2000 (Schriftenreihe des Rheinischen Landesmuseums Trier 17), S. 49–70

Frank, Manfred, *Der kommende Gott. Vorlesungen über die Neue Mythologie. I. Teil*, Frankfurt a. M. 1982

Frank, Manfred, „Die Dichtung als ‚Neue Mythologie'", in: Karl Heinz Bohrer (Hg.), *Mythos und Moderne. Begriff und Bild einer Rekonstruktion*, Frankfurt a. M. 1983, S. 15–40

Frank, Manfred, „Dionysos und die Renaissance des kultischen Dramas (Nietzsche, Wagner, Johst)", in: ders., *Gott im Exil. Vorlesungen über die Neue Mythologie. II. Teil*, Frankfurt a. M. 1988, S. 9–104

Frick, Werner, *,Die mythische Methode'. Komparatistische Studien zur Transformation der griechischen Tragödie im Drama der klassischen Moderne*, Tübingen 1998 (Hermaea Neue Folge 86)

Friedrich, Wolf Hartmut, *Euripides und Diphilos. Zur Dramaturgie der Spätformen*, München 1953 (Zetemata 5)

Friedrich, Wolf Hartmut, „Medeas Rache", in: ders., *Vorbild und Neugestaltung. Sechs Kapitel zur Geschichte der Tragödie*, Göttingen 1967, S. 7–56

Fritz, Kurt von, „Euripides' *Alkestis* und ihre modernen Nachahmer und Kritiker", in: ders., *Antike und moderne Tragödie. Neun Abhandlungen*, Berlin 1962, S. 256–321

Fritz, Kurt von, „Die Entwicklung der Iason-Medeasage und die *Medea* des Euripides", in: ders., *Antike und moderne Tragödie. Neun Abhandlungen*, Berlin 1962, S. 322–429

Fritz, Kurt von, „Die Orestessage bei den drei großen griechischen Tragikern", in: ders., *Antike und moderne Tragödie. Neun Abhandlungen*, Berlin 1962, S. 113–159

Fritz, Kurt von, „Tragische Schuld und poetische Gerechtigkeit in der griechischen Tragödie", in: ders., *Antike und moderne Tragödie. Neun Abhandlungen*, Berlin 1962, S. 1–112

Fuchs-Sumiyoshi, Andrea, *Orientalismus in der deutschen Literatur. Untersuchungen zu Werken des 19. und 20. Jahrhunderts, von Goethes ,West-östlichem Divan' bis Thomas Manns ,Joseph'-Tetralogie*, Hildesheim-Zürich-New York 1984 (Germanistische Texte und Studien 20)

Fuhrmann, Manfred, „Mythos als Wiederholung in der griechischen Tragödie und im Drama des 20. Jahrhunderts", in: ders. (Hg.), *Terror und Spiel. Probleme der Mythenrezeption*, München 1971 (Poetik und Hermeneutik IV), S. 121–143

Fuhrmann, Manfred (Hg.), *Terror und Spiel. Probleme der Mythenrezeption*, München 1971 (Poetik und Hermeneutik IV)

Fuhrmann, Manfred, *Die Dichtungstheorie der Antike. Aristoteles – Horaz – ,Longin'. Eine Einführung*, Darmstadt ^{2}1992

Fuhrmann, Manfred, „Übersetzungen antiker Autoren", in: Walther Ludwig (Hg.), *Die Antike in der europäischen Gegenwart*, Göttingen 1993 (Veröffentlichung der Joachim Jungius-Gesellschaft der Wissenschaften 72), S. 19–30

Garten, Hugo F., „Hofmannsthals und Hauptmanns *Elektra*", in: Vincent J. Günther u. a. (Hg.), *Untersuchungen zur Literatur als Geschichte. Festschrift für Benno von Wiese*, Berlin 1973, S. 418–430

Gaude, Paul, *Das Odysseusthema in der neueren deutschen Literatur, besonders bei Hauptmann und Lienhard*, Halle a. d. S. 1916

Gebhard, Walter, *,Der Zusammenhang der Dinge'. Weltgleichnis und Naturverklärung im Totalitätsbewußtsein des 19. Jahrhunderts*, Tübingen 1984 (Hermaea N. F. 47)

Genette, Gérard, *Palimpseste. Die Literatur auf zweiter Stufe*, Frankfurt a. M. 1993

Gethmann-Siefert, Annemarie, *Die Funktion der Kunst in der Geschichte. Untersuchungen zu Hegels Ästhetik*, Bonn 1984 (Hegel-Studien, Beiheft 25)

Giertz, Gernot, *Kultus ohne Götter. Émile Jaques-Dalcroze und Adolphe Appia. Der Versuch einer Theaterreform auf der Grundlage der rhythmischen Gymnastik*, München 1975 (Münchener Beiträge zur Theaterwissenschaft 4)

Girard, René, *Das Heilige und die Gewalt*, Zürich 1987

Girshausen, Theo, *Ursprungszeiten des Theaters. Das Theater der Antike*, Berlin 1999

Glenn, Jerry, „Hauptmann's *Odysseus*: The Struggle For Equanimity", in: *University of Dayton Review* 7 (1971), S. 53–59

Goldammer, Peter, „Heinrich von Kleists *Penthesilea*. Kritik der Rezeptionsgeschichte als Beitrag zur Interpretation", in: *Impulse* 1 (1978), S. 200–231

Görgemanns, Herwig, „Aischylos: Die Tragödien", in: Gustav Adolf Seeck (Hg.), *Das griechische Drama*, Darmstadt 1979, S. 13–50

Gregor, Joseph, *Gerhart Hauptmann. Das Werk und unsere Zeit*, Wien o. J. [1951]

Grimm, Gunter, „Goethe-Nachfolge? Das Beispiel Gerhart Hauptmann", in: ders., *Rezeptionsgeschichte. Grundlegung einer Theorie. Mit Analysen und Bibliographie*, München 1977, S. 206–238

Grimm, Reinhold, „Pyramide und Karussell. Zum Strukturwandel im Drama", in: ders., *Nach dem Naturalismus. Essays zur modernen Dramatik*, Kronberg/Ts. 1978, S. 3–27

Grimm, Reinhold, „The Hidden Heritage: Repercussions of Nietzsche in Modern Theater and Its Theory", in: ders., *Echo and Disguise. Studies in German and Comparative Literature*, Frankfurt a. M. u. a. 1989 (Forschungen zur Literatur- und Kulturgeschichte 22), S. 61–78

Grimm, Reinhold, „Zwischen Raserei und Ratio. Deutsche Dramatik seit 1870 in weltliterarischem Zusammenhang", in: *Zeitschrift für Literaturwissenschaft und Linguistik* 94 (1994), S. 127–134

Guthke, Karl S., „Hebbels ‚Dialektik in der Idee': Die Erfüllung einer Prognose", in: ders., *Wege zur Literatur. Studien zur deutschen Dichtungs- und Geistesgeschichte*, Bern-München 1967, S. 256–268

Guthke, Karl S., „Die Zwischenreich-Vorstellung in den Werken Gerhart Hauptmanns", in: ders., *Wege zur Literatur. Studien zur deutschen Dichtungs- und Geistesgeschichte*, Bern-München 1967, S. 205–220

Guthke, Karl S., *Die Mythologie der entgötterten Welt. Ein literarisches Thema von der Aufklärung bis zur Gegenwart*, Göttingen 1971

Guthke, Karl S., *Gerhart Hauptmann. Weltbild im Werk*, München [2]1980

Habermas, Jürgen, „Die neue Intimität zwischen Politik und Kultur. Thesen zur Aufklärung in Deutschland", in: *Merkur* 42 (1988), S. 150–155

Hager, Manuela, „Die Opernprobe als Theateraufführung. Eine Studie zum Libretto im Wien des 18. Jahrhunderts", in: Albert Gier (Hg.), *Oper als Text. Romanistische Beiträge zur Libretto-Forschung*, Heidelberg 1986 (Studia Romanica 63), S. 101–124

Hamburger, Käte, *Von Sophokles zu Sartre. Griechische Dramenfiguren antik und modern*, Stuttgart-Berlin-Köln-Mainz 1965 (Sprache und Literatur 1)

Hamburger, Käte, „Das Opfer der delphischen Iphigenie", in: Hans Joachim Schrimpf (Hg.), *Gerhart Hauptmann*, Darmstadt 1976 (Wege der Forschung CCVII), S. 165–181

Harden, Maximilian, „*Elektra*", in: *Die Zukunft* 12 (1904), S. 349–358

Hecht, Werner (Hg.), *Brechts ,Antigone des Sophokles'*, Frankfurt a. M. 1988

Heilborn, Ernst, „Theater [Rezension: *Rose Bernd* und *Elektra*]", in: *Nation* XXI (1903/04), S. 93–95

Heilborn, Ernst, „*Medea*", in: *Die Literatur* 28 (1926), H. 9, S. 35f.

Heimann, Moritz, „Hofmannsthals *Elektra*", in: *Almanach. Hugo von Hofmannsthal. Briefwechsel* 87 (1973), S. 73–77

Henderson, Philip, *Swinburne. The Portrait of a Poet*, London 1974

Henrichs, Albert, *,Warum soll ich denn tanzen?'. Dionysisches im Chor der griechischen Tragödie*, Stuttgart-Leipzig 1996 (Lectio Teubneriana IV)

Herbig, Reinhard, *Pan. Der griechische Bocksgott. Versuch einer Monographie*, Frankfurt a. M. 1949

Hermand, Jost, „Der Aufbruch in die falsche Moderne. Theorien zur deutschen Literatur um die Jahrhundertwende", in: ders., *Der Schein des schönen Lebens. Studien zur Jahrhundertwende*, Frankfurt a. M. 1972, S. 13–25

Hermand, Jost, „,Das Theater ist nicht die Dienerin des Dichters, sondern der Gesellschaft.' Zur Aktualität von Brechts Bearbeitungstechnik", in: Wolfgang Fritz Haug u. a. (Hg.), *Aktualisierung Brechts*, Berlin 1990 (Argument-Sonderband 50), S. 122–143

Herrmann, Hans Peter, „Sozialgeschichte oder Kunstautonomie? Zur Problematik neuerer Geschichten der Literatur", in: Rüdiger Scholz (Hg.), *Kritik der Sozialgeschichtsschreibung. Zur Diskussion gegenwärtiger Konzepte*, Hamburg 1990 (Argument Sonderband AS 166), S. 173–214

Heselhaus, Clemens, *Deutsche Lyrik der Moderne von Nietzsche bis Yvan Goll. Die Rückkehr zur Bildlichkeit der Sprache*, Düsseldorf 1961

Hillard, Gustav, „Das Opfer der Iphigenie", in: *Merkur* 3 (1949), S. 908–917

Hillebrand, Bruno, *Ästhetik des Augenblicks. Der Dichter als Überwinder der Zeit – von Goethe bis heute*, Göttingen 1999

Hilmes, Carola, *Die Femme fatale. Ein Weiblichkeitstypus in der nachromantischen Literatur*, Stuttgart 1990

Hilscher, Eberhard, *Gerhart Hauptmann. Leben und Werk. Mit bisher unpublizierten Materialien aus dem Manuskriptnachlaß des Dichters*, Frankfurt a. M. ^{4}1988

Hinterhäuser, Hans, „D'Annunzio und die deutsche Literatur", in: *Archiv für das Studium der neueren Sprachen und Literaturen* 116 (1964), S. 241–261

Hladny, Ernst, „Hugo von Hofmannsthals Griechenstücke I", in: *XII. (XLVIII.) Jahresbericht des k. k. Staatsgymnasiums Leoben*, Leoben 1910, S. 5–29

Hofmann, Heinz, „Odysseus: Von Homer bis zu James Joyce", in: ders., (Hg.), *Antike Mythen in der europäischen Tradition*, Tübingen 1999, S. 27–67

Hohendahl, Peter Uwe, „Nach der Ideologiekritik: Überlegungen zu geschichtlicher Darstellung", in: Hartmut Eggert/Ulrich Profitlich/Klaus R. Scherpe (Hg.), *Geschichte als Literatur. Formen und Grenzen der Repräsentation von Vergangenheit*, Stuttgart 1990, S. 77–90

Hohl, Siegmar, *Das ‚Medea'-Drama von Hans Henny Jahnn. Eine Interpretation unter besonderer Berücksichtigung der Problematik des Mythischen*, Diss. München 1966

Hölscher, Uvo, „Hölderlins Umgang mit den Griechen", in: Christoph Jamme/Otto Pöggeler (Hg.), *Jenseits des Idealismus. Hölderlins letzte Homburger Jahre (1804–1806)*, Bonn 1988 (Neuzeit und Gegenwart 5), S. 319–337;

Hoppe, Manfred, [„Bericht des Arbeitskreises *Ariadne auf Naxos*"], in: *Hofmannsthal Forschungen* 5 (1977), S. 49–54

Hoppe, Manfred, „Fromme Parodien. Hugo von Hofmannsthals Opernlibretti als Stilexperimente", in: *Hofmannsthal-Forschungen* 7 (1983), S. 67–95

Horny, Otto, „Götter und Menschen. Gerhart Hauptmanns *Iphigenie in Aulis* im Burgtheater uraufgeführt", in: *Völkischer Beobachter*, Wiener Ausgabe, 17. November 1943, Nr. 321

Hübner, Kurt, „Aufstieg vom Mythos zum Logos? Eine wissenschaftstheoretische Frage", in: Peter Kemper (Hg.), *Macht des Mythos – Ohnmacht der Vernunft?*, Frankfurt a. M. 1989, S. 33–52

Hunger, Herbert, *Lexikon der griechischen und römischen Mythologie*, Wien [8]1988

Hüppauf, Bernd, „Mythisches Denken und Krisen der deutschen Literatur und Gesellschaft", in: Karl Heinz Bohrer (Hg.), *Mythos und Moderne. Begriff und Bild einer Rekonstruktion*, Frankfurt a. M. 1983, S. 508–527

Ihering, Herbert, „Hans Henny Jahnn anläßlich der *Medea*", in: *Die literarische Welt*, Nr. 20, 2. Jg., 14.05.1926, S. 3

Ipsen, Dorothea, „Der verstellte Blick: Man sieht nur, was man weiß. Antikewahrnehmung in Reiseberichten über Griechenland um 1900", in: Manuel Baumbach (Hg.), *Tradita et inventa. Beiträge zur Rezeption der Antike*, Heidelberg 2000 (Bibliothek der klassischen Altertumswissenschaften, Reihe 2, N. F. 106), S. 459–471

Ivernel, Philippe, „L'abstraction et l'inflation tragiques dans le théâtre expressionniste allemand", in: Denis Bablet/Jean Jacquot (Hg.), *L'expressionnisme dans le théâtre européen*, Paris 1971, S. 79–91

Jacobsohn, Siegfried, „*Der Bogen des Odysseus*", in: *Die Schaubühne* X (1914), S. 95–98

Jacobsohn, Siegfried, „*Die Troerinnen*", in: *Die Schaubühne* XII (1916), S. 428–430

Jacobsohn, Siegfried, „*Medea*", in: *Die Weltbühne* 22 (1926), Nr. 21, S. 819f.

Jaeckle, Erwin, *Rudolf Pannwitz. Eine Darstellung seines Weltbildes*, Tübingen 1937

Jaeckle, Erwin, „Rudolf Pannwitz. Eine Einführung", in: Hugo von Hofmannsthal – Rudolf Pannwitz, *Briefwechsel. 1907–1926*, hg. von Gerhard Schuster, Frankfurt a. M. 1993, S. 647–699

Jamme, Christoph, *‚Gott an hat ein Gewand'. Grenzen und Perspektiven philosophischer Mythos-Theorien der Gegenwart*, Frankfurt a. M. 1991

Japp, Uwe, *Beziehungssinn. Ein Konzept der Literaturgeschichte*, Frankfurt a. M. 1980

Japp, Uwe, *Literatur und Modernität*, Frankfurt a. M. 1987 (Das Abendland, Neue Folge 17)

Jauß, Hans Robert, „Racines und Goethes *Iphigenie* – Mit einem Nachwort über die Partialität der rezeptionsästhetischen Methode", in: Rainer Warning (Hg.), *Rezeptionsästhetik. Theorie und Praxis*, München 1975, S. 353–400

Jens, Walter, *Hofmannsthal und die Griechen*, Tübingen 1955

Jens, Walter, „Strukturgesetze der frühen griechischen Tragödie", in: Hildebrecht Hommel (Hg.), *Wege zu Aischylos*, Bd. 1: *Zugang – Aspekte der Forschung – Nachleben*, Darmstadt 1974 (Wege der Forschung LXXXVII), S. 86–103

Jens, Walter, „Verkleidete Götter. Antikes und modernes Drama", in: ders., *Zur Antike*, München 1978, S. 78–99

Johansen, Holger Friis, „Die *Elektra* des Sophokles", in: *Classica et Mediaevalia* 25 (1964), S. 8–32

Joost, Jörg Wilhelm, „*Die Antigone des Sophokles*", in: Jan Knopf (Hg.), *Brecht Handbuch*, Bd. 1: *Stücke*, Stuttgart-Weimar 2001, S. 532–544

Joost, Jörg Wilhelm, „*Antigonemodell 1948*", in: Jan Knopf (Hg.), *Brecht Handbuch*, Bd. 4: *Schriften, Journale, Briefe*, Stuttgart-Weimar 2003, S. 330–342

Jørgensen, Sven-Aage, „Zum Bild der unklassischen Antike", in: Karl Otto Conrady (Hg.), *Deutsche Literatur zur Zeit der Klassik*, Stuttgart 1977, S. 65–75

Jungk, Peter Stephan, *Franz Werfel. Eine Lebensgeschichte*, Frankfurt am Main 1987

Kachlak, Tadeusz, „*Die Troerinnen* – eine antike und moderne Warnung vor dem Krieg. Antike und deutsche Troerinnendramen", in: Walter Hofmann/Heinrich Kuch (Hg.), *Die gesellschaftliche Bedeutung des antiken Dramas für seine und für unsere Zeit*, Berlin 1973 (Schriften zur Geschichte und Kultur der Antike 6), S. 139–154

Kafitz, Dieter, *Grundzüge einer Geschichte des deutschen Dramas von Lessing bis zum Naturalismus*, Frankfurt a. M. ²1989

Kamerbeek, Jan C., *The Plays of Sophocles*, Part V: *The Electra*, Leiden 1974

Kaufmann, Erika, *Wiederkehr und Abwandlung als Gestaltungsprinzip in Hugo von Hofmannsthals Dramen*, Diss. Freiburg i. Br. 1966

Kenkel, Konrad, *‚Medea'-Dramen. Entmythisierung und Remythisierung. Euripides, Klinger, Grillparzer, Jahnn, Anouilh*, Bonn 1979 (Studien zur Germanistik, Anglistik und Komparatistik 63)

Kerényi, Karl, *Die Mythologie der Griechen. Die Götter- und Menschheitsgeschichten*, Zürich 1951

Kerr, Alfred, „*Rose Bernd* und *Elektra*", in: *Neue deutsche Rundschau* XIV (1903), S. 1311–1317

Kerr, Alfred, „*Der Bogen des Odysseus*. (Bearbeitungen!)", in: ders., *Gesammelte Schriften*, Bd. 2: *Die Welt im Drama*, Berlin 1917, S. 261–268

Kerr, Alfred, „Euripides. *Die Troërinnen*. (Bearbeitet von Franz Werfel)", in: ders., *Gesammelte Schriften*, Bd. 3, Berlin 1917, S. 277–282

Kerr, Alfred, [„Medea"], in: *Berliner Tageblatt*, 05.05.1926, abgedruckt in: Günther Rühle, *Theater für die Republik. Im Spiegel der Kritik*, Bd. 2: *1926–1933*, Frankfurt a. M. ^{2}1988, S. 713–715

Kessler, Harry Graf, „*Griechischer Frühling*", in: *Die neue Rundschau* XX (1909), S. 719–743

Ketelsen, Uwe-Karsten, *Heroisches Theater. Untersuchungen zur Dramentheorie des Dritten Reichs*, Bonn 1968 (Literatur und Wirklichkeit 2)

Ketelsen, Uwe-Karsten, *Literatur und ‚Drittes Reich'*, Schernfeld 1992

Kienzl, Hermann, „Hugo v. Hofmannsthal. *Elektra*", in: ders., *Dramen der Gegenwart*, Graz 1905, S. 306–313

Kienzle, Ulrike, „Theorien des einaktigen Schauspiels im literaturwissenschaftlichen Schrifttum", in: Winfried Kirsch/Sieghart Döring (Hg.), *Geschichte und Dramaturgie des Operneinakters*, Laaber 1991 (Thurnauer Schriften zum Musiktheater 10), S. 17–29

Kieruj, Mariusz, *Zeitbewußtsein, Erinnern und die Wiederkehr des Kultischen. Kontinuität und Bruch in der deutschen Avantgarde 1910–1930*, Frankfurt a. M. u. a. 1995 (Bochumer Schriften zur deutschen Literatur 39)

Kindermann, Heinz, *Theatergeschichte Europas*, VIII. Band: *Naturalismus und Impressionismus. 1. Teil. Deutschland Österreich Schweiz*, Salzburg 1968

Kjellberg, Anders Lennart, „Iphigeneia", in: *Paulys Real-Encyclopädie der classischen Altertumswissenschaft*, Neue Bearbeitung, begonnen von Georg Wissowa, hg. von Wilhelm Kroll, 18. Halbband, Stuttgart 1916, Sp. 2588–2622

Klarmann, Adolf D., „Franz Werfel", in: Wolfgang Rothe (Hg.), *Expressionismus als Literatur. Gesammelte Studien*, Bern-München 1969, S. 410–425

Klein-Diepold, Rudolf, „Hauptmanns *Odysseus*-Drama", in: *Hochland* 11 (1913/14), S. 755–757

Klotz, Volker, *Geschlossene und offene Form im Drama*, München ^{10}1980

Klotz, Volker, „Soziale Komik bei Hofmannsthal/Strauss. Zum *Rosenkavalier* mit Stichworten zur *Ariadne*", in: *Hofmannsthal Forschungen* 6 (1981), S. 65–79

Kluge, Gerhard, „Hanneles Tod und Verklärung. Studien und Vorstudien zu Gerhart Hauptmanns *Hanneles Himmelfahrt*", in: Hans-Peter Bayerdörfer/Karl Otto Conrady/Helmut Schanze (Hg.), *Literatur und Theater im Wilhelminischen Zeitalter*, Tübingen 1978, S. 139–165

Klussmann, Paul Gerhard, „Ursprung und dichterisches Modell der Idylle", in: Rolf Wedewer/Jens Christian Jensen (Hg.), *Die Idylle. Eine Bildform im Wandel. Zwischen Hoffnung und Wirklichkeit. 1750–1930*, Köln 1986, S. 33–65

Knaus, Jakob, *Hofmannsthals Weg zur Oper ‚Die Frau ohne Schatten'. Rücksichten und Einflüsse auf die Musik*, Berlin-New York 1971 (Quellen und Forschungen zur Sprach- und Kulturgeschichte der germanischen Völker NF 38)

Knopf, Jan, *Brecht-Handbuch. Theater. Eine Ästhetik der Widersprüche*, Stuttgart 1986

Kobbe, Peter, *Mythos und Modernität. Eine poetologische und methodenkritische Studie zum Werk Hans Henny Jahnns*, Stuttgart-Berlin-Köln-Mainz 1973 (Studien zur Poetik und Geschichte der Literatur 32)

Kober, Margarete, *Das deutsche Märchendrama*, Frankfurt a. M. 1925 (Deutsche Forschungen 11)

Koebner, Thomas, „Der Garten als literarisches Motiv: Ausblick auf die Jahrhundertwende", in: *Park und Garten im 18. Jahrhundert. Colloquium der Arbeitsstelle 18. Jahrhundert Gesamthochschule Wuppertal*, Heidelberg 1978 (Beiträge zur Geschichte der Literatur und Kunst des 18. Jahrhunderts 2), S. 141–192

Kohler, Stephan, „,Worte sind Formeln, die können's nicht sagen.' Musikbegriff und Musikalität Hugo von Hofmannsthals", in: *Hofmannsthal-Blätter* 31/32 (1985), S. 65–71

Kolbenheyer, Erwin G., „Gerhart Hauptmanns *Der Bogen des Odysseus*. Eine technische Analyse", in: *Eckart* 8 (1913/14), S. 433–449

König, Christoph, *Hofmannsthal. Ein moderner Dichter unter den Philologen*, Göttingen 2001 (Marbacher Wissenschaftsgeschichte 2)

Könneker, Barbara, „Die Funktion des Vorspiels in Hofmannsthals *Ariadne auf Naxos*", in: *Germanisch-Romanische Monatsschrift* NF XXII (1972), S. 124–141

Koopmann, Helmut (Hg.), *Mythos und Mythologie in der Literatur des 19. Jahrhunderts*, Frankfurt a. M. 1979 (Studien zur Philosophie und Literatur des neunzehnten Jahrhunderts 36)

Kraft, Herbert, *Das Schicksalsdrama. Interpretation und Kritik einer literarischen Reihe*, Tübingen 1974 (Untersuchungen zur deutschen Literaturgeschichte 11)

Kramer, Fritz, *Verkehrte Welten. Zur imaginären Ethnographie des 19. Jahrhunderts*, Frankfurt a. M. 1977

Kramer, Fritz W., „Die Aktualität des Exotischen. Der Fall der ,Kulturmorphologie' von Frobenius und Jensen", in: Richard Faber/Renate Schlesier (Hg.), *Die Restauration der Götter. Antike Religion und Neo-Paganismus*, Würzburg 1986, S. 258–270

Krummen, Eveline, „Ritual und Katastrophe. Rituelle Handlung und Bildersprache bei Sophokles und Euripides", in: Fritz Graf (Hg.), *Ansichten griechischer Rituale. Geburtstags-Symposium für Walter Burkert. Castelen bei Basel 15. bis 18. März 1996*, Stuttgart-Leipzig 1998, S. 296–325

Kuch, Heinrich, „Die troische Dramengruppe des Euripides und ihre historischen Grundlagen", in: Walter Hofmann/ders. (Hg.), *Die gesellschaftliche Bedeutung des antiken Dramas für seine und für unsere Zeit*, Berlin 1973 (Schriften zur Geschichte und Kultur der Antike 6), S. 105–123

Kuhn, Ortwin, *Mythos – Neuplatonismus – Mystik. Studien zur Gestaltung des Alkestisstoffes bei Hugo von Hofmannsthal, T. S. Eliot und Thornton Wilder*, München 1972

Kullmann, Wolfgang, „Zum Sinngehalt der Euripideischen *Alkestis*", in: *Antike und Abendland* XIII (1967), S. 127–149

Kümmerling-Meibauer, Bettina, *Die Kunstmärchen von Hofmannsthal, Musil und Döblin*, Köln-Weimar-Wien 1991 (Kölner Germanistische Studien 32)

Kunze, Max, „Jacob Burckhardt, die Archäologen und die hellenistische Kunst", in: Peter Betthausen/Max Kunze (Hg.), *Jacob Burckhardt und die Antike*, Mainz 1988 (Kulturgeschichte der antiken Welt 85), S. 77–88

378

Kunze, Stefan, „Die ästhetische Rekonstruktion der Oper. Anmerkungen zur *Ariadne auf Naxos*", in: *Hofmannsthal Forschungen* 6 (1981), S. 103–123

Kurz, Gerhard, *Metapher, Allegorie, Symbol*, Göttingen ^{3}1993

Laermann, Klaus, „Der Anteil der List an der Subjektwerdung des Opfers. Max Horkheimer und Theodor W. Adorno: *Dialektik der Aufklärung*", in: Bernd Seidensticker/Martin Vöhler (Hg.), *Urgeschichten der Moderne. Die Antike im 20. Jahrhundert*, Stuttgart-Weimar 2001, S. 98–113

Landfester, Manfred, *Humanismus und Gesellschaft im 19. Jahrhundert. Untersuchungen zur politischen und gesellschaftlichen Bedeutung der humanistischen Bildung in Deutschland*, Darmstadt 1988

Latacz, Joachim, *Fruchtbares Ärgernis: Nietzsches ‚Geburt der Tragödie' und die gräzistische Tragödienforschung*, Basel 1998 (Basler Universitätsreden 94)

Laudien, Arthur, „Gerhart Hauptmanns *Bogen des Odysseus*" in: *Neue Jahrbücher für das klassische Altertum, Geschichte und Deutsche Literatur* 24 (1921), S. 215–223

Le Rider, Jacques, *Das Ende der Illusion. Die Wiener Moderne und die Krisen der Identität*, Wien 1990

Lefèvre, Eckard, „Die Funktion der Götter in Euripides' *Troades*", in: *Würzburger Jahrbücher für die Altertumswissenschaft* NF 15 (1989), S. 59–65

Lehmann, Hans-Thies, *Theater und Mythos. Die Konstitution des Subjekts im Diskurs der antiken Tragödie*, Stuttgart 1991

Lehmann, Hans-Thies, „Jahnns Texte – Welches Theater", in: Hartmut Böhme/Uwe Schweikert (Hg.), *Archaische Moderne. Der Dichter, Architekt und Orgelbauer Hans Henny Jahnn*, Stuttgart 1996, S. 127–143

Lehmann, Hans-Thies, *Postdramatisches Theater*, Frankfurt a. M. 1999

Lesky, Albin, *Alkestis, der Mythus und das Drama*, Wien 1925 (Sitzungsberichte der Wiener Akademie, Phil.-hist. Klasse 203/2)

Lesky, Albin, *Die tragische Dichtung der Hellenen*, Göttingen ^{3}1972 (Studienhefte zur Altertumswissenschaft 2)

Lesky, Albin, *Die griechische Tragödie*, Stuttgart ^{5}1984

Lévi-Strauss, Claude, „Die Struktur der Mythen", in: ders., *Strukturale Anthropologie I*, Frankfurt a. M. 1967, S. 226–254

Lévi-Strauss, Claude, *Mythos und Bedeutung. Fünf Radiovorträge*, Frankfurt a. M. 1980

Lewis, Hanna B., „Salome and Elektra: Sister or Strangers", in: *Orbis Litterarum* 31 (1976), S. 125–133

Lloyd-Jones, Hugh, „Ritual and Tragedy", in: Fritz Graf (Hg.), *Ansichten griechischer Rituale. Geburtstags-Symposium für Walter Burkert. Castelen bei Basel 15. bis 18. März 1996*, Stuttgart-Leipzig 1998, S. 271–295

Lohmeyer, Walther, *Die Dramaturgie der Massen*, Berlin-Leipzig 1913

Lönker, Fred, „Der Verfall des Tragischen", in: Werner Frick (Hg.), *Die Tragödie. Eine Leitgattung der europäischen Literatur*, Göttingen 2003, S. 316–334

Luther, Gisela, *Barocker Expressionismus? Zur Problematik der Beziehung zwischen der Bildlichkeit expressionistischer und barocker Lyrik*, The Hague-Paris 1969 (Stanford Studies in Germanics and Slavics VI)

Lypp, Bernhard, „Poetische Religion", in: Walter Jaeschke/Helmut Holzhey (Hg.), *Früher Idealismus und Frühromantik. Der Streit um die Grundlagen der Ästhetik (1795–1805)*, Hamburg 1990 (Philosophisch-literarische Streitsachen 1), S. 80–111

Machatzke, Martin, *Gerhart Hauptmanns nachgelassenes Erzählfragment , Winckelmann'. Beiträge zum Verständnis seines dichterischen Schaffens*, Diss. Berlin 1968

Machatzke, Martin, „Vom naturalistischen zum symbolischen Drama. Zur Entwicklungsgeschichte der deutschen Literatur um 1900", in: *Grillparzer-Forum* (1976), S. 69–89

Maier, Franz Georg, „Von Winckelmann bis Schliemann. Archäologie als Eroberungswissenschaft des 19. Jahrhunderts", in: *Antike Welt* 25 (1994), S. 35–59

Mannack, Eberhard, *Barock in der Moderne. Deutsche Schriftsteller des 20. Jahrhunderts als Rezipienten deutscher Barockliteratur*, Frankfurt a. M. u. a. 1991

Manuwald, Bernd, „Der Mord an den Kindern. Bemerkungen zu den *Medea*-Tragödien des Euripides und des Neophron", in: *Wiener Studien*, Neue Folge 17 (1983), S. 27–61

Marchal, Guy P., „Mythos im 20. Jahrhundert. Der Wille zum Mythos oder die Versuchung des ,neuen Mythos' in einer säkularisierten Welt", in: Fritz Graf (Hg.), *Mythos in mythenloser Gesellschaft. Das Paradigma Roms*, Stuttgart-Leipzig 1993 (Colloquium Rauricum 3), S. 204–229

Martens, Lorna, „The Theme of Repressed Memory in Hofmannsthal's *Elektra*", in: *The German Quarterly* 60 (1987), S. 38–51

Martens, Lorna, „Kunst und Gewalt: Bemerkungen zu Hofmannsthals Ästhetik", in: *Austriaca* 18 (1993), S. 155–165

Mattenklott, Gert, „Peter Szondi als Komparatist", in: Jürgen Sieß (Hg.), *Vermittler. H. Mann/Benjamin/Groethuysen/Kojève/Szondi/Heidegger in Frankreich/ Goldmann/Sieburg. Deutsch-französisches Jahrbuch 1*, Frankfurt a. M. 1981, S. 127–141

Mattenklott, Gert, „*Die Troerinnen* des Euripides in deutscher Bearbeitung von Franz Werfel (1913)", in: Sigrid Bock u. a. (Hg.), *Die Waffen nieder! Schriftsteller in den Friedensbewegungen des 20. Jahrhunderts*, Berlin 1989, S. 248–256

Mattenklott, Gert, „Gerhart Hauptmann – Ein Portrait", in: Walter Engel/Jost Bomers (Hg.), *Zeitgeschehen und Lebensansicht. Die Aktualität Gerhart Hauptmanns*, Berlin 1997, S. 11–22

Matzig, Richard B., *Odysseus. Studie zu antiken Stoffen in der modernen Literatur, besonders im Drama*, St. Gallen 1949

Maurenbrecher, Manfred, „Bemerkungen zur Kulturkritik Hans Henny Jahnns", in: Heinz Ludwig Arnold (Hg.), *Hans Henny Jahnn, Text + Kritik*, H 2/3, München ³1980, S. 121–135

Mayer, Hans, „Griechischer Frühling", in: Hans Joachim Schrimpf (Hg.), *Gerhart Hauptmann*, Darmstadt 1976 (Wege der Forschung CCVII), S. 328–336

Mayer, Hans, *Brecht*, Frankfurt a. M. 1996

Mayer, Korbinian, *Der Bogen des Odysseus' von G. Hauptmann*, Rosenheim 1930

Mayer, Mathias, „Hofmannsthals *Elektra*: Der Dichter und die Meduse", in: *Zeitschrift für deutsche Philologie* 110 (1991), S. 230–247

Mayer, Mathias, *Hugo von Hofmannsthal*, Stuttgart-Weimar 1993

Meier, Mischa, „Chöre und Leitmotive in den Bühnenwerken Richard Wagners: Von der griechischen Tragödie zum Musikdrama", in: Manuel Baumbach (Hg.), *Tradita et inventa. Beiträge zur Rezeption der Antike*, Heidelberg 2000 (Bibliothek der klassischen Altertumswissenschaften, Reihe 2, N. F. 106), S. 389–406

Meister, Helga, *Franz Werfels Dramen und ihre Inszenierungen auf der deutschsprachigen Bühne*, Diss. [masch.] Köln 1964

Mennemeier, Franz Norbert, „Bertolt Brechts Faschismus-Theorie und einige Folgen für die literarische Praxis", in: Helmut Arntzen u. a. (Hg.), *Literaturwissenschaft und Geschichtsphilosophie. Festschrift für Wilhelm Emrich*, Berlin-New York 1975, S. 561–574

Menz, Egon, „Der Chor im Theater des 20. Jahrhunderts", in: Wolfgang Paulsen (Hg.), *Der Dichter und seine Zeit – Politik im Spiegel der Literatur. Drittes Amherster Kolloquium zur modernen deutschen Literatur 1969*, Heidelberg 1970 (Literatur und Geschichte 1), S. 53–80

Metscher, Thomas, „Dialektik und Formalismus. Kritik des literaturwissenschaftlichen Idealismus am Beispiel Peter Szondis", in: ders., *Kunst und sozialer Prozeß. Studien zu einer Theorie der ästhetischen Erkenntnis*, Köln 1977, S. 15–48

Meuli, Karl, „Nachwort", in: Johann Jakob Bachofen, *Das Mutterrecht*, zweite Hälfte, *Gesammelte Werke*, Bd. 3, mit Unterstützung von Harald Fuchs, Gustav Meyer und Karl Schefold hg. von Karl Meuli, Basel ^{3}1948, S. 1011–1128

Meuli, Karl, „Griechische Opferbräuche", in: ders., *Gesammelte Schriften*, Bd. II, Basel 1975, S. 907–1021

Meyer, Theo, *Nietzsche. Kunstauffassung und Lebensbegriff*, Tübingen 1991

Meyer-Wendt, H. Jürgen, *Der frühe Hofmannsthal und die Gedankenwelt Nietzsches*, Heidelberg 1973

Michaelis, Rolf, *Der schwarze Zeus. Gerhart Hauptmanns zweiter Weg*, Berlin 1962

Michaels, Jennifer E., *Franz Werfel and the Critics*, Columbia 1994

Miller, Norbert, „Europäischer Philhellenismus zwischen Winckelmann und Byron", in: *Propyläen Geschichte der Literatur*, Bd. 4: *Aufklärung und Romantik 1700–1830*, Berlin 1988, S. 315–366

Most, Glenn W., „Zur Archäologie der Archaik", in: *Antike und Abendland* XXXV (1989), S. 1–23

Most, Glenn W., „Die Entdeckung der Archaik. Von Ägina nach Naumburg", in: Bernd Seidensticker/Martin Vöhler (Hg.), *Urgeschichten der Moderne. Die Antike im 20. Jahrhundert*, Stuttgart-Weimar 2001, S. 20–39

Mueller, Martin, „Hofmannsthal's *Electra* and Its Dramatic Models", in: *Modern Drama* 29 (1986), S. 71–91

Mühlher, Robert, „Hugo von Hofmannsthals *Ariadne auf Naxos*", in: ders., *Österreichische Dichter seit Grillparzer. Gesammelte Aufsätze*, Wien-Stuttgart 1973 (Wiener Arbeiten zur deutschsprachigen Literatur 2), S. 338–354

Müller, Adelheid, „,Der Marmor ist vom feinsten Korn ...'. Ästhetische Erfahrung am Ende des 18. Jahrhunderts", in: Manuel Baumbach (Hg.), *Tradita et inventa. Beiträge zur Rezeption der Antike*, Heidelberg 2000 (Bibliothek der klassischen Altertumswissenschaften, Reihe 2, N. F. 106), S. 297–319

Müller, Enrico, „,Aesthetische Lust' und ,Dionysische Weisheit'. Nietzsches Deutung der griechischen Tragödie", in: *Nietzsche-Studien* 31 (2002), S. 134–153

Müller-Benfey, Heinrich, „Die *Elektra* des Sophokles und ihre Erneuerung durch Hofmannsthal", in: ders., *Welt der Dichtung. Dichter der Welt. Adel der Menschwerdung. Ausgewählte Schriften*, hg. von Fritz Collatz, Hamburg 1962, S. 339–352

Müller-Klug, Till, *Nietzsches Theaterprojektionen*, Diss. Gießen 1998, Berlin 2001

Muschg, Walter, „Hans Henny Jahnn", in: ders., *Von Trakl zu Brecht. Dichter des Expressionismus*, München 1961, S. 264–334

Muschg, Walter, „Zu Hans Henny Jahnns *Medea*", in: Gustav Erdmann/Alfons Eichstaedt (Hg.), *Worte und Werte. Bruno Markwardt zum 60. Geburtstag*, Berlin 1961, S. 276–280

Nehring, Wolfgang, *Die Tat bei Hofmannsthal. Eine Untersuchung zu Hofmannsthals großen Dramen*, Stuttgart 1966 (Germanistische Abhandlungen 16)

Nehring, Wolfgang, „*Elektra* und *Ödipus*: Hofmannsthals ,Erneuerung der Antike' für das Theater Max Reinhardts", in: Ursula Renner/G. Bärbel Schmid (Hg.), *Hugo von Hofmannsthal. Freundschaften und Begegnungen mit deutschen Zeitgenossen*, Würzburg 1991, S. 123–142

Nestle, Wilhelm, *Vom Mythos zum Logos. Die Selbstentfaltung des griechischen Denkens von Homer bis auf die Sophistik und Sokrates*, Stuttgart 1940

Neuhoff, Bernhard, „Ritual und Trauma. Eine Konstellation der Moderne bei Benjamin, Freud und Hofmannsthal", in: *Hofmannsthal-Jahrbuch* 10 (2002), S. 183–211

Neumann, Gerhard, „*Das goldene Vlieβ*. Die Erneuerung der Tragödie durch Grillparzer", in: Hellmut Flashar (Hg.), *Tragödie. Idee und Transformation*, Stuttgart-Leipzig 1997 (Colloquium Rauricum 5), S. 258–286

Newiger, Hans-Joachim, „Hofmannsthals *Elektra* und die griechische Tragödie", in: *arcadia* 4 (1969), S. 138–163

Niefanger, Dirk, *Produktiver Historismus. Raum und Landschaft in der Wiener Moderne*, Tübingen 1993 (Studien zur deutschen Literatur 128)

Niemeyer, Hans Georg, *Einführung in die Archäologie*, Darmstadt ²1978

Niggl, Günter, „Die Geburt der deutschen Klassik. Zu den Entstehungsbedingungen von Goethes *Iphigenie*", in: Roger Bauer (Hg.), *Der theatralische Neoklassizismus um 1800. Ein europäisches Phänomen?*, Bern u. a. 1986 (Jahrbuch für Internationale Germanistik, Reihe A Kongreßberichte 18), S. 11–25

Nüchtern, Eva-Maria, *Hofmannsthals ,Alkestis'*, Bad Homburg v. d. H.-Berlin-Zürich 1968 (Frankfurter Beiträge zur Germanistik 6)

Ott, Michael, „Ritualität und Theatralität", in: Gerhard Neumann u. a. (Hg.), *Szenographien. Theatralität als Kategorie der Literaturwissenschaft*, Freiburg i. Br. 2000 (Rombach Wissenschaften, Reihe Litterae 78), S. 309–342

Paetz, Bernhard, *Kirke und Odysseus. Überlieferung und Deutung von Homer bis Calderón*, Berlin 1970 (Hamburger Romanistische Studien 4)

Pavis, Patrice, „Szondis Erbe für die Semiologie des Theaters", in: Jürgen Sieß (Hg.), *Vermittler. H. Mann/Benjamin/Groethuysen/Kojève/Szondi/Heidegger in Frankreich/Goldmann/Sieburg. Deutsch-französisches Jahrbuch 1*, Frankfurt a. M. 1981, S. 143–160

Pestalozzi, Karl, „Wandlungen des erhöhten Augenblicks bei Hofmannsthal", in: ders./Martin Stern, *Basler Hofmannsthal-Beiträge*, Würzburg 1991, S. 129–138

Petsch, Robert, „*Die Troerinnen* einst und jetzt", in: *Neue Jahrbücher für das klassische Altertum, Geschichte und deutsche Literatur* 20 (1917), S. 522–550

Pfister, Manfred, „Konzepte der Intertextualität", in: Ulrich Broich u. a. (Hg.), *Intertextualität. Formen, Funktionen, anglistische Fallstudien*, Tübingen 1985 (Konzepte der Sprach- und Literaturwissenschaft 35), S. 1–30

Pfister, Manfred, *Das Drama. Theorie und Analyse*, München ^{7}1988 (Information und Synthese 3)

Pfotenhauer, Helmut, „Dionysos. Heinse – Hölderlin – Nietzsche", in: ders., *Um 1800. Konfigurationen der Literatur, Kunstliteratur und Ästhetik*, Tübingen 1991 (Untersuchungen zur deutschen Literaturgeschichte 59), S. 57–78

Pfotenhauer, Helmut, „Vorbilder. Antike Kunst, klassizistische Kunstliteratur und ‚Weimarer Klassik'", in: Wilhelm Voßkamp (Hg.), *Klassik im Vergleich. Normativität und Historizität europäischer Klassiken. DFG-Symposion 1990*, Stuttgart-Weimar 1993 (Germanistische Symposien, Berichtsbände XIII), S. 42–61

Pickerodt, Gerhart, *Hofmannsthals Dramen. Kritik ihres historischen Gehalts*, Stuttgart 1968 (Studien zur allgemeinen und vergleichenden Literaturwissenschaft 3)

Piechotta, Hans Joachim/Ralph-Rainer Wuthenow/Sabine Rothemann (Hg.), *Die literarische Moderne in Europa*, 3 Bde., Opladen 1994

Pinthus, Kurt, „Hans Henny Jahnn: *Medea*", in: *Der Zeitgenosse. Literarische Portraits und Kritiken von Kurt Pinthus, ausgewählt zu seinem 85. Geburtstag am 29. April 1971*, Marbach 1971, S. 142–144

Piscator, Erwin, „Gerhart Hauptmanns *Atriden-Tetralogie*", in: Hans Joachim Schrimpf (Hg.), *Gerhart Hauptmann*, Darmstadt 1976 (Wege der Forschung CCVII), S. 319–327

Plumpe, Gerhard, *Alfred Schuler. Chaos und Neubeginn. Zur Funktion des Mythos in der Moderne*, Berlin 1978 (Canon 2)

Plumpe, Gerhard, „Systemtheorie und Literaturgeschichte. Mit Anmerkungen zum deutschen Realismus im 19. Jahrhundert", in: Hans Ulrich Gumbrecht/Ursula Link-Heer (Hg.), *Epochenschwellen und Epochenstrukturen im Diskurs der Literatur- und Sprachhistorie*, Frankfurt a. M. 1985, S. 251–264

Plumpe, Gerhard, „Das Interesse am Anfang. Zur Bachofendeutung", in: Hans-Jürgen Heinrichs (Hg.), *Das Mutterrecht von Johann Jakob Bachofen in der Diskussion*, Frankfurt a. M. 1987, S. 196–212

Plumpe, Gerhard, „Alfred Schuler und die ‚Kosmische Runde'", in: Manfred Frank, *Gott im Exil. Vorlesungen über die Neue Mythologie. II. Teil*, Frankfurt a. M. 1988, S. 212–256

Pohl, Rainer, *Strukturelemente und Entwicklung von Pathosformen in der Dramensprache Bertolt Brechts*, Bonn 1969 (Bonner Arbeiten zur Deutschen Literatur 20)

Pohlenz, Max, *Die griechische Tragödie*, Göttingen ^{2}1954

Polgar, Alfred, „*Die Troerinnen*", in: *Die Schaubühne* XII (1916), S. 599–601

Polgar, Alfred, „Gerhart Hauptmann. *Der Bogen des Odysseus*", in: ders., *Kleine Schriften*, Bd.: 3: *Theater I*, hg. von Marcel Reich-Ranicki, Reinbek 1985, S. 97–102

Politzer, Heinz, „Hugo von Hofmannsthals *Elektra*. Geburt der Tragödie aus dem Geiste der Psychopathologie", in: ders., *Hatte Ödipus einen Ödipus-Komplex? Versuche zum Thema Psychoanalyse und Literatur*, München 1974, S. 78–105

Poppenberg, Felix, „Schlesische Hütten und zyklopische Mauern. Hauptmanns *Rose Bernd* – Hofmannsthals *Elektra*", in: *Der Türmer* VI (1903), S. 332–338

Pörksen, Uwe, „Der Totentanz des Spätmittelalters und sein Wiederaufleben im 19. und 20. Jahrhundert. Vorüberlegungen zu einer Rezeptionsgeschichte als Rezeptionskritik", in: Peter Wapnewski (Hg.), *Mittelalter-Rezeption. Ein Symposion*, Stuttgart 1986 (Germanistische Symposien, Berichtsbände VI), S. 245–262

Pörnbacher, Karl (Hg.), *Franz Grillparzer*, München 1970

Post, Klaus D., „Titanismus und Menschenliebe: Zu Gerhart Hauptmanns prometheischem Erbe", in: Helmut Koopmann/Clark Muenzer (Hg.), *Wegbereiter der Moderne. Studien zu Schnitzler, Hauptmann, Th. Mann, Hesse, Kaiser, Traven, Kafka, Broch, von Unruh und Brecht. Festschrift für Klaus Jonas*, Tübingen 1990, S. 47–67

Preisner, Rio, „Franz Werfel und der Expressionismus", in: Margarita Pazi/Hans Dieter Zimmermann (Hg.), *Berlin und der Prager Kreis*, Würzburg 1991, S. 111–125

Pütz, Peter, „Der Mythos bei Nietzsche", in: Helmut Koopmann (Hg.), *Mythos und Mythologie in der Literatur des 19. Jahrhunderts*, Frankfurt a. M. 1979 (Studien zur Philosophie und Literatur des neunzehnten Jahrhunderts 36), S. 251–262

Raabe, Paul, „Expressionismus und Barock", in: Klaus Garber u. a. (Hg.), *Europäische Barock-Rezeption*, Teil 1, Wiesbaden 1991 (Wolfenbütteler Arbeiten zur Barockforschung 20), S. 675–682

Raizis, M. Byron, „Kazantzakis' Ur-Odysseus, Homer, and Gerhart Hauptmann", in: *Journal of Modern Literature* 2 (1972), S. 199–214

Ranke-Graves, Robert von, *Griechische Mythologie. Quellen und Deutung*, Reinbek 1984

Rasch, Wolfdietrich, „Aspekte der deutschen Literatur um 1900", in: ders., *Zur deutschen Literatur seit der Jahrhundertwende. Gesammelte Aufsätze*, Stuttgart 1967, S. 1–48

Rasch, Wolfdietrich, „Tanz als Lebenssymbol im Drama um 1900", in: ders., *Zur deutschen Literatur seit der Jahrhundertwende. Gesammelte Aufsätze*, Stuttgart 1967, S. 59–77

Rasch, Wolfdietrich, *Goethes ,Iphigenie auf Tauris' als Drama der Autonomie*, München 1979

Razinger, Hubert, [„Nachwort zur *Atriden-Tetralogie*"], in: Gerhart Hauptmann, *Die Atriden-Tetralogie*, hg. von Hubert Razinger, Gütersloh 1956, S. 243–337

Reibnitz, Barbara von, *Ein Kommentar zu Friedrich Nietzsche, ,Die Geburt der Tragödie aus dem Geiste der Musik' (Kap. 1–12)*, Stuttgart-Weimar 1992

Reichart, Walter A., „*Iphigenie in Delphi*", in: *The Germanic Review* 17 (1942), S. 221–237

Reichart, Walter A., „The Genesis of Hauptmann's *Iphigenia* Cycle", in: *Modern Language Quarterly* 9 (1948), S. 467–477

Requadt, Paul, „Sprachverleugnung und Mantelsymbolik im Werke Hofmannsthals", in: *Deutsche Vierteljahrsschrift für Literaturwissenschaft und Geistesgeschichte* 29 (1955), S. 255–283

Rey, William H., *Weltentzweiung und Weltversöhnung in Hofmannsthals Griechischen Dramen*, Philadelphia 1962

Rieckmann, Jens, *Aufbruch in die Moderne. Die Anfänge des Jungen Wien. Österreichische Literatur und Kritik im Fin de siècle*, Frankfurt a. M. ²1986

Riedel, Volker, *Antikerezeption in der Literatur der DDR*, Berlin 1984

Riedel, Volker, „Stabilisierung, Kritik, Destruktion. Wandlungen des Antikebildes in der Literatur der DDR", in: ders., *Literarische Antikerezeption. Aufsätze und Vorträge*, Jena 1996 (Jenaer Studien 2), S. 183–193

Riedel, Volker, *Antikerezeption in der deutschen Literatur vom Renaissance-Humanismus bis zur Gegenwart. Eine Einführung*, Stuttgart-Weimar 2000

Riedel, Wolfgang, *,Homo Natura'. Literarische Anthropologie um 1900*, Berlin-New York 1996 (Quellen und Forschungen zur Literatur- und Kulturgeschichte 7)

Riedel, Wolfgang, „Archäologie des Geistes. Theorien des wilden Denkens um 1900", in: Jürgen Barkhoff/Gilbert Carr/Roger Paulin (Hg.), *Das schwierige neunzehnte Jahrhundert*, Tübingen 2000 (Studien und Texte zur Sozialgeschichte der Literatur 77), S. 467–485

Ritzer, Walter, „Hofmannsthal und Euripides", in: Alois Eder/Hellmuth Himmel/Alfred Kracher (Hg.), *Marginalien zur poetischen Welt. Festschrift für Robert Mühlher zum 60. Geburtstag*, Berlin 1971, S. 325–340

Robertson, Ritchie, „,Ich habe ihm das Beil nicht geben können': the Heroine's Failure in Hofmannsthal's *Elektra*", in: *Orbis Litterarum* 41 (1986), S. 312–331

Rösch, Ewald, *Komödien Hofmannsthals. Die Entfaltung ihrer Sinnstruktur aus dem Thema der Daseinsstufen*, Marburg ²1968 (Marburger Beiträge zur Germanistik 1)

Rothe, Wolfgang, *Der Expressionismus. Theologische, soziologische und anthropologische Aspekte einer Literatur*, Frankfurt a. M. 1977 (Das Abendland Neue Folge 9)

Rück, Heribert, *Franz Werfel als Dramatiker*, Diss. [masch.] Marburg 1965

Rudolph, Kurt, „Mythos – Mythologie – Entmythologisierung", in: Hans Heinrich Schmid (Hg.), *Mythos und Rationalität*, Gütersloh 1988, S. 368–381

Rukser, Udo, *Über den Denker Rudolf Pannwitz. Mit einer Selbstbiographie von Pannwitz und einer Bibliographie*, Meisenheim am Glan 1970 (Monographien zur philosophischen Forschung 64)

Rupprecht, Gerd, „Hans Henny Jahnn", in: *Kritisches Lexikon zur deutschsprachigen Gegenwartsliteratur*, hg. von Heinz Ludwig Arnold, Bd. 4, München 1978ff., 33. Nachlieferung

Ruprecht, Erich, „Gerhart Hauptmanns *Atriden-Tetralogie* – ein vergessenes Vermächtnis", in: Franz Link/Günter Niggl (Hg.), *Theatrum Mundi. Götter, Gott und Spielleiter im Drama von der Antike bis zur Gegenwart*, Berlin 1981, S. 367–385

Safranski, Rüdiger, *Nietzsche. Biographie seines Denkens*, Darmstadt 2000

Santini, Daria, *Gerhart Hauptmann zwischen Modernität und Tradition. Neue Perspektiven zur ‚Atriden-Tetralogie'*, Berlin 1998 (Veröffentlichungen der Gerhart-Hauptmann-Gesellschaft e. V. 8)

Sautermeister, Gert, „Zur Grundlegung des Ästhetizismus bei Nietzsche. Dialektik, Metaphysik und Politik in der *Geburt der Tragödie*", in: Christa Bürger/Peter Bürger/Jochen Schulte-Sasse (Hg.), *Naturalismus/Ästhetizismus*, Frankfurt a. M. 1979, S. 224–243

Schadewaldt, Wolfgang, „Furcht und Mitleid. Zur Deutung des Aristotelischen Tragödienansatzes", in: ders., *Hellas und Hesperien. Gesammelte Schriften zur Antike und zur neueren Literatur in zwei Bänden*, Bd. I, Zürich-Stuttgart ²1970, S. 194–236

Schadewaldt, Wolfgang, „Gerhart Hauptmann und die Griechen. Zum *Bogen des Odysseus*", in: ders., *Hellas und Hesperien. Gesammelte Schriften zur Antike und zur neueren Literatur in zwei Bänden*, Bd. II, Zürich-Stuttgart ²1970, S. 406–410

Schadewaldt, Wolfgang, „Antike Tragödie auf der modernen Bühne. Zur Geschichte der Rezeption der griechischen Tragödie auf der heutigen Bühne", in: ders., *Hellas und Hesperien. Gesammelte Schriften zur Antike und zur neueren Literatur*, Bd. II., Zürich-Stuttgart ²1970, S. 622–649

Schadewaldt, Wolfgang, „Hölderlins Übersetzung des Sophokles", in: ders., *Hellas und Hesperien. Gesammelte Schriften zur Antike und zur neueren Literatur*, Bd. II., Zürich-Stuttgart ²1970, S. 275–332

Schadewaldt, Wolfgang, „Richard Wagner und die Griechen", in: ders., *Hellas und Hesperien. Gesammelte Schriften zur Antike und zur neueren Literatur*, Bd. II., Zürich-Stuttgart ²1970, S. 343–364

Schadewaldt, Wolfgang, „Wandel des Griechenbildes", in: ders., *Hellas und Hesperien. Gesammelte Schriften zur Antike und zur neueren Literatur*, Bd. II., Zürich-Stuttgart ²1970, S. 448–460

Schaeder, Grete, „Hugo von Hofmannsthals Weg zur Tragödie. Die drei Stufen der Turm-Dichtung", in: *Deutsche Vierteljahrsschrift für Literaturwissenschaft und Geistesgeschichte* 23 (1949), S. 306–350

Schäfer, Hans Dieter, „Die nichtnationalsozialistische Literatur der jungen Generation im Dritten Reich", in: ders., *Das gespaltene Bewußtsein. Über deutsche Kultur und Lebenswirklichkeit 1933–1945*, München-Wien 1981, S. 7–54

Schäfer, Hans Dieter, „Zur Periodisierung der deutschen Literatur seit 1930", in: ders., *Das gespaltene Bewußtsein. Über deutsche Kultur und Lebenswirklichkeit 1933–1945*, München-Wien 1981, S. 55–71

Schechner, Richard, *Theater-Anthropologie. Spiel und Ritual im Kulturvergleich*, Reinbek 1990

Scheit, Gerhard, *Am Beispiel von Brecht und Bronnen: Krise und Kritik des modernen Dramas*, Wien-Köln-Graz 1988

Schels, Evelyn, *Die Tradition des lyrischen Dramas von Musset bis Hofmannsthal*, Frankfurt a. M. u. a. 1990 (Europäische Hochschulschriften, Reihe 1, Deutsche Sprache und Literatur 1100)

Scherer, A. M., „Gerhart Hauptmann und Friedrich Lienhard auf den Wegen Homers", in: *Hochland* 15 (1917), S. 532–543

Scherer, Wilhelm, „Goethes *Iphigenie in Delphi*", in: ders., *Aufsätze über Goethe*, Berlin ^{2}1900, S. 159–174

Scheuer, Helmut, „Gerhart Hauptmann (1862–1946)", in: Alo Allkemper/Norbert Otto Eke (Hg.), *Deutsche Dramatiker des 20. Jahrhunderts*, Berlin 2000, S. 36–62

Schings, Hans-Jürgen, „Seneca-Rezeption und Theorie der Tragödie. Martin Opitz' Vorrede zu den *Trojanerinnen*", in: Walter Müller-Seidel (Hg.), *Historizität in Sprach- und Literaturwissenschaft. Vorträge und Berichte der Stuttgarter Germanistentagung 1972*, München 1974, S. 521–537

Schings, Hans-Jürgen, „Lyrik des Hauchs. Zu Hofmannsthals *Gespräch über Gedichte*", in: *Hofmannsthal-Jahrbuch* 11 (2003), S. 311–339

Schlaffer, Hannelore, *Dramenform und Klassenstruktur. Eine Analyse der dramatis persona 'Volk'*, Stuttgart 1972

Schlesier, Renate, „Olympische Religion und chthonische Religion: Creuzer, K. O. Müller und die Folgen", in: dies., *Kulte, Mythen und Gelehrte. Anthropologie der Antike seit 1800*, Frankfurt a. M. 1994, S. 21–32

Schlesinger, Eilhard, „Zu Euripides' *Medea*", in: *Hermes* 94 (1966), S. 26–53

Schlötterer, Reinhold, „Elektras Tanz in der Tragödie Hugo von Hofmannsthals", in: *Hofmannsthal-Blätter* 33 (1986), S. 47–58

Schmid, Martin Erich, *Symbol und Funktion der Musik im Werk Hugo von Hofmannsthals*, Heidelberg 1968 (Beiträge zur neueren Literaturgeschichte, dritte Folge 4)

Schmidt, Jochen, „Tragödie und Tragödientheorie. Hölderlins Sophokles-Deutung", in: *Hölderlin-Jahrbuch* 29 (1994/95), S. 64–82

Schmidt, Jochen, „Hölderlin im 20. Jahrhundert. Rezeption und Edition", in: Gerhard Kurz u. a. (Hg.), *Hölderlin und die Moderne. Eine Bestandsaufnahme*, Tübingen 1995, S. 105–125

Schmidt-Dengler, Wendelin, „Dichtung und Philologie. Zu Hugo von Hofmannsthals *Alkestis*", in: *Literaturwissenschaftliches Jahrbuch* N. F. 15 (1974), S. 157–177

Schmidt-Dengler, Wendelin, „Das Fin de siècle – Ende eines Bildungsideals? Zur Antiken-Rezeption im Kreis des 'Jung Wien'", in: *Neohelicon* IX (1982), S. 61–85

Schmidt-Dengler, Wendelin, „Dionysos in Wien", in: *Études Germaniques* 53 (1988), S. 313–325

Schmidt-Henkel, Gerhard, *Mythos und Dichtung. Zur Begriffs- und Stilgeschichte der deutschen Literatur im neunzehnten und zwanzigsten Jahrhundert*, Bad Homburg v. d. H.-Berlin-Zürich 1967

Schmitt, Arbogast, „Wesenszüge der griechischen Tragödie. Schicksal, Schuld, Tragik", in: Hellmut Flashar (Hg.), *Tragödie. Idee und Transformation*, Stuttgart-Leipzig 1997 (Colloquium Rauricum 5), S. 5–49

Schmitt-Sasse, Joachim, „‚Zwischen barbarischen Kriegskultpfählen'. *Antigone-modell 1948* – Bild und Text – Brecht und Neher", in: *TheaterZeitSchrift* 26 (1988/89), S. 122–132

Schneider, Manfred, „Hysterie als Gesamtkunstwerk. Aufstieg und Verfall einer Semiotik der Weiblichkeit", in: *Merkur* 39 (1985), S. 879–895

Schnitzler, Günter, „Libretto, Musik und Inszenierung. Der Wandel der ästhetischen Konzeption in *Ariadne auf Naxos* von Hofmannsthal und Strauss", in: Michael von Albrecht/Werner Schubert (Hg.), *Musik und Dichtung. Neue Forschungsbeiträge, Viktor Pöschl zum 80. Geburtstag gewidmet*, Frankfurt a. M. u. a. 1990 (Quellen und Studien zur Musikgeschichte von der Antike bis in die Gegenwart 23), S. 373–408

Schönert, Jörg, „Gesellschaftliche Modernisierung und Literatur der Moderne", in: Christian Wagenknecht (Hg.), *Zur Terminologie der Literaturwissenschaft. Akten des IX. Germanistischen Symposiums der Deutschen Forschungsgemeinschaft Würzburg 1986*, Stuttgart 1989 (Germanistische Symposien, Berichtsbände IX), S. 393–413

Schorske, Carl E., „Die Verwandlung des Gartens. Ideal und Gesellschaft in Österreich von Stifter bis Hofmannsthal", in: *Wort und Wahrheit* XXII (1967), S. 523–555

Schrimpf, Hans Joachim, „Hauptmanns doppelte Perspektive. Die ‚zweite Realität' oder Phantasie und Traum als Erkenntnisorgane", in: *Grillparzer-Forum* (1976), S. 90–110

Schuh, Willi, „Die ‚verzeichnete' Zerbinetta", in: *Hofmannsthal-Blätter* 31/32 (1985), S. 52–57

Schuhmann, Klaus, *Walter Hasenclever, Kurt Pinthus und Franz Werfel im Leipziger Kurt Wolff Verlag (1913–1919). Ein verlags- und literaturgeschichtlicher Exkurs ins expressionistische Jahrzehnt*, Leipzig 2000 (Leipzig, Geschichte und Kultur 1)

Schuller, Marianne, „‚Weibliche Neurose' und Identität. Zur Diskussion der Hysterie um die Jahrhundertwende", in: Dietmar Kamper/Christoph Wulf (Hg.), *Die Wiederkehr des Körpers*, Frankfurt a. M. 1982, S. 180–192

Schulz, Genia, „Eine andere Medea", in: Hartmut Böhme/Uwe Schweikert (Hg.), *Archaische Moderne. Der Dichter, Architekt und Orgelbauer Hans Henny Jahnn*, Stuttgart 1996, S. 110–126

Schulz-Buschhaus, Ulrich, „Der Tod des ‚Dilettanten' – Über Hofmannsthal und Paul Bourget", in: Michael Rössner/Birgit Wagner (Hg.), *Aufstieg und Krise der*

Vernunft. Komparatistische Studien zur Literatur der Aufklärung. Festschrift für Hans Hinterhäuser, Wien-Köln-Graz 1984, S. 181–195

Schumacher, Hans, „Mythisierende Tendenzen in der Literatur 1918–1933", in: Wolfgang Rothe (Hg.), *Die deutsche Literatur in der Weimarer Republik*, Stuttgart 1974, S. 281–303

Schweizer, H. R., „Archaisch", in: Joachim Ritter u. a. (Hg.), *Historisches Wörterbuch der Philosophie*, Bd. 1, Darmstadt 1971, Sp. 495–497

Schwering, Markus, „Symbol und Allegorie in der deutschen Romantik", in: Helmut Schanze (Hg.), *Romantik-Handbuch*, Stuttgart 1994, S. 366–379

See, Max, „*Ariadne* I oder II? Ein dramaturgischer Essay zu der Oper von Richard Strauss", in: *Neue Zeitschrift für Musik* 122 (1961), S. 281–286

Segal, Charles, „Griechische Tragödie und Gesellschaft", in: *Propyläen Geschichte der Literatur*, Bd. 1: *Die Welt der Antike. 1200 v. Chr. – 600 n. Chr.*, Berlin 1988, S. 198–217

Seidensticker, Bernd, „Metamorphosen. Zur Antikerezeption in der deutschen Literatur nach 1945", in: Richard Faber/Bernhard Kytzler (Hg.), *Antike heute*, Würzburg 1992, S. 128–154

Seidensticker, Bernd, „Peripetie und tragische Dialektik. Aristoteles, Szondi und die griechische Tragödie", in: Bernhard Zimmermann (Hg.), *Antike Dramentheorien und ihre Rezeption*, Stuttgart 1992 (Drama. Beiträge zum antiken Drama und seiner Rezeption 1), S. 240–263

Seidensticker, Bernd, „Aufbruch zu neuen Ufern. Transformationen der Odysseusgestalt in der literarischen Moderne", in: ders./Martin Vöhler (Hg.), *Urgeschichten der Moderne. Die Antike im 20. Jahrhundert*, Stuttgart-Weimar 2001, S. 249–270

Seidlin, Oskar, „Die *Orestie* heute: Enthumanisierung des Mythos", in: ders., *Von Goethe zu Thomas Mann. Zwölf Versuche*, Göttingen 1963, S. 208–225

Seiwert, Hubert, „Opfer", in: Hubert Cancik/Burkhard Gladigow/Karl-Heinz Kohl (Hg.), *Handbuch religionswissenschaftlicher Grundbegriffe*, Bd. IV, Stuttgart-Berlin-Köln 1998, S. 268–284

Skrodzki, Karl Jürgen, *Mythopoetik. Das Weltbild des antiken Mythos und die Struktur des nachnaturalistischen Dramas*, Bonn 1986 (Bonner Arbeiten zur deutschen Literatur 44)

Siegrist, Christoph, „Mythologie und antike Tragödie in der DDR", in: Hellmut Flashar (Hg.), *Tragödie. Idee und Transformation*, Stuttgart-Leipzig 1997 (Colloquium Rauricum 5), S. 348–367

Silk, Michael, „‚Das Urproblem der Tragödie': notions of the chorus in the nineteenth century", in: Peter Riemer/Bernhard Zimmermann (Hg.), *Der Chor im antiken und modernen Drama*, Stuttgart-Weimar 1998 (Drama. Beiträge zum antiken Drama und seiner Rezeption 7), S. 195–226

Soeffner, Hans-Georg, „Einführung [Inszenierung im 20. Jahrhundert]", in: Erika Fischer-Lichte (Hg.), *Theatralität und die Krisen der Repräsentation*, Stuttgart-Weimar 2001 (Germanistische Symposien, Berichtsbände XXII), S. 165–176

Sparr, Thomas, „Peter Szondi", in: *Bulletin des Leo Baeck Instituts* 78 (1987), S. 59–69

Specht, Richard, *Franz Werfel. Versuch einer Zeitspiegelung*, Wien 1926

Sprengel, Peter, *Die Wirklichkeit der Mythen. Untersuchungen zum Werk Gerhart Hauptmanns aufgrund des handschriftlichen Nachlasses*, Berlin 1982 (Veröffentlichungen der Gerhart-Hauptmann-Gesellschaft e. V. 2)

Sprengel, Peter, „Soziales Drama oder Mythendichtung für die Bühne? Konkurrenz und Koinzidenz alternativer Textsorten bei Gerhart Hauptmann", in: *Textsorten und literarische Gattungen. Dokumentation des Germanistentages in Hamburg vom 1. bis 4. April 1979*, hg. vom Vorstand der Vereinigung der deutschen Hochschulgermanisten, Berlin 1983, S. 551–562

Sprengel, Peter, *Gerhart Hauptmann. Epoche – Werk – Wirkung*, München 1984

Sprengel, Peter, „Todessehnsucht und Totenkult bei Gerhart Hauptmann", in: *Neue deutsche Hefte* 33 (1986), S. 11–34

Sprengel, Peter, „Zwischen Nachfolge und Parodie. Zur Klassik-Rezeption im Drama der Jahrhundertwende", in: ders., *Literatur im Kaiserreich. Studien zur Moderne*, Berlin 1993 (Philologische Studien und Quellen 125), S. 130–146

Sprengel, Peter, „Gerhart Hauptmann", in: Hartmut Steinecke (Hg.), *Deutsche Dichter des 20. Jahrhunderts*, Berlin 1994, S. 31–42

Sprengel, Peter, „Literatur und Leben 1906 bis 1913", in: Gerhart Hauptmann, *Tagebücher 1906 bis 1913. Mit dem Reisetagebuch Griechenland-Türkei 1907*, nach Vorarbeiten von Martin Machatzke hg. von Peter Sprengel, Frankfurt a. M.-Berlin 1994, S. 699–714

Sprengel, Peter, „Wiener Moderne und Wiener Antike: von Hofmannsthal bis Ehrenstein", in: Bernd Seidensticker/Martin Vöhler (Hg.), *Urgeschichten der Moderne. Die Antike im 20. Jahrhundert*, Stuttgart-Weimar 2001, S. 217–233

Stach, Reiner, „Stil, Motiv und fixe Idee. Über einige Untiefen der Jahnn-Lektüre", in: Hartmut Böhme/Uwe Schweikert (Hg.), *Archaische Moderne. Der Dichter, Architekt und Orgelbauer Hans Henny Jahnn*, Stuttgart 1996, S. 346–361

Stachel, Paul, *Seneca und das deutsche Renaissancedrama. Studien zur Literatur- und Stilgeschichte des 16. und 17. Jahrhunderts*, Berlin 1907 (Palaestra 46)

Staiger, Emil, „*Ariadne auf Naxos*. Mythos, Dichtung, Musik", in: ders., *Musik und Dichtung*, Zürich-Freiburg i. Br. ^{4}1980, S. 289–314

Stanford, William B., *The Ulysses Theme. A Study in the Adaptability of a Traditional Hero*, Oxford 1954

Stärk, Ekkehard, *Hermann Nitschs ,Orgien Mysterien Theater' und die ,Hysterie der Griechen'. Quellen und Traditionen im Wiener Antikebild seit 1900*, München 1987

Starz, Ingo, „,Heiliger Frühling' als Kulturformel der Moderne. Erinnerung und kultureller Raum in der Kunst der Jahrhundertwende", in: Manuel Baumbach (Hg.), *Tradita et inventa. Beiträge zur Rezeption der Antike*, Heidelberg 2000 (Bibliothek der klassischen Altertumswissenschaften, Reihe 2, N. F. 106), S. 473–486

Stefanek, Paul, „Zur Dramaturgie des Stationendramas", in: Werner Keller (Hg.), *Beiträge zur Poetik des Dramas*, Darmstadt 1976, S. 383–404

Steffen, Hans, „Schopenhauer, Nietzsche und die Dichtung Hofmannsthals", in: ders. (Hg.), *Nietzsche. Werk und Wirkungen*, Göttingen 1974, S. 65–90

Steiger, Edgar, *„Alkestis"*, in: *Das literarische Echo*, 18 (1916), Sp. 998–1001

Steiner, George, *Die Antigonen. Geschichte und Gegenwart eines Mythos*, München 1988

Steinmann, Kurt, „Nachwort", in: Euripides, *Die Troerinnen. Griechisch/Deutsch*, übersetzt und hg. von Kurt Steinmann, Stuttgart 1987, S. 165–207

Steinwachs, Burkhart, „Was leisten (literarische) Epochenbegriffe?", in: Hans Ulrich Gumbrecht/Ursula Link-Heer (Hg.), *Epochenschwellen und Epochenstrukturen im Diskurs der Literatur- und Sprachhistorie*, Frankfurt a. M. 1985, S. 312–323

Stern, Martin, „Spätzeitlichkeit und Mythos. Zu Hofmannsthals *Ariadne auf Naxos*", in: Karl Pestalozzi/ders., *Basler Hofmannsthal-Beiträge*, Würzburg 1991, S. 175–190

Stöckmann, Ingo, „Verhüllung und Repräsentanz. Gerhart Hauptmanns Autorschaft", in: Heinz Ludwig Arnold (Hg.), *Gerhart Hauptmann*, Text+Kritik 142 (1999), S. 27–42

Stockum, Theodorus Cornelius van, „Gerhart Hauptmanns *Atriden-Tetralogie*", in: ders., *Von Friedrich Nicolai bis Thomas Mann. Aufsätze zur deutschen und vergleichenden Literaturgeschichte*, Groningen 1962, S. 334–361

Stolz, Fritz, „Erdgottheiten", in: *Handbuch religionswissenschaftlicher Grundbegriffe*, hg. von Hubert Cancik u. a., Bd. II, Stuttgart-Berlin-Köln 1990, S. 297–299

Stolz, Fritz, „Muttergottheiten", in: *Handbuch religionswissenschaftlicher Grundbegriffe*, hg. von Hubert Cancik u. a., Bd. IV, Stuttgart-Berlin-Köln 1998, S. 166–168

Stoupy, Joëlle, „Hofmannsthals Berührung mit dem Dilettantismusphänomen. Ergänzende Bemerkungen zur Begegnung mit Paul Bourget", in: *Hofmannsthal-Forschungen* 9 (1987), S. 237–264

Susini, E., „*L'Iphigénie a Delphes* de Gerhart Hauptmann", in: *Études Germaniques* III (1948), S. 333–342

Szlezák, Thomas Alexander, „Sophokles' *Elektra* und das Problem des ironischen Dramas", in: *Museum Helveticum* 38 (1981), S. 1–21

Szondi, Peter, *Einführung in die literarische Hermeneutik*, hg. von Jean Bollack und Helen Stierlin, Frankfurt a. M. 1975 (Studienausgabe der Vorlesungen 5)

Szondi, Peter, „Hölderlin-Studien. Mit einem Traktat über philologische Erkenntnis", in: ders., *Schriften I*, hg. von Jean Bollack u. a., Frankfurt a. M. 1978, S. 263–286

Szondi, Peter, „Der Mythos im modernen Drama und das Epische Theater. Ein Nachtrag zur *Theorie des modernen Dramas*", in: ders., *Schriften II*, hg. von Jean Bollack u. a., Frankfurt a. M. 1978, S. 198–204

Szondi, Peter, *Theorie des modernen Dramas (1880–1950)*, in: ders., *Schriften I*, hg. von Jean Bollack u. a., Frankfurt a. M. 1978, S. 9–148

Szondi, Peter, *Versuch über das Tragische*, in: ders., *Schriften I*, hg. von Jean Bollack u. a., Frankfurt a. M. 1978, S. 149–260

Szondi, Peter, *Das lyrische Drama des Fin de siècle*, hg. von Henriette Beese, Frankfurt a. M. ^{2}1991 (Studienausgabe der Vorlesungen 4)

Szondi, Peter, *Poetik und Geschichtsphilosophie I. Antike und Moderne in der Ästhetik der Goethezeit. Hegels Lehre von der Dichtung*, hg. von Senta Metz und Hans-Hagen Hildebrandt, Frankfurt a. M. ^{5}1991 (Studienausgabe der Vorlesungen 2)

Thamer, Jutta, *Zwischen Historismus und Jugendstil. Zur Ausstattung der Zeitschrift ,Pan' (1895–1900)*, Frankfurt a. M.-Bern-Cirencester 1980 (Europäische Hochschulschriften, Reihe XXVIII Kunstgeschichte 8)

Thomalla, Ariane, *Die ,Femme fragile'. Ein literarischer Frauentypus der Jahrhundertwende*, Düsseldorf 1972 (Literatur in der Gesellschaft 15)

Thöming, Jürgen C., „Jahnns zwei *Medea*-Fassungen. Hinweise zum Sprachstil", in: Eckehard Czucka (Hg.), *,Die in dem alten Haus der Sprache wohnen'. Beiträge zum Sprachdenken in der Literaturgeschichte. Helmut Arntzen zum 60. Geburtstag*, Münster 1991, S. 549–560

Thomke, Hellmut, *Hymnische Dichtung im Expressionismus*, Bern-München 1972

Titzmann, Michael, „Allegorie und Symbol im Denksystem der Goethezeit", in: Walter Haug (Hg.), *Formen und Funktionen der Allegorie. Symposion Wolfenbüttel 1978*, Stuttgart 1979 (Germanistische Symposien, Berichtsbände III), S. 642–665

Topitsch, Ernst, „Über Leerformeln. Zur Pragmatik des Sprachgebrauches in Philosophie und politischer Theorie", in: ders. (Hg.), *Probleme der Wissenschaftstheorie. Festschrift für Victor Kraft*, Wien 1960, S. 233–264

Trilse, Christoph, „Der Rückweg zum Mythos. Einige Betrachtungen zum spätbürgerlichen Antikebild", in: *Weimarer Beiträge* 19 (1973), 12, S. 129–155

Trilse, Christoph, *Antike und Theater heute. Betrachtungen über Mythologie und Realismus, Tradition und Gegenwart, Funktion und Methode, Stücke und Inszenierungen*, Berlin ^{2}1979

Trost, Pavel, „Die dichterische Sprache des frühen Werfel", in: Eduard Goldstücker (Hg.), *Weltfreunde. Konferenz über die Prager deutsche Literatur*, Berlin-Neuwied 1967, S. 313–318

Turk, Horst, „Tragödienphilosophien der Neuzeit: Kant, Hegel, Nietzsche, Benjamin", in: Werner Frick (Hg.), *Die Tragödie. Eine Leitgattung der europäischen Literatur*, Göttingen 2003, S. 277–295

Turner, Victor W., *Vom Ritual zum Theater. Der Ernst des menschlichen Spiels*, Frankfurt a. M. 1989

Turner, Victor W., *Das Ritual. Struktur und Antistruktur*, Frankfurt a. M.-New York 2000

Uhlig, Ludwig, *Der Todesgenius in der deutschen Literatur von Winckelmann bis Thomas Mann*, Tübingen 1975 (Untersuchungen zur deutschen Literaturgeschichte 12)

Urban, Bernd, *Hofmannsthal, Freud und die Psychoanalyse. Quellenkundliche Untersuchungen*, Frankfurt a. M.-Bern-Las Vegas 1978 (Europäische Hochschulschriften, Reihe I: Deutsche Literatur und Germanistik 273)

Usmiani, Renate, „Towards an Interpretation of Hauptmann's ,House of Atreus'", in: *Modern Drama* XII (1969), S. 286–297

Vanhelleputte, Michel, „Hofmannsthal und Maeterlinck", in: *Hofmannsthal Forschungen* 1 (1971), S. 85–98

Vernant, Jean-Pierre/Pierre Vidal-Naquet, *Mythe et tragédie en Grèce ancienne*, Paris 1972

Vernant, Jean-Pierre/Pierre Vidal-Naquet, *Mythe et tragédie en Grèce ancienne 2*, Paris 1986

Vernant, Jean-Pierre, *Mythos und Religion im alten Griechenland*, Frankfurt a. M.- New York-Paris 1995 (Edition Pandora 26)

Verweyen, Theodor/Gunther Witting, *Die Kontrafaktur. Vorlage und Verarbeitung in Literatur, bildender Kunst, Werbung und politischem Plakat*, Konstanz 1987 (Konstanzer Bibliothek 6)

Vietta, Silvio/Hans-Georg Kemper, *Expressionismus*, München 1975

Vogel, Juliane, „Schattenland des ungelebten Lebens. Zur Kunst des Prologs bei Hugo von Hofmannsthal", in: *Hofmannsthal-Jahrbuch* 1 (1993), S. 165–181

Vogel, Juliane, „Priesterin künstlicher Kulte. Ekstasen und Lektüren in Hofmannsthals *Elektra*", in: Hellmut Flashar (Hg.), *Tragödie. Idee und Transformation*, Stuttgart-Leipzig 1997 (Colloquium Rauricum 5), S. 287–306

Voigt, Felix A., *Gerhart Hauptmann und die Antike*, hg. von Wilhelm Studt, Berlin ²1965

Voigt, Felix A., „Gerhart Hauptmann unter der Herrschaft des Nazismus", in: Hans Joachim Schrimpf (Hg.), *Gerhart Hauptmann*, Darmstadt 1976 (Wege der Forschung CCVII), S. 116–123

Voigts, Manfred, *Brechts Theaterkonzeptionen. Entstehung und Entfaltung bis 1931*, München 1977

Vondung, Klaus, *Die Apokalypse in Deutschland*, München 1988

Vondung, Klaus, „Mystik und Moderne. Literarische Apokalyptik in der Zeit des Expressionismus", in: Thomas Anz/Michael Stark (Hg.), *Die Modernität des Expressionismus*, Stuttgart-Weimar 1994, S. 142–150

Wagner, Hans-Joachim, „Lyrisches Drama und Drame lyrique: Eine Skizze der literar- und musikhistorischen Begriffsgeschichte", in: *Archiv für Musikwissenschaft* 47 (1990), S. 73–84

Wagner, Rüdiger, „Archaische, pythagoreische und harmonikale Grundzüge in den Jugenddramen Hans Henny Jahnns", in: *Literatur in Wissenschaft und Unterricht* 7 (1974), H. 3 und 4, S. 164–179 und 210–225

Walter, Hans, *Pans Wiederkehr. Der Gott der griechischen Wildnis*, München-Zürich 1980

Walther, Helmut G., „Richard Wagner und der (antike) Mythos", in: Heinz Hofmann (Hg.), *Antike Mythen in der europäischen Tradition*, Tübingen 1999, S. 261–280

Warnach, Walter, „Hugo von Hofmannsthal. Sein Weg von Mythos und Magie zur Wirklichkeit der Geschichte", in: *Wort und Wahrheit* 9 (1954), S. 360–377

Wegner, Peter-Christian, *Gerhart Hauptmanns Griechendramen. Ein Beitrag zu dem Verhältnis von Psyche und Mythos*, Diss. [masch.] Kiel 1968

Weimann, Robert, „Literaturwissenschaft und Mythologie", in: ders., *Literaturge-schichte und Mythologie. Methodologische und historische Studien*, Berlin-Weimar 1971, S. 364–427

Weisstein, Ulrich, „Imitation, Stylization, and Adaptation: The language of Brecht's *Antigone* and its Relation to Hölderlin's Version of Sophocles", in: ders., *Links und links gesellt sich nicht. Gesammelte Aufsätze zum Werk Heinrich Manns und Bertolt Brechts*, New York-Bern-Frankfurt a. M. 1986 (Germanic Studies in America 52), S. 485–510

Wellbery, David E., „Die Opfer-Vorstellung als Quelle der Faszination. Anmerkungen zum Chandos-Brief und zur frühen Poetik Hofmannsthals", in: *Hofmannsthal-Jahrbuch* 11 (2003), S. 281–310

Wellesz, Egon, „Die Einrichtung für Musik von Hofmannsthals *Alkestis*", in: *Die neue Rundschau* 72 (1961), S. 28–35

Wellesz, Egon, „Hofmannsthal und die Musik", in: Helmut A. Fiechtner (Hg.), *Hugo von Hofmannsthal. Der Dichter im Spiegel der Freunde*, Bern-München ²1963, S. 236–239

Werner, Hans-Georg, „Verteufelt human. Über den Zusammenhang zwischen Goethes *Iphigenie* und Grillparzers *Goldenem Vließ*", in: ders., *Literarische Strategien. Studien zur deutschen Literatur 1760 bis 1840*, Stuttgart-Weimar 1993, S. 229–242

Wertheimer, Jürgen, „‚Es lebt der große Pan', literarische Wandlungen eines mythologischen Themas", in: *Neohelicon* IV (1976), S. 315–329

Wetzel, Heinz, „Elektras Kult der Tat – ‚freilich mit Ironie behandelt'", in: *Jahrbuch des Freien Deutschen Hochstifts* (1979), S. 354–368

Wimmer, Paul, *Franz Werfels dramatische Sendung*, Wien 1973

Winkler, Michael, *George-Kreis*, Stuttgart 1972

Wittmann, Lothar, *Sprachthematik und dramatische Form im Werke Hofmannsthals*, Stuttgart-Berlin-Köln-Mainz 1966 (Studien zur Poetik und Geschichte der Literatur 2)

Wolffheim, Hans, *Rudolf Pannwitz. Einleitung in sein dichterisches Werk*, Wiesbaden 1961 (Akademie der Wissenschaften und der Literatur, Abhandlungen der Klasse der Literatur, 1960, 2)

Wolffheim, Hans, *Hans Henny Jahnn. Der Tragiker der Schöpfung*, Frankfurt a. M. 1966

Wolgast, Karin, *Die Commedia dell'arte im Wiener Drama um 1900*, Frankfurt a. M. u. a. 1993 (Analysen und Dokumente, Beiträge zur Neueren Literatur 31)

Worbs, Michael, *Nervenkunst. Literatur und Psychoanalyse im Wien der Jahrhundertwende*, Frankfurt a. M. 1988

Wulf, Christoph, „Religion und Gewalt", in: Dietmar Kamper/ders. (Hg.), *Das Heilige. Seine Spur in der Moderne*, Frankfurt a. M. 1987, S. 245–254

Wunberg, Gotthart, „Österreichische Literatur und allgemeiner zeitgenössischer Monismus um die Jahrhundertwende", in: Peter Berner/Emil Brix/Wolfgang Mantl (Hg.), *Wien um 1900. Aufbruch in die Moderne*, München 1986, S. 104–111

Wunberg, Gotthart, „Chiffrierung und Selbstversicherung des Ich: Antikefiguration um 1900", in: Manfred Pfister (Hg.), *Die Modernisierung des Ich. Studien zur Subjektkonstitution in der Vor- und Frühmoderne*, Passau 1989, S. 190–201

Wunberg, Gotthart/Stephan Dietrich (Hg.), *Die literarische Moderne. Dokumente zum Selbstverständnis der Literatur um die Jahrhundertwende*, Freiburg i. Br. ^{2}1998 (Rombach Wissenschaften, Reihe Litterae 60)

Wüthrich, Werner, *Bertolt Brecht und die Schweiz*, Zürich 2003 (Theatrum Helveticum 10)

Zeilfelder, Susanne, „Euripides' *Troades* auf der Opernbühne", in: *Würzburger Jahrbücher für die Altertumswissenschaft*, Neue Folge, 15 (1989), S. 67–81

Zelinsky, Hartmut, „Hofmannsthal und Asien", in: Roger Bauer u. a. (Hg.), *Fin de siècle. Zu Literatur und Kunst der Jahrhundertwende*, Frankfurt a. M. 1977 (Studien zur Philosophie und Literatur des neunzehnten Jahrhunderts 35), S. 508–566

Zellweker, Edwin, *Troia. Drei Jahrtausende des Ruhms*, Zürich-New York-Wien 1947

Ziegler, Klaus, „Stiltypen des deutschen Dramas im 19. Jahrhundert", in: Hans Steffen (Hg.), *Formkräfte der deutschen Dichtung vom Barock bis zur Gegenwart*, Göttingen ^{2}1967, S. 141–164

Zieler, Gustav, „[Rezension *Elektra* und *Rose Bernd*]", in: *Das litterarische Echo* 6 (1903/04), Sp. 357–360

Zimmermann, Christiane, *Der Antigone-Mythos in der antiken Literatur und Kunst*, Tübingen 1993 (Classica Monacensia 5)

Ziolkowski, Theodore, „Hauptmann's *Iphigenie in Delphi*: a travesty?", in: *The Germanic Review* 34 (1959), S. 105–123

Ziolkowski, Theodore, „Der Hunger nach dem Mythos. Zur seelischen Gastronomie der Deutschen in den Zwanziger Jahren", in: Reinhold Grimm/Jost Hermand (Hg.), *Die sogenannten Zwanziger Jahre*, Bad Homburg v. d. H.-Berlin-Zürich 1970 (Schriften zur Literatur 13), S. 169–201

zur Nieden, Birgit, *Mythos und Literaturkritik. Zur literaturwissenschaftlichen Mythendeutung der Moderne*, Diss. Düsseldorf 1992, Münster-New York 1993

Zwierlein, Otto, „Die Tragik in den *Medea*-Dramen", in: *Literaturwissenschaftliches Jahrbuch*, Neue Folge 19 (1978), S. 27–63

VII. Dank

Für die wohlwollende und geduldige Betreuung meiner Dissertation danke ich ganz herzlich Prof. Dr. Uwe Japp (Karlsruhe).

Wichtige Anregungen und konstruktive Kritik habe ich Prof. Dr. Claudia Stockinger (Göttingen) und HD Dr. Stefan Scherer (Karlsruhe) zu verdanken.

Für erhellende Hinweise geht mein Dank auch an Prof. Dr. Peter Sprengel (Berlin).

Dr. Abier Busnaq (Karlsruhe) und Norma Pralle M. A. (Karlsruhe) danke ich für gründliches Korrekturlesen des Manuskripts, Maka Dolidze M. A. (Karlsruhe) für hilfreiche Unterstützung bei der Erstellung der Druckfassung.

Ich danke dem Land Baden-Württemberg und der Universität Karlsruhe für die Bewilligung eines Promotionsstipendiums nach dem Landesgraduiertenförderungsgesetz.

Meine Eltern Erika und Helmut Horn haben mich während des Studiums großzügig unterstützt, hierfür bin ich ihnen sehr dankbar.

Ich widme diese Arbeit meinem Vater, der ihre Entstehung mit großem Interesse verfolgt hat und am 1. Februar 2005 nach schwerer Krankheit starb.